逻辑思维

训练1500题

清华大学出版社

北京

内 容 简 介

如何提高一个人思维的逻辑性和严密性呢？阅读逻辑思维训练题是一个简单有效的办法。在阅读这些妙趣横生的推理故事和问题时，你可以分析综合、判断推理、抽丝剥茧、去伪存真，最终洞察一切。本书收编了一千五百个最经典、最有趣的逻辑趣题和思维名题，它们不仅能够大大开阔人的视野和思路，还能有效地提高人的观察力、计算力、分析力和判断力，使人获得更多智慧的启迪。

本书适合想要改变思维方式，渴望思维创新，提高逻辑思维能力的广大学生、应试者、上班族等人阅读。

图书在版编目(CIP)数据

逻辑思维训练 1500 题/于雷编著. —北京：清华大学出版社，2016（2023.10重印）
ISBN 978-7-302-44651-4

Ⅰ. ①逻… Ⅱ. ①于… Ⅲ. ①逻辑思维—思维训练—通俗读物 Ⅳ. ①B80-49

中国版本图书馆 CIP 数据核字(2016)第 179764 号

责任编辑：杨作梅
装帧设计：杨玉兰
责任校对：文瑞英
责任印制：丛怀宇
出版发行：清华大学出版社
　　　　　网　　　址：http://www.tup.com.cn，http://www.wqbook.com
　　　　　地　　　址：北京清华大学学研大厦 A 座　　　邮　　编：100084
　　　　　社 总 机：010-83470000　　　　　　　　　邮　　购：010-62786544
　　　　　投稿与读者服务：010-62776969，c-service@tup.tsinghua.edu.cn
　　　　　质量反馈：010-62772015，zhiliang@tup.tsinghua.edu.cn
印 装 者：天津鑫丰华印务有限公司
经　　销：全国新华书店
开　　本：170mm×240mm　　印　张：27.5　　　字　数：669 千字
版　　次：2016 年 9 月第 1 版　　　　　　　　印　次：2023 年 10 月第 9 次印刷
定　　价：69.80 元

产品编号：068848-02

前　言

一个人的能力包含众多方面，但思维能力特别是逻辑思维能力，则是一切其他能力的基础。逻辑思维能力的强弱，直接影响着人的其他各项能力的发展，在很大程度上决定了人的整体素质。

一个人的逻辑思维能力越强，他的能动性就越高，行动也就越有目的性和计划性，越有利于达成目标。因此，逻辑思维能力也越来越受到人们的重视。我们可以看到，国内外考试内容的发展趋势：MBA(工商管理硕士)入学考试、MPA(公共管理硕士)入学考试、GMRT(商科研究生入学考试)、GRE(美国研究生入学资格考试)、GCT(硕士学位研究生入学资格考试)，以及我国的公务员招录考试中，都明确地在考试科目中把逻辑作为重要的考试内容。

我们的社会更需要的人才是那种会思维、善思考的人。要想达到这一点，就必须懂得并且遵循思维的规律，善于学习、总结和创新。

欧美等西方国家经过长期的研究和探索，发现有三种主要能力的测评有利于选拔出具有学习能力和创新潜质的人才。这三种能力就是数学计算能力、语言表达能力和逻辑思维能力。因而，他们在各类人才选拔考试中都非常重视对这三个方面能力的测评。

当然，不管在哪个方面的测试题中，涉及的知识都是比较基础性的、比较简单的，专业知识不会成为测试中的障碍，关键是测试出应试者分析和思考问题的方式和方法。

培养学生的逻辑思维能力并非是一朝一夕的事情，如果能在平时的学习和生活中有意识地注重这方面能力的培养，自然会使学生在"千军万马争过独木桥"的时候脱颖而出。

出于以上思考，本书汇编了1500个世界上最经典、最有趣的逻辑思维训练游戏。这些题目纵横古今，包罗万象，蕴含着奇异的文化力量，潜藏着深刻的寓意，闪烁着智慧的光芒。每道训练题目都极具代表性和独创性。它们内容丰富，难易有度，而且极具趣味性。同时还能提高人的计算力、记忆力、观察力、分析力和判断力。

还在等什么？快来让你的大脑动起来吧！

本书的适读人群包括：

想要改变思维方式，提高逻辑思维能力的年轻人；渴望提高创新思维，给自己充电的上班族。

参与本书编写的人员有于雷、罗飞、龚宇华、于艳苓、何正雄、李志新、何晶、李方伟、于艳华、宋蓉珍、宋淑珍、魏银波、于艳娟、石秀芹等人。

编　者

目　录

第一部分

计算能力训练

1. 小明的烦恼

小明发现自己身边的朋友家里都有 2 个孩子。他便思考：如果家里有 2 个小孩的话，那么就可能有是 3 种情况：2 个都是男孩；2 个都是女孩；1 个男孩，1 个女孩。所以，如果生 2 个孩子的话，都是男孩的概率是 1/3。

但是，他自己又隐隐约约地感到不安，觉得自己似乎错了，你能指出他错在哪里吗？

2. 午餐分钱

约克和汤姆结对旅游，他们一起吃午餐。约克带了 3 块饼，汤姆带了 5 块饼。这时，有一个人路过，路人饿了。约克和汤姆邀请他一起吃饭。约克、汤姆和路人将 8 块饼全部吃完。吃完饭后，路人感谢他们的午餐，给了他们 8 个金币。

约克和汤姆为这 8 个金币的分配展开了争执。汤姆说："我带了 5 块饼，理应我得 5 个金币，你得 3 个金币。"约克不同意："既然我们在一起吃这 8 块饼，理应平分这 8 个金币。"约克坚持认为每人各得 4 个金币。为此，约克找到公正的法官。

法官说："孩子，汤姆给你 3 个金币，因为你们是朋友，你应该接受它；如果你要公正的话，那么我告诉你，公正的分法是，你应当得到 1 个金币，而你的朋友汤姆应当得到 7 个金币。"

约克不理解。请问这是为什么？

3. 查账

洁洁小姐在一个商店里做收银员。有一天，她在晚上下班前查账的时候，发现现金比账面少了 153 元。她知道实际收的钱是不会错的，只能是记账时有一个数点错了小数点。那么，她怎么才能在几百笔账中找到这个错数呢？

4. 发家致富

有个懒汉，不想通过自己的努力改善生活，只想着与人赌博快速赚钱。他在村口摆了个摊位，由于没有作弊的天赋，只好与人猜硬币的正反面。他最开始用一枚硬币，猜正反面，发现由于一枚硬币正反面出现的概率是 50%，所以他长时间下来不输不赢。后来他想到一个法子：做 3 枚硬币，1 枚一面正面一面反面；1 枚两面都是正面；1 枚两面都是反面。他把 3 枚硬币放在袋子里，让别人随手来抽 2 枚放在桌子上，不去看它，如果这 2 枚硬币朝上的一面相同的话，这个人可以得到 3 元奖励；但是如果不同的话，这个人就支付 2 元钱。通过这种方法，这懒汉能致富吗？

5. 写数字

如果用毛笔写数字，每写 1 个数字(0、1、2、3、4、5、6、7、8、9 共 10 个)需蘸 1 次墨水，那么要把 97～105 的所有数连续写出，共需要蘸多少次墨水？

6. 最短路线

有一个正方体的屋子，在一个角落处有一只蜘蛛，它想爬到对角处那个角上去，请帮助设计一条最短的路线。

7. 散落的书页

小红的一本书散开了，发现其中一张上面：左边是第 8 页，右面是第 205 页。

根据这个,你能否说出这本书有多少页?

8. 入学考试

某著名高校的入学考试规则如下:考生在 3 天内做无限道选择题,每答对一题得 6 分,答错一题扣 3 分。小明参加了考试,别人问他成绩时,他说:"我的成绩是下面几个中的一个:30 分、12190 分、5246 分、121 分、9998 分。"

你能猜出小明得了多少分吗?

9. 汽车相遇

美国某小镇车队有 17 辆小公共汽车,整天在相距 197 公里的青山与绿水两个小镇之间往返运客。每辆车到达小镇后司机都要休息 8 分钟。司机杰克上午 10 点 20 分开车从青山镇出发,在途中不时地遇到(有时是迎面驶来,有时是互相超越)一辆本车队的车。下午 1 点 55 分他到达绿水镇,休息时发现本队的其他司机一个都不在。没有同伴可以聊天,杰克就静静地回忆刚才在路上遇到的本车队的那些人。

问:杰克一共遇到了本车队的几辆车?

10. 迪拜塔

迪拜塔是现在世界上最高的建筑,一共有 160 层。迪拜市长想要组织一次迪拜塔爬塔比赛,第一个从楼梯爬到楼顶的人可以在其中的豪华酒店免费住 3 晚。最终参赛者有 3 个人:约翰在 10 分钟内能从 1 层爬到 20 层;查理在 5 分钟内能从 1 层爬到 10 层;史密斯在 20 分钟内能从 1 层爬到 40 层。问:他们能否打成平手?如果不能,谁先爬完迪拜塔?

11. 杯子测试

一种杯子,若在第 N 层被摔破,则在任何比 N 层高的楼层均会破;若在第 M 层不破,则在任何比 M 层低的楼层均不会破。给你 2 个这样的杯子,让你在 100 层高的楼层中测试,要求用最少的测试次数找出恰好会使杯子破碎的楼层。

12. 家庭活动

一家三口,爸爸在民航工作,每 3 天休息一天;妈妈是医生,每 5 天休息一天;豆豆在外地上学,每 6 天回一次家。这个周日一家三口人刚刚一起去看了场电影,他们约定下次还一起在家的时候就去欢乐谷,你知道他们最早要多少天以后才能一起去吗?

13. 穿越

有一个人穿越到公元前 10 年 3 月 15 日,在那个时代生活到公元 10 年 3 月 14 日,回到了现在。请问:这个人是在穿越的第几个年头回来的?

14. 掷骰子

用两颗骰子抛出 7 点的搭配有 1 和 6、2 和 5、3 和 4;抛出 8 点的搭配有 4 和 4、3 和 5、2 和 6。那么抛出 7 点和 8 点的概率一样吗?

15. 四姐妹的年龄

一家有 4 个姐妹,他们 4 个人的年龄乘起来的积为 15。那么,他们各自的年龄是多大? (年龄应为整数)

16. 卖糖果

小新的爸爸开了个糖果店,周日的时候,爸爸让小新帮忙看店,自己有事出门。之前有个人说要定购一批糖果，只记得是不超过 1500 颗糖，但是具体数字一直没有确定下来，周日来拿。不巧的是小新不会包装糖果，爸爸就把 1500 颗糖包装成了 11 包，这样顾客无论要买的是多少颗，都可以不用打开包装，直接给他糖包就可以了。你知道爸爸是怎么包的吗？

17. 作家

有个作家把自己的文章卖给第一个出版商甲，卖了 9000 元。由于这篇文章的商业价值不足，甲又把文章卖回给作家，只收了 8000 元，后来有出版商乙看上了这篇文章，花 10000 元买了去。还没等出版，乙倒闭，甲重新以 8000 元的价格从乙手里买了去，并出版，获得经济收益 5 万元。请问在这个过程中，作家赚了多少钱？(不计写文章的成本)

18. 猜一猜小张的生日

在 1993 年的某一天，小张过完了他的生日，并且他此时的年龄正好是他出生年份的 4 个数之和。你能推算出小张是哪一年出生的吗？

19. 龟兔赛跑

兔子和乌龟赛跑，它们沿着一个圆形的跑道背对背比赛，并规定谁先绕一圈回到出发点谁就胜利。兔子先让乌龟跑了 1/8 圈，然后才开始动身。但是这只兔子太骄傲了，慢吞吞地边走边啃胡萝卜，直到遇到了迎面来的乌龟，它才慌了，因为在相遇的这一点上，兔子才跑了 1/6 圈。请问：兔子为了赢得这次比赛，它的速度至少要提高到原来的几倍呢？

20. 利润问题

小王是位二手手机销售商。通常情况下，他买下硬件完好的旧手机，然后转手卖出，并从中赚取 30% 的利润。某次，一个客户从小王手里买下一部手机，但是 3 个月后，手机坏了。大为不满的客户找到小王要求退款。小王拒绝退款，但同意以当时交易价格的 80% 回收这部手机。客户最后很不情愿地答应了。

你知道小王在整个交易中赚了多少个百分点的利润吗？

21. 史上最难的概率题

A、B、C、D 四个人说真话的概率都是 1/3。假如 A 声称 B 否认 C 说 D 是说谎了，那么 D 说的那句话是真话的概率是多少？

22. 马车运菜

一个城镇在沙漠的中间，人们必须每天到沙漠外面去买蔬菜吃。一个人赶着马车到 1000 公里外的地方去买菜，一天他买到 3000 公斤蔬菜。但是自己的马车一次只能装 1000 公斤的货物。而且由于路途遥远，马每走 1 公里要吃掉 1 公斤菜。问：这个人最多可以运回多少公斤菜？

23. 兔子背胡萝卜

有只兔子在树林采了 100 根胡萝卜堆成一堆，兔子家离胡萝卜堆 50 米，兔子打算把胡萝卜背回家。但是，兔子每次最多只能背 50 根，而且兔子嘴馋，只要手上有胡萝卜，每走 1 米它就要吃掉 1 根。问兔子最多能背几根胡萝卜回家？

24. 称量水果

在果园工作的送货员 A，给一家罐头加工厂送了 10 箱桃子。每个桃子重 500 克，每箱装 20 个。正当他送完货，要回果园的时候，接到了从果园打来的电话，说由于分类错误，这 10 箱桃子中有 1 箱装的是每个 400 克的桃子，要送货员把这箱桃子带回果园更换。但是，怎样从 10 箱桃子中找出到底哪一箱的分量不足呢？手边又没有秤。

正在这时，他忽然发现不远的路旁有一台自动称量体重的机器，投进去 1 元硬币就可以称量一次重量。他的口袋里刚好有一枚 1 元硬币，当然也就只能称量一次。那么他应该怎样充分利用这只有一次的机会，来找出那一箱不符合规格的产品呢？

25. 商人卖酒

有一个商人用一个大桶装了 12 升酒到市场上去卖。两个酒鬼分别拿了 5 升和 9 升的小桶，其中一个要买 1 升，另一个买 5 升。这时，又来了一个人，什么也没拿，说剩下的 6 升酒连同桶在内他都要了。奇怪的是他们之间的交易没有用任何其他的称量工具，只是用这三个桶倒来倒去就完成了。你知道他们是怎么做的吗？

26. 巧取三升水

假设有一个池塘，里面有无穷多的水。现有 2 个空水壶，容积分别为 5 升和 6 升。如何只用这 2 个水壶从池塘里取得 3 升的水？

27. 卖酒

超市里有两桶满的白酒，各是 50

斤。一天，来了两个顾客，分别带来了一个可以装 5 斤和一个可以装 4 斤酒的瓶子。他们每人只买 2 斤酒。如果只用这 4 个容器，你可以给他们两个的瓶子里各倒入 2 斤的酒吗？

28. 丢手绢游戏

幼儿园的阿姨组织孩子们玩丢手绢游戏，所有的小朋友都在一起围成了一个大圈。这时老师发现，虽然这些孩子有男有女，但是他们却有一个规律，那就是每个小朋友都与两个性别相同的人相邻。如果这个游戏中共有 12 个女孩参加，那么，你能算出一共有多少人参加这个游戏吗？

29. 市长竞选

某市要选出 2 名副市长，1 名市长，现在有 7 名候选人参与竞选。而参加投票的代表共有 49 人，每个人只能投 1 票，不许弃权，前三名得票最多的人当选。

问最少需要获得几票才能确保当选？

30. 有问题的钟

从前有一位老钟表匠，为火车站修理一只大钟。由于年老眼花，他不小心把长短针装反了。修完的时候是上午 6 点，他把短针指在"6"上，长针指在"12"上，钟表匠就回家去了。人们看这钟一会儿 7 点，过了不一会儿就 8 点了，都很奇怪，立刻去找老钟表匠。等老钟表匠赶到，已经是下午 7 点多钟。他掏出怀表一对，钟准确无误，怀疑大家是有意捉弄他，一生气就回去了。这钟还是 8 点、9 点地跑，人们又去找钟表匠。这时老钟表匠已经休息了，于是第二天早晨 8 点多赶过去用怀表一对，时间仍旧准确无误。请你想一想，老钟表匠第一次对表的时候是 7 点几分？第二次对表又是 8 点几分？

31. 赛跑

小狗、小兔子、小马和小山羊在进行百米赛跑。当小狗和小兔子比赛时，小狗跑到终点，小兔子还差 10 米到终点。当小兔子和小马比赛时，小兔子到终点，小马还差 10 米。当小马和小山羊跑时，小山羊跑到终点，小马还差 5 米。请问当小狗和小山羊比赛时，谁先到终点，另一个还差几米？

32. 号码

学校参加运动会，班长正在发号码，他叫："1034 号。"那个知道自己的号码是 1034 号的同学就会到讲台上拿自己的号码，并挂到衣服上。一切进行的都很顺利，只是其中的一个号码没有人领。发到最后班长又叫了一遍还是没有人认领，这时小杜突然醒悟说："我的号码还没有给我。对了，你是把我的号码拿倒了，所以念错了。"班长"哈哈"笑道说："可不是，这样比原来的号码要多 7785 了。"你知道小杜运动服上的号码应该是多少吗？

33. 羽毛球循环赛

有七个好朋友想要进行一次"羽毛球循环赛"，每两个人互赛一场。比赛结果如下：

甲：3 胜 3 败；

乙：0 胜 6 败；

丙：2 胜 4 败；

丁：5 胜 1 败；

戊：4 胜 2 败。

请问：第六个人的成绩如何？

34. 买桃子

有个农民想让自己的儿子小明去镇上买桃，左右邻居知道了，也想托小明捎点回来。3 个人每人给了小明 20 元，小明便用这 60 元买回来一大袋桃子，分给 3 家。平分后，小明说，商贩看他买的多，就要了 50 元，还剩 10 元拿回来了。3 人每人要了 2 元，给小明留下 4 元作为酬劳。小明高高兴兴地走开了，回头算账时，他却陷入了疑惑：3 人每人退回 2 元，相当于每人花了 18 元，共 54 元，自己还留了 4 元，这样的话一共是 58 元。可是当初自己明明拿了 60 元，那么还有 2 元哪里去了呢？

35. 胚胎

大多数生命最开始就是一个受精卵——单细胞。通过细胞不停地分裂形成胚胎，我们身体内的器官也一样。假如有一种动物的肝脏是从单个细胞分裂出来的，开始时是一个细胞，1 个小时后分裂成 2 个，再过一个小时变成 4 个……等到 100 个小时后，形成完整的肝脏。

问：其他条件都一样的另一种动物，从两个细胞分裂出肝脏，需要多长时间？

36. 年龄

村口坐了两个人，其中一个老人，虽然年龄很大，但神采奕奕，一个过路人就问他的年龄。老人家说："旁边这个是我的儿子。我的年龄的个位和十位交换一下，便是我儿子的年龄。我只比他大 18 岁。"儿子说："40 多年前，我刚出世没几年，我们家就搬到了这里。"那么他们现在分别是多少岁？

37. 考试分数

将甲的考试分数位置对调一下，就是乙的考试分数；丙的考试分数的两倍是甲与乙两人分数的差；而乙的分数是丙的分数的 10 倍。你知道 3 个人的考试分数各是多少吗？

38. 分配珠宝

12 个海盗抢到了 100 个珠宝，于是他们商量分配方法，要求：每个人分到的珠宝数目中必须有一个"4"。该怎么分呢？

39. 特别的称重

宇华在实验室做实验，他要用 3 克的碳酸钠作为溶质，但是他的手边只有一袋标着 56 克，没有拆封的碳酸钠，还有一架只有一个 10 克砝码的天平。此时，实验室只有他一个人，也找不到其他的称量工具。在现有的条件下，他该怎样称出 3 克的碳酸钠来呢？

40. 男孩和女孩

幼儿园里，老师组织小朋友们一起游泳。男孩子戴的是天蓝色游泳帽，女孩子戴的是粉红色游泳帽。

有趣的是：在每个男孩子看来，天蓝色游泳帽与粉红色游泳帽一样多；而在每个女孩子看来，天蓝色游泳帽是粉红色游泳帽的 2 倍。

你说说看，男孩子与女孩子各有多少个？

41. 三个城镇

一个外地人需要穿过 A、B、C 3 个城镇去市里办事。在经过 A 城时，他发现了一个路标，上面写着："到 B 城 40 里，到 C 城 70 里。"等他到达 B 城时，发现另外一个路标，上面写着："到 A 城 20 里，到 C 城 30 里。"他困惑不解，等到了 C 城时，他又发现了一个路标，上面写着："到 A 城 70 里，到 B 城 40 里"。这回他完全迷糊了。于是，他去问一位本地人。那个人告诉他，那 3 个路标中，只有一个是完全正确的，另外一个有一半是正确的，还有一个是完全错误的。

那么，你能判断出哪个路标是正确的，哪个路标是完全错误的呢？

42. 保险柜

办公室里有 9 个保险柜，处长那里有 9 把钥匙。小刘刚上班的第一天，处长给他布置了个任务："把钥匙和保险柜配对。"如果这些钥匙外表都是一样的，而且没有任何标记。那小刘想要打开每个保险柜只有一把一把地试。请问，小刘最多要试多少次才能把钥匙和保险柜配上对。

43. 服装店老板的困惑

有一个服装店老板进了两件衣服，都以每件 90 元的价格卖掉了，其中的一件赚了 50%，另一件赔了 50%。你能告诉这个老板，他是赚了赔了还是持平了吗？

44. 指针的角度

经过 7 小时 15 分钟，时钟的时针

与分针各转了多少度？

45. 七珠项链

小明有 7 个珠子，其中 5 颗是相同的红色珠子，2 颗是相同的绿色珠子，他想给女朋友小丽做成一个七珠项链。问可以做出几种不同搭配的项链来？

46. 销售收入

一个做了 4 年公务员工作的人，放弃了公职，接受了一份销售工作。干了一段时间后，有个朋友问起他的基本情况。他说："我已经工作好几个月了。第一个月的时候，我拿到的薪水和我做公务员时的工资一样，5000 多元。后来，每个月我的工资都能涨 230 元。没有多长时间，我的工资就有 7000 多了。而从做销售到现在我已经赚了整整 63810元了。"请问：这个人做公务员时工资是多少？

47. 贪心的渔夫

有一个渔夫得到了捕鱼的秘技，每天打的鱼都是前一天的 3 倍。结果等到第五天的时候，教他秘技的人说："我告诉你每天不能超过 10 条鱼，你现在五天已经打了 1089 条了。你以后一条鱼也打不到了。"渔夫郁闷地说："我听您说是：第一天不能超过 10 条鱼。"请问他这几天，每天打了几条鱼？

48. 猜一猜她的年龄

小陈的岁数有以下特点：

(1) 它的 3 次方是一个四位数，而 4 次方是一个六位数；

(2) 这四位数和六位数的各位数字正好是 0~9 这十个数字。

问：她今年多少岁？

49. 投资问题

甲、乙两人合伙做生意，甲投入的资本是乙的 1.5 倍。这时丙也要入伙，他拿出了 250 万元钱来投资。这时，甲、乙、丙想让他们 3 个人占有的股份都相等，所以决定将这 250 万元由甲、乙两人瓜分。那么，他们该如何分这笔钱呢？

50. 公共汽车

一个人沿着街走，每 2 分钟迎面开来一辆公共汽车，每 8 分钟身后开来一辆公共汽车。问该公共汽车几分钟发一趟车？

51. 轮胎

滕先生买了辆车，除了随车的备胎外，4S 店还多赠送了一个轮胎，就是说他一共有 6 个轮胎。为了让这 6 个轮胎的磨损程度相同，他轮流使用这 6 个轮胎。那么你知道在车跑了 12000 公里的时候，每个轮胎行了多少公里吗？

52. 计算损失

一个卖衣服的商人，某件衣服的进价是 60 元，他标的售价是 80 元，购买者讲价后，他同意以 9 折的价格卖出。后来发现购买者支付的那张 100 元是假钞。商人大悲。现在请你帮那个倒霉的商人算算，他在这件衣服上共损失了多少钱？

53. 逃脱的案犯

黑猫警长有一个强劲的对手"飞毛腿"，这只老鼠奔跑的速度十分惊人，比黑猫警长还要快，几次都被它逃脱了。一次偶然的机会，警长发现"飞毛腿"在湖里划船游玩，这可是一个很好的机会。这个圆形小湖半径为 R，"飞毛腿"划船的速度只有黑猫警长在岸上速度的四分之一。警长沿着岸边奔跑，想抓住要划船上岸的"飞毛腿"。这次"飞毛腿"还能不能侥幸逃脱呢？

54. 对了多少题

一次奥数比赛有 20 道题，做对一题加 5 分，做错一题扣 3 分。婧婧这次没考及格，不过她发现，只要她少错一道题就正好及格。你知道她做对了多少道题吗？

55. 哪桶是啤酒

一位酒商有 6 桶酒，容量分别为 30 升、32 升、36 升、38 升、40 升、62 升。其中 5 桶装着葡萄酒，一桶装着啤酒。第一位顾客买走了 2 桶葡萄酒；第二位顾客所买的葡萄酒则是第一位顾客的 2 倍。请问，哪一个桶里装着啤酒？(酒是要整桶出售的)

56. 12 枚硬币

有 12 枚硬币，包括 1 分、2 分和 5 分，共 3 角 6 分。其中有 5 枚硬币是一样的，那么这 5 枚必须是几分的硬币？

57. 国王的年龄

考古队到沙漠考古，发现了一个墓碑，上面刻着这样几句话："我曾经是一个伟大的国王。在我的一生中，前 1/8 是快乐的童年。过完童年，我花了 1/4 的生命来周游世界，增加自己的才能。在这之后，我继承了皇位，休养生息 4 年后，取得了强大的国力，然后与邻国

开始了持续 12 年的战争。我在位的时间只持续了我生命的 1/2，之后被奸臣推下台，便在绝望中度过了 9 年，也跟着结束了我的一生。"

根据墓碑上的信息，你能算出这个国王的年龄吗？

58. 刷碗

小明和小红是兄妹俩，妈妈让他们去刷碗，自己在客厅里看电视。等到 10 只碗都被刷完的时候，兄妹俩一起走到妈妈面前。妈妈转过脸对他们说："小明，把你刷的碗数乘以 3；小红，把你刷的碗数乘以 4，再把两个数加起来，告诉我答案。"

两人同时回答："34。"

妈妈说："那我知道你们每个人刷多少碗了，小明刷的碗比小红多。"

请你算一下，俩人各刷了几个碗，妈妈是怎么知道的？

59. 水与水蒸气

已知水蒸发变成水蒸气，体积增加了 10 倍，那么如果这些水蒸气再变成水，体积会变为原来的几分之几？

60. 放球问题

把 9 个相同的小球放入编号分别为 1、2、3 的 3 个箱子中，要求每个箱子放球的个数不小于其编号数，则不同的放球方法有多少种？

61. 两支蜡烛

房间里的电灯突然熄灭了：停电了。我的作业还没有写完，于是我点燃了书桌里备用的 2 支新蜡烛，在蜡烛光下继续写作业，直到电又来了。

第二天，我想知道昨晚电停了多长时间。但是当时我没有注意停电和来电时的具体时间，而且我也不知道蜡烛的原始长度。我只记得那2支蜡烛是一样长的，但粗细不同，其中粗的一支燃尽需要5个小时，细的一支燃尽需要4个小时。两支蜡烛是一起点燃的，剩下的残烛都很小了，其中一支残烛的长度等于另一支残烛的4倍。

请你根据上述资料，算出昨天停电的时间有多长。

62. 小到看不出来

在月亮的某一处穿过月心的地方，是一个正圆形。科学家想通过这个正圆给月亮套一个铁环用来发电，供给地球电力。圆环在地球上做好，并且要求不能在月亮上留一点空隙。结果在制作的时候，铁环被多做了2米。这样套在月亮上的时候，肯定会有痕迹的。但是工程负责人却说："2米相对于月球的周长来说太少了，放在月亮上即使有空隙也是完全看不到的。"真的是这样吗？

63. 少卖了2元钱

李大妈在早市卖花，她每天卖黄玫瑰、红玫瑰、蓝玫瑰各24朵，其中每2朵黄玫瑰1元，每3朵红玫瑰1元，每4朵蓝玫瑰1元。有一天，一位路人告诉她如果把3种玫瑰混在一起卖，每9朵卖3元，这样让客人自己搭配能卖的快一些。第二天，李大妈就尝试着这样做，最后玫瑰花卖完了，却只卖了24元，比平时少卖了2元，这2元钱哪里去了呢？

64. 正确时间

在早晨列队检查时，警长问身边的秘书现在几点了。精通数学的秘书回答道："从午夜到现在这段时间的四分之一，加上从现在到午夜这段时间的一半，就是现在的确切时间。"你能算出这段对话发生的时间吗？

65. 猎人打狼

有5个猎人一起去打狼。在晚上整理猎物的时候，发现：A与B共打了14只狼，B与C共打了20只狼，C与D共打了18只狼，D与E共打了12只狼。而且，A和E打的狼的数量一样多。然后，C先把他的狼和B、D的狼放在一起平分为3份，各取其一。然后，其他的人也这么做。D同C、E联合，E同D、A联合，A同E、B联合，B同A、C联合。这样分下来，每个人获得的狼的个数一样多，并且在分的过程中，没有出现把狼分割成块的现象。那么，请问每个人各打了多少只狼吗？

66. 猜年龄

小张在一所学校当老师，最近学校新进两名同事小李和老王。小张想知道小李的年龄。小李喜欢开玩笑，于是对小张说："想知道我的年龄并不难，你猜猜看吧！我的年龄和老王的年龄合起来是48岁，老王现在的年龄是我过去某一年的年龄的两倍；在过去的那一年，老王的年龄又是将来某一年我的年龄的一半；而到将来的那一年，我的年龄将是老王过去当他的年龄是我的年龄三倍时的年龄的三倍。你能算出来我现在是多少岁了吗？"

小张被绕糊涂了，你能帮他算出来小李现在的年龄吗？

67. 有趣的算术题

在什么情况下

24+36=1;

11+13=1;

158+207=1;

46+54=1;

2−1=1。

68. 公平分配

3 个人共同出钱，到镇上去买生活用品，回来后，除了酒之外的其他物品都可以均匀地分成 3 份。由于当时粗心大意，回来后他们才发现买的 21 瓶酒被商家动了手脚：最上面的 7 瓶是满的，中间一层的 7 瓶酒都只有一半，而最下面一层的 7 瓶是空瓶子。去找商家讨账是不太现实的了，3 个人如何公平地分这些酒呢？(提示：2 个半瓶可以合为 1 个满瓶)

69. 曹操的难题

官渡之战，曹操和袁绍对峙数月，曹操的粮草渐渐不支。依照曹军 20 万军队，他还可以支撑 7 天。第二天张辽带着大批人马来援助曹操，两队人马合在一起，曹操一算，现在的粮草还能支撑 5 天。

那你知道张辽带来了多少人吗？

70. 巧分银子

小陈有两个小外甥。一天，他带了一瓶 4 升的果汁去看他们，并想把果汁平分给两个孩子。但是他只找到了两个空瓶子，一个容量是 1.5 升，另一个容量是 2.5 升。那么，有什么办法可以用这三个瓶子把果汁平均分配给他们呢？

71. 酒徒戒酒

有一个人对酒上瘾，一天三顿饭离不开酒，看电视时要喝酒、写东西时要喝酒、无聊了要喝酒、高兴了也要喝酒。但是长此以往身体就扛不住了，医生给他支个招："你这样，第一次喝完之后，你能坚持 1 小时以后再喝吗？"他说："可以。"医生说："那好，第二次间隔时间变成 2 小时，这样可以做到吗？"他说："可以。"医生说："那接下来，第三次的间隔时间是 4 小时，以此类推，第四次是 8 小时……每次间隔时间都是上次的两倍。如果你能坚持，一定能戒掉酒的。"你知道这是为什么吗？

72. 排队

在一个军队里，首长正让士兵按一个奇怪的方式排队：第一排站 1 个人，第二排 1 个人，第三排 2 人，第四排 3 人，第五排 5 人，第六排 8 人。那么你知道第十排有多少人吗？

73. 拨开关

对一批编号为 1～100，全部开关朝上(开)的灯依次进行以下操作：

凡是 1 的倍数，反方向拨一次开关；

2 的倍数，反方向又拨一次开关；

3 的倍数，反方向又拨一次开关；

……

依此类推。

问：最后为关熄状态的灯的编号是多少。

74. 数学教授的问题

有一个数学教授出了一道题来考他的儿子，题目是这样的：有一条很长的阶梯，如果每步跨 2 个台阶，那么最后剩下 1 个台阶；如果每步跨 3 个台阶，那么最后会剩下 2 个台阶；如果每步跨 4 个台阶，那么最后剩下 3 个台阶；如果每步跨 5 个台阶，那么最后会剩下 4 个台阶；如果每步跨 6 个台阶，那么最后会剩下 5 个台阶；如果每步跨 7 个台阶，那么正好不会剩下台阶。请问，这条阶梯最少有多少阶？

75. 两手数数

从左手的拇指开始数，到左右小指，再从左手小指到右手拇指，然后折回去，经过两个小指再到左右拇指(折回去数时两拇指都不重复计数)，问第 2000 根手指是哪个？

76. 相差的银子

一个财主死了，留下了 100 两银子的财产。他有 10 个儿子，遗嘱要求从小到大，每两人相差的银子数量都一样，而且又要给第八个儿子分到 6 两银子。10 个儿子你看看我我看看你，都不知道该怎么分。你能帮他们分清这笔遗产吗？每两个人相差的银子是多少？

77. 卖大米

有个米贩子出售两种大米，一种是 10 元 3 千克，一种是 10 元 5 千克。每天这两种大米都可以卖出去 30 千克，一共收入 160 元。因为这两种大米从外表上看起来差不多，只是口感略有不同，一天老板不小心把两种大米混合在一起了，每种各 30 千克。于是他就以 20 元 8 千克的价格一起出售这些混合起来的大米。但是到晚上结账的时候，发现只卖了 150 元，少卖了 10 元钱。

那么，那 10 元钱哪里去了？难道是老板找错钱了吗？

78. 称盐

现有 9 千克盐，以及 50 克和 200 克的砝码各一个。问怎样用天平称出 2 千克盐？只许称 3 次。

79. 老板娘分酒

一人去酒店买酒，他明明知道店里只有两个舀酒的勺子，分别能舀 7 两和 11 两酒，却硬要老板娘卖给他 2 两酒。老板娘很聪明，用这两个勺子在酒缸里舀酒，并倒来倒去，居然量出了 2 两酒，你能做到吗？

80. 分米

有一个商人挑着担子去集市上卖米。他要把 10 千克米平均分在两个箩筐中以保持平衡，但手中没有秤，只有一个能装 10 千克米的袋子，一个能装 7 千克米的桶和一个能装 3 千克米的脸盆。请问：他应该怎样平分这 10 千克米呢？

81. 求数字

5 个一位整数之和为 30，其中一个是 1，一个是 8，而这 5 个数的乘积是 2520。你能说出余下的是哪 3 个数吗？

82. 猜猜年龄

小张和小王在路上遇见了小王的三个熟人 A、B、C。

小张问小王："他们三个人今年多大？"

小王想了想说："那我就考考你吧：他们三人的年龄之和为我们两人的年龄之和，他们三人的年龄相乘等于

2450。"

小张算了算说："我还是不知道。"

小王听后笑了笑说："那我再给你一个条件：他们三人的年龄都比我们的朋友小李要小。"

小张听后说："那我知道了。"

最后问小李的年龄是多少？

83．分蛋糕

小霞过生日，家里来了 19 个同学。爸爸买了 9 个小蛋糕来招待这 20 个小朋友。怎么分呢？不分给谁也不好，应该每个人都有份。那就只有把这些蛋糕切开了，可是切成碎块儿太难吃了，爸爸希望每个蛋糕最多分成 5 块儿。

请问你有什么办法吗？

84．凑钱买礼物

母亲节就要到了，三个孩子想凑钱合伙给妈妈买一个礼物，他们把衣兜里所有的钱都掏出来，看看一共有多少钱。结果一共只有 32 元。其中有两张纸币是 10 元的，两张是 5 元的，两张是 1 元的。每个孩子所带的钱中没有两张是相同面值的。而且，没带 10 元纸币的孩子也没带 1 元的纸币，没带 5 元纸币的孩子也没带 10 元的纸币。

你知道这三个孩子原来各自带的纸币都是多少面值吗？

85．可能及格吗？

李强参加一次考试，考题是 100 道选择题，每道选择题有 4 个选项，只要答对其中的 50 道题就算及格了。就概率来说，随便答也能答对四分之一，也就是 25 道题，而且李强还有 30 道题是有把握的，他能及格吗？

86．调时间

一名猎人常年住在山里，家里只有一个挂钟用来看时间。一天早上他起床时发现挂钟停了，于是他把挂钟调到 7 点 10 分后，就下山去市集卖猎物去了。当路上经过火车站时，他看到墙上的大钟显示是 8 点 50 分。他卖完猎物又以原来的速度原路返回，在经过火车站时又看了一眼大钟，是 10 点 20 分。到家以后，他发现家里挂钟显示时间为 11 点 50 分。

请问：此时猎人该把挂钟调到几点几分？

87．往返旅行

某人进行一次 C 和 D 之间的往返旅行，希望在整个旅行中能够达到 60km/h 的平均速度，但是当他从 C 到达 D 的时候发现平均速度只有 30km/h。问他应当怎么做才能够使这次往返旅行的平均速度达到 60km/h。

88．药剂师称重

现有 300 克的药粉，要把它们分成 100 克和 200 克的两份。如果天平只有 30 克和 35 克的砝码各一个，你能不能运用这两个砝码在称两次的情况下把药粉分开？

89．有多少香蕉

大猴子、中猴子、小猴子 3 个一起在树上摘了一堆香蕉，等它们把香蕉运到家后，都累得不行了，于是它们决定躺下睡觉，等醒后再分。过了一会儿，大猴子先醒来，看看另两只猴子还在睡觉，便自作主张将地上的香蕉分成 3 份，发现多了一个，就把那个香蕉吃了，然后拿着自己的那份走了。中猴子第二个醒来，说道：怎么大猴子没拿香蕉就走了？不管他，我把香蕉分一下。于是也将香蕉分成3份，发现也多一个，也把多的那个给吃了，拿着自己那份走了。小猴子最后一个醒来，奇怪两个猴子怎么都没拿香蕉就走了？于是又将剩下的香蕉分成3份，发现也多一个，便也把它吃了，拿着自己那份走了。

请问，一开始最少有多少个香蕉？

90. 赌注太小

王丫丫和李蛋蛋在玩一个小小的赌博游戏。王丫丫开始分牌，并且定下了以下规则：第一局输的人，输掉他所有钱的 1/5；第二局输的人，输掉他那时拥有的 1/4；而第三局输的人，则须支付他当时拥有的 1/3。

于是他们开始玩，并且互相间准确付了钱。第三局李蛋蛋输了，付完钱后他站起来说："我觉得这种游戏投入的精力过多，回报太少。直到现在我们之间的钱数，总共才相差 7 元钱。"这自然是很小的赌博，因为他们合起来一共也只有 75 元钱的赌本。

试问，在游戏开始的时候王丫丫有多少钱呢？

91. 走地砖

一个房间的地面由16×14块儿地砖铺就而成。有一个人从房间的一角按对角线直线方向走到房间的另一角，你能否算出他走过了几块儿地砖？

92. 哪个士兵说了谎

部队举行打靶比赛。靶纸上的1、3、

5、7、9表示该靶区的得分数。甲、乙、丙、丁四位士兵各射击了 6 次，每次都中了靶。

比赛完之后他们这样说：

甲说：我只得了 8 分。

乙说：我共得了 56 分。

丙说：我共得了 28 分。

丁说：我共得了 27 分。

请想一想，他们所讲的分数可能吗？可能的话，请说出他们每次打靶的得分数；不可能的话，猜一猜哪个士兵说了谎？

93. 三个数

有三个不是 0 的数的乘积与它们之和是一样的。请问：这三个数是什么？

94. 1=2？

假设：a=b 且 a，b>0
所以：ab=bb
ab-aa=bb-aa
a(b-a)=(b+a)(b-a)
a=b+a
a=2a
1=2
上面的证明过程哪里错了？

95. 正方形求和

将 1～9 九个数字排列在一个 3×3 的方格中，使得最上面一行构成的 3 位数加上第二行的 3 位数，等于第三行的 3 位数。你能找出几组这样的式子？

96. 写成多少

如果 8 千、8 百、8 可以写成8808，那么 11 千、11 百、11 可以写成多少？

97. 加符号

在下面的数字中间添上四则运算符号，使得数等于 50。

1 2 3 4 5 6 7 8 9=50
1 2 3 4 5 6 7 8 9=50
1 2 3 4 5 6 7 8 9=50

98. 有多少个答案

在下面的数字中间添上一些加、减运算符号，使得数等于 100。你能找到多少种填法？

123456789=100

99. 数字 4 的魔术

你能否仅用数字 4 的组合就可以表示 0 到 10？你可以用任何四则运算符号(加法、减法、乘法、除法和括号)，而且你可以用任意多的 4。但要尽量找出每个数字的最简表示方法。

100. 仅用加法

在下面的 8 个"8"中的合适位置加入"+"，使等式成立。

88888888=1000

101. 2009 的问题

在下面的 12 个 3 中间添上运算符号，使等式成立。

333333333333=2009

102. 填数字

在下面的每个括号中填入不同的 1～9 中的数字，使等式成立。你最多有多少种填法呢？

( )( )( )+( )( )( )=( )( )( )

103. 思维算式

老师在黑板上写了 1～9 九个阿拉伯数字，要求用这 9 个数字组成 3 个算式，每个数字只能用 1 次，而且只允许用加号和乘号。你能列出来吗？

104. 钟表慢几分

把每小时慢 10 分钟的表在 12 点时校对了时间。当这个表再次指向 12 点时，标准时间是多少？

105. 猫兔赛跑

森林里举行田径冠亚军决赛。猫和兔子是唯一一对进入决赛的选手。发令枪声刚一响，反应灵敏的兔子立刻冲出了线外。猫突然发现兔子已经奔跑到了离它 10 步远的前方，便开始奋起直追。猫的步子大，它跑 5 步的路程，兔子要跑 9 步。但是兔子的动作快，猫跑 2 步的时间，兔子能跑 3 步。

请问：按照这样的速度，猫能追上兔子吗？如果能追上，它要跑多少路程才能追上兔子？

106. 门牌号码

有一家宾馆的门牌号是从左到右、用阿拉伯数字写的 4 位数字。有一天，一个门牌掉了，服务员重新放上去的时候却把它放反了。最后发现此时的门牌号仍然是一个 4 位的阿拉伯数字，但是比原来的数字多了 7875。请问这个房间的门牌号到底是多少？

107. 计算机语言

在计算机语言中有一种逻辑运算，两个数同一位上都是 0 时，其和为 0；一个为 0、一个为 1 或两个都是 1 时，其和为 1。那么，如果和为 0，则两个数应为多少？

108. 分割立方体

有一个长宽高都是 3 厘米的立方体，在它的 6 个表面上都涂上油漆。现在将它锯成 27 块长宽高都是 1 厘米的小立方体。请问：小立方体中，三面有油漆、两面有油漆、一面有油漆和没有油漆的立方体各有几个？

109. 蠕虫的旅程

一条蠕虫只会沿着 2 厘米×2 厘米×3 厘米的盒子边缘缓慢爬行。如果不能走已经走过的路，这条蠕虫最长能爬多少厘米？

110. 几个酒徒比酒量

一群酒徒聚在一起要比酒量。先上一瓶，各人平分。这酒特别厉害，一瓶喝下来，当场就倒了几个。接着再来一瓶，在余下的人中平分，结果又有人倒下。虽然现在能坚持的人已经很少，但总要决出个雌雄来。于是又来一瓶，还是平分。这下总算有了结果，全倒了。只听见最后倒下的酒徒中有人说道："嘿，我正好喝了一瓶。"

你知道一共有多少个酒徒在一起比酒量吗？

111. 选数字

老师让甲、乙、丙、丁 4 名同学分别从数字 1～9 中选出两个数字，他们之间选择的数字不能有重复。而且要求甲选的两个数字之和必须是 10；乙选择的两个数字之差必须是 1；丙选择的两个数字之积是 24；丁选择的两个数字之商是 3。

你知道这 4 个人分别选择了哪两个数字吗？而最后剩下的那个数字又是几呢？

112. 走路的孩子

一个孩子刚学了关于角度的知识，非常兴奋，便带上一个大的量角器，从一个点出发，向前走了 1 米，然后就向左转 15 度；再向前走 1 米，然后再向左转 15 度……他这样走下去，可以回到他的出发点吗？如果可以的话，他一共走了多少米的路程？

113. 掷硬币游戏

两个男孩轮流掷一枚硬币，并且说好谁掷到正面朝上硬币就归谁。如果不在硬币上做手脚，谁有优势呢？

114. 苹果和梨

水果摊上剩下了几个苹果和梨。已知用苹果的个数乘以梨的个数，再把这个乘积放在镜子里照一下，得到的数正好是苹果和梨的个数的总和。请问苹果和梨各有多少个？

115. 取黑白球

甲盒放有 P 个白球和 Q 个黑球，乙盒中放有足够的黑球。现每次从甲盒中任取两个球放在外面。当被取出的两球同色时，需再从乙盒中取一个黑球放回甲盒；当取出的两球异色时，将取出的白球再放回甲盒。最后，甲盒中只剩两个球，问剩下一黑一白的概率有多大？

116. 最后剩下的是谁

1～50 号运动员按顺序排成一排。教练下令："单数运动员出列！"剩下的运动员重新排队编号。教练又下令："单数运动员出列！"如此下去，最后只剩下一个人，这个人原来是几号运动员？如果教练下的令是"双数运动员出列！"最后剩下的又是谁？

117. 母子的年龄

一天，华华和妈妈一起在街上走，遇见了妈妈的同事。妈妈的同事问华华今年几岁，华华说，妈妈比我大 26 岁，4 年后妈妈的年龄是我的 3 倍。你能猜出华华和她妈妈今年各多少岁吗？

118. 拔河比赛

明明一家八口人举行拔河比赛。其中三场比赛的结果如下：

第一场：父亲为一方，五个孩子(两男三女)为另一方进行比赛，父亲输了；

第二场：母亲为一方，五个孩子(一男四女)为另一方进行比赛，母亲赢了；

第三场：父亲加一个儿子为一方，母亲加三个孩子(三女)为另一方进行比赛，父亲的一方赢了。

问：母亲加两个男孩与父亲加三个女孩进行拔河比赛，结果将会怎样？

119. 平衡还是不平衡

毕达哥拉斯是古希腊著名的数学家，门下弟子众多。在一次讲课中，他拿出四架天平，分别在两边放上一些几何物体，同种形状的物体大小、重量都相等。毕达哥拉斯问众弟子："你们谁能告诉我，根据前三架天平的状态来看，第四架天平是不是平衡？"众弟子面面相觑，无人能答。你能解答这个问题吗？

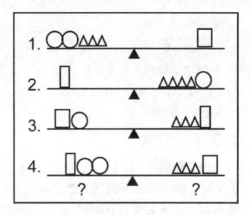

120. 幼儿园的游戏

幼儿园大班在玩一个游戏：一个正方形的房间，每边长 6 米。甲、乙、丙、丁 4 个小朋友按顺时针方向分别待在房间的 A、B、C、D 4 个角上。从同一时刻起，4 个小朋友一起开始慢步走。甲小朋友的目标始终是乙小朋友，乙的目标始终是丙，丙的目标始终是丁，丁的目标始终是甲。小朋友的速度是每秒 30 厘米。

经证明，4 个小朋友一定会在房间的正中央相聚。

请问：从小朋友开始走到相聚需要多长时间？

121. 趣味填数

请在( )内分别填入 1、2、3、4、5、6 六个数字，使之成为三道等式。

21×( )8=( )218

81×( )3=18( )3

79×( )3=3( )97

122. 2009 年和 2010 年

将 1～9 九个数字填入下面的括号中，使等式成立，并且每个括号只能填一个数字，每个数字在一个式子中只能出现一次。

( )( )( )×( )+( )( )×( )+
( )+( )=2009

( )( )( )×( )+( )( )×( )+
( )×( )=2010

123. 三个等式

请分别将 1、2、3、4、5、6、7、8、9 这九个数字填在下面三个算式的九个括号内，使等式成立。

( )+( )=( )

( )−( )=( )

( )×( )=( )

124. 趣味数学

在下面的数字中间，加上加减乘除和括号，使等式成立。

123=1

1234=1

12345=1

123456=1

1234567=1

12345678=1

125. 有趣的等式

你能借助加减乘除符号，用九个 9 来表示 1000 吗？

999999999=1000

126. 最后的两位数

76 的 76 次方的最后两位数是多少？

127. 拼凑出 10

请在下图的 4 张牌之间添加( )、+、×、÷这五种符号(顺序不限)，使计算结果是 10。

128. 四人取牌

有 1～9 九张扑克牌。甲、乙、丙、丁四人每人取两张。另有一张扑克多余。

甲说：我两张的数字之和是 10；

乙说：我两张的数字之差是 1；

丙说：我两张的数字之积是 24；

丁说：我两张的数字之商是 3。

请问他们四人各拿了哪两张纸牌，剩下的一张又是什么牌？

129. 翻黑桃

四张 A 背面朝上摆在你面前，发牌者告诉你，黑桃 A 在前三张里的概率是 90%。现在你翻开前两张发现都不是黑桃。请问黑桃 A 是第三张和第四张的概率分别是多少？

130. 六色相同

从一副完整的扑克牌中至少抽出多少张，才能保证 6 张牌的花色相同？

131. 红黑相同

现有一副去掉两张王的扑克牌共

52 张。 把它洗匀后，分成 A、B 两组，各 26 张。请问，这时 A 组中的黑色牌数和 B 组中的红色牌数相同的概率有多大？

132．手里的剩牌

三个人一起玩牌，玩到一半的时候统计各自手里的剩牌张数。小王说："我还剩 12 张，比小李少 2 张，比小张多 1 张。"小李说："我剩的张数在三个人中不是最少的，小张和我相差了 3 张，他剩了 15 张。"小张说："我剩的张数比小王少，小王剩了 13 张，小李剩了 11 张。"如果三个人每个人说的三句话中只有两句是正确的，那么他们分别剩了多少张呢？

133．四四图

把 1～16 这 16 个数字依次排成 4 行 4 列，使得每行每列和对角线 4 个数字的和都为 34。请问怎么排？

134．鸡兔同笼

今有鸡兔同笼，上有 35 个头，下有 94 只脚。问鸡兔各几只？

135．有女善织

有一位善于织布的妇女，每天织的布都比前一天翻一番。五天共织了 62 尺布，请问她这五天各织布多少尺？

136．利息问题

"今有人举取他绢，重作劵，要过限一日息绢一尺，二日息二尺，如是息绢日多一尺。今过限一百日。问息绢几何？"

意思是说：一个债主拿借方的绢作为抵押品，债务过期一天要纳 1 尺绢作为利息，过两天利息是 2 尺。这样，每天利息增多 1 尺。现在请问，如果过期 100 天，共需要缴纳利息多少尺绢？

137．良马与驽马

"今有良马与驽马发长安至齐。齐去长安三千里。良马初日行一百九十三里，日增十三里；驽马初日行九十七里，日减半里。良马先至齐，复还迎驽马。问几何日相逢及各行几何？"

意思是说：有好马和劣马同时从长安出发去齐。齐离长安 3000 里。好马第一天走 193 里。以后每天比前一天增加 13 里；劣马第一天走 97 里，以后每天比前一天减少半里。好马先到达齐，马上回头去迎接劣马。问一共走了多少天两马才能相遇？这时两马各走了多少里？

138．黑蛇进洞

一条长 80 安古拉(古印度长度单位)的大黑蛇，以 $\frac{5}{14}$ 天爬 $7\frac{1}{2}$ 安古拉的速度爬进一个洞，而蛇尾每 $\frac{1}{4}$ 天却要长 $\frac{4}{11}$ 安古拉。请问黑蛇需要几天才能完全爬进洞？

139．三女刺绣

"今有三女各刺文一方，长女七日刺讫，中女八日半刺讫，小女九日太半刺讫。今令三女共刺一方，问几何日刺讫？"

意思是说：有三个女子各绣一块花样，大女儿用了 7 天时间绣完，二女儿用了 8 天半绣完，小女儿用了 $9\frac{2}{3}$ 天绣

完。现在三个女子一起来绣这块花样，得用多少天时间绣完？

140. 紫草染绢

"今有绢一匹买紫草三十斤，染绢二丈五尺。今有绢七匹，欲减买紫草，还自染余绢。问减绢、买紫草各几何？"

意思是说：用一匹绢能换紫草 30 斤，这 30 斤紫草能染 25 尺绢。现在有 7 匹绢，准备用其中一部分去换紫草，来染剩下的绢。问：要拿多少绢去换紫草？换多少斤紫草？

按古法：1 匹等于 4 丈，1 丈等于 10 尺。

141. 耗子穿墙

两只老鼠想见面，可是隔着一堵墙，于是它们齐声喊道："咱们一起打洞吧！"于是，它们找了一处对着的地方打起洞来。这两只老鼠一大一小，头一天各打进墙内一尺。大鼠越干越有劲，以后每天的进度都比前一天多一倍；小鼠越干越累，以后每天的进度却都是前一天的一半。现在知道墙壁厚五尺，问几天后它们才能会面？大小老鼠各打穿了几尺？

142. 数不知总

"今有数不知总，以五累减之无剩，以七百十五累减之剩十，以二百四十七累减之剩一百四十，以三百九十一累减之剩二百四十五，以一百八十七累减之剩一百零九，问总数若干？"

意思是说：现在有一个数，不知道是多少。用 5 除可以除尽；用 715 除，余数为 10；用 247 除，余数是 140；用 391 除，余数是 245；用 187 除，余数

是 109。问这个数是多少？

143. 余米推数

"有米铺诉被盗，去米一般三箩，皆适满，不记细数。今左壁箩剩一合，中间箩剩一升四合，右壁箩剩一合。后获贼，系甲、乙、丙三人，甲称当夜摸得马勺，在左壁箩满舀入布袋；乙称踢得木屐，在中箩舀入袋；丙称摸得漆碗，在右壁箩舀入袋，将归食用，日久不知数。索到三器，马勺满容一升九合，木屐容一升七合，漆碗容一升二合。欲知所失米数，计赃结断，三盗各几何？"

意思是说：一天夜里，某粮店遭窃，店里的 3 箩米所剩无几。官府派员勘查现场发现，有 3 个同样大小的箩，第一个剩 1 合米，第二个剩 14 合米，第三个剩 1 合米。当问及店老板丢失多少米时，回答说，只记得原来三箩米是一样多的，具体丢多少不清楚。后来抓到了三名盗贼，他们供认：甲用马勺从第一箩里掏米，乙用木屐从第二箩里掏米，丙用大碗从第三箩里掏米，每次都掏满。经测量，马勺容量为 19 合，木屐容量为 17 合，大碗容量为 12 合。问三名小偷各偷走了多少米？(合是一种传统米容器，10 合为 1 升，10 升为 1 斗，10 斗为 1 石)

144. 五家共井

"今有五家共井，甲二绠不足，如乙一绠；乙三绠不足，如丙一绠；丙四绠不足，如丁一绠；丁五绠不足，如戊一绠；戊六绠不足，如甲一绠。如各得所不足一绠，皆逮。问井深、绠长各几何？"

意思是说：现在有五家共用一口

井，甲、乙、丙、丁、戊五家各有一条绳子汲水(下面用文字表示每一家的绳子)：甲×2+乙=井深，乙×3+丙=井深，丙×4+丁=井深，丁×5+戊=井深，戊×6+甲=井深，求甲、乙、丙、丁、戊各家绳子的长度和井深。

145. 余数问题

"二数余一，五数余二，七数余三，九数余四，问本数。"

意思是说：一个数，用 2 除余 1，用 5 除余 2，用 7 除余 3，用 9 除余 4，问这个数最小是几?

注：本数即为最小值。

146. 汉诺塔问题

古印度有个传说：神庙里有三根金刚石棒，第一根上面套着 64 个圆金片，自下而上从大到小摆放。有人预言，如果把第一根石棒上的金片全部搬到第三根上，世界末日就来了。当然，搬动这些金片是有一定规则的，可以借用中间的一根棒，但每次只能搬动一个金片，且大的金片不能放在小的金片上面。为了不让世界末日到来，神庙众高僧日夜守护，不让其他人靠近。这时候，一个数学家路过此地，看到这样的情景，笑了！

他为什么笑？

147. 铜币问题

12 世纪时，印度数学家婆什迦罗也曾编了一道习题：

某人对一个朋友说："如果你给我100 枚铜币，我将比你富有 2 倍。"朋友回答说："你只要给我 10 枚铜币，我就比你富有 6 倍。"问这两人各有多少铜币？

148. 兔子问题

十三世纪，意大利数学家伦纳德提出下面一道有趣的问题：如果每对大兔每月生一对小兔，而每对小兔生长一个月就能成为大兔，并且所有的兔子全部存活，那么有人养了初生的一对小兔，一年后共有多少对兔子？

149. 柯克曼女生散步问题

这个女生散步问题是由英国数学家柯克曼(1806—1895)于 1850 年提出来的。具体问题表述如下：

一个学校有 15 名女生，她们每天要做三人行的散步。要使每个女生在一周内的每一天做三人行散步时，与其他同学在组成三人小组同行时，彼此只有一次相遇在同一小组内，应怎样安排？

150. 阿基米德分牛问题

太阳神有一牛群，由白、黑、花、棕四种颜色的公、母牛组成。在公牛中，白牛数多于棕牛数，多出之数相当于黑牛数的 $\frac{1}{2}$；黑牛数多于棕牛数，多出之数相当于花牛数的 $\frac{1}{3}$；花牛数多于棕牛数，多出之数相当于白牛数的 $\frac{1}{4}$。

在母牛中，白牛数是全体黑牛(包括公牛)数的 $\frac{1}{3}$；黑牛数是全体花牛数 $\frac{1}{4}$；花牛数是全体棕牛数的 $\frac{1}{5}$；棕牛数是全体白牛数的 $\frac{1}{6}$。

问这群牛最少有多少头,是怎样组成的?

151. 三十六名军官问题

大数学家欧拉曾提出这样一个问题:从不同的 6 个军团中各选 6 种不同军阶的 6 名军官共 36 人,排成一个 6 行 6 列的方队,使得各行各列的 6 名军官恰好来自不同的军团而且军阶各不相同。应如何排这个方队?

152. 牛顿的牛吃草的问题

英国大数学家牛顿曾编过这样一道数学题:牧场上有一片青草,每天都生长得一样快。这片青草供给 10 头牛吃,可以吃 22 天;或者供给 16 头牛吃,可以吃 10 天。如果供给 25 头牛吃,可以吃几天?

153. 欧拉遗产问题

欧拉遗产问题是大数学家欧拉的数学名著《代数基础》中的一个问题。题目是这样的:

一位父亲,临终时嘱咐他的儿子们这样来分配他的财产:第一个儿子分得 100 克朗和剩下财产的十分之一;第二个儿子分得 200 克朗和剩下财产的十分之一;第三个儿子分得 300 克朗和剩下财产的十分之一;第四个儿子分得 400 克朗和剩下财产的十分之一……按这种方法一直分下去,最后,每一个儿子所得财产一样多。

问:这位父亲共有几个儿子?每个儿子分得多少财产?这位父亲共留下了多少财产?

154. 埃及金字塔的高度

世界闻名的金字塔,是古代埃及国王们的坟墓。这些建筑雄伟高大,因形状像个"金"字,故而称为金字塔。它的底面是个正方形,塔身的四面是倾斜着的等腰三角形。两千六百多年前,埃及有位国王,请来一位名叫法列士的学者测量金字塔的高度。

按照当时的条件,你知道该怎么计算吗?

155. 古罗马人遗嘱问题

传说,有一个古罗马人,在他临死时,给怀孕的妻子写了一份遗嘱:生下来的如果是儿子,就把遗产的 2/3 给儿子,母亲拿 1/3;生下来的如果是女儿,就把遗产的 1/3 给女儿,母亲拿 2/3。结果这位妻子生了一男一女,该怎样分配,才能接近遗嘱的要求呢?

156. 苏步青跑狗问题

我国著名数学家苏步青教授有一次在德国访问,德国一位有名的数学家在电车上给他出了一道题:"甲、乙两人相向而行,距离为 50km。甲每小时走 3km,乙每小时走 2km。甲带一只狗,狗每小时跑 5km,狗跑得比人快,同甲一起出发,碰到乙后又往甲方向走,碰到甲后又往乙方向走,这样继续下去,直到甲、乙两人相遇时,这只狗一共跑了多少千米?"(假设狗的速度恒定,且不计转弯的时间。)

157. 哥德巴赫猜想

哥德巴赫是二百多年前德国的数学家。他发现一个规律:

每一个大于或等于 6 的偶数,都可以写成两个素数的和(简称"1+1")。如:10=3+7,16=5+11 等等。他检验了很多偶数,都表明这个结论是正确的。但他无法从理论上证明这个结论是对的。1748 年他写信给当时很有名望的大数学家欧拉,请他指导。欧拉回信说,他相信这个结论是正确的,但也无法证明。因为没有从理论上得到证明,所以这个问题只是一种猜想,我们就把哥德巴赫提出的这个问题称为哥德巴赫猜想。

世界上许多数学家为证明这个猜想做出了很大的努力,他们由"1+4"→"1+3"到 1966 年我国数学家陈景润证明了"1+2"。也就是任何一个充分大的偶数,都可表示成两个数的和,其中一个是素数,另一个或者是素数,或者是两个素数的积。

你能把 100、50、20 这三个偶数,写成两个素数的和吗?

158. 筑堤问题

"今有官司差夫一千八百六十四人筑堤,只云初日差六十四人,次日转多七人。每人日支米三升,共支米四百三十石九斗二升。问筑堤几日?"

意思是说:官府派遣民夫 1864 人去修堤,第一天派 64 人,以后每天增加 7 个人。每人每天发 3 升米,共发了 430 石 9 斗 2 升米。问共修堤几天?

注:用总人数算出天数,再用总米数算出天数,互相对照。

159. 是否平衡

请确认这个系统是否会平衡?

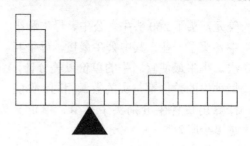

160. 兄弟的年龄

四年前,哥哥的年龄是弟弟的 2 倍,四年后,哥哥的年龄是弟弟的 4/3。问现在哥哥和弟弟各多少岁?

161. 小明的喜好

在数字中,小明喜欢 25 不喜欢 30,喜欢 900 不喜欢 800,喜欢 169 不喜欢 170。你知道这是为什么吗?

162. 现在几点

从"现在"开始,两个小时以后到中午 12 点之间的时间是一个小时以后到中午 12 点之间的时间的一半。请问"现在"指得是几点?

163. 组成 100

从下面几个数中挑出若干个,使其相加等于 100。你能找出选用数字最少的方法吗?(每个数字只能用一次)

2、5、8、17、29、37、46、67、88

164. 猜数字

有一个整数数字,它在 1~36 之间;它是个奇数,可以被 3 整除;个位数与十位数相加和在 4~8 之间;个位数与十位数相乘积也在 4~8 之间。

你知道这个数字是几吗?

165. 买牛

一个牧场主去买牛,一共花了 260

美元，买了 260 头牛。公牛、母牛和小牛各买了一些，其中公牛最贵，母牛其次，小牛最便宜。牛的单价以美分计，每种牛的单价都与买的数量相同。你能计算出每种牛分别买了多少？单价又是多少吗？

166. 数数字

一天，才上幼儿园的小明在数数，他按从小到大的顺序数。妈妈从他数到某个数字开始计算，一直计算了连续的 9 个自然数，得到和为 54。请问：妈妈是从哪个数字开始计算的？

167. 神奇的公式

魔术师有一个神奇的公式，只要你按照他的公式计算出答案，他就可以知道你的出生日期和年龄。这个公式是这样的：(4 位的出生月日)×100+20×10+165+(2 位的年龄)=？

你知道这是为什么吗？

168. 触礁

一天，一艘轮船触礁了，大约有 25 分钟就会沉没。轮船备有一只可以载 5 人的皮划艇，从沉船到最近的小岛要 4 分钟时间。请问最多有几人可以获救？

169. 如何计算

下面这个算式，如何计算可以又快又准呢？

1×2×3×10×15×30=？

170. 促销

一家服装店促销某件衣服。原价为 300 元，第一次促销时，价格为 240 元；第二次促销时为 192 元；第三次促销时为 153.6 元。

如果你仔细观察，会发现，三次促销是按照同一个规律定的价格。你知道是什么规律吗？

171. 穿越沙漠

某人准备徒步穿越一片沙漠。但是问题来了，一个人只能携带够他 4 天食用的粮食，而穿越这片沙漠需要 6 天。所以这个人需要请一些人帮他搬运粮食。请问他需要请几个搬运工？当然，搬运工也同样需要吃粮食。

172. 合伙买啤酒

四个人打算合伙买啤酒，到了商店之后，发现四个人带的钱各不相同。其中甲的钱加上 3 元等于乙的钱减 3 元，等于丙的钱乘以 3，等于丁的钱除以 3。而四个人的钱数一共是 112 元。请问每个人分别带了多少钱？

173. 两个四位数

在下面的一长串数字中，找出两个连续的四位数，而且这两个数的和为 7243。你知道这两个四位数分别是什么吗？

15646625817380

174. 猜数字

放学后，小明回到家中，和爸爸玩起了一个很好玩的猜数字游戏。这个游戏很好玩，爸爸从 1～1024 中任意选择一个整数，记在心中。然后如实回答小明提出的 10 个问题，小明总能猜出爸爸想的数字是什么。你知道这 10 个问题是如何设计的吗？

175. 卖报纸

一天，某报刊亭一共卖掉 50 份《日报》、60 份《晚报》、70 份《晨报》。其中有 14 个人买了《晚报》和《晨报》，12 个人买了《日报》和《晚报》，13 个人买了《日报》和《晨报》。还有 3 个人 3 种报纸都买了。请问这一天，一共来了多少名顾客？

176. 奇妙的数列

下面这个数列很奇妙，需要注意的是最后一个圆圈里，确实是"7"而不是"8"。你能找出它的规律吗？并填出问号处空缺的数字。

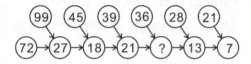

177. 拼车

两个人拼车打的。第一位乘客坐了 4 公里，就要下车；第二位乘客要继续走 4 公里才下车。车费一共是 24 元。请问两个人该如何分担车费才最公平呢？

178. 灯泡组合

一户人家装修，共买了两种灯：一种是中间一个大灯，旁边三个小灯的三星映月灯；一种是中间一个大灯，旁边 6 个小灯的六星拱月灯。装修完毕后发现，两种灯共用掉大灯泡 16 只，小灯泡 66 只。你知道他家一共有多少个三星映月灯，多少个六星拱月灯吗？

179. 伪慈善

一个小伙子经常向身边的朋友们炫耀，称自己经常给那些无家可归的人施舍金钱。一天，他又说："昨天我又施舍了 50 个 1 元的硬币给 10 个流浪汉。不过我没有把这些钱平均分给他们，而是根据他们的贫穷程度施舍的。每个人最少给了一个 1 元硬币，而且他们每个人得到的硬币数各不相同。"

"你在撒谎。"一位听到这话的小孩当众指出。

小伙子恼羞成怒："你凭什么说我撒谎，我确实给他们了，也是按我说的方式分配的。你有什么证据说我撒谎？"

小孩解释了一番，大家一听都明白了。原来小伙子确实在说谎。

你知道小孩的理由是什么吗？

180. 李白喝酒

李白去买酒，提壶街上走。
遇店加一倍，见花喝一斗。
三遇店与花，喝光壶中酒。
试问酒壶中，原有多少酒？

181. 几个苹果

小明有一些苹果，他吃了一个，然后把剩下的一半分给了弟弟。接着他又吃了一个，然后把剩下的一半分给了妹妹。这时他还有 5 个苹果。

请问，小明开始的时候有几个苹果？

182. 密码

一个人在银行开立了一个账号，需要设定一个密码。密码为 4 位，前两位是字母，需要从 26 个英文字母中选择；后两位是数字，需要从 0～9 十个数字中选择。

请问，他的密码有多少种可能性？

183. 填数字

把数字 1~9 九个数字填入到下面的空格中，使得它们组成 5 个数字(其中 2 个一位数，2 个两位数，1 个三位数)，且中间的三位数分别等于两边两个数的乘积。你知道该怎么填吗？

184. 聚会的日期

有三个人是好朋友，他们经常一起聚会。可是这三个人都有怪脾气：甲只在晴天和阴天可以出去，下雨天绝对不出去；乙只在阴天和下雨天出去，晴天绝对不出去；丙只在晴天和下雨天出去，阴天绝对不出去。请问这三个人能聚会吗？

185. 买书

小明从书店买了一本书，共有 200 页。从第 3 页到第 12 页这 10 页上有小明非常喜欢的一个故事，所以小明把它们撕了下来，收藏在自己的故事本中。这样这本书就剩下了 190 页。然后，小明又发现第 88 页到第 107 页这 20 页上也有一个非常精彩的故事，他把这 20 页也撕下来收藏。那么这本书还剩下多少页呢？

186. 不变的三位数

随便写一个三位数，然后在这个三位数后面再写一次这个三位数，这样就变成了一个六位数。把这个六位数除以 7，然后用结果除以 11，最后再除以 13，所得的结果还是这个三位数。你知道这是为什么吗？

187. 三角数

根据勾股定理，两个数的平方和正好等于第三个数，那么这样的三个数叫作三角数。下面有一些三角数：

$3^2+4^2=5^2$；

$5^2+12^2=13^2$；

$7^2+24^2=25^2$；

$9^2+40^2=41^2$；

$11^2+60^2=61^2$；

$13^2+84^2=85^2$；

……

根据这个规律，你能推出下一组三角数是什么吗？

188. 五位数

有一个五位数，在这个数的前面添上 1，就变成了一个六位数。在这个五位数的后面添上 1，也会变成一个六位数。第二个六位数是第一个六位数的 3 倍。你能求出这个五位数是多少吗？

189. 奇怪的三位数

有一个奇怪的三位数，减去 9 正好可以被 9 整除；减去 8 正好可以被 8 整除；减去 7 正好可以被 7 整除。你知道这个三位数是多少吗？

190. 有趣的算式

$7×9=63$

$77×99=7623$

$777×999=776223$

请不通过计算，直接写出下面式子的结果：

$7777×9999=$

$77777×99999=$

$777777×999999=$

$7777777×9999999=$

191. 平均分

小明一个学期9次考试的平均分是80分,那么他第10次考试需要考多少分,才能使10次的平均分为81分?

192. 默想的数字

一天,爸爸对小明说:"你在心里默想一个数字,然后把这个数字减去3,再把结果乘以2,然后再加上你默想的这个数字。你把结果告诉我,我就能知道你想的数是多少。"你知道其中的秘密在哪里吗?

193. 三个数字

有三个数字,他们的和为100。第一个数除以第二个数为5余1,第三个数除以第一个数也为5余1。你知道第二个数是多少吗?

194. 门票

两个人一起去黄鹤楼公园,出门的时候甲的钱数是乙的钱数的2倍。两人分别花了50元购买了门票后,甲的钱数是乙的钱数的3倍了。你知道两人出门时各带了多少钱吗?

195. 折页

一天,爸爸把一本45页的书折起了一页纸,然后对小明说:"除了我折起这页纸外,其余的页码之和正好为1000。你知道我折起的这页纸的各面页码是多少吗?"

你能帮小明算一下吗?

196. 插图

一本书上有很多插图,第一个插图在第2页。接下来,每隔三页有一页插图。请计算一下,第10幅插图在第几页?

197. 分苹果

把一箱苹果平均分给6个人,剩下5个。请问,如果把4箱这样的苹果分给6个人,会剩下几个?

198. 和减差

随便想两个大小不同的数字,分别计算出它们的和与它们的差,然后用这个和减去这个差,所得的结果有一个很简单的规律,你知道是什么吗?

199. 四位数

有一个四位数,它正好等于构成它的四个数字之和的四次方。你知道这个数是多少吗?

200. 股份

两个人合伙做生意,如果甲把自己股份的20%送给乙的话,那么甲乙的股份就一样多了。你知道两个人开始时各有多少股份吗?

201. 算错了

小明去商店买笔,他买了普通铅笔10支、红色铅笔15支、蓝色圆珠笔12支、红色圆珠笔16支、黑色圆珠笔8支。他只记得普通铅笔是8分一支,红色铅笔是1角2分一支,圆珠笔的单价都不记得了。结账时,服务员说一共8元5角。小明马上指出对方算错了。服务员仔细一算后,发现果然算错了,并改正了过来。你知道小明在不记得圆珠笔单价的情况下,为什么能这么快就知道服务员算错了价格呢?

202. 奇数组

四个奇数相加，使其和为 10，你能找出几组符合要求的奇数组？分别是什么？

203. 图书印刷

以前图书排版的时候用的是铅字，一个字或者一个数字都需要用 1 个铅字。比如数字 18 需要用到 1 和 8 两个铅字；256 需要用到 2、5、6 三个铅字。现在在排版一本书的时候，光页码就用了 660 个。你知道这本书一共有多少页吗？

204. 公交路线

某市有两个火车站，分别是东站和西站。两个火车站之间有一条公交线路，每天以相同的时间间隔分别向另一车站发出车次。一天，小明从东站坐车前往西站，他发现路上每隔 3 分钟就能看到一辆从西站发往东站的公交车。假设每一辆公交车的速度都相同，你知道这条公交路线每隔多长时间会发出一辆车吗？

205. 小明吃苹果

小明很爱吃苹果。一天，爸爸给他买了一堆苹果。他吃掉的苹果数比剩下的苹果数多 4 个。过了一会，他又吃了一个苹果。这时，他吃掉的苹果数是剩下的苹果数的 3 倍。问爸爸一共给小明买了多少个苹果？

206. 平均速度

小明骑车上学，速度为 20 千米/时，放学回家的速度为 10 千米/时，请问他往返一次的平均速度是多少？

207. 装修

小明家装修，在屋子里面铺地砖。如果选用边长为 60 厘米的方砖，需要 250 块。如果改为边长为 50 厘米的方砖，需要多少块？

208. 读书

星期天，小明在家读一本课外书。上午他读了全书的 1/9，下午他比上午多读了 12 页，这时还剩 1/3 没读。请问这本书一共有多少页？

209. 计算数字

计算下面几个 x 的值。

(1) $x \times x \div x = x$

(2) $(x+x) \times x = 10x$

210. 最大的整数

请在下面的 5 个数字中间加上"＋、－、×、÷"四个符号（每种符号只可以用一次，还可以使用一次小括号)，使结果得出一个最大的整数。你知道该怎么填吗？

4　　2　　5　　3　　9=

211. 沙漏计时

现在有一个 10 分钟的沙漏，还有一个 7 分钟的沙漏。如何用这两个沙漏计时 18 分钟？你知道怎么做吗？

212. 保持平衡

要想让下面这个天平保持平衡，右侧问号处应该放入数字是几的物体？

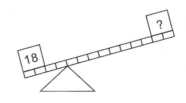

第二部分

表达能力训练

213. 机灵的小孩

有一群人在路口喧哗，一个小孩子过去看热闹。原来那里有两个人在打赌赢钱。他们的规矩是，一个人说一句话，如果另外一个人不相信的话，就要给说话的人5个铜板。这两个人中有一个人比较憨厚，所以输了一些钱，而另一个无赖总是赢钱。于是有个小孩子过去替那个憨厚的人做游戏，并且每次只对那个无赖说同样的一句话，无赖每次只能回答不相信，并且给小孩5个铜板。你知道小孩是怎么说的吗？

214. 聪明的禅师

佛教《金刚经》中最后有四句话：一切有为法，如梦幻泡影，如露亦如电，应作如是观。

有一天，佛印禅师登坛说法，苏东坡闻讯赶来参加，座中听众已满。禅师看到苏东坡时说："人都坐满了，此间已无学士坐处。"

苏东坡一向好禅，马上机锋相对回答禅师说："既然此间无坐处，我就以禅师四大五蕴之身为座。"

禅师看到苏东坡与他论禅，就说："学士！我有一个问题问你，如果你回答得出来，那么我老和尚的身体就当你的座位。如果你回答不出来，那么你身上的玉带就要留给本寺，作为纪念。"

苏东坡一向自命不凡，以为必胜无疑，便答应了。

接着，禅师说了一句话，问得苏东坡哑口无言。苏东坡只好认输，把玉带留在了金山寺。

你知道禅师问的什么问题吗？

215. 吹牛

有一群人在聊天，一个人总是喜欢吹牛。他说："我昨天刚发明了一种液体，无论什么东西，它都可以溶解。这是世界上最好的溶剂，我明天就去申请专利，我很快就要发财了。"别的人感觉很惊讶，虽然不信，但是不知道如何反驳。这时一个小孩子说了一句话，那个人立刻傻眼了，谎言不攻自破。你知道小孩是怎么说的吗？

216. 酒瓶诡辩

小赵、小钱、小孙、小李四人是同学，他们常聚在一起讨论问题。有一天四人同桌吃饭，为桌上的半瓶酒争论起来。

小赵说：这瓶子一半是空的。

小钱说：这瓶子一半是满的。

小孙说：这有什么好争的，半空的酒瓶就等于半满的酒瓶。

你知道小李该如何诡辩，找出半空的酒瓶和半满的酒瓶之间的区别吗？

217. 财主赴宴

从前有一个财主应邀到外乡赴宴，把家里的一个长工带去侍候他。

到了主人的家门口，财主一人进去，把长工留在门外。财主在主人家大吃大喝了一顿，早把门外的长工忘在了脑后。

财主酒足饭饱之后告辞主人出来。主人把财主送到门外，见到长工站在外面，就抱歉地对财主说："哎！我不知道您的仆人还待在门外，为什么不叫他进家吃点东西？"

财主摇了摇头，不以为然地说："没有什么，我吃了就等于他吃了。"

长工听了这话，心里气恨极了，一声不吭地给财主拉过马来，扶他上马，自己跟在后面走。

走到一条大河边，河水很深，又没有桥，来的时候是长工把财主背过来的。现在长工心生一计，自己跳进水里游过去了。财主忙叫长工过来背他，长工装着没有听见。

财主没有办法，只好自己跳进河里，但他根本不会游泳，下水后心里发慌，急喊长工快来救他。

长工在对岸不慌不忙地回答了一句话，说得财主哑口无言。

你知道长工说了句什么话吗？

218. 狡诈的县官

从前有一个县官要买金锭，店家遵命送来两只。县官问："这两只金锭要多少钱？"

店家答："太爷要买，小人只按半价出售。"

县官收下一只，还给店家一只。

过了许多日子，他不还账，店家便说："请太爷赏给小人金锭价款。"

县官装作不解的样子说："不是早已给了你吗？"

店家说："小人从没有拿到啊！"

你知道这个贪财的县官是如何说的吗？

219. 负债累累

某人负债累累，有一天他家里来了许多讨债的人，椅子凳子都坐满了，有的就坐在门槛上。这个欠债的人急中生智，俯在坐在门槛上的人的耳朵上悄悄地说："请你明天早点来。"

那人听了十分高兴，于是站起来把其他讨债的人都劝说走了。第二天一大早，他就急急忙忙来到欠债人家里，一心认为债户能单独还债。岂知见面后欠债的人对他说了一句话，气得他一句话也说不出来。

你知道他说了句什么话吗？

220. 天机不可泄露

从前，有三个秀才进京赶考，途中遇到一个人称"活神仙"的算命先生，便前去求教："我们此番能考中几个？"

算命先生闭上眼睛掐算了一会儿，然后竖起一根指头。

三个秀才不明白是什么意思，请求说清楚一点。

算命先生说："天机不可泄露，以后你们自会明白。"

后来三个秀才只考中了一个，那人特来酬谢，一见面就夸奖说："先生料事如神，果然名不虚传。"还学着当初算命先生那样竖起一根指头说："确实'只中一个'。"

秀才走后，算命先生的老婆问他："你怎么算得这么灵呢？"

算命先生嘿嘿一笑说："你不懂其中的奥妙，无论结果如何我都能猜对。"

你知道这是为什么吗？

221. 父在母先亡

一个有迷信思想的人，请算命先生算一下自己父母的享寿情况。算命先生照例先问了一遍来人及其父母的出生年月日，然后装模作样地屈指掐算了一会儿，于是回答说：

"父在母先亡。"

这个人听了以后沉思了片刻，付钱而去。

为什么求卜者对算命先生的话不怀疑，付钱而去呢？

222. 纪晓岚祝寿

乾隆皇帝做六十岁大寿，百官都前来祝寿送礼。纪晓岚送上一幅八尺长的红菱，上写十五个大字："祝福乾隆皇帝九千九百六十岁大寿！"

文武大臣一看各个大惊失色，写错皇帝的年龄可是死罪。可是乾隆看完之后不但没有生气，反而夸奖了纪晓岚。你们知道这是为什么吗？

223. 辩解

有个县官上任伊始，便在堂上高悬一副对联：

得一文，天诛地灭；

徇一情，男盗女娼。

但是，实际上他却贪赃枉法。有人指责他言行不一，忘记了誓联。

你知道他是怎么辩解的吗？

224. 立等可取

一天上午，小李到一家国营钟表修理店修表，修表师傅接过手表看了看说："下午来取。"

小李说："怎么还要下午取呢？店门外挂的牌子上不是写着'立等可取'吗？"

你知道修表师傅是如何辩解的吗？

225. 相互提问

一个大人和一个小孩做一个游戏。

大人这样对小孩说："我们来玩一个互相提问的游戏，我问你一个问题，你若答不出，你给我一元；而你问我一个问题，我若答不出，我就给你一百元，如何？"

小孩眨眨眼睛，说："行啊！"

"那你说说我的体重是多少？"大人先问道。

小孩想了一下，掏出一元钱给了大人。

轮到小孩提问了，你知道孩子问什么问题才能赢大人吗？

226. 裁缝的招牌

在老上海滩，同一条街道上住着三个才艺不相伯仲的裁缝。一天，其中一个在招牌上写：上海最好的裁缝。另一个写：中国最好的裁缝。如果你是第三个裁缝，你会在招牌上写什么呢？

227. 教子

父亲对小约翰很头疼。

三天两头打架，动不动说脏话，最可恨的是压根不喜欢学习。

父亲决定要好好教育一下小约翰。

"你真不知害臊，人家华盛顿在你这么大时，早已是顶尖优秀的学生了。"

你知道小约翰怎么反驳得爸爸说不出话吗？

228. 后生可畏

小男孩问爸爸："是不是作父亲的总比作儿子的知道得多？"

爸爸回答："当然啦！"

如果你是这个小男孩，你会如何反驳爸爸的这句话呢？

229. 灵机一动

甲乙二信徒都酷爱吸烟。

甲问神父："我祈祷时可以吸烟吗？"

神父说："那怎么行？"

没有办法，甲只好忍住自己吸烟的欲望。这时，乙也想吸烟。他对神父说了一句话，神父就答应他可以吸烟了。

你知道他是如何和神父说的吗？

230. 不可杀生

宋朝时有一位假道学的僧人，整天到处宣扬不可杀生论，要求人们凡事忍耐，慈悲为怀。这本来也无可非议，但是他用的理由却是：人杀了什么，下辈子就会投胎成什么，比如杀了一头牛或者一头猪，来世就会变成牛或猪。

对于他的这一理论我们该怎么反驳呢？

231. 聪明的兔子

狮王指定熊、猴子和兔子做他的大臣。后来，狮王跟它们在一起玩腻了，想要把它们吃掉。可是得找个借口才行。

一天，狮王就把它的三个大臣召来，对它们说："你们当我的大臣有不少日子了，我现在得测验一下，看你们当了高官以后有没有腐败。"说完，狮子张开血盆大口，要熊说出它嘴里发出来的是什么气味。

熊直率地说："大王，你嘴里的气味很不好闻。"

"你犯了叛逆罪！"狮王怒吼道，"你竟敢当面毁谤国王。犯叛逆罪的应处以死刑！"说罢，狮子就扑到熊的身上把它咬死并吃掉了。

接着，狮子又问猴子："我嘴里发出的是什么气味！"猴子亲眼看到熊的下场，赶忙回答道："大王，这气味很香，就跟上等香水一样好闻。"

"你是个又会撒谎又会拍马屁的家伙！"狮子怒吼道，"我是爱吃肉的，谁都知道我嘴里发出来的只能是臭味。凡是不诚实的、爱拍马屁的大臣，都是国家的祸根，绝对不能留下。"说着，又扑到猴子身上把它吃了。

最后，狮子对兔子说："聪明的兔子，我嘴里发出来的到底是什么气味？"

你知道兔子如何回答才能保全性命吗？

232. 阿凡提的故事

有一个穷人找到阿凡提说："咱们穷人真是难啊！昨天我在巴依财主开的一家饭馆门口站了一站，巴依说我闻了他饭馆里的饭菜的香味，叫我付钱，我当然不给。他就到法官喀孜跟前告了我。喀孜决定今天判决。你能帮我说几句公道话吗？"

"行，行！"阿凡提一口答应下来，就陪着穷人去见喀孜。

巴依早就到了，正和喀孜谈得高兴。喀孜一看见穷人，不由分说就骂道："真不要脸！你闻了巴依饭菜的香气，怎么敢不付钱！快把饭钱算给巴依！"

"慢着，喀孜！"阿凡提走上前来，行了个礼，说道，"这人是我的兄长，他没有钱，饭钱由我付给巴依好了。"

你知道阿凡提是怎么帮穷人出气的吗？

233. 进化论

英国伟大的生物学家达尔文于1859年出版了他的名著《物种起源》一书，这对宗教世界观来说，是一个极大的威胁。

1860年6月28日到30日，英国教会在牛津召开了反对达尔文学说的会议。在这次会议上，一位自负很有"辩才"的主教威尔勃福斯发表了攻击进化论的长篇演说，他的演说暴露了他对达尔文学说的完全无知。然而凭着"辩才"，他的话很动听，不时引起贵妇人们的阵阵哄笑。

后来威尔勃福斯完全离开了议题，对参加这次会议的英国著名生物学家赫胥黎施展恶意的嘲弄。他说：赫胥黎教授就坐在我的旁边，他是想等我一坐下来就把我撕成碎片的，因为照他的信仰，他本是猴子变的嘛！不过，我倒要问问，你这个猴子子孙的资格是从哪里得来的？与猴子发生关系的是你的祖父这一方，还是你的祖母那一方？

你知道聪明的赫胥黎是怎么应答的吗？

234. 回敬

孔融小时候非常聪明，有很多人都当面夸他。一次，一位眼红的官员却打击他说："很多小时聪明的人，长大了以后就不怎么样了。"小孔融马上回敬了一句话，就让对方满面羞愧。

你知道孔融说了什么吗？

235. 遇见上帝

有一个人遇见上帝。上帝说："现在我可以满足你任何一个愿望，但前提是你的邻居会得到双份的报酬。"那个人高兴不已。但他细心一想，如果自己得到一份田产，邻居就会得到两份田产了；如果要一箱金子，那邻居就会得到两箱金子了；更要命得是，如果要一个绝色美女，那么那个看来要打一辈子光棍的家伙就同时会得到两个绝色美女……

他想来想去，总不知道提出什么要求才好，他实在不甘心让邻居这样白占便宜。

最后，他终于有了一个好主意，你知道是什么吗？

236. 岳母的刁难

小董去女友家看望未来的岳母，准岳母对这个女婿很满意，但想难为他一下，就对他说："我女儿夸你很聪明，如果你能说出青海湖共有几桶水，我就不要彩礼把女儿嫁给你；否则，我就要再考虑考虑了。"小董女友听了妈妈的话，很为小董捏一把汗，这个问题可不好回答。但是小董眨眨眼睛很快说出了让准岳母满意的答案。

你知道小董是怎么回答的吗？

237. 聪明的老人

古时候有个聪明的老人，老人有个打猎的朋友，朋友送给他一只兔子。老人很高兴，当即拿着兔子做菜招待了猎人。几天以后，有五六个人找上门来，自称"我们是送你兔子的那位朋友的朋友。"老人便拿出兔汤招待了他们。又过了几天，又来了八九个人，对老人说："我们是送给你兔子的那位朋友的朋友的朋友。"老人就给他们端来一碗泥水。客人很诧异，问这是啥？老人会如何回答呢？

238. 擦皮鞋

有次，一位记者看见美国的林肯总统在自己擦自己的皮靴，便非常吃惊地赞扬道："总统先生您真是太伟大了，您经常擦自己的皮鞋吗？"

你知道林肯是怎么回答的吗？

239. 反驳

一场可怕的暴风雨过去后，一位大腹便便的暴发户对旁边的哲学家阿里斯庇普说道："刚才我一点也没害怕，而你却吓得脸色苍白。你还是个哲学家呢，真不可思议。"

你知道阿里斯庇普是如何反驳的吗？

240. 哲学家的智慧

古希腊哲学家苏格拉底的妻子是个有名的悍妇，动辄便会骂人。有一次妻子大发雷霆，当头向苏格拉底泼了一盆脏水。苏格拉底无可奈何，诙谐地说："雷鸣之后免不了一场大雨。"别人嘲笑他说："你不是最有智慧的哲学家吗？怎么连老婆都挑不好？"

你知道他是怎么回答的吗？

241. 一件旧大衣

一天，爱因斯坦在纽约的街道上遇见一位朋友。

"爱因斯坦先生，"这位朋友说，"你似乎有必要添置一件新大衣了。瞧，你身上这件多旧啊。"

"这有什么关系？反正在纽约谁也不认识我。"爱因斯坦无所谓地说。

几年后，他们又偶然相遇。这时，爱因斯坦已然誉满天下，却还穿着那件旧大衣。他的朋友又建议他去买一件新大衣。

爱因斯坦依旧不去买，你知道这是为什么吗？

242. 一休晒经

有一天一休禅师在比睿山乡下时，看到一群群的信徒朝山上走去，原来是比睿山上的寺院在晒藏经。传说在晒藏经的时候，风从经上吹拂而过，如果人沐浴了这种风，就能够消病除灾，增长智慧，因此闻风而来的人不断地涌上山去。

一休禅师知道了事情的原委，说道："我也来晒藏经！"然后就袒胸露肚地躺在草坪上晒太阳。许多要上山的信徒看到了很不以为然，议论纷纷，觉得作为禅师这样实在太不雅观了。山上寺院的院主也跑下来劝一休，不要如此没有僧人的威仪。

你知道一休是怎么回答的吗？

243. 两个导游

有两个观光团到日本伊豆半岛旅游，这里路况很坏，到处坑坑洼洼。

一位导游不停地抱怨说路面简直像麻子一样。而另一个导游则比较乐观，你知道他是怎么介绍这条路的吗？

244. 学问与金钱

一天，父子二人一起在街上走，他们看到一辆十分豪华的进口轿车。

儿子不屑地对他的父亲说："坐这种车的人，肚子里一定没有学问！"

作为父亲,他该怎么教育自己的孩子呢?

245. 打棒球的男孩

有个小男孩头戴球帽,手拿球棒与棒球,全副武装地在校园里的棒球场上练习。

"我是世上最伟大的打击手。"他满怀自信地说完后,便将球往空中一扔,然后用力挥棒,但却没打中。

他毫不气馁,继续将球拾起,又往空中一扔,然后大喊一声:"我是最厉害的打击手。"他再次挥棒,可惜仍是落空。

他愣了半晌,然后仔仔细细地将球棒与棒球检查了一番。

之后他又试了三次,这次他仍告诉自己:"我是最杰出的打击手。"然而他这一次的尝试还是挥棒落空。

但是转念一想,他又非常高兴地跳了起来。你知道他为什么这么高兴吗?

246. 割草的男孩

一个替人割草打工的男孩打电话给一位陈太太说:"您需不需要割草?"

陈太太回答说:"不需要了,我已有了割草工。"

男孩又说:"我会帮您拔掉花丛中的杂草。"

陈太太回答:"我的割草工也做了。"

男孩又说:"我会帮您把草与走道的四周割齐。"

陈太太说:"我请的那人也已做了。谢谢你,我不需要新的割草工人。"

男孩便挂了电话,此时男孩的室友问他说:"你不是就在陈太太那割草打

工吗?为什么还要打这电话?"

你知道男孩为什么要打这个电话吗?

247. 习惯标准

晚饭后,母亲和女儿一块儿洗碗盘,父亲和儿子在客厅看电视。

突然,厨房里传来打破盘子的响声,然后一片沉寂。

儿子望着他父亲,说道:"一定是妈妈打破的。"

父亲:"你怎么知道?"

你知道儿子是怎么知道的吗?

248. 将兵游戏

在做游戏时,你是司令,你手下有两名军长,五名团长,十名排长和二十五名士兵,那么请问他们的司令今年几岁了?

249. 买东西

一个聋哑人进了一家杂货店,他准备买一把锤子,可是他不会说话。于是他向售货员比划了一个动作:右手握紧举起来敲一下桌子。于是售货员就明白了,拿了一把锤子给他。

接着来了一个盲人,他要买剪刀,那他应该怎么做呢?

250. 正直的强盗

一伙强盗抓住了一个商人,强盗头目对商人说:"你说我会不会杀掉你,如果说对了,我就把你放了。如果说错了,我就杀掉你。"

商人一想,说:"你会杀掉我。"于是强盗把他放了。

你知道这是为什么吗?

251. 小红帽脱险

小红帽去看外婆,但不幸落入了大灰狼的魔爪。大灰狼得意之际对小红帽说:"你可以说一句话。如果这句话是真话,我就煮了你吃;如果这句话是假话,那我就把你炸了吃。"小红帽不想被大灰狼吃掉,她应该怎么说这句话呢?

252. 锦囊妙计

小刘从乡下到城里打工,虽然自认很聪明,但是找了几个用人单位,都嫌他学历不够,不肯录用他。在城里待了没几天,钱都花光了,两顿饭没吃到东西。他听人说有个饭店老板很爱逻辑学,就想去碰碰运气,看能不能要到一顿饭。到了饭店的时候,正好赶上老板闲来无事。

小刘对老板说:"我想问您两个问题,您只能回答'是'或者'不是',不能用其他的语句。但在正式提问以前,我要同您预先讲好,您一定要听清楚之后再郑重回答,而且两个问题的答案都必须在逻辑上是完全合理的,不能自相矛盾。"

老板好奇地看着小刘,小刘接着说:"如果您同意我的条件,我问完这两个问题,您会心甘情愿的请我吃顿饭的。"

老板的兴趣愈发浓重了,就答应了他的要求。

结果,不但老板心甘情愿的请小刘吃了顿饭,还让他在自己的店里工作了。你知道小刘的两个问题是什么吗?

253. 娶到公主

中世纪的欧洲有一个小王国,它的公主美若天仙。上门提亲的人络绎不绝,但国王似乎过于溺爱公主,不是把那些提亲的人斩首就是活活烧死。公主的年龄越来越大,到了必须要嫁出去的时候,国王便下了个奇怪的命令,所有来提亲的人都要回答一个问题:你来这里干什么?如果答的是真话,就用火烧死;如果回答的是假话,就斩首;如果不死的话,就把公主嫁给他。这么看来,不仅公主嫁不出去,提亲的人也都要性命不保了。

有一天,来了个穷小子向公主提亲,大臣按照惯例问他:你来这里干什么?如果你是这个穷小子,你会怎么回答这个问题,才能娶到公主呢?

254. 语言的力量

在一次讲演中,一位著名演说家向一群青年学生提出忠告:要注意自己说话时的一言一词,因为语言具有无穷的力量。

这时,一位听众举手表达他的不同意见:"当我说幸福、幸福、幸福时,我并不觉得有什么快乐。当我说不幸、不幸、不幸时,我也不会因此而倒霉。所以,我认为语言只是我们使用的一种很普通的工具,并没有所谓的无穷的……"

如果你是这位演说家,你怎样说服这名学生呢?

255. 组织踢球

每到临近过年的时候,在外地上学的同学们就会从全国各地纷纷回到老家。这时候便有好踢足球之人希望将很久没有见面的同学们叫到一起踢一场足球。一场正规的足球比赛需要双方各11人，不过在同学之间的不正规比赛，双方各有4～5人就可以进行了，也就是说，组织者只需要叫齐8～10个人就行。然而还有一个难题，这些同学对是否能够组织起这么多人不抱信心，所以有的人很可能会推脱。

请问：作为一个高明的组织者，有什么技巧可以快速又有把握地组织好一个球队呢？

256. 如何暂时减薪

年底，某公司陷入财政危机，几番周转不灵之下，决定暂时对员工实行减薪措施，待摆脱危机后再恢复。然而，公司领导层又担心这一举动会引起员工的抵制，造成人心离散的不良后果，最终将得不偿失。

如何才能让员工心甘情愿的接受暂时减薪呢？

257. 考试及格

小磊放学回家，刚进门就喊道："妈妈，今天考试了。"

妈妈闻言从厨房出来，问道："哦？那你考了多少分？"

"六十分。"

"啪"一个巴掌。

小磊顿时哭了出来，委屈地说道："全班只有一个人及格。"

"这点分数你还觉得很光荣？"妈妈杏眉倒竖。忍不住"啪"又是一巴掌过去……

如果你是小磊，遇到这种情况，你会怎么做，才能不让妈妈打自己呢？

258. 钢琴辅导

张老师开了一个钢琴辅导班，专门辅导小孩钢琴演奏。

最近，受大局势的影响，各种物品都开始纷纷涨价，张老师也打算涨学费。于是，他对头一个来接孩子的家长说道："下次开始，学费要涨了。"

这位家长听到要涨学费，一皱眉，心中有些不高兴。

张老师又接着说："因为小孩越弹越好，要教比较高级的。"

家长一撇嘴："得了吧，我在家听孩子弹，弹来弹去还是那么烂。"

结果自然是不欢而散，这位家长甚至直接给孩子办了退班手续。

张老师该怎么做才能既可以涨学费，又不会让家长退班呢？

259. 父母和孩子

父母有时候会做出一些孩子无法接受的决定，在这种时候，父母常常这样给自己辩解："我们生活经验更丰富，对事物的判断也更加成熟，所以我们知道什么对孩子好是的。"于是他们也这样告诉孩子："你还小，所以不懂。等你长大懂事后自然就会明白我们这是为你好。"

然后孩子服从了父母的决定。但是随着年纪逐渐增长，孩子并没有看出当年父母做决定的道理是对的，反而更加坚信那个决定是错的。于是孩子满十八岁以后质问父母："当年你们说等我长大后就会明白你们是为我好，现在我长大了。我怎么没看出你们的决定好在哪里？"

想必父母这时候一定很尴尬，你该如何为这样的父母解围呢？

260. 买烟

甲去买烟，烟29元，但他没火柴，就跟店员说："顺便送一盒火柴吧。"店员没给。

乙去买烟，烟29元，他也没火柴，最终却从店员那里得到了火柴。

同样的情况，为什么一个得到了火柴而另一个却没有得到呢？

261. 谁对谁错

小王的女朋友约小王第二天一起去看电影，但是小王想和同事去看球赛，就对她说："如果明天天气晴朗，我就去看球赛。"第二天，天下起了毛毛细雨，小王的女朋友很高兴，想着可以和小王去看电影了，谁知小王还是去看球赛了。等两人见面时，小王的女朋友责怪小王食言，既然天都下雨了，为什么还去看球赛。小王却说他没有食言，是他女朋友的推理不合逻辑。

对于两人的争论，下面哪项论断是合适的？（　）

A. 两人对天气晴朗的理解不同。

B. 小王的女朋友的推论不合逻辑。

C. 由于小王的表达不够明确，引起了这场争论。

D. 这次争论是没有意义的。

E. 小王的女朋友会和小王分手。

262. 错在哪里？

请仔细分析一下，下面的两句话有什么问题？

"他是众多空难死者中幸免于难的一个。"

"他忽快忽慢地拍打着桌子，发出非常紊乱的节奏声。"

263. 误会的产生

一位罗马教廷的学者正在访问土耳其皇帝提摩尔的庭院。皇帝让一位著名的毛拉安排一场与来访学者的斗智。毛拉做的第一件事就是让他的驴子驮上一堆题目不知所云的书。在斗智的那天，毛拉和他的驴子一起出现在皇家庭院里，尽管在他们之间语言不通，毛拉以其当地人的非凡仪表和过人智力，从气势上压倒了罗马学者。

罗马学者心中颇有些不服气，于是决定考考这位毛拉的理论修养。他举起一个手指。毛拉以两个手指作答。罗马学者举起三个手指。毛拉回答以四个手指。学者挥动他张开的手掌，毛拉的回答是握紧拳头伸进他的手掌。然后，学者打开他的公事包，拿出一个鸡蛋。毛拉从兜里掏出一个洋葱作答。罗马人问："你的证据是什么？"毛拉向他的书打了一个莫名奇妙的手势。罗马人看了看，他对那些书名是如此震惊，只好低头认输。

你知道他们都在说什么吗？

264. 你的话说错了

某校开展学雷锋活动以来，学生中关心集体、助人为乐的人逐渐多了起来。某班有一个学生做了一件有益于集体的事，但别人都不知道是谁做的。该班学生小刘对小王说："据我的分析，这件事可能是咱班小李干的。"

小王颇有把握地说："不，不可能是小李干的。"

后来经过调查，这件事确实不是小李干的，而是该班另一个同学干的。

这时，小王得意地对小刘说："怎么样？你的话说错了，你还说可能是小李干的呢！"

小刘被弄得一时说不出话来。

请问，小刘说的错了吗？小王对小刘的反驳能否成立？

265. 吝啬鬼请客

从前，有个吝啬鬼请人来家里吃饭。折腾了半天，弄了一碗鸡蛋汤，还是鸡蛋特别少，水特别多的那种。然后对客人说："你别小看这碗鸡蛋汤，你要是晚来三个月，这就是一碗鸡肉汤了。"

过了几天，这个人回请吝啬鬼，吃饭的时候，端上了一盘竹片，然后按照吝啬鬼的逻辑说了一番话，吝啬鬼顿时无话可说了。

你知道这个人是怎么回击吝啬鬼的吗？

266. 预言

有一个人写了一本书，名叫《古今预言大全》。其中有一个预言，是最准确的，五百年来，它每一次都准确地应验在了每一个读者身上。

你知道这个预言是什么吗？

267. 奸商

一个奸商卖布，五颜六色的什么花色都有，并在店门口拉了一条横幅，上写"保不褪色"四个大字。人们纷纷前来购买。不久，就有人来到店中，说自己买的褪色严重，无法使用，要求退货。这时奸商指着门口的横幅说："你

没看到我已经声明了吗？干嘛还来找麻烦呢！"

客人听了奸商的辩解，只好无可奈何地离开了。

你知道奸商是怎么辩解的吗？

268. 错在哪里？

一个年轻人参加一次聚会，遇到了一位漂亮的年轻女士，开始攀谈起来。

年轻人：你结婚了没有？

女士：还没有。

年轻人：有几个孩子了？

女士大怒瞪了他一眼离开了。

年轻人碰了一鼻子灰，又和另一位漂亮的年轻女士交谈。

年轻人：你有几个孩子了？

女士：两个孩子。

年轻人：你结婚了没有？

这位女士也瞪了她一眼，愤然离去。

年轻人的话到底错在了哪里呢？

269. 修电灯

小王请一位做电工的朋友来家中帮助修理电灯，可是等到了半夜还没有人来。第二天，小王找到这位朋友。

小王：昨天不是说好了来我家修电灯吗？你怎么没来呢？

朋友：我去了，可是你家没人。

小王：不可能，我一直在家等了大半夜。

朋友：怎么会呢？我到你家门外一看，屋里黑咕隆咚的，连灯都没开，我就走了。

你知道这到底是怎么回事吗？究竟是谁的问题呢？

270. 旅店的房费

一位游客来到一家旅店准备住宿。

游客：请问你们这里住一晚多少钱？

旅店前台：一层每天 500 元，二层每天 400 元，三层每天 300 元。

游客：我住五楼。

旅店前台：为什么一定要住五楼呢？

游客：因为每层少 100 元，五层只要每天 100 元。

旅店前台：……

请问这位游客的言论错在哪里？

271. 逻辑错误

上课时，语文老师讲到《红楼梦》时，问同学们："谁知道《红楼梦》的作者？"

小明马上站起来回答道："我知道，《红楼梦》的作者是著名的女作家曹雪芹。"

老师很纳闷地问："你为什么认为他是女作家呢？"

小明说："因为'琴'这个字只有女性才会用在名字里。而且我们经常可以看到在一些书中，曹雪芹的插图都是梳着一条辫子。所以，她当然是女的了。"

请问：小明的言论错在哪里？

272. 办不到

一对年轻人在教堂结婚。牧师问新郎："你是否爱你的妻子，愿意一辈子爱她，照顾她？"

新郎回答："我愿意。"

牧师又问新娘："你是否愿意永远跟着新郎，直到死亡的那一天？"

新娘回到道："那可办不到，我又不可能每天都跟着他挨家挨户去送牛奶。"

请问：新娘的言论错在哪里？

273. 超重

一位老太太去邮局寄信。工作人员对她说："你的信超重了，得再贴一张邮票。"

老太太回答："再贴一张邮票？那不更重了吗？"

请问：老太太的言论错在哪里？

274. 种金子

一天，阿凡提借来几两金子，然后把它们埋在土里，浇了一些水。正好皇帝经过此处，看到了阿凡提奇怪的举动，便上前问道："你在这做什么啊？"

"我在种金子。"阿凡提回答说。

"种金子也能收获吗？"皇帝听了很惊讶地问。

"当然可以了，过一个月就可以收割了。"阿凡提回答道。

皇帝很高兴，马上拿出几两金子要和阿凡提合伙种。阿凡提接过来与自己的金子埋在了一起。

过了一个月，阿凡提拿着一斤金子来到皇宫，交给皇帝，说："这是你那份金子的收成。"

皇帝一看，非常高兴，马上从国库中拿出数百斤的金子交给阿凡提叫他替自己种金子。

阿凡提收起黄金，出了皇宫后把这些金子全数分给了穷人。

一个月后，阿凡提两手空空地来到皇宫。皇帝问他："我叫你种的金子呢？"

你知道阿凡提是怎么回答的吗？

275. 假药

一个人声称自己发明了一种可以让人长高的药,于是他拿去出售。没过多久,就因为卖假药而被抓了。

警察:有人控告你卖假药,你承认吗?

罪犯:我不这么认为。什么叫假药?假药是相对于真药而言的。而我的药是我自己发明的,最多说它疗效不佳,但不能说它是假的。

请问:罪犯的言论错在哪里?

276. 幽默的钢琴家

一位著名的钢琴家到某地去演出,结果他发现观众不多,空了很多座位。于是他幽默地说了一句:我猜你们这里的人一定都很有钱。观众都不解其意。钢琴家接着说了一句话,大家都笑了,并为钢琴家所说的话鼓起了掌。你知道钢琴家是怎么说的吗?

277. 贪吃

夏天的中午,妈妈给小明和弟弟端来一盘西瓜,二人大口大口地吃了起来。小明想取笑弟弟的吃相,于是偷偷地把自己吃剩下的西瓜皮都放在弟弟的面前。然后大声说:“看,弟弟多贪吃,吃剩下那么一大堆西瓜皮。”弟弟看了看小明面前,回了一句话反击小明。你知道弟弟说的什么吗?

278. 巧解尴尬

在一次联合国大会上,英国工党的一位外交官与苏联的外交部长莫洛托夫发生了争辩。英国外交官拿莫洛托夫的出身来攻击对方:“莫洛托夫先生,你是贵族出身,我家祖辈都是矿工,你说我们两个究竟谁更能代表工人阶级呢?”本来英国外交官是想让莫洛托夫尴尬,没想到莫洛托夫巧妙地回答了一句话,就化解了这个尴尬。你知道他是怎么说的吗?

279. 死里逃生

清朝大学士刘墉博学多才,能言善辩。一次,乾隆出题考他,问他忠孝两字何解?刘墉答道:“君要臣死,臣不得不死,此为忠;父要子亡,子不得不亡,此为孝。”

乾隆听完刘墉的回答后想刁难他一下,便说:“那我就以君的身份,命你立刻去死吧。”

刘墉一听知道皇帝存心刁难,但又不敢相违,便说道:“臣遵命。臣马上去投河。”

过了一会儿,刘墉又回来了。乾隆问他为何还没去死。你知道刘墉怎么回答才死里逃生的吗?

280. 巧做应答

当年,中美关系初步缓和的时候,美国前国务卿基辛格第一次来访中国。他问周总理:“我们美国人走路总是挺胸抬头,你们中国人为什么喜欢弯着腰呢?”他认为美国人健康、自信、有力量,而中国人多病、无力、缺乏信心。面对这种不怀善意的问题,周总理巧妙地做出了回应,使得基辛格对周总理肃然起敬。你知道周总理说的什么吗?

281. 推销作品

英国著名小说家毛姆在成名之前,有段时间生活过得非常艰苦。好不容易出版了一本有价值的新书,可因为种种原因，一直无人问津。

为了引起人们对这本书的注意，毛姆在报纸上登了一则征婚启事。几天之后，毛姆的书一下子就被抢购一空了。你知道毛姆的征婚启事是怎么写的吗？

282. 保守秘密

罗斯福在当美国总统之前，曾在海军任职。有一次，一位朋友向他打听海军建立潜艇基地的计划。罗斯福神秘地看了看四周，然后压低声音问道："你能保守秘密吗？"朋友拍拍自己的胸膛并回答道："当然能。"你知道罗斯福是怎么说的吗？

283. 弥勒佛

一次，纪晓岚陪着乾隆观赏弥勒佛像。乾隆问纪晓岚："这弥勒佛为什么看着我笑？"纪晓岚知道乾隆经常把自己比作文殊菩萨。于是回答道："佛见佛笑。"乾隆听了很高兴，但是又想刁难一下纪晓岚，就说："那弥勒佛为什么看着你也笑？"聪明的纪晓岚马上想出了一句话应对。你知道他是怎么回答的吗？

284. 善意的批评

一位顾客在某饭店吃饭，饭里砂子很多，顾客不得不经常吐几口在桌子上。服务员见了很不安，非常抱歉地说："砂子不少吧？"顾客大度地摇摇头微笑着说了一句话，表达自己善意的批评。你知道客人是怎么说的吗？

285. 不咬人

一个人去朋友家拜访，当走近朋友的住宅时，突然窜出一条大狗，对着他

不停地狂吠。他吓得停住了脚步，朋友闻声走了出来，看见他，连忙说："别怕！你没听说过：爱叫的狗不咬人吗？"他马上回答了一句话，两个人同时哈哈大笑起来。你知道他说的是什么吗？

286. 机智的总统

1800年，约翰亚当斯在竞选美国总统时，有个共和党人煞有介事地指控他曾委派竞选伙伴平尼克将军到英国去挑选了四个美女做情妇，有两个美女给平尼克，两个留给总统自己。亚当斯听后哈哈一笑，说了一句话，幽默地否认了对方的这一谎言。你知道他说了什么吗？

287. 演讲

一次，英国首相威尔森发表竞选演说，在进行到一半时，突然底下一位反对者大声叫喊道："狗屎！垃圾！"很明显，他是在讥讽威尔森的演说。对此，威尔森微微一笑，平静地说了一句话，机智地化解了这个尴尬的场面。也使反对者哑口无言。你知道他是怎么应对的吗？

288. 巴尔扎克的幽默

一天夜里，一个小偷溜进了法国大作家巴尔扎克的房间，正准备去撬他的写字台的锁。睡梦中的巴尔扎克被吵醒，见到这个情景不由放声大笑起来。小偷惊慌失措，又觉得莫名其妙，问道："你笑什么？"你知道巴尔扎克是怎么回答的吗？

289. 讲故事

一天，阿凡提要去澡堂洗澡，路上

被迎面过来的一群小孩子围住了。孩子们央求阿凡提："阿凡提，给我们讲个故事吧！"阿凡提急着去洗澡，不肯讲。可是，孩子们怎么也不肯放他走。没办法，阿凡提只好坐下来讲道："一天，阿凡提要到澡堂去洗澡……"刚说到这里，阿凡提就停住了。孩子们赶紧在一旁追问："后来怎么样了？"阿凡提双手一摊，说了一句话，孩子们就让阿凡提去洗澡了，你知道阿凡提说的什么吗？

290. 解出尴尬

在一次演讲比赛中，一位演讲者刚刚走上讲台，被电线绊了一个趔趄，差点摔倒。这一意外情况引起了台下听众的哄堂大笑。但这位演讲者没有一丝的惊慌，而是从容地说了一句话。听众席上响起了热烈的掌声，都为他的机智和应变能力喝彩。你知道他说了句什么话吗？

291. 纪晓岚应答

一天，乾隆皇帝想捉弄一下纪晓岚。于是问了他两个奇怪的问题：第一，北京九门每天进出各多少人？第二，大清国一年生与死各多少人？你知道纪晓岚是怎么回答的吗？

292. 傲慢的夫人

一次，马克·吐温与一位漂亮的夫人对坐。马克·吐温客气地称赞对方道："您真漂亮！"哪知这位夫人十分傲慢无礼，答道："可惜我实在无法同样称赞你！"马克·吐温马上笑了笑说了一句话来回敬对方，你知道他说了什么吗？

293. 让路

一次，德国著名的文学家歌德在公园散步，在一条狭窄的小路上与一位批评家相遇了。批评家傲慢地说："我从来不给蠢货让路。"歌德笑了笑，说了一句话后，自然地退到了一边。说得批评家哑口无言。你知道歌德说了句什么话吗？

294. 苏轼猜谜

传说，北宋大文学家苏轼有个聪明绝顶的妹妹叫苏小妹。一次，兄妹二人猜谜。苏轼说："我有一物生得巧，半边鳞甲半边毛，半边离水难活命，半边入手命难保。"苏小妹一听就猜出了谜底，说："那我也让你猜一个字谜吧。我有一物分两旁，一旁好吃一旁香，一旁眉山去吃草，一旁岷江把身藏。"

苏轼听完哈哈大笑，因为妹妹和自己猜的是同一个字谜，你知道谜底是什么吗？

295. 酋长的谜语

一个年轻人被食人族抓了起来，食人族的酋长很崇敬聪明人，于是他对年轻人说："我让你猜个谜语，如果你能猜出来，我就放了你。"年轻人答应了。

酋长的谜语是：行也坐，站也坐，卧也坐，猜一物。

年轻人听了笑笑说："我也有一个谜语，请你猜一猜。"

年轻人的谜语是：行也卧，站也卧，坐也卧，也猜一物。

并补充说："我的谜底可以吃掉你的谜底。"

酋长恍然大悟，放了年轻人。

你知道这两个谜语的谜底分别是什么吗？

296. 买水果

小明放假时帮妈妈卖水果。这天来了一个老大爷，看到小明聪明可爱，就想逗逗他，于是故意不把要买的水果名称说出来。而是说："我要买骨包肉，皮包肉各一斤，肉包骨不要。"小明一听就知道客人要什么了。

你知道老大爷要买什么吗？

297. 打哑谜

这天是小明生日，早上一到学校，好朋友小刚就塞给他一幅画，上面画着一个五角星，下面画了一个女孩和一个男孩。小明略一沉思，就弄明白了小刚画的意思。于是拿起笔，在反面画了两朵枯萎的花，还给了小刚。小刚一看笑了，说："没想到你竟然看明白了！"

你看明白两个人的意思了吗？

298. 巧猜谜语

一天，小明和小刚在一起写作业，遇到一个很难的应用题，都解不出来。想着想着小刚突然想起一个谜语来，就对小刚说："我给你出个谜语吧。牛角刀，猜一个字。"小刚想了想，小明的谜底肯定和写作业有关，终于想到了。

你知道小明的谜底是什么吗？

299. 猜名字

一天，王浩家来了两个同学，他们是一对双胞胎。王浩的弟弟问："哥哥，你这两位同学叫什么名字？"王浩趁机给弟弟出了个问题："他俩的姓和咱俩差不多，是个宝贝。他俩的名都是一个

字，而且长得很相似。哥哥的名比姓多了一个头，弟弟的名比哥哥的名多了两只手和两条腿。

你能帮王浩的弟弟想出他们叫什么吗？

300. 猜谜语

小明放暑假的时候去乡下的爷爷家玩。这天天气很热，小明就去田里给干活的爷爷送水。爷爷很高兴，一边喝水一边对小孙子说："我让你猜个谜语吧——不是溪流不是泉，不是雨露落草间，冬天少来夏天多，日晒不干风吹干。"

聪明的小明一下就猜出了答案，但是他并没有说出来，而是对爷爷说："我也给你出个谜语——不是雨露不是泉，不是溪流也有源，在家少来下地多，它和勤劳紧相连。"

爷爷一听，原来两个谜语的谜底是同一个字，连连夸小明聪明。

你能猜出二人的谜语吗？

301. 这个字读什么？

"来"前面加个三点水变成"涞"这个字读什么？还是读作来(lai)。那么"去"左边加个三点水，还是读作"qu"吗？

302. 影射

一天，大书法家王羲之路过一家米铺，被热情的店主拦住，央求他给题个字来壮大门面。王羲之知道此人的店铺经常以次充好、缺斤短两，坑骗顾客，就当即挥毫写下了一个"恳"字。店主如获至宝，将字挂在店中炫耀。一天，一个秀才路过见了这幅字，微笑着对财主说："这是人家在讽刺你。"经指

点，店主才恍然大悟，一气之下将字幅撕了。

你知道这幅字是如何讽刺店主的吗？

303. 他在干什么

一天放学后，小明写完作业打算去找同学小刚玩。到了小刚家门口，遇见了小刚的爸爸。小明说要找小刚玩，小刚的爸爸说："不行啊，他正忙着呢！"

小明问："作业早就应该写完了，他在忙什么呢？"

小刚的爸爸拿出一张小刚写的纸条交给小明，说："这是小刚写的，你看明白了就知道他在干什么了。"只见纸条上写着："他一句，我一句，他说千百句，我也说千百句。我说的，就是他说的。"

你知道小刚在干什么吗？

304. 青铜镜

考古学家在西北某地发掘到了一面罕见的青铜镜。青铜镜背面出了一些装饰花纹外，居中铸着一只猴子和一头牛，奇怪的是这猴子和牛只有身子却没有头。

考古学家们经过反复研究，认为这个图案很可能正隐藏着青铜镜的制造年代。王教授对猜谜颇有研究，他分析说这两个图案表示着两个字，这两个字结合在一起，正符合中国古代天干地支纪年法，也确实暗示着制造的年代。那么，你知道这个青铜镜的制造年代么？

305. 加标点

古时候，有个好心的私塾先生，他

招收学生时，如果对方是富家子弟他就收取报酬；如果对方是穷人家的孩子，他就免收学费。为此他特意在招生告示中的收取报酬方法中写了这样一行字："无米面也可无鸡鸭也可无鱼肉也可无银钱也可。"整句没有一个标点，遇到穷人来，用一种读法；富家子弟来，就用另一种读法。你知道他分别是怎样读的吗？

306. 阿凡提点标点

财主巴依家里过年时贴出一副炫耀财富的对联。上联是"养猪大似象耗子已死完"，下联是"酿酒缸缸好做醋坛坛酸"。一次阿凡提经过，想捉弄一下财主，就偷偷地在对联上点了两个逗号，意思就完全变了。巴依发现了之后，被气得昏了过去。

你知道阿凡提是怎样标点这副对联的吗？

307. 巧加标点

从前有一个大地主，自己要过 60 大寿，就让自己村子的秀才给他写副对联贺寿。秀才想了想，就写下：上联，养猪大如山老鼠只只死；下联，儿媳子孙多病痛全绝根。地主看了之后觉得很满意，就把对联贴在了门上，但是对报酬只字未提，也不请秀才到家里喝酒。

秀才看到地主这么的刻薄，就想整整他。于是趁着天黑，秀才在对联上加了几个标点符号，意思完全变了。等到第二天来贺寿的人看到这副对联，都惊讶的目瞪口呆，天下竟有这样的对联。

到底这副对联变成了什么样子呢？

308. 添加标点

有位书生上京赶考，正赶上过年，便寄了一封家书向父母报平安。他的信是这样写的："父母大人拜上新年好晦气全无人丁兴旺读书少不得五谷丰登"。全文没有加一个标点符号。

书生的父母看到信后老泪纵横，不远千里去寻找儿子。儿子见到父母亲自前来很是惊讶："我不是报过平安了吗？你们怎么来了？"

老父拿出书信，读了一遍："父母大人拜上：新年好晦气，全无人丁兴旺。读书少，不得五谷丰登。"儿子这才知道原来是父母弄错了，其实他的本意并非如此。

你知道书生的本意是什么吗？

309. 牌子上的规定

在某路边不远的一个僻静处立了一块牌子，上面写着：

行路人等不得在此大小便。

其本意是："行路人等，不得在此大小便。"

一天，一个人实在等不及了，就在这里小便。很快被人抓住，要罚款。这个人灵机一动，指着这句没有标点符号的话，解释了一番，说自己遵守了牌子上的规定，不应该被罚款。

你知道他是怎么解释的吗？

310. 智改电文

就在解放战争即将结束的1949年，蒋介石秘密命令大特务沈醉在昆明逮捕了近百位爱国民主人士，而且打算将他们全部处死。云南省主席卢汉得知此事后，立刻致电蒋介石为他们说情。可主意已定的蒋介石却只在回电中写了八个字：情有可原，罪无可恕。

无奈的卢汉只好求助于一向善于谋略的李根源先生。李根源在反复看了蒋介石的回电后，很快就找到了一个既简单，又可以让那些爱国民主人士免受迫害的方法。

你能想到是一个什么样的办法吗？

311. 被篡改的对联

清朝时期，某地有位财主，欺压百姓，横行乡里。父子俩用钱各买了一个"进士"功名，婆媳俩也被封为"诰命夫人"。这年春节，财主非常得意，便请人写了一副对联贴在大门外：

父进士，子进士，父子都进士；

妻夫人，媳夫人，妻媳同夫人。

有人看不过去，就趁着天黑，偷偷地加了几笔。第二天，财主一看，顿时气得晕死过去。

你知道这副对联被改成什么了吗？

312. 一副对联

有一年，清朝的乾隆皇帝曾邀请一位老寿星赴宴。乾隆以这位寿星的岁数为题，写了对联的上联，想考考大臣们，博学多才的大臣纪晓岚很快对出了下联。乾隆的上联是：花甲重开，又加三七岁月；纪晓岚的下联是：古稀双庆，更多一度春秋。这副对联不仅对称工整，而且上下联各自包含了一道答案相同的应用题，而这个答案就是老寿星的年龄。

你知道这位老寿星的年龄是多少岁吗？

313. 奇怪的对联

有一户人家门上的对联是这么写的：上联，长长长长长长长；下联，长长长长长长长；横批，长长长长。他们家是卖豆芽的，你知道这副对联该怎么读吗？

314. 纪晓岚的计谋

乾隆二十三年，皇帝大兴文字狱，江南才子何庆芳一家被判处满门抄斩，纪晓岚苦苦哀求，皇帝还是不答应放人。

就在行刑前一天，纪晓岚来到大殿对皇帝说："陛下，何庆芳一家人确实罪恶滔天，您对他的判决公正无比。不过最近《四库全书》刚修完明史最后一册，请您允许我把这册书读给他听。在我读完他之前，请您不要下令杀死他。"乾隆心想："这一册我看过，只有一百多页，读完也不需要多少时间。再说，何庆芳因为修明史被牵连，让他读读正史，也能彰显国威。"于是就同意了。

得到皇帝允许后，纪晓岚就到监牢为何庆芳读书，和珅在旁边看着。谁知刚读完第一天，和珅就发现个问题：何庆芳相当于被取消了死刑。他很气愤的到皇帝面前告纪晓岚的罪。这时，皇帝明白了纪晓岚的苦心，只是哈哈一笑而过了。

你知道纪晓岚用了什么计谋吗？

315. 不同的读法

有一个人经常打官司，不胜其烦。过年时，他对家人说："今年谁也不能再打官司了。"为了实现自己的愿望，他在门口贴了一副对联，上面写着："今年好晦气少不得打官司"。只是没有加标点。有个邻居来他家串门的时候，就问他为什么要写这么丧气的对联，难道还想继续打一年官司吗？到底是怎么回事？

316. 密电

公安机关截获某犯罪团伙的一封密电。电文如下："吾合分昌盍旮垄聚鑫"。你能破译这封密电吗？

317. 取货地点

警察截获了一份毒贩之间联系的信息，上说："明日下午四点在街口公园中心的松树顶取货"。

警察迅速赶到现场，发现附近只有一棵松树。但是树很高，根本无法在上面放东西。这是怎么回事呢？难道信息有误？应该不会。他们经过认真推理，终于在信息中约定的时间和地点找到了毒品。

你知道这是怎么回事吗？

318. 破解短信

公安机关截获某犯罪团伙的一条短信，短信内容如下："青争人圭木娄王久号虎耳又牛勿"。你能破解这条短信吗？

319. 动物密码

经过破译商业对手的密码，已经知道了"猴子猩猩大青蛙"的意思是"星期四交易股票"，"长颈鹿猩猩蝴蝶"的意思是"操盘手交易基金"，"猴子蜜蜂长耳兔"的意思是"星期四期货大跌"。那么"大青蛙"的意思是什么？

320. 暗含成语的数字

以下数字中都暗含了一个成语，请

大家把他们写出来。

3.5（　　）；

2+3（　　）；

333 和 555（　　）；

9 寸+1 寸=1 尺（　　）；

1256789（　　）；

12345609（　　）；

23456789（　　）。

321. 聪明的杨修

一次，曹操收到一盒酥饼，就在盒子上竖着写了"一合酥"三个大字，放在了门口的案台上。大家都不明白是什么意思，主簿杨修看见了，就把酥饼分给大家一起吃了。曹操满意地笑了。

你知道曹操写的三个字是什么意思吗？

322. 有趣的招牌

有一家商行叫"行行行"，顾客却常将店名读错。于是，行主便贴了一张告示在门口，曰："凡读对本商行名称的顾客，买一送二"。结果顾客蜂拥而来，生意越来越兴隆。

在《现代汉语词典》里，"行"有四种读音：

① 读 xíng，如行路、举行、行李、行善、行云流水等；

② 读 háng，如银行、行业、行当、行话、行情等；

③ 读 hàng，如"果园里的树行子"等；

④ 读 héng，就是"道行"，本意指僧道修行(xíng)的功夫，喻指人们已经练就的技能本领。

还有一种读音为 xìng，表明品质或举止行为，如德行、操行等。这个读音

现在根据《普通话异读词三次审音总表初稿》规定读 xíng 而不读 xìng，但在民间语言里也还常读作 xíng，如"此人德行(xíng)真好"。

读者朋友，请你根据上述"行"的读音及其意义，思考一下"行行行"这个商行的名称怎么读？

323. 是不是

请试着在下面的三段文字里加入适当的标点符号，使三段文字能读通。

（1）是不是不是是不是不是是不是是

（2）是是不是不是不是是是不是不是是

（3）不是是不是是不是是是不是是不是不是是

324. 我是什么？

我是动物，但我不是哺乳动物；

我是雄性，但我剩余孩子；

我全身穿着甲衣；

我生活在温暖的水中；

我的眼睛可以各自独立工作；

你猜猜我是什么？

325. 猜成语

根据下图钟表的指针位置，分别猜一个成语。

326. 变省份名

在下面用火柴拼成的图形中，移动其中的三根火柴，使它变成一个含有两个字的省份名。你知道怎么移动吗？

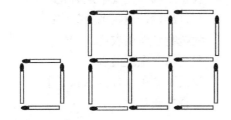

327. 猜字谜

有一个字，去掉左边是树，去掉右边是树，去掉中间也是树。你知道这个字是什么吗？

328. 组合字

在下面方框中加入一个字，使这个字与左边的"古"和右边的"巴"都可以组成一个新的字。你知道应该加入什么字吗？

古□巴

329. 加一笔

请在下面的这些汉字上分别加一笔，使它变成另外一个汉字。你知道怎么加吗？

车		开	
立		亚	
刁		玉	
舌		灭	

330. 加一笔

请在下面的这些汉字上分别加一笔，使它变成另外一个汉字。你知道怎么加吗？

凡		尤	
烂		利	
去		头	
叶		禾	

331. 郑板桥劝学

一天，郑板桥路过一家学堂，发现很多孩子都在玩闹，而没有学习，便上前劝说。无奈，孩子们贪玩，对他的话不加理会。于是郑板桥说："这样吧，我请你们猜个谜语，你们如果能够猜出来，就可以继续玩。要是猜不出，就要好好读书。"

孩子们答应了。郑板桥看了一眼旁边厨房里的一样东西随口说道："嘴尖肚大个不高，放在火上受煎熬。量小不能容万物，两三寸水起波涛。"

孩子们猜了半天也没有猜出谜底，只好去读书了。

你知道谜底是什么吗？

332. 巧骂财主

清代乾隆年间，有一个财主，甘心做衙门的走狗，欺压百姓。这个人没什么文化，却总爱附庸风雅。

一次，他想重金请郑板桥为他题字。郑板桥向来看不惯这种人，但这次却爽快地答应了。他挥毫写下了"雅闻起敬"四个大字，并告诉财主把每个字的偏旁部首都漆成与字不同的颜色，这样效果更加突出。财主想都没想就接受了郑板桥的建议。可是牌匾挂了几天就被财主摘下来了。因为很多人都因为这块匾笑话他。

你知道这是为什么吗？

333. 情侣问路

一对情侣在深山里游玩迷了路，在一个路口遇到一个在树下休息的老大爷，于是两人走上前去问路。老大爷说："要女孩走开。"

男孩有点奇怪，但为了满足老大爷的要求，还是让女孩到旁边去等自己，再向老大爷问路。老大爷还是那句话："要女孩走开。"

男孩无奈地说："我已经让她走开了，你快告诉我该走哪条路吧。"

老大爷说："我已经告诉你了。"

你知道老大爷说的话是什么意思吗？

334. 隐藏的诗

下面有一个用文字堆起来的山，其实它是一首诗，你看出来了吗？从哪里开始读呢？

开
满山
杏山桃
山景好山
山看客山来
山仙山僧山中
崖山转路山中山

335. 加标点

古文中很多都没有标点，这让我们读起来和理解起来很不方便。下面就是一段古文，你能给它加上适当的标点，让其通俗易懂吗？

"知止而后有定定而后能静静而后能安安而后能虑虑而后能得"

336. 填空格

在下面的空格处填入一个字，使这个字与上下左右四个字都能组成一个新字，且这个字在新字中的位置不会被改变。

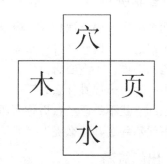

337. 填空格

在下面的空格处填入一个字，使这个字与上下左右四个字都能组成一个新字，且这个字在新字中的位置不能改变。

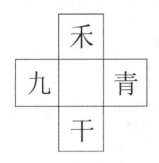

338. 猜字谜

窝头，火腿，点心。猜一字。

339. 猜字谜

蜻蜓点水。猜一个字。

340. 水

(1) 什么字一滴水？
(2) 什么字三滴水？
(3) 什么字四滴水？
(4) 什么字六滴水？
(5) 什么字十滴水？
(6) 什么字十一滴水？

341. 答非所问

两个陌生人第一次相见，聊得很投机。甲问乙："请问你姓什么？"

乙回答说："没心思。"

甲："……你姓什么？"

乙："我不是已经告诉你了吗？"

请问乙到底姓什么呢？

342. 出门旅游

小明高考完毕之后打算去几个城市旅游。朋友问他想去哪些城市。小明回答说："海上绿洲，四季花红，风平浪静，银河渡口，巨轮启动，不冷不热的地方，这些我都要去。"

小明的回答弄得朋友丈二和尚摸不着头脑。

你知道小明到底想要去哪几个城市吗？

343. 谜语解谜语

司马光听说黄庭坚文采非凡，便想请他作自己的助手。一天，他邀请黄庭坚来家中做客。闲聊的时候，司马光随口出了一个谜语："荷花露面才相识，梧桐落叶又离别。"

黄庭坚一听，马上就弄懂了司马光的意思，随口也出了一个谜语："有户人家没有墙，英雄豪杰里面藏。有人说他是关公，有人说是楚霸王。"

司马光一听哈哈大笑，对黄庭坚刮目相看。

你知道他们俩人的谜底都是什么吗？

344. 聪明的杨修

曹操身边有个谋士叫杨修，此人非常聪明。一次，曹操派人修建宫殿，完毕之后曹操来巡查。看了之后比较满意，但也有些细微之处略感不悦。临走时，曹操什么话也没说，只在大门上写了个"活"字。弄得一帮工匠不知如何是好。只有杨修建议大家把大门重新修建，扩大一些。如此改过之后，令曹操很是满意。

你知道曹操的那个"活"字是什么意思吗？

345. 美食家

有一个小饭馆新开张，请来一位美食家来给自己的菜做点评。美食家尝了几个菜之后，写下了这样几句话："刘备求计问孔明，徐庶无事进曹营；赵云难勒白云马，孙权阵前乱点兵。"写完就走了。

店家看了看这几行字，也是一头的雾水。

你知道美食家的几句话到底是什么意思吗？

346. 猜成语

妈妈下班回家，小明让妈妈陪他玩游戏。只见妈妈把电视机打开，看了几秒钟电视节目，然后又把电视机关掉了。然后对小明说："我刚才的两个动作分别猜一个成语，你要是能猜对，晚上我就给你做好吃的。"

你能帮助小明猜出这两个成语是什么吗？

347. 猜成语

晚饭后，妈妈打算给小明缝衣服，于是拿来针和线，对着灯光穿起线来。爸爸在一旁看到了，对小明说："刚才妈妈的动作可以猜一个成语，你知道是什么吗？"

348. 见机行事

一天，小明带着几名同学想去拜访一位德高望重的老先生，走到老先生家门口时发现门上写着一个"心"字。同学们都很纳闷，见过有人在门上贴"福"字的，没见过有人写"心"字。只有小明猜到了老先生的意思，带着同学们离开了。过了几天，小明又带着同学们去拜访老先生。这次他们在门上看到一个"木"字。小明便开开心心地带着同学们进去了。

你知道这是为什么吗？

349. 数字对联

郑板桥在当县令的时候是个勤政爱民的好官。一次，他去体察民情，看到一家大门上贴着一副对联：上联是"二三四五"，下联是"六七八九"。郑板桥看到这里便命人买来几袋大米和一些衣物送了过来。下属都很奇怪，为什么那么多家，他单给这家送米又送衣呢？

350. 地主的刁难

一个地主不愿给长工工钱，便对长工说："你只要回答出我的问题，我就把工钱给你。如果你回答不出，就别来要工钱了。"问题是"我把一只5千克的鸡装进一个只能装 1 千克水的瓶子里，你用什么办法可以把它拿出来？"

长工一听，顿时傻了眼，不知如何回答。

聪明的读者，你知道该怎么对付这个地主的刁难吗？

351. 捏面人

一个捏面人的手艺人在街边做生意，捏了好多面人卖。为了招揽顾客，他捏了一个一寸高的精致的小面人，取名为"一寸人"，并以此为谜面，猜一个字。谁要是能猜得出来，就可以白吃白拿他的面人。好多人都好奇地来看，可就是没人能猜得出来。最后，一个八九岁的小男孩看到了，跑过去拿起面人就跑。旁边的人想去追却被手艺人制止

了，说他已经答对了。

你知道这是为什么吗？

352. 左读右读

有一对情侣很有趣，喜欢猜谜。一天两个人一起去超市买东西。男孩说："我想买一样东西，两个字，从左往右读，喝得心里甜，从右往左读，会飞不是鸟。"女孩说："我想买一样东西，也是两个字，从左往右读，营养很丰富，从右往左读，很壮不干活。"

你能猜出这对情侣都要买什么东西吗？

353. 谜对谜

王安石与王吉甫是好朋友，一次两人见面后，相互出谜语猜谜。王安石先出题："画时圆，写时方，冬天短，夏天长。"

王吉甫想了一下就知道了答案，但是他没有直接说出来，而是用另外一个谜语回答："东海有条鱼，无头亦无尾，去掉脊梁骨，便是你的谜。"

王安石听了之后，与王吉甫相视而笑。

你知道他们的谜底是什么吗？

354. 对对联

两个秀才在一起比学识，他们来到江边看江景，其中一个秀才指着远处一只飞鸿出了一句上联："鸿是江边鸟"。这个对联很难，把"鸿"字分开，即是一个"江"，一个"鸟"。另外一个秀才想了半天也没有想出好的下联。突然，远远地看到一个养蚕的老妇人，让他顿时有了灵感，随即对出了下联。

你知道下联是什么吗？

355. 戏弄和珅

纪晓岚与和珅素来不和。一次，和珅新建了一处庭院，请纪晓岚为他题个匾。纪晓岚马上就答应了他，随即提笔写下了"竹苞"两个苍劲有力的大字。和珅以为纪晓岚这两个字是取自"竹苞松茂"，甚是喜欢，马上挂了起来。

可是没过多久，就有很多人取笑他。和珅了解真相后非常生气，把匾摘了下来砸得粉碎。

你知道他为什么要砸匾吗？

356. 免费住店

又到了科举考试的时期，京城里聚集了很多各地的考生，把大大小小的客栈都住满了。"喜客来"客栈的王老板是个爱才之人，对住在店中的赶考书生们说："我这里有一个谜语，你们如果谁能答出来，我的店钱和饭钱可以全免。"考生们高兴地答应了。

王老板说出自己的谜语："唐虞有，尧舜无；商周有，汤武无。猜一字。"

秀才甲马上对道："跳者有，走者无；高者有，矮者无。"

秀才乙接着说道："善者有，恶者无；智者有，蠢者无。"

秀才丙接着说道："右边有，左边无；凉天有，热天无。"

秀才丁接着说道："哭者有，笑者无；活者有，死者无。"

秀才戊接着说道："哑巴有，聋子无；和尚有，道士无。"

王老板非常高兴，因为这五名考生的谜语的谜底都与自己的谜底完全相同。当即，王老板免了这五位考生的店钱和饭钱。

你猜出这些谜语的谜底了吗？

357. 孔子猜三天

一个字很简单，九横六竖。问孔子是什么？孔子猜三天。

你知道这到底是什么字吗？

358. 歪打正着

小明的妈妈在动物园工作。一天，妈妈的同事来家中做客，带了一个可爱的老虎模型。同事把老虎模型放在小明家的一个盆景假山上，对小明说："你可以做两个动作，分别代表一个成语。如果你做对了，我就把这只老虎送给你。"

小明非常喜欢这个老虎模型，但是他答不出来。拿起老虎玩了一会，又惋惜地放了回去。没想到同事竟然把老虎模型送给了小明，还夸他聪明。你知道这是怎么回事吗？

359. 藏头谜语

请将下面成语缺少的字填满，然后根据缺少的字的内容，猜一个地名。

长	涯	大	公	林	月	积	尺	好	源
地	海	招	好	好	如	月	竿	月	节
久	角	风	龙	汉	梭	累	头	圆	流

360. 猜成语

观察下面这个棋盘，请根据这些棋子的布局猜两个成语。你知道是什么成语吗？

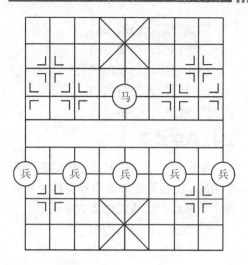

361. 成语计算

（ ）鸣惊人+（ ）龙戏珠=（ ）山五岳

（ ）更半夜+（ ）亲不认=（ ）牛一毛

（ ）仙过海-（ ）八佳人=（ ）朝金粉

（ ）恶不赦-（ ）擒七纵=（ ）从四德

（ ）话不说×（ ）朝元老=（ ）神无主

（ ）全十美×（ ）年寒窗=（ ）步穿杨

（ ）拜之交÷（ ）面玲珑=（ ）本万利

（ ）手观音÷（ ）拿九稳=（ ）尺竿头

362. 猜成语

根据下面的提示，分别猜一个四字成语。

(1) 最长的一天：□□□□

(2) 最难做的饭：□□□□

(3) 最宝贵的话：□□□□

(4) 最高的人：□□□□

(5) 最大的手术：□□□□

363. 八字成语

下面这些成语很特别，他们都是八个字的，而且每个成语中都有两个相同的字。你能把这些成语填完整吗？

□波□□，□波□□
□夫□□，□夫□□
□年□□，□年□□
□可□□，□可□□
□事□□，□事□□

364. 八字成语

下面这些成语很特别，他们都是八个字的，而且每个成语中都有两个相同的字。你能把这些成语填完整吗？

□为□□，□为□□
□不□□，□不□□
□则□□，□则□□
□高□□，□高□□
□者□□，□者□□

365. 诗句重排

唐代一位叫赵嘏的诗人写了一首诗，名叫《登楼》。内容如下：

独上江楼思悄然，月光如水水如天；同来玩月人何在？风景依旧似去年。

诗人写完此诗后给老师看，老师看后指出，这首诗的结尾太过平凡了。没有写出怀念友人的那种苍凉感。于是老师给他改了一下，顿时那种苍凉的心境就全部表现出来了。而且老师又没有做大幅度的修改，只是改变了两句诗句的位置。

你知道老师是怎么改的吗？

366. 猜诗谜

小明很爱开玩笑，也很聪明。一天，他去同学家做客。进门就说："寺庙前面一头牛，二人抬根大木头。未曾进门先开口，闺宫女子紧盖头。"

朋友一听笑了，也随口说出一首诗："言对青山不是青，二人土上在

谈心。三人骑头无角牛，草木丛中站一人。"

小明也马上猜出了朋友的意思。随即两人相视哈哈大笑。

请问，你知道两人分别说的是什么意思吗？

367. 小明姓什么

一天，小明去同学家玩，正赶上同学的奶奶八十大寿。同学的家人问小明姓什么。小明开玩笑地说："今天正好是奶奶的生日，我的姓也和生日有关。就是以'生日宴'作为谜面，谜底就是我的姓。"

你能猜出小明到底姓什么吗？

368. 苏小妹试夫

传说苏东坡的妹妹苏小妹才华横溢，认识秦观后，发现他是个才子，便决意嫁给他。据说这首诗就是苏小妹试探秦观才华的一首回文诗。你知道从哪里开始读，又在哪里断句吗？

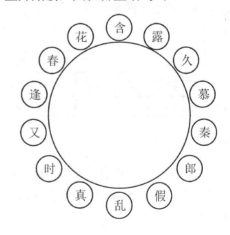

369. 巧读诗句

下面是一个由13个汉字组成的环，你可以按一定的顺序断句，将其切断成

为一首诗词。你看看一共有多少种读法呢？他们都怎么读？

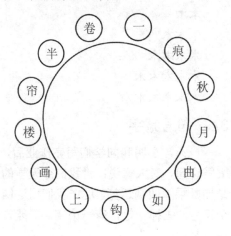

370. 没有写错

谁都知道张作霖大字不识几个。一次，他应邀参加一个酒会，酒会上有个日本人，想让张作霖出丑，便提出让张作霖写一幅字。张作霖叫人拿出纸笔，一挥而就写下一个"虎"字，然后落款写下一行小字："张作霖手黑"

众人一看，哈哈大笑，本来应该是"手墨"的。旁边张作霖的秘书小声提醒张作霖少了个"土"字。

你知道张作霖是怎么说的吗？

371. 迷信的人

一个人去朋友家拜访，看到朋友正准备砍自家院子中的一棵大树。这个人便问："这棵树长得很好，平白无故为什么要砍掉它呢？"

朋友回答说："你看，我们家的院子是四四方方的，像个'口'字。里面有棵树，不变成了'困'嘛。怪不得我们的日子过不好！"

这个人一听，原来他竟然如此迷信，想劝他放弃砍树的想法。他该如何说服朋友呢？

372. 纪晓岚题诗

一次，乾隆皇帝得到一幅《百鹅图》，召集众臣前来观赏并题诗。众官没有敢动手的，只有纪晓岚毫无顾忌，上前刷刷刷大笔一挥，写下了两句："鹅鹅鹅鹅鹅鹅鹅，一鹅一鹅又一鹅。"

刚写到这里，大臣们开始议论纷纷，觉得纪晓岚的文笔太差了，这种拙作也敢拿出来给皇上看。

只见纪晓岚不动声色，继续写下了后两句诗句。乾隆一看不禁拍手叫好，群臣也无不羞愧低头。

你知道纪晓岚的后两句诗写的是什么吗？

373. 讽刺慈禧

据说在慈禧太后修建颐和园的时候，请了一个画师为她的仁寿殿画一幅屏风。画师一向痛恨慈禧太后，但又不敢违背命令，只好勉强答应。

到了献画的那天，慈禧带着文武百官一起来赏画。只见画师画了一个仙童，托着一个寿桃。后面整齐地站着西方各国的军队。旁边一个大臣阿谀奉承地说："这是仙童贺寿，万国来朝！好！好！"慈禧也很满意，赏赐了画师，让他离开了。

可是过了不久，慈禧终于想明白了，这幅画是在讽刺自己。再去找那位画师，人已经逃走了。

你知道画师的画真正表达的意思是什么吗？

374. 火柴文字

用八根火柴可以拼成一个"旨"字，现在想把它变成一个"旱"字，请问最少需要移动几根火柴？

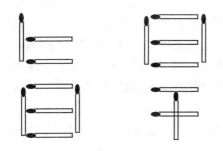

375. 猜动物

叶公好龙，猜一种动物。

376. 猜人名

一天，小明放学回家，看到妈妈正在厨房做菜，就缠着妈妈给自己猜谜语。妈妈想了想，拿出一棵白菜，不由分说，把所有的绿色叶子全部削了下来。然后让小明根据这一举动猜一个人名。你知道妈妈指的是谁吗？

377. 幽默家的牌匾

一个幽默家经常为一些店铺写牌匾，即通过幽默的方式把店铺的行当表达出来。比如饺子馆的牌匾是"无所不包"，服装店的牌匾是"衣帽取人"，当铺的牌匾是"当之无愧"。

这天，一家药店的老板也来找幽默家求匾。幽默家想了想，就题了四个大字。在场的人无不拍案叫绝。

你知道幽默家为药店题的牌匾是什么吗？

378. 猜地名

根据下面的图形猜一新疆地名，你知道是什么吗？

木
木木
木木木
木木木木
木木木木木
木木木木木木

379. 符号猜字

一天，小明和同学们写完作业后，突发奇想，对大家说："我们今天学的是加减乘除四则运算，现在我们用这四个符号，去掉一笔，猜一个字。谁能告诉我是什么？"

你知道这个字是什么吗？

380. 书童取物

北宋大文学家苏东坡和一个寺庙的和尚关系非常好。一天，他让自己的书童去寺庙和尚处取一样东西。书童问取什么，苏东坡回答说："你只要穿上木屐，戴上草帽，站在他的面前，他就知道我让你去取什么了。"果然，当书童出现在和尚面前时，和尚一看书童的打扮，就立即把苏东坡要的东西交给了书童。

你知道苏东坡让书童去取什么东西吗？

381. 奇怪的字谜

一个字很奇怪，去掉上面是字，去掉下面是字，去掉中间是字，去掉上下还是字。你知道这到底是什么字吗？

382. 猜谜语

一天，小明从学校回来，就给爸爸出了一个谜语："古人留下一座桥，一边多来一边少。少的要比多的多，多的倒比少的少。"

你知道小明说的这个谜语的谜底是什么吗？

383. 变新字

亚洲的"亚"字，加个偏旁部首，可以变成很多字。但是有两个偏旁，加上之后不但可以变成新的字，而且这个过程还可以猜一个成语。你能找出几个可以这样组成的新字呢？

384. 秀才猜字

从前，有个秀才上京赶考，路上口渴想要喝水，正巧看到前面有一口井，井边有个小孩子。于是秀才对小孩说："小朋友，可否给我点水喝呢？"

小孩说："想要喝水不难，只要你能猜出我的谜语。"秀才答应了。

小孩说："上边有口无盖头，下边有口没堵头。左右有口无挡头，中间有口没舌头。"

秀才想了想，马上就猜出了答案。

你知道小孩说的谜语的谜底是什么吗？

385. 猜成语

一天，爸爸给小明出谜语，谜面是"火烧山倒，树毁多少？大人不在，云力自烧。"每句猜一个字，然后四个字组成一个成语。你知道谜底是什么吗？

386. 华佗骂贪官

一次，一个贪官找到神医华佗，要他给自己开一副延年益寿的药方。华佗随手为他开了一个处方：

柏子仁 2 钱

木瓜 3 钱

官桂 2 钱

柴胡 3 钱

益母草 2 钱

附子 3 钱

八角 1 钱

人参 3 钱

台乌 2 钱

上党 2 钱

山药 3 钱

贪官一看如获至宝，回到衙门后马上叫人去抓药。这时他的师爷看到了药方后，对贪官说："大人，这不是什么延年益寿的药方，是华佗在骂你。"

你知道华佗是如何骂贪官的吗？

387. "二"字

下面有十六个方格，每个方格里都有一个"二"字，请大家在每个"二"字上各加两笔，使它变成另外一个字。要求不能重复。你能把这十六个方格都填满吗？

二	二	二	二
二	二	二	二
二	二	二	二
二	二	二	二

388. 两位老人

一天，两位老人在公园锻炼身体的时候相遇了。一个老人问另外一个老人的年龄，老人并没有直接回答，而是用木棍在地上写了个"本"字,叫另外一个老人猜。对方笑着说:"那我比你的年龄要大一些。"问他多大年纪,他也是用木棍在地上写了一个"白"字。

你知道两个老人分别多大年纪了吗?

389. 老师的婚礼

两位数学老师结婚。当天,新娘给新郎出了一副对联,上联是:恋爱自由无( ),下联是:人生幸福有( ),横批为:心遂人愿。要求新郎在两个括号内分别填入一个二字的数学名词。表示两人珠联璧合,婚姻美满。

你知道该填什么吗?

390. 老师的婚礼

两位数学老师经历了漫长而曲折的恋爱,终成眷属。结婚当天,新娘给新郎出了一副对联,上联是:爱情如( ),下联是:幸福似( ),横批为:苦尽甘来。要求新郎在两个括号内分别填入一个四字的数学名词。

你知道该填什么吗?

391. 老师的婚礼

一位数学老师与一位物理老师结婚,当天,新娘给新郎出了一副对联,上联是:大( )小( )同心( ),心心相印;下联是:阴( )阳( )异性( ),性性吸引。横批为:公理定律。要求新郎在上下联分别填入一个字。

你知道该填什么吗?

392. 数字谜语

(1) 21。打一中药。
(2) 千。打一人体器官。

(3) 24。打一体育术语。
(4) 50+50。打一花名。
(5) 1000。打一成语。

393. 曹操的字谜

一天,曹操造了字谜给他的两个儿子猜:"一对燕子绕天飞,一个瘦来一个肥;一年四季来一次,一月倒会来三回。"你知道是什么字吗?

394. 聪明的唐伯虎

在唐伯虎年轻的时候,一次,他去山林中拜访隐居的名师。他走着走着竟然迷了路,在叉路口有左中右三条大路,不知道该往哪个方向走。这时,他看到从远处走来一位姑娘。唐伯虎上前问路。姑娘知道他就是江南四大才子之首,便存心想考考他,在地上写了个"句"字。唐伯虎想了一会儿,对姑娘深鞠一躬,向左边的那条路走去。你知道唐伯虎为什么走那条路吗?

395. 填字

古时候,有个大贪官,为了给自己立一个清廉的美名,在堂前贴了四句话:一不要钱,二不要命,三不要名,四不要官。

一位书生看到后很是气愤,于是偷偷地在每句话后面加了两个字,并使意思大大改变。你知道他加的都是什么字吗?

396. 贺寿对联

一个吝啬的老财主六十大寿,所有的亲戚朋友都带着贺礼前来祝寿,可财主只招待大家吃了一顿粗茶淡饭。饭后,一个朋友提出要为财主送上一副对联。上联是：一二三四五七八九十，下联是：一二三四五六七八十，横批：文口从土回。老财主看不懂，直接贴了起来。你知道这副对联的意思是什么吗？

397. 选官

三位主考官负责挑选有才学的人做官。各项成绩都测试完毕后，三位主考官宣布结果。甲说："一月又一月，两月共半边。"乙说："一家有六口，两口不团圆。"丙说："上有可耕之田，下有流水之川。"其实三位考官都是在猜谜。只要你知道了谜底，就知道这个人被选中了没有。你知道结果如何吗？

398. 巧写奏折

明朝时，有个地区发大水，淹没了十几个村庄。当地县官要求皇帝发粮赈灾，并在奏折上写："本地发大水，淹没伍佰村，漂走一万家。"皇帝因此发了很多赈灾粮款，县官把钱粮全部分给了当地的贫苦百姓。后来有人告发，说县官犯了欺君之罪，当地根本没有那么多村庄和人口。于是，皇帝派人调查此事。到了当地一看，虽然当地确实没有那么多村庄和人口，但奏折上所说却一点没错，只好赦免了他的罪。你知道这是为什么吗？

399. 添加标点

一次，永乐皇帝命才子解缙在一把扇子上题诗。解缙就写下了王之涣的《凉州词》。

黄河远上白云间，一片孤城万仞山；羌笛何须怨杨柳，春风不度玉门关。

但是因为一时疏忽，解缙漏写了第一句诗中的"间"字。皇帝大怒，欲治

其欺君之罪。解缙灵机一动，马上解释道，这是根据王之涣的诗的意境做的一首词，然后为其加上了标点。皇帝听完他的解释后，就免了他的罪。你知道他是怎么加的标点吗？

400. 写春联

一年除夕，赃官请才子祝枝山为其写副对联，祝枝山沉思片刻，挥笔写下两副对联：

此地安能居住；其人好不悲伤。

明日逢春好不晦气；终年倒运少有余财。

赃官一看顿时大怒。祝枝山笑道："其实我写的可是吉庆之词啊，只是你不会读。"然后他重新断句，读了一遍。赃官这才眉开眼笑。你知道这两副对联如何断句吗？

401. 绝对

传说苏小妹是个绝世才女。一次她与一个和尚对对联，她先出上联难为和尚："人曾是僧人弗能成佛。"哪知这个和尚也是才智过人，马上对出了下联。你知道和尚的下联是什么吗？

402. 解梦

古时候，有一个秀才，在应试之前做了两个梦，他想知道吉凶便去找相士解梦。秀才的第一个梦是梦到墙头上长了一些草，相士说这说明你根基不牢；第二个梦是梦到自己下雨天戴着斗笠还打着伞，相士说这是多此一举。秀才听了马上像霜打的茄子一样，觉得这是上天的安排，便准备放弃赶考。途中遇到了一位同窗好友，听了他的梦以后，马上从另外的角度为他解梦。秀才一听

顿时神采奕奕,又充满了斗志。你知道他的同窗是怎么解梦的吗?

403. 巧记圆周率

圆周率我们一般只用到它小数点后的两位,即 3.14。其实圆周率是一个无限小数。小数点后 22 位的圆周率为 3.1415926535897932384626。你能用最简单的办法用最短的时间把这些数字背下来吗?

404. 讽刺官员

五代时期,有一位大官背信弃主,投靠新朝,人民很怨恨他。在他 70 岁寿诞之日,有人偷偷在他府门口贴了一副对联。上联是:一二三四五六七,下联是:孝悌忠信礼义廉。

你知道这副对联是什么意思吗?

405. 猜唐诗

一次,下着鹅毛大雪,苏东坡和秦少游两人走在一条铺满雪花的小路上。苏东坡看着他们身后的小路对秦少游说:"现在的这个情景可以猜半句唐诗,你知道是什么吗?"正在这时,旁边一群麻雀被惊起,向天上飞去。秦少游笑了笑,说道:"现在这个情景也可以猜半句唐诗,而且正好和你的那半句唐诗合在一起成为一个完成的诗句。"你知道这句唐诗是什么吗?

406. 猜十个字

下楼来,金钱卜落;问苍天,人在何方;恨王孙,一直去了;瞽冤家,言去难留;悔当初,吾错失口;交上有,交下无;皂白何须问,分开不用刀;从今莫把仇人靠,千里相思一撇消。猜十

个字。

407. 加标点

有一个经典的字谜是这样的:一不出头,二不出头,三不出头,不是不出头,是不出头。猜一个字。

看着有点不知如何下手,其实这个字谜如果加上适当的标点就变得非常简单了,你知道怎么加标点吗?谜底又是什么?

408. 修庙

一次,乾隆皇帝带着纪晓岚等一群随从官员在密林中偶然发现了一棵古树和一块怪石。古树是棵松柏,枝繁叶茂,郁郁葱葱,怪石巨大无比,外形奇特。乾隆非常喜欢,想在附近修建一座庙宇。便吩咐下面的官员:"在此地建成一百一十一座庙"。负责的官员很为难,此地虽然开阔,但要建那么多庙宇还是不可能的,只好向纪晓岚求救。纪晓岚对办事的官员说,你只需建一座庙就行了,皇帝不会怪罪你的。你知道纪晓岚为什么这么说吗?

409. 猜谜语

一次,苏东坡和苏小妹乘船远游。夜里,外面传来阵阵琴声。苏小妹深谙音律,被深深吸引,便起身出舱查看。苏东坡看到了,叫住妹妹说:"这么晚了,还不休息,出舱干什么?"苏小妹随即解释道:"天黑出舱来,手扶木栏杆,心中无邪念,弹罢就归来。"苏东坡点了点头。

其实,苏小妹的回答正好是一则谜语,你知道谜底是什么吗。

410. 猜诗谜

曹雪芹的著作《红楼梦》的第 22 回中，贾元春出了一道诗谜："能使妖魔胆尽摧，身如束帛气如雷。一声震得人方恐，回首相看已化灰。"你能猜出谜底是什么吗？

411. 拆字联

曹操不仅是个军事家、政治家，还是一位文学家、诗人。一次，他在家中接待客人，说话间，外面下起了雨，淋湿了窗户。曹操一时兴起，随口说出上联："冻雨洒窗，东二点，西三点。"让大家对下联。这个对联非常难，而且非常巧妙。把"冻"和"洒"字拆开，即为"东二点，西三点"，又应情应景。在座的人没有一个人能对得出来。这时，曹操只有十几岁的儿子曹植看着待客用的西瓜，灵机一动，对出了下联。大家听后齐声叫好。你知道下联是什么吗？

412. 谜语药方

一位老中医很爱开玩笑，连药方都喜欢用谜语来写。一次，他又开出了一幅谜语药方。你能看出他写的都是哪些药材吗？

惟他不死 3 钱；通晓老娘事 2 钱；
机构繁多 2 钱；心怀宏图 3 钱；
假期已满 2 钱；全面清账 3 个；
刘关张结义 4 钱；枉评先进 2 钱；
骨科医生 1 钱；红色顾问 3 钱。

413. 你有什么了不起的

从前有一个人，他的爸爸做了大官，儿子中了状元，唯独他什么官也没有做。

因此，爸爸和儿子都看不起他，平时难免对他说些讥讽、嘲笑的话。

但此人颇有自我解嘲的本领，当他爸爸和他儿子嗤笑他的时候，他总能找出一些理由来反驳他们。你知道他是怎么说的吗？

414. 聪明的伙计

小明去一家小店里吃饺子。饺子的味道一般，但是用来蘸饺子的醋却味道非常好。小明便想开个玩笑，大声说道："一人一口又一丁，竹林有寺没有僧，女人怀中抱一子，二十一日酉时生。"旁边一个小伙计听完以后非常高兴，连声向小明道谢："谢谢夸奖，谢谢夸奖。"你知道小明所作的诗句是什么意思吗？

415. 姓什么

两个人偶遇，相谈甚欢。于是互相询问姓名。其中一人马上把一只老鼠放在盘子上，并对对方说，这就是我的姓氏。你能帮另一个人猜一下，这个人姓什么吗？

416. 填成语

把下面棋盘上的成语补充完整。你知道怎么填吗？

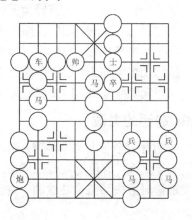

417. 猜字

下图中的每个字母都代表一个不同的汉字，两格相加又可以组合成一个新的字。你能根据下面的提示把这些汉字都猜出来吗？

(1) A+B 代表日落；
(2) B+C 代表早上；
(3) C+D 代表欺侮；
(4) D+E 代表瞄准出击；
(5) B+F 代表第二天；
(6) F+G 代表丰满；

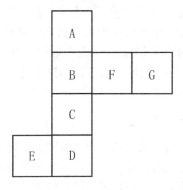

418. 填数词

请在下面的诗句中的空缺处补上适当的数词，你知道应该填什么吗？

□年好景君须记，□月春风似剪刀
□□宠爱在□身，□□□桥明月夜
楼阁玲珑□云起，□宫粉黛无颜色
人生□□古来稀，□□里路云和月
□华帐里梦魂惊，□□学得琵琶成
□□功名尘与土，□尺朱楼闲倚遍
□里莺啼绿映红，□紫□红总是春

419. 聪明的书童

明朝有一个著名的文学家，叫冯梦龙。一年夏天，有位朋友前来拜访。冯梦龙邀请对方去后院赏花饮酒。他们来到后院，冯梦龙突然想起忘记了一样东西，便叫书童去取。书童问取什么？冯梦龙随口说道："有面无口，有腿无手；又爱吃肉，又爱吃酒。"书童马上就猜出是什么了。不一会就把需要的东西取来了。你知道冯梦龙要的是什么吗？

420. 对对联

一次，乾隆和纪晓岚对对联。乾隆出上联："两碟豆。"纪晓岚对曰："一瓯油"。乾隆听完后，狡黠地一笑，改口说："我说的是'林间两蝶斗'。"你知道纪晓岚该如何对出下联吗？

421. 学费之讼

在已知的悖论里，关于希腊法律教师普罗塔哥拉的故事或许是最早的悖论之一。普罗塔哥拉收了一个有才气的穷弟子，答应免费教授，条件是他完成学业又打赢头场官司之后要付给普罗塔哥拉一笔钱。弟子答应照办。有趣的是，等弟子完成了学业之后偏不去跟人打什么官司，游手好闲了很久。为了得到那笔钱，普罗塔哥拉就告了弟子一状，要求弟子马上付给他学费。双方在法庭上提出各自的论点。

弟子：如果我打赢了这场官司，那么根据判决，我不必付学费。如果我打输了这场官司，那么我还没有"打赢头场官司"，而我打赢头场官司之前不必向普罗塔哥拉付费。可见，不论这场官司我是赢是输，我都不必付学费。

普罗塔哥拉：如果他打输了这场官司，那么根据判决，他必须马上向我付学费。如果他打赢了这场官司，那么他就"打赢了头场官司"，因此他也必须向我付学费。不论哪种情况，他都必须付学费。

他俩谁说得对？

422. 苏格拉底的悖论

有"西方孔子"之称的雅典人苏格拉底(公元前 470－前 399)是古希腊的大哲学家，曾经与普洛特哥拉斯、哥吉斯等著名诡辩家相对。他建立"定义"以对付诡辩派混淆的修辞，从而勘定了百家的杂说。但是他的道德观念不为希腊人所容，竟在七十岁的时候被当作诡辩杂说的代表。在普洛特哥拉斯被驱逐、书被焚十二年以后，苏格拉底也被处以死刑，但是他的学说得到了柏拉图和亚里士多德的继承。

苏格拉底有一句名言："我只知道一件事，那就是我什么都不知道。"

你认为这句话有什么问题吗？

423. 全能者悖论

如果说上帝是万能的，他能否创造一块他举不起来的大石头？

424. 谷堆悖论

如果 1 粒谷子落地不能形成谷堆，2 粒谷子落地不能形成谷堆，3 粒谷子落地也不能形成谷堆，依此类推，无论多少粒谷子落地都不能形成谷堆。这个推理有什么问题呢？

425. 罗素是教皇

数学家罗素告诉一位哲学家假命题蕴涵任何命题。那位哲学家颇为震惊，他说："尊意莫非由 2 加 2 等于 5 能推出您是教皇？"罗素答曰："正是"。哲学家问："您能证明这一点

吗？"罗素答："当然能。"你知道他是怎么证明的吗？

426. 奇怪的悖论

下面看同一个人在不同场合说的三句话：

"宇宙是这么浩瀚，我是如此渺小，在绚丽无边的宇宙里面，我的存在微不足道，我简直什么都不是。"

"我是人类，人类自然要比其他生物高级，因为只有人类具有智慧。"

"天哪，这朵花真是太漂亮了，世界上还有什么东西能比这朵花更动人吗？这是世上最完美的造物！"

通过这三句话，我们能推理出一个什么奇怪的结论呢？

427. 飞矢不动

一次古希腊的哲学家芝诺问他的学生："一支射出去的箭是运动的还是静止的？"

学生答道："那还用说，当然是运动的。"

芝诺说道："的确如此，这是很显然的，这支箭在每个人的眼里都是运动的。现在我们换个考虑方式，这支箭在每一个瞬间里都有它的位置吗？"

学生答道："有的，老师，任何一个瞬间它都在一个确定的位置。"

芝诺问道："在这个瞬间里，这支箭占据的空间和它的体积一样吗？"

学生答道："是的，这支箭有确定的位置，又占据着和它自身体积一样形状大小的空间。"

芝诺继续问道："那么在这个瞬间里，这支箭是运动的，还是静止的？"

学生答道:"是静止的。"

芝诺问道:"在这个瞬间是静止的,那么在其他瞬间呢?"

学生答道:"也是静止的。"

芝诺说道:"既然每一个瞬间这支箭都是静止的,所以射出去的箭都是静止的。"

芝诺的说法到底错在了哪里?

428. 白马非马

战国时期,有一天,公孙龙骑着一匹白马要进城。守门的士兵把他拦下来说道:"本城规定,不许放马进城。"

公孙龙心生一计,说道:"我骑的是白马,并不是马,所以可以进城。"

士兵奇怪道:"白马怎么就不是马了呢?"

公孙龙道:"因为白马有两个特征:一,它是白色的;二,它具有马的外形。但是马只有一个特征,就是具有马的外形。一个具有两个特征,一个只具有一个特征,这两个怎么能是一回事呢?所以白马根本就不是马。"

士兵被说得无法回答,只好放公孙龙和他的白马进城。公孙龙也因此而成名,成为战国时期"名家"的代表人物。

公孙龙的话看上去似乎很有道理,要用两个特征来定义的事物确实不等同于只用一点特征就能定义的事物。可是如果我们接受了"白马非马"的结论,那么也能如法炮制得出"白猫不是猫","铅笔不是笔","橘子不是水果",甚至"男人女人都不是人"等结论来。那么公孙龙"白马非马"的论证,到底问题出在哪里呢?

429. 希腊老师的辩术

有一天,两个学生去请教他们的希腊教师。问道:"老师,究竟什么叫诡辩呢?"

希腊老师望了望两个学生,想了一会儿,说:"我先给你们提个问题吧。有两个人到我这里做客,一个很爱干净,一个很脏。我请他们两个洗澡,你们想想,他们两人中谁会洗呢?"

关于这个提问,无论两个学生回答什么答案,老师都可以否定他们,从而教会他们什么是诡辩。你知道老师是怎么说的吗?

430. 日近长安远

只有几岁的晋明帝,有一天他在爸爸身边玩耍时,正巧碰上从长安来的使臣。

爸爸问他:"你说太阳和长安哪个离你近?"

晋明帝答:"长安近。因为没有听说过有人从太阳那边来,不就是证明吗?"

爸爸听了很高兴,想把自己的儿子当众夸耀一番。

第二天当着许多大臣的面又问他:"你说太阳和长安哪个离你近?"

"太阳离我近。"晋明帝忽然改变了答案。

爸爸感到惊奇,便问晋明帝:"你为什么和昨天说的不一样呢?"

你知道晋明帝是怎么回答的吗?

431. 子非鱼,安知鱼之乐

《庄子》外篇《秋水》中记载了一

段庄子与惠施在壕梁之上观鱼时的一段对话。

庄子说："鲦鱼出游从容，是鱼之乐。"

惠施问："子非鱼，安知鱼之乐？"

你知道庄子是怎么回答的吗？

第三部分

创新能力训练

432. 两根棒子

有两根外表一样的棒子，其中一根是磁铁，一根是铁棒，你能否不用任何工具，将它们分辨出来？

433. 相同的试卷

有一次考试，在一个小教室中进行，共有三个监考老师。考试的题量很大，很多人一直在做题，没有时间顾及其他，所以他们根本不可能作弊。但是，在改卷子的时候，还是发现有两张完全相同的试卷，你知道这是怎么回事吗？

434. 金属棒上的图书馆

某一天，外星人来到了地球。他们和人类进行了和平友好地交流，教给了我们很多新的科学和技术。在他们准备离开的时候，地球方面的代表提出把地球上所有图书馆里的藏书都作为礼物送给外星人："虽然我们的科学技术没有你们发达，但是这些书里记录了我们所有的文化，你们感兴趣就带走吧。"

外星人回答道："这些书是你们地球人几千年来的积累，我们带走不太合适；而且我们的飞船也装不下这么多的书。不过，我们确实对你们的文明很感兴趣，想把这些书的内容复制下来回去好好研究。"

地球代表说道："我们可以把书的内容扫描下来，刻录成光盘给你，这样重量会减轻很多。"

外星人说道："不用麻烦，我们只需要一根1厘米长的金属棒就可以把你们所有书的内容复制下来了。"

你知道外星人是如何做到的呢？

435. 谜团

有一位很厉害的律师，喜欢帮人打离婚官司。每次都会站在女方一边，尽可能多为她们争取赡养费。所以有很多打算离婚的女子找这位律师帮忙。

一次，这位律师自己也要离婚。律师一如既往地站了女方一边，为妻子争得了巨额赡养费。

你知道这是为什么吗？

436. 空中对战

在一次战争中，美日两架空中战机在太平洋上空相遇。美军飞行员首先发现日本飞机，两机高度相同，便水平发射一枚导弹。而恰恰此时，日军飞机也发现了美军向其开火，便熄灭自己飞机引擎，让飞机向下坠落，想以此逃避美军导弹。假设导弹发射时，两架飞机在同一高度，而导弹是水平被发射出去的，不考虑空气阻力，日军飞机能逃脱厄运吗？

437. 移动数字

一天，数学老师留了一个奇怪的作业，他让学生们移动一个数字到一个新的位置，使得下面的等式成立。你能做到吗？(不允许移动运算符)

62–63=1

438. 孩子的零用钱

一天，两个爸爸分别给自己的儿子零用钱。其中一个爸爸给了儿子 2000 元，另一个爸爸给了儿子 1000 元。但是，这两个儿子把钱放在一起的时候，却发现一共只有 2000 元钱。请问这是为什么呢？

439. 转了多少圈

古时候，人们曾用圆木做的滚车移动重物。两根相同的圆木并排放在一起，上面放上石块，向前滚动。如果圆木的周长是 1 米，那么重物前进 16 米，圆木会滚动多少圈？如果换成汽车呢？汽车轮胎周长 1 米，如果汽车向前走 16 米，轮胎滚动多少圈？

440. 巧放棋子

如果有 3 个棋子，怎么摆放才能让每两个棋子之间的距离相等？如果是 4 个棋子呢？如何摆放才能让 4 个棋子中每两颗棋子的距离都相等。

441. 沙漏的悖论

一个密封的小沙漏浮在一个装满水的密封小圆柱中。令人惊讶的是，把小圆柱颠倒过来后，沙漏并没有立即浮上来。它先沉在底部，直到大部分沙子都漏下后才浮到顶部。

你知道这是为什么吗？

442. 环球旅行

经常听说有人环球旅行。可是，在地球上怎样才算"环球"呢？大家都很茫然，主要是弄不清"环球旅行"的定义。现在我们假设："只要是跨过地球上所有的经度线和纬度线，就可以算环球旅行。"那么请问，在这样的假设下，环球旅行的最短路程大概是多少公里呢？在解答这个问题之前，为了简化，可以把地球看作是一个正圆球，赤道周长是 4 万公里。

443. 啤酒够不够

刘丽和丈夫在外面吃饭，从饭店要了一瓶啤酒(里面的啤酒不超过瓶肩的位置)。饭店老板对她说："我们觉得这次进的啤酒瓶子好像比以前小，但是只有一把尺子，也测不出来现在的容积到底是多少毫升的。你要是能在不打开或损坏瓶子的情况下测出瓶子的容积，这次的酒钱就免单了。"(瓶子本身的厚度忽略不计)

444. 移动水杯

小明的妈妈是化学老师。一天，小明来到实验室做作业。做完后想出去玩。这时小明的妈妈叫住他"等等，妈妈还要考你一个题目，"她接着说，"你看这里有 6 只用来做试验的玻璃杯，前面 3 只盛满了水，后面 3 只是空的。你能只动 1 只玻璃杯，就使盛满水的杯子和空杯子间隔起来吗？"爱动脑筋的小明是学校里有名的"小机灵"，他只想了一会儿就做到了。你知道他是怎样做的吗？

445. 莫比乌斯带

一条纸带应该有两面。如果把纸带一头旋转一下和另一头粘在一起，就形成了一个纸圈。你能把这个纸圈的一面涂成红色，另一面涂成绿色吗？

446. 切西瓜

瓜农在卖西瓜的时候，对西瓜切了 4 刀，最多能把西瓜切成多少块儿？

447. 奇怪的不等式

这是一个很奇怪的不等式，0>2，2>5，5>0。它在什么情况下存在？

448. 转圆环

两个圆环，半径分别是 1 和 2，小

圆在大圆内部绕大圆圆周转一周，问小圆自身转了几周？如果在大圆的外部，小圆自身转了几周？

449. 各转了几圈

一个小圆沿着一个直径是它直径5倍的大圆做圆周滚动，当它回到起点时，它转了几圈？如果是咬合在一起的大小两个齿轮，大齿轮是小齿轮直径的5倍，大齿轮转一圈小齿轮转几圈？

450. 绝望的救助

一根绳子穿过无摩擦力的滑轮，在一端有一个大圆盘，上面坐着小红，绳子的另一端是小明，正好取得平衡。小红的位置比小明高1米，这时两人都静止在绳子上。小明突然发现小红在流血，自己有救治药物，但是必须两个人都在一个水平线上他才能把药交给小红。请问小明怎么样运动才能把药给小红？(假定绳索与滑轮本身没有重量，也没有摩擦力)他是该向上爬还是向下？

451. 奇怪的大钟

从我住处的窗口往外看，可以看到镇上的大钟。每天，我都要将自己的闹钟按照大钟上显示的时间校对一遍。通常情况下，两个钟显示的时间是一样的，但有一天早上，发生了一件奇怪的事情:我的闹钟显示为差5分钟到9点；1分钟后显示为差4分钟到9点；但再过2分钟时，仍显示为差4分钟到9点；又过了1分钟，闹钟则显示为差5分钟到9点。

一直到了9点钟，我才突然醒悟过来，到底是哪里出了错。你知道是什么

原因吗？

452. 难题

有个小孩想吃巧克力，到了商店发现自己没钱，但是太想吃了，就把实情告诉了商店老板。老板说:"我给你出个题目吧。如果你能把这十个巧克力排成5排，每排4个，我就把巧克力都给你吃，怎么样？"

你能做到吗？

453. 第九张牌

一副牌54张，先数30张牌出来，在数的时候记下第9张，然后把30张牌牌面朝下放到一边。剩下的牌第一张如果是5 就从5开始数一直数到是10，如此类推数出来三列牌(如果是J、Q、K就放到这些最后去，继续数)。三列牌摆好后，把剩下的牌放到先前数好的30张牌上。现在把每条的第一张拿出来相加得出一个数，从旁边的30多张牌堆里去数，会发现正好就是你之前记的第9张牌。

每回数那3列牌时都是随机的，为什么记第9张，每回都能猜出来呢？

454. 盒子与锁

A、B 两人是密探，各自有一把不能被破坏的锁和只能开自己那把锁的钥匙。现在 A 想把一张扑克递给在另一个城市的 B，又怕扑克被人偷看。A 还有一个可以用锁锁得住的盒子，他应该如何利用这只盒子把扑克安全地递给 B 呢？

455. 扑克数字游戏

小李、小王、小刘、小方、小邓和

小周6个人在一起玩扑克牌数字游戏，用的是一副牌中的2到9，共32张牌。每人随机摸了5张牌，且每人只能看见自己的牌。每人将自己的5张牌排列组成一个5位数，得到以下结论。

小李：无论如何排列，我的数字都可以被36整除。

小王：无论如何排列，我的数字都不可能被从2到9的所有整数整除。

小刘：我的5张牌是一个连子，也就是5个相邻数字。

小方：这么说来，咱们6个人能够做出的5位数中，最大的数和最小的数都在我这儿了。

小邓：我能够做出来的5位数中，最小的可以被5整除，最大的可以被8整除。

小周：这样啊！那么除了小方以外的5个人能够做出的5位数中，最大的数和最小的数都在我这儿了。

请根据这些话判断剩下的两张牌是什么。

456. 猜扑克牌

桌上有8张编好号的扑克牌，它们的位置如图所示。

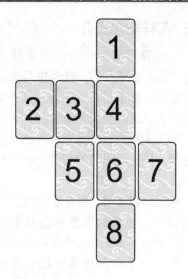

在这8张牌中，只有K、Q、J和A这四种牌。其中至少有一张是Q，每张Q都在两张K之间，至少有一张K在两张J之间。没有一张J与Q相邻；其中只有一张A，没有一张K与A相邻，但至少有一张K和另一张K相邻。

你能找出这8张扑克牌中哪一张是A吗？

457. 神奇数表

有如下图所示的五张表，你在心里想一个数，这个数不能超过31。并请你指出，你想的这个数，都在哪个表中，那么我就会知道你想的数是多少。

你知道这个表是怎么制作出来的吗？

1	9	17	25
3	11	19	27
5	13	21	29
7	15	23	31

A

2	10	18	26
3	11	19	27
6	14	22	30
2	15	23	31

B

4	12	20	28
5	13	21	29
6	14	22	30
7	15	23	31

C

8	12	24	28
9	13	25	29
10	14	26	30
11	15	27	31

D

16	20	24	28
17	21	25	29
18	22	26	30
19	23	27	31

E

458. 怎样把水烧开

一位青年满怀信心地在寻找一位智者。他大学毕业后，曾豪情万丈地为自己树立了许多目标，可是几年下来，依然一事无成。一天，他来到一个小山村，听说村里的学校里有一名德高望重的老师，是远近闻名的智者，于是他便去拜访。

他找到智者时，智者正在校内的小屋里读书。智者微笑着听完青年的倾诉，对他说："来，你先帮我烧壶开水！"

青年看见墙角放着一把极大的水壶，旁边是一个小火灶，可是没发现柴火，于是便出去找。他在外面拾了一些枯枝回来，装满一壶水，放在灶台上，在灶内放了些柴火便烧了起来。可是由于壶太大，那捆柴火烧尽了，水也没开。于是他跑出去继续找柴火，等找到了足够的柴火回来，那壶水已凉得差不多了。这回他学聪明了，没有急于点火，而是再次出去找了些柴火。由于柴火准备得足，水不一会儿就烧开了。

智者忽然问他："如果没有足够的柴火，你该怎样把水烧开？"

青年想了一会儿，摇摇头。

你知道该怎么做吗？

459. 卖梳子

一个公司招聘业务员。面试题目是让他们用一天的时间去推销梳子，向和尚推销。

很多人都说这不可能的，和尚是没有头发的，怎么可能向他们推销？

于是很多人就放弃了这个机会。

但还是有三个人愿意试试。

第二天，他们回来了。

第一个人卖了 1 把梳子，他对经理说：

"我看到一个小和尚，头上生了很多虱子，很痒，在那里用手挠。我就骗他说挠头用梳子挠。于是我就卖出去了一把。"

第二个人卖了 10 把梳子。他对经理说：

"我找到庙里的主持，对他说如果上山礼佛的人的头发被山风吹乱了，就表示对佛不尊敬，是一种罪过，假如在每个佛像前摆一把梳子，游客来了梳完头再拜佛就更好！于是我卖出了 10 把梳子。"

第三个人卖了 3000 把梳子！

你知道他是怎么卖出去的吗？

460. 蚂蚁和蜘蛛

一个长方体的房间，长和宽都是 10 米，高为 3 米。一只蚂蚁在地板正中央，一只蜘蛛在天花板正中央。如果让蚂蚁爬到蜘蛛所在的地方，最近需要多少米？如果让蜘蛛爬到地板正中央，最近需要多少米？

461. 三个金人

曾经有个小国给中国进贡了三个一模一样的金人，金碧辉煌，可把中国老皇帝高兴坏了。

可是这小国不厚道，同时也出一道非常棘手的题目："请问皇帝陛下这三个金人哪个最有价值？"

皇帝想了许多办法，请来珠宝匠检查，称重量，看做工，都是一模一样。怎么办呢？泱泱天朝上国，不会连这件小事都不懂吧？

最后，无法可想的皇帝请来了护国大禅师，希望他能运用神通帮忙解决难题。

皇帝将使者请到大殿，禅师胸有成竹地拿着三根稻草。他把稻草插入第一个金人的耳朵里，这稻草从另一边耳朵出来了。第二个金人，稻草从嘴巴里直接掉出来，而第三个金人，稻草插进去后掉进了肚子，什么响动也没有。

你知道哪个金人最有价值吗？

462. 如何投资？

有一个人想把自己的钱投资出去，但面临困难的抉择，不知道该怎么办。于是他想为自己找一个投资顾问。甲和乙找到了他。甲对他说："如果按我的分析进行投资的话，你赚钱的几率有50%。"乙告诉他："依照我的分析，你赢钱几率有10%。"这个人想了想，选择了乙作为他的顾问。你知道为什么吗？

463. 什么关系

小明的班里新转进三名同学，这三个人相貌几乎相同，出生日期相同，连父母亲的名字都相同。但当别人问他们是不是三胞胎的时候，他们却异口同声地说："不是！"

你知道他们是什么关系吗？

464. 买不起

小刘和小赵约好一起去买钢琴，小刘的妈妈给了她 3000 元，小赵的妈妈给了她 1500 元。俩人来到琴行，发现最便宜的钢琴也要 4000 元，于是就想合伙买一架。但是当把钱凑到一起的时候，发现只有 3000 元。俩人确定都没

有花过妈妈给的钱，到底问题出在哪里了呢？

465. 不可思议的答案

你能想象在什么情况下，8 加上 10 等于 6 吗？

466. 解救女儿

又到了一年收租子的时候了，由于水灾，长工老牛家今年麦子歉收，拿不出麦子交租，便到地主家求情。地主说："如果我就这么放了你，别人都不给我交租，那我岂不是没有任何办法了？你把你的女儿卖给我顶今年的租子吧。"老牛很爱自己的女儿，誓死不肯把女儿抵给地主，就说："如果这样，不如杀死我。"地主说："那我给你出道题，你能答出来，就推迟你一年时间交租子。我这里有两个水缸，每个水缸能装7 桶水，左边这个已经装满了，右边的那个只装了 4 桶水。拿着这个水桶，只准你用一次，在不搬动水缸的情况下，让左边的水缸里的水比右面水缸里的水多。你要是做不到就让你女儿来我家做工吧，也别说我没有给你机会。"别的长工听到这个题目都觉得老牛这下完蛋了，因为谁都知道，如果只允许用水桶舀一次的话，那么两个水缸里的水将是 7-1=6 和 4+1=5。后者怎么可能比前者多呢。

老牛一筹莫展的时候，老牛媳妇儿想出了一条妙计。地主不得不放了老牛的女儿。你知道她是怎么做到的吗？

467. 钻石窃贼

神父有一个贵重的十字架，上面镶有很多价值连城的钻石。钻石的排列如

下图所示。

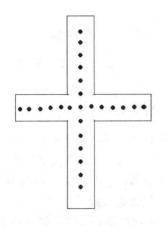

但是神父也不知道十字架上钻石的总数。他每次只是从上面开始数，数到中间那一颗的时候再分别向左，向右，向下继续数，每次都是13颗。有一次，这个十字架出了点问题，神父叫修理匠来修一下。这个修理匠很贪财，他知道神父数钻石的方法，于是他偷偷地把钻石拿走了两颗，而神父却没有发现。你知道他是如何做到的吗？

468. 有意思的钟

爷爷有两只钟表，一只钟表两年只准一次，而另一只钟表每天准两次。爷爷问小明想要哪只？如果你是小明，你会选哪只呢？当然，钟表是用来看时间的。

469. 念课文

有个小孩语速很慢，习惯在两个字之间停顿。大人让他从1数到4，他需要12秒。那么，以同样的语速，从2数到9他需要多少秒？

470. 摆放镜子

有三个人，一个人脸朝向东，一个

人脸朝向西，一个人脸朝向北。请问至少需要几面镜子，才能使这三个人相互看得见对方？并且这些镜子该如何摆放？

471. 填空题

根据5(月)+7(月)=1(年)这个思路，你能在下面的数字后面括弧里填上合适的计量单位，让等式成立吗？

400(　　)+600(　　)=1(　　)

360(　　)-36(　　)=13.5(　　)

472. 不准的天平

有一个天平由于两臂不一样长，虽然一直都处于平衡状态，但是长时间没人用。现在实验员小刘想用2个300克的砝码，称出600克的实验物品，你能给他想个法子吗？

473. 拉绳子

如何拉这只线圈，使它能朝前后任意一个方向运动。

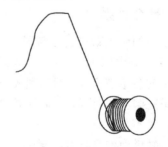

474. 确定开关

两个房子互为隔壁，一个房子中的三个开关控制着另一个房子的三盏灯。你只能进入这两个房子各一次，怎么来判断哪个开关控制哪盏灯？

475. 紧急手术

一所乡村医院接到了一个从传染

病区送过来的患有急性肠炎的病人。三位医生轮流上阵给这位病人做手术。因为当时有瘟疫存在，任何人都有可能带有病毒，所以这个病人和三位医生之间，以及三位医生之间都不能有直接或间接地接触，以防止感染。但是，此时医院里只剩下了两双消过毒的手套，怎么做才是最安全的呢？

476. 巧接金链

某首饰店需要一条 15 环的金链，可是现在只有 5 截，每截 3 个环的金链。这 5 截金链连起来的长度正好是所需要的金链的长度。不过想把它们连起来就需要切断一些环，而每切断一个环就要损失一些，为了最大程度避免损失，该怎样切割呢？

477. 长工的佣金

有个地主请了个长工，他会在地主家工作一段时间，但不会超过两个月(60 天)，约好的工钱是每天 1 两银子。当工作做完后，长工随时可以拿银子走人。不巧地主要出门一趟，想给儿子留些银子付长工钱。不过地主既不想留太多的银子，也不想留下过于琐碎的银子。那么你能帮下地主吗？他最少留几块儿各几两的银子，就能让儿子给长工付工钱了。

478. 赊玉米

村子里有 5 户人家关系不错，春季播种时，互相赊了一些玉米种子，约定到秋收时按借的玉米种的 2 倍归还玉米。已知 5 户玉米种赊借的关系如下：A 借给 B 10 斤玉米种；B 借给 C 20 斤

玉米种；C 借给 D 30 斤玉米种；D 借给 E 40 斤玉米种；E 借给 A 50 斤玉米种。秋收了，你能不能想一个法子：动用最少的玉米，且移动最少的次数情况下进行结算吗？

479. 巧分大米和小麦

王阿姨去市场买了 10 斤大米，又替张奶奶买了 10 斤小麦。但是由于只带了一个布袋，所以她将小麦放在了布袋里，然后扎紧，又将大米装在了上边。她准备回家以后把大米倒出来，然后用布袋把张奶奶的小麦送过去。可是就在王阿姨回家的路上，正好遇到了拿着布袋的张奶奶。

请问：在没有任何其他容器的情况下，怎样才能把各自的粮食装到自己的布袋里？

480. 折卫生纸

小明："如果你可以把这张报纸折 10 次，我就把我的变形金刚输给你。"

小红："报纸太硬了，折不了那么多次，卫生纸比较简单，可以的。"

你认为卫生纸可以折 10 次以上吗？

481. 判断性别

A、B 和 C 三人是亲缘关系，但他们之间没有违反伦理道德的问题。他们三人当中，有 A 的父亲、B 唯一的女儿和 C 的同胞手足。C 的同胞手足既不是 A 的父亲也不是 B 的女儿。

那么，他们中哪一位与其他两人性别不同？

提示：假设某一人为 A 的父亲进行推断，若出现矛盾，换上另一个人。

482. 放大镜的局限

有什么东西，是无论如何不能被放大镜放大的？

483. 没有工作

小王辛苦工作了一年，到了年底，找老板要年底奖金。老板说："你基本上都在忙自己的事，根本没有为我工作几天，怎么能要奖金呢？"小王不服气，就问老板自己每天都忙什么了。老板给他列了个表：

(1) 睡觉(每天 8 小时)，合 122 天；

(2) 双休日 2×52=104 天；

(3) 吃饭(每天 3 小时)，合 45 天；

(4) 娱乐(每天 2 小时)，合 30 天；

(5) 公司年假，15 天；

(6) 每天中午休息 2 小时，合 31 天；

(7) 你今年请了 5 天事假；10 天病假。

总计：122+104+45+30+15+31+5+10=362 天。

这样，一年中只有 3 天的时间上班，所以根本没有时间工作。小王看了，觉得这样计算也有道理。实际上，老板做了手脚。你能发现其中的问题吗？

484. 天堂？地狱？

天堂和地狱在某个秘密的角落里是相连的，这个通道是上帝与撒旦约定交换特殊灵魂的地方。大家都知道通过这个通道从地狱到天堂和从天堂到地狱的时间都是一样的：16 分钟——大家把这个称为"黄金 16 分钟。"如果有哪个灵魂从地狱升到了天堂，那他就可以享受天堂的快乐；而如果某个灵魂不小心从天堂掉向地狱，就会到地狱受苦。为了避免这些事情发生，上帝在这个通道口设置了看守，由于这个工作很无聊，上帝允许这个看守每 9 分钟看一眼通道就行，如果发现有灵魂出没，就责令他回去。在这个严苛的制度下，没有灵魂能来回出入。但传说有一个灵魂从地狱溜到了天堂，你能想象出他怎么做到的吗？

485. 谁在谁前面

小明是个胖子，想要开始跑步，选定了楼下 400 米的操场。操场上经常有长跑运动员在训练。有一天，小明又去跑步了。

一会儿，小张从外面回去，对经理说："小明在那个专业运动员后面跑。"

过了一会儿，小李说："被那个运动员落下很远的距离。"

又一会儿，小王说："接下来的一段时间，小明会跑在运动员前面。"

这是怎么一回事？

486. 商品中的发散思维

日本有一厂家生产瓶装味精，质量好，瓶子内盖上有 4 个孔，顾客使用时只需甩几下，很方便。可是销售量一直徘徊不前。全体职工费尽心机，销售量还是不能大增。后来一位家庭主妇提了一条小建议。厂方采纳后，不费吹灰之力便使销售量提高了近四分之一。

你知道这个小建议是什么吗？

487. 伏特加

有一个酒鬼，嗜酒如命。喝了多年的伏特加之后，他的身体实在是不行了，医生千叮咛万嘱咐不能再喝。但是如果就此停下的话，对他的健康也很有影响。考虑再三后，医生同意他喝酒的同时要喝另一种药水，喝多少酒就喝多少药水，谁多谁少都不好。哪知，有一天两个瓶子上的标签掉了，分不清哪个瓶子是什么，该怎么办？

488. 时间

在干旱地区非常缺水，人们都用水桶接雨水用。没风的时候，雨点竖直落下，用 30 分钟可以接满一桶水。一次下雨时，刮起了大风，雨水下落时偏斜 30°，如果这次雨的大小不变，那么需要多长时间可以接满一桶水呢？

489. 设计错误

一列火车重量大概 1200 吨，有个长 2 米的桥，设计承重为 150 吨，火车司机看到后马上抗议："这座桥的设计有问题，火车上去一定会塌的。"是这么回事吗？

490. 小房间

一个小房间里有 n 个人，规则是，每次可以从房间里走出三分之二的人，然后再进去 2 个人，经过 12032 次之后，房间里还有 3 个人。那么，你知道在开始时，房间里有多少人吗？

491. 机智的老板

有三个小偷，偷了一颗价值连城的钻石，他们在如何保管赃物上达成协议："在钻石未兑成现款之前，由三人一起保管，须三人同时同意方可取出钻石。"一天，他们来到浴室洗澡，便把装钻石的盒子交给老板，并吩咐：要在三人同时在场时，方可交回盒子。在洗澡时，丙提出向老板借把梳子，并问甲、

乙是否需要，二人都说："需要。"于是丙到老板那里，向老板索取盒子，老板拒绝了。丙向老板解释，是另外二人要他来取的，并大声对甲、乙喊："是你们要我来取的吧？"甲、乙还以为是梳子一事，就随口应道："是的。"老板听后无话可说，便把盒子交给丙。丙带着盒子逃走了。甲、乙二人等了好久不见丙回来，感到事情不妙，忙来到老板处取盒子，发现已被丙骗走了，于是揪住老板要求赔偿。老板说是征得你们二人同意的，二人坚持说丙问的是梳子，并且三人也没同时在场。甲、乙非要老板交回盒子，正僵持不下，老板灵机一动，说了一句话，二人听了，只得垂头丧气地走了。

你知道老板究竟说了句什么话吗？

492. 换不开

先告诉大家美元的基本换算单位和币值：1 美元合 100 美分，小币值的硬币有 50 美分、25 美分、10 美分和 5 美分和 1 美分。玛丽的硬币总共有 1.15 美元，可是她却换不开 1 美元，也换不开 50 美分，甚至连 25 美分、10 美分、5 美分都换不开。她的 1.15 美元到底是由哪些硬币组成的？

493. 买到假货

有个人在商场里买了几瓶酒，结果回家发现其中有两瓶是假酒。那人第二天找了电视台的人一起去商场理论，但是商场认为那人不能证明这假酒是这个商场卖出去的，所以不予赔偿。那人很委屈，但最后也无可奈何。

如果你是那名顾客，你要如何证明自己呢？

494. 换牌逻辑

几个人玩牌，每个人抽一张牌，然后比大小。在比大小前，可以互相自愿换牌，但在换之前不能让对方知道自己的牌。如果这些都是非常聪明的人，请问会有人能够换到比自己手中的牌大的牌吗？

495. 兄弟俩

有个游客，晚上住在当地一农夫家里。这家有两个兄弟很愿意互相较劲，就想掰手腕，并让游客当裁判、游客不干，说自己累了。

哥哥就对游客说："我们打赌怎么样？如果我赢了弟弟，我给你 200 元；如果我输了，你只要给我 100 元。"

弟弟来了兴趣，认为自己完全有力量赢哥哥，也对游客说："我也跟你打赌。如果我赢了，我也给你 200 元，如果我输了，你也只要给我 100 元。"

如果你是这个游客，你愿意和这两个兄弟打赌吗？

496. 五元？十元？

有一个美国乡村小孩，人家拿出一张 5 元纸币和一张 10 元纸币，让他挑，他挑了那张 5 元纸币。人们都说他笨，纷纷嘲弄他、笑话他。

这事传了出去，很多人都来找他试验，结果还是这样，这事也就传得越来越远了。

过了几十年，这个小孩成了美国总统。有记者提起这件事，问他："是不是真的？"

"是真的。"总统答。

你知道他为什么要 5 元，而不要 10

元呢？

497. 天堂与地狱

一位行善的基督徒在临终后想知道天堂与地狱究竟有何差异。于是天使就先带他到地狱去参观。

到了地狱，在他们面前出现了一张很大的餐桌，桌上摆满了丰盛的佳肴，地狱的生活看起来还不错嘛。过了一会儿，用餐的时间到了，只见一群骨瘦如柴的饿鬼鱼贯地入座。每个人手上拿着一双长十几尺的筷子。由于筷子实在是太长了，最后每个人都夹得到、吃不到。

你真觉得很悲惨吗？我再带你到天堂看看。到了天堂，同样的情景，同样的满桌佳肴，每个人同样用一双十几尺的长筷子。但是这里的人却个个身体健壮、满面红光、其乐融融。你知道他们是如何吃到饭的吗？

498. 买佛像

佛祖下山游说佛法，在一家店铺看到一尊佛像，形体逼真，神态安然。佛祖大悦，想要购买，店铺老板要价 5000元，分文不少，加上见来人如此钟爱它，更加咬定原价不放。

佛祖回到寺里对众僧谈起此事，众僧问佛打算以多少钱买下它。佛祖说："500 元足矣。"

众僧唏嘘不止："那怎么可能？"

佛祖说："天理犹存，当有办法，我佛慈悲，当让他赚到这 500 元！"

"怎样普度他呢？"众僧不解。

"让他忏悔。"佛祖笑答。

众僧更不解了。

最后，佛祖真的只花了 500 元就买

到了那尊佛像。你知道佛祖是如何做到的吗？

499. 逃避关税

美国海关已有数百年的历史，因此想要逃避海关管理条例，简直比登天还难。但有个进口商却明知山有虎，偏向虎山行。

在当时，进口法国女式皮手套得缴纳高额进口税，因此，这种手套在美国的售价格外昂贵。那个进口商跑到法国，买下了一万副最昂贵的皮手套。随后，他仔细地把每副手套都一分为二，将其中一万只左手手套发运到美国。

进口商一直不去提取这批货物。他让货物留在海关，直到过了提货期限。凡遇到这种情况，海关得将此作为无主货物拍卖处理。于是，这一万只舶来的左手套全都被拿出来拍卖了。

由于一整批左手套毫无价值，这桩生意的投标人只有一个，就是那位进口商的代理人。他只出了一笔微不足道的钱就把它们全部买了下来。

这时，海关当局意识到了其中不无蹊跷。他们晓谕下属：务必严加注意，一定还会有一批右手套舶到，一定要将其扣押。

请问进口商该用什么办法得到剩余的 1 万只右手套呢？

500. 如何选择

这是世界某著名公司招聘员工的测试题。

在一个雨夜，你驾驶一辆车，经过你熟悉的小镇。你看到有三个人在焦急地等车。他们是：医生，女郎和老人。

对你而言，医生对你有过救命之恩；而女郎，你对她心慕已久，她也对你有好感，你希望与她深入相处；最后是老人，他重病在身，需要去医院。此时，公交车已经停开，漆黑的夜不可能有其他车经过，而你的车只能捎带一人上路。你应该带上他们中的哪一个？

501. 什么关系

一天警察小张在街上看到局长带着个孩子，于是和局长打招呼："王局长，这孩子是你儿子吗？"王局长回答说："是的。"

小张又问小孩："孩子，他是你父亲吗？"

孩子回答："不是。"

两个人都没有说谎，你知道这是怎么回事吗？

502. 立鸡蛋

1492 年，哥伦布发现了新大陆。从海上回来，他成了西班牙人民心目中的英雄。国王和王后也把他当作上宾，封他做海军上将。可是有些贵族瞧不起他，他们用鼻子一哼，说："哼，这有什么稀罕的？只要坐船出海，谁都会到那块陆地的。"

在一次宴会上，哥伦布又听见有人在讥笑他了："上帝创造世界的时候，不是就创造了海西边的那块陆地了吗？发现？哼，又算得了什么！"

哥伦布听了，沉默了好一会儿，忽然从盘子里拿个鸡蛋，站了起来。他提出一个古怪的问题："女士们，先生们，谁能把这个鸡蛋竖起来？"

鸡蛋从这个人手上传到那个人手

上，大家都把鸡蛋扶直了，可是一放手，鸡蛋立刻倒了。最后，鸡蛋又回到哥伦布手上，满屋子鸦雀无声，大家都要看他怎样把鸡蛋竖起来。

只见哥伦布不慌不忙，一下子就把鸡蛋立起来了。

你知道他是怎么做到的吗？

503. 吹牛

张三和朋友吹牛说："有一次，我和朋友去非洲旅行时打赌，蒙着眼睛在一条只有一米宽，两边都是悬崖的小路上走 100 米。结果我一点都不慌张，一步步走完取得了胜利。"朋友笑笑说："少吹牛了，那有什么难的，连小孩子都能做到！"

你知道朋友为什么这么说吗？

504. 聪明的男孩

有个小男孩，有一天妈妈带着他到杂货店去买东西，老板看到这个可爱的小孩，就打开一罐糖果，要小男孩自己拿一把糖果。但是这个男孩却没有任何动作。

几次邀请之后，老板亲自抓了一大把糖果放进他的口袋。

回到家中，母亲好奇地问小男孩，为什么他自己没有去抓糖果而要老板抓呢？

你知道小男孩是怎么回答的吗？他为什么没有自己去抓糖果呢？

505. 走私物品

彼得的工作是在边卡检查入境车辆是否携带了走私物品。

经过一段时间的观察，他发现有个看上去很有钱的人每天都会开着一辆宝马车入境，车上只有一大包不值钱的棉花。

彼得每次都会叫住他，仔细检查他的棉花包，看其中是否携带什么贵重物品，但每次都一无所获。多年的经验告诉自己，这个人一定在走私什么物品，只是苦于没有证据。

你知道这个人走私的是什么吗？

506. 煎鸡蛋的时间

明明家有一个煎鸡蛋的小锅，每次可以同时煎两个鸡蛋，每个鸡蛋必须要把正反两面都煎熟。我们已经知道把鸡蛋的一面煎熟需要 2 分钟。有一天，明明和爸爸的对话如下：

爸爸："煎熟一个鸡蛋最短需要几分钟？"

明明："正反面都需要煎熟，所以需要四分钟。"

爸爸："煎熟两个鸡蛋呢？"

明明："我们的锅可以同时煎两个，所以还是最少需要四分钟。"

爸爸："那三个呢？"

明明："八分钟啊，前四分钟煎好前两个，再用四分钟煎第三个。"

但是爸爸说不对，可以用更少的时间就能煎好三个鸡蛋。你能想明白煎三个鸡蛋最少需要几分钟吗？

507. 打麻将

李主任带着自己的同事王主任回家，看到小明在看电视。就问他："你吃饭了吗？"小明说："你爸爸和我爸爸都去打麻将去了，根本没有人给我做饭。"王主任问李主任：这小孩子是谁？李主任说：他是我儿子。那么小孩提到的两个人分别是李主任的什么人？

508. 趣味组合

三个同学在校医院门口相遇了，他们都从排队号码里拿了号，等着看医生。甲同学拿的是 1 号，乙同学是 2 号，丙是 6 号。甲看着三个人的号码，突然兴奋地说："把我们三个人的号码排一下，能排出可以被 43 整除的三位数。"乙看了看也表示同意，只有丙不知道该怎么排，你能告诉他吗？

509. 吃饭

小红和小丽姐妹俩为了吃完饭能马上去看电视，每次吃饭的时候就拼命地赶快吃完，这让她们俩的胃都不太好。妈妈非常担心，在多次劝告没有用的情况下，就对她们俩说："现在你们俩做一个比赛，谁碗里的饭最后吃完，我就给她个奖励，带她出去买一身新衣服。"妈妈以为这样能慢慢培养她们细嚼慢咽的习惯，没想到俩人吃得更快了。你知道这是为什么吗？

510. 检验毒酒

一个国王有 1000 瓶红酒，并打算在他六十大寿时打开来喝。不幸的是，其中一瓶红酒被人下了毒，凡是沾到者大约 20 个小时后开始有异样并马上死亡(只沾到一滴也会死)。由于国王的大寿就在明天(假设离宴会开始只有 24 小时的时间)，就算有千分之一的可能国王也不想冒险，他要在宴会之前把有毒的酒找出来。所以，国王就吩咐侍卫用监牢里的死刑犯来检验酒。请问最少需要多少个死刑犯才能检验出毒酒呢？

511. 双胞胎

两个小孩一前一后快乐地走着，每

人手里拎着一袋糖果，有人看到俩人长得很像，就问前面的那个人："你们是双胞胎吗？""是的""后面那个是你的弟弟吧？""是的。"他又问后面的那个人："前面那个是你的哥哥吗？""不是。"

请问：这到底是怎么回事呢？

512. 书虫啃书

书架上并排放着一套线装古书，书脊朝外，左边是第二卷，右边是第一卷。这两卷书的书页厚度都是 3 厘米，封皮、封底的厚度都是 2 毫米。

假如有一只书虫从第一卷的第一页开始啃书，直到啃到第二卷书的最后一页，那么，这只书虫一共啃啃了多长的距离？

513. 长颈鹿吃树叶

有一头长颈鹿在吃一棵树上的树叶。其中有一个树叶，白天时长颈鹿会咬一口，咬掉 3 厘米，晚上这个树叶又会长出 2 厘米，这个树叶总长 10 厘米。问长颈鹿几天可以吃掉这个树叶？

514. 冰球比赛

在一次冬奥会冰球比赛上，加拿大队最后的一场小组赛，必须净胜对手 3 分才能够出线。在比赛即将结束的时候，加拿大队只领先对方 1 分，但是时间显然不够了。这时，如果你是教练，你肯定不会甘心认输。如果允许你有一次叫停机会，你将给场上的队员出个什么主意，才有可能赢对手 3 分以上？

515. 到底爷爷有几个孩子

小明的爸爸是小红的妈妈的哥哥。有一天，小明说："我的叔叔的数量和我的姑姑的数量是一样多的。"而小红说："我的舅舅的数量却是小姨的数量的 2 倍。"你知道小明的爷爷到底有几个儿子几个女儿吗？

516. 猜数字

有一个数字，去掉第一个数字是 16，去掉最后一个数字是 90，请问这个数字是什么？

517. 赢家

一个俱乐部的成员玩一个游戏：从 90 个竖排抽屉里找出藏的东西。大家发现，不管谁上场比赛都赢不了小张。有人问小张时，小张说："我有诀窍。"你能想到小张用得是什么诀窍赢得比赛的吗？

518. 刻舟求"尺"

小香一家去海边游玩，她第一次看到海，非常兴奋。特别是看到涨潮落潮时，简直看得入了迷。他很想知道，涨潮时每小时海水上涨了多少。于是，他想了一个办法：在一条木舟的船身上刻上一个 2 米长的尺子。把舟放到水里，记下这时候水面在尺子上的"刻度"，在 10cm 处。她想涨潮时，带上表计时，每小时读一个度数，就能知道一小时涨潮涨多少了。

请问她能做到吗？

519. 木匠家的婚礼

有个木匠要给儿子娶媳妇儿，他请了 40 个客人，打算在婚礼那天自己做四张桌子，用来宴客。木匠设计每个桌子 4 条腿，但是临到婚礼前一天，他才发现，现在只有 12 条桌子腿，只能装

好 3 个桌子。借桌子是来不及了，让 40 个人挤在 3 张桌子上也不现实，他该怎么办呢？

520. 假话

有一个小孩很不诚实，经常说假话。有一天他妈妈批评了他。他说："我每句话里都有假话；如果不让我说假话的话，我根本说不成话。比如我说的这段话里，就有 4 个假话。"

你知道他的话里，假话都在什么地方吗？

521. 最轻的体重

小丽现在有 80 公斤重，身为女孩的她经常遭到别的女生嘲笑。但她却说："别看我现在有 80 公斤重，可是我最轻的时候，还不到 3 公斤。"大家想一想，小丽的这句话有可能吗？

522. 绕太阳

儿子环游地球归来，非常骄傲地对他父亲说："我已经绕地球 1 圈了。"他父亲说："这有什么稀奇的，我已经绕太阳 50 圈了！"他的父亲是在吹牛吗？

523. 刻字先生

在街头一个刻字先生的摊子前，有这么一个广告：刻"行楷"2 角，刻"仿宋体"3 角，刻"你的名字"4 角，刻"你爱人的名字"6 角。那么，他刻字的单价是多少钱呢？

524. 语速

小明说话的语速比较特殊，他读"荷塘月色"需要 4 秒钟，读"三字经"

只需要 3 秒，读"海燕"只要 2 秒，读"史蒂夫乔布斯传"需要 7 秒钟。那么他读"巴黎圣母院"需要多长时间？

525. 孙膑与庞涓吃饼

一天，鬼谷子想考验一下自己的两个弟子孙膑与庞涓的智力，他拿出 5 个饼放在桌上，让他们两人取着吃。规则是：每人一次最多拿 2 个饼，并且拿的饼全部吃完后才能再拿。鬼谷子刚一说完，庞涓迫不及待地就拿了 2 个饼，如果你是孙膑，想取得胜利，你该如何吃饼呢？

526. 聪明的聋哑人

有个卖西瓜的老人在一间危房里避雨休息，一位聋哑人看见房子要塌了，就去告诉老人，可老人不懂他的手势。这位聋哑人突然想到了一个好办法，使老人跟着他跑出了危房，请你猜一猜，他用的是什么方法？

527. 开玩笑

星期天，阿飞骑着自行车去公园玩。公园里有很多孩子，有的在放风筝，有的在玩滑板，有的在捉迷藏……突然阿飞觉得肚子不舒服，就用钢圈锁锁住车子的前轮，自己进了厕所。

可是过了 5 分钟他出来以后，却发现自己的自行车不见了。旁边玩耍的孩子笑嘻嘻地看着他。他知道一定是这些孩子中某个人的恶作剧。

你知道是哪个孩子做的吗？他是如何做的？

528. 桥的承受能力

一名杂技演员去表演节目，路上要经过一座小桥。小桥只能承受 100 千克的重量。而杂技演员的体重为 80 千克，他还带着 3 个各重 10 千克的铁球。总重量明显比桥的承受能力要高，该怎么办呢？杂技演员灵机一动，想出了一个好办法。他把 3 个球轮流抛向空中，这样每时每刻总有一个球在空中，那么他就可以顺利过桥了。请问如果这样做的话，桥能支撑得住吗？

529. 丢失的螺丝

一位司机开着车去见朋友，半路上忽然有一个轮胎爆了。他把轮胎上的 4 个螺丝拆下来，然后从后备箱里把备用轮胎拿出来时，不小心把这 4 个螺丝都踢进了下水道。

请问：司机该怎么做才能使轿车安全地开到附近的修车厂呢？

530. 12÷2=7？

在什么情况下可以得到 12 的一半是 7？（当然，算错的情况不算。）

531. 称重的姿势

一个人用四种姿势称自己的体重，哪种姿势最准确？是蹲在体重计上、双脚站立、单脚站立，还是直挺挺地平躺着？

532. 怎么摆放最省力

有个人蹬三轮车去送货，发现有三种方法摆放货物：都堆到靠近自己的这边、都堆到远离自己的一边、把货物均匀地平摊到三轮车上。哪种方法最省力呢？

533. 仆人的难题

漂亮的别墅里，有一个聪明的仆

人，她深得主人的喜欢。有一天，她在楼上擦洗一个皮球时，不小心让皮球滚下楼去。皮球蹦蹦跳跳正好跳到楼下铺满地毯的客厅中间。主人走过来对仆人说："不准你踩着地毯，不准你使用任何工具，不用别人帮忙你能把皮球从客厅中间拿出来吗？"

"那我不踩地毯，爬进去拿行吗？"仆人望着屋子正中地板上铺的6平方米大的地毯说。

"不行。"主人答道。

"我知道该怎么做了。"仆人眼珠一转，突然有了主意。她用自己想出的办法，按主人的要求取出了皮球。

请你想一想，她是怎么做到的？

534. 判断材质

两个空心球，大小及重量相同，但材料不同。一个是金，一个是铅。空心球表面涂有相同颜色的油漆。现在要求在不破坏表面油漆的条件下用简易方法指出哪个是金的，哪个是铅的。

535. 如何补救

有一个商人，在做裙子的时候，不小心在所有裙子的裙摆上都勾上了小洞，一大批的裙子都被这么毁了。商人每天愁容满面：为了做这笔买卖，他已经把所有身家都搭了进去。他的一个小伙计看到后，想了一个简单的办法，商人马上转忧为喜。你知道小伙计想了什么招吗？

536. 如何开宾馆门

某活动组12个人到外地去考察，住了某宾馆的12个房间，已知每个房间有两把钥匙。由于工作关系，大家都是单独行动的，但是这12个人随时可能需要别人的数据，于是大家约定把数据都放在自己的房间里。

在临行前，组长说："在外出作业期间，我们12个人一起回来是不可能的，如果有组员回来需要查看别人的资料就困难了。"现在怎么样才能使任何一个人回来都能打开别的任意一个人的房间呢？

537. 邮寄物品

赵工程师根据自己子公司的需要，为对方制作了一个长1.7米，直径3厘米的管状零件，想通过邮局寄过去。但是邮局根据上级的命令，现在只能寄送长、宽、高都不超过1米的物品。邮局工作人员看了赵工程师的物品后，深表同情但表明只能按规定行事。心急之下，他想了个办法，邮局人员看了就同意帮他邮寄了。你知道工程师想了什么办法吗？

538. 八个三角形

想要用2根火柴拼出8个三角形，你能做到吗？不准把火柴折断。

539. 拉断一根绳子

我把一根细绳子扎在一本很重的书上。我拉住绳子的两端，问一个朋友哪端的绳子会先断。我的朋友答上面的绳子。于是我开始拉它们，结果下面的绳子先断了。你知道我是怎么控制绳子的两端让任意一端先断的吗？

540. 确定十五分钟

烧一根不均匀的香，从头烧到尾总

共需要 1 个小时。现在有若干根材质相同的香，问如何用烧香的方法来计时 1 个小时 15 分钟？

541. 加热还是冷冻？

有个人想把一个铁环套到一个盘子上，谁知道盘子的直径正好和铁环相同。有人说："如果把铁环加热的话，热胀冷缩，铁环会把里面的孔挤小。我们要把铁环套上去，把它放到冰箱里冻一会儿就好。"他说的对吗？

542. 动动数字

1001-103=1，如何移动一个数字，让等式成立？(不允许移动运算符)

543. 小气的皇帝

有个开国皇帝得到了天下，按理说应该分封忠臣，但是他却惜土如金，不想多给忠臣一寸土地。有个忠臣按法律应该分得一块儿正方形的土地，南北 100 米，东西也是 100 米。皇帝想了想后，就按法律给了忠臣一块儿土地。这个忠臣高兴地回了家，发现皇帝是按法律给的土地，但土地的面积是 5000 平方米，而不是 1 万平方米，那 5000 平方米的土地哪去了？

544. 四个三角形

用3根火柴很容易摆一个等边三角形，现在有 6 根火柴，怎样可以摆成四个一样的等边三角形？

545. 十一变六

在罗马字母"11"(XI)上，加一条线以使其成为"6"，但是不能折叠纸。

546. 调时钟

城市的正中央有一个大钟，每到整点时会敲响报时，比如：1 点会敲一下，12 点会敲 12 下，而相邻两次的钟声间隔时间为 5 秒钟。这天晚上 12 点，住在大钟旁边的小丽想要根据大钟的声音调自己家的时钟。她数着大钟的响声，当敲到第 12 下的时候，她把自己的表准时按到 12 点 01 分。请问她的钟表时间是正确的吗？

547. 最省钱的算命方法

有个人马上要进京赶考，又刚刚认识当地一个员外的女儿，加上母亲身体很不好，以及姐姐的婚姻很不幸福，这四件事情让他很憔悴。

在一个天气不错的上午，他来到一个寺庙，碰见一个算命先生。他看到算命先生的招牌上写着："每问一个问题要 5 文钱。"

他身上只有 16 文钱，所以他对算命先生说："是不是每个问题都算一问？"

算命先生说：是的。

他接着说："不管问题多短都算一问？"

算命先生回答：是的。

他又说："如果我这一问中包含很多嵌套的问句是不是也算一问？"

算命先生回答：是的。

于是他苦思冥想，想找出一种最省钱的提问方法把自己四个问题都问完。

请问他最终能如愿以偿吗？

548. 入睡与醒来

有一个问题一直困扰着我，一个人从出生到现在，究竟是入睡的次数多呢，还是醒来的次数多？又多了多少次呢？

549. 雷击事件

小明和小红在野外游玩，遇上大雨，天上闪电打雷很是恐怖，野外又没有避雨的地方。小明就指着前面的一棵树说："我们去那棵树下躲雨吧，昨天刚有个人在那棵树下被雷劈了。根据概率，一个地方被雷劈两次的概率几乎为零。所以我们在那里是安全的。"请问，这种说法正确吗，为什么？

550. 颠倒是非

什么东西能够颠倒左右但是却不能颠倒上下？为什么？

551. 流放犯人

在 1790—1792 年间，英国政府经常需要将犯人流放到澳大利亚，两国之间的距离大概是 17000 多公里。在当时的技术条件下，这段航程大概要花费 3～4 个月的时间。当时英国政府的做法是，雇佣一些商船来运送这些犯人。开始的时候，英国政府会在起航前，根据这次运送犯人的数量，把钱先支付给商船。由于这单生意给商船带来的回报不菲，商船也会积极地运送犯人。但是，后来问题就显现出来了，船主和水手会虐待犯人，致使大批流放人员死在途中(葬身大海)的事件时有发生。在这种策略实行了三年之后，英国政府发现用商船运送犯人到澳大利亚的死亡率非常高。

面对这种情况英国政府该怎么办？

第一种选择，政府不再使用私人商船，而是自己买船或者造船，自己出水手来开船，并派军队来保证船的安全。在这样的策略下，必然能保证犯人的生命安全，降低死亡率，但是会大幅度地增加成本，成本之大是英国政府无法承担的。

第二种选择，政府采用惩罚的策略。比如规定，每死一个人，对商船罚款多少钱。这会怎么样呢？商船会把犯人死亡的风险算进去，并告诉政府犯人死亡的风险其实还是挺高的，从而把这个死亡风险加到他的要价中去，通过向政府要高价来规避死亡的风险。对政府来说，这实际上还是需要增加成本的。

既然这两种办法不可行，那么除此之外，政府还有什么好办法吗？

552. 法官的妙计

一个牧场主养了许多羊。他的邻居是个猎户，院子里养了一群凶猛的猎狗。这些猎狗经常跳过栅栏，袭击牧场里的小羊羔。牧场主几次请猎户把狗关好，但猎户不以为然，口头上答应，可没过几天，他家的猎狗又跳进牧场横冲直撞，咬伤了好几只小羊。

忍无可忍的牧场主找镇上的法官评理。听了他的控诉，明理的法官说："我可以处罚那个猎户，也可以发布法令让他把狗锁起来。但这样一来你就失去了一个朋友，多了一个敌人。

你是愿意和敌人作邻居呢？还是和朋友作邻居？"

"当然是希望和朋友作邻居。"牧场主说。

"那好，我给你出个主意，按我说的去做。不但可以保证你的羊群不再受骚扰，还会为你赢得一个友好的邻居。"

法官如此这般交代一番。牧场主连连称是。事实证明，法官的计策特别有效。

你知道法官给他出的是什么好主意吗？

553. 对画的评价

从前，有一位美术系的学生，精心地画了一幅画，自己认为完成得十分完美。但是他仍然想知道别人对画的评价，于是他便将画放到了图书馆的门前并且在画旁放了一支笔，附上说明：每一位观赏者，如果认为此画有欠佳之笔，均可在画中做记号。

晚上，这位学生取回了画，发现整个画面都涂满了记号。没有一笔一画不被指责。他十分不快，对这次尝试深感失望。

这时一个老人路过，看到了事情的经过，就对这位学生说："你何不换种方法试试呢？"于是给他出了一个主意。学生照做之后，果然收到了意想不到的效果。

你知道老人给学生出的什么好主意吗？

554. 校长的门

学校大厅的门被踢破了——可怜的门。自从安上那天起，几乎没有一天不挨踢。十五六岁的孩子，正是撒欢的年龄。用脚开门，用脚关门，早已成了不足为奇的大众行为。

教导主任为此伤透了脑筋，他曾在门上贴过五花八门的警示语，什么"足下留情"、"我是门，我也怕痛"，诸如此类。可是，不管用。他找到校长：干脆，换成铁门——让他们去"啃"那

铁家伙吧！校长笑了，说，放心吧，我已经定做了最坚固的门。很快，破门拆下来，新门装上去了。

新门似乎很有人缘，装上以后居然没有挨过一次踢。孩子们走到门口，总是不由自主地放慢脚步。阳光随着门扉旋转，灿灿的金色洒了孩子们一身一脸。穿越的时刻，孩子们感觉到了爱与被爱的欣幸。

你知道这是为什么吗？

555. 司机的考试

某大公司准备以高薪雇用一名小车司机，经过层层筛选和考试之后，只剩下三名技术最优良的竞争者。

主考者问他们，"悬崖边有块金子，你们开着车去拿，你们觉得最近能在多远处拿到金子而又不至于掉下悬崖呢？"

"二尺。"第一位说。

"半尺。"第二位很有把握地说。

"我会尽量远离悬崖，愈远愈好。"第三位说。

你知道谁会被录取吗？

556. 成人之美

第一次登陆月球的航天员，其实共有两位，除了大家所熟知的阿姆斯特朗外，还有一位叫奥德伦。

当时阿姆斯特朗所说的一句话，"我个人的一小步，是全人类的一大步。"早已是全世界家喻户晓的名言。

在庆祝登陆月球成功的记者会中，有一个记者突然问了奥德伦一个很特别的问题："由阿姆斯特朗先下去，成为登陆月球的第一个人，你会不会觉得

有点遗憾？"

你知道奥德伦是如何回答的吗？

557. 遗嘱

从前有个农民，一生养了不少牛。去世前留下遗嘱：牛的总数的一半加半头给儿子，剩下牛的一半加半头给妻子，再剩下的一半加半头给女儿，再剩下的一半加半头宰杀犒劳帮忙的乡亲。农民去世后，他们按遗嘱分完后正好一头不剩。

请问他们各分了多少头牛？

558. 厕所和厨房哪个更重要？

麦当劳是世界上最大的快餐集团，从 1955 年创办人雷·克罗克在美国伊利诺斯普兰开设第一家麦当劳餐厅至今，它在全世界已拥有 28000 多家餐厅，已成为人们最熟知的世界品牌之一。

相信我们身边很多人都去过麦当劳，不管是为了孩子还是为了自己，即使没有去过，麦当劳标志性的 M 字拱门大家也一定见过。如果向小朋友提出去吃麦当劳，一定会得到欢呼赞成。

麦当劳是如何做到这一步的呢？肯定每个人都希望学习到它的成功经验，但不管是在经营理念，还是在市场推广上，我们要学习的地方都太多了。能把厚厚的麦当劳文化读完，就已经是一个很不简单的事情了。

我们不如先从麦当劳的厕所看起。麦当劳公司在它的公司手册中对公司的厕所有非常严格的规定：第一，所有麦当劳的厕所与店面的设计风格和颜色都必须一致；第二，麦当劳会安排专门的员工实行专人、定时、保质地打扫，每个厕所后面都有一张清洁表，每过几

个小时，打扫人和清洁人都要在上面签字确认；第三，对于厕所的打扫，麦当劳有着极为细致的规定，如地面、台面、镜面、把手、水渍、纸篓等每个单项都分列表格，工作程序逐一完成；第四，众所周知，麦当劳的厕所不仅对内，还会对外方便更多民众。从某种程度上说，它还承担了一定的公厕职能，而公司要求即使在这样的情况下，依然要保持干净，不能有异味。

除了对厕所清洁的严格规定外，麦当劳还对如何清洁地面进行了严格的规定，如几个小时清洁一次、清洁时使用湿墩布还是干墩布等。

对于一个餐厅来说，厨房的清洁和洗手间的清洁哪个更重要呢？

559. 免费打气

有一位老者在某工厂门口摆摊卖香烟。一天，他突然在摊位上挂了个打气筒，并挂出"免费为自行车打气"的招牌。你知道老者为什么要这样做吗？

560. 聪明守门人

某市教育局下发文件，要求本市所有中学职工减员 10%。一时间到处议论纷纷，每个人都怕裁员裁到自己头上。一个学校的看门人却并不着慌，反而在自己所在的传达室门口写上："教员休息处"五个字，并为教职员工提供免费茶水和咖啡。你能知道他为什么这么做吗？

561. 逃脱劳动

班里要进行大扫除，老师在课堂上安排每个人的工作的时候，小明在下面起哄说："大扫除不需要那么多人，我

家里正好有事，想请一天假。"其他同学也都纷纷效仿，想要逃脱劳动。老师看了说："我还想和你们一起劳动的。这样吧，教室里正好有一个放废纸的纸箱子，数学课上，我们测量过它是一个长、宽一米、高 1.5 米的大箱子。如果你们谁能不用任何镜子和反光的东西，就能看到这个箱子的一面和与相对的另一面，那他就可以不参加这次的劳动。好不好？"同学们都做不到，只有老师办到了。你认为可能吗？

562. 猫吃老鼠

小猫过生日，猫妈妈给小猫准备了礼物，其中有 12 条鱼，1 只老鼠。然后猫妈妈把这 13 个吃的围成一圈，对小猫说："你可以吃这些东西，但是有一个规则，你必须按着顺时针方向每数到13，就把这个食物吃掉，然后再继续数，再数到 13，并把它吃掉，如此类推。但是你只能在最后一个吃老鼠。你能做得到吗？"

如果你是小猫，想按照妈妈定的规则吃这些食物，你应该从哪个食物开始数起呢？

563. 牧童的计谋

有一个农夫，想要自己盖一座房子，就到远处拉石料，他赶了一架牛车。他知道自己的重量是 150 斤，这头牛大概有 800 斤，车子有 100 斤，路上要经过一座桥梁，桥头立着一块儿石碑，上写醒目的写着这座桥的最大载重量是1300 斤，去的时候他并没有在意，虽然车子经过时，桥有点颤颤巍巍的。回程时，他拉了 500 斤的石料，走到桥头，却犯了难，如果就这么样过去的话，桥

一定会被压塌。到底怎么办呢？就在他一筹莫展的时候，过路的一个牧童给他出了个主意。按照牧童的想法，牛车竟然很快就过了这座桥，石料也安全地运到了家。

请问，牧童是如何将牛车和石料顺利地通过桥梁的呢？

564. 心灵感应

小明和小红刚刚结婚，俩人搬到了自己的小屋，开始美好的二人生活。住了 3 个月后，小红发现了个奇怪的事情：小红每次在家里的时候，小明都会在窗外喊一声："老婆开门"。小红觉得很奇怪，就问小明原因，为什么小明知道小红在家。小明就说："因为我们俩有心灵感应啊！"真的是这样的吗？

565. 装睡

小明每次装睡的时候都会被哥哥发现，小明觉得很奇怪，就问哥哥原因。哥哥说："那是因为我有特异功能！"真的是这样吗？

566. 杀死跳蚤

有个人在家里养了一只狗，可是在冬天的时候他没把狗的卫生做好，使得狗的身上长了跳蚤。很快，整个家里就都是烦人的跳蚤了，这人决定解决这个问题。他先试着用苍蝇拍，但很快发现这样根本拍不到跳蚤。后来换了个跳蚤拍，但还是效率太低了。他一赌气，想：现在科技如此发达，我就不信杀不死你们这些跳蚤！于是他去买了杀跳蚤的喷剂，在屋子的各个角落都喷了一遍。

过了三天，屋子里果然没有跳蚤了。他非常高兴，心想高科技就是高科

技，效率真是高。不过他错了，这些喷剂对跳蚤根本就没什么杀伤力。你知道为什么跳蚤都死掉了吗？

567. 精明的生意人

有一位生意人不仅经商精明让人佩服，而且处理其他事情的胆识与独到，也是令人叫绝的。他在风景优美的雁荡山上开了一家酒店名叫朝阳山庄。他想请一位领导人为自己的酒店题字，可是一直没有如愿。后来，这位领导偶然入住这家酒店。这位商人用一个特别的方法得到了这位领导的题字，并做成了牌匾。你知道他是怎么做到的吗？

568. 如何拍照

拍集体照大家都知道，最难的就是大家的眼睛问题：几十个人，甚至上百个人，"咔嚓"一声照下来，要保证所有人都是睁着的还是有些难度的。闭眼的看到玉照自然不高兴：我90%以上的时间都是睁着眼，你为什么偏让我亮一副没精打采的相，这不是歪曲我的形象吗？

一般的摄影师喊："1……2……3！"但坚持了半天以后，恰巧在喊"3"的时候坚持不住了，上眼皮找下眼皮，又是作闭目状。

可有一位摄影师很有经验，他用一种特别的方法，照片洗出来以后，一个闭眼的人都没有。你知道他用的是什么办法吗？

569. 调整水位

在一个装了很多水的大水缸里浮着一个小塑料盆，小塑料盆里装着一个铁球、一块儿木头、一小袋子水。请问：

现在想要让大水缸的水位有所下降，应该怎么办？提示：把某样东西取出来放到水里。

570. 不会游泳

有一个人想渡河，他看到河边有很多船夫等着，就问到："在你们中，哪位会游泳？"

船老大围上来，纷纷抢着回答道："我会游泳，客官坐我的船吧！""我水性最好，坐我的船最安全了！"

其中只有一位船老大没有过来，只站在一旁看着。要过河的那人就走过去问："你会游泳吗？"

那个船老大不好意思地答道："对不起客官，我不会游泳。"

谁知要过河的那人却高兴地说道："那正好，我就坐你的船！"

其他船老大非常不满，就问："他不会游泳，万一船翻了，不就没人能救你了吗？"

你知道渡河的人是怎么说的吗？

571. 忧心忡忡的母亲

古时候有这样一个故事，一位母亲有两个儿子，大儿子开染布作坊，小儿子做雨伞生意。每天，这位老母亲都愁眉苦脸，天下雨了怕大儿子染的布没法晒干；天晴了又怕小儿子做的伞没有人买。如果你是这位母亲的邻居，你要怎么才能开导她呢？

572. 处理国家大事的时间

有一个国王要出门一个星期，他交代自己的王子："每天必须要有时间处理国家大事，并且每次处理国家大事的时间不能少于3个小时。"王子很好玩，不喜欢处理国政，但又不能违背父亲的意愿，只好答应了。等国王回来，大臣回话说："王子一个星期只拿出 12 个小时处理国家大事。"但王子称自己完全遵守了国王的旨意，大臣对此也完全同意。这是怎么回事呢？

573. 热气球超载

英国有一家报纸曾经举办过一次金额很高的有奖征答活动。题目如下：

在一个充气不足的热气球上，载着三位关系人类兴亡的科学家，热气球过载，即将坠毁，必须丢出一个人以减轻重量。应该把谁扔出去呢？

三个人中，一个是环境专家，他的研究可使无数生命避免因环境污染而身亡；一个是原子专家，他的研究成果能够防止全球性的核子战争，使地球免遭毁灭；最后一个是粮食专家，能够让数以亿计的人脱离饥饿。

奖金丰厚，应答的信件堆成了山，答案各不相同。

最终的获胜者却是一个小孩，你知道他的答案是什么吗？

574. 唐朝人的计谋

唐僖宗年间，蜀中盗贼横行，为害乡里，老百姓怨声载道。崔安潜出任西川节度使，决心下大力气进行治理。他到任之后，并不忙着部署人员抓捕盗贼，而是先从府库中拿出了一大笔钱，分别堆放在西川三个大城市的繁华市集上，并在钱上悬挂告示："凡有能提供线索协助官府捕获盗贼者，即赏五百串钱。盗贼之间，凡能将同伙解送到案者，不仅赦免原先的罪行，赏赐也和普通人一样。"

你知道这招高明在哪里吗？

575. 牙膏

有一家牙膏厂，产品优良，包装精美，深受顾客的喜爱。营业额连续 10 年递增，每年的增长率在 10%～20%。可到了第 11 年，业绩停滞下来，以后两年也如此。

公司经理召开高级会议，商讨对策。会议中，公司总裁许诺说：谁能想出解决问题的办法，让公司的业绩增长，重奖 10 万元。

有位年轻的经理站起来，递给总裁一张纸条，总裁看完后，马上签了一张 10 万元的支票给了这位经理。

你知道这位年轻的经历想出的办法是什么吗？

576. 偷换概念

有 3 个人去住旅馆，住 3 间房，每一间房 10 元钱，于是他们一共付给老板 30 元。第二天，老板觉得 3 间房只需要 25 元就够了，于是叫伙计退回 5 元给 3 位客人，谁知伙计贪心，只退回每人 1 元，自己偷偷拿了 2 元，这样一来便等于那 3 位客人每人各花了 9 元，于是 3 个人一共花了 27 元，再加上伙计独吞了 2 元，总共是 29 元。可是当初他们 3 个人一共付出 30 元，那么还有 1 元哪儿去了呢？

577. 正面与反面

桌上有 23 枚硬币，其中 10 枚正面朝上。假设蒙住你的眼睛，而你的手又摸不出硬币的正反面。如何才能把这些硬币分成两堆，使每堆正面朝上的硬币的个数相同？

578. 刁钻的顾客

高尔基从小就是一个十分聪明的孩子。在童年时,他曾在一家食品店干过活。

有一次,一个刁钻古怪的顾客送来了一张奇怪的订货单,上面写着:"定做 9 个蛋糕,但要装在 4 个盒子里,而且每个盒子里至少要装 3 块蛋糕。"

老板和大伙计伤透了脑筋,碰坏了好几块蛋糕,也没有办法照订单上的要求装好盒子,眼看取货时间就要到了,可他们依然一筹莫展。

在一旁干杂活的高尔基拿起那张订货单,认真读了一遍,笑着对老板和大伙计说:"这有什么难的?让我来装吧!"说完,他挑选了 4 个盒子装起来,刚把蛋糕装好,订货的顾客已经来到柜台前。这个顾客以挑剔的眼光仔细检查一遍,什么问题也没有,就提着蛋糕走了。老板和大伙计终于松了一口气,并且开始对聪明的高尔基刮目相看了。

你知道高尔基是怎样分装这9块蛋糕的吗?

579. 聪明的阿凡提

阿凡提小时候非常聪明。他的爸爸养了 10 只羊。一天,爸爸对小阿凡提说:"如果你能让 4 个栅栏里都有 10 只羊,我就把这些羊全部送给你。"阿凡提并没有去别的地方买羊,却很快就使 4 个栅栏里都有了 10 只羊。你知道他是怎么做到的吗?

580. 于谦的智慧

明朝时有个大臣叫"于谦",他领导了著名的"北京保卫战"。可是谁也不知道他还曾经凭借自己的聪明才智保护了一个大臣的性命。

当时有个叫李佳宁的大臣因为重装皇帝,被判了秋后处决。由于这个大臣名满天下,当时的才子都争相为其求情,但皇帝自己在气头上,死活不肯从轻发落。众大臣便跪在大殿门口,不肯离去,皇帝迫于无奈,只好说:"我这里有 5 文钱,谁能用这 5 文钱去集市上买来足够的东西把乾清宫大殿充满,我就放了他。"

一时间,大臣议论纷纷,有人说:"我们买稻草吧,稻草便宜,5 文钱应该能买足够的稻草。"

有人说:"不如买水,五文钱能买好几车,说不定能把大殿填满。"

有人说:"5 文钱请个工人去野外伐棵大树,它的枝叶一定能把大殿填满。"

但是不管什么提案,都被大家否定了:稻草和水没法在大殿里堆起来,大树运到皇宫根本不是个事。

在大家一筹莫展的时候,于谦想到了个办法。他到集市上花不到 1 文钱买了个东西,确实充满了整个大殿。

你知道于谦买的是什么吗?

581. 贪财的地主

有个地主非常喜欢金子,总觉得自己的金子不够,有一天他把金子放到镜子前面,好像自己的财富一下子增加了一倍,让他非常兴奋。他又把金子放在两块儿相对放着的立镜中间,照出了一连串很多的金子。

为了看到更多的金子,他把一个屋子的上下、左右、前后都铺满了无缝隙的镜子，请问：当这个地主进入这间小屋的时候，他能看到无数多的金子吗？

582. 探望奶奶

小春一家人住在山底，奶奶住在山顶。每周六早上 9 点，奶奶会从山顶下来到山底的小春家待一天；周日的早上 9 点，小春出门从山脚去山顶探望奶奶。有一个周六，奶奶见到小春后说："我把自己几点几分走到了哪个地方都写在纸上挂到沿路的树上，等你明天上山的时候，也把你每分钟都到了那里写出来挂在树枝上。我相信我们总能在同一点钟到达山上的某个地方的。"

小春不信，结果第二天试验后，发现确实如此，在 9 点 30 的时候，他们都到了山路靠山脚的 3/4 的地方。接连几周，他们俩做这个游戏，都符合奶奶说的，不管小春故意放慢速度还是故意增加速度。

你知道这是为什么吗？

583. 聚餐

周末，爷爷家举行聚餐，一共来了 10 个人，他们想炸东西吃，但每个人想要的老嫩程度不同。奶奶问了一遍之后，每个人的需求如下：爷爷想要吃炸 7 分钟的小黄鱼；爸爸想要吃炸 3 分钟的春卷；妈妈想吃炸 9 分钟的花生米；姑姑想要吃炸 16 分钟的土豆丝；叔叔想要吃炸 8 分钟的油条；大伯想要吃炸 3 分钟的豆腐；姑父想要吃炸 2 分钟的小黄鱼；婶婶想要吃炸 5 分钟的土豆丝；伯母想要吃炸 6 分钟的春卷；而奶奶想要吃炸 10 分钟的土豆丝。

如果这家人只有一个炸锅，那么做这顿饭至少需要多长时间。

584. 需要买多少

27 名同学去郊游，在途中休息的时候，口渴难耐，去小店买饮料。饮料店搞促销，凭 3 个空瓶可以再换一瓶。他们最少买多少瓶饮料才能保证一人喝一瓶？

585. 铺轮胎

有一个场地是边长 10 米的正方形，现在给你很多外直径 1 米，内直径 50cm 的轮胎，请问你至少要铺几层才能使轮胎完全盖住场地？

586. 火柴棒问题

这是一道用火柴棒摆成的式子：Ⅰ+Ⅹ=Ⅸ(1+10=9)，这显然是错的。请问最少移动多少根火柴棒才能使它正确？

587. 盲人分袜

有两位盲人，他们都各自买了两双黑袜和两双白袜，八双袜子的布质、大小完全相同，而每双袜子都有一张商标纸连着。两位盲人不小心将八双袜子混在一起。他们每人怎样才能取回黑袜和白袜各两双呢？

588. 时钟的问题

一个人遇到了车祸死了。到了阎王那里，阎王对他说："你的寿命貌似还没尽，我给你出个题，你要是能回答出来，我就再让你多活 10 年。"这个人同意了。

问题是这样的，时钟 12 点整的时候，钟表的时针和分针重合在一起。但想必你一定已经注意到了，两枚指针不只在 12 点整的时候才重合，在 12 小时之内两者要重合好几次，你能说出在什

么时候两枚指针会互相重合吗？

589. 三针重合

现在许多时钟在钟面上还有秒针。那么你留心过没有，在一天 24 小时内，时针、分针和秒针三针完全重合的时候有几次？

590. 如何通过

(1) 一艘船顺水而下，在要通过一个桥洞时，发现货物比桥洞高出约 1 厘米，需要卸掉一些货物才能通过。无奈货物是整装的，一时无法卸下。有什么办法能够不卸货物，使船通过呢？

(2) 有辆卡车，堆装着很高的货物，当要通过一处铁路桥时，发现货物高出桥洞 1 厘米，卡车无法通过。卸货卸下重装很费事，你给想想办法，应该怎样才能顺利通过呢？

591. 装油的桶

有一个不透明但规则的立方体桶里面装了一些油。小明想知道这个桶里的油有没有一半。那么在不把油倒出来的情况下，你能知道油有没有一半吗？

592. 再次相遇

在一个赛马场里，A 马 1 分钟可以跑两圈，B 马 1 分钟可以跑三圈，C 马 1 分钟可以跑四圈。

请问：如果这三匹马同时从起跑线上出发，几分钟后，它们又会相遇在起跑线上？

593. 哪种方式更快

有个母亲想要进城看正在读书的儿子，她知道每天有一辆公共汽车会经过自己所在的村子进城。她发现自己有下面几种选择：早上起来迎着公共汽车来的方向走，遇到公共汽车坐上去；在村口一直等公共汽车到来；往城里的方向走，公共汽车追上她的时候她就坐上。三种方法中的哪一种可以更快到城里呢？

594. 收废品

小周把几扇废旧的窗户拉到废品收购站，他自己在家里称过这些窗户，一共 50 斤，包括木头和玻璃。到了废品收购站，这里的老板说："我这里收窗户一块钱一斤，不过现在地方有限，你能不能帮我把玻璃砸下来，我只想要木头。但是你放心，玻璃我也要了。木头我算你 7 毛钱一斤，玻璃 3 毛钱一斤，这样加起来还是 1 块钱，对不对？另外，你帮我这个忙，我再多给你 10 块钱。"

小周觉得老板说的没错，还能多收 10 元，就答应了。

结账时，木头一共是 30 斤，玻璃 20 斤，这样，小周卖木头得到 21 元，卖玻璃得到 6 元，再加上 10 块钱好处费，共计 37 元。

事后，小周越想越不对，按整体来算的话，可以得到 50 元，这样分开来，自己辛苦了一番不说，怎么还少卖了 13 元呢？

595. 灯泡的容积

发明家爱迪生曾经有个名叫阿普顿的助手，他毕业于普林斯顿大学数学系，又在德国深造了一年，自以为天资聪明，头脑灵活，甚至觉得比爱迪生还强很多，处处卖弄自己的学问。

有一次，爱迪生把一只梨形的玻璃灯泡交给了阿普顿，请他算算容积是多少。阿普顿拿着那个玻璃灯泡，轻蔑地一笑，心想："想用这个难住我，也太小看我了！"

他拿出尺子上下量了又量，还依照灯泡的式样画了一张草图，列出一道道算式，数字、符号写了一大堆。他算得非常认真，脸上都渗出了细细的汗珠。

过了一个多钟头，爱迪生问他算好了没有。他边擦汗边说："办法有了，已经算了一半多了。"

爱迪生走过来一看，在阿普顿面前放着许多草稿纸，上面写满了密密麻麻的等式。爱迪生微笑着说："何必这么复杂呢？还是换个别的方法吧。"

阿普顿仍然固执地说："不用换，我这个方法是最好最简便的。"

又过了一个多钟头，阿普顿还低着头列算式。爱迪生有些不耐烦了，马上用一个非常简单的办法就做到了。你知道他是怎么做的吗？

596. 最简单的方法往往最有效

传说在古罗马时代，一位预言家在一座城市内设下了一个奇特难解的结，并且预言："将来解开这个结的人必定是亚细亚的统治者。这个结引来了许多人，大家都想打开这个结，以表明自己的实力可以统治亚细亚。但是，这个被称为 Gordian 的结长久以来却没有人能够解开。

当时身为马其顿将军的亚历山大也听说了有关这个结的预言，于是专门跑到这个城市，想去打开这个结。

但是，亚历山大用尽了各种方法都

无法打开这个结。最后，他用了一个最简单的办法就把结打开了。你知道他是如何做的吗？

597. 赚了多少钱

一个商人以 50 元卖出了一辆自行车，然后又花了 40 元买了回来，这样显然他赚了 10 元钱，因为原来的自行车又回到他的手里，又多了 10 元钱。现在他把他花 40 元买来的自行车以 45 元钱又卖了出去，这样他又赚了 5 元，前后加起来一共赚了 15 元。

但是，有一个人却认为：这个人以一辆价值 50 元的自行车开始，第二次卖出以后他有了 55 元，也就是说他只赚了 5 元钱。而 50 元卖一辆车是一次纯粹的交换，表明不赚也不赔；只有当他以 40 元买进而以 45 元卖出的时候，才赚了 5 元钱。

而另外一个人却认为：当他以 50 元卖出并以 40 元买进时，他显然是赚了 10 元钱；而当他以 45 元卖出时，则是纯粹的交换，不赚也不赔。所以他赚了 10 元钱。

似乎每个人说的都有道理，那么你认为谁才是正确的呢？

598. 分羊

有一个牧民，死的时候留下来一群羊，同时立了个奇怪的遗嘱："把羊的三分之二分给儿子，剩下的羊的三分之二给妻子，再剩下的羊的三分之二给女儿，就没有了。"三个人数了数羊，一共有 26 只，却不知道该怎么按牧民的遗嘱来分，你能帮助他们吗？

599. 酒精和水

桌子上放着同样大小的两个瓶子，一瓶装着酒精，另一瓶装着水，两个瓶子里的液体一样多。如果用小勺从第一个瓶子中取出一勺白酒，倒入第二个瓶子中，搅匀后，再从第二个瓶子中取一勺混合液，倒回第一个瓶子中。那么这时是酒精中的水多呢，还是水中的酒精多？

600. 卢浮宫失火

法国一家报纸曾经刊登过这样一个问题："如果法国最大的博物馆卢浮宫失火了，情况非常紧急，你只能抢救出一幅画，你会抢救哪一幅？"

如果是你，你会怎么回答呢？

601. 扑克占卜

富美子小姐用 25 张扑克占卜。她把 25 张扑克背面朝上排成一个 5×5 的方阵，然后由左上角的扑克开始翻开。如果是黑桃，就接着翻开它下面的那张牌。如果是红桃，就翻开它上面的牌。如果是方块，就翻开左边的牌，如果是梅花，就翻开右边的牌。然后重复同样的操作。最后翻过来的扑克越多，就表明越吉利。富美子小姐把所有的扑克都顺利地翻了过来，直到右下角的终点。

请问，除了右下角的那一张，其余的 24 张中红色的和黑色的扑克哪种更多？多了多少？

602. 男男女女

某日，某饭店里来了三对客人：两个男人，两个女人，还有一对夫妇。他(她)们开了 3 个房间，门口分别挂上了带有标记"男男"、"女女"、"男女"

的牌子，以免互相进错房间。但是爱开玩笑的饭店服务员，却把牌子巧妙地调换了位置，弄得房间里的人和牌子全对不上号。

在这种混乱的情况下，据说只要敲一个房间的门，听到里边的一声回答，就能全部搞清楚 3 个房间里的人员情况。你说，要敲的该是挂有什么牌子的房间？

603. 隐含的规律

1、3、7、8

2、4、6

5、9

你能猜出这三组数字间有何种关系吗？

提示：每一组数字都有一个相同的规律。

604. 最聪明的人

兄弟三人在互相吹捧自己，老大对别人说："我是中国最聪明的人。"老二说："我是世界上最聪明的人。"如果你是老三，你应该怎么说才能胜过二人呢？

605. 钟摆问题

一个钟摆，当它摆到最高点的时候，突然断了。请问此时钟摆会如何落下呢？

606. 过河

一条河上没有桥，也没有渡船。一个大人带着一块 4.9 米的木板想从河的 A 岸到达 B 岸，一个孩子带着一块 5.1 米的木板想从河的 B 岸到达 A 岸。而河的宽度是 5 米。大人的木板不够长，孩子的力气小也无法把整块木板伸过河搭到对岸。请问，用什么办法才能让两个人都能平安地过河呢？

607. 一艘小船

渔民一家有三口人，爸爸、妈妈和儿子，三人都有可能出海，家里只有一艘船。平时为了防止船丢失，会用一根铁链锁在岸边的一个柱子上。现在家里的三口人每个人有一把 U 型锁，且每把锁都只有一把钥匙。请问三个人该如何锁船才能确保三个人都可以单独打开和锁上这艘船呢？

608. 聪明的孩子

一天，三个孩子在睡午觉的时候，被人偷偷地在脸上画了鬼脸。三个孩子醒来后，彼此看了一眼后同时哈哈大笑。不一会儿，其中一个孩子若有所思地默默走到洗手间去洗脸了。你知道这是为什么吗？

609. 调钟

小明家有一个老式的摆钟，一到夏天的时候就走得很准确，可一到冬天，它就会变快。这是怎么回事呢？

610. 何时成立

如果式子 6+7+2=3 成立的话，那么应该是在什么情况下？

611. 奇怪的时间

在我们生活的地球上，有这样的一个地方，在这里，无论我们把钟表调成几点几分，都是正确的时间。请问这个地方在哪里？

612. 这可能吗？

一个年轻人对别人说："前天我 17 岁，但今年我将会 19 岁。"请问，这可能吗？

613. 至少几个人

小明要办个聚会，他邀请了他父亲的姐夫，他姐夫的父亲，他哥哥的岳父，他岳父的哥哥。请问小明最少邀请了几个人？

614. 通货膨胀

1 元=100 分=10 分×10 分=1 角×1 角=0.1 元×0.1 元=0.01 元=1 分

1 元怎么变成了 1 分？上面这个计算过程哪里出了问题呢？

615. 吝啬鬼的遗嘱

美国有个吝啬鬼，他一生积攒了很多钱，却从不肯给别人花。死了之后，他在遗嘱中表明要将他的钱与他一起火化。

法官在宣读遗嘱的时候觉得这条不合情理，便想了一个办法使得既没有违反遗嘱的规定，又让他的亲属继承了这份遗产。

你知道他是如何做的吗？

616. 奇怪的举动

小明拿着两本书来到柜台前，工作人员说："请付 20 元。"小明交完钱后转身离开了，可是并没有拿那两本书。当然他肯定不是忘记了。你知道这是为什么吗？

617. 聪明的阿凡提

阿凡提的聪明机智是出了名的。财

主巴依经常吃他的亏，总想着要戏弄一下他。一天，巴依邀请阿凡提来自己家中吃饭。但是他把自己家的房门一米高的位置钉上一块横木板，他想这样的话，阿凡提进门的时候就可以向自己低头了。不一会阿凡提来赴宴，看到了门上钉的横木板，就知道了巴依的心思。于是他用一种巧妙的方式过去了，并没有向巴依低头。

你知道阿凡提是怎么做到的吗？

618. 摆脱鲨鱼

一天，汤姆和女友乘坐一艘游艇出海钓鱼。突然，不知什么时候，一条鲨鱼围着他们的游艇转。他们不敢开动游艇，否则很可能被鲨鱼撞翻。汤姆安慰手足无措的女友说："没关系，只要它游累了，就会去睡觉。我们可以趁着它睡觉的时候离开。"

请问，他们这样会摆脱鲨鱼吗？

619. 邮箱钥匙

王先生在外地出差，突然接到家中妻子的电话，称自己家门前的邮箱钥匙被他带走了。正好这几天有一个很重要的信要到，希望王先生能把钥匙送回。可是王先生公事没有做完，还有在外地耽搁一个星期。终于他想到了一个好主意，可以把钥匙放在信封里，邮寄给妻子。可是过了2天，信到了以后，妻子打电话来说她还是打不开邮箱。你知道这是为什么吗？

620. 新建的地铁

某市的第一条地铁建成通车了。首日运行这天，地铁工程师在给乘坐地铁的人们讲解地铁的情况："我们这条线路，有大约800米是没有铁轨的。"大家一听都吓坏了，疑惑地问："那不是很危险吗？"地铁工程师笑着对大家说："没关系，大家不用担心。"

你知道为什么地铁有几百米没有铁轨还没有危险吗？

621. 买镜子

小明的妈妈想买一面可以照到全身的穿衣镜，你知道她该买个至少多高的镜子吗？

622. 倒水

啤酒瓶大家都很熟悉，现在有一个装满水的啤酒瓶，想把里面的水倒出来。下面有四种方法，你认为哪种方法倒水的速度最快？

(1) 瓶口朝下，直立放置，静等水往出流。

(2) 瓶口朝下，直立放置，上下用力晃动。

(3) 瓶口朝下，倾斜放置，静等水往出流。

(4) 瓶口朝下，倾斜放置，规律地旋转摇动。

623. 平分油

有两个不规则但大小、形状、轻重都完全一样的塑料油壶，一个油壶中装有大半壶油，另一个油壶是空的。在没有称量工具的情况下，如何用最简单的办法把这些油平分？

624. 北极的植物

小明对北极地区的植物很感兴趣，但是他发现那里的植物要么长得很低，要么就是趴在地上生长。你知道这是为什么吗？

625. 体重

如果你现在的体重是 50 公斤，那么你到了珠穆朗玛峰的峰顶，你的体重是会变大、变小还是不变呢？

626. 牙医

一个牙疼的病人去镇上唯一的一家牙科诊所就诊。诊所里只有两名医生，一个有一口好牙，另一个的牙齿很糟糕。请问你会找他们中的哪一个为自己看病？

627. 出差补助

一个公司给员工发出差补助比较奇怪，是按照员工出差到达目的地的日期计算补助的。比如，一名员工 8 号出差去外地，那么他这次出差能够领到的出差补助就为 8 元。8 月份的时候，一名员工出差。他 4 号星期六到达北京，然后又相继出差 4 次，即在接下来的四个星期中，每个星期出差一次。到达目的地的具体时间他不记得了，只知道有一次是星期三，一次星期四，两次星期五。你能根据这些资料，算出这名员工这个月可能领到多少出差补助吗？

628. 金鸡

王老师买了一只 2 斤重的鸡回家。妻子看到了问多少钱一斤？王老师说 10 元一斤。妻子突发奇想，说道："现在黄金每克 300 元，要是这只鸡是金子做的，那它可就值三十万了。"王老师笑了笑说："要是这只鸡是金子做的，它起码价值上百万。"请问他们俩谁说得对呢？

629. 盲人分衣服

有两个盲人，各自买了两件一样的黑衣服和两件一样的白衣服，可是他们把这些衣服放混了。但是不久他们没有经过任何人的帮助就自己把这些衣服分开了。你知道他们是怎么做到的吗？

630. 切煎饼

小明家来了 8 个小朋友，妈妈烙了一张煎饼给大家吃。小明想用三刀把这样煎饼切成八份。你知道小明该怎么切吗？

631. 玩具

小明有一些毛绒玩具，在这些玩具中，除了两个都是熊，除了两个都是狗，除了两个都是娃娃。你知道他有些什么玩具吗？

632. 数字时钟

大家都知道，数字时钟是由 3 个数字来表示时、分、秒的。一般用"hh：mm：ss"的格式表示。那么请问从中午 12:00 到凌晨 23:59:59 秒这段时间内，时分秒 3 个数字相同的情况会出现几次？分别是什么时候？

633. 穿反的毛衣

一天，小明把 T 恤穿反了，领口的一面穿到了后面去。爸爸给小明一个任务，就是用一根绳子把小明的双手连在一起，然后要他把 T 恤穿正。你知道小明该怎么做才能不解开绳子而把衣服穿正吗？

634. 挑选建筑师

一个国王要为自己建造一座宏伟

的城堡，于是他找来国内五个著名建筑师，想从中选择一位最出色的人负责这个项目。可是国王对五人的能力一无所知，而五名建筑师对相互的情况却很了解。请问他该怎么挑选建筑师呢？

635. 有错误的数学题

数学老师出了一道数学题："一个人建一间房子需要10天，那么10个人建同样一间房子需要多少天？"答案是1天。可是小明觉得这个数学题有错误。你知道错误在哪里吗？

636. 神枪手钓鱼

一位神枪手去河边钓鱼，河里有很多鱼，可是他技术不好，一条也没有钓到。他干脆拿出手枪对准河里的鱼射去。可是一连开了好几枪，依然一条也没有射到。他可是神枪手啊，这到底是怎么回事呢？

637. 读出日期

让你的朋友拿出一枚硬币，把日期那面朝上放在桌子上，然后马上用一张白纸盖住它。在不拿走白纸的情况下，如何才能读出硬币上的日期呢？

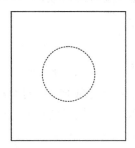

638. 卖给谁

下班时间到了，米贩老王有急事，准备关门。这时来了两位客人，一位要

买20斤米，一位要买8斤米。而米贩还有一袋25斤的大米，不够卖给两个人。而且店里只有一个可以量1斤米的斗。米贩想用最短的时间完成交易后离开。请问他该把米卖给谁？

639. 解绳子

如下图所示，天花板上固定着两个离得很近的铁环，每个铁环上都系着一根绳子。现在你需要把这两个绳子都解下来。你可以顺着绳子爬上去，抓住铁环或者另一根绳子来解开这根绳子。但是你不能把两根绳子都解开，那样你就无法下来了。天花板与地面距离很高，在高处时你必须用至少一只手撑住自己的身体，只能用另一只手解绳子，所以根本无法把绳子系在一起。那么请想一想，你到底该怎样解绳子才能安全地下到地面呢？

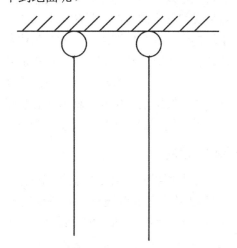

640. 愚蠢的国王

有一个愚蠢的国王，想要自己的儿子快点长大继承王位，便要求御医给他一种吃了就可以马上长大的药，否则就治其死罪。御医没有办法，只好答应下

来。但是御医提出了两个条件：第一，这个药太过珍贵，需要他亲自去老家一趟取回来；第二，在取药服药这段时间，国王不能见王子，否则影响药效。国王听完想都没想就答应了他的要求。等御医回来之后，国王发现王子真的长大了。你知道这到底是怎么回事吗？当然，世界上不会有吃了就长大的药的。

641. 国王的难题

一次，国王过生日，给众臣提出一个难题：大家前来祝寿，不能空着手来，也不能给自己带东西。这个自相矛盾的要求让大家都傻了眼，不知道该怎么办好。这时，一个聪明的大臣想出了一个好主意，并受到的国王的夸奖。你知道他想出的是什么主意吗？

642. 怎样取胜

战场上，两军厮杀，到最后只剩下了四个人。其中一人是甲方的将军，他力大无穷，武艺超群。另外三个人都是敌方的副将，三人武艺也都不俗。单打独斗，甲方的将军肯定会获胜，但是以一人之力对战三人，确实必死无疑。这时，甲方的将军突然想到了一个好主意，最终他轻松地杀死了三名敌军副将，取得了胜利。你知道他是怎么做到的吗？

643. 冰封的航行

在北方有一条航线，每年的冬天都会因为天气原因冰封2个月的时间。这为航运公司带来了巨大的困扰，不但经济效益受到了影响，还大大影响了居民的出行。因为在冰封的时候，人们不得已只能选择别的出行方式。为了最大限

度地减少这种情况，人人纷纷想办法让航道冰封的时间缩短。你知道有效的方法是什么吗？

644. 聪明的长工

有一名地主对长工很刻薄，总是想尽办法克扣他们的工钱。一次，又到了该发工钱的时候了。地主对长工们说："只要谁能说出一件我从来没有听过的事情，我不但把工钱发给他，还会多给他200两银子。但是如果他说的这件事我听说过，那就对不起了，工钱没收。"

一位长工说："我听说山后一户人家养了一只会下金蛋的鸡，这只鸡每天都会下一个拳头大的金蛋。"

地主嘿嘿一笑说："这不算啥，我还亲自去见过呢！你的工钱没收了！"

这时一位聪明的长工想出了一个好办法，说了以后，地主不得不说："是的，我没有听说过。"说完就把工钱和200两银子给了他。你知道这位聪明的长工是怎么说的吗？

645. 借据回来了

一次张三借给了李四10万块钱，写好了借据，签上了名字。规定借款期为1年，利息10%。但是张三不小心当天就把借据弄丢了。他非常着急，如果李四知道张三把借据弄丢了肯定不会还这笔钱的。张三只好找好朋友王五帮忙。王五想了想，叫张三给李四写一封信，李四接到信后，不久就把自己向张三借过钱的证据寄给了张三。你知道张三是怎么做到的吗？

646. 倒硫酸

大家知道硫酸有强烈的腐蚀性，所以在倒的时候需要格外小心。一次，小明需要 5 升硫酸。但是实验室里只有一个装有 8 升硫酸的瓶子。这个瓶子上有 5 升和 10 升两个刻度，请问他该如何准确倒出 5 升硫酸呢？

第四部分

思维能力训练

647. 聪明程度

1987年的某一天,伦敦《金融时报》刊登了一个很怪异的竞赛广告。这个广告要求参与者寄回一个0到100之间的整数,获胜条件是你寄的这个数,最接近全体参与者寄回的所有数的平均值的 2/3。获胜者将获得两张从伦敦到纽约的头等舱往返机票。

如果你是这个竞赛的参与者,你会选择哪个数呢?

648. 裁员还是减薪

在金融危机中,我们经常听到的名词是"减薪"和"裁员",那么企业在面临艰难的困境时,到底是应该选择裁员还是选择减薪呢?两者对企业会产生怎样的影响呢?

如果你拥有一个公司,且公司正面临着资金不足的情形,很快就会没有足够的钱给雇员发放薪水了。这时候有两种方案可供选择:一个是每人减薪15%;二是开除15%的雇员。

你会怎么做呢?

649. 排队买麻花

去年秋天,我去了一趟重庆,那是我第一次到重庆。在去之前,朋友告诉我,在重庆一定要去磁器口转转。我在饭店安顿好之后,马上就去了磁器口。刚到就看到有一条长龙似的队伍,我顿时感觉很兴奋,不知道是什么东西这么吸引人。不过,我远远地就闻到了麻花的香味。走进一看,果不其然,这么多人原来都在买麻花。其中,陈麻花店前的队伍最长,因此我也就顺势排到队伍里面去了。百无聊赖中,就把这个场景

拍了下来。

终于轮到我的时候,正好麻花卖完了,我只能再等下一锅。不过为了这个口福,我也只能忍受了。当然,我把麻花作为礼品送给家里人的时候,听到他们的赞扬,还是蛮高兴的。

这次经历给我最大感触是,下次买麻花再也不排队了,随便找一家就好,因为各家的口味都差不多。更让我伤心的是,在当地长大的一个朋友看了我的照片之后告诉我,我买的并不是正宗的陈麻花。而隔壁那个没有人排队的陈麻花才是正宗的,当地人都在那家买。

请问那家冒牌的陈麻花为什么会招揽那么多顾客呢?

650. 聪明的弟子

苏格拉底的三个弟子曾向他请教了这样一个问题:怎样才能找到理想的伴侣?

苏格拉底并没有正面回答他们,而是让他们三人走进麦田,从一头出发到另一头,中途只许前进不许后退。期间他们可以摘取一株麦穗,但仅有一次机会。最后比一下谁摘的麦穗最大。田地里的麦穗有大有小,有挺拔、光鲜的,也有低矮、瘪空的,所以三人必须想好该如何做出自己的选择。

第一个弟子先行。他想:只有一次机会的话,那么一旦看到又大又漂亮的麦穗,我就应该立刻摘取它,这样绝对不会留下遗憾。这样想着,没走几步,这个弟子就发现一株既饱满又漂亮的麦穗,于是兴奋地将其摘到手,心中的得意也无以复加。然而好景不长,当他继续前进时,发现前面有许多比他手中

的麦穗更大更漂亮的，但他已经没有机会了，心情转瞬跌到了低谷，只能无奈又遗憾地走完了剩下的路程。

轮到第二个弟子时，因为有第一个弟子的前车之鉴，于是他想：麦田里的麦穗这么多，一开始看见的肯定不是最好的，后面一定有更好的，所以我不能急着摘取，机会只有一次，要谨慎再谨慎。带着这样的想法他也开始了行程。刚开始时，他果然也发现了又大又美丽的麦穗，但他忍住了没摘，他相信后面会看见更好的，于是继续前行。一路上他又发现了不少优秀的麦穗，他依然没有下手，每一次他都想，后面会有更好的，不能急，要谨慎。就这样直到走到田地尽头他的手中还是空空如也，他已经错过了所有的好的麦穗，然而却已经无法回头了，只好随手摘了一株普通的麦穗。

第三个弟子最为聪明，他看到前两个人的惨淡收场，暗暗决定要吸取他们的教训。你知道他是如何做的吗？

651. 抓住机会

作为学生，我最害怕在课堂上回答问题，而且我发现周围的同学也和我一样。每次上课的时候，当教授提问时，我总是习惯把头低下去，生怕教授的眼光扫到自己。

一次外语课上，有一位来自商业银行的专家做演讲。做演讲的人总是希望有人配合自己。于是他问道，教室内有多少学经济的同学，可是没有一个人响应。但我知道，我们当中很多人包括我自己都是学习经济的，可是由于怕被提问的原因，大家都沉默着。专家苦笑了一下说，"我先暂停一下，插个故事讲给你们听。"

"我刚到美国读书的时候，在大学里经常有讲座，每次都是请华尔街或跨国公司的高级管理人员来演讲。

演讲的人都是一流的人物，在他们面前说话就意味着机会。当你的回答令他满意或者吃惊时，很有可能就预示着他会给你提供更多的机会。这是一个很简单的道理。

但是那么多人去听演讲，如何才能获得有限的几次机会呢？你有什么好办法吗？

652. 滚球游戏

古代丹麦有一种滚球游戏，据说现代的保龄球就是从它演变而来的。玩这种游戏的时候，将 13 根木柱在地上站成一行，然后用一只球猛击其中一棍木柱或相邻的两棍木柱。由于击球者距离木柱极近，因此玩这种游戏无需什么特殊技巧，可随心所欲地击倒任一木柱或相邻的两根木柱。比赛者轮流击球，谁击倒最后一根木柱，谁就是赢家。

同瑞普进行比赛的是一位身体矮小的山神，他刚刚击倒了第 2 号木柱。

瑞普应该在 22 种可能性中做出抉择：要么击倒 12 棍木柱中的一根，要么把球向10个空当中的任意一个投去，以使一次同时击倒两根相邻的木柱。为了赢得这一局，瑞普应该怎么做才好呢？假定比赛双方都能随便击倒其中一根或相邻的一对木柱，而且双方都是足智多谋的游戏老手。

653. 损坏的瓷器

有两个出去旅行的女孩，一个叫"中原一点红"，一个叫"沙漠樱桃"，她们互不认识，各自在景德镇同一个瓷器店购买了一个一模一样的瓷器。当她们在上海浦东国际机场下机后，发现托运的瓷器可能由于运输途中的意外而遭到损坏，她们随即向航空公司提出索赔。但由于物品没有发票等证明价格的凭证，于是航空公司内部评估人员估算的价值应该在 1000 元以内。因为航空公司并无法确切知道该瓷器的价格，于是便分别告诉这两位漂亮的小姐，让她们把该瓷器当时购买的价格分别写下来，然后告诉航空公司。

航空公司认为，如果这两个小姐都是诚实可信的老实人的话，那么她们写下来的价格应该是一样，如果不一样的话，则必然有人说谎。而说谎的人总是为了能获得更多的赔偿，所以可以认为申报价格较低的那个小姐应该更加可信，并会采用较低的那个价格作为赔偿金额，此外会给予那个给出更低价格的诚实小姐价值 200 元的奖励。

如果这两个姑娘都非常聪明的话，她们最终会写多少钱呢？

654. 意想不到的老虎

有一个死囚将于第二天被处死，但国王给了他一个活下来的机会。国王说，明天将会有五扇门让你依次打开，其中一扇门内关着一只老虎，如果你能在老虎被放出来前猜到老虎被关在哪扇门内，就可以免你一死。"但是，"国王强调，"你要记住，老虎在哪扇门内，绝对是你意想不到的。"

死囚为了能够活下来，苦思了很久。他想：如果明天我打开前四扇门后，老虎还没有出来，那么老虎一定在第五扇门后。但国王说这是一只意想不到的老虎，因此老虎一定不在第五扇门后。这样就只剩下前四扇门。再往前推，如果我打开前三扇门，老虎还没有出来，那它一定在第四扇门后。同样因为这是一只意想不到的老虎，所以老虎也不在第四扇门后。这样只可能在前三扇门中。如此再往前推，老虎也不可能在第三扇，第二扇，甚至是第一扇门中。也就是说，门里根本就没有什么老虎！看来国王是想饶自己一命。想通了这一点，死囚安心地睡去了。

第二天，当死囚满怀信心地去一一打开那几扇他自以为的空门时，老虎突然从其中一扇门里(比如第三扇门)跑了出来——国王没有骗他，这确实是一只意想不到的老虎。 那为什么会这样呢？死囚的推理错了吗？如果错了，又是错在哪一步呢？

655. 罪犯分汤

有一个监狱，每个房间关着 8 个犯人。傍晚时候，狱卒会在每个房间门口放一桶汤，这就是烦人的晚餐。8 个犯人会自己决定怎么分这些汤，在一个房间，最开始，他们每天轮流派一个人分汤。慢慢地，大家发现那个分汤的人有些偏心，会给自己或者关系比较好的朋友多分一些。所以他们决定改变这种方式，另外派一个人监督。刚开始的时候，效果挺好，但过一段时间后，发现监督的人出现受贿问题，分汤的人给监督者多分一些汤，监督者就不会再管汤分得是否公平了。于是他们又决定轮流监督，但是问题依然存在。后来他们决定成立一个三人的监督小组，汤分得公平了，可是每天为分汤的问题忙得不可开交，等到吃饭的时候汤早就凉了。

因为分汤的问题，这个房间的犯人打了好几次架了。最后，有一个狱卒提出了一个很简单的方法，让他们的汤分的平均起来。其实有的时候，简单才是最有效的。你能想到这种方法吗？

656. 巧过关卡

二战爆发后，德军对犹太人的迫害达到顶点。乔安娜那时六岁，一家人想要逃出柏林，她爸爸托人拿到了一张通行证。一家四人来到了位于柏林城外一个独木桥上的关卡，上面贴了告示，规定：一个通行证最多可以带两人出入，但不记名也可重复使用。爸爸算了一下：爸爸单独走过独木桥需要 2 分钟，妈妈需要 4 分钟，乔安娜需要 8 分钟，奶奶需要 10 分钟。每次两个人出关卡，还需要有人把通行证拿回来。但是还有 24 分钟，城里的追兵就要追上来了。他们能逃脱吗？

657. 古老的堆物博弈

巴什博弈：只有一堆 n 个物品，两个人轮流从这堆物品中取物，规定每次至少取一个，最多取 m 个，最后取光者得胜。

威佐夫博弈：有两堆各若干个物品，两个人轮流从某一堆或同时从两堆中取同样多的物品，规定每次至少取一个，多者不限，最后取光者得胜。

尼姆博弈：有三堆各若干个物品，两个人轮流从某一堆取任意多的物品，规定每次至少取一个，多者不限，最后取光者得胜。

想要胜利需采取什么策略？

658. 有病的狗

有 50 户人家，每家一条狗。有一天警察通知，50 条狗当中有病狗，行为和正常狗不一样。每人只能通过观察别人家的狗进行对比来判断自己家的狗是否生病，而不能看自己的狗。如果判断出自己家的狗病了以后，就必须当天一枪打死自己家的狗。这样，第一天没有枪声，第二天没有枪声，第三天开始一阵枪响。问：一共死了几条狗？

659. 纸牌游戏

小明、小李和小王三人玩一种纸牌游戏，一共用 36 张牌，他们是 18 个对子。然后从中间随机抽出一张放在一旁，谁也不知道他是什么牌。这样就剩下了 17 个对子，还有一个单张。然后按照下列规则玩牌：

(1) 小明发牌，先给小李 1 张，再给小王 1 张，然后给自己 1 张。如此反复，直到发完所有的牌；

(2) 在每个人都把手中成对的牌拿出之后，每人手中至少剩下 1 张牌，而三人手中的牌总共是 9 张；

(3) 在剩下的牌中，小李和小明手中的牌加在一起能配成的对子最多，小王和小明手中的牌加在一起能配成的对子最少。

那么，请问那个唯一的单张牌发给了谁？

提示：应判定出给每个人发了几张牌，以及每两个人手中的牌加在一起能配成对子的数目。

660．走独木桥

一个人带着一只狗、一只猫和一筐鱼过独木桥，由于狗和猫不敢过，他得抱着它们过去。为了自身的安全，一次只能带一样东西过桥。但是当人不在的时候，狗会咬猫、猫会吃鱼。请问这个人要怎样做才能把这三样东西都安全地带过河？

661．过河

两个女儿，两个儿子，一个爸爸，一个妈妈，一个警察，一个罪犯。他们要过一条河，河上只有一条小船，小船每次只能乘坐两个人，其中只有爸爸、妈妈和警察会划船。

而且当妈妈不在的时候，爸爸会打女儿；爸爸不在的时候，妈妈会打儿子；而罪犯只要警察不在谁都会打。

问：他们要怎样才能安全过河？

662．狼牛齐过河

前提：在河的任何一岸，只要狼的个数超过牛的个数，那么牛就会被狼杀死吃掉；而狼的个数等于或者少于牛的个数，则没事。现在有三只狼和三头牛要过河，只有一艘船！一次只能两个动物搭船过河！如何才能让所有动物都安全过河？

663．动物过河

大老虎、小老虎、大狮子、小狮子、大狗熊、小狗熊要过一条河，其中任何一种小动物少了自己同类大动物的保护，都会被别的大动物吃掉。6个动物之中，只有大老虎、小老虎、大狮子、大狗熊会划船。现在只有一条船，一次准坐2个。怎么样才能保证6个动物顺

利到达彼岸而不被吃掉？

664．水平思考

有一家三口，夫妻两个和一个5岁的孩子。为了能够离幼儿园近一点，他们决定租套房子。他们跑了一天，直到傍晚，才好看到一张房屋出租的广告。他们赶紧跑去看，房子出乎意料地好，价格适中，位置也不错。于是，他们前去联系房东。温和的房东出来，对这三位客人从上到下地打量了一番，遗憾地说："实在对不起，我家的房子不租给带孩子的住户。"丈夫和妻子听了，一时不知如何是好，只好默默地走开了。那5岁的孩子，把事情的经过从头至尾都看在眼里。那可爱的孩子心想：真的就没办法了？他用那肉嘟嘟的小手，又去敲房东的大门。这时，丈夫和妻子已走出5米来远，都回头望着。

门开了，房东又出来了。这孩子说了一句话。房东听了之后，高声笑了起来，就决定把房子租给他们住。请问：你知道这个5岁的小孩子说了什么话，终于说服了房东吗？

665．看电影

刚结婚的一对小夫妻，想带着父亲去看电影，凑巧小区门口刚开了个可以看4D电影的电影院，他们想带父亲去"尝尝鲜"。结果，到了售票处一问，票价不算太贵、上映的电影也合适，得到的答复却是："实在对不起，现在虽然我们还有空座，但影院规定只能向带孩子的顾客卖票。"小夫妻听了之后，一时不知道如何是好，只好默默地走开了。那个年迈的父亲把事情的经过从头至尾都看在了眼里。父亲心想：真的没

办法了吗？他不顾小夫妻的反对，又来到售票处。这时，小夫妻俩已经走出 5 米来远，都回头望着。

父亲说了一句话，售票处发出了阵阵笑声，当时就卖了三张票给父亲。请问：你知道这个父亲说了句什么话买到票的吗？

666. 判决

一对夫妇结婚后生了一个孩子，没几年，夫妻关系越来越不好，最后不得不离婚。但他们都不想要孩子，而且都想争夺房产。二人互不相让，最后只好对簿公堂。

法官知道就算把房子和孩子的抚养权交给同一个人，也无法保证孩子能够得到好的待遇。他想了很久终于想出了一个好办法。你知道是什么吗？

667. 快速回答

(1)　一个四方桌，被砍去一个角，还有几个角？

(2)　一个正方体，被砍去一个角，还有几个角？

668. 巧胜扑克牌

现有扑克牌智力题如下。

甲方：1 个 2，3 个 K，3 个 J，2 个 Q，2 个 7，2 个 6，2 个 5，2 个 4，1 个 3。

乙方：2 个 A，2 个 10。

规定：由甲方先出，先出完者为胜。规则符合一般出牌规则，此外可出三带双(如：3 个 J 带 2 个 4)，但不可出三带一(如：3 个 K 带 1 个 3)。可出五连顺(34567)，但不可出四连顺(如：4567)。也不可出连对(如：4455 等)。

问甲方能否胜出？

669. 没有出黑桃

爸爸和儿子二人玩一种纸牌游戏，规则如下：双方先后各出一张牌为一圈。后手在每一圈中都必须按先手出的花色出牌，除非手中没有相应的花色，而先手则可以随意出牌。每一圈的胜方即为下一圈的先手。

开始的时候，双方手中各有四张牌，其花色分布如下。

爸爸手中：黑桃—黑桃—红心—梅花。

儿子手中：方块—方块—红心—黑桃。

(1)　双方都各做了两次先手。

(2)　双方都各胜了两圈。

(3)　在每一圈中先手出的花色都不一样。

(4)　在每一圈中都出了两种不同的花色。

在打出的这四圈牌中，哪一圈没有出黑桃？

注：王牌至少胜了一圈。(王牌是某一种花色中的任何一张牌，它可以：①在手中没有先手出的花色的情况下，出王牌。这样，一张王牌将击败其他三种花色中的任何牌；②与其他花色的牌一样作为先手出的牌。)

提示：从先手和胜方的可能序列中判定王牌的花色；然后判定在哪一圈时先手出了王牌并取胜。最后判定在哪一圈时出了黑桃。

670. 猜纸片

有一个人喜欢玩猜纸片，规则是这样的，他拿出三张完全相同的纸片，在每张纸片的正反两面分别画上√、√；×、×；√、×。然后他把这三张纸片交给一个参与者，参与者偷偷选出一张，放在桌上。他只要看一眼朝上那面，就可以猜出朝下的是什么标记。如果猜对了，就请对方给他 100 元；猜错了，他给对方 100 元。

纸片上√和×各占总数的一半，也没有其他任何记号，应该对双方都是公平的。你觉得他有优势吗？

反面　　　　正面

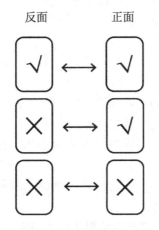

671. 该怎么下注

轮盘赌是一种很简单的游戏，在圆盘上标着譬如"奇数"、"偶数"、"3 的倍数"、"5 的倍数"等，只要你猜对了数字，你就可以得到相应的倍数的钱。

在一次赌局中，已经到了最后决定胜负的关键时刻。占第一位的是赌圣周星星先生，他非常幸运地赢了 700 个金币。占第二位的是赌神丽莎小姐，她赢了 500 个金币。其余的人都已经输了很多，所以这最后一局就只剩下周星星先生和丽莎小姐一决胜负了。

周星星先生还在犹豫着，考虑怎样

才能赢得这次赌局。如果将手上筹码的一部分押在"奇数"或者"偶数"上，赢的话他的赌金就会变成现在的两倍。而这时，丽莎小姐已经把所有的筹码都押在了"3 的倍数"上，赢的话赌金就会变成现在的三倍。如果够幸运，她就可以赢到 1500 个金币，那样就可能反败为胜了。

想想，如果你是周星星先生，你应该怎么下注才能确保赢呢？

672. 不会输的游戏

有一种赌博游戏叫作"15 点"。规则很简单，桌面上画着 3 行 3 列 9 个方格，上面标有 1～9 的数字。庄家和参赌者轮流把硬币放在 1～9 这 9 个数字上，谁先放都一样。谁首先把加起来为 15 的 3 个不同数字盖住，那么桌上的钱就全数归他。

我们先看一下游戏的过程：一位参赌者先放，他把硬币放在 7 上，因为 7 被盖住了，其他人就不能再放了。其他一些数字也是如此。庄家把硬币放在 8 上。参赌者把硬币放在 2 上，这样他以为下一轮再用一枚硬币放在 6 上就可以赢了。但庄家看出了他的企图，把自己的硬币放在 6 上，堵住了参赌者的路。现在，他只要在下一轮把硬币放在 1 上就可获胜了。参赌者看到这一威胁，便把硬币放在 1 上。庄家笑嘻嘻地把硬币放到了 4 上。参赌者看到他下次放到 5 上便可赢了，就不得不再次堵住他的路，把一枚硬币放在 5 上。但是庄家却把硬币放在了 3 上，因为 8+4+3=15，所以他赢了。可怜的参赌者输掉了这 4 枚硬币。

原来，只要知道了其中的秘密，庄家是绝对不会输一盘的。你知道庄家是如何做到的吗？

673. 蜈蚣博弈的悖论

蜈蚣博弈是由罗森塞尔(Rosenthal)提出的。它是这样一个博弈：两个参与者A、B轮流进行策略选择，可供选择的策略有"合作"和"背叛"（"不合作"）两种。假定A先选，然后是B，接着是A，如此交替进行。A、B之间的博弈次数为有限次，比如10次。假定这个博弈各自的支付如下：

$$A \rightarrow B \rightarrow A \text{------} A \rightarrow B \rightarrow A \rightarrow B \rightarrow (10,10)$$
$$\downarrow \quad \downarrow \quad \downarrow \text{-----} \downarrow \quad \downarrow \quad \downarrow \quad \downarrow$$
$$(1,1) \quad (0,3) \quad (2,2) \quad (8,8) \quad (7,10) \quad (9,9) \quad (8,11)$$

博弈从左到右进行，横向箭头代表合作策略，向下的箭头代表不合作策略。每个人下面对应的括号代表相应的人采取不合作策略，以及博弈结束后，各自的收益(括号内左边的数字代表A的收益，右边代表B的收益)。

现在的问题是：A、B会如何进行策略选择？

674. 花瓣游戏

有一个有意思的小游戏，两个人拿着一朵有13片花瓣的花，轮流摘去花瓣。一个人一次只能摘一片或者相邻的两片花瓣，谁摘到最后的那片花瓣谁就是赢家。有一个聪明的小姑娘发现，只要使用一种技巧，就可以在这个游戏中一直获胜。那么，这个获胜的人是先摘的人还是后摘的人呢？需要用什么方法呢？

675. 倒推法博弈

在某个城市假定只有一家房地产开发商A，我们知道任何没有竞争的垄断都会获得极高的利润。假定A此时每年的垄断利润是10亿元。

现在有另外一个企业B准备从事房地产开发。面对着B要进入其垄断的行业，A想：一旦B进入，A的利润将受损很多，B最好不要进入。所以A向B表示，你进入的话，我将阻挠你进入。假定当B进入时A阻挠的话，A的利润降低到2亿，B的利润是-1亿。而如果A不阻挠的话，A的利润是4亿，B的利润也是4亿。

这是房地产开发商之间的博弈问题。A的最好结局是"B不进入"，而B的最好结局是"进入"而A"不阻挠"。但是，这两个最好的结局却不能同时得到。那么结果是什么呢？

A向B发出威胁：如果你进入，我将阻挠。而对B来说，如果进入，A真的阻挠的话，它将受损失-1(假定-1是它的机会成本)，当然此时A也有损失。对于B来说，问题是：A的威胁可信吗？

676. 将军的困境

两个将军各带领自己的部队埋伏在相距一定距离的两个山上，等候敌人。将军A得到可靠情报说，敌人刚刚到达，立足未稳，没有防备，如果两股部队一起进攻的话，就能够获得胜利；而如果只有一方进攻的话，进攻方将失败。这是两位将军都知道的。但是A遇到了一个难题：如何与将军B协同进攻？那时没有电话之类的通讯工具，而只有通过派情报员来传递消息。将军A派遣一个情报员去了将军B那里，告诉将军B：敌人没有防备，两军于黎明一起进攻。然而可能发生的情况是，情报员失踪或者被敌人抓获。即，将军A虽然派遣情报员向将军B传达"黎明一起进攻"的信息，但他不能确定将军B是否收到他的信息。还好情报员顺利回来了，可是将军A又陷入了迷茫：将军B怎么知道情报员肯定回来了？将军B如果不能肯定情报员回来的话，他必定不会贸然进攻的。于是将军A又将该情报员派遣到B地。然而，他不能保证这次情报员肯定到了将军B那里……

如果你是这两位将军中的一个，你有什么办法？

677. 理性的困境

两人分一笔总量固定的钱，比如100元。方法是：一人提出方案，另外一人表决。如果表决的人同意，那么就按提出的方案来分；如果不同意的话，两人将一无所得。比如A提方案，B表决。如果A提的方案是70∶30，即A得70元，B得30元。如果B接受，则A得70元，B得30元；如果B不同意，则两人将什么都得不到。

如果叫A来分这笔钱，A会怎样分呢？

678. 纽科姆悖论

一天，一个从外层空间来的超级生物欧米加在地球着陆。

欧米加搞出一个设备来研究人类的大脑。它可以十分准确地预言每一个人在二者择一时会选择哪一个。

欧米加用两个大箱子检验了很多人。箱子A是透明的，总是装着1000美元；箱子B不透明，它要么装着100万美元，要么空着。

欧米加告诉每一个受试者："你有两种选择，一种是你拿走两个箱子，可以获得其中的东西。可是，当我预计你这样做时，我就让箱子B空着。你就只能得到1000美元。另一种选择是只拿箱子B。如果我预计你这样做时，我就在箱子B中放进100万美元。你能得到全部款项。"

说完，欧米加就离开了，留下了两个箱子供人选择。

一个男人决定只拿箱子B。他的理由是——

我已看见欧米加尝试了几百次，每次他都预计对了。凡是拿两个箱子的人，只能得到1000美元。所以我只拿箱子B，就会变成百万富翁。

一个女孩决定要拿两个箱子，她的理由是——

欧米加已经做完了他的预言，并已离开。箱子不会再变了。如果B是空的，那它还是空的；如果它是有钱的，它还是有钱。所以我要拿两个箱子，就可以得到里面所有的钱。

你认为谁的决定更好？两种看法不可能都对，哪一种错了，为什么？

679. 如何选择

有个农夫有两个儿子，农夫死后，两个儿子想要分农夫的遗产。小儿子将农夫遗产平均分成两份。大儿子说："这样吧，咱们两个都是说话算数并很有理性的人。我把遗产分成两份，你来选，如果你做出个不合理的选择，那我就在你选择的那份基础上再奖励你一百万。怎么样？"小儿子听了之后，觉得很好，就答应了。农夫留下来的遗产

共有十万元，大儿子把遗产分成 A：0
元；B：10 万元。

请问：小儿子应该如何选择？

680. 是否交换

一个综艺节目举行抽奖游戏。他们
准备了两个信封，里面有数额不等的
钱，交给 A、B 两人。两人事先不知道
信封里面钱的数额，只知道每个信封里
的钱数为 5、10、20、40、80、160 元
中的一个，并且其中一个信封里的钱是
另一个信封里的 2 倍。也就是说，若 A
拿到的信封中是 20 元，则 B 信封中或
为 10 元，或为 40 元。

A、B 拿到信封后，各自看自己信
封中钱的数额，但看不到对方信封中钱
的数额。如果现在给他们一个与对方交
换的机会，请问，他们该如何判断是否
要交换？

681. 与魔鬼的比赛

有个人不小心走到了魔鬼的属地。
魔鬼要把他的灵魂留下，让他永世不得
超生。这个人争辩道："我是不小心走
到这里的。"魔鬼便说："那我们做个
游戏吧，你要赢了我，我就放你走。这
里有一个圆盘，我可以随时变大或者变
小，还有无数的圆形棋子，我也可以随
时把它们一起变大或者变小。我们轮流
拿棋子放到圆盘上，每人放一次，棋子
不能重叠，如果轮到一个人放棋子时圆
盘上剩余的空间已经不允许再放一个
棋子时，他就输了。"这个人问："你
要变棋子的大小时，是不是圆盘上的和
没在圆盘上的一起变大或变小？"魔鬼
说："是的。并且棋子一定不会大过圆
盘。"这个人选择第一个先下，魔鬼同

意了。后来不管魔鬼怎么变化，这个人
还是会赢。即使魔鬼耍赖再来一盘，只
要这个人先下，他都会赢。你知道这是
为什么吗？

682. 骰子赌局

有一种赌博方式很简单：赌桌上画
着分别标有 1、2、3、4、5、6 的 6 个
方格，参赌者可以把钱押在任意 1 个方
格作为赌注，钱多钱少随意。然后庄家
掷出 3 个骰子，如果有 1 个骰子的点数
是你所押的方格的数字，你就可以拿回
你的赌注并从庄家那里得到与赌注相
同数量的钱；如果有两个骰子的点数与
你所押的方格的数字相同，那么你就可
以拿回你的赌注并得到两倍于赌注的
钱；如果有 3 个骰子的点数与你所押的
方格的数字相同，你就可以拿回你的赌
注并得到 3 倍于赌注的钱；当然，如果
每个骰子都不是你所押的数字，赌注就
被庄家拿走。

举例来说，假设你在 6 号方格押了
1 元钱。如果有 1 个骰子掷出来是 6，
你就可以拿回你的 1 元钱并另外得到 1
元钱；如果两个骰子是 6，你就可以拿
回你的 1 元钱并另外得到 2 元钱；如果
三个骰子都是 6，你就可以拿回你的 1
元钱另外得到 3 元钱。

参赌者可能会想：我所押的数字被
一个骰子掷出的概率是 1/6，因为有 3
个骰子，所以概率为 3/6，也就是 1/2，
所以这个赌局是公平的。

聪明的你现在来想一想，这个赌局
真的公平吗？如果不是，那么是对庄家
有利还是对参赌者有利呢？能有利
多少？

683. 报数游戏

甲、乙两人玩轮流报数游戏。甲先报，第一次只允许报出 1 或 2 的 K 次方(K 为自然数)，然后乙接着报，他也是只允许增加 1 或 2 的 K 次方(K 为自然数)，谁报到 3000 谁就赢。

请问这个游戏最终谁将获胜？为什么？

684. 猜数字

甲、乙、丙是某教授的 3 个学生，三人都足够聪明。教授发给他们 3 个数字(自然数，没有 0)，每人 1 个数字，并告诉他们这 3 个数字的和是 14。

甲马上说道：“我知道乙和丙的数字是不相等的！”

乙接着说道：“我早就知道我们 3 个的数字都不相等了！”

丙听到这里马上说：“哈哈，我知道我们每个人的数字都是几了！”

问题：这 3 个数分别是多少？

685. 猜数字

老师从 1 到 80 之间(大于 1 小于 80)选了两个自然数，将二者之积告诉同学 P，二者之和告诉同学 S，然后他问两位同学能否推出这两个自然数分别是多少。

S 说：我知道 P 肯定不知道这两个数。

P 说：那么我知道了。

S 说：那么我也知道了！

其他同学：我们也知道啦！

……

通过这些对话，你能猜到老师选出的两个自然数是什么吗？

686. 抢报 35 游戏

晶晶和春春在玩儿一个叫“抢 35”的游戏。游戏规则很简单：两个人轮流报数，第一个人从 1 开始，按顺序报数，他可以只报 1，也可以报 1、2，也可以报：1、2、3、4。第二个人接着第一个人报的数再报下去，但最多也只能报 4 个数，而且不能一个数都不报。例如，第一个人报的是 1，第二个人可报 2，也可报 2、3；若第一个人报了 1、2，则第二个人可报 3，也可报 3、4、5、6。接下来仍由第一个人接着报，如此轮流下去，谁先报到 35 谁胜。

晶晶和大度，每次都让春春先报，但每次都是她胜。晶晶觉得其中肯定有猫儿腻，于是坚持要春春先报，结果每次还是以晶晶胜居多。

请问你知道晶晶的策略是什么吗？

687. 赌命游戏

根据传说，在迷津渡口蹲着个恶魔，凡是不小心走到这里的人都需要和恶魔进行一场赌博。有个聪明人来到迷津渡口，恶魔对他说：“我坐在一堆石头上，这里一共有 10003 颗石头。我们两个轮流从中取走 1 颗、2 颗或者 4 颗石头，谁取到最后一颗石头就输了。如果你输了就把灵魂留下来；如果我输了，就让你过去。”如果你是这个聪明人，那应该怎么做才能稳赢？

688. 海盗分金

五个海盗抢到了 100 颗宝石，每一颗都一样大小和价值连城。他们决定这么分：抽签决定自己的号码(1、2、3、4、5)，然后由 1 号提出分配方案让大家表决，当且仅当半数或者超过半数的人同意时，按照他的方案进行分配，否则他将被扔进大海喂鲨鱼。如果1号死了，就由2号提出分配方案，然后剩下的4人进行表决，当且仅当半数或者超过半数的人同意时，按照他的方案进行分配，否则将被扔入大海喂鲨鱼。依此类推。每个海盗都是很聪明的人，都能很理智地判断，从而作出选择。那么第一个海盗提出怎样的分配方案才能使自己的收益最大化呢？

689. 海盗分金(加强版)

10名海盗抢得了窖藏的100块金子，并打算瓜分这些战利品。这是一些讲民主的海盗(当然是他们自己特有的民主)，他们的习惯是按下面的方式进行分配：最厉害的一名海盗提出分配方案，然后所有的海盗(包括提出方案者本人)就此方案进行表决。如果50%或更多的海盗赞同此方案，此方案就获得通过并据此分配战利品。否则提出方案的海盗将被扔到海里，然后再由下一位海盗提名最厉害的海盗，并按上述过程继续分金。

所有的海盗都乐于看到他们的一位同伙被扔进海里。不过，如果让他们选择的话，他们还是宁可得一笔现金。他们当然也不愿意自己被扔到海里。所有的海盗都是有理性的，而且知道其他的海盗也是有理性的。此外，没有两名海盗是同等厉害的——这些海盗按照完全由上到下的等级排好了座次，并且每个人都清楚自己和其他所有人的等级。这些金块不能再分，也不允许几名海盗共有金块，因为任何海盗都不相信

他的同伙会遵守关于共享金块的安排。这是一伙每人都只为自己打算的海盗。

最凶的那名海盗应当提出什么样的分配方案，才能使他获得的金子最多呢？

690. 海盗分金(超级版)

海盗分金的问题扩大到有500名海盗的情形，即500名海盗抢得了窖藏的100块金子，并打算瓜分这些战利品。这是一些讲民主的海盗(当然是他们自己特有的民主)，他们的习惯是按下面的方式进行分配：最厉害的一名海盗提出分配方案，然后所有的海盗(包括提出方案者本人)就此方案进行表决。如果50%或更多的海盗赞同此方案，此方案就获得通过并据此分配战利品。否则提出方案的海盗将被扔到海里，然后再由下一位海盗提名最厉害的海盗，并按上述过程继续分金。

所有的海盗都乐于看到他们的一位同伙被扔进海里，不过，如果让他们选择的话，他们还是宁可得一笔现金。他们当然也不愿意自己被扔到海里。所有的海盗都是有理性的，而且知道其他的海盗也是有理性的。此外，没有两名海盗是同等厉害的——这些海盗按照完全由上到下的等级排好了座次，并且每个人都清楚自己和其他所有人的等级。这些金块不能再分，也不允许几名海盗共有金块，因为任何海盗都不相信他的同伙会遵守关于共享金块的安排。这是一伙每人都只为自己打算的海盗。

最凶的那名海盗应当提出什么样的分配方案，才能使他获得的金子最多呢？

691. 小魔术

这是一个小魔术, 由两个人配合与一名观众一起表演: 一副扑克去掉大小王, 余 52 张。由观众随机抽 5 张给魔术师助手, 助手看完牌后选了 1 张牌扣在桌面上, 并把另外 4 张牌按某种顺序排成 1 排。观众按顺序将 4 张牌的花色和点数说给魔术师听。魔术师听过这 4 张牌后准确无误地说出了开始扣在桌上的那张牌是什么。当然, 魔术师和助手在之前讨论过方案。另外, 助手在整个过程中不能以任何其他方式将信息透露给魔术师。请问魔术师的策略是什么?

692. 跳跃魔术

你的朋友告诉你, 他今天要跟你打个赌: 他首先把一副扑克牌洗好, 把除了两个王以外的 52 张牌依次扣在桌面上, 然后他把第二张牌翻开, 是方片 5, 他向前数五张牌, 翻开后, 是梅花 4, 然后又向前数了四张牌, 以此类推, 每一次翻开的牌上面的数字是几, 就向前走几步(J、Q、K 按一步算)……最后, 当翻开红桃 5 时, 已经接近牌的末尾, 无法再向前数了。

接着, 他把除了最后翻开的红桃 5 以外的所有牌都翻回去。然后他说: "你可以从第一张牌到第十张牌任意选一张开始, 重复我的过程, 如果你最后的一张牌也停在红桃 5, 那么你就输了; 如果你最后一张不是红桃 5, 我就输了。"你敢跟你的朋友打这个赌吗?

693. 猜牌术

表演者将一副牌交给观众, 然后背

过脸去, 请观众按他的口令去做。

(1) 在桌上摆 3 堆牌, 每堆牌的张数要相等(比如是 15 张吧), 但是不要告诉表演者。

(2) 从第 2 堆拿出 4 张牌放到第 1 堆里。

(3) 从第 3 堆牌中拿出 8 张牌放在第 1 堆里。

(4) 数一下第 2 堆还有多少牌,(本例中还有 11 张牌), 从第 1 堆牌中取出与第 2 堆相同数的牌放在第 3 堆。

(5) 从第 2 堆中拿出 5 张牌放到第 1 堆中。

表演者转过脸来说: "把第 2 堆牌、第 3 堆牌拿开, 那么第 1 堆中还有 21 张, 对不对?"观众数一下, 果然还有 21 张。

这其中有什么诀窍呢?

694. 神机妙算

小明和小李两个人, 想玩扑克牌, 小明忽然想起一个主意, 把牌递给小李, 说: "我有一套神机妙算的本领, 要不要试试?""神机妙算? 算什么?""算牌! 我转过身, 不看牌, 你照我的步骤做。第一步, 发牌。分发在左、中、右三堆, 各堆牌的张数相同, 但是不要说出有几张。第二步, 从左边一堆拿出两张放进中间一堆。第三步, 从右边一堆拿出一张, 放进中间一堆, 第四步, 从中间一堆往左边运牌, 使左边一堆牌的张数加倍。现在数数看, 中间一堆还剩几张牌?""数过了, 不告诉你。""不说也知道, 中间还剩 5 张!""怎么知道的呢?""是算出来的, 神机妙算!"

你知道小明是怎么算出来的吗？

695. 很古老的魔术

A 和 B 两人表演魔术。A 从一副完整的 54 张纸牌中任意抽出 5 张，然后选择其中 4 张按照自己选定的顺序正面朝上摆在桌面上。B 看完这 4 张牌就可以猜出剩的那一张是什么了。当然，B 只可以通过这 4 张牌的花色点数及其排列顺序来进行判断，A、B 之间没有传递其他的信息。具体策略是 A、B 事先约定好的，而且就算表演者不小心在纸牌中混入了一两张错牌(与其他 54 张皆不同)，他们的策略也能保证表演的成功。你能设计出这样的策略来吗？

696. 第十一张牌

有二十一张牌，表演者把这二十一张牌洗好后，在桌上排成七列，每列三张。然后，表演者请一位观众心里默默地记住其中的任意一张牌，并只告诉表演者这张牌在哪一行。表演者把那位观众没有记牌的那两行中的一行从左到右收起，再把观众记牌所在的那一行从左到右收起，最后将剩下一行也从左到右收起。

接着，表演者把收成一叠的牌从左到右重新摆成七列，每列三张。摆完以后，再问记牌的观众，他刚才所记的牌在哪一行。那位观众回答完以后，表演者按上次叠牌的顺序和方向把牌叠好，再把牌摆成新的七列，再问那位观众他记的牌在哪一行。把牌按上述的顺序和方法再叠起来，并重新摆成七列。这时表演者指着最中间的第十一张牌对观众说，这张就是你记的牌！

请问这个魔术的原理是什么？

697. 一道关于扑克的推理题

一副牌洗牌后，把 52 张牌从左到右正面朝上排列。现在你和你的朋友轮流拿牌，每次只能在最左或最右端拿一张牌。52 张牌全部拿完后，把两人手里的牌分别加起来(J、Q、K 分别代表 11、12、13)，谁的牌加起来最大，谁就是胜利者，大小一样则算和局。如果是你先拿的话，你能想出一个不会败的策略吗？

698. 少数派游戏

这个游戏共有 22 人参加。这 22 个人集中在一个大厅里，参加一个叫作"少数派"的游戏。游戏规则很有意思：每个人手里都有一副牌，游戏组织者会给大家一小时自由讨论时间，然后每个人亮出一张牌。主持人统计红色牌和黑色牌的数量，并规定数量较少的那一方取胜，多数派将全部被淘汰。获胜的选手在一小时后进行新一轮的游戏，依然是少数派胜出。若某次亮牌后双方人数相等，则该轮游戏无效，继续下一轮。游戏一直进行下去，直到最后只剩下 1 个人或 2 个人为止(只剩 2 个人时显然已无法分辨胜负)。所有被淘汰的人都必须缴纳罚金，这些罚金将作为奖金分给获胜者。

这个游戏有很多科学的地方，其中最有趣的地方就是，简单的结盟策略将变得彻底无效。如果游戏是多数人获胜，那你只要能成功说服其中 11 个人和你一起组队(并承诺最后将平分奖金)，你们 12 个人便可以保证获胜。但在这里，票数少的那一方才算获胜，这个办法显然就不行了。因此，欺诈和诡辩将成为这个游戏中的最终手段。如果你是这22个参赛者中的一个，你会怎么做呢？

699. 五打一

1个庄家对战5个闲家，庄家手里只剩1张Q了，5个闲家的顺序和牌分别如下：

甲：3、4、K；

乙：J、J；

丙：3、4、Q；

丁：9、9；

戊：10、10、Q。

规则是K最大，3最小，可出单张或对子，由甲先出牌，然后乙、丙、丁、戊、庄家、甲……这样的顺序轮流下去。

请问5个闲家能否把手里的牌全部出完并获胜？

700. 出牌顺序

甲、乙、丙、丁4个人玩扑克牌游戏，每人分别拿红心、黑桃、方块、梅花的1到10的10张牌。每一回合1人出一张牌，10个回合4人均按自己意愿的顺序把10张牌出完。规则是每一回合中出牌点数最大的人得1分，其他人得0分，如果最大点数的牌有2张或2张以上时，4人都记0分。

某次，4个人打完一轮后，出现了以下特征：

(1) 只有第3、7、10回合无人得分；

(2) 4个人的得分均不相同，按得分从高到低排列，正好是甲、乙、丙、丁；

(3) 4个人中有人按1到10的递增顺序出牌，也有人按10到1的递减顺序出牌；

(4) 没有人在连续的2个回合中都得1分；

(5) 4个人出的牌正好可以排成连号(如1、2、3、4)的情况有两次；

(6) 把4个人出的牌的点数相加，有4回得数为20，有2回得数为25。

请问：丁在第2回合中出的是哪张牌？

701. 猜字母

甲先生对乙先生说自己会读心术，乙不相信，于是俩人开始实验。

甲先生说：那我们来猜字母吧。你从26个英文字母中随便想1个，记在心里。

乙先生：嗯，想好了。

甲先生：现在我要问你几个问题，你如实回答就可以了。

乙先生：好的，请问吧。

甲先生：你想的那个字母在carthorse这个词中有吗？

乙先生：有的。

甲先生：在 senatorial 这个词中有吗？

乙先生：没有。

甲先生：在 indeterminables 这个词中有吗？

乙先生：有的。

甲先生：在 realisaton 这个词中有吗？

乙先生：有的。

甲先生：在 orchestra 这个词中有吗？

乙先生：没有。

甲先生：在 disestablishmentarianism 中有吗？

乙先生：有的。

甲先生：我知道，你的回答有些是谎话。不过没关系，但你得告诉我，你上面的 6 个回答中，有几个是真实的？

乙先生：3 个。

甲先生：行了，我已经知道你心中想的字母是什么了！

说完甲说出一个字母，正是乙心里想的那个！

请问乙先生心中所想的字母是什么？甲先生是如何猜出来的呢？

702. 说谎国与老实国

传说古代有一个"说谎国"和一个"老实国"。老实国的人总说真话，而说谎国的人只说假话。

有一天，两个说谎国的人混在老实国人中间，想偷偷进入老实国。

他们俩和一个老实国的人进城的时候，哨兵喝问他们三人："你们是哪个国家的人？"

甲回答说："我是老实国人。"

乙的声音很轻，哨兵没有听清楚，于是指着乙问丙："他说他是哪一国人，你又是哪一国人？"

丙回答道："他说他是老实国人，我也是老实国人。"

哨兵知道三个人中间只有一个是老实国的人，可不知道是谁。面对这样的回答，哨兵应该如何做出分析呢？

703. 天堂和地狱

一个岔路口分别通向天堂和地狱。路口站着两个人，一个来自天堂，另一个来自地狱，但是不知道谁来自天堂，谁来自地狱。只知道来自天堂的人永远说实话，来自地狱的人永远说谎话。现在你要去天堂，但不知道应该走哪条路，需要问这两个人。只许问一句，应该怎么问？

704. 精灵的语言

有甲、乙、丙三个精灵，其中一个只说真话，另外一个只说假话，还有一个随机地决定何时说真话，何时说假话。你可以向这三个精灵发问三条是非题，而你的任务是从他们的答案找出谁说真话，谁说假话，谁是随机答话。你每次可选择任何一个精灵问话，问的问题可以取决于上一题的答案。这个难题困难的地方是这些精灵会以 Da 或 Ja 回答，但你并不知道它们的意思，只知道其中一个字代表"对"，另外一个字代表"错"。你应该向他们问哪三个问题呢？

705. 是人还是妖怪

在一个奇怪的岛上，住着两种居民：人和妖怪。妖怪会变化，总是以人的状态生活。有一年，这里发生了一场大瘟疫，有一半的人和一半的妖怪都生了病而变得精神错乱了。这样一来，这里的居民就分成了四类：神志清醒的人、精神错乱的人、神志清醒的妖怪、精神错乱的妖怪。从外表上是无法将他们区分开的。他们的不同在于：凡是神志清醒的人总是说真话的，但是，一旦精神错乱了，他们就只会说假话了。

妖怪同人恰好相反，凡是神志清醒的妖怪都是说假话的，但是，他们一旦精神错乱，反倒说起真话来了。

这四类居民，讲话都很干脆，他们对任何问题的回答，只用两个词："是"或"不是"。

有一天，有位"逻辑博士"来到这个岛上。他遇见了一个居民P。"逻辑博士"很想知道P是属于四类居民中的哪一类。于是，他就向P提出一个问题。他根据P的回答，立即就推定P是人还是妖怪。后来，他又提出了一个问题，又推定出P是神志清醒的，还是精神错乱的。

"逻辑博士"先后提的是哪两个问题呢？

706. 问路

一个打柴的人在山里迷了路，无法下山，可把他吓坏了。他走了很久，这时，他来到一个三岔路口旁。遇到了三个人，他们每人站在一个路口上。打柴的人就赶紧向他们问路，希望可以尽快下山。

第一个路口的人回答说："这条路通向山下。"

第二个路口的人回答说："这条路不通向山下。"

第三个路口的人回答说："他们两个说的话，一句是真的，一句是假的。"

如果第三个路口的人说的话是真的，那么，这个打柴的人要选择哪一条路才能下山呢？

707. 回答的话

在一个奇怪的岛上有两个部落，一个部落叫诚实部落，一个部落叫说谎部落。诚实部落的人只说实话，而说谎部落的人只说假话。一个路人要找一个诚

实部落的人问路，他遇到两个人，就问其中的一个："你们两个人中有诚实部落的人吗？"被问者回答了他的话，路人根据这句话，很快就判断出哪一个是诚实部落的人了。你知道，被问者回答的是什么吗？

708. 爱撒谎的孩子

一个孩子很爱撒谎，一周有六天在说谎，只有一天说实话。下面是他在连续三天里说的话：

第一天：我星期一、星期二撒谎。

第二天：今天是星期四、星期六或是星期日。

第三天：我星期三、星期五撒谎。

请问：一周中他哪天说实话呢？

709. 今天星期几

在非洲某地有两个奇怪的部落，一个部落的人在每周的一、三、五说谎，另一个部落的人在每周的二、四、六说谎，在其他日子他们都说实话。一天，一位探险家来到这里，见到两个人，向他们请教今天是星期几。两个人都没有明确告诉他，只是都说："前天是我说谎的日子。"如果这两个人分别来自两个部落，那么今天应该是星期几？

710. 谁是杀人犯

有一位银行行长被谋杀了。

警方经过一番努力搜查，将大麻子、小矮子和二流子三个嫌犯带回问讯，他们的供词如下。

大麻子："小矮子没有杀人。"

小矮子："大麻子说的是真的!"

二流子："大麻子在说谎!"

结果是，三人中有人说谎，不过真

正的犯人说的倒是实话。

请问,哪一个是杀人犯?

711. 四名证人

一位很有名望的教授被杀了,凶手在逃。经过几天的侦查,警察抓到了 A、B 两名嫌疑人,另外还有四名证人。

第一位证人张先生说:"A 是清白的。"

第二位证人李先生说:"B 为人光明磊落,他不可能杀人。"

第三位证人赵师傅说:"前面两位证人的证词中,至少有一个是真的。"

最后一位证人王太太说:"我可以肯定赵师傅的证词是假的。至于他有什么意图,我就不知道了。"

最后警察经过调查,证实王太太说了实话。

请问:凶手究竟是谁?

712. 谁偷吃了蛋糕

妈妈买了一块蛋糕,准备晚饭的时候大家一起吃,可饭还没做好,就发现蛋糕被偷吃了。而屋子里只有她的四个儿子。他们的口供如下。

大儿子说:"我看见蛋糕是老二偷吃的!"

二儿子说:"不是我!是老三偷吃的。"

三儿子说:"老二在撒谎,他是要陷害我。"

小儿子说:"蛋糕是谁偷吃的我不知道,反正不是我。"

经过调查证实,四个人中只有一个人的供词是真话,其余都是假话。

请问谁偷吃了蛋糕?

713. 寻找毒药

有人将一瓶毒药与装有其他液体的瓶子放在了一起,这 4 个瓶子都是深色的,在外表上看很难区分。里面分别装有矿泉水、酱油、醋和毒药,每个瓶子上都有标签,标签上分别写了一句话。

甲瓶子上的标签是:"乙瓶子里装的是矿泉水。"

乙瓶子上的标签是:"丙瓶子里装的不是矿泉水。"

丙瓶子上的标签是:"丁瓶子里装的是醋。"

丁瓶子上的标签是:"这个标签是最后贴上的。"

而且我们还知道在装有毒药的瓶子上的标签是假的,其他的瓶子上的标签都是真的。

你能知道每个瓶子里分别装的是什么东西吗?

714. 有几个天使

一个旅行者遇到了 3 个美女,他不知道哪个是天使,哪个是魔鬼。天使只说真话,魔鬼只说假话。

甲说:"在乙和丙之间,至少有一个是天使。"

乙说:"在丙和甲之间,至少有一个是魔鬼。"

丙说:"我只说真话。"

你能判断出有几个天使吗?

715. 男女朋友

物理系有三个男同学 A、B、C,他们是好朋友。而且更巧合的是,他们的女朋友甲、乙、丙三位姑娘也是好朋友。一天,六个人结伴出去玩,遇到一个好事者，想知道他们谁和谁是一对。于是就上前打听。

他先问A，A说他的女朋友是甲。

他又去问甲，甲说她的男朋友是C。

他再去问C，C说他的女朋友是丙。

这可把这个人弄晕了，原来三个人都没有说真话。

你能推出谁和谁是一对吗？

716. 盒子里的东西

在桌子上放着A、B、C、D四个盒子。每个盒子上都有一张纸条，分别写着一句话。

A盒子上写着：所有的盒子里都有水果。

B盒子上写着：本盒子里有香蕉。

C盒子上写着：本盒子里没有梨。

D盒子上写着：有些盒子里没有水果。

如果这里只有一句话是真的，你能断定哪个盒子里有水果吗？

717. 比拼财产

有四个富翁在比拼财产：

甲：四个人中，乙最富。

乙：四个人中，丙最富。

丙：我不是最富有的。

丁：丙比我富，甲比丙富。

已知，其中只有一个人在说假话。

请问：这四个人中谁最富有？从最富到最不富的顺序怎么排？

718. 两兄弟

小姨带着她的双胞胎儿子来看望小红，两个小孩除了一个人穿红衣服、一个人穿蓝衣服外，其他都一模一样。小红看了很是高兴，左瞅瞅、右瞅瞅，

就问他们谁是哥哥、谁是弟弟。穿红衣服的小孩说："我是哥哥。"另一个穿蓝衣服的小孩说："我是弟弟。"小姨在旁边咯咯地笑："小红，他们中至少有一个在撒谎。"那么，你能帮小红判断出谁是哥哥吗？

719. 破解僵局

一个天使、一个人、一个魔鬼聚到了一起。已知，天使总说真话；人有时说真话，有时说假话；魔鬼总是说假话。下面是他们之间的对话，请判断一下各自的身份。

甲说："我不是天使。"

乙说："我不是人。"

丙说："我不是魔鬼。"

720. 谁在说谎

甲、乙、丙三人。甲说乙在说谎，乙说丙在说谎，丙说甲和乙都在说谎。

请问：到底谁在说谎？

721. 兔妈妈分食物

兔妈妈从超市里给三个孩子亲亲、宝宝、贝贝买来了他们喜欢的食物(胡萝卜、面包、薯片、芹菜)。每个兔宝宝喜欢吃的食物各不相同。请根据三位兔宝宝的发言，推断他们喜欢吃的食物分别是什么。每个兔宝宝的话都有一半是真话，一半是假话。

亲亲："宝宝最爱吃的不是芹菜。贝贝最爱吃的不是面包。"

宝宝："亲亲最爱吃的不是面包。贝贝最爱吃的不是薯片。"

贝贝："亲亲最爱吃的不是胡萝卜。宝宝最爱吃的不是薯片。"

722. 四兄弟

天使只说真话，魔鬼只说假话。一个天使和魔鬼结婚以后生下了四个儿子，其中老大和老三继承了魔鬼的特性，只说假话；老二和老四继承了天使的特性，只说真话。

下面是他们关于年龄的对话。

甲："乙比丙年龄小。"

乙："我比甲小。"

丙："乙不是三哥。"

丁："我是长兄。"

你能判断他们的年龄顺序吗？

723. 班花的秘密

某大学的英语系有一个班花，长得非常漂亮，是个万人迷。全班有9名同学都想追求她，据说她已经和这9个人中的1个正式开始交往了，只不过不想公开罢了。

好事者纷纷向这9位同学打探消息，得到的回答分别是：

甲：这个人一定是庚，没错。

乙：我想应该是庚。

丙：这个人就是我。

丁：丙最会装模作样，他在吹牛！

戊：庚不是会说谎的人。

己：一定是壬。

庚：这个人既不是我也不是壬。

辛：丙才是她的男友。

壬：是我才对。

又知道，这9句话中，只有4个人说了实话。

你能判断出谁才是班花的男友吗？

724. 谁是哥哥

有兄弟二人，哥哥上午说实话，下午说谎话；而弟弟正好相反，上午说谎话，一到下午就说实话。

有一个人问这兄弟二人："你们谁是哥哥？"

较胖的说："我是哥哥。"

较瘦的也说："我是哥哥。"

那个人又问："现在几点了？"

较胖的说："快到中午了。"

较瘦的说："已经过中午了。"

请问：现在是上午还是下午？谁是哥哥？

725. 谁及格了

一家有五个儿子，他们的成绩都不是很好，爸爸总是为他们能否考试及格而发愁。一次期末考试之后，爸爸又询问孩子们的成绩。他不知道哪个儿子考试没及格，但他知道，这些孩子之间彼此知道底细，且考试没及格的人肯定会说假话，考试及格的才说真话。

老大说："老三说过，我的四个兄弟中，只有一个考试没及格。"

老二说："老五说过，我的四个兄弟中，有两个考试没及格。"

老三说："老四说过，我们兄弟五个都考试及格。"

老四说："老大和老二都考试没及格。"

老五说："老三考试没及格，另外老大承认过他考试没及格。"

你知道这五个儿子中谁考试没及格吗？

726. 谁寄的钱

某公司有人爱做善事，经常捐款捐物，而每次都只留公司名不留人名。一次该公司收到感谢信，要求找出此人。

公司在查找过程中，听到以下 6 句话：

(1) 这钱或者是赵风寄的，或者是孙海寄的；

(2) 这钱如果不是王强寄的，就是张林寄的；

(3) 这钱是李强寄的；

(4) 这钱不是张林寄的；

(5) 这钱肯定不是李强寄的；

(6) 这钱不是赵风寄的，也不是孙海寄的。

事后证明，这 6 句话中只有 2 句是假的。请根据以上条件，确定匿名捐款人是谁。

727. 女儿的谎言

妈妈买了 1 袋苹果给 3 个女儿(大女儿、中女儿和小女儿)吃，不一会，1 袋苹果就被吃光了。现在知道 3 人都吃了苹果，但是都没有超过 3 个。妈妈问谁吃了几个，3 个女儿说了下面 3 句话。如果这句话说的是比自己吃苹果多的一方，那么这句话就是假的，否则就是真的。

大女儿："中女儿吃了 2 个苹果。"

中女儿："小女儿吃的不是 2 个苹果。"

小女儿："大女儿吃的不止 1 个苹果。"

请问：她们各吃了多少个苹果？

728. 三人聚会

三人聚会，各只说了一句话：

张三：李四说谎；

李四：王五说谎；

王五：张三和李四都说谎。

问：谁说谎，谁没说谎？

729. 美丽的玫瑰花

在一次聚会上来了 4 位漂亮的姑娘，她们成了焦点，很多男士纷纷给她们送花。她们每人都得到了玫瑰花，并且得到的玫瑰花的总数是 10 朵。关于每个人得到花的数量，4 位姑娘分别说了一句话。其中，得到 2 朵玫瑰花的人说了假话，其他的人说了真话。(得到 2 朵玫瑰花的人可能不止一人)

甲："乙和丙的玫瑰花总数为 5。"

乙："丙和丁的玫瑰花总数为 5。"

丙："丁和甲的玫瑰花总数为 5。"

丁："甲和乙的玫瑰花总数为 4。"

请问：她们每个人分别得到了多少朵玫瑰花？

730. 谁扔的垃圾

有人在路上走，被 6 层某户人家的垃圾砸到了头，这曾有 4 户人家，他便一一去问。4 个人分别回答如下。

A：是 B 扔的。

B：扔垃圾的人是 D。

C：反正我没扔。

D：B 在说谎。

现在已知这 4 个人中只有 1 个人说了实话，其他的 3 个人都在说谎，那么扔垃圾的人是他们中的谁呢？

731. 真真假假

A、B、C 三人的名字分别叫真真、假假、真假(不对应)，真真只说真话，假假只说假话，而真假有时说真话有时说假话。

有一个人遇到了他们，于是问 A："请问，B 叫什么名字？"A 回答说："他叫真真。"

这个人又问B："你叫真真吗？"B回答说："不，我叫假假。"

这个人又问C："B到底叫什么？"C回答说："他叫真假。"

请问：你知道A、B、C中谁是真真，谁是假假，谁是真假吗？

732. 谁得到了奖金

有个公司使用"背靠背"式奖金发放方式，就是奖金发给了谁只有老板和这个员工自己知道。有一次发完奖金后，就有人问三个员工到底谁得到了奖金，三人根据自己的情况各说了下面三句话。

甲："乙没有得到奖金。"

乙："他说得对。"

丙："甲在说谎！"

结果是，三人中有人说谎，不过真正得到奖金的人说的倒是实话。

请问，到底是谁得到了奖金？

733. 参加活动的人

甲、乙、丙、丁四名同学在同一个班级，他们聚在一起议论本班参加运动会的情况。

甲说：我们班所有同学都参加了。

乙说：如果我没参加，那么丙也没参加。

丙说：我参加了。

丁说：我们班所有的同学都没有参加。

已知四人中只有一人说的不正确。请问，谁说的不正确？乙参加了吗？

734. 男女朋友

甲、乙、丙、丁四人是好朋友，经常在一起玩，他们的女朋友分别是A、

B、C、D。一次，有位老师问："你们究竟谁和谁是一对呀？"

乙说："丙的女朋友是D。"

丙说："丁的女朋友不是C。"

甲说："乙的女朋友不是A。"

丁说："他们3个人中，只有D的男朋友说了实话。"

丁的话是可信的，老师想了好半天也没有把他们区分出来。

聪明的你能区分出来吗？

735. 骗子公司

一个奇怪的公司只招收两种人：一种是只说真话的老实人，一种是只说假话的骗子。一天，一个人来到该公司办事，想知道这个公司里一共有多少个骗子。

中午吃饭的时候，全公司的人都围坐在一个大大的圆形餐桌旁吃饭，这个人向每个人都问了一个同样的问题："你左边的那个人是不是骗子？"

每个人的回答都是："是。"

这个人又问公司经理，他们公司一共有多少人，经理说一共有25人。回家后，这个人突然想起忘记问经理是老实人还是骗子了，于是急忙打电话询问。可是经理不在，是他的秘书接的，秘书回答："公司里一共有36人，我们经理是骗子。"

根据上面的情况，请你帮助这个人判断一下经理是不是骗子，这个公司一共有多少人。

736. 女排，女篮

甲、乙、丙、丁、戊五人，要么是女排队员，要么是女篮队员。虽然她们知道自己的职业，但是别人却并不了

解，在一次联欢晚会上，她们请大家根据以下陈述进行推理。

甲对乙说：你是女排队员。

乙对丙说：你和丁都是女排队员。

丙对丁说：你和乙都是女篮队员。

丁对戊说：你和乙都是女排队员。

戊对甲说：你和丙都不是女排队员。

如果规定对同队的人(即女排对女排，女篮对女篮)说真话，对异队的人说假话，那么，女排队员是哪几个？

737. 白色和黑色的纸片

甲、乙、丙、丁、戊五个人在玩一个游戏，他们的额头分别贴了一张纸片，纸片分黑色和白色两种。每个人都知道自己头上纸片的颜色，但是看不到，但是可以看到别人头上纸片的颜色。头上是白色纸片的人开始说真话，头上是黑色纸片的人开始说假话，他们是这么表达的：

甲说："我看到三片白色的纸片和一片黑色的纸片。"

乙说："我看到了四片黑色的纸片。"

丙说："我看到了三片黑色的纸片和一片白色的纸片。"

戊说："我看到了四片白色的纸片。"

由此，你能推断出丁头上贴的是什么颜色的纸片吗？

738. 相互牵制的僵局

三位嫌疑人对同一件案件进行辩解，其中有人说谎，有人说实话。警察最后一次向他们求证：

问甲："乙在说谎吗？"甲回答说："不，乙没有说谎。"

问乙："丙在说谎吗？"乙回答说："是的，丙在说谎。"

那么，警察问丙："甲在说谎吗？"丙会回答什么呢？

739. 不同部落间的通婚

完美岛上有两个部落，其中一个叫诚实部落(总讲真话)，另一个叫说谎部落(从不讲真话)。一个诚实部落的人同一个说谎部落的人结了婚，这段婚姻非常美满，夫妻双方在多年的生活中受到了对方性格的影响。诚实部落的人已习惯于每讲三句真话后就讲一句假话；而说谎部落的人，则已习惯于每讲三句假话后就要讲一句真话。他们生下了一个儿子，这个孩子当然具有两个部落的性格(真话假话交替着讲)。

另外，这一对家长同他们的儿子每人都有个部落号，号码各不相同。他们的名字分别叫阿尔法、贝塔、伽马。

三个人各说了四句话，但却不知道是谁说的(诚实部落的人讲的是一句假话，三句真话；说谎部落的人讲的是一句真话，三句假话；孩子讲的是真假话各两句，并且真假话交替。)。

他们讲的话如下。

A：

(1) 阿尔法的号码是三人中最大的；

(2) 我过去是诚实部落的；

(3) B 是我的妻子；

(4) 我的部落号比 B 的大 22。

B：

(1) A 是我的儿子；

(2) 我的名字是阿尔法；

(3) C 的部落号是 54 或 78 或 81；

(4) C 过去是说谎部落的。

C:

(1) 贝塔的部落号比伽马的大 10；

(2) A 是我的父亲；

(3) A 的部落号是 66 或 68 或 103；

(4) B 过去是诚实部落的。

找出 A、B、C 三个人中谁是父亲，谁是母亲，谁是儿子，以及他们各自的名字以及他们的部落号。

740. 今天星期几

一天，小糊涂早起去上学，却忘记了今天是星期几，所以去问过路的一个人。那个人想难为难为他，就说：当"后天"变成"昨天"的时候，那么"今天"距离星期天的日子，将和当"前天"变成"明天"时的那个"今天"距离星期天的日子相同。你能帮小糊涂算算，今天到底是星期几吗？

741. Yes or No

大家知道，英语中的"yes"是"是的"的意思，而"no"是"不是"的意思。但是非洲有一个部落，他们的语言却恰好相反。"yes"是"不是"的意思，而"no"是"是的"的意思，其他的单词都和英语是一致的。在这个部落里，你遇到两个人，当你问他们"今天天气好吗？"时，他们的回答是一个说"yes"，一个说"no"，无论怎么问，他们两个的回答总是相反的。你能想想办法，使你提出一个问题后，他们的回答都是"yes"吗？

742. 他说实话了吗

班长去找系主任，希望他能在自己组织的活动上出席。系主任满口答应，问道："那个活动什么时候举办？"

班长："下下个周日。"

系主任说："我真的很想去，不过下下个周日我都安排好了。上午要去参加一个朋友的婚礼，下午要看电影，然后还要参加一个朋友父亲的葬礼，随后还有岳父的九十大寿。实在没有时间。"

班长只好作罢，但是觉得好像哪里不对。

系主任说谎了吗？

743. 巧取约会

"逻辑博士"的女儿是位绝佳美人，很多小伙子都对她动心了。不过，这位小姐生性羞怯，如果直截了当地请她吃饭，可能会遭到谢绝。但是，她毕竟是"逻辑博士"的女儿，对逻辑推理很感兴趣。

一个逻辑爱好者想追求这位女孩子。突然间，他想起了哈佛大学的数学家吉尔比·贝克的锦囊妙计，顿时心花怒放，喜上眉梢。

于是他对这位漂亮的女孩子说："亲爱的，我有两个问题要问您，而且都只能回答'是'或'不是'，不准用其他语句。但在正式提问以前，我要同您预先讲好，您一定要听清楚之后再郑重回答，而且两个问题的答案都必须在逻辑上是完全合理的，不能自相矛盾。"

女孩子略微想了一下，感到非常有趣，于是，她爽快地说："好吧！那就请您发问吧！"

请问：如果你是这个男孩子，你该

怎样提问,才能达到请这位小姐吃饭的目的呢?

744. 向双胞胎问话

有个人家有一对儿双胞胎小孩,哥哥是好孩子,所有的话都是真话,弟弟是个坏孩子,只说谎话。两个小孩的父亲有个同事,知道两个孩子的秉性。有一次这个人打电话到他家,想知道他们的父母到底在不在家。你能让这个人问一个问题就知道他们的父母是在家还是出门了吗?即使电话里听不出来接电话的是哥哥还是弟弟。

745. 统计员的难题

史密斯是一家人寿保险公司的保险统计员,因为接触太多的停尸台和一列列的生卒日期,他很少说到其他方面的事,甚至连做梦也很少做到其他方面的梦。他总是急急忙忙回家,给家里人出一些统计方面的问题,特别是给他的妻子。他妻子的数学能力往往受到他的奚落。

然而,不久以前,妻子抓住了他的把柄。一个事先的约定将把他的嘴封住一段时间,有可能因此医好他在家里谈论自己专长的毛病。

就在他说了一个统计方面的难题之后,由于没有得到他想象中那么受欢迎他便自夸说,如果他妻子能提出任何关于日期或年龄方面的问题而他不能在 10 分钟内回答出来的话,他发誓他自己不再提出任何问题,直到这一天的周年纪念日为止。他的意思或许是整整一年,但是这件事发生在 1896 年 2 月 29 日这天,那是闰年,这一天不是每年

都有周年纪念日的。他被诺言的字面解释给套住了。

你知道他妻子的问题是什么吗?

746. 糊涂账

有一个吝啬鬼去饭店吃面条,他花一元钱点了一份清汤面。面上来了,他又要求换一碗二元钱的西红柿鸡蛋面。服务员对他说:"你还没有付钱呢!"吝啬鬼说:"我刚才不是付过了吗?"服务员说:"刚才你付的是一元钱,而你吃的这碗面是二元钱的,还差一元呢!"吝啬鬼说:"不错,我刚才付了一元钱,现在又把值一元钱的面还给了你,不是刚好吗?"

服务员说:"那碗面本来就是店里的呀!"他说:"对呀!我不是还给你了吗?"这么简单的账怎么就会弄糊涂了呢?吝啬鬼真的不需要再付钱了吗?

747. 免费的午餐

傻熊开了一家餐馆,这个餐馆有一个特点,所有的菜价格都是相同的。一天中午,猴子来吃饭。

猴子先要了一份麻婆豆腐,可菜一端上来,猴子一看就斯哈着气说,太辣了,怎么吃呀,给我换一个吧。换了一份热气腾腾的蘑菇炖面,猴子又说,太烫了,再换一份。换上了第三盘松仁玉米,猴子一尝,真甜,于是眉开眼笑,很快吃完了。

猴子吃完,拍拍屁股想走,傻熊追过来说,您还没付钱呢!

猴子说,我付什么钱呀?

傻熊说,难道您吃饭不需要付钱吗?

猴子说,可我吃的松仁玉米是用蘑

菇炖面换的呀。

傻熊说，您吃蘑菇炖面也要付钱呀。

猴子说，可我的蘑菇炖面是用麻婆豆腐换的呀。

傻熊说，那麻婆豆腐也要付钱呀。

猴子说，麻婆豆腐我没吃，给退了，付什么钱呢？

傻熊挠挠头说，好像是这么回事，于是让猴子走了。

请问这到底是怎么回事，吃了东西不用付钱吗？

748. 轮流猜花色

在一档电视节目里，主持人和几个很聪明的人玩一个游戏。主持人先把 3 张黑桃、4 张红桃、5 张方块亮给大家看，然后请大家背对桌站着，主持人从 12 张牌里挑出 10 张放在桌上。游戏开始，主持人先从桌上的 10 张牌中拿走 1 张，然后让一个人转过身来，问他能否根据桌上的牌推测出刚才主持人拿走的是什么花色。如果他推测不出来，主持人就再从桌上拿走 1 张牌，并请下一个人转过身来根据桌上的牌和前面人的回答来推测主持人最近一次拿走的那张牌的花色。有可能直到 10 张牌都被拿走都没人能推测出来吗？

749. 帽子的颜色

有三顶红帽子和两顶白帽子放在一起。将其中的三顶帽子分别戴在 A、B、C 三人头上。这三人每人都只能看见其他俩人头上的帽子，但看不见自己头上戴的帽子，并且也不知道剩余的两顶帽子的颜色。问 A："你戴的是什么颜色的帽子？"A 回答说："不知道。"

接着，又以同样的问题问 B。B 想了想之后，也回答说："不知道。"最后问 C。C 回答说："我知道我戴的帽子是什么颜色了。"当然，C 是在听了 A、B 两人的回答之后才作出回答的。试问：C 戴的是什么颜色的帽子？

750. 选择接班人

有个商人想找一个接班人替他经商，他要求这个接班人必须十分聪明才行。最后选出了 A、B 两个候选人，商人为了试一试他们两个人中哪一个更聪明一些，就把他们带进一间伸手不见五指的黑房子里。商人打开电灯说："这张桌子上有五顶帽子，两顶是红色的，三顶是黑色的。现在，我把灯关掉，并把帽子摆的位置搞乱，然后，我们三人每人摸一顶帽子戴在头上。当我把灯开亮时，请你们尽快地说出自己头上戴的帽子是什么颜色。谁先说出来，我就选谁做接班人。"

说完之后，商人就把电灯关掉了，然后，三个人都摸了一顶帽子戴在头上；同时，商人把余下的两顶帽子藏了起来。待这一切做完之后，商人把电灯重新打开。这时候，那两个人看到商人头上戴的是一顶红色的帽子。

过了一会儿，A 喊道："我戴的是黑帽子。"A 是如何推理的？

751. 谁被释放了

有一个牢房，有三个犯人关在其中。因为玻璃很厚，所以三个人只能互相看见，而不能听到对方说话的声音。有一天，国王想了一个办法，给他们每个人头上都戴了一顶帽子，只叫他们知道帽子的颜色不是白的就是黑的，不叫他们知道自己所戴帽子是什么颜色的。在这种情况下，国王宣布了以下两条规定。

(1) 谁能看到其他两个犯人戴的都是白帽子，就可以释放他。

(2) 谁知道自己戴的是黑帽子，就释放他。

其实，他们戴的都是黑帽子，但因为被绑，看不见自己罢了。于是他们三个人互相盯着不说话。可是不久，较机灵的 A 用推理的方法，认定自己戴的是黑帽子。你知道，他是怎么推断的吗？

752. 猜帽子上的数字

100 个人每人戴一顶帽子，每顶帽子上有一个数字(数字限制在 0～99 之间的整数)，这些数字有可能重复。每个人只能看到其他 99 个人帽子上的数字，而看不到自己的帽子上的数字。这时要求所有人同时说出一个数字，是否存在一个策略使得：至少有一个人说出的是自己头上帽子的数字？如果存在，请构造出具体的推算方法；如果不存在，请给出严格的证明。

753. 各是什么数字

A、B、C 三人戴的帽子上各有一个大于 0 的整数，三个人都只能看到别人头上的数字，看不到自己头上的数字。但有一点是三个人都知道的，那就是三个人都是很有逻辑的人，总是可以做出正确的判断，并且三个人说的总是实话。

现在，告诉三个人已知条件为：其中一个数字为另外两个数字之和。然后

开始对三个人提问。

先问 A：你知道自己头上的数字是多少吗？

A 回答：不知道。

然后问 B：你知道自己头上的数字是多少吗？

B 回答：不知道。

问 C，C 也回答不知道。

再次问 A，A 回答：我头上是 20。

请问 B、C 头上分别是什么数字？

(有多种情况)

754. 纸条上的数字

老师出了一道测试题想考考皮皮和琪琪。她写了两张纸条，对折起来后，让皮皮、琪琪每人拿一张，并说："你们手中的纸条上写的都是自然数。这两个数相乘的积是 8 或 16。现在，你们能通过手中纸条上的数字，推出对方手中纸条的数字吗？"

皮皮看了自己手中纸条上的数字后，说："我猜不出琪琪的数字。"

琪琪看了自己手中纸条上的数字后，也说："我猜不出皮皮的数字。"

听了琪琪的话后，皮皮又推算了会儿，说："我还是推不出琪琪的数字。"

琪琪听了皮皮的话后，重新推算了会儿，也说："我同样推不出来。"

听了琪琪的话后，皮皮很快地说："我知道琪琪手中纸条的数字了。"并报出数字，果然不错。

你知道琪琪手中纸条上的数字是多少吗？

755. 纸片游戏

Q 先生、S 先生和 P 先生在一起做

游戏。Q 先生用两张小纸片，各写了一个数。这两个数都是正整数，差为 1。他把一张纸片贴在 S 先生额头上，另一张贴在 P 先生额头上。于是，两个人只能看见对方额头上的数。

Q 先生不断地问："你们谁能猜出自己头上的数？"

S 先生说："我猜不出。"

P 先生说："我也猜不出。"

S 先生又说："我还是猜不出。"

P 先生又说："我也猜不出。"

S 先生仍然猜不出；P 先生也猜不出。

S 先生和 P 先生都已经三次没有猜出来了。

可是，到了第四次，S 先生喊起来："我知道了！"

P 先生也喊道："我也知道了！"

问：S 先生和 P 先生头上各是什么数？

756. 贴纸条猜数字

一个教逻辑学的教授，有三个学生，都非常聪明！一天教授给他们出了一道题，教授在每个人脑门上贴了一张纸条并告诉他们，每个人的纸条上都写了一个正整数，且某两个数的和等于第三个数！(每个人可以看见另两个数，但看不见自己的数。)

教授问第一个学生：你能猜出自己的数吗？回答：不能；问第二个，不能；第三个，还是不能；回头再问第一个，不能；第二个，不能；第三个：我猜出来了，是 144！教授很满意地笑了。请问您能猜出另外两个人头上贴的数是什么吗？请说出理由！

757. 猜扑克牌

P 先生、Q 先生都具有足够的推理能力。这天，他们正在接受推理考试。"逻辑教授"在桌子上放了以下 16 张扑克牌：

红桃 A、Q、4。

黑桃 J、8、3、2、7、4。

草花 K、Q、5、4、6。

方块 A、5。

教授从这 16 张牌中挑出 1 张牌来，并把这张牌的点数告诉 P 先生，把这张牌的花色告诉 Q 先生。然后，教授问 P 先生和 Q 先生："你们能从已知的点数或花色中推知这是张什么牌吗？"

P 先生："我不知道这张牌是什么。"

Q 先生："我知道你不知道这张牌是什么。"

P 先生："现在我知道这张牌了。"

Q 先生："我也知道了。"

请问：这张牌是什么？

758. 老师的生日

小明和小强都是张老师的学生，张老师的生日是 M 月 N 日，两人都不知道。张老师的生日是下列 10 组日期中的一天，他把 M 值告诉了小明，把 N 值告诉了小强，张老师问他们知道他的生日是哪一天吗？

小明说：如果我不知道的话，小强肯定也不知道。

小强说：本来我也不知道，但是现在我知道了。

小明说：哦，那我也知道了。

请根据以上对话推断出张老师的生日是下列日期中的哪个。

3 月 4 日、3 月 5 日、3 月 8 日；

6月4日、6月7日；

9月1日、9月5日；

12月1日、12月2日、12月8日。

759. 探险家的位置

这也是一道很流行的题，而且很多人也知道答案。但实际上他们的答案并不完整。

有位探险家在一个地方插了一杆旗，然后他从这杆旗出发往南走100米，再往东走100米，这时他发现那杆旗在他的正北方。请问这位探险家把旗插在了地球的哪个位置？

760. 找出重球

一个钢球厂生产钢球，其中一批货物中出现了一点差错，使得8个球中，有1个略微重一些。找出这个重球的唯一方法是将2个球放在天平上对比。请问最少要称多少次才能找出这个较重的球？

761. 火灾救生器

美国有一种火灾救生器，其实就是在滑轮两边用绳索吊着两个大篮子。把一个篮子放下去的时候，另一个篮子就会升上来，如果在其中的一个篮子里放一件东西作为平衡物，则另一个较重的物体就可以放在另外的篮子里往下送。假如一只篮子空着，另一只篮子里放的东西不超过30斤，则下降时可保证安全。假如两只篮子里都放着重物，则它们的重量之差也不得超过30斤。

一天夜里，吉姆的家里突然发生火灾。除了重90斤的吉姆和重210斤的妻子之外，他还有一个重30斤的孩子，和一只重60斤的宠物狗。

现在知道每只篮子都大得足以装进三个人和一只狗，但别的东西都不能放在篮子里。而且狗和孩子如果没有吉姆或他的妻子的帮助，不会自己爬进或爬出篮子。

你能想出好办法尽快使这三个人和一只狗安全地从火中逃生吗？

762. 分辨胶囊

有三种药，都装在一种外表一样的胶囊里，分别重1g、2g、3g。现在有很多这样的药瓶，单凭药瓶和胶囊的外表是无法区分的，只能通过测量胶囊的重量来加以区分。如果每瓶中的胶囊足够多，我们能只称一次就知道各个瓶子中分别装的是哪类药吗？

如果有4种药呢？5种呢？

如果是共有 n 种药呢(n 为正整数，药的质量各不相同但各种药的质量已知)？你能用最经济简单的方法只称一次就知道每个瓶子里装的是什么药吗？

注：当然是有代价的，称过的药我们就不用了。

763. 统筹安排

小于想在客人来之前做一道煎鱼。

做红烧鱼需要这些步骤：洗鱼要5分钟；切生姜片要2分钟；拌生姜、酱油、酒等调料要2分钟；把锅烧热要1分钟；把油烧热要1分钟；煎鱼要10分钟。这些加起来要21分钟，可是客人20分钟后就要来了。

这该怎么办呢？

764. 几点到达

副市长乘坐飞机去广州参加一个

学术会议。他怕耽误了开会时间，就问空姐："飞机什么时候到达广州？"

"明天早晨。"空姐答道。

"早晨几点呢？"

空姐看副市长一副学者派头，有意试试他："我们准时到达广州时，时钟显示的时间将很特别——时针和分针都将指在分针的刻度线上，两针的距离是 13 分或者 26 分。现在你能算出我们几点到吗？"

副市长想了一会儿，又问道："我们到达时是在 4 点前还是 4 点后到呢？"

空姐笑了一下："我如果告诉你这个，你当然就知道了。"

副市长回之一笑："你不说我也知道了，这下我就可以放心了。"

请问，这架飞机到底几点几分到达广州？

765. 骑不到的地方

儿子和爸爸坐在屋中聊天。儿子突然对爸爸说："我可以骑到一个你永远骑不到的地方！"爸爸觉得这不可能。你认为可能吗？

766. 谁偷了答案

一天，在迪姆威特教授讲授的一节物理课上，他的物理测验的答案被人偷走了。有机会窃取这份答案的，只有阿莫斯、伯特和科布这三名学生。

(1) 那天，这个教室里总共上了五节物理课。

(2) 阿莫斯只上了其中的两节课。

(3) 伯特只上了其中的三节课。

(4) 科布只上了其中的四节课。

(5) 迪姆威特教授只讲授了其中的三节课。

(6) 这三名学生都只上了两节迪姆威特教授讲授的课。

(7) 这三名被怀疑的学生出现在这五节课的每节课上的组合各不相同。

(8) 在迪姆威特教授讲授的一节课上，这三名学生中有两名来上了，另一名没有来上。事实证明来上这节课的那两名学生没有偷取答案。

这三名学生中谁偷了答案？

767. 英语竞赛

小王、小张、小李、小刘和小赵每人都参加了两次英语竞赛。

(1) 每次竞赛只进行了四场比赛：小王对小张，小王对小赵，小李对小刘，小李对小赵。

(2) 只有一场比赛在两次竞赛中胜负情况保持不变。

(3) 小王是第一次竞赛的冠军。

(4) 在每一次竞赛中，输一场即被淘汰，只有冠军一场都没输。

谁是第二次竞赛的冠军？

注：每场比赛都不会有平局的情况出现。

提示：从一个人必定胜的比赛场数，判定在第一次竞赛中每一场的胜负情况；然后判定哪一位选手在两场竞赛中输给了同一个人。

768. 大有作为

鲁道夫、菲利普、罗伯特三位青年，一个当了歌手，一个考上大学，一个加入美军陆战队，个个未来都大有作为。现已知：

(1) 罗伯特的年龄比战士的大；

(2) 大学生的年龄比菲利普小；

(3) 鲁道夫的年龄和大学生的年龄不一样。

请问：三个人中谁是歌手？谁是大学生？谁是士兵？

769. 5本参考书

甲、乙、丙、丁、戊5人是好朋友，快高考了，他们需要5本参考书，但是都买回来有些浪费，于是他们决定每人买一本，读完后相互交换。这5本书的厚度和他们的阅读速度都差不多，因此5人总是同时换书。经数次交换后，5人每人都读完了这5本参考书。

现已知：

(1) 甲最后读的书是乙读的第二本书；

(2) 丙最后读的书是乙读的第四本书；

(3) 丙读的第二本书甲在一开始就读了；

(4) 丁最后读的书是丙读的第三本书；

(5) 乙读的第四本书是戊读的第三本书；

(6) 丁第三次读的书是丙一开始读的那一本。

根据以上情况，如果甲的读书顺序是1、2、3、4、5，你能推出其他人的读书顺序吗？

770. 谁得了大奖

公司年底联欢会上有个抽奖环节，经理把得大奖人的名字抽出来后，对离他最近的一桌上五个人说："大奖就出在你们五个人中。"

甲说：我猜是丙得了大奖。

乙：肯定不是我，我的运气一直不好。

丙：我觉得也不是我。

丁：肯定是戊。

戊：肯定是甲，他运气一直很好。

经理听了他们的话说："你们五个人只有一个人猜对了，其他四个人都猜错了。"

五个人听了之后，马上意识到是谁得了大奖了。

你知道是谁得了大奖吗？

771. 几个人去

公司组织周末外出游玩，让每个部门报出去的人数，好订车。营销部秘书就问他们部门几个人的意见，汇总后的意见如下。

小杜：我可能会去。

小刘：小杜去的话，我就不去了；他不去的话，我再去。

小黄：我看小刘，他去我也去，他不去，我也不去。

小冯：小杜去的话，我就去。

小郭：小黄和小冯都不去我才去。

营销部会有几个人去呢？

772. 避暑山庄

甲、乙、丙和丁4个人分别在上个月不同时间入住到避暑山庄，又在不同的时间分别退了房。现在只知道：

(1) 滞留时间(比如从7日入住，8日离开，滞留时间为2天)最短的是甲，最长的是丁。

(2) 丁不是8日离开的。

(3) 丁入住的那天，丙已经住在那

里了。

入住的时间是：1日、2日、3日、4日。

离开的时间是：5日、6日、7日、8日。

根据以上条件，你知道他们4人分别的入住时间和离开时间吗？

773. 谁偷了考卷

高三某班期末考试的试卷在考试前两天的时候被偷了，老师根据调查和一些线索找到了三个可能的嫌疑人。对三名嫌疑人来说，下列事实成立：

(1) A、B、C 三人中至少一人偷了考卷；

(2) A 偷考卷时，B、C 肯定会与之同案；

(3) C 偷考卷时，A、B 肯定会与之同案；

(4) B 偷考卷时，没有同案者；

(5) A、C 中至少一人无罪。

根据以上信息，请问是谁偷走了考卷？

774. 写信

已知：

(1) 教室里标有日期的信都是用粉色纸写的；

(2) 小王写的信都是以"亲爱的"开头的；

(3) 除了小赵外没有人用黑墨水写信；

(4) 小李没有收藏他可以看得到的信；

(5) 只有一页信纸的信中，都标明了日期；

(6) 未作标识的信都是用黑墨水写的；

(7) 用粉色纸写的信都被收藏起来了；

(8) 一页以上的信纸的信中，没有一封是做标记的；

(9) 小赵没有写一封以"亲爱的"开头的信。

根据以上信息，判断小李是否可以看到小王写的信？

775. 副经理姓什么

一家公司有3名职员：老张、老陈和老孙。公司的经理、副经理和秘书恰好和这3名职员的姓氏一样。现在已知：

(1) 职员老陈是天津人；

(2) 职员老张已经工作了20年；

(3) 副经理住在北京和天津之间；

(4) 领导老孙常和秘书下棋；

(5) 其中一名职员和副经理是邻居，他也是一个老职工，工龄正好是副经理的3倍；

(6) 与副经理同姓的职员住在北京。

根据上面的资料，你能知道副经理姓什么吗？

776. 小王的老乡

小王寝室有五位室友，他们分别姓赵、钱、孙、李、周，其中一位是他的同乡。

(1) 五位室友分为两个年龄档：三位是80后，两位是90后；

(2) 两位在学校工作，另外三位在工厂工作；

(3) 赵和孙属于相同年龄档；

(4) 李和周不属于相同年龄档；

(5) 钱和周的职业相同;

(6) 孙和李的职业不同;

(7) 小王的同乡是一位在学校工作的90后。

请问:谁是小王同乡?

777. 排队

课间操时,小王、小张、小赵、小李、小吴、小孙六个人排成一排。他们的前后顺序如下:

(1) 小孙没有排在最后,而且他和最后一个人之间还有两个人;

(2) 小吴不是最后一个人;

(3) 在小王的前面至少还有四个人,但他没有排在最后;

(4) 小李没有排在第一位,但他前后至少都有两个人;

(5) 小赵没有排在最前面,也没有排在最后。

请问:他们六个人的前后顺序是怎么排的?

778. 四兄弟

一家有四兄弟,老大、老二、老三、老四,大学毕业后,他们各自成了家,而且一个成了教师,一个成了编辑,一个成了记者,一个成了律师。

请你根据下面的情况判断每个人的职业:

(1) 老大和老二是邻居,每天一起骑车去上班;

(2) 老大比老三长得高;

(3) 老大和老四业余一同练武术;

(4) 教师每天步行上班;

(5) 编辑的邻居不是律师;

(6) 律师和记者互不相识;

(7) 律师比编辑和记者长得高。

779. 逛商场

甲、乙、丙、丁四个姐妹一起去逛商场。她们四人今天刚好分别要买童装、男装、女装、内衣。而且在这座商场里恰好有四层,分别卖童装、男装、女装、内衣。于是四人分头行动。

已知:

(1) 甲去了一层,童装店在四层;

(2) 乙去男装店;

(3) 丙去了二层;

(4) 丁去的不是内衣店。

那么,你能判断她们分别在几层逛什么店吗?

780. 满分成绩

初三某班有三名同学,他们的成绩都非常好,在一次考试中,他们的成绩有以下特点:

(1) 恰有两位同学的数学得了满分,恰有两位同学的语文得了满分,恰有两位同学的英语得了满分,恰有两位同学的物理得了满分;

(2) 每名同学最多只有三科得了满分;

(3) 对于小明来说,下面的说法是正确的:如果他的数学是满分,那么他的物理也是满分;

(4) 对于小华和小刚来说,下面的说法是正确的:如果他的语文满分,那么他的英语也满分;

(5) 对于小明和小刚来说,下面的说法是正确的:如果他的物理是满分,那么他的英语也满分。

哪一位同学的物理不是满分?

提示：先判定哪几位同学的英语得了满分。

781. 排名次

A、B、C、D、E、F、G 按比赛结果的名次排列情况如下(其中没有相同名次)：

(1) E 得第二名或第三名；

(2) C 没有比 E 高四个名次；

(3) A 比 B 低；

(4) B 不比 G 低两个名次；

(5) B 不是第一名；

(6) D 没有比 E 低三个名次；

(7) A 不比 F 高六个名次。

上述说明只有两句是真实的，是哪两句呢？

试列出七人的名次顺序。

782. 谁偷了珠宝

一件价值连城的珠宝在展厅里被盗，甲、乙、丙、丁四名国际大盗都有嫌疑。经过核实，发现是四人中的两个人合伙作案。在盗窃案发生的那段时间，四个人的行动是有规律的：

(1) 甲、乙两人中有且只有一个人去过展厅；

(2) 乙和丁不会同时去展厅；

(3) 丙若去展厅，丁一定会同去；

(4) 丁若没去展厅，则甲也没去。

根据这些情况，你可以判断是哪两个人作的案吗？

783. 什么关系

有 A、B、C、D、E 五个亲戚，其中四人每人讲了一个真实情况，如下：

(1) B 是我父亲的兄弟；

(2) E 是我的岳母；

(3) C 是我女婿的兄弟；

(4) A 是我兄弟的妻子。

上面提到的每个人都是这五个人中的一个(例如，(1)中"我父亲"和"我父亲的兄弟"都是 A、B、C、D、E 五人中的一个)，则由此可以推出(　)

A. B 和 D 是兄弟关系

B. A 是 B 的妻子

C. E 是 C 的岳母

D. D 是 B 的子女

784. 最后一名

在一场百米赛跑中，明明得了倒数第一名，他告诉妈妈这样的情形：

(1) 丙没有获得第一名；

(2) 戊比丁高了两个名次，但戊不是第二名；

(3) 甲不是第一名也不是最后一名；

(4) 丙比乙高了一个名次。

你能判断出。在甲、乙、丙、丁和戊中谁是明明吗？

785. 电话线路

直到现在，在一些偏远的地区还没有普及电话。有的镇与镇之间只能靠人传递信息，西北的某个地区就是这样。该地区的 6 个小镇之间的电话线路还很不完备。A 镇同其他 5 个小镇之间都有电话线路；但是 B 镇、C 镇却只与其他 4 个小镇有电话线路；D、E、F 镇则只同其他 3 个小镇有电话线路。而且，这些镇之间的电话线路都是直通的，也就是无法中转。如果在 A 镇装个电话交换系统，A、B、C、D、E、F 镇都可以互相通话。但是，电话交换系统要等半年之后才能建成。在此之前，两个小镇之间必须装上直通线路才能互相通话。我们还知道 D 镇可以打电话到 F 镇。

请问：E 镇可以打电话给哪 3 个小镇呢？

786. 教职员工

某大学的一名教职员工说："我们系里的教职员工中，包括我在内，总共有 16 名教授和讲师。下面讲到的人员情况，无论是否把我计算在内，都不会有任何变化。"

在这些教职员工中：

(1) 讲师多于教授；

(2) 男教授多于男讲师；

(3) 男讲师多于女讲师；

(4) 至少有一位女教授。

这位说话人的性别和职务各是什么？

提示：确定一种不与题目中任何陈述相违背的关于男讲师、女讲师、男教授和女教授的人员分布情况。

787. 六名运动员

要从编号为 A、B、C、D、E、F 的六名运动员中挑选若干人去参加运动会，但是人员的配备是有要求的，具体要求如下：

(1) A、B 中至少去一人；

(2) A、D 不能一起去；

(3) A、E、F 中要派两人去；

(4) B、C 都去或都不去；

(5) C、D 中去一人；

(6) 若 D 不去，则 E 也不去。

由此可见，被挑去的人是哪几个？

788. 相识纪念日

汤姆和杰瑞是一对情侣，他们是在一家健身俱乐部首次相遇并相互认识

的。一天，杰瑞问汤姆他们相识的纪念日是哪一天，可汤姆并没有记住确切的日期，他只知道以下这些信息。

(1) 汤姆是在一月份的第一个星期一那天开始去健身俱乐部的。此后，汤姆每隔四天(即第五天)去一次。

(2) 杰瑞是在一月份的第一个星期二那天开始去健身俱乐部的。此后，杰瑞每隔三天(即第四天)去一次。

(3) 在一月份的 31 天中，只有一天汤姆和杰瑞都去了健身俱乐部，正是那一天他们首次相遇。

你能帮助汤姆算出他们的相识纪念日是一月份的哪一天吗？

789. 点餐

赵、钱、孙、李、周、吴六个好朋友去餐馆吃饭。他们坐在一张长方形的桌子的两边，一边坐了三个人。这六个人点了六种不同的菜。其中一位点了红烧牛肉，服务员忘记是谁了，她只记得以下这些信息：

(1) 钱坐在孙的旁边；

(2) 孙坐在与周相邻的男孩的对面；

(3) 李坐在赵的对面，李点了鱼香肉丝；

(4) 点了肉丸子的男孩坐在周的对面；

(5) 坐在李和吴中间的女孩点了炒洋葱；

(6) 吴没有点宫保鸡丁；

(7) 点了宫保鸡丁的女孩坐在李的对面；

(8) 坐在钱旁边的女孩点了土豆丝。

你能帮帮这个服务员，判断一下谁点了红烧牛肉吗？

790. 参加舞会

在一次舞会上，尚未订婚的 A 先生看到一位女士 B 单独一人站在酒柜旁边。他很想知道这位女士是独身、订婚还是结婚。现在知道以下信息：

(1) 参加舞会的总共有 19 人；

(2) 有 7 人是单独一人来的，其余的都是一男一女成对来的；

(3) 那些成对来的，要么已经结婚了，要么已相互订婚；

(4) 凡单独前来的女士都是单身；

(5) 凡单独前来的男士都不处于订婚阶段；

(6) 参加舞会的男士中，处于订婚阶段的人数等于已经结婚的人数；

(7) 单独前来的已婚男士的人数，等于单独来的独身男士的人数；

(8) 在参加舞会的已经结婚、处于订婚阶段和独身这三种类型的女士中，B 女士属于人数最多的那种类型。

请问，你知道 B 女士属于哪一种类型吗？

791. 分别是哪国人

六个不同国籍的人是好朋友，他们的名字分别为 A、B、C、D、E 和 F；他们的国籍分别是美国、德国、英国、法国、俄罗斯和意大利(名字顺序与国籍顺序不一定一致)。

现在已知：

(1) A 和美国人是医生；

(2) E 和俄罗斯人是教师；

(3) C 和德国人是技师；

(4) B 和 F 曾经当过兵，而德国人从没当过兵；

(5) 法国人比 A 年龄大，意大利人比 C 年龄大；

(6) B 同美国人下周要到英国去旅行，C 同法国人下周要到瑞士去度假。

请判断 A、B、C、D、E、F 分别是哪国人？

792. 杀手的外号

国籍刑警历经千辛万苦，总算掌握了世界排名前五的杀手 A、B、C、D、E 的部分情报。其资料如下：

(1) 杀手飞鹰的体型比杀手 E 的体型壮硕；

(2) 杀手 D 是杀手白猴、杀手黑狗的前辈；

(3) 杀手 B 总是和杀手白猴一起犯案；

(4) 杀手丁香和杀手飞鹰是杀手 A 的徒弟；

(5) 杀手白猴的枪法远比杀手 A、杀手 E 的准；

(6) 杀手雪豹和杀手丁香都曾与杀手 E 有过过节。

请问，杀手 B 的外号是什么？

793. 兄弟姐妹

一个大家庭中有七个孩子，分别为老大、老二、老三、老四、老五、老六、老七。现在知道这七个人的情况如下：

(1) 老大有三个妹妹；

(2) 老二有一个哥哥；

(3) 老三是女的，她有二个妹妹；

(4) 老四有二个弟弟；

(5) 老五有二个姐姐；

(6) 老六也是女的，但她和老七没有妹妹。

请问，这七个人中谁是男性，谁是女性？

794. 春游

一个寝室有六个人，分别是小赵、小钱、小孙、小李、小周、小吴。他们打算去春游，但是对于谁去谁不去，他们有一些奇怪的要求。

已知：

(1) 小赵、小钱两人至少有一个人会去；

(2) 小赵、小周、小吴三人中有两个人会去；

(3) 小钱和小孙两人是好朋友，总是形影不离，要么两人都去，要么两人都不去；

(4) 小赵、小李两人最近在闹矛盾，他们不想一起去；

(5) 小孙、小李两人中也只有一人愿去；

(6) 如果小李不去，那么小周也决定不去。

根据以上要求，你能判断出最后究竟有哪几个人去春游了呢？

795. 分别教什么课

三位老师，李老师、向老师、崔老师，他们每人分别担任生物、物理、英语、体育、历史和数学六科中两门课程的教学工作。我们已经知道：

(1) 物理老师和体育老师是邻居；

(2) 李老师在三人中年龄最小；

(3) 崔老师、生物老师和体育老师三个人经常一起从学校回家；

(4) 生物老师比数学老师年龄要大些；

(5) 假日里，英语老师、数学老师与李老师喜欢一起打排球。

你知道三位老师各担任哪两门课程的教学工作吗？

796. 彩旗的排列

路边插着一排彩旗，白色旗子和紫色旗子分别位于两端。红色旗子在黑色旗子的旁边，并且与蓝色旗子之间隔了两面旗子；黄色旗子在蓝色旗子旁边，并且与紫色旗子的距离比与白色旗子之间的距离更近；银色旗子在红色旗子旁边；绿色旗子与蓝色旗子之间隔着4面旗子；黑色旗子在绿色旗子旁边。

(1) 银色旗子和红色旗子中，哪面旗子离紫色旗子较近？

(2) 哪种颜色的旗子与白色旗子之间隔着两面旗子？

(3) 哪种颜色的旗子在紫色旗子旁边？

(4) 哪种颜色的旗子位于银色旗子和蓝色旗子之间？

797. 谁拿了我的雨伞

一天，甲、乙、丙、丁、戊五个人参加一个聚会。由于下雨，五个人各带了一把伞。聚会结束时，由于走得匆忙，大家到了家以后才发现，自己拿的并不是自己的伞。

现在已知：

(1) 甲拿走的伞不是乙的，也不是丁的；

(2) 乙拿走的伞不是丙的，也不是丁的；

(3) 丙拿走的伞不是乙的，也不是戊的；

(4) 丁拿走的伞不是丙的，也不是戊的；

(5) 戊拿走的伞不是甲的，也不是丁的。

另外，还发现没有两个人相互拿错了雨伞。

请问：这五个人拿走的雨伞分别是谁的？

798. 亲戚关系

过节的时候，甲、乙、丙、丁、戊五位亲戚聚到了一起，他们开始谈论他们和其他人的关系。他们谈论到的人，都在这五个人中间。有四个人分别说：

(1) 乙是我父亲的兄弟；

(2) 戊是我的岳父；

(3) 丙是我女婿的兄弟；

(4) 甲是我兄弟的妻子。

那么，你知道那些话分别是谁说的吗？并且各人之间的关系又如何呢？

799. 圈出的款额

两位女士和两位男士走进一家自助餐厅，每人从机器上取下一张如下图所示的标价单。

50，95

45，90

40，85

35，80

30，75

25，70

20，65

15，60

10，55

(1) 四个人要的是同样的食品，因此他们的标价单被圈出了同样的款额(以美分为单位)。

(2) 每人都只带有四枚硬币。

(3) 两位女士所带的硬币价值相等，但彼此间没有一枚硬币面值相同。两位男士所带的硬币价值相等，但彼此间也没有一枚硬币面值相同。

(4) 每个人都能按照各自标价单上圈出的款额付款，不用找零。

在每张标价单中圈出的是哪一个数目？

注："硬币"可以是 1 美分、5 美分、10 美分、25 美分、50 美分或 1 美元(合 100 美分)。

提示：设法找出所有这样的两组硬币(硬币组对)：每组四枚，价值相等，但彼此间没有一枚硬币面值相同。然后从这些组对中判定能付清账目而不用找零的款额。

800. 手心的名字

春游的时候，老师带着四名学生 A、B、C、D 一起做猜名字的游戏。游戏很简单。

首先，老师在自己的手上用圆珠笔写了四个人中的一个人的名字。

然后他握紧手，在此过程中，不要让四名学生中的任何一个人看到。

最后，老师对他们四人说："我在手上写了你们四个人其中一个人的名字，猜猜我写了谁的名字？"

A 回答说：是 C 的名字。

B 回答说：不是我的名字。

C 回答说：不是我的名字。

D 回答说：是 A 的名字。

四名学生猜完之后,老师说:"你们四人中只有一个人猜对了,其他三个人都猜错了。"

四人听了以后,都很快猜出老师手中写的是谁的名字了。

你知道老师的手中写的是谁的名字吗?

801. 首饰的价值

小李有 A、B、C、D、E 五件首饰,其价值各不相同。已知:

A 的价值是 B 的两倍;

B 的价值是 C 的四倍;

C 的价值是 D 的一半;

D 的价值是 E 的一半。

请问:这五件首饰的价值由大到小是怎么排列的?

802. 谁的工资最高

小王、小李、小赵、小刘四个人同时进入公司,由于公司实行"信封式"工资发放方式,谁都不知道别人的工资是多少。小王心里痒痒就问人事经理每个人工资是多少。人事经理说:"我不能告诉你。但是我能告诉你下面三句话:小王小李工资和大于小赵小刘工资和;小王小赵工资和大于小李小刘工资和;但是小赵小李工资和小于小王小刘工资和。"

你能帮小王分析一下,谁的工资最高吗?

803. 血亲

这天,一位朋友拿着一幅照片来考阿凡提:"这幅照片是我和我的亲人、朋友合拍的。我的祖母生了两个孩子,而这两个孩子亦各自生了两个孩子;至

于外婆,同样有两个孩子,而孩子又各自有两个孩子。那么,阿凡提,请你猜猜看,我共有多少个表兄妹呢?"

阿凡提考虑了一会儿,就递给朋友一张泾渭分明的血亲表。

聪明的朋友,请你想一下,这位朋友共有几位表兄妹呢?

804. 谁是犯人

今天,法院开庭审理一个诈骗案,有三个犯罪嫌疑人被起诉,小明因为工作原因没有去看审理过程,不过他的四个同事都去了。小明只知道三个犯罪嫌疑人分别是亚洲人、非洲人和美洲人,并且只有一个人是真正的犯人。等四个同事回来时,小明问他们结果怎么样?

甲说:"罪犯不是亚洲人,也不是非洲人。"

乙说:"罪犯不是亚洲人,是美洲人。"

丙说:"罪犯不是美洲人,而是亚洲人。"

丁说:"他们三人中,有一个人的两个判断都对,另一个人的两个判断都错,还有一个人的判断是一对一错。"那么这个罪犯到底是谁呢?

805. 汽车的牌子

罗伯特、欧文、叶赛宁都新买了汽车,汽车的牌子是奔驰、本田、皇冠。他们一起来到朋友汤姆家里,让汤姆猜猜他们三人各买的是什么牌子的车。汤姆猜道:"罗伯特买的是奔驰车,叶赛宁买的肯定不是皇冠车,欧文自然不会是奔驰车。"很可惜,汤姆的这种猜法,只猜对了一个。据此可以推知( )。

A. 罗伯特买的是本田车，欧文买的是奔驰车，叶赛宁买的是皇冠车

B. 罗伯特买的是奔驰车，欧文买的是皇冠车，叶赛宁买的是本田车

C. 罗伯特买的是奔驰车，欧文买的是本田车，叶赛宁买的是皇冠车

D. 罗伯特买的是皇冠车，欧文买的是奔驰车，叶赛宁买的是本田车

806. 消失的扑克牌

计算机课上，老师说："今天我给你们做一个测验，你们打开电脑桌面上的附件，背景上将浮现出大卫·科波菲尔的脸。然后，出现了六张扑克牌，都是不同花色的 J 到 K，每张都不一样。然后——你在心里默想其中的一张。不要用鼠标点击它，只是在心里默想。看着我的眼睛，默想你的卡片。默想你的卡片，然后击空格键。"

我选了红桃 Q，一切都是按步骤来的，最后，我轻轻一击空格键，画面哗地一变，原来的六张牌不见了，然后出现了一行字：看！我取走了你想的那张卡片！我急忙去看，天哪！扑克牌只剩下五张，红桃 Q 不见了！真的不见了！！

大吃一惊的我，马上再来一遍，这次选了黑桃 K，几个步骤下来，黑桃 K 又不见了！

百思不得其解，其他的同学看来也同样惊讶，看来他们也被这神奇的魔术震慑住了。这时，老师说："你们是不是觉得很神奇呢？其实答案很简单。"他说出了谜底。他的回答令我再次失声惊呼：竟然是这样简单！

你知道这个魔术师怎么变的吗？

807. 女朋友

三个男生、三个女生一起出去玩儿，回来之后三个男生——汤姆、托尼、罗斯对他们的好朋友李雷说："这次收获真大，我们凑成了三对。"李雷也认识那三个女生——蕾切尔、莉莉和莫妮卡，他就说："那我猜猜。汤姆的女朋友是蕾切尔，托尼肯定找的不是莉莉，罗斯自然不是蕾切尔的男朋友了。"很可惜，李雷只说对了一个。由此可以知道（　　）

A. 汤姆的女朋友是蕾切尔，罗斯的女朋友是莉莉，托尼的女朋友是莫妮卡。

B. 汤姆的女朋友是蕾切尔，罗斯的女朋友是莫妮卡，托尼的女朋友是莉莉。

C. 汤姆的女朋友是莫妮卡，罗斯的女朋友是蕾切尔，托尼的女朋友是莉莉。

D. 汤姆的女朋友是莉莉，罗斯的女朋友是蕾切尔，托尼的女朋友是莫妮卡。

808. 女子比赛结果

全国运动会举行女子五千米比赛，辽宁、山东、河北各派了三名运动员参加。比赛前，四名体育爱好者在一起预测比赛结果。甲说："辽宁队训练就是有一套，这次的前三名非她们莫属。"乙说："今年与去年可不同了，金银铜牌辽宁队顶多拿一块。"丙说："据我估计，山东队或者河北队会拿牌的。"丁说："第一名如果不是辽宁队，就该是山东队了。"比赛结束后，发现四个人只有一人言中。

以下哪项最可能是该项比赛的结果？（　）

A. 第一名辽宁队，第二名辽宁队，第三名辽宁队

B. 第一名辽宁队，第二名河北队，第三名山东队

C. 第一名山东队，第二名辽宁队，第三名河北队

D. 第一名河北队，第二名辽宁队，第三名辽宁队

809. 怀疑丈夫

赵丽丽、李师师、王美美和孙香香这4位女士去参加一次聚会。

(1) 晚上8点，赵丽丽和她的丈夫已经到达，这时参加聚会的人数不到100人，正好分成5人一组进行交谈；

(2) 到晚上9点，由于8点后只来了李师师和她的丈夫，人们已改为4人一组在进行交谈；

(3) 到晚上10点，由于9点后只来了王美美和她的丈夫，人们已改为3人一组在进行交谈；

(4) 到晚上11点，由于10点后只来了孙香香和她的丈夫，人们已改为2人一组在进行交谈；

(5) 上述4位女士中的一位，对自己丈夫的忠诚有所怀疑，本来打算先让她丈夫单独一人前来，而她自己则过一个小时再到。但是她后来放弃了这个打算；

(6) 如果那位对丈夫的忠诚有所怀疑的女士按本来的打算行事，那么当她丈夫已到而自己还未到时，参加聚会的人们就无法分成人数相等的各个小组进行交谈。这4位女士中哪一位对自己丈夫的忠诚有所怀疑？

810. 谁买的礼物

教师节到了，六位同学约好一起去看老师，他们拿了一大束花作为礼物，老师看了之后，感动之余责怪他们花钱太多了，要把钱给他们，就问是谁花钱买的。六个人说的话如下：

老大：是老六买的；

老二：老大说的对；

老三：反正老大、老二和我都没去买；

老四：反正不是我；

老五：是老大买的，所以不是老二或老三；

老六：你们都别争了，是我买的，不是老二。老师，我还欠您的钱，您就别还我了。

六个人不想让老师知道是谁买的，就都说了谎话，那么你知道是谁买的吗？(不一定是一个人)

811. 担任什么职务

甲、乙、丙三人是同班同学，其中一个是班长，一个是学习委员，一个是体育委员。现在可以知道丙比体育委员年龄大，学习委员比乙年龄小，甲和学习委员不同岁。你知道他们三个人，分别担任什么职务吗？

812. 猜年龄

张大妈问3位青年工人的年龄，得到如下回答：

小刘说："我22岁，比小陈小2岁，比小李大1岁。"

小陈说："我不是年龄最小的，小李和我相差3岁，小李是25岁。"

小李说："我比小刘年龄小，小刘23岁，小陈比小刘大3岁"。

这3位青年工人爱开玩笑，在他们每人说的3句话中，都有1句是假的，请帮助张大妈分析他们3人的年龄。

813. 住在哪里

一位女士在伦敦机场，看见五位先生正在候机室里聊天，他们身旁各放着自己的手提箱。一只箱子上面写着法国巴黎的地址，另一只上面标的是印度新德里，其余三只箱子上面的地名分别为美国的芝加哥、纽约和巴西的巴西利亚。她开始不知道他们各住何处，听了下面的对话才明白。

A先生："我外出旅行频繁，到过北美洲多次，可未去过南美洲，下个月打算去巴黎。"

B先生："到时我从南美洲动身与你在那儿会面，去年我到芝加哥旅行了一趟。"

C先生："去年我到过美国的芝加哥。"

D先生："我从未到过那儿，从护照上看你们四位都来自不同的国家。"

E先生："是啊，我们住在四大洲的五个地方。"

你知道他们每一个人都住在哪里吗？

814. 谁吃了苹果

小明、小红、小黄、小丽、小婷、小刘六个人在一个办公室，桌子上放了个苹果，但是不知道被谁吃了，据三位目击者描述：

第一位：不是小明吃的，就是小红

吃的。

第二位：吃苹果的人可能是小黄或者小丽。

第三位：小丽、小婷、小刘三个人绝对没吃。

经理笑着说：他们三个目击者只有一个人说了真话。那么谁吃了苹果呢？

A. 小明

B. 小红

C. 小黄

D. 小丽

815. 聪明的俘虏

在一个集中营里，关了11个俘虏。有一天，集中营的负责人说："现在集中营里人满为患，我们想释放1名俘虏。我会把你们捆在广场的柱子上，在你们头上系上一条丝巾，如果你们谁能知道自己脑袋上系的是什么颜色的丝巾，我就释放了他。如果你们谁也不知道自己脑袋上的丝巾是什么颜色的，我就让你们都在广场上饿死。"11名俘虏被蒙上眼睛带到广场上，当扯掉他们眼上的黑布时，他们发现：有1个人被捆在正中央，还被蒙着眼，其他10个人围成一个圈，由于中间那个人的阻挡，每个人只能看到另外9个人，而这9个人有的人戴的红丝巾，有的人戴的是蓝丝巾。集中营那个负责人说："我可以告诉你们，一共有6个人戴红丝巾，5个人戴蓝丝巾。"这些人还是大眼瞪小眼，没有人敢说自己头上的是什么颜色丝巾。那个负责人说："如果你们还说不出来的话，我就把你们都饿死。"这时，中间那个一直被蒙着眼的人说："我猜到了。"

问：中央那个被蒙住眼的俘虏戴的是什么颜色的丝巾？他是怎么猜到的呢？

816. 猜职业

一次聚会上，你遇到了甲、乙和丙三个人，你想知道他们三人分别是干什么的，但三人只提供了以下信息：三人中一位是律师、一位是推销员、一位是医生；丙比医生年龄大，甲和推销员不同岁，推销员比乙年龄小。根据上述信息可以推出的结论是( )。

A. 甲是律师，乙是推销员，丙是医生

B. 甲是推销员，乙是医生，丙是律师

C. 甲是医生，乙是律师，丙是推销员

D. 甲是医生，乙是推销员，丙是律师

817. 逻辑比赛

电视台举行逻辑能力大赛，有五个小组进入了决赛(每组有两名成员)。决赛时，进行四项比赛，每项比赛各组分别出一名成员参赛，第一项比赛的参赛者是吴、孙、赵、李、王；第二项比赛的参赛者的是郑、孙、吴、李、周；第三项比赛的参赛者是赵、张、吴、钱、郑；第四项比赛的参赛者是周、吴、孙、张、王；另外，刘某因故四项均未参赛。

请问：谁和谁是同一个小组的？

818. 拆炸弹

犯罪分子在一栋大厦中安装了一枚定时炸弹，幸好被警察及时发现，派来了拆弹专家来拆除炸弹。这个炸弹很

特别，上面有一排六个按钮，只有按 A、B、C、D、E、F 的顺序按下这些按钮才能拆除炸弹。但是不知道哪个按钮代表 A、B、C、D、E、F。

拆弹专家通过检查得出以下信息："A 在 B 的左边；B 是 C 右边的第三个；C 在 D 的右边；D 紧靠着 E；E 和 A 中间隔一个按钮。"

通过这些信息，你能帮他找出每个按钮的位置吗？

819. 逻辑顺序

下面一排遮住的图形与上面一排的顺序不同，但遵循如下规则：

十字形和圆都不和六边形相邻。

十字形和圆都不和三角形相邻。

圆和六边形都不和正方形相邻。

正方形的右边是三角形。

你能找出它们的顺序吗？

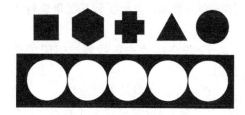

820. 男孩吃苹果

4 个男孩手中拿着苹果，每个男孩的苹果的数量各不相同，在 4 个到 7 个之间。然后，4 个男孩都吃掉了 1 个或 2 个苹果，结果剩下的苹果数量还是各不相同。

4 个男孩吃过苹果以后，说了如下的话。其中，吃了 2 个苹果的男孩说了谎话，吃了 1 个苹果的男孩说了实话。

男孩甲："我吃过绿色的苹果。"

男孩乙："男孩甲现在手里有 4 个

苹果。"

男孩丙："我和男孩丁共吃了 3 个苹果。"

男孩丁："男孩乙吃了 2 个苹果。""男孩丙现在拿着的苹果数量不是 3 个。"

请问最初每个男孩各有几个苹果，吃了几个，剩下了几个呢？

821. 买酒之谜

有四个不同专业的同学住在一个宿舍中。这天他们一起逛街，各自买了一瓶酒。现在知道：甲是学文秘的；学管理的买了一瓶白酒；学建筑的床铺在乙的右边；乙的床铺在甲的右边；丙买了瓶葡萄酒；丁的床铺在学医学的左面；买葡萄酒的床铺在买啤酒的右面。那么，你知道是谁买了果酒吗？

822. 都是做什么的

孙鹏、程菲(女)、刘国梁和张宁(女)四人围成一桌在聊天，他们都是运动员。孙鹏坐在体操运动员对面，羽毛球运动员在程菲右边，刘国梁在张宁对面，乒乓球运动员在网球运动员右边，刘国梁右边是女的。问：这四人分别是什么运动员？

823. 团圆的中秋节

中秋节之夜，小明全家欢聚。饭桌上有一个祖父、一个祖母、两个父亲、两个母亲、四个子女、三个孙子女、一个兄弟、两个姐妹、两个儿子、两个女儿、一个公公、一个婆婆和一个媳妇。说了这么多，其实只有七个人。

请问：

(1) 七人中男、女各几人？

(2) 小明如何称呼其余六人？

824. 录取研究生

下面是甲、乙、丙三位面试老师关于录取研究生的意见。

甲：如果不录取小方，那么就不录取小王。

乙：如果不录取小王，那么就录取小方。

丙：如果录取小方，那么就不录取小王。

应该选择何种录取方案，使甲、乙、丙三位面试老师的要求同时得到满足呢？( )。

A. 只录取小王

B. 只录取小方

C. 小王、小方都录取

D. 小王、小方都不录取

825. 谁是冠军

田径场上正在进行 100 米决赛。参加决赛的是 A、B、C、D、E、F 六个人。小李、小张、小王对谁会取得冠军谈了自己的看法：小张认为，冠军不是 A 就是 B；小王坚信，冠军绝不是 C；小李则认为，D、F 都不可能取得冠军。比赛结束后，人们发现 3 个人中只有一个人的看法是正确的。

问：谁是 100 米决赛的冠军？

826. 扑克牌

桌上放着红桃、黑桃和梅花 3 种牌，共20张。

(1) 桌上至少有 1 种花色的牌少于 6 张；

(2) 桌上至少有 1 种花色的牌多于 6 张；

(3) 桌上任意 2 种牌的总数将不超过 19 张。

上述论述中正确的是( )。

A. 1、2

B. 1、3

C. 2、3

D. 1、2 和 3

827. 辨认图片

中国有三山五岳，其中五岳指：东岳泰山，南岳衡山，西岳华山，北岳恒山，中岳嵩山。小明拿出五岳的图片，标上数字1～5，让甲、乙、丙、丁、戊五人来辨认。

甲说：2 号是泰山，3 号是华山。

乙说：4 号是衡山，2 号是嵩山。

丙说：1 号是衡山，5 号是恒山。

丁说：4 号是恒山，3 号是嵩山。

戊说：2 号是华山，5 号是泰山。

核对后，发现每个人都只说对了一个，那么正确的结果是怎样的？

828. 六个兄弟

一家中有六个兄弟，他们的排行从上到下分别是老大、老二、老三、老四、老五和老六，每个人都和与他年龄最近的人关系不好。例如，老三与老二、老四关系不好。他们围着一个圆形的桌子吃饭，他们一定不会与和自己关系不好的人相邻而坐。现在又出了点事情，老三和老五因为一点小事吵了起来，这回排座位就更难了。你能帮助他们排一下座位吗？

829. 拿错了书

四个小学生经常一起写作业，一天晚上，他们写完作业突然停电了，四个人无法分清书是谁的，于是每个人分别拿了一本数学书一本语文书就回家了。第二天他们才发现原来大家都拿错了。

甲拿走了一个家伙的数学书，而那个家伙的语文书又被乙拿走了。

乙的数学书是被另一个人拿走的，而那个人又拿走了甲的语文书。

丙把丁的语文书拿走了。

试问，甲和乙拿走了谁的数学书和语文书？

830. 公寓的房客

一幢三层的公寓刚刚落成，每层只有一套房间。沃伦夫妇最先搬进来，住进了顶层。莫顿夫妇和刘易斯夫妇则根据抽签的结果，分别住进了下面两层。莫顿夫妇对公寓环境和邻居都非常满意。整幢楼里唯一有点意见的是珀西，他希望住在他家楼上的那对夫妇不要每天早上就开始大声放音乐，这会影响他睡眠。除此之外，这三家邻居之间的关系都很融洽。罗杰每天早上下楼路过吉姆家时，总要进去坐一会儿，然后两个人一起去上班。到了 11 点，凯瑟琳总要上楼去和刘易斯夫人一起喝茶。丢三落四的诺玛觉得住这种公寓非常方便，因为每当她忘了从商店买回什么东西的话，她可以下楼向多丽丝去借。

这三对夫妇分别叫什么名字？姓什么？住哪一层？

831. 分别在哪个科室

在一所医院里，甲、乙、丙三位医生分别负责内科、外科、骨科、皮肤科、泌尿科和妇产科。每位医生兼任两个科室的工作。骨科医生和内科医生住在一起。甲医生是三位医生中最年轻的。内科医生和丙医生是经常一起下棋。外科医生比皮肤科医生年长，比乙医生又年轻。三人中最年长的医生住家比其他两位医生远。

请问，哪位医生在哪个科室？

832. 老朋友聚会

甲、乙、丙、丁四个人上大学的时候住在一个宿舍，毕业 10 年后他们又约好回母校相聚。老朋友相见分外热情和热闹。四个人聊起来，知道了这么一些情况：只有三个人有自己的车；只有两个人有自己喜欢的工作；只有一个人有了自己的别墅；每个人至少具备一样条件；甲和乙对自己的工作条件感觉一样；乙和丙的车是同一牌子的；丙和丁中只有一个人有车。如果有一个人三种条件都具备，那么，你知道他是谁吗？

833. 留学生

勺园住进了四名留学生，他们的国籍各不相同。分别来自英、法、德、美四个国家。而且他们入学前的职业也各不相同，现已知德国人是医生，美国人年龄最小且是警察，C比德国人年纪大，B是法官且与英国人是好朋友，D从未学过医。

由此可知 C 是哪国人？

834. 谁击中的

一次，国际刑警组织派了 A、B、C、D、E、F、G、H 八个杀手去刺杀一位恐怖组织的领导人。这八个杀手都开了枪，恐怖组织的领导人被其中一个人的子弹击中，但是不知道是谁击中的。下面是他们的谈话。

A："要么是 H 击中的，要么是 F 击中的。"

B："如果这颗子弹正好击中那个人的头部，那么就是我击中的。"

C："我可以断定是 G 击中的。"

D："即使这颗子弹正好击中那个人的头部，也不可能是 B 击中的。"

E："A 猜错了。"

F："不会是我击中的，也不是 H 击中的。"

G："不是 C 击中的。"

H："A 没有猜错。"

事实上，八个杀手中有三个人猜对了。

你知道是谁击中了恐怖组织的领导人吗？

假如有五个人猜对，那么又是谁击中的呢？

835. 体育项目

三个朋友去郊区参加运动，教练让他们抽运动项目。三人抽完之后，教练不让他们看到每个人抽了什么项目，就自己拿过来看了后说："在骑马、踢足球、打枪三个项目中，你们每人抽到一项，你们能猜到自己抽到什么项目吗？"

甲想了想说："我抽到的是骑马。"

乙说："丙抽到的肯定不是踢足球。"

丙说："我抽到的不是打枪。"

教练说："你们刚才的猜测中只有一个人是正确的，并且你们三个人中，有两个人抽到了同一个项目。"

你能判断出这三个朋友各抽到了哪个项目吗？

836. 几个人说谎

一个大学宿舍中的共用热水瓶被打碎了。对此，五名学生分别说了以下一句话。

甲：不是我打碎的。

乙：甲说谎。

丙：我不知道。

丁：丙说谎。

戊：丙和丁都在说谎。

请问，这五个人中有几个人说了谎话呢？

837. 卖肉

一家肉铺卖鸡肉、猪肉和牛肉。这天的生意不错，来了一群顾客。已知：

(1) 只买猪肉的人数是只买牛肉的人数的 2 倍；

(2) 只买鸡肉的人数比只买猪肉的人数多 3 人；

(3) 既买了鸡肉又买了猪肉的人数比只买牛肉的人数多 1 人；

(4) 只买牛肉的人数是同时买了猪肉和牛肉的人数的 2 倍；

(5) 有 18 个人没有卖猪肉，14 个人没有卖鸡肉；

(6) 买了猪肉和牛肉，没有买鸡肉的人数，与 3 样都买的人数一样多；

(7) 有 5 个人买了鸡肉和猪肉，而没有买牛肉。

请问：

(1) 有多少人只买了猪肉？

(2) 多少人 3 样都买了？

(3) 一共有多少顾客？

(4) 多少人只买了 2 样？

(5) 多少人买了鸡肉？

838. 袋子里的货物

小明去超市买了七件商品，先后放在一个袋子里。最后放进去的是一盒蛋糕；放完牛奶放的是饼干；放完苹果放的果汁；放完薯片放的牛奶；面包和饼干之间有两件商品；薯片和苹果之间也有两件商品；面包后面是蛋糕。

请问：七件商品放入袋子的先后顺序是什么？

839. 判断开关

屋子里有四盏灯泡，屋外对应有四个开关。现在你从屋外走到屋内，不许再出去。如何能确定四个开关分别对应哪盏灯？

840. 兄弟俩

有兄弟俩一起养牛，一共有十几头不足 20 头。一天，他们决定去市集把所有的牛都卖掉，改养羊。牛的单价与他们养的牛的头数相同。卖完以后，他们用所得的钱买了若干只绵羊，每只绵羊 10 金币。并且用剩下的不足以买绵羊的钱买了 1 只山羊。回到家之后，两人因为小事吵了起来，决定分家。将所有的绵羊平分以后，发现剩下 1 只。这只绵羊归了哥哥，而弟弟拿走了那只山羊。但是由于山羊比绵羊便宜，所以哥哥需要给弟弟金币赔偿。你知道哥哥需要给弟弟多少个金币吗？

841. 环岛旅行

大富豪陈伯买了一座小岛，他在岛上建了一座码头，并买了两艘一样的游艇，想乘坐它们环岛旅行。可是这种游艇比较费油，它能携带的燃料只够小艇航行 120 千米。而陈伯的小岛周长是 200 千米。陈伯想用两艘小艇相互加燃料的方法环岛旅行,请问他该怎么做呢?(最后游艇必须返回码头。)

842. 猜单双

周末的晚上,爸爸陪小明玩猜单双的游戏。爸爸先交给小明 5 根火柴,让他藏在背后,分成两只手拿着。然后爸爸要求小明把左手的火柴数乘以 2,右手的火柴数乘以 3,然后把两个积相加。小明算出结果为 14。爸爸马上猜出小明左手拿的火柴数是单数,右手拿的火柴数是双数。

你知道爸爸是怎么猜出来的吗?

843. 连续自然数

有 4 个连续的自然数相乘等于 3024,你能推理出这 4 个自然数分别是什么吗?

844. 零钱

小明打算去书店买书,他出门的时候带了 10 块钱。这 10 块钱是他特意准备的零钱,由 4 枚硬币(分币)和 8 张纸币(元、角币)构成。而且只要书价不超过 10 元,不管需要几元几角几分他都可以直接付款而不需要找零。你知道小明的 10 元钱是由哪些币种构成的吗?

845. 三堆硬币

桌子上有 3 堆硬币,一共有 48 枚。先从第一堆里取出与第二堆数量相等的硬币并入第二堆中,再从第二堆里取出与第三堆数量相等的硬币并入第三堆中,最后从第三堆里取出与第一堆数量相等的硬币并入第一堆中。此时,3 堆硬币的数量相同。你知道最开始时,3 堆各有多少枚硬币吗?

846. 错车

有两列火车,都是一个车头,带着 40 节车厢。它们从相对的两个方向同时进入一个车站。这个车站很小,只有一条车道,还有一条不长的岔道,可以停一个车头和 20 节车厢。现在为了让两列火车都按原方向向前行驶,需要利用这个岔道错车。你知道该怎么做才能把两辆车错开吗?(火车各节车厢之间可以打开,但必须有车头牵引才能移动。)

第五部分

逻辑能力训练

847. 日本人巧探大庆油田

大庆油田是我国在 60 年代勘探、开发的一个大油田。当时，绝大多数中国人都不知道大庆油田在哪儿，但日本人却对大庆油田了如指掌。

他们没有采取秘密刺探的手段，仅从中国的官方资料上就查明和推算出所需的一切情报。另外，日本人搜集秘密情报的思维方法与常人大不相同，是沿着一条由微见著的思路搜集有用的公开的情报信息。这种搜集信息的方式虽然简单易行，但却要求信息分析人员具备较高的思维素质和洞察力，能够迅速分辨哪些信息有用哪些信息无用，哪些信息是真的哪些信息是假的。

你知道他们是怎么推出大庆油田的情况的？

848. 芝加哥需要多少调音师

在一次演讲中，著名物理学家费米向大家提到了这样一个问题："芝加哥需要多少位钢琴调音师？"

你知道该如何回答吗？

849. 一只猫毁了一个指挥部

第一次世界大战期间，法国和德国交战时，法军的一个旅司令部在前线构筑了一座极其隐蔽的地下指挥部。指挥部的人员深居简出，十分诡秘。不幸的是，他们只注意了人员的隐蔽，而忽略了长官养的一只小猫。德军的侦察人员在观察战场时发现：每天早上八九点钟左右，都有一只小猫在法军阵地后方的一座土包上晒太阳。

据此，他们判定那个掩蔽点一定是法军的高级指挥所。随后，德军集中六个炮兵营的火力，对那里实施了猛烈的袭击。

事后查明，他们的判断是完全正确的，这个法军地下指挥所的人员全部阵亡。

你知道他们是怎么判断的吗？

850. 所罗门断案

《圣经》中有这样一个所罗门国王判案的故事。

有两位母亲都说自己是一个孩子的真正母亲，她们争执不下，只好请求所罗门国王来判决。所罗门国王拿出一把剑，声称要将孩子一分为二，给两位母亲一人一半。这时，真母亲不忍心看着自己的孩子被杀掉，因此提出宁愿将孩子判给对方；而假母亲则觉得反正自己得不到，所以同意杀婴。所罗门国王通过对比她们的表现，就知道了愿意让出孩子的母亲才是孩子真正的母亲。于是宣布把孩子判给这位真正的母亲。

这个故事不仅向我们展示了母爱的伟大，也向我们昭示了所罗门国王的智慧。然而，所罗门国王的方法真的这么容易就能成功吗？

851. 到底谁算是凶手？

有一支探险队正在穿越撒哈拉大沙漠，他们遭受了沙暴，所有的补给都丢失了，只能靠随身携带的水袋活命。一天晚上，探险队里的 A 决意杀死队员 C，于是他趁 C 睡觉的时候在 C 的水袋里投了毒。同时探险队里的 B 也决意杀死 C，他就偷偷在 C 的水袋上钻了一个小孔，让袋里的水慢慢漏掉，想渴死 C。

当然，B 并不知道 C 的水袋已经被 A 下毒了。水袋里的水当晚就漏完了，C 也在几天后因为没水喝而渴死。现在问：到底谁该为 C 的死负责？

852. 消失的邮票

王老先生家里有一枚珍贵的邮票，可谓价值连城。一年春节将至，王老先生打算去 300 公里外的北京看望女儿一家。在路途中被一伙垂涎王老先生邮票已久的劫匪绑架了。劫匪知道，王老先生独自一人居住，去看女儿一家不可能把那么珍贵的邮票留在家中，必定随身携带。

"要想保命，就乖乖地把邮票交出来。"劫匪的头目威胁说。

"我没有随身携带。"王老先生回答说。

"骗谁啊！你家里没人怎么可能留在家中！"

"既然你们不信，那就搜好了。"

一个喽啰搜遍了王老先生的箱包口袋，只找到一些衣物、洗漱用品、几百块钱，以及一张女儿寄给他的明信片，上面有女儿家的地址。

小喽啰指着明信片上的邮票问头目："是明信片上贴着的这张邮票吧？"

"你傻啊，那么重要的邮票，你会把它粘明信片上吗？那只是一张再普通不过的邮票，不值钱。我们要的邮票只有它的一半大小，上面有一条龙。"

"那没有了，他不会真的留在家里了吧！"

劫匪们又仔细地找了一遍，还是一无所获。你知道王老先生把邮票藏在哪里了吗？

853. 通缉犯的公告

某地区的警察张贴了一张一年前发生的抢劫案通缉犯的公告，上面有通缉犯的照片，以及身高、年龄等资料。有一个人看了看公告，却说："这里面有一个信息是错误的。"这个人完全不认识这个通缉犯，但是他怎么知道有一个信息是错误的呢？这个错误信息又是什么呢？

854. 福尔摩斯

张三乘飞机去另一座城市会见自己从未谋面的网友李四。下了飞机，他就拉着自己超大的行李箱往外走。在门口习惯性地左右张望了一番后想起来自己只知道李四的名字而不知道他长什么样子，于是准备拿出手机与对方联系。这时，旁边一个年轻人热情地拥抱了一下他。原来他正是李四。

张三有些奇怪，为什么自己认不出李四，李四却可以这么确定自己就是张三呢？

855. 凶手是谁？

一艘客轮在大海上航行，已经整整三天时间了。这天早晨，船员在甲板上发现了一具死尸。死者是一位有名的富豪，是被人用绳子从背后勒死的，死亡时间在前一晚的 12 点左右。

客轮三天中没有靠过岸，也不可能有人通过游泳等方式离开，所以凶手一定还在船上。

在船上的人当中，与死者有关的人有三个，而且都有杀人的动机。

第一个是死者的助理，因挪用公款被死者发现，正准备将其革职；第二个是死者公司的副总，与死者是竞争关系且矛盾重重，他死了自己可以顺利地当上一把手；第三个是死者的侄子，也是死者财产的唯一合法继承人。最近因投资失败，欠了别人一大笔钱。

根据以上情况，请推理一下，凶手到底是谁？

856. 审狗破案

有一对穷苦的姐妹相依为命，一天姐姐前来报案说妹妹被杀了。

事情是这样的：当天傍晚，天刚黑下来，姐姐从地里干活归来，准备给在家的妹妹做饭。刚进院门，就迎面冲出一个光着上身的男子。姐姐连忙阻拦，两人厮打起来。姐姐抓了对方几下，最终因对方力气较大，让他逃走了。姐姐进屋一看，发现妹妹死在了屋中。

因为天色已晚，姐姐并没有看清男子长相。姐妹俩还养了一只大黄狗看家，可是案发当日黄狗并没有叫。

于是，县官贴出告示，称第二天要公开审问黄狗。

第二天，来了很多想看热闹的人，县衙被挤得水泄不通。县官先将老人、小孩、妇女赶出去，又命剩下的人脱掉上衣，逐一查看，发现一个人背部有两道红印子。经过审讯，此人正是杀害妹妹的凶手，街坊张三。

你知道县官是如何做到的吗？

857. 偷吃鸡蛋

早上，妈妈煮了三个鸡蛋给三个孩子吃。可是在去厨房盛粥的空当，放在桌子上的鸡蛋被三个孩子中的一个偷偷吃掉了。妈妈问是谁偷吃的，三个孩子都不承认。妈妈很生气，非要找出是

谁干的。于是，妈妈拿来一杯水和一个空盘子。很简单就试出了到底是谁偷吃的鸡蛋。

你知道妈妈是怎么做到的吗？

858. 谁是罪犯

在市中心最繁华的地方新开业了一家珠宝公司，突然闯进来一名男子，抢起锤子一敲，珠宝展柜的玻璃哗啦一声碎了。没等店员反应过来，男子趁乱抢走了大量珠宝首饰，逃之夭夭。

警方赶到现场发现这些展柜所用的玻璃都是防盗玻璃。这种玻璃别说用锤子，就是用枪都打不碎。这是怎么回事呢？劫匪到底是谁？

859. 凶手的破绽

一个寒冷的冬天，在一间公共浴室内，一名客人被人用手枪开枪杀死。警察来现场调查，询问一位在场的证人情况。证人说：“我当时正在洗澡，突然一个人从外面冲了进来，向里环视了一圈，对着死者开了一枪，然后就跑了。”

警察问：“那你有没有看清凶手的样子？”

证人回答说：“没有，他戴着墨镜和口罩，看不出什么样子。”

警察听完，马上对这个人说：“你在说谎，快老实交代，是不是你干的！”

警察发现了什么破绽呢？

860. 破绽在哪儿

冬季一天，气温达到零下20多度，福尔摩斯在一个乡村旅店中休息。突然跑来一个浑身湿漉漉的人，大喊着救命。福尔摩斯忙问怎么了。来人说：“我和朋友一起在接了冰的湖里滑冰，突然

冰裂开了，朋友掉了下去。我马上去救他，没有找到，就马上跑回来找人帮忙。"福尔摩斯马上和一群人一起来到两公里以外的出事地点，看到冰上果真有一个大洞。

福尔摩斯看了看那个人说："我看，你的朋友是你故意杀害的吧！"

你知道他的破绽在哪儿吗？

861. 自杀

富翁老王的妻子报警说，丈夫在自己家中上吊自杀。警察来到现场，发现死者在三楼的梁上吊着，脚下是一个翻倒的凳子。他妻子坐在旁边的沙发上哭泣着。

他妻子说："我刚才外面回来，走到大门口就看见三楼上老王站在凳子上要自杀，于是赶紧冲上楼，可还是晚了一步……"

警察说："我看是你杀死他的吧。"

你知道警察为什么这么说吗？

862. 诈骗

一天夜里，大侦探福尔摩斯办完事开车回家。在一个路口，遇到一名年轻女子挥手想搭车，福尔摩斯就让她上来了。车向前开了没多远，后面有辆车跟了上来，亮起刺眼的前灯。

女子回头看了一下，马上惊慌失措的对福尔摩斯说："不好了，那是我丈夫，他是个亡命之徒，知道你载着我肯定以为咱俩有私情，会杀了我们的"。

"是吗？那我们怎么办？"福尔摩斯假装害怕地说道。

"他见钱眼开，你给他点儿钱就可以了。"

"我看得给你一副手铐！你们用这种方式骗了不少钱了吧！"

福尔摩斯是怎么识破他们的呢？

863. 骗保险金

一位富翁报案说他家收藏的一幅名画昨晚被盗，要求保险公司赔偿。

保险公司请侦探来现场勘查。只见富翁家中的门被撬开了，屋子里有些翻动的痕迹。原本装着名画的画框被打开扔在一旁的鱼缸上。浴缸里养着几条漂亮的热带鱼。

富翁解释说："这几天天气很冷，我都用空调取暖。可昨天晚上突然停电了，没办法我只好去附近了一家宾馆住了一晚。早上找来修理工帮我修好了线路，这才发现我的画不见了。"

侦探说："恐怕你是为了骗取保险金吧！"

他为什么这么说呢？

864. 花招

冬天的早上，外面很冷，有人报案说，王博士死在自己家的床上。报案的是王博士家的女佣。她说自己早上来给王博士家打扫卫生时，发现了王博士的尸体。

警察调查现场后发现，死者躺在自己暖和的被窝里，是被钝器砸死的，没有外伤和流血。从尸体的情况判断死亡时间大约是夜里 10 点左右。可是昨晚王博士家只有他一个人在，也没有人进来过，女佣在晚上 8 点就离开了。

有经验的警察马上判断说："一定是凶手伪造了死亡时间。"

你知道凶手是谁吗？凶手又是怎

样伪造死亡时间的？

865. 报案人的谎言

凌晨 3 时 30 分，值班警官甲身边的报警电话铃急促地响了。他被惊醒，迅速抓起听筒。电话里传来了一个女人娇滴滴的声音："你是值班警官吗？"

"是的，请问您是谁？"

"我叫 A，有人杀害了我的丈夫，因为我丈夫是个富翁。"

警官记下了她的地址，立刻跳下床。门外北风呼啸。"这该死的鬼天气真冷！"

他缩着脖子钻进了警车。40 分钟后赶到了 A 家。

A 正在门房里等他。警官一到，她就开了门。房子里真暖和，警官摘下了围巾、手套、帽子，并脱下大衣。A 穿着睡衣，脚上是一双拖鞋，头发乱蓬蓬的，脸上毫无血色。她说："尸体在楼上。"

警官边细看现场边问："太太，您丈夫是怎么被杀的？请慢慢说，越详细越好。"

"我丈夫是在夜里 11 时 45 分睡的，也不知道怎么的，我在 3 时 25 分就醒了。听听丈夫一点气息也没有。才发觉他已经死了，他是被人杀死的。"

"那您后来又干什么了？"警官又问。

"我就下楼给你们警察局打电话。那时我还看见那扇窗户大开着。"A 用纤纤玉手指了指那扇还开着的窗户，"凶手准是从这扇窗户进来，然后又从这逃走的。"

警官走到那扇窗户前往下望去，下面有几个箱子，还有几个啤酒瓶，其他的什么都没有。风吹在他的脖子里面，冻得他缩了缩，忙关上了窗户。

A 抽泣着说："警官先生，你现在要验尸吗？"

警官冷冷回道："让法医来干此事吧。不过，在他们到这里之前，我想奉劝夫人一句——尽早把真相告诉我！"

A 脸色变得更白了："你这是什么意思？！"

警官严肃地说："因为刚才你没说实话！"

请问，警官为何知道那个女人说了谎？

866. 骗保险

李家发生火灾，李太太对保险公司的调查员说："我炒菜时油着火了，我赶紧关上煤气，忙乱中我错把旁边的一桶油当作水泼了上去，没想到，火一下子窜到屋顶烧着了。"

调查员听后想了想说："你在撒谎，你是想骗保险。"

请问，调查员是如何知道的呢？

867. 不是自杀

王先生的夫人服毒自杀了。

王先生是报案者，也是第一个发现妻子自杀的人。

"我妻子最近心情一直不好，"他这样说道，"我刚才出去发信，才半小时，回来时就发现她已经……"说完，他便痛哭起来。

而正如他所说，死者是中毒死的。

王夫人全身肌肉松弛，是氰化物中毒的迹象。

她的尸体瘫坐在椅子上，手里握着一个氰化物的药瓶……

一位很有经验的警员看了看现场就将王先生以涉嫌谋杀自己妻子的罪名带走了。

你知道警员是如何看出这不是起自杀案的吗？

868. 第一现场

寒冬的夜晚，有位出诊的内科医生，被狂奔的四轮马车碾死。带着七分酒意的马夫，惟恐邻近的警察发现，于是就把医生的尸体和药箱搬到了马车上，然后快马加鞭地赶回家，把尸体和药箱藏在小屋里，放在了火炉边上待了一夜。第二天凌晨，肇事者把尸体和药箱用马车装载，丢到荒郊的池塘里，并精心造成失足落水的假象。

尸体被发现后，警察到现场验尸，当他检视完浮肿，变形的尸体及药箱后，直截了当地断定说："这里不是第一现场，这具尸体被移动过，也就是说这起案件是他杀，而不是意外。"

警察根本没有解剖尸体，那么他到底是怎么看出肇事者干的勾当呢？

869. 杀人凶手

某大学附近一个宾馆里发生了一起凶杀案，死者是这所大学的一位大四女生。

据警察对现场的侦查，知道以下实事：该女学生当时刚洗完澡，围着浴巾，正在洗手间化妆。由于宾馆的入住登记记录上，只有她一个人进了这间房间，再加上浴室墙上没有多少水雾，所以洗澡的时候这个女生是开着浴室门的。凶手是打开房门后，从该女生背后用绳子勒住她的脖子，使其窒息而死。现场没有多少线索，只有这个女生用唇膏在浴巾上写的一组数字：101188。警察相信这个数字一定和凶手有莫大的关系，后了解到：附近的大学生学号就是六位的，但都以"8"开头，没有以"1"开头的。

不过纵然如此，老练的警察还是用这组号码解开了凶杀疑案，你知道是怎么回事吗？

870. 驯马师之死

一个寒冷的清晨，海尔丁探长正在看骑手们跑马练习，突然马棚里冲出一个金发女郎，大叫着："快来人哪！杀人啦！"海尔丁急忙奔了过去。

只见马棚里一个驯马师打扮的人俯卧在干草堆上，后腰上有一大片血迹，一根锐利的冰锥就扎在他腰上。

"死了大约有8个小时了。"海尔丁自语道，"也就是说谋杀发生在昨晚半夜。"

他转过身，看了一眼正捂着脸的那位金发女郎，说："噢，对不起，你袖子上沾的是血迹吗？"

那位金发女郎把她那骑装的袖口转过来，只见上面是一长道血印。

"咦，"她脸色煞白，"一定是刚才在他身上蹭到的。我叫盖尔·德伏尔。他，他是彼特·墨菲。他为我驯马。"

海尔丁问道："你知道有谁可能杀他吗？"

"不，"她答道，"除了……也许是鲍勃·福特，彼特欠了他一大笔钱……"

第二天，警官告诉海尔丁说："彼

特欠福特确切的数字是 15000 美元。可是经营鱼行的福特发誓说，他已有两天没见过彼特了。另外，盖尔小姐袖口上的血迹经化验是死者的。"

"我想你一定下手了吧？"海尔丁问道。

"罪犯已经在押。"警官答道。

谁是罪犯呢？

871. 一封恐吓信

深夜，"白宫大厦"失火。125 号房间里浓烟滚滚，住在一间套房里的郑小姐逃了出来，而另一间套房里的王小姐则烧死在里面。

经过验尸，发现王小姐在起火前已经被刀刺中心脏而死。她的房间里还发现有一个定时引火装置。

郑小姐说："我因为有点事很晚才回去，看到王小姐已经睡了，就回自己房间里休息。刚刚睡下，便感觉胸部郁闷而醒来，发现四周弥漫着烟雾，急忙大声喊叫王小姐，然后跑到室外。"

人们又找到平素与王小姐不睦的李先生。

李先生说："也难怪你们怀疑，我还收到一封恐吓信呢。"

他拿出一封信来，上面写着："我知道你是刺杀王小姐的凶手，如果不想被人知道，必须在 5 月 1 日下午 6 时，带 100 万现款，到××车站的入口前。"这时，离案发时间只有 3 小时。

聪明的警察立即发现了凶手。凶手是谁？为什么？

872. 祖传花瓶

徐老太太和两个儿子住在一个四合院里，老太太有一个祖传的花瓶价值连城，她知道两个儿子对这个花瓶觊觎已久，但她却不肯把花瓶给他们。有一年中秋节，老太太要去远方女儿家住几天，就把自己的屋子锁住后，出去了。

半个月后，徐老太太回家，发现花瓶已经被人偷了。就很气愤，叫来两个儿子询问。大儿子说："昨晚我上厕所，借着月光，看见二弟爬到你屋里了，应该是他偷的。"

小儿子说："我昨晚一直在自己屋里看书，根本没出过门。"

老太太听了两个儿子的话，马上知道谁说了谎，谁偷了花瓶。

你知道是谁吗？

873. 巧破绑架案

某公司董事长的儿子被绑架了。绑匪开口要 20 万元人民币赎金，并且强调要用一个普通的大旅行袋装这些钱，于第二天上午在家附近的邮局邮寄，地址是邻市的花园路 8 号，收件人龚宇华。绑匪还威胁不能报警，否则孩子就没命了。董事长派自己的私家侦探前往邻市调查，发现城市名和地址都是真的，但收件人却是假的。难道绑匪不要赎金了吗？忽然，侦探灵机一动，发现了这宗绑架案的真实面目。

第二天，他捉到了这名绑架犯，成功地解救了小孩。你知道绑匪是谁吗？

874. 他杀？自杀？

在一栋小洋房里，发现了一具中年女性的尸体，已经死了几天了。在死者身旁发现了字迹潦草的遗书，看起来她似乎是自杀。发现尸体的人是死者的邻居，据她所说，这个死者无子女，丈夫在几年前也去世了，只有家里的一条狗与她相依为命。那条狗就拴在床脚旁，几天都没有吃东西，饿得嗷嗷叫。死者的邻居还告诉刑警："这名女士长年一人居住，她生前最爱这条狗，把它当亲儿子一样。"刑警听了以后，深思一番，说："如果是这样的话，那她就不是自杀，遗书是被人伪造的。"请问，这是为什么呢？

875. 列车上的窃贼

一天，李经理从北京出发去广州办事。他乘坐的卧铺车厢里的其他三人分别去往郑州、长沙和武汉。

列车运行到石家庄站的时候，停车15分钟，四人均离开了自己的铺位。在列车重新启动前，李经理回到铺位，却发现自己的手提包不见了。他急忙去报告乘警，乘警调查了其他三位乘客。

去郑州的乘客说，停车时他下去买了些早点；去长沙的乘客说，他到车上的厕所方便去了；去武汉的乘客说，他去另一车厢看望同行的朋友了。听完他们的叙述，乘警认定去长沙的人偷了李经理的提包。

你知道为什么吗？

876. 自作聪明的凶手

有一天晚上9点左右，特级教师于老师在家里批改学生的作业时被人用木棒从背后打死。书桌上只有一堆作业和一盏亮着的台灯，并且窗户紧闭。

报案的是住在于老师对面公寓的刘夏。他向赶到现场的警方描述当时的情况："那时候我刚洗完澡，正站在窗

户旁想呼吸一下新鲜空气，当我从房间向外看时，无意间发现于老师书房的窗口有个影子，似乎举着什么东西向他攻击，我感觉不妙，所以就报警了。"

刑警听了以后却说："你说谎！你就是凶手！"说罢便将刘夏逮捕归案。警察是怎么发现他说谎的呢？

877. 谁是凶手

一个酷热的晚上，发生了一宗命案。

一位中学的男教师，被人发现倒毙在家中的地上，上身赤裸。

警方经过调查，发现死者是被人勒死的。根据现场侦查，警方很快就拘捕了两个嫌疑人。

第一个，是死者的弟弟，他是个游手好闲的流氓，染上毒瘾，经常向他的哥哥索钱，两兄弟也发生过争吵。

第二个，是个被开除学生的家长，他为人粗暴，脾气很差，他因儿子被开除而大发脾气，怀恨在心。

根据死者现场的环境，警方估计案情大概是，死者在住所的窗前看到来找他的人，于是开门，结果，却遭袭击身亡。你认为，哪个人才是凶手呢？

878. 穿睡衣的女人

葛顿探长上门去拜访黛妮，他按了一下门铃，没有人理会。

黛妮的门上装的是自动锁，一旦装上，除非有钥匙，否则外面人是根本进不去的。葛顿感到奇怪，便请管理员把门打开。他进去一看，见黛妮穿着睡衣，胸部被人刺了一刀，死在地上。经推测，死亡时间大约是在昨晚9点前后。

经调查，昨晚9点前后有两个人来

找过黛妮小姐，一个是她的情人，一个是她的学生，这个学生是当地的流氓。在讯问这两个可疑分子时，他们都说自己按了门铃，见里面没人答应，以为黛妮不在家，都没有进去。

听了他们的诉说，葛顿想起黛妮小姐的房门上有个小小的窥视窗，于是他立刻认准了谁是真正的凶手。

879. 巧破凶案

在一所乡村旅馆中发生了一起凶杀案。死者是一位妙龄女郎，被水果刀捅入背部致死。警长向侦探介绍说，这位女郎名叫刘丽，上周刚和一位军官完婚；他们在公园街有一套小公寓。嫌疑对象很可能是刘丽的前男友王刚。刘丽曾与王刚相好，但最后却选择了那位军官。探长决定独自去探探王刚的情况，临走前他故意将一支金笔扔在了旅馆中死者躺过的床上。王刚独自一人住在自己的修车店，探长一进门就问："你知道刘丽被人杀了吗？""啊！不，不知道。"王刚气喘吁吁地说。"嗯，不知道就好。"说着探长伸手到上衣口袋中摸笔做记录。"啊，糟糕，我的笔一定是掉在刘丽的房间了。我现在得马上去办另一件案子，顺便告诉警方你与此案无关。你不会拒绝帮我找回金笔，送回警察局吧？"王刚只好无可奈何地答应了。当王刚把金笔送到警察局时，他立即被捕了。你知道是为什么吗？

880. 机智的律师

在一个白雪纷飞的冬夜，花园路48号房间有一位单身女郎被人杀害。警方一到现场便展开了深入的调查，发现现场的房间中，电热炉被火烘得红红的，屋子里的人热得直流汗，电灯依旧亮着，紧闭的窗子掩上半边窗帘。这时，被害人住所附近的一个年轻人向警方提供目击证据说，在昨晚11点左右，他曾目击凶案发生，死者的屋子离他的房间大约20米，他发现凶手是一个白衣男子，戴着金丝框眼镜，并且还蓄着胡子。警方根据这位年轻人的叙述，逮捕了这名白衣男子。在法庭上，白衣男子的辩护律师开始询问这位目击证人："你是在案发当时偶然在窗子旁看到凶手的吗？"年轻人回答："是的，因为对面窗户是透明的，而且那天晚上她的窗帘又是半掩的，所以我才能从20米远处看到凶手。"

这时，律师很肯定地说："法官大人，这位年轻人所说的都是谎话，也就是犯了伪证罪。"经过审查，证明了律师的判断是正确的。你知道律师是怎样判断的吗？

881. 巧断谋杀案

某地发生了一起凶杀案，警察在作案现场附近找到一个嫌疑人，便把他逮到了警察局。没想到他是个聋哑人，无论警察说什么，他都听不懂。警察只好对他做了书面盘问，发现如果他真的是个聋哑人，他就不是凶手。于是，聪明的办案人员说了一句简单的话，就拆穿了凶手伪装成聋哑人的伎俩。

你知道办案人员是怎么说的吗？

882. 死人河

名侦探柯南和其他游客在穿越广袤的西部的旅途中，遇到一条混浊肮脏的河沟。向导说，人们都叫它"死人河"，名称的由来是这样的：

多克是这一带有名的医生，一天下午，他正为一个小贩治病，吉恩闯进了诊室。吉恩说，他在城里偶然遇到一个手握六响双枪的强盗在抢劫银行。由于枪战引起了混乱，吉恩被误认作是那个劫匪，不得不抱头鼠窜，到此躲藏。当时情况十分紧急，不允许吉恩找证据澄清真相，况且一位警官已追踪而至。多克相信吉恩是清白的，因此他穿戴上吉恩的衣帽，想把警察引开，好让吉恩逃脱。在告诫那个小贩严守秘密之后，多克从床下拿出了一条6英尺长的空心胶管。他要吉恩跳下河沟，通过胶管呼吸，胶管的口径约1英寸。于是，多克骑上吉恩的马跑开了，警察紧追不舍。这样，吉恩摆脱了追捕。然而，结局却非常不幸，吉恩死了——溺死于河中。多克将警官引开之后，小贩将吉恩从水中捞出。多克猜测吉恩也许是因为在水下惊慌失措才淹死的。

听向导介绍到这里，柯南打断他的话说："不，吉恩是被人谋杀的。"

柯南何以得出这样的结论？

883. 抢劫案

一天深夜，王刚下班开车回家。在一条偏僻的小路上，突然前轮两个车胎被扎破了。王刚下车察看轮胎的时候，从丛林中跳出了四个蒙面大汉，他们把王刚身上的所有钞票和值钱的东西洗劫一空后，逃跑了。王刚只得步行向前走去。走了不久，前面有一个加油站。王刚对那里的加油员说自己刚被抢劫，希望能帮他报警，并再买两个新轮胎。

加油员答应了他的请求并帮他打电话报警。过了一会儿，警察来了。王刚向警察描述了被劫的经过，他的车子也换上了新轮胎。警察走到加油员面前说，你就是劫匪。你知道警察为什么这么快就断定加油员就是劫匪吗？

884. 巧识小偷

一对新婚夫妇在某市郊外买了一间房子，一层共有三户人家。一天，这对夫妇正在看电视，突然听见有人敲门。妻子打开门一看，是一个陌生男子。男子一看到她便说："对不起，对不起，我走错门了，我还以为是我的房间呢。"然后转身走了。这对夫妇回到房间一考虑，便确定那个男子是个小偷。他们马上报告了小区的保安，保安很快就将男子抓获。后来经警方查证，该名男子果然是个惯偷。这对夫妇是如何知道陌生男子就是小偷的呢？

885. 凶手的破绽

古时候，苏州有个商人名叫贾斯，他经常外出做生意。这一天晚上，他雇好了船夫，约定第二天在城外寒山寺上船出行。

第二天，天还未亮，贾斯便带着很多银子离家去了寒山寺。当日光已照在东窗上时，贾斯的妻子听到有人急急敲门喊道："贾大嫂，贾大嫂，快开门!"贾妻开门后，来的正是船夫，他开口便问："大嫂，天不早了，贾老板怎么还不上船啊？"

贾妻顿感慌张，随船夫来到寒山寺，只见小船停在河边，贾斯却失踪了。贾妻到县衙门去报案，县令听了她的诉说后，便断定杀害贾斯的人是船夫。

你知道这是为什么吗？

886. 拖延了的侦破

哈莱金接过一份报告，看了一会儿，对警长说："根据验尸的报告，特里德太太是两天前在她的厨房中被人用木棒打死的。这位孤独的老妪多年来一直住在某山顶上破落的庄园里，与外界几乎隔绝。你想这是什么性质的谋杀呢？""哦，我昨天凌晨4点钟就接到一个匿名电话，报告她被人谋杀了，但我还以为这又是一个恶作剧，因此直至今天还没有着手调查。"警长莫纳汉尴尬地说道。"那么我们现在去现场看看吧。"警长将哈莱金引到庄园的前廊说："由于城里商店不设电话预约送货，而必须写信订货，老太太连电话都很少打。除了一个送奶工和邮差是这里的常客之外，唯一的来客就是每周一次送食品杂货的男孩子。"哈莱金紧盯着放在前廊里的两摞报纸和一只空奶瓶，然后坐在一只摇椅上问："谁最后见到特里德太太？""也许是卡森太太，"警长说，"据她讲前天早晨她开车经过时还看见老太太在前廊取牛奶呢。""据说特里德太太很有钱，在庄园里她至少藏有5万元。我想这一定是谋财害命。凶手手段毒辣，但我们现在还找不到线索。""应该说除了那个匿名电话之外，我们还没有别的线索。"哈莱金更正道，"凶手实在没料到你会拖延这么久才开始侦破！这回我们有怀疑对象了。"

哈莱金怀疑谁是凶手？

887. 车牌号码

一天清晨5点左右，一位过马路的女子被一辆疾驰而过的汽车撞倒在地。

司机见附近没有什么人，便没有救援逃逸了。被撞的女子仰面朝天的倒在地上，不久后被另一辆经过的司机送往医院。可她由于伤势过重，只说了车牌号是8961就死了。

警察很快找到了那辆牌号为8961的汽车，却发现车主的车前段时间出了故障，这几天一直在修理厂，根本无法外出。

这到底是怎么回事呢？

888. 逃逸的汽车

一辆汽车肇事后逃跑了，警长立即赶到了出事地点。

一位见证人说："当时我正在开车，在反光镜钟发现自己车的后面有一辆车突然拐向小路，飞驶而去，很不正常。所以，他顺手记下了那辆车的车牌号。"

警长说："那可能就是肇事的车，我马上叫警察搜捕这辆18UA01号车！"几小时后，警察局告知警长，见证人提供的车号18UA01是个空号。现在已把近似车号的车都找来了，有18UA81号、18UA10号、10AU81号和18AU01号共四辆车。

警长看了看所有的车号，终于从四辆车中找出了那辆肇事车。

你知道是哪个吗？

889. 隐藏的嫌犯

一个冬天的深夜，侦探阿飞在路上走着，突然发现一个人影从一家珠宝店里窜了出来，紧接着后面追出两个人，一边追一边喊："抢劫了！"阿飞也超黑影追了过去。

追了好长一段路，只见黑影钻进了一个地铁站，阿飞气喘吁吁地跟着跑了进去。发现里面只有七个人，体型和刚才的罪犯都比较相近。

其中有两个人像是夫妻，正在争吵着什么；第三个人一边等车一遍看书；第四个人头上盖着一张报纸躺在椅子上休息；第五个人坐在座位上冻得发抖，并不停地搓手；第六个人在一个角落里原地跑步取暖；第七个人则望着地铁来的方向，焦急地等着。

地铁没有别的出口，那么哪个人会是抢劫犯呢？

890. 撒谎的凶手

一个男子报案说有一名歹徒袭击他，出于正当防卫，他将歹徒打死了。警察赶到现场，发现死者手中握着一把匕首，脖子缠着几圈钓鱼线。男子说："当时我正在池塘钓鱼，透过水面我看到他在我背后拿着匕首向我靠近，要对我不利。我迅速挥起鱼竿向后抡去，鱼钩钩住了他的衣服，鱼线缠在了他的脖子上。他挣扎着还想过来杀我，我就撑着鱼竿不让他靠近。最后他就被我勒死了。"

警察听后，马上说："别狡辩了，这可不是正当防卫，是你故意杀死他的。"

你知道这是为什么吗？

891. 被杀的鸵鸟

某动物园从非洲进口了一批鸵鸟，可是没想到第二天人们便发现这些鸵鸟被人杀死了。而且还将尸体刨开了。是谁这么残忍呢？这些鸵鸟为什么会被杀呢？

892. 破绽

在一个气温超过 37℃ 的炎热夏天。从城市 A 开往城市 B 的空调列车刚刚进站，在人群混乱的站台上就发生了一起枪击案。警察不到一分钟就把站台封锁住了，他们知道犯罪分子一定还留在站台上，但面对这么多的行人，只能一个个的排查了。警官王小虎在人群中看到自己的邻居罗丽英。她面带笑容的来到警官面前说："我刚刚下火车，就碰到这种事情。家里还有急事，你先询问我吧。"王警官笑着对她说："我们一起邻居住了这么长时间了，如果你有急事，就先回去。"罗丽英从兜里拿出个巧克力给王警官说："你肯定还没吃饭吧，垫补一点吧。"王警官吃着巧克力，虽然因为天热已经化了，不过还是挺好吃的。罗丽英刚走两步，王警官突然反过味来："你为什么要对我撒谎，明明来了很久了还要说刚下车。"

你知道罗丽英的话语中有那句露出了破绽吗？

893. 清晰的手印

一所公寓内发生了一起凶杀案，一名女子死在自己家的浴室内。警察来到现场取证，发现浴室的玻璃门上有一个非常清晰的手印。五个手指的指纹全部正面紧贴在一尘不染的玻璃上，连手掌的纹路都清晰可辨。一名警察小心地收集着上面的指纹，老练的警长看了一眼就说："这个手印用处不大，很可能是为了误导警察而伪造的。"

你知道警长为什么会这么肯定手

印是伪造的吗？

894. 屈打成招

四月的一天晚上，外面下着小雨。独居的寡妇胡三娘在家中被杀。接到报案后，衙役到犯罪现场，在胡三娘家门前的院子里发现一把扇子，上面的题词显示是李四送给张三的。

李四不知道是谁，但张三大家都认识，就是住在前街的一个小混混。平时言行举止就很不干净，大家都认为人一定是他杀的。很快，衙役把张三带到公堂之上，一番严刑拷打之后，张三承认了杀人。

案子就这样定了。一位看热闹的村民摇了摇头说："这一定是屈打成招。"

你知道他为什么这么说吗？

895. 骗保险金

一天，一个邮票爱好者报警说，自己的一张价值连城的邮票被盗了。警察马上赶到了报案人的家中，只见房屋的大门和放邮票的玻璃展柜门都有撬开的痕迹。失主告诉警察，自己外出回来，就发现屋子的门被撬开，自己最珍贵的一枚邮票不见了。说着指了指邮票展柜中一个空位说，那枚价值连城的邮票原来就放在那里。

"你的其他邮票也蛮珍贵的嘛！"警察说道。

"那是，一般的邮票我才懒得收藏呢！我丢的那枚更值钱，我投了100万的保险呢！"

"你要和我们走一趟了，我怀疑你是为了骗取保险金。"警察说。

你知道这名警察的判断依据是什么吗？

896. 哪个是警察

一天晚上，小明走在放学回家的路上，看到前面有两个人背对着自己，并排向前走。仔细一看，发现他们中间的两只手被一只手铐铐在一起。原来是一名便衣警察抓住了一个小偷，怕他跑掉，就和他铐在一起回警察局。可是由于天色昏暗，警察也没有什么明显的标志，分不清哪个是警察哪个是小偷。你能帮小明判断一下哪个是警察吗？

897. 凶手的破绽

一个富翁死在自己家中的卧室里，警察来到现场调查。发现死者背后中枪致死，是罪犯在近距离杀死的。死者的家布置得非常豪华，整间卧室都铺着名贵的羊毛地毯，墙上挂着几幅名家的画作。死者穿着睡衣倒在床的旁边，手中还握着一个手机，像是死前正在跟谁通话一样。

报案的是死者的妻子，她说："当时我正在逛街，并用手机给老公打电话，突然听到话筒里传来一声枪响，紧接着就是丈夫的呻吟声和凶手逃走时慌乱的脚步声。我意识到出事了，就报了警并赶了回来，发现他已经死了。"

警察听完她的供述，冷笑一声说："我看你还是老实交代你为什么要杀死你的丈夫吧！"

你知道警察从哪里发现了凶手的破绽吗？

898. 丈夫的特异功能

新婚的妻子趁着丈夫去洗澡的时候把新买的零食藏在电视后面。可没有想到丈夫洗完澡后一下子就找出了妻子的零食。妻子很不甘心，走进浴室，嘟囔着说："你怎么可能看到啊，咱家浴室的门是毛玻璃的。就算离得很近去看，也看不清楚我在外面干什么。况且我已经看到你把浴室门关紧了！"

丈夫说："哈哈，你还想骗我，我可是有特异功能的！休想偷偷地吃这些垃圾食品了！"

丈夫真的有特异功能吗？他是怎么知道妻子藏零食的地方的呢？

899. 中毒还是谋杀

一位经常在野外实地考察的地质学教授带着一位研究生助手去一片大草原上进行考察，2天后，学生报案说教授发生意外死了。警察来到案发现场查看，发现附近比较空旷，只有一株比较高大的树。教授死在搭在大树下的帐篷里。身边有一个小的酒精炉，像是在煮蘑菇。初步断定教授是食用了毒蘑菇死亡的。

但是警察却断定这名学生有嫌疑，你知道他的依据是什么吗？

900. 细心的保安

博物馆正在展出一位大师的画作，恰巧赶上周末，天气也很晴朗，很多人都前来参观。一个女贼手里拿着一把遮阳伞混了进去，并趁人不注意躲在了展厅角落里的洗手间中。等到闭馆后，展厅里空无一人时，女贼轻手轻脚地出来，从伞柄中取出了一幅赝品画作，并把真品卷好藏在了伞柄中。恰巧此时外面下起了大雨，风雨声掩盖了盗贼盗窃的声音，她的这一行动没有引起任何人的注意。女贼照例藏在了洗手间中。

第二天早上，雨还在下，前来参观的人却没有少多少。女贼趁人不注意溜出洗手间，拿着自己的雨伞准备神不知鬼不觉地离开博物馆。却被门口的保安拦住了，带到了保安室。经过一番搜查，保安找到了被偷的画作。

你知道这名细心的保安是如何发现女贼破绽的吗？

901. 破绽

夏天的中午，天气很热，一位富商要在广场上进行慈善演说活动。这位富商颇受争议，据说有人还扬言会在现场对他不利。于是富商找来了私家侦探来帮助自己找出想危害自己的人。

广场上人来人往，十分热闹。侦探观察了一下周围的环境，指着一位正在旁边花坛里浇花的园丁对警察说："他就是嫌疑犯。"

你知道侦探是怎么分辨出嫌疑犯的吗？

902. 说谎的嫌疑人

一家工厂放在保险箱里的10万元现金被盗了，警察接到报警后很快赶到了现场。

保险箱所在的这间办公室在一楼，后面的窗子被打碎了，碎玻璃溅得满地都是，看来小偷是从这扇窗子跳进来作案的。

警察询问当晚值班的保安："玻璃都被打碎了，难道你晚上没有听到声音吗？"

保安回答说："昨晚下了很多的雨，还打了雷，估计小偷是在雷声的掩护下作案的。"

警察点了点头，表示赞同，又问："你有巡逻过现场吗？"

保安说："有的，我每天都是在半夜12点的时候把每个房间都巡查一番，并拉上所有的窗帘。昨天我也这样做了，并没有发现任何异样。我想小偷一定是在后半夜作的案。"

警察冲保安冷笑一声，道："你不要狡辩了，你就是那个小偷！"

你知道警察为何会做出这样的判断吗？

903. 小偷的破绽

深夜，小偷撬开了一户人家的大门，发现屋子的主人可能去长途旅行了，短时间不可能回来，便放心大胆地开始行窃。他先大摇大摆地开了灯，细心地翻遍了所有的抽屉、文件柜、保险箱。临走前还不忘把自己摸过的所有地方都细心地用布擦一遍。最后关上房门离开了。

他心想直到屋主回来之前都不会有人知道家里被盗。可是没想到刚走出没几步就被警察抓到了。你知道这是为什么吗？

904. 谁偷的文件

一个在中国经商的日本人刚买了一艘游轮，便带着几个部下一起出海游玩。没多久，这个日本人就发现船上的一份重要文件不见了。嫌疑人有五个人。第一个人是船长，负责开船。第二个是厨师，负责做饭，但案发时不是准备膳食的时间，所以他一个人在睡觉。第三个是他的助理，说自己在案发时在换国旗。由于新买的船便将原来的国旗

换成日本国旗。本来早就应该做完的，后来发现国旗挂反了，就放下来重新挂了一遍。第四个人是他的儿子，第五个人是他的女儿，说两个人在一起打牌。

根据这些证供，你知道文件是谁偷的吗？为什么？

905. 跳机自杀

一人报警称，亿万富豪张三自杀身亡。警察赶到现场，发现尸体是从高空掉下摔死的。旁边停着一架私人飞机，和一名飞行员。报警的就是飞行员，他说他正载着张三在高空飞行，听见富豪长叹一声打开舱门跳了下去。自己费了半天时间才找到尸体，并发现张三的座椅上留着一封遗书。警察看了一眼座椅上摆着的遗书对飞行员说："别狡辩了，这不是自杀，你才是凶手。"

你知道警察为什么这么说吗？

906. 破绽在哪儿

李四是个收藏家，家里收藏了许多价值连城的字画古玩。一天，李四要出远门，就拜托邻居帮自己照看一下家里。当天夜里，邻居报警说有人把李四的家洗劫一空。警察来到案发现场，发现李四的屋子里有翻动的痕迹，还丢失几个非常值钱的艺术品。邻居录口供时介绍了当时的情景："我受李四的委托帮他照看屋子，突然从他家窗户发现他家里有光亮，就赶紧跑过去看。当时外面下着雪，窗户上结了一层冰，我赶忙呼了几口热气把冰融化，才看到屋子里有个黑影在翻找东西。于是我就冲过去阻拦，没想到还是被他逃跑了……"

警察打断他的话，说："其实一切

都是你一个人做的，对不对？"

你知道邻居的破绽在哪儿吗？

907. 正当防卫

张三向警察报案，说自己在好友李四的办公室里，因为发生了一些口角，李四突然从抽屉里拿出一把手枪要射杀自己，出于正当防卫，自己无意中杀死了李四。

警察查看现场发现，办公室有打斗的痕迹，除此之外都很整齐，窗户和门都关着。拉开张三所说的放枪的抽屉，里面还有十几颗剩余的子弹。

警察想了想说："我看不像你说的那样，你是故意杀害李四的！"

警察为什么会这样说呢？

908. 火花

一天夜里，张三向警察报案称，自己的妻子被人杀害。警察来到现场查看，发现张三的妻子倒在地上死了，头上被钝器所伤。

警察向张三了解情况。张三说："我在家中的卧室休息，妻子在客厅看电视。后来听到有门铃声，像是来了个人。不久我就听到'哐'的一声，接着就是我妻子的惨叫。我忙冲了出去，发现妻子倒在血泊之中，一个黑影从门口窜了出去。我赶紧去追，那个人在我前面大约 50 米。看我追过去，回头向我扔过来一个东西，我一闪没有打到我，那个东西撞击地面擦出一串火花。等我回过神来，那个人就跑远不见了。"

警察根据他的口供在张三家门口不远处发现了一尊青铜像，旁边沾着死者的血迹。

警察抓住张三说："我怀疑你杀害自己的妻子！"

请问警察发现了什么破绽呢？

909. 钥匙上的指纹

张三被发现死在自己的卧室里，卧室的门窗都从里面锁住，门的内侧钥匙孔中插着一把钥匙。警察调查发现，钥匙的手把上表面和背面各有一个清晰完整的螺旋形指纹。对比后发现是张三的。也就是说，门是死者自己从里面锁上的。这样就形成了一个密室，由此可以断定张三很可能是自杀。

你能看出来以上结论有什么问题吗？

910. 并非自杀

某商业巨子发现妻子对自己不忠，要与其离婚。妻子情急之下，用大量安眠药杀死了丈夫，并把现场改扮成自杀的样子。妻子首先找出丈夫前几天的体检单，上面显示有胃癌早期的症状，把它放在丈夫办公桌的抽屉中。接着她又用丈夫的私人笔记本电脑打了一份遗书，称自己被查出患有癌症，轻生厌世，自杀身亡。最后把丈夫的尸体搬到办公桌前的椅子上，并在旁边摆上药瓶和水杯。为了毁灭证据，她还不忘用干净的布把留有自己指纹的笔记本电脑上的每一个按键都擦得干干净净。本以为毫无破绽，可很快就被警察发现了问题。

你知道她究竟错在哪里了吗？

911. 凶手是哪个

一名值夜班的医生被人用水果刀刺死了，警察经过调查，在病房旁边的花园里找到了凶器。上面的指纹过于模糊，无法辨认。但是细心的警察发现刀柄上爬着很多蚂蚁。很快警察找到了三名嫌疑犯，他们都是这名医生的病人，而且都与他有矛盾。三人分别是：1号病房的结核病人，与医生原来是好朋友，为治病向其借钱遭到拒绝而怀恨在心；2号病房的糖尿病人，怀疑自己的老婆与医生有染；3号病房的心脏病人，让医生做了3次手术，均告失败。

根据以上信息，你知道凶手是哪一个吗？

912. 照片证据

一个星期天的下午三点左右，在市郊的一栋小房子里，一位独居的老妇人被人杀害。

经过警方的调查，抓到了一名犯罪嫌疑人，但是嫌疑人很快拿出了一张照片作为自己的不在场证据。照片的拍摄日期正是案发当天，地点是市中心一座钟楼前面。只见照片上钟楼显示的时间是下午三点。

警察仔细看了看这张照片说："你在撒谎，这张照片说明你就是凶手。"并指出了一点错误。嫌疑人只好承认了自己就是凶手。

你知道凶手是如何伪造的证据，而警察又发现了什么呢？

913. 手表

怀特先生加了一夜的班，天亮了才回到家中，发现家中被盗，保险箱里的大量现金和首饰都不见了。于是他报了案。不一会警察来了，和怀特一起在他家锁着的地下酒窖里发现了还在熟睡的妻子。众人将其叫醒，怀特的妻子讲

述了事情的经过："昨天下午三点左右，三名歹徒闯进家中，强行给我灌下了安眠药之类的药物，很快我就睡着了，并被歹徒关在了地下酒窖中。也不知道过了多久，现在才被大家叫醒。"

警察看了一眼这个酒窖，是个不大的地窖，放着几架红酒。四周无窗，门可以从外面锁上，里面有一盏40瓦的灯泡，发出不太亮的光。

警察看了一眼怀特的妻子，说："你和那些强盗是一伙的吧！快从实招来。"

你知道警察是如何识破她的诡计的吗？

914. 嫁祸他人

张小姐是一位模特，一个人居住，便请了个女佣每隔两天来家中打扫一下。一天早晨，女佣来到张小姐家中打扫房间，发现张小姐一夜未归。在打扫房间时发现了大量首饰，便起了偷窃之心。但是这个过程恰好被前来找张小姐工作的助理发现了。女佣为了守住秘密，勒死了助理。接着她从张小姐的梳子上取下几根头发，塞在死者的手中，布置成助理与张小姐厮打致死的样子后，偷偷离开了。

中午的时候，张小姐回到家中，发现了助理的尸体，便报了警。

警察来到现场，经过调查发现死者手中的长头发正是张小姐的。初步怀疑张小姐就是杀人凶手。接着警察又询问了张小姐的行踪。张小姐回答说："因为今天有工作，所以我昨天晚上先去了理发店，修剪了一下头发。然后就一个人去酒吧喝酒，后来有点喝醉了，就去

朋友家睡了一晚。早上起来后，打电话给助理准备工作的事情，可是助理没有接电话，就四处找她。到了中午还没找到，就回了家，发现了助理的尸体……"

警察看了看张小姐新修剪的头发，排除了张小姐的嫌疑。

你知道是怎么回事吗？

915. 假照片

小明向同学们吹嘘，自己暑假的时候去了西藏一座 4000 米高的山峰。并展示了一张照片作为证据。只见照片上小明和朋友在一座山的山顶上，举着刚打开的易拉罐啤酒庆祝。

这时，小刚说："你这张照片是合成的，你根本没有去西藏。"

你知道，小刚为什么说这张照片是合成的吗？

916. 自卫还是谋杀

在一座偏僻的小洋房里，进入客厅的大门是一副落地的大玻璃，但现在早已支离破碎，碎片散落了一地。躺在客厅里，离大门不远处的是这屋子的主人杰克逊，他的左心房洞穿着三个血淋淋的枪洞，各自相差不到三厘米，不容质疑那是致命的伤口。他身旁还滑落着一个酒瓶。

警长蹲下去，扫开了死者伤口上的玻璃碎片，拿着放大镜仔细地察看着伤口。过了一会，他站起来，提出要审问自认是为了自卫才射杀了自己丈夫的杰克逊太太。

杰克逊太太显得非常激动和情绪不稳，警长柔声地开导她，要她说出经过来。

"他是一头野兽！他是一个酒鬼！他每天都虐待毒打我。"杰克逊太太开始诉说着，并给警长看了她身上，手上和腿上的伤痕，"他今天又跟我大吵了一架，我诅咒他永远也不要再回家来，他狠狠地说不回就不回，有什么大不了的！

"到了晚上，他没有回来，我以为他不会回来的了，于是我就上床睡觉了。深夜时，我听到门口有声响，我好害怕，便亮了灯，拿起枪来到门口。透过玻璃，我看见了他，这魔鬼醉得一塌糊涂，但一看见我，他突然发起疯来，向我狂冲过来，玻璃都给他撞得粉碎，他冲进来张开双手，像是要掐死我的样子。我情急之下，连忙扳动了手枪，将子弹射进他身体。他就那样向后跌倒死去，尸体我一直没动过，就赶快报警了。警官，当时我完全有理由相信他会掐死我，我只是为了自卫才射杀他的。"

请问这真的是自卫吗？为什么？

917. 指纹

晚上 10 点左右，张三正要睡觉，突然听见门铃响了起来。他打开门一看，原来是自己的债主李四。来人开口便骂："你小子倒是真能躲啊，十天不到你都换了八个住处了。要是你再不还钱我就去法院告你！"

张三忙把李四请进屋子，低声下气地说："别着急，钱我明天就还给你。"趁李四不注意，张三拿起茶几上的烟灰缸朝李四后脑砸去。李四一声没吭就被砸死了。

张三连夜把尸体运到郊外的一条河里，并返回家中，清理了屋中所有李四的痕迹和指纹。忙了一夜有点累，张三晕沉沉地睡了过去。

下午张三被一阵猛烈的敲门声吵醒，打开门一看，原来是警察。警察说："我们在郊外的河里发现李四的尸体，尸体的口袋里有张写有你家地址的字条。"

张三马上否认说："李四死了？不关我的事，我好久都没见到他了。"

警察说："你不用撒谎了，我们早就有证据了，说明他刚来过你这。"说完指了指证据。

张三无话可说，只得承认了。

你知道警察的证据是什么吗？

918. 公园的尸体

周日早上，公园一开门，就发现草丛边上的躺椅上有一个流浪汉的尸体，尸体身下还垫着一张报纸，他的口袋里放着一份遗书："我对生命失去了信心。"经验尸后，证实死亡时间应在星期六晚上9时左右。

老练的警长在观察过现场后便说："即使是自杀，发生的地点也绝不是这里。我揣测是有人怕麻烦，才将尸体迁移到此。"

你知道警长是凭什么才这样说的吗？

919. 密林深处的血迹

美国加州奥克兰市。

一天下午，在当地两名警察的协助下，探长西科尔和助手丹顿小姐于森林公路中段截获了一辆走私微型冲锋枪的卡车。经过一场激烈的搏斗，4名黑社会成员有三名当场被擒获，而此次走私军火的首犯巴尔肯被丹顿小姐的手

枪击中左腿肚后逃入密林深处。

西科尔探长立即命令两位地方警察押送被擒罪犯前往市警署，自己带领助手深入密林追捕首犯巴尔肯。

进入密林后，两人沿着点点血迹仔细搜捕。突然，从不远处传来一声沉闷的猎枪射击声和一阵忽隐忽现的动物奔跑声。看来，这只动物已经受了伤。果然，当西科尔和丹顿小姐持枪追赶到一块较宽敞的三岔路口时，一行血迹竟变成了两行近似交叉的血迹左右分道而去。显然，逃犯和动物不在同一道上逃命。

怎么办？哪一行是逃犯的血迹呢？丹顿小姐看着，有些懊丧起来。但探长西科尔却用一个简单的方法，鉴别出了逃犯的血迹，最终将其擒获。

请问，西科尔探长用什么方法鉴别出逃犯的血迹？

920. 后花园里的谋杀案

清早起来，威廉姆斯公爵夫人用过早饭后照例到后花园里去散步，却惊叫起来。原来在院墙边的一棵大树下，赫然躺着一具男子的尸体！

侦探玻罗闻讯，带着助手迅速赶到现场。经检查后得知，死者致死的原因是头部受过撞击，既可能是他人持硬物所伤，也可能是自己从树上掉下来，头触硬物而亡。在大树底下，玻罗还发现了死者生前用的塑料拖鞋，树上沾着一些血迹和人爬过的痕迹。在死者的脚底，有一些从脚趾到脚跟的直线形伤痕，似乎是被树皮一类的东西刮伤的。

助手推测说："死者大概是想爬树越过院墙，但被树皮刮伤脚部，疼痛难

忍，失足坠地撞死。"玻罗则笑着摇了摇头。请问助手的判断错在哪里？

921. 推下山谷的尸体

一个黑帮团伙发生内讧，部下造反杀死了大头目。为了伪造死亡时间，凶手将尸体塞进大冷冻箱里放了三天，第四天夜里用汽车将尸体运到自然公园扔进山谷，造成其在山顶遭枪击后坠入山谷的假象。

可是，第二天早晨，尸体就被发现。警察开始立案调查。事情也巧，最先发现尸体的正是在公园漫步的团侦探。

"确切死亡时间，只有在解剖了尸体后才能弄清楚。初步查实死亡已经三四天了。"法医向刑警报告说。"如果是这样，作案现场就不是这里。是在别处作案后，昨天夜里移尸到此，从山顶上推下来的。"团侦探听了法医的报告后这样肯定地说。

实际上，他发现尸体时，注意到了尸体手腕上戴的全自动机芯手表。手表虽然还走着，但时间要慢得多。

尽管如此，团侦探何以只看了一下不准确的手表，就能马上看穿真相呢？

922. 虚假的证供

有个穷苦出身的人，他凭着自己的智慧，在短时间内积聚了许多财富。但不幸的是，他被人谋杀了。几天后，尸体被附近一家别墅的房主在自己家的衣柜里发现了。

警察检查了一下衣柜，除了一些旧衣服和几个樟脑丸外，没有发现别的线索。于是向这位房主了解情况，房主说："我是做钢材生意的，我的生意伙伴中

有许多外国人，所以我经常在国外。而我的爱人和孩子也都在国外定居了，这个房子大概有两年没住人了。昨晚我才回来，本打算把一些穿不上的衣服寄去给红十字会。没想到，居然在衣柜内发现了这具尸体。我想，凶手应该对这里的环境很熟悉，我觉得我的生命受到了威胁，希望你们能尽早查出凶手！"

警方录完他的供词后，又将衣柜检查了一遍，随即逮捕了房主。你知道原因吗？

923. 伪装的自杀

一天早晨，某公司总经理被发现死在了自己的公寓中。他躺在床上，全身覆盖着被子，只有脑袋露在外面，右边太阳穴有一个弹孔，掀开被子后发现他的右手握着一把手枪。在床边的柜子上，有一张纸条，上面写着："我痛恨股市！"这似乎是指近期股市大跌导致公司亏空一事。但是，警察马上断定，这是谋杀伪装成自杀，因为出现了一个重大破绽，你知道是为什么吗？

924. 是自杀还是他杀

一天早晨，某公司总经理被发现死在了自己的公寓中。他全身泡在浴缸里，左手手腕上割出一道伤口，里深外浅，伤口外侧还有一条划痕。右手中拿着一个刀片。在浴缸不远处有一个字条，上面写着："我痛恨股市！"这似乎是指近期股市大跌导致公司亏空一事。但是，警察马上断定，这是谋杀伪装成自杀，因为出现了一个重大破绽，你知道是为什么吗？

925. 谁是逃犯

一场混乱的枪战之后，某社区诊所中冲进来一个年轻人。他对医生说："我刚才过马路的时候，碰见了两个警察在追一个逃犯，我也想帮帮忙，但是那个逃犯好厉害，两个警察都被他杀死了，我也受了伤。"医生检查完伤口，说："幸好伤口不深。"于是从他背部取出了一粒弹头，并拿出一件病号服让他穿上。然后又将他的右臂用绷带绑在胸前。

这时，一名警察和一个陌生人跑了进来，陌生人喊道："就是他！"警察拔出枪对准了年轻人。年轻人忙说："我是帮你们追捕逃犯的。"陌生人说："你背部中弹，说明你就是逃犯，还想抵赖！"这时，在一旁观察了很久的医生说："这个年轻人不是逃犯。"那么谁是真正的逃犯呢？

926. 9朵玫瑰

某富翁去海边度假，他租了一间靠海公寓。公寓只有一扇窗和一扇门。几天后，当警察小心翼翼地打开被反锁的门后，发现富翁倒在床上，中弹身亡。警察开始向周围人了解情况。公寓外卖花的小贩说，富翁在每个星期四晚上都要去他那里买9朵红色的玫瑰，几个月来从未间断过，可是这两个星期来他都没去。已知富翁买的花都装在一个花瓶里，放在狭窄的窗台上，花都枯萎凋谢了，初步推断富翁已经死去至少8天了；房间里的地毯一直铺到离墙角一英寸的地方；在地板、窗台或者地毯上只有一点灰尘，并且只在床上发现了血迹。

根据这些情况，警长判断，有人配

了一把富翁房间的钥匙，他开门进去，打死了正站在窗边的富翁。然后，凶手打扫了房间，清洗了所有的血迹，再把尸体挪到床上，制造了自杀的假象。警长为什么这么判断呢？

927. 巧捉盗贼

狂风大作，一艘客轮在海上航行。珠宝商王先生从甲板回到房间，发现一颗价值10万人民币的钻石不翼而飞了，于是报了警。警察开始对船舱逐一搜查。隔壁船舱里是一个自称大学教授的人，他的桌子上放着一沓稿纸。当警察询问他的时候，他自称一晚上都在写作。警察发现稿纸上的字写得整齐秀丽，便当众揭穿了他的谎言。经过搜查，果然找到了昂贵的钻石。这位自称大学教授的人就是窃贼。

请问：警察是根据什么确定大学教授说谎的呢？

928. 愚蠢的凶手

警察正在巡逻的时候，忽然听到一声枪响，然后看到不远处一个老人正跌向房门。警察马上跑了过去，发现老人背部中弹，已经死去。警察开始询问现场仅有的两名目击者。甲说："我看到老人刚要锁门，枪响后，他应声倒地。"乙说："我听到枪声后不知道发生了什么事，就跑过来看看。"警察听了两个人的话后，立即拘捕了其中的一个人。你知道拘捕的是哪一个吗？

929. 宝石藏在哪儿

夏季的一天，女盗梅姑乔装改扮，混进珠宝拍卖会场，盗出两颗大钻石。一回到家，她马上将钻石放在水里做成冰块藏在了冰箱里。因为钻石是无色透明的，所以藏到冰块里，万一有警察来搜查也不易被发现。

第二天，矶川侦探来了。"还是把你偷来的钻石交出来吧。珠宝拍卖现场的闭路电视已将化装后的你偷盗时的情景拍了下来，虽然警察没看出是你化的装，但你瞒不过我的眼睛，一看就知道是你。"矶川侦探说。

"如果你怀疑是我干的，就在我的家搜好了，直到你满意为止。"梅姑若无其事地说，"今天真热呀，来杯冰镇可乐怎么样？"

梅姑说着从冰箱里拿出冰块，每个杯子放了四块，再倒上可乐，递给矶川侦探一杯。将藏有钻石的冰块放到了自己的杯子里。这样即使冰块融化了，钻石露出来，在喝了半杯的可乐下面也是看不出来的。矶川侦探怎么会想到在他眼前喝的可乐中会藏有钻石呢，梅姑暗自得意着。

"那么，我就不客气了。"矶川侦探接过杯子喝了一口，下意识地看了一眼梅姑的杯子。"对不起，能换一下杯子吗？""怎么！难道怀疑我往你的杯子里投毒了吗？""不，不是毒。我想尝尝放了钻石的可乐是什么味道。"矶川侦探一下子从梅姑手里夺过杯子。

冰块还没溶化，那么矶川侦探是怎么看穿梅姑的可乐杯子里藏有钻石呢？

930. 识破小偷

一天，警官在一所住宅的后门看见一个可疑男子。

"你等会儿再走。"警官见那人形迹可疑，便喊了一声。

那人听到喊声，愣了一下，便停下了脚步。

"你是不是趁这家家里没人，想偷东西？"

"您这是哪儿的话，我就是这家的啊。"那个人答道。

正说着，一条毛乎乎的卷毛狗从后门里跑了出来，站在那个人身傍。

"您瞧，这是我们家的看家狗。这下您知道我不是可疑的人了吧？"他一边摸着狗的脑袋一边说。

那条狗还充满敌意地冲着警官"汪、汪"直叫。

"嘿！玛丽，别叫了！"

听那他一喊，狗立刻就不叫了，马上快步跑到电线杆旁边，翘起后腿撒起尿来。

警官感到仿佛受了愚弄，拔腿向前走去。可他刚走几步，好像突然想起了什么，又急转回身不由分说地将那个男子逮捕了，嘴里还嘟囔着，"闹了半天，你还是个贼啊。"

那么，警官到底是根据什么识破了小偷的诡计呢？

931. 绑架设想

有一个小伙子，不知道从什么途径搞到一本小册子，这本小册子异想天开地提出一个成功绑架设想。小伙子看后热血沸腾，一冲动之下就选定了绑匪这个注定没有前途的职业。

然后，晋职为绑匪的小伙子开始行动了。他选定了一户看起来很有钱的家庭，而且这户家庭的两个大人都是做生意的，常常只留一个小孩在家，这简直

是绑架的奇佳对象。

新晋绑匪几乎没费多大力气就成功将小孩绑了出来。接下来才是最关键的,那就是打电话给家长,管他们要钱。这一环节也最容易出问题,因为小孩家长一发现小孩不见了,有很大的可能报警。所以,电话很有可能正被一帮人监听中,一个不小心,被警察顺藤摸瓜地端了也不是没有先例的事情。

于是,新晋绑匪使用的是公用电话,这是一种保险手段,即使警察定位了电话地址,也不过是个公用电话而已,人在交代完事情后早已转移。

在电话中,新晋绑匪索要了一百万的赎金,要求家长装在一个大包中,然后去订 xxx 车次的长途火车票,火车当然是越破越好,坐上火车后再等电话。

是的,这便是那个小册子中提出的奇妙想法,因为在整个绑架过程中,怎样取到钱才是最难的。毕竟,总得交代一个放钱的地点,总得有人去取,于是,警察经常采取守株待兔的方法将绑匪捕获,或者绑匪找一个无关的人去拿钱,警察没抓到绑匪,绑匪也没拿到钱,毫无意义。

现在,问题解决了,火车这工具,路线长而且难以实施全路段监控,而且经常路过荒僻地段,只要等火车走到类似于这样的地段,打个电话让家长在看到 XX 标志(比如某电线杆子)后,把装钱的包扔出窗外,即使家长身边有警察跟随也没用,总不能跟钱包一起跳车吧,那玩意经得起摔,人可经不起;那让火车停下来呢?不是说火车有自己的调度规则,就算公安系统事先打过招呼,铁路系统也作出回应表示要配合,

那种随叫随停的事也是不可能的。好吧,就算火车最终停了下来,相信也已经过了很长时间,火车停的地方也肯定离目标点有很长的距离,警察们千辛万苦赶到目标点,绑匪早已大摇大摆地把钱拿走,逍遥海外去了。把取钱的地点从固定的变成非固定的,这就是这本小册子的核心设想。

新晋绑匪事实也是这么做的,当他拿到那一大包的钱时,几乎幸福的晕过去:原来当绑匪竟是这么有"钱"途的事。然而不久,新晋绑匪就笑不出来了,因为他被逮捕了!

这是怎么回事,不是万无一失的策略吗?

932. 谁在说谎

一名劫匪抢劫了一家珠宝店,正好附近有一个巡逻的警察及时赶到,在作案现场附近抓到了几个嫌疑人。在询问的过程中,几个人的供词分别如下。

第一位说:"什么?抢劫?什么时候的事?中午 12 点半?那时我正在前面那个小吃店吃面。吃完了发现外面下起了雨,我躲了一会儿雨。停了我才出来,可没多远就被抓了。"

第二位说:"我和女朋友一起逛街,突然下起了大雨,我们只能待在店里。等停了我们才分手各自回家,还看到那边有一道彩虹呢!"

第三位说:"我不知道什么抢劫,我在附近的小店里躲雨,晴了以后我发现有一道彩虹,很漂亮。我最喜欢彩虹了,就一直盯着看了半天。可能时间太久了,被太阳照得很刺眼,就打算回家休息一会,没想到被你们抓来了。"

警察想了想,说这三个人中有一个

在说谎!

你知道谁在说谎吗?

933. 凶器是什么

张三是个出名的无赖，吃喝嫖赌无恶不作，还经常打老婆出气。一天张三有一次赌输了钱回家找老婆撒气。张三老婆正在厨房做饭，气急之下顺手拿起身边的一样东西向张三头上打去。没想到张三一句话没说，倒在地上死了。

张三老婆报了警，很快警察来到现场，发现张三头部被砖块之类的钝器所伤，没有流血，可能死于大脑受损。警察巡视了一圈，厨房里只有一些锅碗瓢盆之类的器具，还有砧板、菜刀、一个新买的鱼头、一块冻豆腐，以及一些青菜土豆，就是没有发现凶器。当然，没有凶器不好定案，而张三老婆由于惊吓过度，一时又不说话。

你知道张三老婆是用什么打死张三的吗?

934. 疏忽

张三和李四是好朋友，一天夜晚，张三在李四家喝酒，由于太晚了，就打算住在李四家中。可是在洗澡的时候，李四突然心脏病发作，死在了浴缸里。张三不敢报警，怕警方怀疑，就在第二天早上刚天亮的时候，他偷偷地把李四的尸体运到自己住的单身公寓里。同样，依然放在浴缸里，放满温水。并把他的衣服鞋子之类的东西放在相应的地方，最后消除自己的痕迹悄悄地离开了。

当天下午，李四的尸体被同事发现了，并报了警。法医鉴定后说："死因是心脏病突发，自然死亡。死亡时间是

昨晚 11 点左右。"

警察环视四周，沉思片刻后说："这个浴室不是第一现场，应该是谁怕麻烦后运到这里来的。"

张三疏忽了什么使警察能够确定这不是第一现场呢?

935. 露出马脚

怪盗基德打听到海边有个独栋别墅的富翁主人去度假了，要一个月后才能回来。所以他就打算去富翁的别墅"参观参观"。这天夜里外面下起了大雪，基德偷偷潜入别墅，撬开房门走进屋里。他没有开灯，怕引起巡警的注意，直接跑到富翁的床上美美地睡了一觉。第二天早上醒来，肚子有点饿，他打开冰箱发现里面有很多好吃的，就拿出了一只火鸡，点燃壁炉，一边取暖一边烤火鸡。可没过多久就听见门铃响，原来是两个巡警。

你知道他为什么引起了巡警的注意吗?

936. 破绽

村民张三向新上任的知县控告邻居无赖陈抢占他家 10 亩良田。知县派人带来无赖陈，他辩解说："10 年前张三父亲去世，没钱埋葬，便把家中 10 亩田地卖给我。我有证据在此。"说着掏出一张字据。说完将自己用茶汁浸泡得发黄的冒充成陈年旧物的字据呈给了知县。

知县小心翼翼地打开这张折叠起来的字据，一拍惊堂木，喝道："你竟敢伪造字据，欺骗本县!"

你知道知县发现了什么破绽吗?

937. 糊涂官断案

有一个屠户，一天夜里喝醉酒回家后对养女开了个玩笑，说他把女儿卖给了别人。女儿信以为真，深夜逃走了。这时，屠户的街坊、一个赌棍窜进屠户家中，杀死了屠户，并取走了他身上的十五贯钱。屠户的养女从家里逃出后，路遇一位赶考的青年，于是二人同路而行。

屠户被杀后，他的养女和赶考的青年被当作怀疑对象捉送官府。衙役从赶考的青年身上搜出十五贯钱。当时的知县是个糊涂官，一不听被告的申辩，二不去现场调查，他一见屠户的养女，就"想当然"地作出这样的推断：是女儿杀死了父亲。

请问，他是如何推理的呢？

938. 合谋

古时，一妇人来衙门告状，说有人杀死了她的丈夫李四，还抢走了李四外出做生意赚的钱。县令随妇人去验尸，发现死者的头被割走了。于是县令说："你一个人孤苦伶仃的，等我们找到尸体的头，定案之后，你就可以再嫁了。"

第二天，与妇人同村的张三来报告说他在砍柴时发现了李四的头。可能是凶手怕被人认出来，在被害死的时候头就被弄得面目全非。

县令指着妇人和张三说："你们二人就是罪犯，合谋杀害亲夫。"

请问：县令的依据是什么？

939. 窃取情报

某科技公司高层开会的时候，偶然发现在会议室的桌子下面有一个微型录音笔，想必是竞争对手安排了奸细想窃取商业情报。公司决定查出这个奸细。从录音中了解到，这段录音的前1分钟没有任何声音，1分10秒的时候有一声关门的声音，接着又是半个小时的静音状态，接着是零星几个人的脚步声，接着就是会议上讨论的内容。应该是有人将录音笔打开后藏在会议桌下面，然后离开了。半个小时后，高层领导陆续到会议室来参加会议开始开会。

根据会议的时间倒推就可以确定奸细安放录音笔的时间。而在这个时间没有不在场证据的人只有三人。第一个是市场部经理的新秘书王小姐，穿着一身白色的连衣裙，红色的高跟鞋；第二位是创作部的一位男职员李先生，穿着黑色的西装，棕色的皮鞋；第三位是人事部的王先生，一身休闲装，运动鞋。

只是凭着三个人的装束，聪明过人的总经理就推出了谁是内奸。

你知道三人中谁是奸细吗？

940. 值得怀疑

一天夜里，从菲律宾飞往北京的班机降落在首都机场，海关人员开始检查旅客的行李。

一名安检员在查看护照的时候发现有个商人打扮的人有些可疑。他来京的目的是旅游，当天早上从泰国首都曼谷出发，中午通过菲律宾首都马尼拉，飞抵北京。

在对行李详细检查时，果然发现在背包的夹层中有大量毒品。

你知道是什么原因引起了安检员的怀疑呢？

941. 失误

间谍007想从某国军队高官手中盗取一份机密情报。他首先探听到该高官会在某一时刻独自一人开车经过一段山路，于是他埋伏起来，等高官驾车到达一个转弯处时，他用全息图像制造了一个非常逼真的汽车迎面开来的图像。高官为了躲避前面的车辆，下意识地猛打方向盘，连人带车翻下十几米深的山谷中，撞在一个大石头上当场死亡。本以为车会起火爆炸，没想到因为油箱里油量不足，没有起火。

007赶了过去，偷拍了机密文件后放回原处。又从自己的车上拿来汽油浇在高官的车上点燃，瞬间高官连人带车被熊熊烈火包围。做成高官因不慎坠入深谷，车身起火死亡的假象。

但是没过多久，新闻上就出现了某国军队高官被人谋杀的新闻。

你知道007有什么失误吗？

942. 画窃贼

一天下午，小明肚子痛提前回家了。家里只有他一个人，休息了一会感觉好些了。正在这时，他听到门外有响动。透过猫眼一看，是一个陌生男子，正在撬他家的门。小明很害怕，忙躲在了床下。

不一会，男子进了屋，偷走了一些财物后离开了。

这时，小明才敢爬出来，并报了警。

警察问小明是否记得窃贼长相。小明说从猫眼里看到了，并画了出来。

过了不久，警察就抓到了窃贼，可是怎么和小明画的不一样呢？这是为什么？

943. 吹牛的人

花花公子肯特见到人就说自己的英勇经历：“去年圣诞节前一天的早上，我和海军上尉海尔丁一同赶往海军在北极的气象观测站，突然海尔丁摔倒了，大腿骨折。10分钟之后，我们脚下的冰层也松动了，我们开始向大海飘去。我意识到如果不马上生个火，我们都会冻死，但是火柴用光了。于是我取出一个放大镜，又撕了几张纸片，放在一个铁盒子上，用放大镜将太阳光聚焦后点燃了纸片，火拯救了我们的生命。幸运的是，24小时后我们被一艘经过的船救了起来。人人都说我临危不惧，采取了自救措施，是个英雄。”

你能找出肯特所说的话中，有什么不符合事实的地方吗？

944. 吹牛的将军

有一个经历过第一次世界大战的将军，逢人便吹嘘自己在战场上多么英勇，立下多少赫赫战功。

每当有人去他家中，他就自豪地给他们说起自己在浴血奋战年代的光辉历史，还拿出一枚英女王亲自颁发的金质勋章，上面刻着：

铁血英雄: 颁给在第一次世界大战中战功煊赫的 Gateway 将军

——伊丽莎白 1917

他解释说，那是他在欧洲战场上的一次著名战役后获得的。他带领一个师，在十四天内击溃了敌人三个师的猛烈进攻。死伤虽然惨重，但有效地阻止了敌人的汇合，为我军增援部队的赶到争取了时间。这一战决定了协约国的最后胜利。

一次一位朋友一听就知道这个故事并不属实，你知道哪里出了问题吗？

945. 谁是凶手

著名的学者赵教授被人杀死在了家里，现场的一切说明了凶手与被害人很熟悉，只是因为某种原因对被害人暗藏恨意。凶手逃逸时犯了一个错误，没有注意到被害人当时还没有断气。被害人在最后时刻在电话机上留下了神秘的 dyingmessage：

在案发时刻电话上有两个号码记录，都是拨出的。

第一次只留下一个"8"便挂断了。

第二次留下的号码是："121×111"。

警方经过调查，发现有以下四名嫌疑人：

张康，死者以前研究玄学时的伙伴，由于一本书的版权问题对死者怀恨在心。

王田，死者以前的学生，认为死者偏心于别的学生，对死者深怀不满。

李谦，死者以前的学生，认为死者盗用了自己的论文成果，曾对朋友声称要进行报复。

赵立，死者的邻居，由于死者将楼下院子擅自改变布置而与死者争吵，结怨越来越深。

以上四人都没有充分的不在场证明。

请试指出凶手。

946. 作案时间

两户人家住在边远的山区，一天晚上，一户人家发生了凶杀案。天亮后，

警察到另一户人家去调查，谁知这户人家只住了个年迈的老太太，除了耳朵还算灵光外，视力、腿脚都不太好了。当警察问她昨晚听到什么没有的时候，她说："我当时迷迷糊糊地睡着了，也不知道什么时候，隔壁家发生了很大的动静。只记得，先是听见钟表敲了一下，然后过了一阵又敲了一下，再过了一阵又听到钟敲了一下，就在这时候听到了隔壁的动静。"已知老太太家里的钟表在整点的时候会报时，时间到几点钟就敲几下，并且每到半点时也敲一下。你能推出昨夜发生异响的时刻吗？

947. 假作文

小明生病，请假在医院住了一周。周一上学的时候，他交了一篇作文，说是自己躺在病床上用圆珠笔仰面写的。虽然内容不够好，字迹也很潦草，但是老师为了嘉奖他的勤奋，还是把他的作文定位第一名，并发了本书作为奖励。小丽总感觉有点不对的地方，下课后她突然恍然大悟，跟老师说了。老师听了觉得确实如此，如果真按小明说的，那他的作文一定不是自己写的。你知道错误出在什么地方了吗？

948. 螳螂捕蝉，黄雀在后

小李是一个从未失过手的职业小偷。某一天，他溜到公交车上去作案。他先偷了一位西装革履的男子的钱包，等他下车后又接连着偷了一位中年女子和一位白发苍苍的老太太的钱包。他兴高采烈地下了车，躲进角落里清点刚才的战果，突然发现三个钱包里总共不过600元，接着他又叫骂起来，原来他

自己的钱包也遭非命，那里面装着5000多元啊！不过最让他生气的是，居然被人耍了一把：那个偷他钱包的人还在他的口袋里塞了一张纸条，上面写着："让你尝尝我的厉害，也不看看你偷的是谁！"大家猜猜看，那三个人中，究竟是谁偷了小李的钱包呢？

949. 谁是贩毒者

某地警方接到线人的可靠消息，在一个迪厅里有人在进行毒品交易，警方立即出动抓捕了犯罪嫌疑人，但是却没有抓到贩毒集团的头头。后来有匿名信举报说，贩毒集团的头头藏匿在一栋豪华别墅里。警方派出便衣，监视这栋别墅，发现房子里面的情况如下：一位老绅士，他除了早晚在房子外打太极拳，整天都待在屋里；照顾老人饮食的厨师，他每天骑着自行车定时定点地采购，先去菜市场，再去调料店，最后去水果店，经常大包小包；还有一个管家，有时也会出来买些东西，但看不出有贩毒的迹象。警员们通宵地分析，终于功夫不负有心人，警员们从表象上的线索发现了犯罪嫌疑人的破绽，一举破案。你能猜出谁是贩毒者吗？

950. 小木屋藏尸案

登山家张三的尸体于2月23日下午5点30分在雪山上的一间小木屋里被人发现。赶到小木屋的警察，一面勘验尸体，一面搜查凶手的行踪。

根据尸体的解剖，其死亡时间在当日1点30分至2点30分。而山庄的老板表示2点整曾和张三通过电话，这样一来，其死亡时间范围更缩小了！

经过调查，涉嫌者有三名。他们也都是登山好手，和张三同在一家登山协会，听说最近为了远征喜马拉雅山的人选及女人、借款的关系，分别和张三发生过激烈的冲突。为了避免正面冲突，三人都换到山庄去住，只留张三一人在木屋里。老赵服务于证券公司，正午时离开小屋，沿着山路下山，5点多到达旅馆。走路比较快的人走这段路也要5小时20分钟，最快的纪录是4小时40分。另外服务于杂志社的老黄和在贸易公司工作的老陈1点30分一同离开小木屋。到一条分岔路时，老黄坐上了缆车，4点整到达山庄。

老陈也坐了一段缆车，本打算再滑雪下去，怎奈滑雪工具不全，只好走下山，到达山庄已经8点多了。他在上一次登山中，弄伤了腿，所以从滑雪处走到山庄行动不便，全程计算起来至少要花6小时！

老陈说遗失的滑板后来在山庄附近的树林中被发现。

他们都和死者一起来登山，而且都有作案的动机，所以这三个人中必定有一个是凶手，到底是谁呢？

951. 扑克的线索

在X楼里发现两具尸体，是一对夫妇，他们死在自己的家中，是先后死亡，丈夫A先生的死亡时间是下午5：00。妻子B小姐的死亡时间是4：00，凶器是1把水果刀，刀上只有B小姐的指纹。家里的东西都被翻乱了，家中的财务也被洗劫一空。尸检报告是这样的：B小姐身中1刀致死，丈夫A先生身重6刀致死，但是6刀中有1刀的伤口是被处理过，止过血的。

死亡夫妇有 2 个孩子，一个是 6 岁大的儿子，还有一个是 15 岁大的女儿。当时那个 6 岁大的儿子躲在一边看到了整个案发经过，但是由于当时受到过度惊吓，不能开口说话了。

于是公安人员请来了专家，这位专家给那个小孩 4 张牌：1 张 J、2 张 Q 和 1 张 K。这个孩子将 1 张 J 和 1 张 Q 折了一下竖直的放在台上，令它们有站立的姿势；另一张 Q 被撕碎了一点，然后平放在台子上，让它有躺着的姿势，最后一张 K，那个孩子把它撕得粉碎。

公安人员根据这 4 张各自不同的牌的各自不同的姿势，在根据各种情况的调查，终于查出了事实的真相。

请问，这不同的 4 张牌分别代表什么意思，姿势又是怎么回事，事实的真相究竟是怎么样的？

952. 不在场的证明

一家珠宝店打电话报警说两名歹徒抢了数百万的珠宝后，刚刚乘坐一辆黑色"本田"车逃跑，并告诉了警察车牌号码。

警察马上开着警车向距警察局大约 5 公里的案发现场赶去。刚出警察局的大门，就差点撞到一辆在路上缓慢行驶的汽车。对方马上下车向警察赔礼道歉，警察一看这辆车，发现有什么不对：本田，黑色，连车牌号也同刚才报案的车牌一致。可从这里距案发现场还有一段距离，劫匪不可能在这么短的时间赶到这里的。这究竟是怎么回事呢？

953. 消失的杯子

初冬，外面有一点点冷，小明穿着一件厚外套，围着一条毛线编成的围巾来到好朋友小刚家。

"好久不见了，我们喝点啤酒吧！"小刚很热情，拿出了两个带柄的玻璃杯。可打开冰箱一看，啤酒喝光了。"稍等一下，我下去买。"

小刚来到楼下常光顾的小店，叫了一打啤酒，又选了几样下酒的零食，十几分钟后就回到了家。正要倒酒，却发现酒杯不见了。"咦，刚才还在这儿的！"

"哈哈，趁你刚才买啤酒，我把它们变到了楼下，你上来时没看到吗？"小明打趣道。

"怎么可能？你又没有下楼。就算你直接从窗子往下扔，也会摔碎的，这可是九楼啊！"可小刚从窗口往下一看，发现楼下的空地上有两个闪亮亮的东西，可不正是家里的酒杯嘛！

你知道小明是怎么把两个玻璃酒杯在没下楼的情况下完好的转移到楼下的空地上的吗？

954. 百密一疏

某富翁得知有警察要来调查自己的非法资产，就将自己大部分的财产装在一个密闭的铝合金大箱子里，用自己的私人飞机运到大海上，投入了一个秘密的地方。打算在事情结束之后再想办法打捞出来。

本来以为一切毫无破绽，过程中又没有任何人看到，为什么警察还是找到了他藏匿赃款的地方呢？

955. 陷阱

暑假期间，警察接到报案说某大学宿舍发生一起谋杀案，便立即赶到了现场。发现死者名叫张三，住在这栋两层的宿舍楼里。死者趴在大门口，头对着大门，背上心脏的位置垂直射进一直短箭。像是死者要开门进入宿舍楼，有人在背后痛下杀手。

经过调查发现，和死者有仇的人只有一人，但此人案发时在宿舍中，根本不在死者背后。楼下门口的管理员也可以证明他从没下过楼。

警察轻轻翻动一下尸体，发现死者手里攥着一张百元大钞，立即明白了怎么回事。

你知道张三是怎么被杀的吗？

956. 死因

一天早上，一位董事长死在自己家的车库里。警察接到报案后马上赶到现场。调查发现死者倒在车旁，死因是氰酸钾中毒，死亡时间是当天早上7点左右。看样子应该是准备开车出门时，吸入了剧毒气体致死的。

可是调查发现那天早晨没有任何人接近过车库，现场也没有发现能产生氰酸钾的药品和容器。

那么，凶手到底是怎样毒死董事长的呢？

957. 司机去哪儿了

一天夜里，在一辆运货的蒸汽机车上，副驾驶员向列车长报告说："不好了，刚才山本司机跳车逃走了。"

列车长大吃一惊，马上报警。警察沿着铁路线寻找，却没有发现任何痕迹。这究竟是怎么回事？司机为什么凭空消失了？

958. 第二枪

大楼的一间公寓里突然传出枪声，管理员赶来看时，房间由里面锁着，打不开。

他正要用备用钥匙时，里面又传出枪声，子弹穿过门，差一点射中管理员。

管理员胆战心惊地打开门，看到一男子右手握枪，伏在桌上，已经死亡。

男子额头中弹，现场有遗书，证实这是一起自杀，问题是额头中弹会立即死亡，自杀者怎么有可能还会再开第二枪呢？

究竟是谁开的第二枪？

959. 隔空杀人

滑雪场一女游客突然尖叫一声，从登山升降椅上摔到山谷里。

事件发生时，私家侦探K博士刚好坐在她后面的第二个升降椅上。当时风雪交加，根本看不清前面。

到了山顶，他马上滑到尸体旁边，女游客是被锐器刺进胸口后跌下山谷死的，但找不到凶器。

"她前面的座位没人，再前面的座位上坐着一位男游客，可他离死者10米远，不可能杀死她吧？"管理员说。

"就是他"，K博士做出结论。

你知道凶手是怎么作案的吗？

960. 煤气泄漏之谜

美丽的"金丝雀"萧兰死在自己的家中，现场是大款程福清为她购买的公寓的卧室，当时她已怀有四个月的身孕。

经尸体解剖发现萧兰的死亡时间

是晚上 9 点钟左右，因煤气吸入过量死亡。临死前她服用过未超量无法致死剂量的安眠药。

现场勘查，煤气开关开着。上面只有萧兰的指纹，房间里没有发现遗书。床头柜上放着一只打开的冰淇淋盒，里面是吃了一半的无色果味冰淇淋。

经侦查，大款程福清有谋杀萧兰的嫌疑，因为他不可能与萧兰结婚，也不能让萧兰把腹中的孩子生下来。如果萧兰告发他通奸，他将身败名裂。

程福清称述：当晚 7:30 为萧兰买来冰淇淋，8:00 看着她服下安眠药后离开公寓，在门口遇到过邻居。离开公寓后即驾车 20 分钟到朋友处打牌直至天亮，过程均有证人可做证。

侦察人员会同技术人员对煤气灶的结构做了仔细的研究，并进行了实验，终于发现了煤气外泄的秘密。

在充分的证据面前，程福清终于交代了他预谋杀害萧兰以掩盖自己的丑行的过程。

你能分析出程福清是如何在煤气灶上做手脚的吗？

961. 遇害真相

荒野中，有个男子被人绑在树上窒息而死。有人路过发现了尸体报警，不久警察来到现场。

警长发现男子的嘴被堵着，脖子被生牛皮绕了三圈。经警方鉴定死亡时间是在下午四点左右。警方马上逮捕了一个嫌疑犯。

但经过调查，此人从上午至下午尸体被发现为止，都不在作案现场。警方找不到证据，要释放此人。

其实真凶就是他，你知道他是用什么手段蒙蔽警方，杀死男子的吗？

962. 消失了的凶器

在一所大学体育馆的女子淋浴室，有位裸体女学生被杀，是被人用细绳勒死的。可是现场只有毛巾、浴巾，没有发现任何类似绳子的东西。在案发当时，另一位女大学生也在场淋浴，因此她的嫌疑很大，可是她的同学都清楚地看到，她也是赤裸的从淋浴室里走出来的，毛巾、浴巾太粗，根本无法形成脖子上的细细的勒痕。在所有的下水道、排水口等地也没有转移凶器的迹象。

刑警看了观察现场的结果，都觉得很奇怪，这个消失了的凶器至关重要，它究竟哪里去了呢？

963. 消失的赎金

一位上市公司董事长的孙子被人绑架了，绑匪要勒索一百万赎金。

绑匪要求把钱用布包起来，放进皮箱。晚上十点，放在街角公园门后的垃圾箱旁。董事长为了孙子的安全，只好按照要求做了，并派人暗中监视。十点刚过，就有一个拾荒者走到垃圾箱前，拿起皮箱转身就走。董事长派的人立即开始跟踪。只见拾荒者走了一段路后，拦下了一辆出租车，到了市里最大的一家超市拿着箱子下了车，并将箱子存放在了超市的储物柜中，一个人走了。跟踪者守住箱子，心想一定还会有人来拿，可过了很久都没有人。他们觉得不太对劲，就过去打开箱子一看，箱子竟然是空的。

你知道这是怎么回事吗？那一百

万赎金哪里去了？

964. 爆炸谋杀案

警方的一位证人被人杀害并烧死在自己家里。现场调查发现，死者先是被下了安眠药，然后由于煤气爆炸，引发了大火烧死的。在现场只有冰箱、洗衣机、微波炉、电话等一些简单的家具电器。根据调查，爆炸时也没有外人在场。当天晚上这一带有大面积停电，不可能是电器短路引起的，究竟是什么引发的煤气爆炸呢？

965. 台长的密室

柯南去电视台看一部侦探片的录制过程，这次节目的主持人是L先生和D小姐。D小姐是这里快要辞职的一个主持人(原因不明)；L先生的业余爱好是打枪，而且技术很高，在公司还是一流的主持人，自己却很谦虚。

节目的开始又是那老一套的对话，持续了一个多小时，这个侦探片的内容让柯南无聊得简直要睡着了。这时，突然冲进来一位勤杂人员，他报告来的消息却让柯南从梦中猛醒过来。

"10分钟前，台长先生在6楼……被……被枪杀了！我……我就跑来了……"说着便晕过去了。柯南本能性地从现在的9楼(顶层)直冲向案发的6层去。

电视台的楼很大，而且只有一个楼梯，从9楼录制节目的房间跑到案发现场用了柯南六七分钟的时间。

站在那个被勤杂人员撞开的门前，柯南检查了一下室内和门锁——锁是从里面反锁上的，屋里面只有一扇大的

长方形窗户，以中心为轴可上下旋转，台长的尸体背靠着窗下的墙，蹲坐在地上。而窗户上印出一个花朵形的血迹，显然是被枪杀的时候溅上的。这间房子，当然成了无可挑剔的密室。

根据调查，台长这段时间因为公司人员晋升的问题跟L发生了矛盾，因此身为神枪手的L自然有了嫌疑。但是，有目共睹，L一直在9层直播节目，根本没有足够的时间作案。仅有的线索是有人看到他曾在中场休息的时候出去了2~3分钟。但这点时间根本不够跑到台长所在的6楼。

当警察问他那2~3分钟在干什么时，L回答说他在和台长通电话。检查了双方的手机，确实有一个通话时间大约1分钟的电话记录。

请问台长是被谁杀害的？密室又是如何形成的呢？

966. 奇怪的谋杀案

一个夏天的中午，一个女子死在自己的出租屋中。警察勘查现场后发现，女子死于二氧化碳窒息。推测可能是女子在沉睡时，吸入了过量的二氧化碳致死的。

这间出租屋不大，只有一张单人床和冰箱、衣柜、桌子等物品。虽然门窗都关得紧紧的，但肯定不至于因为自己呼出的二氧化碳让自己窒息。

那么这名女子到底是因为什么才窒息而死的呢？

967. 不可能的毒杀案

在一家西餐馆里。三个男人正在一起喝啤酒时，突然停电了，店内一片漆

黑。然而仅二三分钟的功夫，男服务员就端来了蜡烛，三人又借着蜡烛的光继续喝了起来。但没过多久，其中一个突然感到难受，一头扑在桌子上，不久就断了气。

死因是喝的啤酒里渗了毒药。这是一种可怕的液体毒药，只要沾到皮肤上就会致人死亡，致死量仅 0.5CC。

"当时停电是偶然的吗？"警察问询问店主。

"不，三天前附近一带的电线杆就贴着停电通知了。"

"看来罪犯是看了通知后才制定毒杀计划的，并在停电的瞬间迅速将毒液倒进了被害人的杯子里。当时店里顾客多吧？"

"不多，只有三个人。"

"那么活着的两个人中的一个就是罪犯了。他肯定准备了什么装毒药的东西。"

下面是两个人的随身物品。

嫌疑犯 A：烟、火柴、手表、带胶囊的感冒药、月票、现金 8 万元。

嫌疑犯 B：手表、手帕、口香糖、日记本、钢笔、现金 5 万元。

而且，根据店里服务员作证，这两人似乎都未离开过桌子一步，当然不可能将盛毒液的容器扔到外面。

你知道凶手是谁吗？他是用什么盛的毒液呢？

968. 赎金哪里去了

一位富翁的独生子被绑架了。绑匪要求把100万元人民币的赎金装在手提包里，于第二天晚上 12 点让他的司机在中央公园的雕塑旁挖一个坑埋进去。

富翁心急如焚，立刻报了警。警方决定派警察埋伏在公园的雕塑旁监视。晚上 12 点的时候，司机开着车，带着装有 100 万元人民币的手提包来到公园，按照绑匪的要求，挖了一个很深的坑把手提包埋了起来，然后空手走了。

警察们紧紧地盯着雕塑旁的动静。可是直到第二天中午，还是没有看见人来取钱，而富翁的儿子已经回家了。警察不知道绑匪耍了什么花招，于是挖开埋钱的坑，手提包还在，钱却不翼而飞了！

请你想一想，赎金会在哪里？绑匪又是谁？

969. 中毒

有一对兄弟因分家闹得不可开交。一天哥哥在自己开的酒吧中请来弟弟商量分家的事，并给弟弟倒了一杯可乐。弟弟担心哥哥下毒害自己，不敢喝。哥哥笑了笑，加了几颗冰块，并亲自喝了一口。弟弟一看没事，也就放了心。

两人谈了半天也没有达成共识，哥哥就生气地离开了。弟弟和哥哥吵了半天觉得有些口渴，就喝掉了哥哥喝剩下来的大半杯可乐。可没过多久，弟弟就死了。

经过调查，弟弟是因中毒而死的。可哥哥也喝了这杯可乐，为什么只有弟弟中毒了呢？

970. 自杀

一位一生注重名誉如命的绅士，在一次股市崩陷时，不但输了所有的钱，还欠下了巨债。他想自杀，但想到自杀后将会名誉扫地，就想到制造他杀的假象，以便保住名节。

结果他真的成功了，因为他用来自杀的手枪在十几米外的羊栏内被发现。照理说他头部中弹应该是立即毙命，怎么能够把手枪扔出十几米远呢？你知道他是怎么做到的吗？

971．不在场的证明

在一个初秋的夜晚，一名独居的男子被人用瓦斯毒死在他房子里。半夜时，管理员因为闻到了瓦斯外泄的味道所以才将他的房门打开，于是就发现了尸体。

厨房中的瓦斯开关上接了一条长长的塑胶管，瓦斯正大量地从管中外泄出来。而且不知是什么原因，在厨房的地板上有一大片的水渍。

解剖尸体后，发现死因是一氧化碳中毒，而且还曾经服用过少量的安眠药。死亡的时间大约是晚上 9 点钟。在这个狭小的房间里，若是关上门、窗，再将瓦斯全部打开的话，在 20 分钟内就必定会死亡。也就是说，凶手可能在 8 点 40 分左右就开了瓦斯然后逃走。

但是，两天后警方逮捕了嫌疑犯后，却发现嫌疑犯当天晚上 7 点时，正因车祸而被警方关在拘留所中，整整关了一个晚上。而若是这名嫌疑犯在 7 点之前就开了瓦斯，然后逃走，则被害者的死亡时间应该是 7 点 20 分才对。不过，被害者的确是死于 9 点钟左右。

那么，这名嫌疑犯究竟使用了什么方法才使瓦斯延后了 1 小时 40 分钟释放了出来呢？

972．密室杀人案

"他可真惨呀，"工藤望着那尸体，"看来子弹穿过身体……"

"你来之前，没有人动过尸体。"一旁的警长答到。

"怪就怪在这里了——门是锁上的，窗开着，下面没有人能爬的上来，且距离窗户 1.5 米的地方有一旗杆，一般人绝不可能跳过来；尸体是 11 点 30 分被服务员发现的。经过法医验证，死亡时间是 11 点左右。虽说子弹穿过胸部，不过在身后的爆竹却没有爆炸，四周无其他可疑物品，最值得注意的是没有发现子弹。"

"真是奇怪了，难道是自杀？"警长迷惑不解。

这时，警员已经询问完有关人员。

"我叫 A。就住在死者隔壁房间的。11 点左右嘛，我在房间里……对了，一个服务员可以作证。死者房间里从 10 点就黑着灯，也许是睡觉了吧。他房间钥匙？天知道，当然他自己有了；服务员应该也有，别人肯定不会再有了吧。"

"我是 B，是这间旅馆的服务员。我是……11 点 2 分到的 A 先生房间，为他烧开水。"

"我是 C，从日本来的旅游者，11 点左右……我在房间看电视……但没有人能证明。"

"我叫 D，是死者的商业伙伴，10 点 30 分我和死者就去楼下吃夜宵了。11 点 20 分左右才回来，饭店服务员可作证。"

"对，我是饭店服务员，10 点 20 分那位死者先生先来的，过了 5 分钟 D

先生才来。11 点死者回去了，而 D 先生 11 点 10 分左右才回去，之后警察就来了……"

警员们勘察完现场后，向警长报告说："在现场后院，发现了一条绳子，化验说明与现场的门把手物质相同。旗杆是很滑的，高度到窗户正中央，在走廊发现可疑脚印，无法确认是男的还是女的。在窗户底边缘上发现一颗向下很紧钉住的钉子。门钥匙在死者裤兜里找到，垃圾箱里发现钓鱼线和针，钥匙扣上有透明胶带。"

听完这些，工藤冲向现场，果然在正对着门的墙上发现子弹痕迹！于是他指着 D 说："你还是认罪了吧，要不要我们把你的手枪，子弹都搜出来？

D 只好认罪了。

那么，请问 D 的作案手法是怎样的呢？

973. 壁板诡计

在巴尔的摩市，1849 年 10 月 3 日发现了一个身无分文的游客倒在路边，被人们送进医院后，一直没有恢复知觉，于 4 天后死亡。他原来就是世界上最早的推理小说《摩尔哥街杀人案》一书的作者爱德华·爱伦坡。《摩尔哥街杀人案》一书是以密室杀人为题材的作品。而在爱德华·爱伦坡死后 130 年的一天，在巴尔的摩市又发生了一起奇怪的密室杀人案。在一间空房里发现了一具少年的尸体，是被用绳子勒死的。这个少年几天前遭绑架，被罪犯勒索了 10 万美元赎金后下落不明。少年是在一间存放杂物的储存室内被勒死的。可奇怪的是，门从里面反锁着。因房间狭窄，

当然连一个窗户也没有。四周全是壁板墙。每块墙板上都可见到无数个铁钉的钉帽。也就是说，这间房子是纯粹的密室。大概是罪犯为了不让别人发现而故意选择了这个密室的。

这样一来，勒死少年后，罪犯究竟从什么地方、怎样离开房间的呢？

负责调查这个案件的刑警很小心地进入这个房间后，用铁锤和拔钉器起开墙上的壁板，便发现了罪犯的诡计。

那么，你知道罪犯是怎样造成这间密室的吗？

974. 手枪哪里去了

一个漆黑的夜晚，警长木村正骑着自行车沿着河边的路巡逻。突然，从下游大约 100 米处的桥上传来一声枪响。木村马上蹬车朝桥上飞奔而去。他一上桥便见桥当中躺着一个女人，旁边还有一个男的，那个男的见有人来拔腿便逃。与此同时，木村听到"扑通"一声，像是什么东西掉进了河里。

木村骑车追上去，用车撞倒那男的，给他戴上了手铐，又折回躺在桥上的女人身旁。这时他发现女人左胸中了一枪，已经死了。

"这个女的是谁？"

"不知道，我一上桥就见一个女的躺在那儿，吓了我一跳，一定是凶手从河对岸开的枪。"

"撒谎！她是在近距离内被打中的，左胸部还有火药黑色的焦糊痕迹，这就是证据。枪响时只有你在桥上，你就是凶手。"

"哼，你要是怀疑就搜身好了，看我带没带枪。"那男的争辩着。

木村搜了他的身，没有发现手枪。桥上及尸体旁也没有发现手枪。这是一座吊桥，长 30 米，宽 5 米，罪犯在短时间内是无法将凶器藏到其他什么地方的。

"那是扔到河里了吗？方才我听到了水声。"

"那是我在逃跑时木屐的带子断了没法跑，就将它扔到河里了，不信你瞧！"那男的抬起左脚笑着说。

果真左脚是光着的，只有右脚穿着木屐。

无奈，木村只好先将他作为嫌疑犯带进附近的警察局，用电话向总署通报了情况。

刑警立即赶来对现场进行了勘查取证，并于翌日清晨，以桥为中心，在河的上游和下游各 100 米的范围内进行了搜查。

河深 1.5 米左右，流速也并不那么快，所以枪若扔到了河里，流不多远就会沉到河底的。然而，尽管连电动探测器都用上了，将搜查范围的河底也彻底地找了一遍，但始终没有发现手枪的踪迹。

然而石蜡测验结果表明，被当成嫌疑犯的男人确实使用过手枪。他的右手沾有火药的微粒，是手枪射击后火药的渣滓变成细小的颗粒沾在手上的。另外，据尸体内取出的弹头推定，凶器是双口径的小型手枪。那么，凶手在桥上射死了女子后，究竟将手枪藏到哪里去了呢？

975. 美丽的罪犯

有个小区发生了盗窃案，警察把小区里所有的住户都询问了一遍，得到的结论是：小偷是一个 25 岁左右、年轻貌美并化了很浓的妆的女子。据目击者说，这个女子并没有戴手套，还在超市里拿了东西因为没钱又放了回去。警察到超市把这个女子拿过的东西检查了一番，可是上面没有留下任何指纹。但超市老板确定那个女子拿过这些东西，这到底是为什么呢？

976. 转移财产

二战时，在德军集中营里，囚禁着一个年迈的老人。他是一个非常有钱的犹太人。但德军在逮捕他的时候，根本没有找到一分钱，甚至还发现他有很多债务，这与老人公司的账户记录非常不符。德军希望在监控中发现老人财产的去处，但是一年多下来，老人除了很珍视女儿的一封信之后，没有发现其他异常之处。有一天，老人说："想得到我的财产可以，但必须先允许我寄封信给我女儿。你们放心，我不用你们替我出邮费，把我女儿给我这封信上的邮票揭下来贴到这个上面就行。"德军反复检查了信的内容后，没有发现异常，就同意了。谁知，过了几天，老人说："我已经把我的财产从你们眼皮底下转移走了。"

这到底是怎么回事呢？

977. 他是怎么死的

一个夜里，一个恶贯满盈的商人在峭壁险峻的海岸山道上开车，当车到了一个急转弯处，突然前方急驶而来一辆车。两辆车速度差不多，离得越来越近。而且无论他怎么转弯，对面的车都与他相同，像是故意要与他相撞一样。眼看就要撞在一起了，商人马上猛打方向盘，只听哗啦一声，车子飞下了悬崖。商人也因此死了。

警察调查发现，那附近应该不会有其他车辆，因为那座山是被商人买下的，在上面建了豪华公寓自己居住，所以只有商人才会走那条路。

这位商人到底是怎么死的呢？

978. 密室盗宝

一个富翁收藏了一颗价值连城的钻石，有一天，著名的大盗给他寄了封信："今晚12点左右我要把你的钻石偷走。"富翁看到这封信很是害怕，就立刻报了警，警方决定在富翁家进行监视。富翁把钻石放到盒子里，然后把钻石和盒子一起放到自己家的一个密室里，这个密室除了一个石门外，没有其他路能进去。警察就在石门外守着。等到钟声敲过12点，刚过5分钟，就有个信差送来一封信："我已经拿到想要的钻石了。"警察赶忙打开密室，发现盒子还在，钻石已经不翼而飞了。这到底是怎么回事呢？

979. 报警电话

陈婧在香格里拉大酒店被歹徒挟持，歹徒逼迫她当着他们的面给家里报平安。她只好照办。在电话里，她说："亲爱的老公，您好吗？我是陈婧，昨晚不舒服，不能陪您去酒吧，现在好多了，多亏香格里拉大酒店的经理上月送的特效药。亲爱的，不要和我这样的'坏人'生气，我们会永远在一起的。请您原谅我的失约，我的病很快就会好的。

今晚赶来您家时再向您当面道歉，可别生我的气呀！好吧，再见!"

可是5分钟后，警察突然出现在他们面前，歹徒不得不举手投降。你知道陈婧是怎么报案的吗？

980. 有罪的证明

某市公安局抓住了一个惯窃犯，在他的住所搜出大量现金及照相机等赃物。讯问时，这个惯犯很不老实，一口咬定现金是拣来的，照相机是几年前从旧货店买的。公安局决定以审讯照相机的来历为突破口，并由证人(照相机被窃者)出庭作证。下面是审讯时的一段记录：

审判长：(问证人)"照相机有什么特征吗？"

证人："有，这个照相机与众不同，它有一个暗钮，不熟悉的人是找不到这个暗钮的，也就打不开照相机。"

审判长："被告，你把这架照相机打开。"

被告："审判长，假若我打不开，那就证明照相机不是我的，假若我能把它打开，那就证明照相机是我的！是这样吗？"

你知道这句话哪里有问题吗？

981. 凶手就是你

一天夜里，侦探小五郎正在睡觉，被一阵敲门声惊醒。打开门一看，正是楼下邻居马丁教授的外甥汤姆。汤姆一脸惊慌地对小五郎说："今天舅舅找我来说有事商量，可刚才我去的时候，敲了好久的门却没人开。我担心舅舅出事了，而我一个人又不敢进去。您可否跟我一起去看看。"

"你怎么知道你舅舅会出事？"小五郎一边穿衣服，一边问道。

"你也知道，我舅舅最近中了300万元的大奖，很多人都盯着这笔钱呢！"汤姆解释说。

不一会儿，两人来到马丁教授的门前。小五郎试了试，门被锁上了。敲了几次门，里面也没有任何动静。二人合力将门撞开，屋里漆黑一片，什么都看不见。小五郎试着去开门口过道边的灯，可是没有亮。汤姆说："灯可能坏掉了，里面还有一盏台灯，我去开。"说着走到里面，顺利地打开了台灯。屋子被照亮后，赫然发现马丁教授就躺在离门口不远的过道上，死了。

汤姆惊恐地说道："天啊，这是谁干的？"

两人检查了一下尸体，发现人已死去多时了，旁边角落里的保险柜的门打开着，里面空空如也。看上去就像是劫杀案一样。

小五郎看了看过道中间横趟着的尸体和对面站着惊恐万分的汤姆，冷笑一声说道："别演戏了，凶手就是你！"

你知道小五郎是如何判断的吗？

982. 消失的新郎

汤姆和莉亚一见钟情，才认识不到一个星期，便闪电般地结了婚。莉亚接受了汤姆的建议，决定乘坐最近一班豪华游轮去度蜜月。两人登上游轮，两名身穿制服的水手热情地接待了莉亚。汤姆似乎乘坐过这艘游轮，对船上的地形比较熟悉，分开混杂的人群，带着莉亚来到一间标有 A37 的客舱，并安顿了下

来。很快，船就驶出了码头。

"船上人员比较复杂，如果你带了什么贵重的物品的话，最好还是寄存到事务长那里比较好。"汤姆向莉亚建议道。

"带了2万美金，我的全部家当。"说完，莉亚将装有美金的手提箱交给了汤姆，请他去事务长那里寄存。

等了好久也不见丈夫汤姆回来，莉亚只好出去寻找。可是找了半天依然没有找到，而且自己还迷路了，连自己的房间都找不到了，莉亚只好询问侍者。

"A37 号房？你确认你没有记错？我们这里最大到 30 号，从来没有A37 号啊！"侍者回答道。接着，侍者又查看了接待簿，上面登记的是 A23号房，而且只有她一个人的名字。又询问了事务长，也没有谁寄存过 2 万美金的记录。

"咦！我的丈夫哪里去了？"莉亚又想起了上船时接待自己的水手，他们应该记得自己的丈夫，便向他们询问。"我记得很清楚，您是我们最后一名乘客，上船的时候你身边没有其他乘客啊！"两位水手十分肯定地回答道。

莉亚一下子懵了，这到底是怎么回事？新郎怎么就消失了呢？

983. 门口的烟头

著名的美女画家苏珊被杀了，侦探小五郎赶到现场调查。发现现场除了一截吸了几口的烟头在画家家门口的地上外，再没有其他任何线索。

法医鉴定，死亡时间大概是前一天晚上 10 点到 12 点钟，而这个时间可能的作案者只有两人。一个是被害者的情

人，他与被害者关系密切，可最近不知为何经常争吵；另一个是一位推销员，他喜欢死者，追求过多次都遭到了死者的拒绝。

而且，两人都吸这个牌子的香烟。看来只能将烟头带回去检测 DNA 了。

小五郎突然眼睛一亮，对众人说："凶手一定是那个推销员！"

你知道他是如何推断出来的吗？

984. 谁是凶手？

一天夜里，巡警在街上巡逻，突然听到前面不远处传来了两声枪响。他们赶紧赶了过去，发现一名男子倒在地上，胸前中了两枪，地上留下两个子弹壳。

警察马上开始对附近的可疑人员进行搜查，很快发现了两名嫌疑犯甲和乙。他们都带着手枪，嫌疑犯甲带的是一把自动式手枪，而嫌疑犯乙带的是一把左轮手枪。

警察马上就锁定了真凶。你知道到底谁是凶手吗？

985. 隐藏的证据

冬天的夜里，一个小偷潜入一位富翁家中盗走了大量财物。当天夜里，下起了今年的第一场雪，一直下到了后半夜，路上积了厚厚一层，掩盖了所有的证据。

第二天一早，富翁醒来后发现家中被盗，立即报了警。警察经过调查，发现附近一名单身男子有重大嫌疑，于是到男子家中调查。

"昨天晚上 8 点到 10 点的时候，你在干什么？"警察盘问道。

"我这几天去外地出差了，今天早上才回来的。"男子答道。

警察看了看男子房屋窗台上的几道冰溜子，厉声喝道："你在撒谎，快交代你把赃物藏在哪里了！"

请问，警察是怎么知道这个男子在撒谎？

986. 抛尸现场

有人报案说在海边发现了一具用防水袋装着的尸体，警察立即赶到现场调查。发现这片海滩鲜有人至，现场遗留的痕迹几乎没有被破坏。很明显是有人杀死人之后，将尸体用防水袋装起来，抛尸至此。现场没有可疑的脚印，只有一道轮胎痕迹。

有经验的警察马上断定，这是有人用厢式汽车把尸体运过来抛尸的，而绝对不是普通的小轿车。根据这条线索，很快警察就破了此案。请问，警察为何断定凶手是用厢式汽车运尸体的呢？

987. 奇怪的委托人

一天，警长在另外一座城市遇到了一位认识的侦探，两人攀谈起来："事务所的工作不忙吗？还有时间出来旅游？"侦探挠挠脑袋说："我现在就在工作啊！前几天刚接到一个奇怪的委托，让我跟踪一位女孩子，只需记录每天的行踪即可，却给了我一笔不菲的酬金。而在我跟踪这个女孩子的时候，发现她来到这座城市旅游，每天不是观光，就是逛街，再正常不过了。"

"这么奇怪，那委托人想让你调查她什么呢？"警长问道。

"是啊！我也觉得奇怪，所以我就

和那个女孩子攀谈起来，她告诉我说是一个男子给她钱，让她出来旅游的。而且那个免费赞助她旅游的男子竟然与我的委托人是同一个人！这让我很费解。"侦探说道。

"亏你还是侦探呢，这点小伎俩你都没有识破！"警长一听大笑起来。

侦探似乎也想到了什么，连忙起身准备离去："哦，遭了。我得走了，改天再请你喝咖啡吧。"

你知道这位委托人的真正目的是什么吗？

988. 作家之死

迈克是一位恐怖小说作家。一天早上，有人发现他死在了自己的书房里。他面目惊恐，死于心脏麻痹。桌上有半截蜡烛和一叠他写的恐怖小说，内容非常恐怖。警方推测可能是他太沉迷于小说情节，精神过度紧张，以致心脏麻痹致死。死亡时间大概在前天晚上 12 点左右。

警长指着那半截蜡烛问道："昨天这里停电了吗？"有知情人回答说："那是作家的写作习惯，他写作时不喜欢点灯，而是喜欢在烛光下写恐怖小说，他觉得那样更有写作氛围，更有创作灵感。"

警长若有所思，然后一口断定："这不是意外死亡，是凶手用什么特殊手法让其心脏麻痹，而伪装成意外死亡的样子！"

你知道警长是根据什么断定这是一起谋杀案的吗？

989. 并非自杀

一位公司领导报案称，自己一名没有请假的下属已经三天没有上班了，可能出了什么意外。警察来到该名职员的家中，敲门没有任何回应。于是警察撞门而入，发现屋子里满是煤气的味道，煤气的阀门打开着，窗子上的缝隙都用透明胶带封了起来，上面没有任何指纹；那名职员躺在床上，已经死了，床头还放着一个空的安眠药瓶子。看起来像是决心自杀。

但是警察马上判断这不是自杀，而是有人布置的假现场。你知道这是为什么吗？

990. 说谎的嫌犯

一位年轻人报警说，自己和朋友去森林里打猎，突然闯出两名大汉，把他的朋友杀死了，并抢走了他们的所有财物。

警察赶到现场，向年轻人询问事情的经过。年轻人说："我们打完猎，准备吃烤好的兔子。这时从树林里跑出来两名大汉，他们把我打晕了，等我醒过来，发现我的朋友已经被杀死了，于是我就报了警……"

警察调查了现场，发现死者死亡时间大概在一个小时前，死因是被钝器打碎了颅骨。中间有一堆燃烧的树枝，火很旺，上面烤着的兔子油汪汪的，发出迷人的香气。

这时，警察指着年轻人说："别装了，你就是凶手。"

请问，警察是如何推断出来的呢？

991. 浴缸里的死尸

一天深夜 11 点，警察局接到报案，报案人称自己新婚不久的妻子死在了浴缸里。警长马上前去现场调查。报案人是一家外企的主管。他介绍说，自己今天加班，于是在晚上 9 点的时候给妻子打电话，妻子在浴室接了电话，说自己正在放水洗澡，让他过半个小时再打回来。过了 1 个小时，当他再往家里打电话的时候，却没人接。又过了大约 30 分钟，他再一次打电话，家里依然没有接。他有点担心，便匆匆赶回家，一进浴室就发现妻子死在了浴缸里。

警长查看案发现场，鲜血已经把满是肥皂泡的浴缸水染红了，浴缸边有一个半满的啤酒瓶，还有一只手机，上面有两个未接电话，正是报案人打来的那两次电话。

警长想了想对报案人说："你在撒谎，凶手就是你！"

你知道警长发现了什么关键线索了吗？

992. 私杀耕牛

包拯在扬州天长县当县令时，曾办过这样一个案子：一个人前来告状，称自己家的耕牛被人割掉了舌头。包拯秘密告诉他，叫他先回去，把牛杀了，然后公开叫卖牛肉。

当时，耕牛是非常重要的，私杀耕牛可是一项大罪。你知道包拯为什么还是叫他回去杀牛吗？

993. 消失的案犯

警察跟踪两名罪犯，发现到了一个悬崖边上时，脚印突然不见了。只见对着悬崖方向有两排不同的脚印，正是两名罪犯所穿的鞋子留下来的。但是却没有返回的脚印，这怎么可能呢？难道两个人从悬崖掉下去了？这个悬崖又高又陡，掉下去必死无疑。

你知道两名案犯是如何布置的这一切吗？

994. 遗作

有人在拍卖一幅名画家的遗作，价格标到 300 万美元。据说这幅作品是该知名画家在和朋友旅行时，遇到暴风雪，连续几天温度都在零下三十度左右，画家受了伤，而且随身携带的所有物品都丢失了。最后，画家在朋友的帮助下终于找到了一间废弃的小木屋，两个人躲在木屋里，用唯一的一副手套堵住了窗子上的破洞。画家的伤越来越重，预感将不久于人世，为了报答忠实的伙伴，他在木屋的小柜子里找来一支旧钢笔和一小瓶墨水，为朋友画了最后一副素描，不久就死去了。

大侦探小五郎听到这里，就马上断定这幅画一定是假的。你知道小五郎是怎么看出来的吗？

995. 辨认凶手

一天，警察正在巡逻，突然听到河边有人呼救，警察立即赶了过去。只见一个蒙面男子手持一把尖刀正在抢劫一位年轻女士的财物。当警察赶到的时候，劫匪已经得手，并潜入河中向对岸逃去。警察简单地向女士了解一下受伤情况便立即从旁边的一座桥上追了过去。当警察赶到对岸的时候，劫匪已经不见了，只是留下一行逃走的水迹。警察循着水迹追了大约十分钟，来到一片废弃的屋舍前，水迹也模糊了起来。经过调查，警察发现废弃的屋舍里只住着两名流浪汉，他们平时都会做些小偷小摸的勾当，可究竟刚才是谁抢劫了女士呢？警察向两位流浪汉询问。流浪汉甲正在屋子里看书，他剃了一个光头，穿着一身睡衣。听说有抢劫案，他马上辩解说："我从昨晚开始一直都在家里，从没出去过。倒是隔壁的那个家伙，我听到他才从外面回来，一定是他做的。"

说着他还自告奋勇地带着警察来到了隔壁流浪汉乙的房间。只见他正在睡觉，房间一个角落的盆里泡着一盆脏衣服。流浪汉甲一把揪起流浪汉乙说："你还装睡，抢劫犯一定是你！看，你那盆衣服就让你原形毕露了！"

这起劫案究竟是谁干的呢？

996. 死去的登山者

有位猎人在一片大山中偶然发现了一具尸体，于是他马上报了警。警察赶到现场，发现死者是名男性，身穿登山服，背着登山包，还带着登山用的专业工具，看上去像是一个登山爱好者。死者身上除了一些擦伤，没有明显的外伤，死因是饿死。解剖发现肚子里空空如也。初步判断是登山时迷路困于山中，因过于疲劳和饥饿而死。

可是有经验的警长一听马上指出，这一定不是意外，而是谋杀。请问这是为什么？死者到底是怎么死的？

997. 死亡时间

在运动场上，一名田径运动员在训练的时候，被人从后面用钝器杀死。警

察和法医马上赶到现场调查。法医摸了摸尸体，发现身体还有体温，便下判断说："看来他死的时间不长，不到一个小时。"警察检查了一番后，肯定地说："是的，死亡时间是在 31 分 57 秒之前。"

法医非常惊讶："你不是在开玩笑吧！你怎么可能知道如此精确的死亡时间？"

"没开玩笑，你看这个！"说着警察给法医看了一样东西，法医认同了警察的观点。

请问：警察给法医看的是什么？他们认定的死亡时间为什么会如此精确呢？

998. 误伤还是故意？

汤姆的儿子是个只有六岁的小调皮，平时总喜欢用玩具枪和爸爸玩警察抓坏蛋的游戏。见到爸爸下班回家，便偷偷躲在花园里，向爸爸开枪。爸爸每次都配合他，被打中之后，装着倒在地上。这天，爸爸带着一名生意伙伴回家，快到家的时候，爸爸特意向伙伴介绍了自己儿子的爱好，希望他能够配合一下。生意伙伴欣然同意了。

到了汤姆家门口，儿子真的持枪在恭候他们，只听"嘭"地一声，枪里射出的竟然是真子弹，客人当场惨死。汤姆的儿子还以为是在做游戏，高兴得不得了。

本来是一场小孩误伤人命的案件，可警察还是将汤姆抓走了，请问这是为什么？

999. 假借据

王涛是一家贸易公司的高层管理人员，正在公司发展蒸蒸日上的时候，他却因为癌症病死了。葬礼后没几天，一位陌生人来到王涛家，对他太太说："我是王涛的生意伙伴，他曾经因业务需要向我借了 50 万元钱。现在他死了，这笔钱应该你来还了吧。"说着拿出了一张借据。

王太太看了看借据，只见上面写着："因业务需要向 XXX 借款 50 万元。"并有丈夫的签名。王太太不假思索地说："对不起，我丈夫从来没有提起过此事。而且你这张借据是假的，你要是继续纠缠的话，别怪我报警了！"

陌生人一听，马上灰溜溜地走了。

你知道王太太是如何发现借据是假的呢？

1000. 消失的罪犯

在太平洋一个著名的海滩上，正赶上旅游旺季，如织的游客在兴高采烈地玩耍，享受着惬意的休闲时光。突然，前面出现一阵骚乱。只见一名光头男子正在追逐一名披肩长发、穿着黑色泳衣的年轻女子。巡逻的警察发现后，马上前去拦截。不多时，就与几名热心游客一起拦下了那名光头男子。男子亮明身份，原来他是一名警察，正在追踪一名吸毒嫌犯。一番耽搁下，那名黑衣女子跑出去好远。

只见她飞快地向海中狂奔，当时游泳的人很多，但是只有她一人穿着黑色泳衣，辨认起来也比较容易。警察立即通知上司，派来大批警力，将附近围个水泄不通。可是那名嫌疑人却突然在水中消失了。没有任何设备，她不可能在海水中潜水太长时间的。

这究竟是怎么回事呢？

1001. 巧辩冤案

唐朝李靖担任岐州刺史的时候，被人诬告他谋反。唐高祖李渊派御史大夫刘成连同告状者一起前去审理此案。刘成与李靖素有私交，也了解他的为人，知道必是有人诬告。无奈告状者准备充足，罗列了大量罪证。

一天早上，告状者看到一脸惊慌的刘成正在责骂鞭打他的随从，忙过来询问缘故。刘成回答说："他弄丢了你写的状子。皇帝让我们办此事，现在状子丢了，皇帝会认为我们与李靖私通，不会放过我们的。"

告状者也感到了问题的严重性，忙问刘成有什么解决之法。刘成说："只有把此事隐瞒下来，请你再重新写一份状子补上，这样谁也不会知道。"

告状者想了想，没有别的办法也只好如此了。于是重新写了一份状子，交给刘成。

结果过了几天，皇帝就下令捉弄告状者，并释放了李靖。

你知道这到底是为什么吗？

1002. 假币

小明的妈妈在早市卖水果，这天很早就回到了家。"今天的生意特别好，快来看看我今天的收获。"小明跑了过去，接过了妈妈拿出来的一沓人民币开始数起来。数着数着，小明突然发现一张一百元的人民币是假币。制作的和真币很像，就是颜色要比真币浓重一些。妈妈接过假币一看，直拍脑袋："我怎么就没有注意到呢！"

"这里百元的钞票只有 6 张，你仔细想想到底是谁给了你这张假币？"小明提醒妈妈道。

"今天用百元钞票买水果的人一共有 3 位，因为都是大客户，所以我记得很清楚。第一位是个年轻姑娘，买了个 188 元的果篮，给了我两张一百元的；第二位是个中年男子，买了两箱价值 298 元的进口水果，给了我 3 张一百元的；第三位是一个二十出头的小伙子，买了 120 块钱的热带水果，给了我一张一百元的和一些零钱。"妈妈认真地回忆道。

"我知道了，一定是那个二十出头的小伙子给你的假币！"小明断定说。

你知道小明为什么这么说吗？

1003. 离奇的杀人案

一天早上，住在一栋 13 层公寓顶楼的王小姐被发现死于自己家中。王小姐是被人勒死的，穿着睡衣，身上有几道擦伤，死亡时间大约是前一天晚上 12 点左右。屋子里没有任何凶手留下的痕迹，也没有打斗的迹象。而且警察还发现，死者的公寓门是里面反锁的，只有唯一的一扇窗户，打开着。死者头朝向窗户趴在地上。可以说这是个密室。

死者到底是怎么死的呢？你能解开这宗离奇的杀人案的真相吗？

1004. 不是案发现场

甲是个赌徒，他欠下了许多赌债，只好找朋友乙借。到了还钱的期限，甲没有钱还给乙，便产生了杀人的念头。一天晚上，他借口说要还钱把乙请到家中来喝酒，并事先在酒中放入了安眠药。等乙睡着以后，甲把乙的头浸入用准备好的海水中将其溺死。等到半夜时分，他悄悄地将乙的尸体用车运到海边，并拉开死者裤子的拉链，扔到海里。伪装成他站在海边小便，不小心掉入海中淹死的样子。

第二天一早，尸体被冲到了岸上，很快就被人发现并报了警。法医来到现场，检查了一番后，又瞄了一眼死者戴的一块普通的机械手表，得出了以下结论：不是意外，是谋杀。死亡时间大约是昨天晚上 8 点左右，这里并非案发现场，是移尸过来的。尸体被扔到海里的时间大约是凌晨 12 点半左右。

请问法官是如何判断出来的？

1005. 不在场的证明

独自一人居住在一栋豪华公寓的张小姐被发现死在自己的床上。死因是煤气中毒。有人将一根塑料管接在了煤气阀上，并打开了阀门。一起被毒死的还有她的宠物猫。奇怪的是公寓的门窗都是从内部锁好的，也就是说这是个标准的密室杀人案。按理说，在这种密闭的房间内，打开煤气阀后，不到 30 分钟就可以让人死亡。而这段时间内，唯一的嫌疑人却有充分的不在场证明。你知道他到底是怎么做到的吗？

1006. 脚印哪里去了

一个雨后的早晨，有人在公园的足球场中心发现了一具女尸，马上报了警。警察赶到现场，发现死者是位年轻女性，背部中了两刀，尸体旁边扔着一把沾满血的尖刀。地上除了一大片血迹外，还有一排清晰的高跟鞋留下的脚印。经过对比，正是死者的。

"昨天刚下过雨，看来这起凶杀案是在雨停后发生的，血迹和脚印都没有被冲走，而且清晰可见。"法医说。

"那凶手的脚印呢？按理说，也应该留下凶手清晰的脚印啊！为什么没有呢？难道他一边逃走一边用扫帚之类的东西清除了自己的脚印？那也应该有扫帚划过的痕迹才对啊！真是奇怪！"警长接着说道。

这时，警长发现在球场的一侧有一个打扫卫生用的拖把池。马上明白了凶手的诡计。

你知道凶手是用什么手段销毁了自己的脚印吗？

1007. 急中生智

一天夜里，侦探小五郎正在自己的事务所里喝威士忌。突然，一名杀手闯了进来，用枪指着小五郎的脑袋，说："对不起了，你的末日到了！"

小五郎反而一点都不慌张，镇定地说："谁派你来的？"

"一个恨透了你的人！"

"佣金不高吧？我可以出3倍的价钱，你看如何？"

杀手看上去有些动心，手里的枪抖了几下。

"别紧张嘛，我们慢慢说。"小五郎说着给对方倒了杯威士忌。

杀手喝了一口酒，问道："你真的有钱？"

小五郎打开墙角的一个保险柜，拿

出一个鼓鼓的大纸袋放在茶几上。

杀手放下手中的酒杯，伸手去拿那个纸袋。就在这时，小五郎眼疾手快，拿起杀手用过的酒杯连同保险柜的钥匙一起扔进了保险柜，关上柜门并拨乱了密码锁的数字盘。

小五郎微微笑了笑："那个纸袋里只是些旧票据罢了。"

杀手恶狠狠地看了小五郎一眼，然后垂头丧气地走了。

你知道小五郎为什么要这么做吗？他为什么能使杀手放弃刺杀他？

1008. 离奇的毒杀案

晚饭后，史密斯先生和史密斯太太像往常一样吃水果。今天的餐后水果是苹果，女佣马上去厨房拿来一把刀，当着两人的面从中间将苹果切开。史密斯夫妇二人一人一半吃起了苹果。没吃几口，史密斯太太就开始口吐白沫，死掉了，而史密斯先生却没事。报警后，法医鉴定后说史密斯太太死于氰化物中毒。并在史密斯太太胃里的苹果残渣中发现了毒药。

可是史密斯夫妇同时吃的同一个苹果，为什么史密斯太太死了，而史密斯先生却没事呢？

请问，凶手到底是怎么做到的呢？

1009. 凶手的破绽

张局长收受贿赂的事被人举报了，他决定将此事嫁祸给李副局长。

这天夜里，张局长来到独居的李副局长家中。李副局长正在沙发上一边喝着红酒一边欣赏电视节目。见到局长大驾光临，李副局长热情地给张局长倒满了酒。这时这瓶红酒恰好空了，李副局长起身去酒柜拿酒。张局长趁机将自己带来的一小瓶氰化物倒入了李副局长正在喝的大半杯酒中。李副局长打开一瓶新的红酒，给自己的杯子倒满，然后两人开始对饮。两人喝了一小口红酒，将酒杯放在桌子上，开始聊起工作上的事。可没说几句，李副局长就毒发身亡了。张局长赶紧起身，端起自己的红酒杯去厨房洗干净后放入酒柜，然后又将地上空的红酒瓶带走，并清除了自己所有的痕迹，悄悄地离开了现场。

第二天，警察找到张局长问话。张局长表示一定是李副局长贪污的事情败露，畏罪自杀。警察却明确指出，李副局长不是自杀，而是他杀。

请问，你知道警察是如何知道李副局长是被人杀害的呢？

1010. 离奇的死亡

一天，富翁约翰博士被发现死在自己的别墅中。尸体是早上佣人打扫房间时发现的。警察赶到现场后发现尸体倒在房屋的中间，胸口中了一枪。尸体的正上方是一盏吊起来的白炽灯，还在亮着。屋子里只有一扇窗户，而且是关着的，还挂着厚厚的窗帘。玻璃和窗帘上有一个弹孔。看样子像是有人从屋外30米远处的小树林中开枪，子弹穿过玻璃和窗帘射中死者的。可问题是窗帘是拉着的，凶手是怎样瞄准的呢？死者所在的位置是吊灯下面，影子也不可能落到窗帘上。

你知道凶手是如何做到的吗？

1011. 异地谋杀案

一天夜里，在某体院馆的高台跳水

水池里，发现了一名男子尸体。该男子是著名的跳水运动员，身上还穿着训练用的服装。水池里的水很浅，可能是他一个人在训练的时候，忘记了调节下面水池的水量，从高处跳下时摔死了。后来经过化验，警察在死者的胃里发现了安眠药的成分，这就使案件变成了明显的谋杀案。但是死者死亡的时候，这个体育馆里确实只有他一人。唯一的嫌疑人在他死亡的这段时间里因为酒后驾车正在警察局受审。

请问凶手是如何在异地杀死运动员的？

1012. 处乱不惊

侦探小五郎去外地出差，他一个人坐在开往巴黎的火车包厢内。这时夜已经深了，小五郎准备休息了。刚脱掉上衣，突然一位年轻女子闯进了他的包厢。这名女子长相标致，高挑的身材像个模特一样。一进门，她就反手把门锁了起来，威胁小五郎先生交出钱包，否则她就扯开自己的衣服，诬陷小五郎拉她进包厢，意图强奸。

小五郎看了看年轻女子，自己悠闲地点燃了一根雪茄，慢慢地吸了起来。女子见他没有反应，就嬉皮笑脸地说："先生，我看你也是有身份的人。这点钱对你来说算不了什么。万一你被判上强奸罪那可就不值得了……"

小五郎微笑着说："让我想想，让我想想。"就这样双方僵持了三四分钟。

女子有些不耐烦了，发出了最后通牒："你要是再不把钱交出来，我就……"还没等女子说完，小五郎就按响了床边的警铃。

女子愣了一下，随后气急败坏地脱掉自己的外衣，扯破了身上的衬衫。这时，乘警已经赶到了。女子又哭又闹，大声嚷着："三四分钟以前，这个道貌岸然的伪君子把我强行拉入他的包厢，意图强奸我！"

小五郎先生始终一言未发，悠闲地在那里抽着雪茄，前面留下了一段长长的烟灰。

乘警仔细观察了一会，也弄明白了怎么回事：这个女人想讹诈这位先生。于是，乘警毫不犹豫地把那个女人带走了。

你知道小五郎为什么能够如此镇定吗？而这个乘警又是依据什么断定小五郎是无辜的呢？

1013. 猜对了一半

有人报警说在后山的小溪中发现了一名男婴尸体。侦探马上带着助手前往调查。果然，在野花盛开，水流湍急的溪涧旁，一名浑身伤痕的死婴躺在那里。婴儿大概有五六个月大，半个身体浸在水中，周围有些斑斑的血迹。

助手说："从尸体的伤势和腐烂程度来看，他大约死了 1 天，是被人虐待致死后抛尸这里的。"

侦探接着说道："你只猜对了一半，确实是死了 1 天左右，但是刚刚才抛到这里的。凶手想利用这里湍急的水流毁尸灭迹。"

你知道侦探为什么这么说吗？

1014. 包公破案

北宋年间，有个才女效仿当年的苏小妹，在新婚当日，出题目试探新郎的

学问。出的题目为："等灯登阁各攻书"对下联。新郎拿着对联的上半句，冥思苦想，又到学馆与同窗一起研究还是没有结果。他一气之下，新婚之夜也没有回家，躲在学馆内彻夜研读。

第二天，妻子来找他，问他怎么一大早就跑学馆来了。新郎说自己没有对出下联，没脸入洞房。女子大惊："昨晚你不是对上了吗？"

"哪有，我在学馆研究了一整夜，也没有找到答案！"新郎说道。

女子面如土色，悔不当初。原来，她被别人钻了空子，失去了贞操。女子不甘受辱，当晚就悬梁自尽了。

官府的人不愿麻烦，只是按自杀案处理。此事惊动了开封府的包拯，他看完卷宗，发现疑点重重。于是派人明察暗访，终于了解到了冤情。经过一番思索，包拯想出了一个妙计，一举将那个骗奸的真凶抓获。

你知道包公是怎么破了这个案子的吗？

1015. 死亡信息

一天上午十点，某酒店的服务员打开 313 室准备进去打扫卫生，发现一名男子倒在血泊之中，死了。她马上报了警。不到十分钟，警察来到现场。发现房间中间有一张桌子，上面和地下散落着一副扑克牌。死者就躺在桌子下面，脑袋被钝器所伤，血流了一地。旁边有个碎掉的啤酒瓶，看上去像是凶器。

调查发现，死者是一名高中数学教师，他与三名同事来这里度假。昨天晚上就是他们四个人在一起打牌的，一直打到半夜十二点多。在牌桌上，几个人

产生了一些矛盾。可能因为这些矛盾，才惹出了这场杀身之祸。凶手是在散场后，各人都回自己房间以后，独自一人来到死者房间，杀死死者的。

其他三名同事分别为：住在312房间的甲，女性，英语老师；住在314房间的乙，男性，物理老师；还有住在315房间的丙，男性，化学老师。

后来，警察又发现了一个重要线索，就是死者的右手攥得紧紧的，里面有一张皱了的扑克牌。也许是死者留给警察的一条死亡信息吧。

你知道这条死亡信息指的是什么吗？哪位同事有可能是凶手？

1016. 自杀疑云

王先生将一辈子的积蓄都投入到了股市当中，结果赔了个一塌糊涂。一天，有人发现他死于自己家的书桌上，头部右侧的太阳穴位置中了一枪，血流了一地。一把手枪掉落在右侧的地板上。书桌上放着一封遗书，右手还握着一支钢笔，相信是写遗书用的。

人们纷纷猜测，王先生一定是因为生活窘迫而厌世自杀，但警长却一眼就看出这不是自杀，而是凶杀。

你知道警长从哪里看出这不是自杀吗？

1017. 辨认尸体

一次，警察接到报案，有人在公园的水池中发现一个来历不明的箱子，里面还有血液渗出。警察马上赶到现场调查，发现箱子里装的是一颗人的头颅。但是头颅被损毁的比较严重，别说容貌，连男女都分不清楚。

要侦破这个案件，首先要查清楚这

名死者的身份。为此，警察开始查询近期所有失踪人口的案件，不久查出近期有四个人失踪：一名女作家，一个男篮球运动员，一名女牙科医生，一个十二岁的小男孩。

警察仔细查看头颅没有发现任何有用的线索，便撬开死者的嘴巴，发现死者的牙齿颗粒不大，但保养得很好。右侧恒牙有一颗龋齿，但已经修补过了。另外，门牙上有些凹痕。

有了这些，警察在确定死者身份上就有了一些线索。

你知道死者到底是谁吗？

1018. 逃跑的凶手

某市发生了一起杀人案，警察对现场调查时发现一些可疑的血迹，它不属于被害人的。可能是凶手在与被害人打斗的时候留下的。经过调查和走访，警察初步确定了犯罪嫌疑人正是一个有犯罪前科的中年男子。但当警方决定抓捕的时候，却发现嫌疑人已经跑了，家里只剩下嫌疑人的妻子和一对儿女。向他们询问嫌疑人的下落，他们也没有任何有价值的线索。

警察想先确定嫌疑人是否就是杀人凶手，然后再决定是否大力搜寻。

请问，有什么办法可以确认嫌疑人就是凶手？

1019. 辨别方向

一名年轻的女地质队员在一片荒野中迷了路。这是一片茂密的草原，上面有一些纵横交错的羊肠小道。马上又要下雨了，天空阴云密布。她只有一张地图，但是根本无法辨识方向，不知道该往哪个方向走。突然，她发现前方有个积满雨水的小坑，她笑了笑，立即取下自己头上的一只小别针。

很快，她就分清楚了东南西北，走出了这片荒野。

你知道她是如何做到的吗？

1020. 辨别方向

一天，几名地质队员在一片亚热带丛林中探索。其中一名队员由于受伤掉队了。走了很久，他发现自己迷路了，而他的指南针、地图等东西都是其他队员替他拿着。他要赶上队伍，就必须知道方向，可是现在是阴天，根本无法根据太阳的位置分辨南北。周围到处都是高大的树木，低矮的灌木，还有被砍伐的树桩。这名经验丰富的队员马上找到了一种可以分辨南北的方法。

你知道他用的是什么方法吗？

1021. 消失的子弹

冬天的一个早晨，警察在一个小巷子里发现了一具尸体。调查得知，死者是一名黑帮头目，被人枪杀。伤口在他的左胸心脏位置，大约10厘米深。但是奇怪的是竟然没有发现弹头！

调查还发现，死者一直与敌对的另一个黑帮有很深的矛盾，一定是敌对的黑帮组织雇佣职业杀手将其杀死。

但是那个奇怪的子弹头到底哪里去了呢？它为什么消失了？

1022. 馆长之死

市天文馆的馆长死在了自己的办公室中，警察接到报案后马上来到现场调查。只见馆长伏在写字台上死去，背后被刺了一刀，流了很多血。发现尸体的时候是下午4点，死者手中还夹着一根点燃的雪茄，前端的烟灰有1厘米多长。根据烟灰的长度判断，这根雪茄点燃的时间大约是在10分钟前。

馆长的办公室位于这栋大楼的顶层，景观很好，窗口放着一架天体望远镜，正对着西南方向，很适合夜晚观察星空。馆长的写字台很整洁，上面除了一台电脑，和一个烟灰缸外别无他物。

法医的判断是死者死亡时间大约在中午13点左右。也就是说，死者在13点左右被杀。而在15点50分左右，凶手又点燃了死者手中的雪茄，然后才逃走。这可能吗？凶手为什么会停留这么久？如果不是凶手做的，那雪茄是谁点燃的呢？

1023. 奇怪的火灾

一位花草爱好者在自家的院子里建了一个塑料大棚专门培植各种珍稀花草。在一个晴朗的冬天中午，大棚里突然发生了火灾，这些珍稀花草被付之一炬。

从火灾现场来看，是大棚内的枯草引起的火灾，可是里面又没有火源，枯草是怎么着起来的呢？难道是有人纵火？昨晚刚下过一场雨，外面湿漉漉的，如果有人进入大棚，应该会留下脚印才对。可周围一点痕迹都没有。

你知道这场火灾究竟是怎么引起的吗？

1024. 计划失败

家住在东京的丰田，居住在一栋老式的木制公寓中。楼上住着他的宿敌广本。丰田每天都在想如何干掉这个敌人加对手。一次终于机会来了：丰田听说家用瓦斯比空气轻，于是他想出了一个绝妙的杀人计划——用家用瓦斯毒杀广本。

丰田先将自己家的天花板，也就是楼上广本家的地板弄几条缝隙。然后他将自己家的门窗封闭起来，打开瓦斯，让瓦斯释放出来。这样比空气轻的瓦斯就会上升，钻入广本家中，等到了一定的浓度，就会将其毒死。而且别人还不会知道是自己放的毒。

这天夜里，丰田真的实施了，他甚至还在幻想着广本死后的样子。可是没过多久，有人发现丰田死在了自己的家中，而楼上的广本却安然无恙。

这到底是怎么回事呢？

1025. 爆炸声

一艘豪华客轮在太平洋上航行，不幸触礁沉没，造成多人死亡。警察前来调查事件经过。一位幸存者向警察讲述说："轮船触礁后开始慢慢倾斜，我们随即登上一艘救生艇离开现场，开往安全区域。大概过了四十分钟左右，突然'轰'地一声发生了爆炸，远远地可以看到客轮开始沉没。"

之后，警察又询问了好几位救生艇上的幸存者，他们对事件的描述都差不多，听到一声爆炸声后，轮船开始沉没。

就在警察决定结束调查时，另外一位逃生的游客说了一番与众不同的话："轮船触礁后，开始倾斜。我看救生艇比较小，而我自己又善于游泳，便没有登上救生艇，而是一个人跳入水中游向安全区域。我一会仰泳，一会俯游，大概用了四十分钟的时间，突然听到一声爆炸声。我赶紧钻出水面回头向轮船看去，没过几秒钟，又发生了一次爆

炸……"

"你确定你听到两声爆炸声？"警察颇为怀疑地问。

"是的，我确定。那么大的声音，我相信其他人也应该听得到的。"游客如是说道。

请问，到底发生了几次爆炸呢？为什么有人听到一声爆炸声，又有人听到两声爆炸声呢？

1026. 失恋者的报复

男孩为了金钱和地位，抛弃了相恋多年的女孩，投入了别的女人的怀抱。就在结婚的前一天中午，女孩来到独自居住的男孩家中："听说你明天就要结婚了，恭喜你！毕竟我们相恋一场，这是我送给你的最后一份礼物。"说着拿出了一个圆形的迷你金鱼缸，摆放在窗前的书桌上。

"我知道你喜欢金鱼，希望你看到它，还可以想起我！"女孩接着说，"另外，还有这些年你给我写的信，我也都带来了，放在我那也没什么用处，你自行处置吧。"说完将一厚摞信纸散落在书桌上。

男孩默默地点了点头。

"好了，我该走了，临走前我们喝一杯告别酒吧！"女孩指了指书桌上的两个杯子建议道。

男孩没有说话，默默地去酒柜拿来一瓶红酒，倒满了两个杯子。两人碰了一下杯，一饮而尽。喝完，女孩转身离开了，没有再说一句话。

女孩走后不久，男孩觉得有些困，就躺在沙发上睡了起来。

1个多小时以后，男孩的房间突然

起火，火越烧越大，等消防队员扑灭大火时，男孩已经被烧死了。警察在男孩体内发现了安眠药的成分。当然女孩的嫌疑最大，可是你知道女孩是如何做到的吗？

1027. 杀人的真相

吉米是一名金牌推销员，这一次又为公司签成了一份高达数十万元的大单。公司为他开了一个庆功会，同时也是激励其他销售员。汤姆是吉米的同事加对手，看着吉米洋洋自得的样子甚至厌恶，但又不能表现得太过明显。

汤姆手里拿着一杯红酒走上前去，假意向他敬酒表示祝贺，手轻轻一抖，把大半杯红酒洒在了吉米的新领带上。"哦，实在对不起，不小心，来我帮你洗洗，洗脸间有洗洁剂。"

"算了，不用了，我自己来吧。"虽然有些生气，但吉米还是强装出笑脸，一个人走进了洗脸间，拿起洗洁剂涂在了自己新买的领带上。"应该不会留下什么痕迹。"吉米心想着，马上返回了宴会，毕竟是给自己开的庆功会，自己不便离席太久。

一群人开始相互敬酒，大口大口地喝着威士忌，谈笑风生。突然，吉米身子晃了晃，倒在了地上。大家惊慌失措，马上叫来救护车送至医院。但为时已晚，医生诊断为酒精中毒死亡。

警察到现场调查后发现，这一切都是汤姆所为，于是马上逮捕了他。

你知道汤姆杀人的真相到底是什么吗？他是如何做到的？

1028. 开花的郁金香

一天夜里，怪盗潜入一珠宝展示厅，趁乱偷走了展示的一条价值连城的钻石项链。得手之后，怪盗马上溜回了自己的住所，摘掉化妆的假发和胡须，换上睡衣，坐在沙发上。刚松了一口气，门铃就响了。

来人正是侦探小五郎。"晚上好，抱歉这么晚还来打扰你！"

"别客气，我们是老朋友了，进来坐。"怪盗热情地把这位不速之客引入屋内。

只见沙发前的茶几上放着一盆含苞待放的郁金香，"你的花好漂亮啊！"小五郎称赞道。

"谢谢，郁金香是我最喜欢的花。"怪盗说道。

"怪盗先生，刚才你去珠宝展示厅了吧！"小五郎岔开话题，开门见山地问道。

"没有啊。今晚我一直待在家里。你来之前，我一直都在沙发上安静地看书。"怪盗说着，指了指身边扣着的一本厚厚的书。

小五郎拿起书，翻了几页，放在茶几上，这时，他突然发现刚才进来时还含苞待放的郁金香，竟然不知不觉中开花了。

小五郎盯着盛开的花瓣，微笑着说："别狡辩了，你还是招了吧。它已经出卖你了。快把你偷的钻石项链交出来吧！"

请问小五郎先生是如何识破怪盗的谎言的呢？

1029. 分辨凶器

一天夜里，一对年轻情侣在公园约会。说着说着，便吵了起来，男子一气之下拿起刚喝了几口的玻璃汽水瓶砸向了女友的脑袋。女友什么话也没说，就倒在了地上死了。男子很惊慌，不小心将汽水瓶里的汽水洒在了女友的衣服上。为了消灭证据，男子带走了这个作为凶器的汽水瓶，然后从旁边的垃圾堆里捡了另外一只汽水瓶扔到了尸体旁边。然后男子偷偷逃走了。

不久，尸体就被人发现了并报了警。警察调查现场时发现，女子身上有一部分爬满了蚂蚁，断定是凶器汽水瓶中的汽水的甜味引来的。可是，一名经验丰富的警察看了一眼尸体旁边的汽水瓶上的标签，就断定说："如果凶器真的是汽水瓶，那也不是这一只。真正的凶器被凶手带走了。"

你知道警察为什么这么说吗？他的依据是什么？

1030. 有贼闯入

一天晚上，有个小偷闯入了侦探小五郎的家中，想要偷取他放在保险箱中的一份重要资料。小偷先用万能钥匙轻松地打开房门，然后打开灯，四处寻找保险箱的位置，终于在墙角一扇隐蔽的柜门后面发现了保险箱。正在他努力开保险箱的时候，突然听到有人开门的声音。小偷眼疾手快，关掉电灯，躲进了衣柜，整个过程没有发出一点声音。

原来是小五郎回到了家中，只听小五郎打开灯，大声地说："出来吧，我知道你在里面。"

小偷一看事情已经败露，只好快快

地走了出来，不免好奇地问："你是怎么知道我在里面的呢？我没有留下什么痕迹，也没有发出声响啊！"

"哈哈，是那个闹钟告诉我的！"说着用手指了指床头柜上的一只闹钟。小偷这才恍然大悟。

请问，你知道那只闹钟是如何告诉小五郎有贼闯入的呢？

1031. 指纹

夏日的一天，有人报案称一个人居住在中心公寓的琳达女士被发现死在了自己家中，是被子弹击中要害，当场毙命。

根据警方的调查发现，死者在当晚接触过的人有三名，分别是甲、乙、丙。甲是琳达的好朋友，两个聊了很久，后来甲有急事先走了，期间琳达还为甲倒了一杯冰镇果汁；乙是琳达的前男友，因为感情上的事争执了一番后，不欢而散，期间琳达为他倒了一杯白水；丙是琳达的同事，想向琳达借钱，却没有借到，骂骂咧咧地离开了，期间琳达为他倒了一杯冰咖啡。

现场没有留下任何有价值的线索，就连那三个玻璃杯上也只有琳达一个人的清晰的指纹。显然凶手会有意地擦掉自己的指纹，但是另外两个不是凶手的人，为什么他们的指纹也消失了呢？难道也是凶手擦掉的吗？另外擦掉指纹的那个凶手到底是三个人中的哪一个呢？

1032. 识破谎言

史蒂芬的公司经营不善，生意惨淡，快到了关门的地步。这天中午，有人发现史蒂芬的公司突然冒起了黑烟，不久火越烧越旺，把整个公司都烧毁了，幸好没有人员伤亡。火灾过后，保险公司来人调查起火原因。史蒂芬说："今天中午，我正在办公室处理公务，突然电灯闪了两下，然后电线就冒起了火花，引燃了我桌上的文件。我连忙用水把文件和电线上的火浇灭，然后跑了出来，打算去找修理工。哪知道等我回来，整个公司都已经烧着了。一定是那些电线老化年久失修，在我离开以后又一次起了火。"

调查人员说："你确定你离开的时候用水扑灭了文件和电线上的火花？"

"是的，我确定。"史蒂芬回答道。

"对不起，史蒂芬先生，这场火灾属于你人为纵火，不在我们的赔偿范围之内。"保险公司的调查人员说。

请问，调查人员为什么说这场火灾属于人为纵火呢？

1033. 轮胎的痕迹

轮胎的痕迹就和我们人的脚印一样，有的时候可以帮助我们破案。一天，警察找到陈先生："门口停的那辆红色的车是你的吧？"

"是啊，怎么了？"陈先生问道。

"我们在一个犯罪现场发现了和你的车的轮胎一样的痕迹，特意过来调查一下。"警察回答说。

"什么时候的事情？我的车从上周末开始到现在已经3天没开了。"陈先生疑惑地回答。

"那你有没有借给别人，或者车钥匙有没有丢失过呢？"警察问。

"没有，我的车就停在门口，通过窗子我可以看到车顶，它确实3天都在门口。另外我有个习惯，每次用完车都会记下里程表，上次的记录是2万8000公里整。"说着带警察去看了下里程表，确实还是2万8000公里。

这到底是怎么回事呢？陈先生的车没有动过，为什么会在别处的案发现场出现他车的痕迹呢？

1034. 发黑的银簪

一天，在医院的病房内发生了一场谋杀案，一位女病人在睡觉的时候被人刺死。凶器是一根银簪，看上去像是从这名女病人头发上拔下来的。警察拔出银簪，发现它的尖端十分锋利，闪闪发光，完全可以做一把护身的短剑。只是柄端有点黑黑的，像熏过似的。

法医判断死亡时间大约是晚上12点左右，那个时候医院的大门是锁着的，没有人可以进来。所以凶手应该是病房内部的人。进一步调查得知，和死者有矛盾的人有两位，一位是隔壁房间的心脏病患者，李某；另一位是对门房间的皮肤病患者，张某。

你知道凶手最可能是哪位吗？

1035. 恐高症

贝加尔湖是世界上最深的湖泊，而且水质清澈透明，从水面甚至可以看到水中四十米的深处。

盛夏的一天，就在这片美丽的湖泊上有人发现了一具死尸。警察马上赶到了现场，发现死者是个青年男子，漂在水面上，旁边有一艘小船，反扣在湖水中。看样子像是他一个人来划船，可船不小心被风吹翻，人落水溺水身亡。

后来经过调查得知，男子是一名恐高症患者。原来居住在一栋五层高的楼房中的四层，因为恐高，不得已和人换了房子，搬到了一层去住。

了解到这些，警察马上断定这并不是一场意外，而是谋杀。

你知道警察为什么断定这是一起谋杀案吗？

1036. 毒杀案

张三被人发现死在自家的床上，死于氰化物中毒。经法医鉴定，死者的死亡时间大概是在晚上 8 点左右，但是这个时候，唯一的嫌疑人正在 2 公里外的朋友家做客，有很多人可以为其证明。大家知道，氰化物是一种喝了之后马上就会使人毙命的毒药。而且张三也确实是被这名嫌疑人杀害的。

请问，你知道凶手是如何做到的吗？

1037. 藏木于林

一天清晨，警察接到报警电话称，一名形迹可疑的男子将偷来的钻石藏在饭店的一盆玫瑰花盆中。警察马上出动，但还是晚了一步，该男子已经抱着花盆离开了。警察马上开始追踪，在附近一个露天花圃中找到了该名可疑男子。这个花圃中有上百盆玫瑰花，到底哪个才是男子藏钻石的花盆呢？你能帮警察用最快的方法找出来吗？

1038. 意外还是谋杀

在伦敦火车站，发生了一场火车撞死人的事故，警察马上前去调查。事情是这样的，一名年轻女子推着轮椅走进车站，轮椅上坐着一位老人。不一会火车进站了，女子推着老人向火车靠近，

突然像是失控了一样，女子向远离火车的方向倒了下去，同时手也松开了，轮椅带着上面的老人向火车轨道滑去。火车还没停下就撞在了轮椅上，老人当场死亡。

年轻女子马上冲了过去，拉着老人大声痛哭。警察询问女子事件经过，女子哭着说："我带着父亲打算去巴黎治病。火车进站的时候，有一股强大的气流把我推开，我一失手松开了轮椅，父亲他就……"说到这里这位女子已泣不成声。

警察在旁边听着，冷冷地说："我不知道你的原因是什么，但是你在撒谎，是你杀了你的父亲。"

请问，为什么警察会这么说呢？

1039. 怪盗的纰漏

夏季的一个夜晚，一名间谍偷偷潜入某政府高官家的院子里伺机作案。高官一直在书房里工作，灯光引来了很多蚊子，咬得间谍心烦意乱，不停地挥手赶蚊子，偶尔还捏死几只。

等到了晚上十一点，高官终于熄灯回到卧室睡觉了。间谍偷偷溜进书房，用相机偷拍了高官整理好的机密文件，然后悄悄离开了。

第二天，警察就找到间谍，"昨天潜入高官家偷拍机密文件的是你吧，看来你要跟我们走一趟了。"警察开门见山地说。

"没有的事，你们有证据吗？"间谍坚信自己已经把潜入书房的所有痕迹清除掉了。

你知道间谍的纰漏在哪里吗？他到底犯了什么错误呢？

1040. 消失的字迹

张三和李四是生意伙伴，一次两人合作做一场生意，张三带的钱不够，便向李四借了 20 万元。由于没有找到合适的稿纸，张三便拿出了一张自己的名片，用自己的钢笔写下了"张三从李四处借款人民币贰拾万元整"的字样，并签上了自己的名字和日期。过了一段时间，到了约定还钱的日子，张三却迟迟不还钱。李四就找到张三来要。张三耍赖说："我向你借过钱吗？我怎么不记得呢？你有凭据吗？"

李四马上找出张三写有字据的名片，可是奇怪的是，上面竟然一个字都没有。

你知道张三是如何做到的吗？

1041. 曝光的底片

侦探小五郎派助手去跟踪一位毒品贩，拍摄下他们毒品交易的证据。经过十几天昼夜不断的努力，助手终于完成了任务。就在返回的途中，在旅馆里，助手突然发生了咳嗽，到了医院怀疑是肺结核，需要拍 x 光确认。没办法，助手只好去照 x 光。结果显示肺部没有什么问题，应该只是普通的感冒。助手放下心来，马上赶回侦探事务所向小五郎交差。可是当小五郎拿到底片的时候，却发现全部曝光了。

这到底是怎么回事呢？是助手拍摄的时候疏忽了，还是之后什么时候不小心把底片曝光了呢？

1042. 驯兽师之死

杰克是马戏团的一名驯兽师，他最擅长的表演是把自己的头放在狮子的口中。这种既惊险又刺激的节目总是能吸引大量的观众。他们已经合作过很多次了，从没有失误过。

然而有一天，当杰克在表演这个节目的时候，狮子却出乎意料，一口咬碎的他的头。

当然，在表演前，狮子已经吃了很多肉，不可能因为饥饿发生这种事情。

你知道到底是什么原因吗？

1043. 暗杀

一名杀手 A 奉命去暗杀另外一名杀手 B，大家都是职业杀手，所以要格外小心，因为很难知道到底鹿死谁手。杀手 A 调查到 B 住在某五星级酒店的一个房间内，于是赶了过去。A 在门口敲了敲门，他知道 B 肯定会从门上的窥视窗向外看到自己的。就在这时，从窥视窗的位置射出了一颗子弹。杀手 B 打开门观察情况，门刚开一条小缝，就被门口的 A 一枪杀死了。

明明 B 在屋内有更多的机会，为什么还是被 A 暗杀了呢？

1044. 何种手段

一天夜里，一位女士拨打了报警电话，称自己的男朋友死在了浴缸里。警察马上赶到现场。死者居住在一栋 20 层高的大厦的顶楼，这天正好赶上停电，警察不得已只好爬楼梯上楼，等到了 20 楼，大家都已经有些气喘吁吁了。

死者是一名青年男士，他的女友，也就是报案人介绍说："今天我和男朋友一起去酒吧喝酒，我们都喝了不少，回来的时候又赶上电梯停电，只好走上楼。到家不久，他说浑身是汗要洗澡，不久就死了。"

"爬了 20 层楼，又喝了大量的酒，引起心脏麻痹也是理所当然的事情，看来这是场意外事故。"一名警察判断说。

但是，不久法医在解剖尸体时发现在死者的胃里有安眠药的成分。"看来这是一件巧妙的谋杀案。"警长说道。经过调查果然是谋杀，凶手就是死者的女朋友。

你知道她是如何杀死自己的男朋友的吗？

1045. 凶器是什么？

在一间青年旅馆中，服务员听到一间客房中的两名住客在打架，便报了警。警察随即赶到，发现其中一名男子已经死了，是被钝器砸在头上致死的。另一名男子蹲在旁边一声不吭，像是受了很大的刺激。警察找遍的全屋也没有找到像是凶器的东西，而且窗户也是全封闭的。根据服务员的口供，也没有人从房门出来过。

最后，警察从床边的垃圾桶里发现了一个手掌大小的鱼罐头盒，拿在手中掂了掂，很轻，想用它杀死人难度很大。

请问，你知道到底凶器是什么吗？它跑哪去了？

1046. 里程表之谜

一天，警察接到一个人报案称，自己新买的钢琴被人偷走了。警察马上到现场查看。报案人称自己今天买了一架钢琴，用车子运了回来。由于自己一个人搬不到楼上去，便去邻居家找人帮忙。但是邻居家里有些急事，需要处理完才能帮自己，所以等他带着邻居回来

的时候，已经是一个多小时以后了。这时他才发现钢琴不见了，但是车还在。

"钢琴那么重，谁会把它偷走呢？又是怎么偷走的呢？"报案人非常费解地说。

"会不会是有人开着你的车偷走了钢琴，然后又把车还了回来呢？"警察猜测说。

报案人看了看汽车的里程表，说："不可能，我回来的时候刚看过，是 1258 公里，现在还是 1258 公里，一点都没有变。"

最后，警察经过多方调查，终于抓到了这个钢琴窃贼，而且他竟然真的是用报案人的车运走的钢琴。

你知道窃贼是如何做到的吗？

1047. 转移尸体

一天早上，有人在 A 市一条铁路转弯处的路基上发现了一具女尸。死亡时间大约在前一天晚上 10 点左右。很明显这里不是第一现场，看样子死者像是被人杀死后，在火车转弯时从车上推下来的。

经过警方的多方调查，终于找到了一名犯罪嫌疑人。但是这名嫌疑人住在离 A 市 200 公里的 B 市，根本不具备作案时间。而且警察也没有找到这段时间内他离开 B 市的任何乘车记录。当然也没有找到有人协助他搬运尸体。

这到底是怎么回事呢？他究竟是如何转移尸体的呢？

1048. 跳楼自杀

一个雨后的早晨，有人在一栋 20 层高的楼房下面发现了一具死尸。死者

是个年逾花甲的老人，看上去穷苦潦倒。静静地躺在离墙脚 30 厘米的地面上。由于前一天晚上下了大雨，冲掉了所有的血迹。

法医鉴定发现，死者确实死于从高空坠落。看来是一起普通的自杀案。

一位有经验的警察查看了一下周围的环境，马上指出，这不是一件简单的案件。尸体应该是被人移过来的，很可能并不是自杀。

你知道这名警察判断的依据是什么吗？

1049. 凶器是什么？

一天，一位知名的舞蹈演员独自一人在排练室排练的时候被人杀害了。凶手是趁着演员休息的时候，偷偷地将尖锐的利器刺进了她的咽喉。当凶手企图逃走时，正巧被其他来排练的人员抓住了，并报了警。

警察马上赶到现场，墙上铜质的老式大钟正好指向 14 点钟。排练室空空如也，只有几面镜子和一些桌椅。警察找遍了所有可能的地方，却找不到一点凶器的影子。窗子也是密封的，凶器不可能从窗子抛出屋外。

那么到底凶器是什么呢？又跑到哪里去了？

1050. 车祸现场

在一个漆黑的晚上，路边没有路灯，一个年轻人准备过马路。这条马路不宽，仅仅能容下两辆汽车并排而行。当年轻人走到路的中间时，突然发现左侧路的中间开来一辆汽车，两只闪亮的车灯晃着他的眼睛。他赶紧加快脚步，

想着走到路边就可以躲过了。没想到他到了路边还是被撞上了。

你知道这是为什么吗？难道这辆车有那么宽吗？

1051. 剖腹残杀

一天早上，亿万富翁维利普斯的管家发现维利普斯被人杀害了，所以马上报了警。警察赶到现场，发现维利普斯死在自家的保险柜旁。保险柜打开着，里面的财物被洗劫一空。

菲利普斯死得很惨，胸口中了一枪，腹部还被刨开了。看样子只是简单的劫杀案，为什么凶手会残忍地刨开死者的肚子呢？难道是仇杀吗？不过警察并没有发现维利普斯有什么仇人啊！

你知道这到底是怎么回事吗？

1052. 中毒身亡

在一家酒店的客房里，发生了一起命案。一个青年男子死在茶几边，茶几上还有半杯没有喝完的葡萄酒。

警察赶到现场调查，发现死者死于中毒。室内一切物品都很整齐，没有半点挣扎和打斗的迹象。杯子里的半杯红酒也没有检验出有毒。

可是明明死者是中毒死的，为什么找不到毒物呢？凶手到底在哪里下了毒呢？

1053. 隐藏的死亡信息

一天早上，电影明星阿珂被发现死在自己的公寓内。那天早上，她的经纪人给她打电话叫她去参加一个记者招待会，却怎么也打不通，就来到了她的住处。经纪人发现她的房门并没有锁，屋子里也没人，洗手间的门关着，用力

拉也拉不开。透过毛玻璃发现里面好像有人，叫人又没人回应。经纪人马上报了警。

警察赶到后，几个人合力将卫生间的门打开，发现阿珂小姐已经死了，背后被尖刀刺中，流了很多血。从屋内的情况看，应该是她在卧室被人袭击，然后受伤逃到卫生间，从里面拴住了门。然后可能因为受伤或者失血而死亡。

警察检查了现场，并没有发现什么有价值的线索。这时，一名警察在一个很不起眼的地方发现了一条隐藏的死亡信息。上面注明了凶手是一个姓王的人。

警长问那位警察是在哪里发现的这条线索，警察说："如果你想上厕所的话，你就会发现了。"

你知道这条死亡信息隐藏在哪里了吗？

1054. 伪装的自杀

一个男子，因为妻子发现了他的婚外情，用绳子勒死了妻子。为了逃避警察的调查，他又特意把谋杀布置成自杀的样子。首先他用勒死妻子的绳子把妻子吊在房梁上，使她的脚离地面大约 50 厘米。然后又在她的脚边放了一把打翻的椅子，椅子高 55 厘米。给人一种她光着脚上吊自杀的假象。

第二天一早，男子就假装发现了尸体惊惶地报了案。警察赶到现场后，一眼就看出这不是自杀，而是他杀。

你知道警察是怎么看出来的吗？

1055. 撒谎的贼首

一个财主的金库被一伙盗贼洗劫，丢失了 200 枚金币，财主告了官。不久，

一个贼首来到官府自首说，盗窃行为是自己的 21 名手下做的，与自己无关，但是作为首领也有责任。所以他公布了21 名参与盗窃的手下的名字，并指出，这21 名盗贼每人分得一定数量的金币，最少 1 枚，最多 11 枚，而且每个人分得的金币数都是奇数。听到这里，县官就抓住了贼首，说："你在撒谎，盗窃一定与你有关！"

请问，县官是怎么知道贼首是在撒谎呢？

1056. 失踪的弟弟

某地有两个亲兄弟，速来不和。一天，哥哥被发现暴死街头，而弟弟也失踪了。警察在调查现场时发现，死者的血型是 B 型，而现场还遗留有另外一个人的 AB 型血。应该是凶手在与死者打斗中留下的。可是弟弟失踪了，家人又不知道弟弟的确切血型。后来调查得知，兄弟俩的父亲为 O 型血，母亲为AB 型血。

请问，失踪的弟弟是凶手吗？

1057. 失窃的海洛因

一天，某医院的药房里丢失了一瓶海洛因。装海洛因的瓶子上只标着海洛因的化学式。医院的保安称，曾发现小偷，但是没有追上，被他逃了。而且小偷带着面罩，分不清是谁。警察经过调查，初步断定嫌疑人有以下三人：一个是医院新来的实习生；一个是地质学教授，在外出工作时摔断了腿，住进了骨科病房；一个是樵夫，上山砍柴时被野兽袭击，在急诊病房休息。警方检查了药房，发现除了海洛因外，其他物品没

有失窃。

请问，你知道谁是小偷吗？

1058. 被杀的间谍

一位罗马的间谍在窃取敌国情报的时候被人暗杀了。临死前，间谍用鲜血在地上画了个"X"。根据警方的分析，这个"X"应该是间谍留下的暗杀他的人的身份信息。调查得知，可能杀害间谍的有三名杀手：杀手1，美国人，代号AF6；杀手2，英国人，代号CN12；杀手3，日本人，代号JZ3。

请问，凶手到底是谁呢？

1059. 判断依据

某海滨城市，一天夜里遭受到了台风和暴雨的袭击。第二天一早，有人在海滩公园发现了一具男尸，旁边还有一顶他戴的帽子。警察只看了一眼就断定，海滩公园不是案发现场，而是有人在别处作案，搬运过来的。你知道警察的判断依据是什么吗？

1060. 凶器哪里去了

杰克的公司面临破产，杰克又被发现死在了自己的办公室内，死因是刀片割喉。调查后，警方发现，杰克死前购买了一份大额人寿保险，受益人是他的太太。而保险规定，如果是意外死亡，则可以获得赔偿；如果是自杀，则什么也得不到。现场没有任何打斗过的痕迹，所以经常初步断定是自杀。可是让人疑惑的是，在现场找不到凶器。如果真的是自杀割喉的话，他不可能杀死自己后把凶器弄走。死者办公室的窗子是开着的，但是在窗口附近也没有任何凶器的下落。警察突然发现办公室内有一

个空着的鸟笼，马上就解开了凶器消失之谜。

你知道凶器到底哪里去了吗？

1061. 并非自杀

深秋的一天，在一座森林公园的深处，有人发现了一具男尸，并马上报了警。警察赶到现场，发现死者死在自己的敞篷跑车中，车上和死者身上有几片落叶。"初步断定是自杀，因为死者手里握着一瓶毒药。法医鉴定，死亡时间在2天前。"警察向警长报告说。

"还有什么线索吗？"警长又追问道。

"没有了，周围的地上落满了树叶，没有任何脚印之类的痕迹。"警察回答。

"立即在附近搜索可疑人员。我断定，死者不是自杀，是被人杀死后移尸这里的，而且凶手还没有走太远。"警长下命令道。

果然，几个小时后，警察就在附近抓到了凶手。

你知道警长是根据什么断定不是自杀，而且凶手没有走远的呢？

1062. 凶手的破绽

一天晚上，警察在街上巡逻，突然发现从一栋楼上传来一声枪响。警察循声而去，发现一名男子慌张地从楼上跑了下来。警察赶紧上前询问。

男子说："不好了，我朋友被人杀死了。"

警察追问细节，男子解释说："我和朋友在8楼的一间房间中看着球赛、喝着啤酒，突然停电了。就在这时，一个人冲了进来，朝我朋友开了一枪，就

跑了。这时也来电了，我发现朋友倒在了血泊之中，死了。便跑下来找警察。"

警察带着男子来到案发现场，屋子里一片寂静，一点声音都没有。一名男子倒在沙发上，死了。

警察对跑下楼的男子说："你撒谎，凶手就是你！"

请问，警察是如何发现凶手的破绽的呢？

1063. 心虚的凶手

一天，有人报案称自己的丈夫开枪自杀了。警察马上赶到现场，发现一名男子右脑太阳穴的位置中了一枪，倒地死亡，右手还握着一把手枪。报案人是死者的妻子，说自己正在厨房做晚饭，突然听到"嘭"地一声枪响，跑出来一看，发现丈夫自杀死了。

警察一边在死者右手上涂石蜡，一边对死者的妻子说："等会我们就会知道你丈夫到底是不是自杀了。"

妻子一看，顿时心虚了起来，没多久就承认了杀死丈夫的真相。

你知道妻子为什么会突然心虚呢？

1064. 审问大树

从前，有个年轻人父母早亡，自己一个人生活。一年，官府要求他去服兵役。年轻人便把家中所有财产——一锭金子交给邻居保存。三年之后，年轻人的兵役到期回家，找邻居拿回金子。可是邻居不承认，说没有这回事。无奈，年轻人将邻居告上官府。县官当面审问年轻人的邻居，可是他矢口否认。年轻人大喊："难道你忘记了吗，我在一棵大树下面把那锭金子交给你的，你还说要写个收据给我，我没要。"

邻居矢口否认，说是没有的事。

县官说："那好，现在我们只有去找那棵树做证人了。"说完叫一名衙役带着年轻人去找那棵大树求证。

过了半个钟头，县官看了看太阳，又看了看邻居，说："这么久了，他们应该到了吧。"

邻居说："还到不了。"

又过了一个小时，县官说："他们应该往回走了吧。"

邻居道："恩，是该往回走了。"

又过了一会儿，衙役带着年轻人回来了。可是年轻人哭丧着脸说："老爷，大树不会说话，怎么给我作证啊！"

县官笑着说："它已经做完证了。"

说着就判定邻居交出金子并赔偿年轻人一定的利息。

你知道县官是怎么知道邻居贪钱的吗？

1065. 惯偷

在人群熙攘的火车站出站口处，一位丢失了旅行箱的旅客，偶然发现自己的旅行箱竟然被另外一名年轻人拉着往外走。他马上追过去，问道："这个箱子是我的，你怎么会拿着我的旅行箱？"

年轻人愣了一下，然后马上说："不好意思，我拿错了。"说完将箱子还给了那名旅客，然后继续往前走。

这一切都被在旁边巡逻的民警看在眼里，他马上意识到什么，于是上前盘查。果然，他是一个经常趁人多的时候偷别人旅行箱的惯偷。

你知道警察是怎么看出来的吗？

1066. "杀人"的酬金

王先生是一家上市公司的老总。一天清晨，他一个人在公园锻炼身体。突然从路边的树丛中闪出一位妙龄女子，拦住他的去路。

"我们认识吗？"王先生纳闷地问道。

"我们不认识。不过我想 XX 公司的张老板你应该认识吧。顺便告诉你，我是一名职业杀手！"女子冷笑了一下回答道。

张老板正是与他存在竞争关系的另一家公司的老总，两家算是死敌。

"他雇你来杀我的？"王先生一惊，吓得退后了几步。

"别担心，王先生。我没打算对您动手。相反，我是来帮你的。要知道我们这行也都是为了钱。"女子说。

"帮我？怎么帮我？"王先生听对方如此说，稍微放下心来。

"我知道张老板是你的死对头，我可以帮你干掉他，只要你愿意付给我一百万。"女子说。

"干掉他？那我岂不是也会受到牵连？"王先生担心地说。

"这点你大可放心，我自有办法，不使用任何凶器，而是让他病死，一点痕迹都没有。"女子说。

"你开玩笑吧，天下哪种这种事情？"王先生有点不相信。

"这你就不用操心了，你给我 3 个月时间，如果我做到了，你再付款也不迟。"女子说。

王先生答应了。

过了大约两个月，果然有消息称：XX 公司的张老板因病医治无效死亡。

又是一个清晨，还是在那个公园里，王先生再次遇到那位妙龄女子。他如数付了酬金。

可是，他依然不知道女子到底是如何做到的呢？

1067. 电梯

第二次世界大战期间，德国占领了法国巴黎，在一家旅馆内，四名客人乘坐同一部电梯。其中有一名身穿军服的纳粹军官，一位法国的爱国青年，一个漂亮的姑娘，还有一位老妇人。突然，电梯发生故障停了下来，灯也熄灭了。电梯里黑漆漆的什么都看不见。突然，只听到一声接吻声，紧接着是一巴掌打在人脸上的声音。过了一会电梯恢复了运行，灯也亮了。只见那名纳粹军官的脸上出现了一块明显的被打过的痕迹。

老妇人心想："真是活该，欺负女孩子就应该有这种报应。"

姑娘心想："这个人真奇怪，她没有吻我，想必吻的是那个老太太或者那个小伙子。"

而纳粹军官心里却在想："怎么了？我什么都没做，可能那个小伙子亲了姑娘，而姑娘却错手打了我。"

只有那名法国青年对电梯里发生的一切了如指掌。你知道到底发生什么了吗？

1068. 司机

一天，一位老太太拦住一辆路过的出租车，说了目的地之后。老太太便开始喋喋不休，吵得司机很厌烦。司机突发奇想，对老太太说："对不起，夫人。

我的耳朵聋了，听不到你在说什么。"老太太听他这么一说，就停止了嘟囔。但是等她到了目的地以后，突然明白过来，司机是在对她说话。你知道她是怎么知道的吗？

1069. 丢失的钻石

住在城堡顶层的公主有一颗美丽的钻石。一天，公主把它放在窗子边的桌子上就下楼去玩。过了一会儿，等公主回到房间后发现钻石不翼而飞。过了几天，一位花匠在城堡后面的花园中打死了一条蛇，在蛇肚子里发现了这颗钻石。可是蛇是不可能爬那么高进入公主的房间的，丢失钻石的期间又没有人进过公主的房间。你知道钻石是怎么跑到蛇的肚子里了吗？

1070. 一坛大枣

古时候，有个无亲无故的年轻人要进京赶考。带着大量银子在身边不安全，便把所有家当装在一个大坛子里，说是一坛大枣寄放在邻居家中。一晃三年过去了，年轻人还没回来。邻居认为年轻人在路途中发生了意外，便私自打开了坛子。看到里面白花花的银子，邻居将其全部占为己有。并把大枣装了进去，重新封好。哪知没过多久，年轻人竟然回来了，并找邻居取回了坛子。回到家中，年轻人打开坛子一看，竟然全是大枣，便找邻居理论，说自己放的是银子。邻居不承认，说本来就是红枣。争执不下，年轻人告到了官府。县官听完两人的诉说之后，马上认定邻居说谎，并判其赔偿年轻人银两。你知道县官的依据是什么吗？

1071. 吹牛

一天，查尔斯向一群人讲述自己的冒险经历：那天，我一个人驾驶帆船出海。不料突然发动机坏了，我一个人停在大海中间，而且一点风都没有，也没法利用船帆前行。没办法，我只好找了一块白布，咬破手指，写下了"救命"两个大字，挂在桅杆上。幸好过了半天时间，有一艘船从附近经过，把我救了下来……

说到这里，一位在旁边默默听他讲述的年轻人说道：你在吹牛。你知道年轻人为什么这么说吗？

1072. 越狱

一位国际间谍被判终身监禁关在一所监狱中，监狱为其安排了一间带有卫生间的单人牢房。牢房里的条件不错，有床，有书桌，还有淋浴和抽水马桶。可是两年后的一天，狱警发现他越狱逃跑了，并在床下发现了一条长达20多米的地道。据估算，挖这条地道需要挖出的土将近10吨。可是狱警在牢房里一点土都没有发现。当然间谍没有经过别人从外面帮忙。你知道那些土哪里去了吗？

1073. 怪盗偷邮票

怪盗把邮票展上展出的一枚价值连城的珍贵邮票偷走了，侦探小五郎马上开始追踪，跟随基德来到一家旅馆，见基德钻进了其中一间房间。小五郎上前敲门，怪盗打开房门："原来是小五郎先生啊，找我有事吗？"

"少装蒜，快把你偷来的邮票交出来吧。"小五郎直截了当地说。

"别生气嘛！你随便搜好了，我这里根本没有什么邮票。"怪盗挥挥手，轻松地说。

小五郎环顾一下四周，这个房间不大，家具也很简单，除了开着电视机和上面不停旋转的电风扇外没有什么电器。按说能藏东西的地方也不多，可是为什么怪盗能够如此坚信对方搜不出赃物呢？你知道怪盗把赃物藏在哪里了吗？

第六部分

分析能力训练

1074. 有名的数列

你知道下面问号代表的是哪个数字吗？

1，1，2，3，5，8，13，21，？

1075. 有名的数列

你能推出下面问号代表的数字吗？

1，3，4，7，11，18，29，？

1076. 下一个数字

根据给出的数字规律，推出问号代表数字。

2，3，5，7，11，13，？

1077. 字母排列

根据给出的字母之间的规律，找出接下来出现的是什么字母？

B，A，C，B，D，C，E，D，F，？

1078. 组成单词

用下面6个字母(可重复使用)，可以构成一个常用的英文单词，你能把它找出来吗？

B，D，E，G，O，Y

1079. 排列规律

找出下列数字的排列规律，确定最后一个数字应该是多少？

9，12，21，48，？

1080. 数字找规律

下面给出了一排数字，请找出它们之间的规律，确定下一个数字是什么？

1，12，1，1，1，2，1……

1081. 数字找规律

请从逻辑的角度，在后面的空格中填入后续数字。

1，3，6，10，_____

1082. 数字找规律

请从逻辑的角度，在后面的空格中填入后续数字。

1，1，2，3，5，_____

1083. 数字找规律

请从逻辑的角度，在后面的空格中填入后续数字。

21，20，18，15，11，_____

1084. 数字找规律

请从逻辑的角度，在后面的空格中填入后续数字。

8，6，7，5，6，4，_____

1085. 数字找规律

请从逻辑的角度，在后面的空格中填入后续数字。

65536，256，16，_____

1086. 数字找规律

请从逻辑的角度，在后面的空格中填入后续数字。

1，0，-1，0，_____

1087. 数字找规律

请从逻辑的角度，在后面的空格中填入后续数字。

3968，63，8，3，_____

1088. 智力测验

在许多职场考试中有不少类似于下面的智力测验。每一项智力测试都与数学逻辑思维有关。

请在行末填上空缺的数字：2，5，8，11，_____

1089. 智力测验

请在行末填上空缺的数字：7，10，9，12，11，_____

1090. 智力测验

请在行末填上空缺的数字：2，7，24，77，_____

1091. 下一个数字是多少

下列数列中，127 后面的数字应该是多少？

7，19，37，61，91，127，？

1092. 填数字

按照给出的数字之间的规律，空格处应该填几？

0，7，26，63，_____

1093. 猜数字

请从逻辑的角度，在后面的空格中填入后续数字。

1，2，6，24，120，_____

1094. 猜数字

请从逻辑的角度，在后面的空格中填入后续数字。

30，32，35，36，40，_____

1095. 猜数字

请从逻辑的角度，在后面的空格中填入后续数字。

1，2，2，4，8，_____，256

1096. 猜数字

请从逻辑的角度，在后面的空格中填入后续数字。

1，10，3，5，_____，0

1097. 填数字

按照给出数字的规律，横线处应该填几？

1，2，2，4，8，_____

1098. 数字的规律

按照给出数字的规律，横线处应该填几？

1，2，5，29，_____

1099. 猜数字

请从逻辑的角度，在后面的空格中填入后续数字。

0，1，3，_____，10，11，13，18

1100. 下一个数字是什么

125，77，49，29，？

请问问号处应填什么数字？

1101. 寻找数字规律

你知道问号代表的数字是几吗？

0，2，4，8，12，18，24，32，40，？

1102. 字母旁的数字

根据给出的各组字母与数字间的联系，请问：字母 W 旁的问号代表的数字是多少呢？

G7　M13　U21　J10　W？

1103. 找数字规律

根据下面数字之间的规律，问号代表的数字应该是多少？

1，8，27，？，125，216

1104. 写数列

把下面这个数列按照它的规律继

续写下去。

1, 10, 3, 9, 5, 8, 7, 7, 9, 6, ？, ？

1105. 字母分类

26 个英文字母被分成以下 5 组，想一想，这样分组的依据是什么？

第一组：NSZ

第二组：BCDEK

第三组：AMTUVWY

第四组：HIOX

第五组：FGJLPQR

1106. 重新组合

由 A、E、G、O、N、R 这几个字母重新排列组合，可以得到一个什么事物的名称？

(A) 国家

(B) 水果

(C) 动物

(D) 城市

1107. 猜字母

按照给出字母的规律，问号处应该填什么？

O、T、T、F、F、S、S、E、？

1108. 猜字母

按照给出字母的规律，问号处应该填什么？

J、F、M、A、M、？

1109. 猜字母

按照给出字母的规律，问号处应该填什么？

F、G、H、J、K、？

1110. 猜字母

按照给出字母的规律，问号处应该

填什么？

Q、W、E、R、T、？

1111. 字母找规律

请从逻辑的角度，在后面的空格中填入后续字母。

A、D、G、J、＿＿＿

1112. 智力测验

请在行末填上空缺的数字：E、H、L、O、S、＿＿＿

1113. 填字

M、T、W、T、F、？、？

1114. 缺的是什么字母

J、F、M、A、？、？、J、A、S、？、？、D

1115. 倒金字塔

找出问号所代表的数。

1 9 4 8 3 7 2 6 5
  5 6 2 7 3 8 4
    4 3 7 6 5
      5 6 4
        ？

1116. 奇怪的规律

请找出下面这组数列的规律来：

第一列：1

第二列：1，1

第三列：2，1

第四列：1，2，1，1

第五列：1，1，1，2，2，1

第六列：3，1，2，2，1，1

第七列：1，3，1，1，2，2，2，1

......

......

请写出第八列和第九列分别是哪些数字，另外请说明第几列会最先出现4这个数字？

1117. 类比推理

从四个选项中，找出一个与题干关系最为类似的一组。（　　）

家父：父亲

A. 老婆：老伴

B. 鄙人：自己

C. 鼻祖：祖宗

D. 作家：作者

1118. 类比推理

从四个选项中，找出一个与题干关系最为类似的一组。（　　）

数字：白菜

A. 黄河：长江

B. 华山：牛顿

C. 博士：教授

D. 燕雀：鸿鹄

1119. 类比推理

从四个选项中，找出一个与题干关系最为类似的一组。（　　）

空气：氧气

A. 海水：氯化钠

B. 电脑：辐射

C. 微波炉：微博

D. 黄山：山脉

1120. 类比推理

从四个选项中，找出一个与题干关系最为类似的一组。（　　）

企业家：MBA

A. 党员：模范

B. 华山：黄河

C. 矛盾：统一

D. 文凭：文化

1121. 类比推理

从四个选项中，找出一个与题干关系最为类似的一组。（　　）

地震：恐慌

A. 封闭：落后

B. 差距：税收

C. 天灾：人祸

D. 乌鸦：麻雀

1122. 类比推理

从四个选项中，找出一个与题干关系最为类似的一组。（　　）

奖金：奖励：激励

A. 长江：黄河：松花江

B. 爱因斯坦：牛顿：爱迪生

C. 打折：促销：竞争

D. 燕雀：鸿鹄：蚂蚁

1123. 类比推理

从四个选项中，找出一个与题干关系最为类似的一组。（　　）

车祸：赔偿

A. 生病：医生

B. 作家：出书

C. 博士：学习

D. 纠纷：诉讼

1124. 类比推理

从四个选项中，找出一个与题干关系最为类似的一组。（　　）

干净：一尘不染

A. 暖和：风和日丽

B. 寒冷：千里冰封

C. 清楚：视而不见

D. 认真：一丝不苟

1125. 类比推理

从四个选项中，找出一个与题干关系最为类似的一组。（　）

灯光：黑暗

A. 钱财：贫穷
B. 华山：土地
C. 花草：绿化
D. 燕雀：飞鸟

1126. 类比推理

从四个选项中，找出一个与题干关系最为类似的一组。（　）

蚂蚁：爬行

A. 蜗牛：胆小
B. 小鸟：虫子
C. 青蛙：跳跃
D. 小鱼：欢快

1127. 类比推理

从四个选项中，找出一个与题干关系最为类似的一组。（　）

创造：历史

A. 发扬：光大
B. 社会：和谐
C. 扩大：内需
D. 文化：传承

1128. 类比推理

从四个选项中，找出一个与题干关系最为类似的一组。（　）

土豆：白菜

A. 丰功：伟绩
B. 嵩山：少林
C. 博士：教授
D. 飞鸟：老鹰

1129. 类比推理

从四个选项中，找出一个与题干关系最为类似的一组。（　）

可爱：小猫

A. 美丽：牛顿
B. 雄伟：华山
C. 教授：渊博
D. 鬼哭：狼嚎

1130. 类比推理

从四个选项中，找出一个与题干关系最为类似的一组。（　）

白鸽：和平

A. 大海：浩瀚
B. 玫瑰：爱情
C. 博士：渊博
D. 乌龟：缓慢

1131. 类比推理

从四个选项中，找出一个与题干关系最为类似的一组。（　）

士兵：军装

A. 黄河：泥沙
B. 职员：白领
C. 医生：白大褂
D. 男人：帽子

1132. 类比推理

从四个选项中，找出一个与题干关系最为类似的一组。（　）

图书：知识

A. 饮食：健康
B. 休息：劳累
C. 医生：疾病
D. 导航：路线

1133. 类比推理

从四个选项中，找出一个与题干关系最为类似的一组。（ ）

农民：锄头

A. 居民：水井

B. 猎人：弓弩

C. 老师：知识

D. 飞鸟：翅膀

1134. 类比推理

从四个选项中，找出一个与题干关系最为类似的一组。（ ）

纸张：图书

A. 水流：长江

B. 黄山：石头

C. 泥土：陶瓷

D. 竹子：木船

1135. 类比推理

从四个选项中，找出一个与题干关系最为类似的一组。（ ）

大连：辽宁

A. 巢湖：安徽

B. 华山：四川

C. 武汉：湖南

D. 萍乡：江西

1136. 类比推理

从四个选项中，找出一个与题干关系最为类似的一组。（ ）

石头：剪刀：布

A. 斧头：扳手：锤子

B. 电脑：电视：洗衣机

C. 包袱：剪子：锤子

D. 铁：玻璃：木头

1137. 类比推理

如果"mp3"相对于"听音乐"，那么"手机"相对于( )。

A. 娱乐　　B. 阅读

C. 打电话　D. 计算

1138. 类比推理

从四个选项中，找出一个与题干关系最为类似的一组。（ ）

铁：金属：固体

A. 食品：副食品：饼干

B. 头：身体：躯干

C. 手：手指：食指

D. 馒头：食物：物质

1139. 类比推理

从四个选项中，找出一个与题干关系最为类似的一组。（ ）

阳光：紫外线

A. 电脑：辐射

B. 海水：氯化钠

C. 混合物：单质

D. 微波炉：微波

1140. 类比推理

从四个选项中，找出一个与题干关系最为类似的一组。（ ）

恋爱：结婚

A. 上学：毕业

B. 幸福：痛苦

C. 狂风：细雨

D. 山川：大河

1141. 类比推理

从四个选项中，找出一个与题干关系最为类似的一组。（ ）

易中天：三国演义

A. 武松：水浒传

B. 金庸：射雕英雄传

C. 白居易：长恨歌

D. 于丹：论语

1142. 类比推理

从四个选项中，找出一个与题干关系最为类似的一组。（　）

"杂志"对于（　）相当于（　）对于"农民"

A. 报纸　菜农

B. 纸张　土豆

C. 书刊　土地

D. 编辑　白菜

1143. 类比推理

从四个选项中，找出一个与题干关系最为类似的一组。（　）

作家：出版社：读者

A. 老师：学校：学生

B. 货物：售货员：顾客

C. 医生：医院：病人

D. 厂商：营业员：消费者

1144. 类比推理

从四个选项中，找出一个与题干关系最为类似的一组。

"寡"对于（　），相当于"利"对于（　）。

A. 孤　弊

B. 少　害

C. 众　钝

D. 多　益

1145. 类比推理

从四个选项中，找出一个与题干关系最为类似的一组。（　）

空调：风扇

A. 楼梯：电梯

B. 丝巾：帽子

C. 冰箱：电视

D. 窗户：门框

1146. 类比推理

从四个选项中，找出一个与题干关系最为类似的一组。（　）

火：寒冷

A. 信：隐私

B. 钱：财富

C. 才：能力

D. 水：干渴

1147. 类比推理

从四个选项中，找出一个与题干关系最为类似的一组。（　）

插座：插头

A. 眼镜：镜盒

B. 针线：纽扣

C. 螺丝：螺帽

D. 筷子：碗

1148. 类比推理

从四个选项中，找出一个与题干关系最为类似的一组。（　）

开封：汴京

A. 南京：金陵

B. 武汉：鄂

C. 太原：晋

D. 昆明：春城

1149. 类比推理

从四个选项中，找出一个与题干关系最为类似的一组。（　）

豆浆：豆腐

A. 椅子：木头

B. 酸奶：奶酪

C. 干冰：冰块

D. 书本：纸片

1150. 类比推理

"男孩"对"父亲"，正如"女孩"对( )。

A. 妇女　　B. 太太　　C. 夫人

D. 姑娘　　E. 母亲

1151. 类比推理

从四个选项中，找出一个与题干关系最为类似的一组。( )

侵犯：自卫

A. 学习：进步

B. 控告：辩护

C. 胜利：失败

D. 沮丧：鼓励

1152. 类比推理

从四个选项中，找出一个与题干关系最为类似的一组。( )

大同：小异

A. 前怕狼：后怕虎

B. 内忧：外患

C. 青山：绿水

D. 深入：浅出

1153. 类比推理

从四个选项中，找出一个与题干关系最为类似的一组。( )

努力：失败

A. 发芽：开花

B. 耕耘：歉收

C. 城市：乡村

D. 起诉：被告

1154. 类比推理

从四个选项中，找出一个与题干关系最为类似的一组。( )

打印机：文件

A. 家具：衣柜

B. 冰箱：食物

C. 洗衣机：洗衣服

D. 水果：西瓜

1155. 类比推理

从四个选项中，找出一个与题干关系最为类似的一组。( )

逗号：中止

A. 句号：停顿

B. 金钱：花销

C. 回车：换行

D. 猪肉：食物

1156. 类比推理

从四个选项中，找出一个与题干关系最为类似的一组。( )

肠胃：消化

A. 心脏：思考

B. 汽车：驾驶

C. 货车：运输

D. 电脑：文件

1157. 类比推理

从四个选项中，找出一个与题干关系最为类似的一组。( )

禾苗：土地

A. 学生：学校

B. 老师：大学

C. 心脏：循环

D. 病人：医院

1158. 类比推理

从四个选项中，找出一个与题干关系最为类似的一组。（　）

学生：考试：成绩

A. 司机：汽车：客人

B. 保姆：客户：小孩

C. 职员：工作：工资

D. 老师：学生：考试

1159. 类比推理

从四个选项中，找出一个与题干关系最为类似的一组。（　）

（　）对于"名垂千古"，相当于"廉洁奉公"对于（　）。

A. 身败名裂——贪赃枉法

B. 德高望重——流芳百世

C. 疾恶如仇——乐善好施

D. 见利忘义——独断专行

1160. 类比推理

从四个选项中，找出一个与题干关系最为类似的一组。（　）

（　）对于"痊愈"，相当于"改革"对于（　）。

A. 治疗——发展

B. 休息——革命

C. 医生——创新

D. 病人——改变

1161. 类比推理

从四个选项中，找出一个与题干关系最为类似的一组。（　）

松花江：黑龙江

A. 洞庭湖：四川

B. 庐山：江苏

C. 长白山：山西

D. 泰山：山东

1162. 类比推理

从四个选项中，找出一个与题干关系最为类似的一组。（　）

失恋了：很痛苦

A. 夜晚停电了：屋里黑

B. 吃饭了：肚子饿

C. 加油站：跑得快

D. 毕业了：见不到

1163. 类比推理

从四个选项中，找出一个与题干关系最为类似的一组。（　）

（　）对于"山脉"，相当于"星星"对于（　）。

A. 江河——星系

B. 山峰——星座

C. 石头——月亮

D. 土地——银河

1164. 类比推理

从四个选项中，找出一个与题干关系最为类似的一组。（　）

试卷：测评

A. 书信：联络

B. 汽车：司机

C. 白领：工资

D. 厨师：饭菜

1165. 类比推理

从四个选项中，找出一个与题干关系最为类似的一组。（　）

龙：狗：鼠

A. 马：牛：羊

B. 猫：虎：蛇

C. 狼：狗：猪

D. 鸡：鸭：鹅

1166. 类比推理

从四个选项中，找出一个与题干关系最为类似的一组。（　）

马铃薯：土豆

A. 地瓜：红薯

B. 鲜花：玫瑰

C. 甘蓝：大白菜

D. 杨花：柳絮

1167. 类比推理

从四个选项中，找出一个与题干关系最为类似的一组。（　）

（　）对于"纸张"，相当于"毛衣"对于（　）。

A. 书本——毛线

B. 文字——衣服

C. 钢笔——身体

D. 木头——裤子

1168. 类比推理

从四个选项中，找出一个与题干关系最为类似的一组。（　）

旗帜：天空

A. 学生：社团

B. 音符：歌曲

C. 棋子：棋盘

D. 同事：办公室

1169. 类比推理

从四个选项中，找出一个与题干关系最为类似的一组。（　）

商场：经理：售货员

A. 黄牛：牛肉：超市

B. 教室：老师：学生

C. 田地：农民：作物

D. 动物园：野兽：人群

1170. 类比推理

从四个选项中，找出一个与题干关系最为类似的一组。（　）

汽车：运输：事故

A. 渔网：鱼群：结网

B. 海难：编织：渔网

C. 渔船：捕鱼：海难

D. 捕鱼：结网：海难

1171. 类比推理

从四个选项中，找出一个与题干关系最为类似的一组。（　）

轮船：海洋：陆地

A. 飞机：海洋：天空

B. 海洋：鲸鱼：陆地

C. 海鸥：天空：地面

D. 山：河流：芦苇

1172. 类比推理

从四个选项中，找出一个与题干关系最为类似的一组。（　）

水果：苹果：西瓜：梨

A. 梨：香梨：黄梨：贡梨

B. 树木：树枝：树干：树根

C. 家具：椅子：凳子：电脑

D. 山脉：长白山：高山：昆仑山

1173. 类比推理

从四个选项中，找出一个与题干关系最为类似的一组。（　）

绿豆：豌豆

A. 家具：灯具

B. 猴子：树木

C. 鲨鱼：鲸鱼

D. 香瓜：西瓜

1174. 类比推理

从四个选项中，找出一个与题干关系最为类似的一组。（　）

雨伞：挡雨

A. 火柴：生火

B. 书本：知识

C. 勇气：鼓舞

D. 白菜：食物

1175. 类比推理

从四个选项中，找出一个与题干关系最为类似的一组。（　）

荷花：水芙蓉

A. 兔子：月亮

B. 住宅：住所

C. 和尚：寺庙

D. 牡丹：玫瑰

1176. 类比推理

从四个选项中，找出一个与题干关系最为类似的一组。（　）

书籍：纸张：（　），相当于菜肴：萝卜：（　）。

A. 杂志、土豆

B. 文字、水

C. 油墨、调料

D. 钢笔、牛肉

1177. 类比推理

从四个选项中，找出一个与题干关系最为类似的一组。（　）

（　）对于"知识"，相当于"分析"对于（　）。

A. 图书　毕业

B. 学习　结论

C. 老师　研究

D. 学生　学问

1178. 类比推理

从四个选项中，找出一个与题干关系最为类似的一组。（　）

稻谷：大米

A. 核桃：桃仁

B. 棉花：棉衣

C. 西瓜：瓜子

D. 钢笔：墨水

1179. 类比推理

从四个选项中，找出一个与题干关系最为类似的一组。（　）

争议：仲裁：听证

A. 诉讼：审判：旁听

B. 通货膨胀：宏观调控：货币政策

C. 突发事故：现场抢救：善后处理

D. 交通安全：交通法规：交通警察

1180. 类比推理

从四个选项中，找出一个与题干关系最为类似的一组。（　）

安居乐业：颠沛流离

A. 功成名就：一将功成

B. 乱中有序：杂乱无章

C. 雪中送炭：雪上加霜

D. 巧夺天工：鬼斧神工

1181. 对比规律

梨子之于苹果，正如土豆之于什么？（　）

A. 香蕉

B. 萝卜

C. 豌豆

D. 白菜

1182. 区别

找出下面区别于其他几项的选项。（　）

A. 绘画

B. 雕塑

C. 诗歌

D. 鲜花

1183. 意义相近

下面哪句话与"物以类聚，人以群分"的意义最相近？（　）

A. 一鸟在手强于二鸟在林

B. 不能从一本书的封面去判断其内容

C. 视其交友，知其为人

D. 是狗改不了吃屎

1184. 句子的含义

下面句子中与"小鸡未孵出，千万别点数"意思最接近的是哪句？（　）

A. 鸡蛋有双黄的，所以孵出来的小鸡可能和鸡蛋数不同。

B. 鸡蛋容易被打碎，所以无法计算未来孵出小鸡的数量。

C. 寄希望于没有发生的事情是不明智的。

1185. 不同类

从下面四个物品中选出不同类的一个。（　）

A. 电视机

B. 电话机

C. 电风吹

D. 洗衣机

1186. 与众不同

下面动物中，最与众不同的是哪个？为什么？

猫，狗，袋鼠，兔子，牛

1187. 与众不同

下面动物中，最与众不同的是哪个？为什么？

猫，狗，袋鼠，兔子，牛

1188. 找不同

从以下选项中，找出一个与其他各项不同的选项。（　）

A. 黄瓜

B. 葡萄

C. 茄子

D. 豌豆

1189. 找不同

从以下选项中，找出一个与其他各项不同的选项。（　）

A. 作家

B. 画家

C. 播音员

D. 化妆师

1190. 对比词

如果"矿泉水"的对比词是"瓶子"，那么下面的几个词中，"信"的最佳对比词是什么？（　）

A. 邮票

B. 钢笔

C. 信封

D. 邮箱

1191. 对比词

如果"树"的对比词是"大地"，那么下面的几个词中，"烟囱"的最佳对比词是什么？（　）

A. 烟

B. 天空

C. 砖头

D. 房子

1192. 差别

下面四个词中，与其他的词差别最大的一个是哪个？（　）

A. 看

B. 听

C. 尝

D. 笑

1193. 差别

下面四个词中，与其他的词差别最大的一个是哪个？（　）

A. 衣服

B. 袜子

C. 鞋子

D. 钱包

1194. 牌子

亚里士多德学院的门口竖着一块牌子。上面写着"不懂逻辑者不得入内"。这天，来了一群人，他们都是懂逻辑的人。如果牌子上的话得到准确的理解和严格的执行，那么以下诸断定中，只有一项是真的。这项真的断定是（　）。

A. 他们可能不会被允许进入

B. 他们一定不会被允许进入

C. 他们一定会被允许进入

D. 他们不可能被允许进入

1195. 安全问题

对建筑和制造业的安全研究表明，企业工作负荷量加大时，工伤率也随之

提高。工作负荷增大时，企业总是雇佣大量的不熟练的工人，毫无疑问，工伤率上升是由非熟练工的低效率造成的。则能够对上述观点作出最强的反驳的一项是（　）。

A. 负荷量增加时，企业雇佣非熟练工只是从事临时性的工作

B. 建筑业的工伤率比制造业高

C. 只要企业工作负荷增加，熟练工人的事故率总是随之增高

D. 需要雇佣新人的企业应加强职业训练

1196. 鼠害

为了解决某地区长期严重的鼠害，一家公司生产了一种售价为 2500 元的激光捕鼠器，该产品的捕鼠效果及使用性能堪称一流，厂家为推出此产品又做了广泛的广告宣传，但结果是产品仍没有销路。由此可知这家公司开发该新产品失败的最主要原因可能是（　）。

A. 未能令广大消费者了解该产品的优点

B. 忽略消费者的价格承受力

C. 人们不需要捕鼠

D. 人们没听说过这种产品

1197. 行政指令

行政指令是指行政主体依靠行政组织的权威，运用行政手段，包括行政命令、指示、规定、条例及规章制度等措施，按照行政组织的系统和层次进行行政管理活动的方法。

根据上述定义，下列描述不属于行政指令的是（　）。

A. 市消防大队对未经消防设计备案擅自施工的违法工程下发《责令改正通知书》

B. 体育局局长签发嘉奖令，表彰在全运会上取得优异成绩的运动员和教练员

C. 消费者协会同中国家用电器协会正式发布《太阳能热水器选购指南》

D. 市教育局紧急电话通知，要求全市中小学、幼儿园加强校园安全管理

1198. 行政确认

行政确认指行政机关和法定授权的组织依照法定权限和程序对有关法律事实进行甄别，通过确定、证明等方式决定管理相对人某种法律地位的行政行为。

下列不属于行政确认的是( )。

A. 某法院依据《招标投标法》，认定某招标代理机构在一次招标活动中违反相关法律规定，与招标人私下串通，谋取不当利益，由此确认此次招标无效

B. 某高速公路发生了一起交通事故，并引起责任纠纷。交警到达现场后，经过勘察了解，认定甲司机应负主要责任

C. 某市地税局干部小丁和小杨因工作中产生的一些矛盾吵得不可开交，一直闹到李局长那里，李局长了解情况后认为小杨应负主要责任，并批评教育了小杨

D. 赵某是养鱼专业户，去年冬天因抢救落水者而不幸死亡，政府相关部门依据法律，确认其为烈士

1199. 偶然防卫

偶然防卫是指在客观上被害人正在或即将对被告人或他人的人身进行不法侵害，但被告人主观上没有认识到这一点，出于非法侵害的目的而对被害人使用了武力，客观上起到了人身防卫的效果。

根据上述定义，下列行为不属于偶然防卫的一项是( )。

A. 甲正准备枪杀乙时，丙在后面对甲先开了一枪，将其打死。而丙在开枪时并不知道甲正准备杀乙，纯粹是出于报复泄愤的目的杀甲，结果保护了乙的生命

B. 甲与乙积怨很深，某日发生冲突后，甲回家拿了手枪打算去杀乙，两人在路上正好碰上，甲先开枪杀死了乙，但开枪时不知乙的右手已抓住口袋中的手枪正准备对其射击

C. 甲身穿警服带着电警棍，冒充警察去"抓赌"，甲抓住乙搜身时，乙将甲打伤后逃离，甲未能得手

D. 甲与乙醉酒后发生激烈冲突，两人相互厮打至马路上，正当甲要捡起路边砖头击打乙时，围观人群中有人喊"警察来啦"，甲受惊吓不慎跌落路边河沟溺水身亡，乙安全无事

1200. 法律责任

法律责任是指由特定法律事实所引起的对损害予以补偿、强制履行或接受惩罚的特殊义务，亦即由于违反第一性义务而引起的第二性义务。

根据上述定义，下列属于导致法律责任的是( )。

A. 陈某向某电视台举报揭露某公

司造假，电视台没报道

B. 李某被公共汽车售票员提醒后，仍不给残疾人王某让座，结果王某被挤伤

C. 孙某和肖某谈恋爱，后因感情不和分手，肖某极度痛苦，患上抑郁症

D. 某公司要求工人每天至少工作16小时，加班费每小时5元

1201. 思维定势

思维定势：指根据已有的知识、经验，在头脑中形成的一种固定的思维模式。遇到问题自然地沿着固有的思维模式进行思考。

下列认识不包含思维定势的是( )。

A. 贫寒出孝子，纨绔少伟男

B. 螳螂捕蝉，黄雀在后

C. 万般皆下品，惟有读书高

D. 汉字读半边，不会错上天

1202. 人才

① 人才团：指在一个较小空间和时间段内人才以相同或相似的风格、方法、表达方式及共同的追求方向和目标为纽带结成的人才群体。

② 人才链：指有血缘关系或师徒关系的两代或两代以上的人才以技艺、知识为纽带而前后相承的现象。

③ 潜人才：指已具备从事某种创造性劳动的能力，有可能为社会作出较大贡献，但由于缺乏某种外部条件和机会，还未被发现、还未得到社会承认的人才。

典型例证：

(1) 长征途中，红二师四团为抢渡乌江而架设的浮桥数次被激流冲走，是战士和群众发明了"河底坠石稳固桥面"的方法，确保了架桥成功。

(2) 三国时代，为了完成统一大业，魏、蜀、吴都十分注意网罗人才，就蜀国而言，名相诸葛亮自不消说，就是关羽、张飞、赵云、马超、黄忠，也各有千秋。

(3) 中国戏曲中的生、旦、净、丑各行当均有自己的流派，如老生行中的马、谭、奚、杨、麒派等；旦行中的四大名旦、四小名旦等。

对上述典型例证与定义的关系判断正确的是( )。

A. 例证(2)(3)分别与定义①②相符

B. 例证(1)(3)(2)分别与定义①②③相符

C. 例证(1)(2)分别与定义②③相符

D. 例证(3)(1)(2)分别与定义①③②相符

1203. 社会

① 社会组织：指人们为实现特定目标而建立的共同活动的群体。

② 社会设置：指用来满足社会基本需要的社会结构中相对稳定的一组要素。

③ 社会分层：指按照一定的标准将人们区分为高低不同的等级序列。

典型例证：

(1) 在古罗马，人们的社会身份有贵族、骑士、平民和奴隶。

(2) 一个社会生养后代、教育年轻人的功能一般由家庭来完成。

(3) 公务员之间的友好关系大多是在共同的工作中建立起来的。

上述典型例证与定义存在对应关系的数目有( )。

A. 0个 B. 1个 C. 2个 D. 3个

1204. 人格

① 自恋型人格：指过于重视自我价值而缺乏对自身和他人进行理性和客观认识的一种人格。

② 回避型人格：指行为退缩、心理自卑，面对挑战多采取回避态度或无能应付的一种人格。

③ 强迫型人格：指过于要求严格和完善，具有强烈的自制心理和自控行为的一种人格。

典型例证：

(1) 小王敏感羞涩，害怕参加社交活动，担心自己的言行不当而被人讥笑讽刺，也从来不去做那些冒险的事情。

(2) 小李经常无根据地夸大自己的成就和才干，认为自己应当被视作"特殊人才"，幻想自己拥有比他人更多的智慧、聪明。

(3) 小张过分注意自己的行为是否正确、举止是否适当，往往用十全十美的高标准要求自己，追求完美，同时又墨守成规。

对上述典型例证与定义的关系判断正确的是( )。

A. 例证(2)(1)(3)分别与定义③②①相符

B. 例证(2)(3)分别与定义③①相符

C. 例证(1)(3)分别与定义①②相符

D. 例证(1)(2)(3)分别与定义②①③相符

1205. 诗歌

① 送别诗：指抒发诗人离别之情

的诗歌。

② 田园诗：是指歌咏田园生活的诗歌。

③ 咏史诗：指以历史题材为咏写对象的诗歌。

典型例证：

(1) 李白乘舟将欲行，忽闻岸上踏歌声。桃花潭水深千尺，不及汪伦送我情。——李白《赠汪伦》

(2) 种豆南山下，草盛豆苗稀。晨兴理荒秽，带月荷锄归。道狭草木长，夕露沾我衣。衣沾不足惜，但使愿无违。——陶渊明《归园田居之三》

(3) 折戟沉沙铁未销，自将磨洗认前朝。东风不与周郎便，铜雀春深锁二乔。——杜牧《赤壁》

上述典型例证与定义存在对应关系的数目有( )。

A. 0个 B. 1个 C. 2个 D. 3个

1206. 立体农业

立体农业是指农作物复合群体在时空上的充分利用。根据不同作物的不同特性，如高秆与矮秆、富光与耐荫、早熟与晚熟、深根与浅根、豆科与禾本科，利用它们在生长过程中的时空差，合理地实行科学的间种、套种、混种、轮种等配套种植，形成多种作物、多层次、多时序的立体交叉种植结构。根据上述定义，下列属于立体农业的是( )。

A. 甲在自己的玉米地里种植大豆

B. 乙在自己承包的鱼塘不但养鱼，还种植了很多莲藕

C. 丙在南方某地区承包了十亩稻田，特意引种了高产的水稻新品种

D. 丁前年承包了一座山，他在山

上种植了大量苹果树，并在山上养殖了大量蜜蜂

1207. 妄想

妄想，指一种病态的信念，尽管不符合事实，但仍坚信不疑。

下列属于妄想的是（   ）。

A. 尽管实验失败了 5 次，但他想，要是实验条件再做些改变也许就能成功。

B. 尽管许多医院的专家都诊断他无病，但他还是认为自己患了不治之症，反复就医，并认为那些医生不负责任，有意害自己。

C. 尽管他的妻子已去世多年，但他眼前还经常浮现出妻子的音容笑貌。

D. 如果学习认真点，他想他可以取得更好的成绩。

1208. 什么时候去欢乐谷

晚上十点，家住北京的明明，看着外面的大雨，对爸爸说："如果明天天晴了，你带我去欢乐谷玩吧。"爸爸说："明后两天我都要加班。这样吧，如果再过 72 个小时，天上出太阳了，我就带你去好不好？"

他们会去欢乐谷玩吗？

1209. 正前方游戏

（1）两个人在一起玩。A 说：我在 B 的正前方。B 说：我在 A 的正前方。这两个人是什么位置关系？

（2）三个人在一起玩。A 说：B 在我的正前方。B 说：C 在我的正前方。C 说：A 在我的正前方。这三个人是什么位置关系？

（3）四个人在一起玩。A 说：B 在

我的正前方。B 说：C 在我的正前方。C 说：D 在我的正前方。D 说：A 在我的正前方。这四个人是什么位置关系。

1210. 看报纸

阅览室新订了一份报纸，4 个人分着看，小王已经看完了 3 张，现在拿在手中的这一张上，左面标的是第 7 页，右面标的是第 22 页，那么，他还有多少张没有看？

1211. 谁的收音机

李明的父亲爱用收音机，李明爱用 mp3。另外我们知道李明既没有兄弟也没有姐妹。有一天他手里拿着一个收音机。有人问他："你手上的收音机是谁的？"他说："收音机的主人的父亲是我父亲的儿子。"据此，你知道收音机是谁的吗？

1212. 疑问的前提

张翔：王辉是苹果电脑公司的高级副总裁之一。

刘丽：怎么可能？他的所有电子产品都是 IBM 生产的。

对话中，刘丽的陈述隐含的一个前提是（   ）。

A. IBM 是苹果公司的子公司

B. 王辉在 IBM 公司做兼职

C. 一般情况下，高级副总裁只用本公司的数码产品。

D. 王辉在苹果电脑公司的表现不佳。

1213. 决赛

如果某人得到了冠军，那么他一定参加了决赛。由此，可以推出（   ）。

A. 张三参加了决赛，所以他是冠军。

B. 李四没有参加决赛，所以他不是冠军

C. 王五不是冠军，所以他没有参加比赛。

D. 赵六没有参加决赛，但是他是冠军。

1214. 前提条件

所有得了 A 的同学都可以得到一根钢笔，结论是高三(2)班有的同学没有得到钢笔，中间缺少了什么条件？

1215. 血缘关系

甲是乙的哥哥，丙是丁的妹妹，丙是甲的妈妈，那么丁是乙的什么人？

1216. 新手表

婧婧买了一块新手表。她与家中的挂钟的时间作了一个对照，发现新手表每天比挂钟慢 3 分钟。她又将挂钟与电视上的标准时间作了一个对照，刚好挂钟每天比电视快 3 分钟。于是，他认为新手表的时间是标准的。下面几个对婧婧推断的评价中，哪一项是正确的。

A. 由于新手表比挂钟慢 3 分钟，而挂钟又比标准时间快 3 分钟，所以，婧婧的推断是正确的，她的手表上的时间是标准的。

B. 新手表当然是标准的，因此，婧婧的推断也是正确的。

C. 婧婧不应该拿她的手表与挂钟对照，而应该直接与电视上的标准时间对照。所以，婧婧的推断是错误的。

D. 婧婧的新手表比挂钟慢3分钟，是不标准的 3 分钟；而挂钟比标准时间

快 3 分钟，是标准的 3 分钟。这两种"3分钟"不是一样的，因此，婧婧的推断是错误的。

E. 无法判断婧婧的推断正确与否。

1217. 学生籍贯

有一个学校有 2000 名学生和 180名教职工。

如果以下关于学生的判断只有1个是真的

(1)　有学生是广东人；

(2)　有学生不是广东人；

(3)　会计系大一班长不是广东人。

(4)　有教职工不是广东人；

(5)　校长不是广东人。

问以下哪项为真？（　）

A. 2000 名学生都是广东人

B. 2000 名学生都不是广东人

C. 只有 1 个学生不是广东人

D. 只有 1 个学生是广东人

1218. 喝酒与疾病

以前有几项研究表明，喝酒会增加患心脑血管疾病的风险。而一项最新的、更为可靠的研究得出的结论是：喝酒与心脑血管疾病的发病率无关。估计这项研究成果公布以后，可以放心喝酒的人将会大大增加。

上述推论基于以下哪项假设（　）。

A. 尽管有些人知道喝酒会增加患心脑血管疾病的可能性，但却照样大喝特喝

B. 人们从来也不相信喝酒会更容易患心脑血管疾病的说法

C. 现在许多人喝酒是因为他们没有听说过喝酒会导致心脑血管疾病的

说法

D. 现在许多人不敢喝酒完全是因为他们相信喝酒会诱发心脑血管疾病

1219. 防护墙

为保护海边建筑物免遭海洋风暴的袭击，海洋度假地在海滩和建筑物之间建起了巨大的防护墙。这些防护墙不仅遮住了一些建筑物的海景，而且使海岸本身也变窄了。这是因为在风暴从水的一边对沙子进行侵蚀的时候，沙子不再向内陆扩展。上述信息最支持的一项论断是（　）。

A. 为后代保留下海滩应该是海岸管理的首要目标

B. 防护墙最终不会被风暴破坏，也不需要昂贵的维修和更新

C. 由于海洋风暴的猛烈程度不断加深，必须在海滩和海边建筑物之间建立更多的高大的防护墙

D. 通过建筑防护墙来保护海边建筑的努力，从长远来看作用是适得其反

1220. 苹果

如果所有的学生都有苹果，那么三年级的女学生会有（　）。

A. 比一年级学生大的苹果

B. 比男生红的苹果

C. 苹果

D. 甜的苹果

1221. 考试成绩

考完试后，甲说："我知道乙和丙的成绩，我比他们俩的都高。"丁说："我比丙的成绩高，但是比戊的成绩差。"有这个，可以知道（　）。

A. 戊的成绩比甲的好

B. 乙的成绩比丙的好

C. 甲的乘积比丁的好

D. 在五个人的成绩中，丙最多排到第四

1222. 吃药

一个病房里住着四个人，得了同样的病。有一天，护士发放完药物后，由于走神，忘了谁吃了，谁没吃，就又回来问四个人，四人因为和护士关系不错，就想逗逗她，分别说了下面一句话：

A：所有的人都没吃药

B：D 没有吃药

C：不都没有吃药

D：有人没有吃药

如果四人中只有一个断定属实，则以下哪项是真的？（　）

A. A 断定属实，D 没有吃药

B. C 断定属实，D 吃了药

C. C 断定属实，但 D 没吃药

D. D 断定属实，D 没有吃药

1223. 选举权

我国选举法规定：中华人民共和国年满 18 周岁的公民，不分民族、种族、性别、职业、家庭出身、宗教信仰、财产状况和居住期限，都有选举权和被选举权；依照法律剥夺政治权利的人除外。根据这一法律（　）

A. 罪犯都不具有选举权和被选举权。

B. 学生都具有选举权和被选举权。

C. 拥有选举权和被选举权的必须是 18 周岁以上的中国公民。

D. 选举权是不受任何限制的。

1224. 班长选举

一次班级要重新选班长，采取全班同学对候选人投票的方式。结果显示，有人投了所有候选人的赞成票。如果统计是真实的，那么下列哪项也必定是真实的？（ ）

A. 对每个候选人来说，都有人投了他的赞成票

B. 对所有候选人都投赞成票的不止一人

C. 有人没有对所有候选人投赞成票

D. 不可能所有的候选人都当选

E. 所有的候选人都可以当选

1225. 顺序推理

苹果树是植物，植物的细胞有细胞壁，所以，苹果树的细胞有细胞壁。这个推理正确吗？（ ）

A. 是　B. 否

1226. 正确推理

我的同伴现在是花季年龄，我的同伴穿了个漂亮的白裙子。所以，我的同伴是个16岁的姑娘。这个推理正确吗？

A. 是　B. 否

1227. 是相同的吗

所有的 A 都有 5 只胳膊，这个 B 有五只胳膊，所以，这个 B 与 A 是相同的。这个推理正确吗？（ ）

A. 是　B. 否

1228. 关于上课的决定

小王、小马、小周三个人是大学生，周一一大早他们来到课堂上，发现黑板上写着一行字：我可能不会来上课。署名是：逻辑学教授。围绕这行字，三人争论起来：

小王：老师可能不会来上课，那并不排除他来上课的可能，我们还是要等他的。

小马：老师可能不会来上课，那就表明他不会来上课了，所以，我们还是走吧。

小周：老师可能不来上课，只是表明可能性，并没有说明必然性，走与不走每个人自己决定。

对黑板上的字的理解，三个人中（ ）

A. 小王和小周正确，小马不正确。

B. 小王正确，小周、小马不正确。

C. 小马正确，小王和小周不正确。

D. 小周正确，小王和小马不正确。

1229. 黑帮火并

两个黑帮之间发生了矛盾，约定在第二天于某处决斗。其中一个黑帮求助与第三方，这方的一个小兵——阿丁说："如果我们老大——老黑去，那我和小赵、小孙也一定一起去。"如果他的这句话是真的，那么，以下哪项也是真的？（ ）

A. 如果老黑没去，那么阿丁、小赵、小孙三人中至少有一人没去

B. 如果老黑没去，那么阿丁、小孙、小赵三人都没去

C. 如果阿丁、小孙、小赵都去，那么老黑也去

D. 如果阿丁没去，那么小赵和小孙不会都去

E. 如果阿丁没去旅游，那么老黑和小赵不会都去

1230. 川菜还是粤菜

在某餐馆中，所有的菜或者属于川菜系，或者属于粤菜系，张先生点的菜中有川菜，因此，张先生点的菜中没有粤菜。

以下哪项最能增强上述论证？

A. 餐馆规定，点粤菜就不能点川菜，反之亦然

B. 餐馆规定，如果点了川菜，可以不点粤菜，但点了粤菜，一定也要点川菜

C. 张先生是四川人，只喜欢川菜

D. 张先生是广东人，但不喜欢吃粤菜

E. 张先生是四川人，最不喜欢吃粤菜

1231. 无知者无畏

关于"无知者无畏"这一原则包含的含义，有三种观点：

甲：无知者无畏，意味着有畏者可以是无知者。

乙：无知者无畏，意味着有畏的人都是有知者。

丙：无知者无畏，意味着有畏者可能是有知者。

以下哪项结论是正确的？（ ）

A. 甲的意见正确，乙和丙的意见不正确

B. 乙和丙的意见正确，甲的意见不正确

C. 甲和丙的意见正确，乙的意见不正确

D. 乙的意见正确，甲和丙的意见不正确

E. 丙的意见正确，甲和乙的意见

不正确

1232. 高明的骗子

美国前总统林肯说："最高明的骗子，可能在某个时刻欺骗所有的人，也可能在所有的时刻欺骗某些人，但不可能在所有时刻欺骗所有的人。"如果林肯的上述断定是真的，那么下述哪项断定是假的？（ ）

A. 林肯可能在任何时刻都不受骗

B. 不存在某一时刻有人可能不受骗的情况

C. 林肯可能在某个时刻受骗

D. 不存在某一时刻所有的人都必然不受骗

1233. 申请基金

八个学者赵教授、钱教授、孙教授、李教授、王所长、陈博士、周博士和沈局长在争取一项科研基金。按规定只有一人能获得该基金。由学校评委投票决定。已知：如果钱教授获得的票数比周博士多，那么李教授将获得该项基金；如果沈局长获得的票数比孙教授多，或者李教授获得的票数比王所长多，那么陈博士将获得该基金；如果孙教授获得的票数比沈局长多，同时周博士获得的票数比钱教授多，那么赵教授将获得该项基金。

(1) 如果陈博士获得了该项基金，那么下面哪个结论一定是正确的？

A. 孙教授获得的票数比沈局长多

B. 沈局长获得的票数比孙教授多

C. 李教授获得的票数比王所长多

D. 钱教授获得的票数不比周博士多

(2) 如果周博士获得的票数比钱

教授多，但赵教授没有获得该基金。那么下面哪一个结论必然正确？（　　）

A. 李教授获得了该项基金

B. 陈博士获得了该项基金

C. 李教授获得的票数比王所长多

D. 孙教授获得的票数没有沈局长的多

1234. 考试及格

如果李佳考试及格了，那么李华、孙涛和赵林肯定也及格了。由此可知：（　　）。

A. 如果李佳考试没及格，那么李华、孙涛和赵林中至少有一个没及格

B. 如果李华、孙涛和赵林都及格了，那么李佳的成绩肯定也及格了

C. 如果赵林的成绩没有及格，那么李华和孙涛不会都考及格

D. 如果孙涛的成绩没有及格，那么李佳和赵林不会都考及格

1235. 语言逻辑

某地有一名热心的理发师，他只给村子里的所有不给自己理发的人理发。而村子里所有不为自己理发的人都来找这位理发师理发，那么这位理发师（　　）。

A. 给自己理发

B. 叫人为他理发

C. 从不理发

D. 不存在这样的人

1236. 说谎检测

当一个人被怀疑说谎时，观察他的表情比用测谎仪检测得到的结论可靠性更高。如果这句话正确，能最好地支持上述观点的一项是（　　）

A. 通过观察一个人的表情来断定他是否说了谎，这对于每个观察者来说是不一样的。

B. 广泛推行测谎仪还不具有现实条件，测谎仪的成本高、操作难。

C. 有些人说谎时，面目表情丰富。

D. 微表情研究得到了重大突破，测谎仪却被越来越多的研究证明不是不可靠的。

1237. 辩论

甲：儿童吃糖多会导致蛀牙。

乙：我不同意，蛀牙和吃糖的关系应该是来自于下面的实事：那些牙齿不好的孩子，倾向于选择吃软的以及可以在嘴里融化的东西，糖块儿恰好符合这个条件。请问：乙对甲是通过什么方法反驳的。（　　）

A. 运用类比来说明甲推理中的错误

B. 指出甲的声明是自相矛盾的

C. 说明如果接受甲的声明，会导致荒谬的结论

D. 论证甲的声明中某一现象的原因实际上是该现象的结果

1238. 推论

如果公司拿到项目A，则B产品就可以按期投放市场；只有B产品按期投放市场，公司资金才能正常周转；若公司资金不能正常周转，则C产品的研发就不能如期进行。而事实是C产品的研发正如期进行。由此可见（　　）。

A. 公司拿到了项目A并且B产品按期投放市场

B. 公司既没有拿到项目A,B产品也没能按期投放市场

C. B 产品按期投放市场并且公司资金周转正常

D. B 产品既没有按期投放市场，公司资金周转也极不正常

1239. 大鼻子

有些俄罗斯人不是大鼻子。有些爱喝酒的人不是大鼻子。以下哪项能保证上述推理成立。（　）

A. 所有俄罗斯人都不是大鼻子

B. 有些俄罗斯人爱喝酒

C. 所有爱喝酒的人都是大鼻子

D. 所有俄罗斯人都爱喝酒

1240. 血型问题

在美国，献血者所献血液中的 45% 是 O 型血，O 型血在紧急情况下是必不可少的，因为在紧急情况下根本没有时间去检验受血者的血型，而 O 型血可供任何人使用。O 型血的独特性在于：它和一切类型的血都相合，因而不论哪一种血型的人都可以接受它，但是正因为它的这种特性，O 型血长期短缺。由此可知（　）。

A. 血型为 O 型的献血者越来越受欢迎

B. O 型血的特殊用途在于它与大多数人的血型是一样的

C. 输非 O 型血给受血者必须知道受血者的血型

D. 在美国，45% 的人的血型为 O 型，O 型是大多数人共同的血型

1241. 减肥

减肥的时候，有人请你吃蛋糕。如果你吃了蛋糕，你会感觉后悔；如果你没有吃蛋糕，那你会感觉发馋。但是要

么吃蛋糕，要么就不吃蛋糕。由此可以知道（　）。

A. 有人请你吃蛋糕的时候，要么让你感觉后悔，要么让你觉得馋嘴

B. 吃蛋糕对你没有好处

C. 以上皆是

D. 以上皆非

1242. 判断水果

苹果是甜的水果，这个水果不甜，由此可以得出（　）。

A. 这个水果是榴莲

B. 无确切的结论

C. 这个水果不是苹果

1243. 地点

小明在中心小学上学，爸爸在贸易公司上班，他们家住在幸福小区。已知：贸易公司在幸福小区的西北，中心小学在幸福小学的西北，所以（　）。

(1)　中心小学比幸福小区更靠近贸易公司

(2)　幸福小区在贸易公司的东南

(3)　幸福小区离中心小学不远

(4)　贸易公司离中心小学不远

A. (1)

B. (2)

C. (3)

D. (4)

E. (2)、(3)和(4)

F. (1)、(3)和(4)

G. (1)、(2)、(3)和(4)

1244. 菜的味道

辣味重时，甜味就淡。苦味淡时，咸味就合适。淡时要么辣味重要么苦味淡，所以可以知道（　）。

A. 甜味淡

B. 苦味重

C. 甜味淡，或者咸味合适

D. 以上皆非

1245. 位置关系

我住在乔的农场和城市之间的那个地方。乔的农场位于城市和机场之间，所以（　）。

（1）　乔的农场到我住处的距离比到机场要近

（2）　我住在乔的农场和机场之间

（3）　我的住处到乔的农场的距离比到机场要近

A. 1　　　　　　B. 2

C. 3　　　　　　D. 1，2

E. 1，3　　　　F. 2，3

G. 1，2和3

1246. 有才华的律师

有才华的律师只接谋杀案，聪明的律师只接盗窃案。这个律师有时候接案子，所以（　）。

（1）　他要不是个有才华的律师，就是个聪明的律师

（2）　他可能是个有才华的律师，也可能不是个聪明的律师

（3）　他既不是个有才华的律师，也不是个聪明的律师

A. (1)　　　　　B. (2)

C. (3)　　　　　D. (1)，(2)

E. (1)，(3)　　F. (2)，(3)

G. 以上皆非

1247. 职业

只要 x 是医生，y 就一定是律师；只要 y 不是律师，z 就一定是会计。但是，当 x 是医生的时候，z 绝对不是会计，由此可以知道（　）。

（1）　只要 z 是会计，y 就可能是律师

（2）　只要 y 不是医生，z 就不可能是律师

（3）　只要 y 不是律师，x 就不可能是医生

A. (1)　　　　　B. (2)

C. (3)　　　　　D. (1)，(2)

E. (1)，(3)　　F. (2)，(3)

G. (1)，(2)和(3)

1248. 打麻将

有的矿工是满族人，有的满族人打麻将，所以可以知道（　）。

（1）　有的矿工不见得一定是打麻将的满族人

（2）　矿工不可能是打麻将的满族人

A. (1)　　　　　B. (2)

C. (1)，(2)　　D. 以上皆非

1249. 潜水艇

潜水艇上有一个手柄，有 4 个按钮，手柄有两个挡位："上升"、"下降"，按钮有"开"、"关"两个状态。潜水艇有下面几个规则：

（1）　如果把手柄推到"上升"位置，那么必须同时打开 1 号按钮并且关上 4 号按钮；

（2）　如果开启了 1 号按钮或者 4 号按钮，就必须关上 3 号按钮；

（3）　不能同时关上 2 号和 3 号按钮。

现在要把手柄推到"上升"位置，同时要打开的是哪两个按钮？（　）

A. 1 号按钮和 3 号按钮

B. 1 号按钮和 2 号按钮

C. 2 号按钮和 4 号按钮

D. 3 号按钮和 4 号按钮

1250. 逻辑错误

所有的了肾炎的病人都会浮肿，张天身体浮肿，所以，张天一定得了肾炎。

以下哪项充分揭示了上述推理形式的错误？（　）

A. 所有大学生都穿 T 恤，江华穿了 T 恤，所以，他是大学生

B. 所有的螃蟹都横着走，这个动物直着走，所以它不是螃蟹

C. 所有的素数都是自然数，17 是自然数，所以 17 是素数

D. 我是个笨蛋，因为所有的聪明人都是近视眼，而我的视力相当的好

1251. 比重问题

比重比水小的东西会浮在水面上，比重比水大的物体则会沉入水底。木头与铁块绑在一起后沉到了水底，由此可知（　）。

A. 木头与铁块的比重都比水大

B. 木头与铁块的平均密度比水大

C. 木头的比重比水小

D. 铁的比重比水大

1252. 高明的伪造者

真正高明的伪造家制造的钞票从不会被发现，所以一旦他的作品被认出是伪造的，则伪造者不是位高明的伪造者，真正的伪造家从不会被抓到。下列哪种推理方式与这段话类似？（　）

A. 田壮是一个玩魔术专家，他的魔术总能掩人耳目，从未被揭穿，所以他是一个高明的魔术师

B. 王伟是一个玩魔术的人，他的魔术一般不会被揭穿，偶尔有一两次被人看穿，但这不妨碍他是一名优秀的魔术师

C. 岗村是一个玩魔术的人，他的魔术一般不会被人看穿，偶尔有一两次被人看穿，说明他并不是一个高明的魔术师，因为高明的魔术师不会被人看穿

D. 小马的魔术很好，从不会被揭穿，所以他是一个优秀魔术师

1253. 生命的条件

生命在另外一个行星上发展，必须至少具备两个条件：(1)适宜的温度，这是与热源保持适当距离的结果。(2)至少在 37 亿年的时间内保持一个相对稳定的温度变化幅度。这样的条件在宇宙中很难找到，这使得地球很可能是唯一存在生命的地方。上述结论成立的前提是（　）。

A. 某一个温度变化范围是生命在行星上发展的唯一必要条件

B. 生命不在地球以外的地方生存

C. 在其他行星上的生命形态需要的条件与地球上的生命形态相似

D. 灭绝的生命形态的迹象有可能在有极端温度的行星上被发现

1254. 继承权问题

教授：在长子继承权的原则下，男人的第一个妻子生下的第一个男性婴儿总是首先有继承家庭财产的权利。

学生：那不正确。休斯敦夫人是其父唯一妻子所生唯一活着的孩子，她继承了他的所有遗产。

学生误解了教授的意思，他理解为

（　）。

    A. 男人可以是孩子的父亲

    B. 女儿不能算第一个出生的孩子

    C. 只有儿子才能继承财产

    D. 私生子不能继承财产

1255. 水够吗

缸比桶要大，我有一盆水，装不满两个桶。所以（　）。

    A. 一盆水装不满一个缸

    B. 一盆水可能够，也可能不够装满一缸

    C. 以上皆非

1256. 萝卜与茄子

萝卜比茄子便宜，我的钱不够买两斤萝卜。所以（　）。

    A. 我的钱不够买一斤茄子

    B. 我的钱可能够，也可能不够买一斤茄子

    C. 以上皆非

1257. 台球运动员

高水平的台球运动员都在打斯诺克，而要成为高水平的台球运动员就必须要练习击球。所以，学会打斯诺克比学会打美式落袋需要更多地击球练习。（　）

    A. 是　B. 否

1258. 推论

前进不见得死得光荣，但是后退没死也不见得是耻辱，所以可得出（　）。

    A. 后退意为死得光荣

    B. 前进意为不死就是耻辱

    C. 前进意为死得光荣

    D. 以上皆非

1259. 反省自己

曾子说：“吾日三省吾身。”

下面哪一个选项与这句话的意思最不接近？（　）

    A. 未经反省的人生是没有价值的

    B. 糊涂一世，快活一生

    C. 人应该活得明白一点

    D. 自省出真知

1260. 己所不欲

孔子说：“己所不欲，勿施于人。”

下面哪一个选项不是上面这句话的逻辑推论？（　）

    A. 只有己所欲，才能施于人

    B. 若己所欲，则施于人

    C. 除非己所欲，否则不施于人

    D. 凡施于人的都应该是己所欲的

1261. 计算机与人

人的日常思维和行动，哪怕是极其微小的，都包含有有意识的主动行为，包含着某种创造性，而计算机的一切行为都是由预先编制的程序控制的，因此计算机不可能拥有人所具有的主动性和创造性。

补充下面哪一项，将最强有力地支持题干中的推理？（　）

    A. 计算机能够像人一样具有学习功能

    B. 计算机程序不能模拟人的主动性和创造性

    C. 在未来社会，人控制计算机还是计算机控制人，是很难说的一件事

    D. 人能够编出模拟人的主动性和创造性的计算机程序

1262. 推理结论

只要老姜才辣。

下面哪个选项不是上面这句话的推理结论？（　）

A. 老姜要比嫩姜辣

B. 不辣的姜都是嫩姜

C. 所有老姜都辣

D. 所有嫩姜都不辣

1263. 错误推论

东北人都是活雷锋，翠花是活雷锋，所以，翠花是东北人。

以下哪个选项最明确地显示了上述推理的荒谬？（　）

A. 中国人爱打乒乓球，李雷是中国人，所以，李雷爱打乒乓球

B. 雷锋爱帮助老人，老人走得比较慢，所以，雷锋走路很慢

C. 所有鸟儿就会唱歌，所以，会唱歌的都是鸟

D. 所有的电暖气都能发热，火炉会发热，所以火炉是电暖气

1264. 对比

男孩对父亲，正如女孩对（　）。

A. 妇女　B. 太太　C. 夫人

D. 姑娘　E. 母亲

1265. 相对关系

如果"mp3"相对于"听音乐"，那么"手机"相对于（　）。

A. 娱乐　　B. 阅读

C. 打电话　D. 计算

1266. 大小关系

当 B 大于 C 时，X 小于 C；但是 C 绝不会大于 B，由此可得出：（　）。

A. X 绝不会大于 B

B. X 绝不会小于 B

C. X 绝不会小于 C

1267. 涨价事件

新年过后，由于受雪灾影响，粮油蛋奶等食品纷纷开始涨价。下面是三位家庭主妇的对话：

主妇甲："如果大米涨价的话，食用油也会涨价。"

主妇乙："如果食用油涨价的话，鸡蛋也会涨价。"

主妇丙："如果鸡蛋涨价的话，牛奶也会涨价。"

从结果看来，三位家庭主妇的说法都是正确的，但大米、食用油、鸡蛋、牛奶这四种商品中只有两种涨了价，你知道是哪两种商品吗？

第七部分

观察能力训练

1268. 四等分

下面是一个画有4个圆圈4个三角的圆形纸片，纸片的中间有个方孔。请问如何才能把这张纸片切割成大小、形状都相同的4份，而且每一份上都有1个圆圈1个三角。你知道怎么做吗？

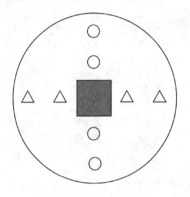

1269. 圈羊

小明家有10只羊，分布在一块长方形的草地上，草地周围有栅栏。现在想增设3块栅栏，可以把这10只有分隔成5份，每份有2只羊，你知道怎么划分吗？

1270. 分月亮

如下图所示，请用两条直线把这个月亮图形分成6个部分，你知道该怎么分吗？

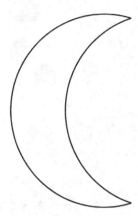

1271. 三等分

下面是由12根火柴拼成的1个直角三角形，三边分别是3、4、5，你能用4根火柴把这个三角形分成面积相等的3个部分吗？(不要求形状相同)

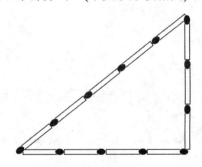

1272. 分三角

下面有9个三角形，你能用4个圆把这些三角形分开，让它们没有任何2个能在一起吗？

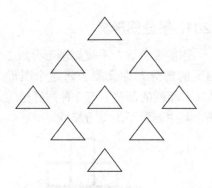

1273. 三兄弟分家

一户人家有如图所示的一块土地，3 个兄弟要平分它，这三部分要求同样形状、同样大小，你知道该怎么分吗？

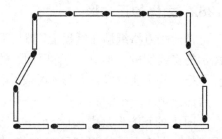

1274. 一变二

把下面的这个中空的正方形分割成 5 份，再组合起来，最后形成两个大小相等、样子相同的小中空正方形。你知道该怎么分割吗？

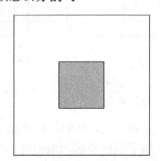

1275. 分成两份

把下面的图形平均分成两份，要求

大小和形状都一样，而且分割线只能沿着给出的线，共有几种不同的分法？
(对称、镜像、旋转算同一种)

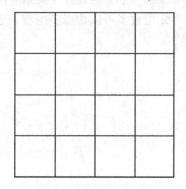

1276. 五个三角形

在下图中添加 3 条直线，使它变成 5 个小三角形(三角形内部不能有多余的线)。你知道怎么做吗？

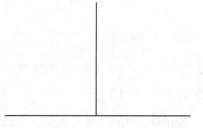

1277. 画三角

在下图的 W 中，加入 3 条直线，使形成的三角形数量最多，你知道怎么加吗？

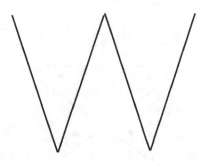

1278. 分圆形

把一个圆形用 4 条直线切分，如下图可以切成 9 份，但这并不是最多的切法。你知道最多可以切成多少份？怎么切吗？

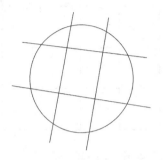

1279. 切割双孔桥

把下面的双孔桥切割 2 刀，然后拼成一个正方形，你知道怎么切割吗？

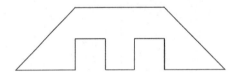

1280.5 个变 10 个

如图的五角星，包含 5 个三角形(只由 3 条边围成，内部没有多余的线)。请在这个图上添 2 条线，让三角形变成 10 个。当然，新的三角形内部也不能有多余的线。

1281. 平分图形

你能否将这个不规则图形分成 2 个相同的部分？你又能否将这个图形分成 4 个相同的部分？有 2 种四等分的方法，其中一种不沿着方格线。

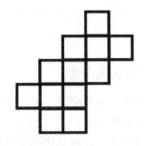

1282. 丢失的正方形

把一张方格纸贴在纸板上，然后沿图示的直线切成 5 小块。当你照图 2 的样子把这些小块拼成正方形的时候，中间居然出现了一个洞！

图 1 的正方形是由 49 个小正方形组成的。图 2 的正方形却只有 48 个小正方形。哪一个小正方形没有了？它到哪儿去了？

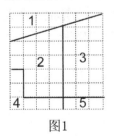 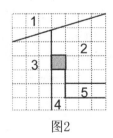

图1　　　　图2

1283. 分家

两兄弟分家，其他的都分完了，最后剩下如下图样子的一块土地，不知道如何分。要求两份的面积相等，你知道怎么分最简单吗？

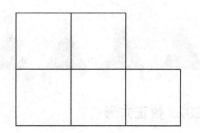

1284. 拼墙纸

小明家要在一块 10 米×10 米的地方铺墙纸，可是打开一看，发现墙纸中间坏了一个长方形的洞。具体的大小如图所示，你能把这张墙纸剪成两块，然后拼成一个符合要求的墙纸吗？

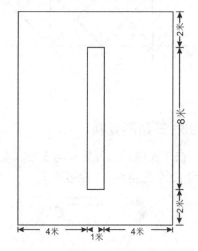

1285. 切成五份

下面是一个圆环，你能两刀把它切成五份吗？不允许摞在一起切。

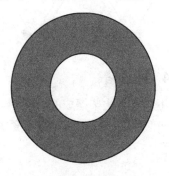

1286. 减少一半

下面有一个 4×3 的方格，用 12 根火柴可以把这个方格分成两部分，围起来的部分的面积正好占了整个面积的一半。现在请你移动其中的 4 根火柴，使火柴围成的面积再减少一半。你知道怎么移动吗？

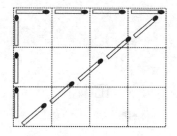

1287. 平分五个圆

下图中有五个大小相等的圆，通过其中一个圆的圆心 A 画一条直线，把这五个圆分成面积相等的两部分，你知道怎么画吗？

1288. 比面积

用 2 根火柴将 9 根火柴所组成的正三角形分为两部分。请问①和②两个图形哪一个面积比较大？

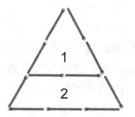

1289. 四兄弟分家

在一块正方形的土地上，住了兄弟四人，刚好这块土地上有四棵大树。怎样才能把土地平均分给兄弟四人，而且每家都有一棵树呢？

1290. 图形构成

A、B、C、D 4 个图形分别由 1～4 中某几个图形组成，请你说出 A、B、C、D 4 个图形分别是由哪几个图形组成的？

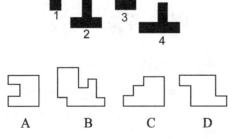

1291. 三角处的圆圈

如下图，每个三角形的三个角处都有一个圆圈。根据前三个图形的规律，请问，最后一个三角形右下角问号处应该填什么样的圆圈？

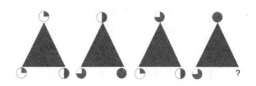

1292. 数正方形

数一数，下图中共有多少个正方形？

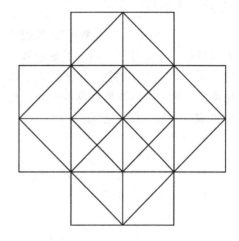

1293. 三角形变换

在下图中，如何只移动 3 根火柴，得到 10 个三角形，3 个菱形？

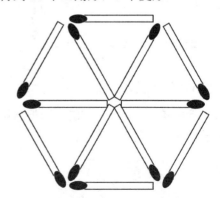

1294. 一头猪

下图是用火柴摆成的一头猪。想想看，如何移动 2 根火柴，使它变成一头死猪？

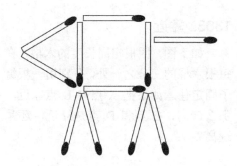

1295. 等式成立

下图的罗马算式显然是不成立的 (10-2=2)，现在请移动 1 根火柴，使其成为一个成立的等式。你知道该如何移动火柴吗？

1296. 摆正方形

下图是由四根火柴摆成的一个十字形，现在请你移动最少的火柴，使它变成一个正方形。最少需要移动几根火柴呢？

1297. 六变九

下面有 6 根并排放置的火柴，现在再加上 5 根，你能把它变成 9 吗？

1298. 面积最大

用八根火柴可以摆出很多种多边形，但是你知道摆出的这些图形中哪种图形的面积最大吗？

1299. 密码箱

这是个与众不同的保险箱，需要按照一定的顺序按键，起始键在边上，但是不知道是哪个。需要按照上面的数字和方向按顺序按键，并且最后一个按到灰色键才能把保险箱打开。你知道最开始需要按哪个键吗？

1 ↓	1 ↓	1 ←	3 ←	6 ↓	1 ←
2 →	4 →	1 ↑	1 ↓	1 →	1 ↑
1 ↓	1 ↓	1 ←	2 →	3 ↓	1 ←
2 →	4 →	1 ↑	3 ↑	■	2 ←
2 ↑	1 ←	1 ↓	1 →	3 ↑	1 ←
1 ↓	1 ←	1 ←	2 →	2 ↑	1 ↓
2 →	2 ↑	1 ←	2 ↑	1 ←	2 ↑

1300. 立体图形

用下面的纸片组合成立体图形，结果会是哪个？（　）

253

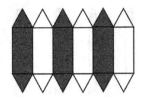

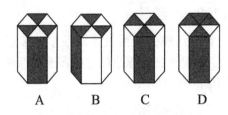

A　　B　　C　　D

1301. 真正的与众不同

仔细观察下面的四个图形，请找出哪一个真正地与众不同？（　）

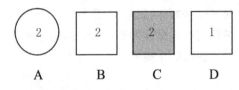

A　　B　　C　　D

1302. 剪纸

如下图，将一张正方形的纸片沿虚线对折，然后在从三等分处折成三层，如右图所示。然后剪去黑色标记的位置。打开后，原来的白纸会变成下图中什么样子？（　）

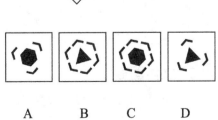

A　　B　　C　　D

1303. 靠近

如下图，四根相同长度的木棍，在每根木棍的三分之一处，分别用一根钉子固定住。如果把 A 点向 B 点靠近，那么请问，C 点和 D 点是靠近，还是远离？

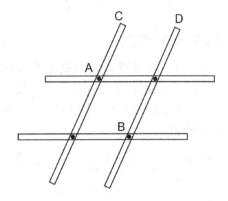

1304. 切蛋糕

下图是一个三棱锥形状的蛋糕，如何一刀切出一个四边形的切面？

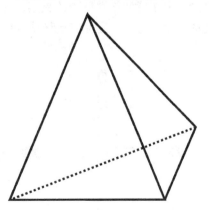

1305. 削坏的纸杯

下图是一个用剑削坏的纸杯，切口是平的。现在沿着虚线把杯子剪开，那么杯子的侧面展开图会是什么样子的呢？（　）

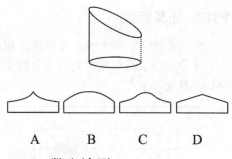

A　　B　　C　　D

1306. 数六边形

数一数，下图中一共有多少个六边形？

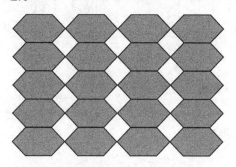

1307. 走遍全世界

这个游戏很简单，你只需要把棋子走遍所有的格子，然后回到原来位置即可。但是要注意，棋子每次只能向它的上下或者左右移动一格，且路线不能重复，即一个格子不允许通过多次。请画出它的行动路线吧。

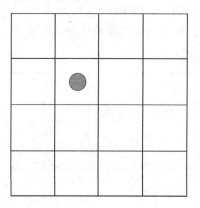

1308. 走遍全世界

这个游戏很简单，你只需要把棋子走遍所有的格子，然后回到原来位置即可。但是要注意，棋子每次只能向它的上下或者左右移动一格，且路线不能重复，即一个格子不允许通过多次。请画出它的行动路线吧。

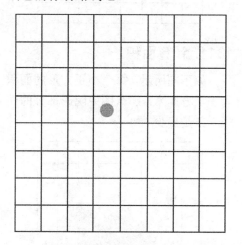

1309. 砌围墙

小明砌了一个如下图所示的围墙，请数一数他一共用了多少块砖？

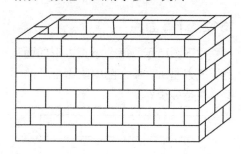

1310. 计算面积

如下图所示，每个小正方形的面积为1平方厘米。那么图中阴影部分的面积一共是多少？

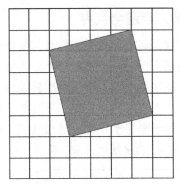

1311. 计算面积

如下图所示，每个小正方形的面积为 1 平方厘米。那么图中阴影部分的面积一共是多少？

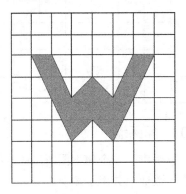

1312. 计算面积

如下图所示，每个小正方形的面积为 1 平方厘米。那么图中阴影部分的面积一共是多少？

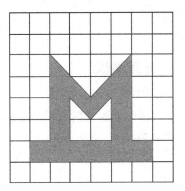

1313. 计算面积

如下图所示，每个小正方形的面积为 1 平方厘米。那么图中阴影部分的面积一共是多少？

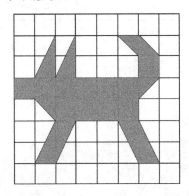

1314. 距离最短

从 A 点到 B 点，走那条弧线距离最短？

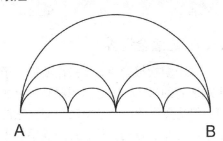

1315. 面积大小

请问，下图中左边的内切圆的面积，与右边的四个内切圆的面积和，哪个更大？

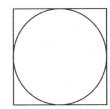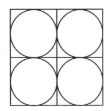

1316. 太阳变风车

下图是由 12 根火柴组成的一个太阳图案。现在请移动其中 4 根火柴，使它变成了一个风车。你会移动吗？

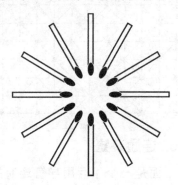

1317. 消失的三角形

下图是由 9 根火柴拼成的三个三角形。现在请你只移动其中的两根火柴，使这三个三角形全都变没了。你知道怎么做吗？

1318. 直角个数

如下图所示，用 3 根火柴可以构成 8 个直角。请问想要构成 12 个直角，至少需要几根火柴？(火柴棍本身的直角不算)

1319. 颠倒椅子

如下图所示，这个椅子倒了，你能只移动 2 根火柴就把它正过来吗？

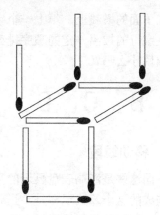

1320. 平行线

如下图所示，AB、CD 是两条平行线，现在请问你用什么方法可以让它们不平行？

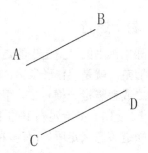

1321. 变正方形

下面是一幅由 9 枚硬币组成的图形，你能移动最少的硬币数，使它变成一个正方形吗？

1322. 图中填字

在下面的横线上，填上一个字母，使这些字母的按照一定的顺序排列。你知道该填什么吗？

A、B、C、D、___

1323. 移动线段

下面这些是液晶表盘显示的数字，它们构成的这个算式现在是不正确的。你至少需要移动几根线段，才可以把它变成正确的等式呢？

1+5-21=8

1324. 骑士巡游

国际象棋里的"骑士"的走法相信大家都清楚，就是"L形步"，即横走一竖走二或者竖走一横走二。下面图中的"骑士"想11步走遍剩下的11个空格，你知道该怎么走吗？(有多种走法)

1325. 看不见

在下面这个网格中，放入8个人，人只能放在黑点的位置。而且要让这8个人相互都看不见(两个人如果在同一条直线上则被认为是能看见对方)。

你知道人该放在哪里吗？

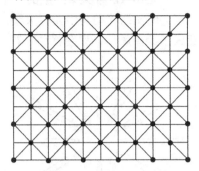

1326. 连通装置

下面是一个相互用导管连通的装置，这个装置共有五个水槽，其中四个装有四种不同的液体，分别是酒、油、水、奶，还有一个水槽空着。水槽之间有一些导管相连，可以打开和关闭。现在需要把四种液体换一下位置，使A、B、C、D槽中分别是奶、水、油、酒。请问该如何做？

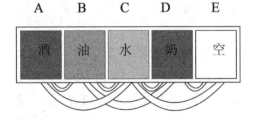

1327. 小明搬家

小明家有6个房间，分别放着办公桌，床，酒柜，书架和钢琴。小明想把钢琴和书架换个位置，但是房间太小，任何一个房间都无法放入2个家具。只有利用那个空房间才能把这些家具移动位置。请问，小明需要几次才能把钢琴和书架的位置调换呢？

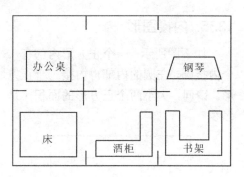

1328. 连正方形

在下图中，用一个正方形把给出的四个圆圈连起来，让这些圆圈都在正方形的四条边上。你知道该怎么连吗？

1329. 阴影面积

下图中，假设长方形 ABCD 的面积为 1，E、F 分别为两边的中点，要求不用计算，你能确定阴影部分的面积是多少吗？

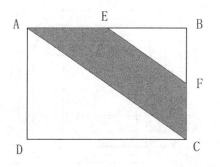

1330. 挖正方体

在下面的大正方体的 6 个面的中心，分别挖掉一个边长为1的小正方体。请问挖完以后，大正方体的表面积增加了多少？

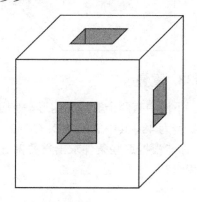

1331. 挖正方体

在一个边长为 3 的大正方体的 6 个面的中心，分别挖掉一个边长为 1 的小正方体。请问挖完以后，大正方体剩下部分的体积为多少？

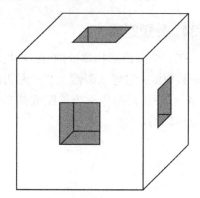

1332. 挖正方体

在一个边长为 3 的大正方体的上面、前面和右面的中心，分别向对面打穿一个边长为1的小方孔。请问挖完以后，大正方体剩下部分的体积为多少？

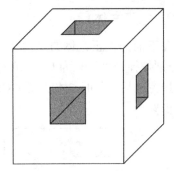

1333. 重叠

下图中有两个等边三角形，他们的面积差为 48，其中 AB：BC：CD=2：1：4，你能根据这些条件求出重叠部分的面积吗？

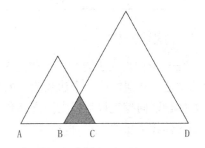

1334. 最短距离

在一个圆锥形物体上的 A 点处爬着一只蚂蚁，它想从圆锥上饶一圈再回到 A 点。请问图中给出的路线是它的最短距离吗？

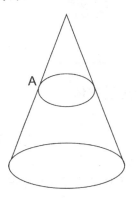

1335. 内接图形

如下图所示，一个正方形内部有一个内接圆，在圆的内部再内接一个正方形。请问，大小两个正方形的面积比是多少？

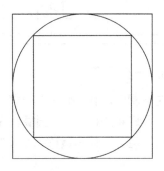

1336. 搬桌子

下面是用火柴拼成的两把椅子，一张桌子。请问想要把桌子搬到两把椅子中间，最少需要移动多少根火柴？

1337. 数正方形

数一数，下图中一共有多少个正方形？

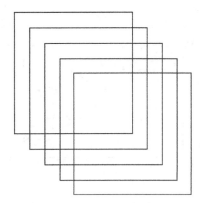

1338. 一笔画

你能用一笔不间断地把下图画出来吗？

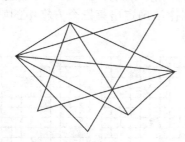

1339. 重叠的面积

如下图所示，这个直角三角形的直角顶点正好与正方形的中心重合，请问当三角形绕着正方形的中心旋转的时候，重叠的面积什么时候最大？

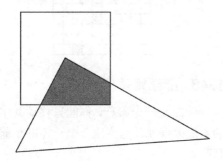

1340. 影子

如下图所示，B 是一盏灯。一个身高 1.8 米的人站在灯的正下方 A 点处，他向前走 3 米后，到达 D 点。这时他的影子 DE 长为 2 米。请问这盏灯离地面的距离 AB 为多少？

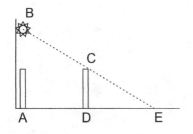

1341. 传送带

下面是一个滑轮带动的传送带，已知这个滑轮的半径是 10 厘米。当它转动一周时，传送带上面的物体从 A 点传送到了 B 点。请问，AB 的距离为多少？

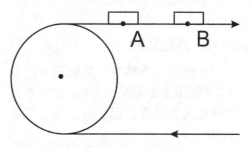

1342. 等式成立

下图是一个用火柴摆成的算式，很明显它是错误的，现在请你移动一根火柴，使这个等式成立。一共有 3 种方法，你能全部找出来吗？

1343. 拼地砖

下面四种地砖，哪种拼成的地面有缝隙？

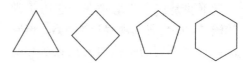

1344. 切木块

如下图所示，一个正方体的木块，它有 6 个面，12 条棱，8 个顶点。现在把它切掉一部分，使其变成下面 4 种形状，请分别写出 4 种形状的小木块的面数、棱数及顶点数。

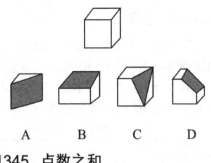

A   B   C   D

1345. 点数之和

下面是三个摞在一起的正常的骰子。根据我们观察到的点数，请判断它们隐藏的背面和侧面上的点数之和是多少？

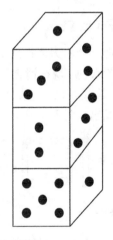

1346. 点数之和

下面是三个横着排在一起的正常的骰子。根据我们观察到的点数，请判断我们看不到的那些面的点数之和是多少？

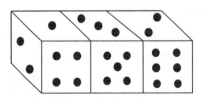

1347. 方格密码

下图中的前两个方格下面都标出了它们对应的数字密码，请根据给出的规律，确定出第三个方格中的数字密码。

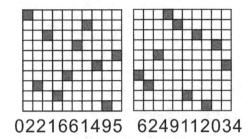

0221661495   6249112034

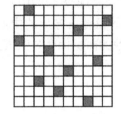

1348. 蘑菇繁殖

下面是一个蘑菇，你能只移动其中的4根火柴就让它变成2个一样的小蘑菇吗？

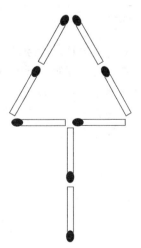

1349. 等比变换

下面两个图形的面积比是 1：3，现在移动其中的 6 根火柴，使每个图都变大，而且使它们的面积比依然是 1：3。你知道该怎么移动吗？

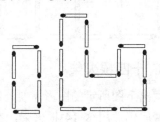

1350. 展开图

下面是一个正四面休的展开图，你知道它是四个选项当中哪个四面体展开的吗？（　）

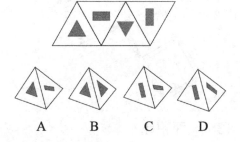

A　　B　　C　　D

1351. 最短的距离

如下图所示，在一条宽 200 米的河流的两岸，分别有 A、B 两个村庄。现在需要在河上建一座桥，使从村庄 A 到村庄 B 的距离最短。当然桥不能斜着建，那么应该建在哪里呢？怎么建 AB 间的距离最短？

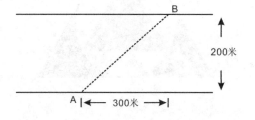

1352. 变出杯子

下面这幅图中画有 3 个一样的杯子，现在你能添加一条直线，使杯子数从 3 个变成 5 个吗？

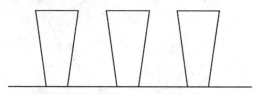

1353. 三角形数

数一数，下图四个图形中，分别有多少个三角形？

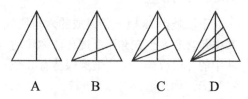

A　　B　　C　　D

1354. 传送带

下图是一组通过传送带相连的齿轮。请问，如果左上角的齿轮顺时针旋转，其他几个轮子分别怎么旋转呢？

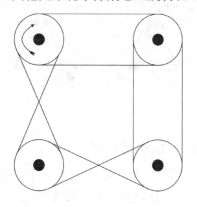

1355. 六角星

下面是由18根火柴组成的六角星，其中包含有 8 个三角形。现在请你拿走其中的 2 根火柴，使其变成只有 6 个三角形。你知道该怎么做吗？

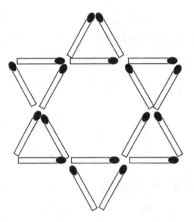

1356. 六角星

下面是由18根火柴组成的六角星，其中包含有 8 个三角形。现在请你移动其中的 2 根火柴，使其依然保持有 8 个三角形。你知道该怎么做吗？

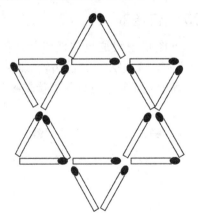

1357. 没有正方形

下图是由火柴拼成的 8 个小正方形，现在要求你拿走一些火柴，使图中没有正方形。你知道最少需要拿走哪几根火柴吗？

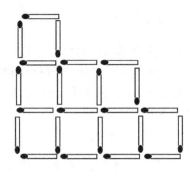

1358. 十四根火柴

摆出下图所示的图形需要 14 根火柴。请问仍然用这 14 根火柴，不许多也不许少，摆出4个一样大小的正方形，还有其他的办法吗？

1359. 面积比

下图是在一个正三角形中有一个内接圆，圆内还有一个内接正三角形。请问大小两个三角形的面积比是多少？

1360. 运动轨迹

下图中，在一个平面上有一个圆圈，圆圈的正上方有一个黑点。请问：如果这个圆圈在平面上滚动的话，这个黑点的运动轨迹是什么样子的？

1361. 牢固的窗子

下图是一个新手木匠做了四种类型的木头窗子，请问哪个最牢固？（　）

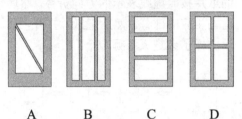

A　　　B　　　C　　　D

1362. 相互接触

下面有六支箭，它们不能折断，也无法弯曲，如何用最简单的办法让它们两两接触？

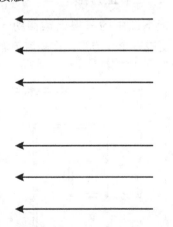

1363. 路径

从A点到F点一共有多少条不同的

路径？(每段都不可以重复通过)

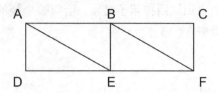

1364. 隐藏的六边形

仔细观察下图，里面隐藏着一个完整的六边形，你知道它在哪里吗？

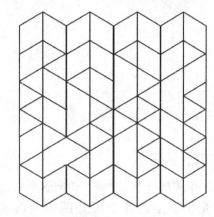

1365. 平面变立体

下图有3个正三角形，很明显，它是一个平面图形。如何只移动其中的3根火柴，使它变成一个立体图形呢？

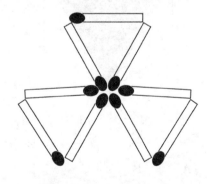

1366. 箱子大小

用同一块木板可以做成下面四种

不一样的箱子(全部使用,没有剩余)。如果用这四种箱子装水,请问哪个装的最多?( )

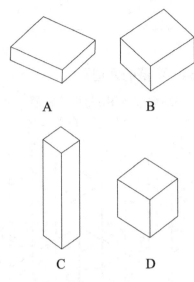

1367. 展开图

下图是一个立方体,请问这个立方体是由下面的哪个展开图折叠而成的?( )

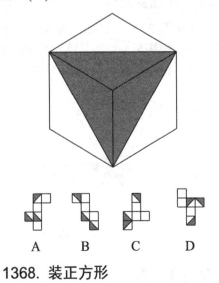

1368. 装正方形

如果将5个边长为1单位的小正方

形装入一个大正方形中,如下图所示,这个大正方形的边长应该是2.828个单位。请问如果大正方形只有2.707个单位,还能装下这5个小正方形吗?

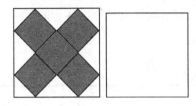

1369. 剪纸

剪纸大家都知道,先将一张正方形的纸片按照虚线表示的方向折叠,然后剪去相应的部分。然后把纸片打开,最后的样子会是下面哪一个?( )

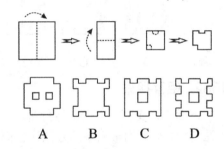

1370. 三个正方形

把下图中的三根火柴移动一下位置,变成三个正方形。你知道该怎么移动吗?

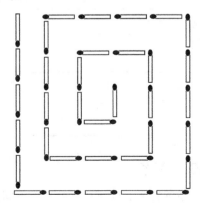

1371. 1-3=2？

下面是一个用火柴拼成的算式，当然它不成立。现在需要你移动其中一根火柴，使等式成立。你知道该怎么移动它吗？

1372. 罗马等式

下图是用火柴拼成的罗马数字组成的算式(X在罗马数字中代表10)。请移动其中的一根火柴，使等式成立，你知道该怎么移动它吗？

1373. 罗马等式

下图是用火柴拼成的罗马数字组成的算式(IV在罗马数字中代表4)。请移动其中的一根火柴，使等式成立，你知道该怎么移动它吗？

1374. 罗马等式

下图是用火柴拼成的罗马数字组成的算式(VII在罗马数字中代表7)。请移动其中的两根火柴，使等式成立，你知道该怎么移动它吗？

1375. 数字不等式

下面是用火柴拼成的一个不等式，很明显，它是错误的。你能只移动其中的一根火柴就让不等式成立吗？

1376. 12 根火柴

下面有 12 根火柴，请问如何摆才可以让它们拼成的正方形数最多？

1377. 摆正方形

用 15 根火柴摆出 8 个大小相等的小正方形，不允许折断火柴。你知道怎么摆吗？

1378. 正视图

所谓正视图，就是从物体的正面去看物体时的样子。下面这个图形的正视图是四个选项中的哪一个呢？（　）

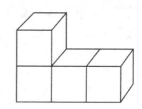

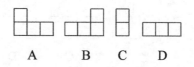

A　　B　　C　　D

1379. 正视图(2)

所谓正视图, 就是从物体的正面去看物体时的样子。下面这个图形的正视图是四个选项中的哪一个呢?( )

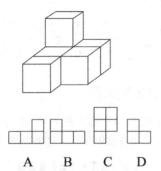

A B C D

1380. 左视图

所谓左视图, 就是从物体的左侧面去看物体时的样子。下面这个图形的左视图是四个选项中的哪一个呢?( )

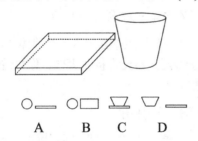

A B C D

1381. 俯视图

所谓俯视图, 就是从物体的上面去看物体时的样子。下面这个图形的左视图是四个选项中的哪一个呢?( )

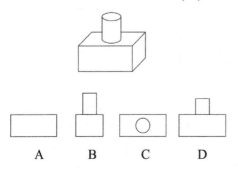

A B C D

1382. 拼成立方体

下面几个图形中, 哪个可以拼成一个立方体?( )

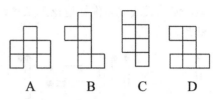

A B C D

1383. 铺人行道

下图是用来铺人行道的正六边形地砖。按照下图中的要求拼接, 下一个图形中白色地砖会用到多少个?( )

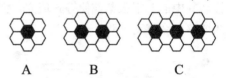

A B C

1384. 八边形变八角星

下图是一个正八边形, 你能把它分割成八个大小相同的三角形, 然后用这些三角形拼成一个八角星出来吗?

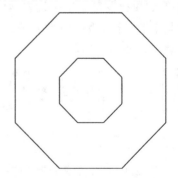

1385. 摆六边形

用 12 根火柴可以摆出如下图所示的六边形。现在请在这幅图的基础上, 加入 18 根火柴, 摆出 7 个六边形。你知道该怎么摆吗?

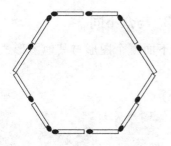

1386. 错误的图形

下面的三个图形是同一个立方体从不同角度看去的样子，其中有一个图形画错了，你知道是哪个吗？（　）

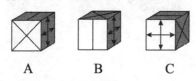

A　　　　B　　　　C

1387. 翻身

请把下图中用火柴摆成的图形按箭头方向从上到下翻转过来，你知道结果应该是哪个吗？（　）

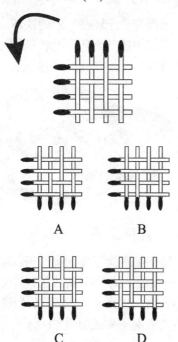

A　　　　　B

C　　　　　D

1388. 折叠立方体

请观察一下下面的图形，这个展开图可以折叠成哪一个立方体？（　）

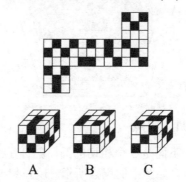

A　　　B　　　C

1389. 消防设备

下面有 9 座仓库，为了防火需要在其中的两座仓库分别放置一套防火设备，这样凡是与该仓库直接相连的仓库也可以就近使用。请问，这两套防火设备需要放在哪里？

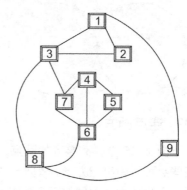

1390. 送货员的路线

小明是一个送货员，每天他都从中心的五角星处出发，给各个圆圈处的客户送货，然后返回到五角星处。请你帮他设计好一个送货路线，可是使他送完所有的货物而不走冤枉路。你知道他该怎么走吗？

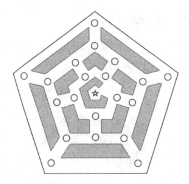

1391. 切点

下面是 3 个相切的圆，它们有 3 个切点，如图中的黑点所示。现在想要得到 6 个切点，请问至少需要几个圆相切？如果想得到 9 个切点呢？

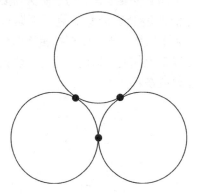

1392. 连点画方

下面有 25 个排列整齐的圆点，连接某些点可以画出正方形。请问一共可以画出多少种大小不同的正方形呢？

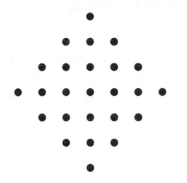

1393. 与众不同

下面哪个图形与其他图形最不相同？（ ）

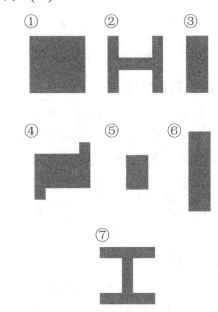

1394. 解开铁环

下面有三个连在一起的铁环，你能只打开其中的一个环，就把三个铁环都分开吗？

1395. 几根绳子

请仔细观察下面四幅图形，其中只有一个是由两根绳子构成的，其余的三个都是由一根绳子构成的。你知道哪个是由两根绳子构成的吗？（ ）

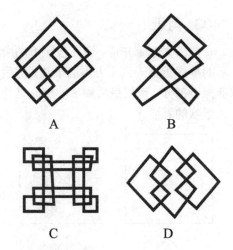

A

B

C

D

1396. 电路

下面是一个电路的一部分，请确定哪两根线路是相通的？

1　　2　　3

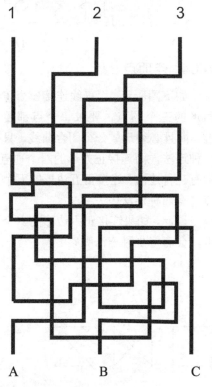

A　　　　B　　　　C

1397. 第三根铅笔

请找出下图中从上面数第三根铅

笔是哪一个？

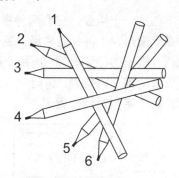

1398. 面积大小

请观察下面的四幅图，每幅图中的灰色部分和白色部分的面积相等吗？

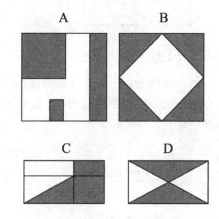

1399. 剪纸带

把下面的这个纸带沿着虚线剪开，会成为什么样子，你知道吗？

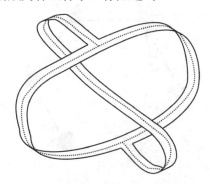

1400. 调换位置

下图是一个棋盘，它有两种棋子，一种是半圆形，一种是五角星。现在想要把两种棋子的位置对调，而每个棋子只可以滑动到空白位置。请问如何才能把两种棋子完全对调位置呢？

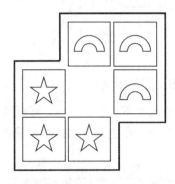

1401. 取出"B"

如下图所示，三个字母模型被细线连在了一起，现在不能剪开线，如何才能把字母"B"取下来？

1402. 完美的六边形

如果把下图中的六条直线连接起来，能组成一个完美的正六边形吗？

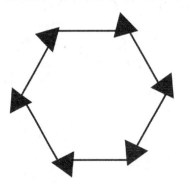

1403. 剪纸

剪纸大家都知道，现在按照下图所示的顺序折叠一张正方形的纸片，然后剪掉一部分，请问最后剩下的部分是什么形状的？（　）

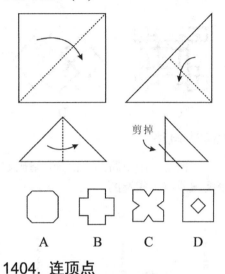

1404. 连顶点

如下图所示，用直线连接一个正三角形的三个顶点，要求每个点都要经过，而且必须形成一个闭合曲线，只有一种连法。而连接正方形的四个顶点，则有三种连法；连接正五边形的五个顶点，有四种连法……

请问，如果连接正六边形的六个顶点，会有多少种连法呢？

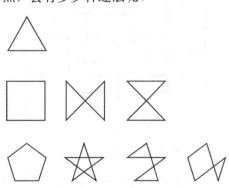

1405. 月份符号

在一个奇怪的小岛上，使用下图这种符号表示月份。其实它与我们用的月份符号是有联系的，你知道这个符号与哪个月对应吗？

⊃OΚΕ

1406. 穿越迷宫

下面这个迷宫很有趣，你只能沿着给定的方向走。请问从开始到结束，一共有多少条不同的路线可走？

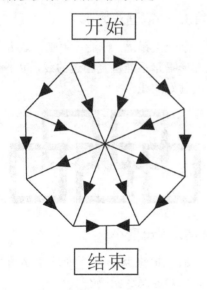

1407. 画三角形

经过三点画三角形很容易，现在要求 A、B、C 三点必须落在所画的三角形的三边中点处，你知道这个三角形怎么画吗？

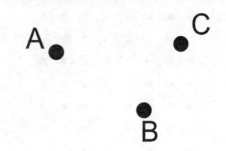

1408. 一笔画

下面哪个图形不需要穿越或者重复其他线条是一笔画出来的？（　　）

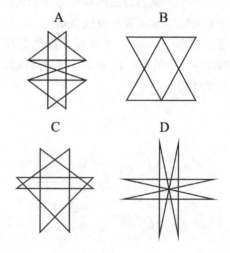

1409. 走马观花

小明去植物园看牡丹花，今年的牡丹花非常漂亮，小明不想错过任何一盆，于是他觉得制定一个观花路线。图中黑点处为起点，白色圆圈处为终点。小明要如何设计路线，才能使观花路线不重复，且只要用 21 条直线就可以全部参观完呢？

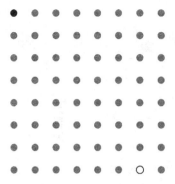

1410. 巡逻

一个小镇上有三横四竖七条街道，一名警察需要每天巡逻这些街道，一条也不能落下。请你帮他设计最佳的路线，使他走的冤枉路最少。你知道该怎么设计吗？

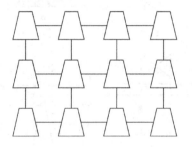

1411. 一笔画问题

下面这个图形，如何用一笔画出来，而且要保证线条之间没有重叠和相交。你知道怎么画吗？

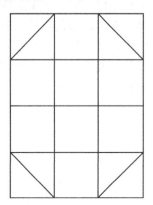

1412. 一笔画图

古希腊的很多建筑上都有一种特殊的符号，它是由圆和三角形组成的(如下图)。

这个图可以一笔画出，任何线条都不重复。你知道怎么画吗？

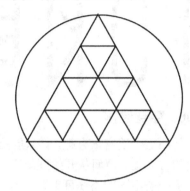

1413. 一笔画正方形

拿一支铅笔，你能一笔画过这五个正方形吗？不能重复画过的线，也不能穿过画好的线。

1414. 字母变小

加一根火柴，使下面这个字母变小。你知道怎么做吗？

1415. 迷宫

你能帮助迷宫中心的小明找到出口吗？

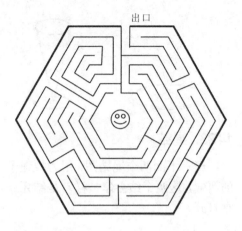

1416. 挪球

下面图中是一个 4×4 的方格，在方格中放有 4 个小球。现在要求你挪动其中的两个，使得这四个球各不同行、各不同列，也不同在一条对角线上。你知道该怎么挪吗？

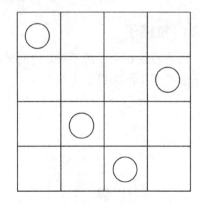

1417. 正十二面体

下面是一个正十二面体的图形。现在要求你从其中的一个顶点出发，沿着它的棱，寻找出一条路径，恰好经过所有的顶点一次，最后回到出发点。你能

找出这样的路径吗？

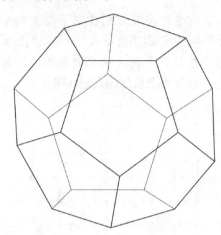

1418. 找不同

下面图中哪一个与其他选项最不相同？（　）

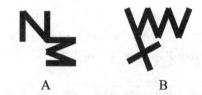

1419. 齿轮

假设下面的 4 个齿轮中，A 和 D 都有 60 个齿，B 有 10 个齿，C 有 30 个齿。请问 A 与 D 谁转得更快一些？

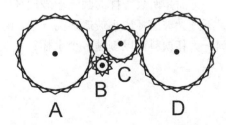

1420. 聚会地点

七个好朋友分别住在下图中的七个不同的位置(用圆圈表示,直线为路),他们想找一个离大家都最近的地方聚会。请问该把聚会地点定在哪里?

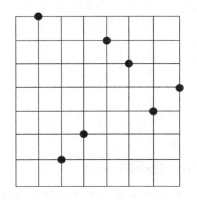

1421. 不同的路径

穿越这个格子城只有一个要求,那就是不能绕远。那么从入口到出口一共有多少条不同的路径可走?

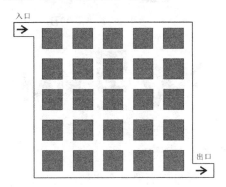

1422. 玻璃杯

下面是两只一样的圆锥形玻璃杯,只不过大玻璃杯比小玻璃杯高一倍。请问一大杯饮料可以倒满多少小杯?

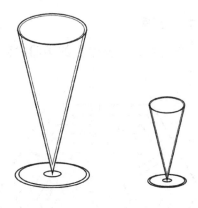

1423. 绳结

请看下面两个绳结图,用力拉绳子的两端,这两个结会怎么样?是结死还是打开?

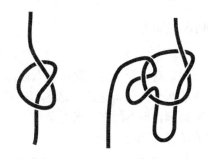

1424. 拉绳子

用力拉这根绳子的两端,请问最后绳子会挂在中间的钉子上吗?

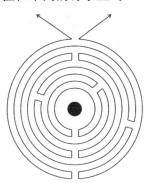

1425. 内接正方形

一个直角三角形中，可以做出几种内接正方形？做出的正方形中哪个面积最大？

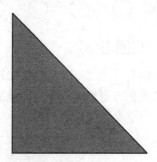

1426. 移到一端

在一个U型管中，灌入水并放入两个乒乓球，现在想把两个乒乓球都移到一端去，又不能接触球或者把球取出来，你知道怎么做吗？

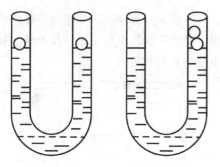

1427. 栽树

把12棵树栽成7行，要求每行4棵，你知道该怎么栽吗？

1428. 拼正方形

用下面的硬纸板拼出一个正方形，要求纸板不能重叠。你知道怎么拼吗？

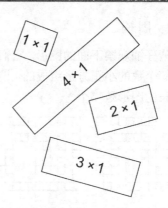

1429. 五变六

把下图中的四根火柴移动一下位置，使图中的五个正方形变成六个，你知道怎么移动吗？

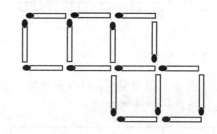

1430. 砌墙

两个师傅砌墙，一个砌成如图A的直线形，一个砌成如图B的弯曲形。请问如果两个人砌的墙长度相同，谁用的砖会多一点？

A

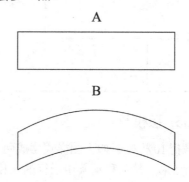

B

1431. 周长

请仔细观察下面的图形，它们都是由相等个数的小正方形组成的，请问周长最长的图形是哪个？（ ）

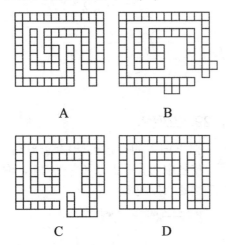

A   B

C   D

1432. 叠纸片

观察下面的图形，最少需要多少张纸片叠在一起才能构成？

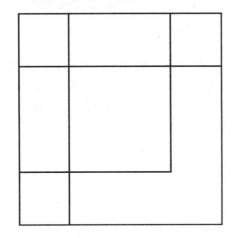

1433. 摆棋子

把10枚棋子如下图样式摆成两行，每行5枚。然后移动其中一行的3枚棋子，再移动另一行的1枚棋子，使这些棋子排成5排，每排要有4枚棋子。棋

子不能叠放。你知道怎么移动吗？

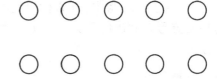

1434. 找圆心

下面有一个圆，以及一块比这个圆大一些的正方形纸板，你能用最简单的办法找出这个圆的圆心吗？

1435. 搭桥

下面是一座小岛，外面被一圈水包围，你能用两根火柴造出一座小桥，使小岛与外界相连吗？

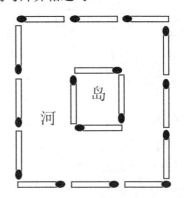

1436. 没有正方形

下图中有很多正方形，请问你至少需要拿走多少根火柴，才能让图中没有正方形呢？

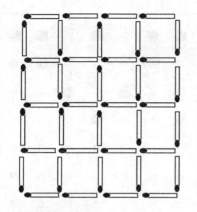

1437. 奇怪的样子

请根据下图中数字的样子，猜一猜，数字 6 应该是什么样子的？

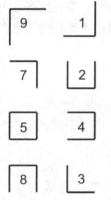

1438. 一笔画

你能一笔画出下面的图形吗？要求没有任何交叉和重复的线条。

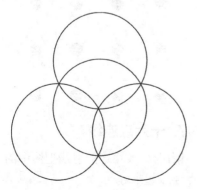

1439. 剪洞

把一张正方形的纸片如图所示折叠，然后在相应的位置剪掉两个洞，最后打开这张纸。下面四个选项中哪个图案与之相符呢？

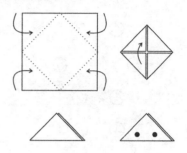

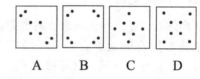

A　　B　　C　　D

1440. 填空格

请仔细观察下图，想想问号处该填什么？

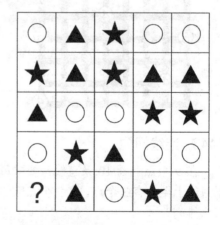

1441. 印刷电路

印刷电路是二维的图。图中的交点能实现电子操作，而电线将电信号从一处传送到另一处。如果电线相交，就会发生短路，装置也将失灵。

你能连接这块电路板上标有相同数字的5对电路，而不让任何电线相交吗？连接的电线必须都在灰色区域内。

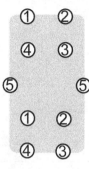

1442. 印刷电路

你能否画5条线来连接5对有颜色的电路？所有的连线必须沿着方格的黑线，而且任意两条连线不能相交。

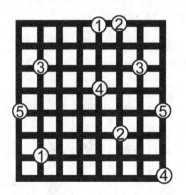

1443. 连线问题

在9个点上画10条直线，要求每条直线上至少有3个点。这9个点应该怎么排列？

1444. 四点一线

下图中有10颗棋子，移动其中的3颗，让这10颗棋子连成5条直线，并且每条线都要经过4颗棋子。

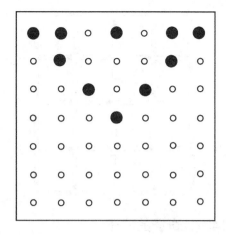

1445. 九点连线

有9个点排列如下：

如何用 4 条直线把这 9 个点连起来？(要求这4条直线是连续的)

1446. 十二点连线

你能用一些线段连接这 12 个点形成一个闭合图形而不让笔离开纸面吗？至少需要几条线段？

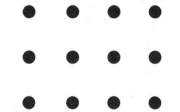

1447. 十六点连线

请用 6 条相连的直线把图中的 16 个点连接起来。

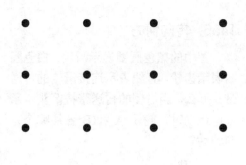

1448. 反方向

移动最少的火柴，让鱼往反方向游，让猪往反方向走。

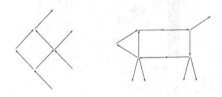

1449. 白塔倒影

在北大校园里，有一个湖叫未名湖；它旁边有一座塔，叫博雅塔。塔倒映在水中，是燕园的一大景观，称之为湖光塔影。图中是用 10 根火柴摆的一座塔，你只要移动其中的 3 根火柴，一个倒立的"湖光塔影"便会呈现在你面前！你知道怎么移吗？

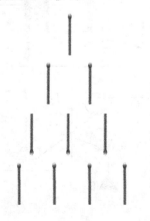

1450. 倒转酒杯

用 4 根火柴可以分别摆成 2 个小"酒杯"。"杯"中放个"球"。不论哪只酒杯，只要移动 2 根火柴，就可以使"酒杯"中的球放在"杯"外。你试试看。

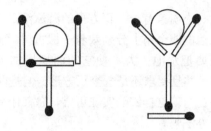

1451. 调转火柴

取 9 根火柴，将其排成一行，其中只有 1 根头朝上。现要求每次任意调动 7 根，到第 4 次时所有的火柴头都要朝上。试试看，你能做到吗？

1452. 修路

如下图所示，在一个院子里住了三户人家，每户人家正对着的大门是自己家的门。

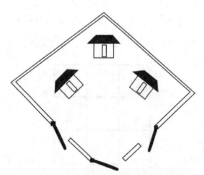

原来大家都是好邻居，但是后来因为一些小事吵了起来，所以三家决定各修一条小路通向自己家的大门，但是又不与其他两家的路有交叉。你有办法做到吗？

1453. 扩大水池

小明家有一个正方形的游泳池。游泳池的四个角上分别裁着一棵古树。现在要把水池扩大，使它的面积增加一倍，并且要求还是一个正方形。但是四棵古树就这样铲除实在可惜，你有什么好办法吗？

1454. 怪老头的玩意

小区门口有一位老头经常拿着一个刻有 4×4 小方格的桌子，桌子上面放有 10 个棋子。他每天都拿着棋子在桌子上移来移去。有一天，有人问他在干什么，他说他在尝试用 10 个棋子摆出最多的偶数行，即横排、竖排和斜排上的棋子都是偶数。路人一听完，两三下就排出了 16 行，并且自称偶数行是最多的。你知道他是如何摆放这些棋子的吗？

1455. 棋盘上的棋子

下图是一个棋盘，棋盘上放有 6 颗棋子，请你再在棋盘上放 8 颗棋子，使得：每条横线和竖线上都有 3 颗棋子。且 9 个小方格的边上都有 3 颗棋子。

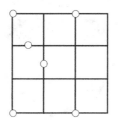

1456. 转向何方

图中的黑色圆圈表示滑轮，白色圆圈表示齿轮，直线表示连接滑轮的传送带。那么，当右侧的传送带按箭头所示方向运动时，轮子 A 和 B 各往哪个方向转动？

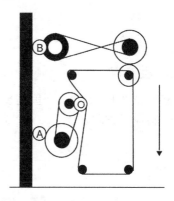

1457. 起重装置

一个搬家公司发明了一种起重装置，其原理如下图所示：一组齿轮、杠杆和转轮的组合，黑色的点是固定支点，白色的点是不固定支点。请判断，如果按图中箭头所示方向推一下，下端的物体 A 和 B 会上升还是下降？

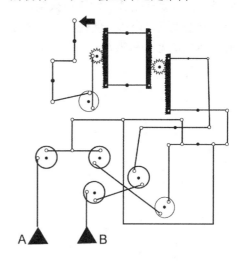

1458. 巡逻问题

有一个城堡如下图所示：里面的正方形代表城堡内城城墙，外面的正方形代表城堡外城城墙。两个城墙之间是一个狭长的走廊。城堡的君主找了个大臣，让其设计巡逻方案，要求就是走廊里时刻有人在走动巡逻，并使巡逻时刻不间断。大臣设计了个方案，如下图所示：首先 1 号骑士巡逻到 2 号骑士所在地，自己留下后让 2 号向前巡逻。2 号走到 3 号位置停下，3 号继续向前……大臣相信这个方案完全符合君主的要求。

果真如此吗？

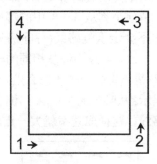

1459. 保安巡逻

下图是一个展览馆的平面图，上面标明了有 8×8 共 64 个房间，A、B、C、D、E 是 5 个保安的位置。每天下午 6 点整，钟楼的钟声会敲响，A 就得穿过房间从 a 出口出去。同样，B 从 b 出口出去，C 从 c 出口出去，D 从 d 出口出去，然后 E 需要从目前的位置走到 F 标记的房间。

上面的规定说不上有什么道理，但是自作聪明的巡逻队长还要求 5 个巡逻队员走的路线绝对不准相交，也就是任何一个房间都不允许有一条以上路线穿过，也不可以遗漏任何一个房间；巡逻队员从一个房间到另一个房间都必须经过图上所标识的门。

你能帮巡逻队员们找出他们各自的路线吗？

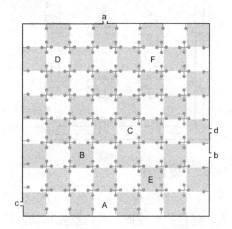

1460. 巡视房间

有一个警卫，要在如下图的 15 个房间巡视，每两个相邻的房间之间都有门相连。他从入口处进来，需要走遍所有的房间。并且每个房间只可以进出一次，最后走到最里边的管理室，你知道他该怎么走吗？

1461. 如何通过

这是一幅从办公室上方看到的平

面图。你能只转向2次就通过所有的房间吗?

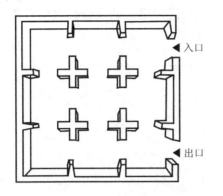

1462. 捉迷藏

在这个游戏里,灰色的点负责捉人,黑色的点被捉。灰色点先移动,然后交替着行动,每次只能从一个圆圈到相邻的圆圈,不允许停留。如果灰色的点移动时可以把它放到黑点上,那么它就胜利了。

请问灰色的点能否在十步之内捉住黑点?

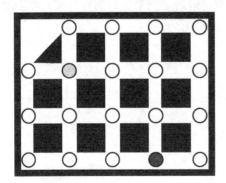

1463. 猫捉鱼

这只是一个游戏,鱼是不会动的,但猫要拿到所有的鱼也不是那么简单的。如下图,猫从1号鱼的位置出发,沿黑线跑到另一条鱼的位置,最终把鱼

统统拿到,一条也不留,而且同一个地方不能去第二次。它该怎么走?

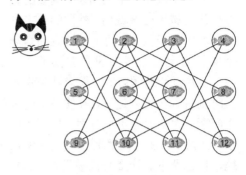

1464. 寻找骨头

如下图:每间房里都有一块骨头。小狗一次吃完所有的骨头后,都从A门出来。请问小狗从1~8中的哪扇门进去,才不会走重复路线(每间房只允许进出各一次,并且不许从相同的一扇门进出)?帮小狗想一想该怎么走。

提示:从唯一的出口A门倒着向前寻找路线,这样成功率就大一点。

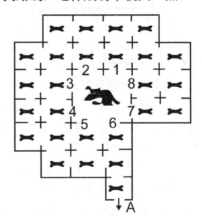

1465. 有向五边形

下图中,每条边都只能沿一个方向走。你能找出一条可以经过全部五个点的路径吗?

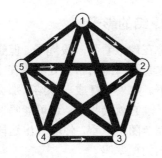

1466. 殊途

这个难题有一个规则：只能沿着箭头所指的方向走。你能根据规则找到多少条从入口到出口的路径？

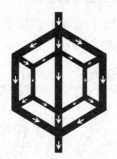

1467. 路径谜题

依照图中的箭头方向，从起点走到终点共有多少种走法？

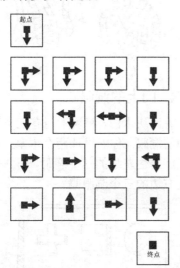

1468. 车费最低

点点家住 A 村，他要到 B 村的奶奶家，乘车路线有多种选择，交通工具不同，所需要的车费也就不同。图中标出的数字是各段的车钱(单位：元)。点点到奶奶家最少要花多少元？走的路线怎样？

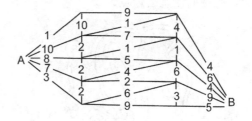

1469. 偶数路径

从标有"起点"的圆到标有"终点"的圆只有一条路允许走，这条路要求走过偶数个路段。你能找出可行的最短路径吗？

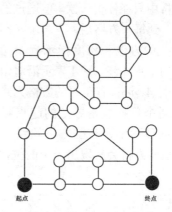

1470. 寻宝比赛

某电视台组织了一次寻宝比赛，寻找藏在 Z 城的宝物。所有的人先在 A 城集合，然后参赛者们分头去除了 A 和 Z 城以外的其他九个城镇寻找线索。每一个城镇都有一条线索，只有把这些线索集中在一起，才会知道那件宝物藏在Z城的什么位置。而且有个要求，就是每个城镇只能去一次，不能重复。只有巧妙地安排自己的路线，才能顺利地从A城到达Z城。下图是11个城镇的分布图，城镇与城镇之间只有唯一的一条道路相连。

请问该怎么走呢？

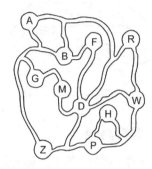

1471. 寻宝

这是一幅寻宝地图。寻宝者在每一个方格中只能停留一次，但通过的次数不限；到每一方格后，下一步必须遵守其箭头的方位和跨度指示行走(如↓4表示向下走4步，↗4表示沿对角线向右上走 4 步)；有王冠的方格为终点。请问四个角哪里是寻宝的起点呢？在寻宝的过程中，有些方格始终没有停留，这些方格会呈现出一个两位数，这个数是多少？

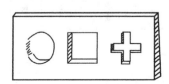

1472. 结的影子

你在地上看到一段绳子。但光线太暗，你看不清绳结相交处哪头在上，哪头在下。如果它打成一个结，那么拉绳子的一端它就会收紧。这可能吗？如果绳子完全随机放置，你能算出这段绳子打了结的概率吗？

1473. 没打结的绳子

下面四个选项中哪幅图形中的绳子不会打成结？（　）

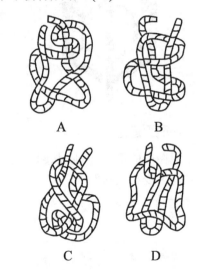

A　　　　B

C　　　　D

1474. 门上的洞眼

有两块木门，每块木门有三个形状不同的洞眼。你能设计两个木塞，第一个能够塞住左边的三个洞眼，第二个能塞住右边的三个洞眼吗？

1475. 改换包装箱

　　一家饮料厂生意不错，不过最近遇到一件麻烦事：公司最初设计的纸箱可以每排放 8 瓶饮料，共 6 排，一箱可放 48 瓶饮料。但是一些客户反映，一箱 48 瓶饮料不好计算，最好能改成每箱 50 瓶。如果要满足客户的需要，公司只能把做好的几千个箱子废弃，再重新做新的箱子，这会造成很大的浪费。一个负责洗瓶子的工人却说其实原来的箱子也可以放 50 瓶的，但没有人相信。你认为这个箱子真的能放 50 个瓶子吗？

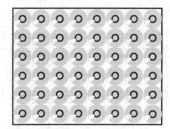

1476. 对调位置

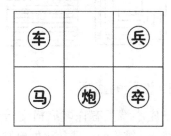

　　6 个方格中放着 5 只棋子，现在要将"兵"和"卒"的位置对调一下。不准把棋子拿起来，只能把棋子推到相邻的空格，要推动几次以后，才能达到目

的？车、马、炮不要求回原位。

1477. 谁较长

　　下图中共有七个相同的正方格，请问线段 AB 与 AC 哪个较长？

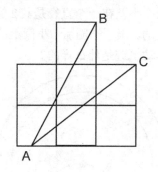

1478. 筷子搭桥

　　三根竹筷三个碗，每两个碗之间的距离都大于筷子的长度，三个碗之间怎样才能用筷子连起来？

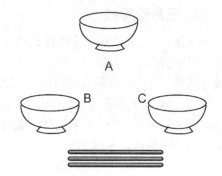

1479. 画三角形

　　一个人要用毛笔画如下图的大三角形。

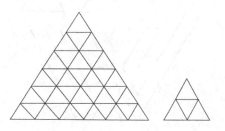

已知他每画四个如上图样子的小三角形，需要重新蘸一次墨水，问他画完整个图形需要蘸几次墨水？

1480. 滚动的圆：内摆线

一个小圆在一个直径是其2倍的大圆内滚动。滚了一圈后，小圆上的某一点的运动轨迹是什么样的？

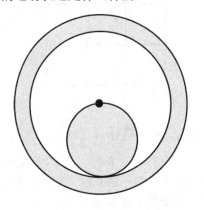

1481. 三角形管线

这是一个由几个不可能存在的三角形组成的图像。想象这个图形是由金属管制成，再进一步假设如图所示，把一个立方体(深色面朝上)放进去，让它沿着金属管绕行一圈。当它回到原处时深色的一面朝什么方向呢？

1482. 穿过自己的带子

这条带子自己穿过自己，如下图所示。你知道如果你沿着中间的线把它们剪开，会发生什么情况吗？

1483. 剪圆环

如图的四张剪纸，哪一个展开后能够形成一个大环形？

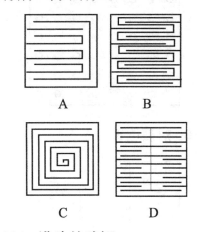

1484. 谁跑的路短

一座小城里有许多纵横交错的街巷。婧婧、雷雷两人要从甲处出发步行到乙处。雷雷认为沿着城边走路程短些，婧婧认为在城里穿街走巷路短(如图)。你认为他俩谁的路程短些？

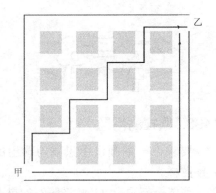

1485. 最近的距离

如图所示，从 A 点到 B 点中间隔着一个小草坪，草坛的两边有两条小路(图上的线条表示小路)。观察一下，走哪条路近一些？

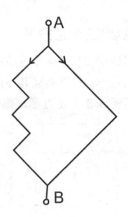

1486. 移动硬币

有 8 枚硬币，排成如下图所示的十字形，横排 4 枚，竖排 5 枚。你能只移动其中 1 枚就使无论横排还是竖排都有 5 枚硬币吗？

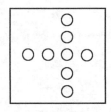

1487. 旋紧螺钉

两个螺钉卡在一起，它们的螺纹都是顺时针的。一只螺钉顺时针转动，就像在旋紧；另一只逆时针转动，就像在旋松。你说这两只螺钉会越来越近还是越来越远？

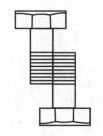

1488. 咬合的齿轮

如下图所示，5 个相互咬合的联动齿轮，每个齿轮的齿目都标在旁边。如果你转动 1 号齿轮两圈，5 号齿轮会转动几圈？

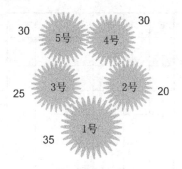

1489. 阴影产生的形状

图中有多少球是凹陷的？多少是凸起的？将图片旋转 180°再数数。

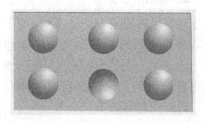

1490. 找正确的图形

一个人在观察下图中的立体图形时，画下了不同角度的图形。但是其中只有一个是正确的。你知道哪一个是正确的吗？（ ）

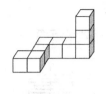

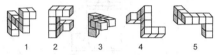

1491. 有趣的棋盘

在一个 6×6 的棋盘中，已经有了两枚棋子(如下图所示)，现在请你在棋盘中放入棋子，使得每行、每列、每条斜线上的棋子都不会超过两枚。

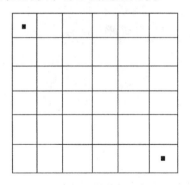

请问：这个棋盘上最多可以放多少枚棋子？

1492. 七桥问题

在哥尼斯堡的一个公园里，有七座桥将普雷格尔河中两个岛与河岸连接起来(如图)。问是否能从这四块陆地中的任意一块出发，恰好通过每座桥一次，再回到起点？

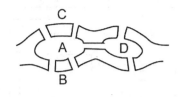

1493. 欧拉的问题

要求你一笔画出由黑线勾勒出的完整图样。

你能全部画出 11 幅图吗？如果不能，哪一幅图画不出？

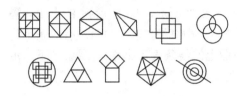

1494. 变出三个正方形

下图是用 24 根火柴摆成的一大一小两个正方形，只能移动其中的 4 根火柴，使其变成 3 个正方形，你会吗？

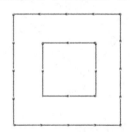

1495. 变出四个三角形

下图是由 15 根火柴摆出的两个等边三角形。想一想，能移动其中的 3 根火柴，把它变成 4 个等边三角形吗？

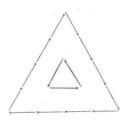

1496. 翻转梯形

下图是由 23 根火柴摆成的含有 12 个小三角形的梯形，最少移动几根，可以让它倒转过来呢？

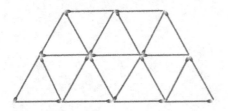

1497. 对称不对称

对称有上下对称，左右对称和中心对称，但在下面四组图中，只有一组与其他三组都不对称，请找出不对称的一组。（　）

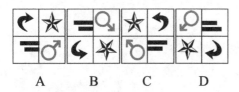

A　　　B　　　C　　　D

1498. 偷金球

一个吝啬的老财主省吃俭用了大半辈子，终于赚得了 20 个金球。这些金球几乎是他一生的积蓄，所以他非常珍惜，专门定做了一个长方形的箱子。如下图所示，箱子里面紧紧塞着这 20 个金球。每个球都被其他球卡住，所以无论箱子如何动，这些球都不会在箱子里滚动。老财主将箱子锁得牢牢的，仍不放心，每天晚上都要晃动一下箱子，听里面是否有滚动的声音，来确定金球有没有丢失。

一天一个聪明的仆人想偷走一些金球，他最多拿出几个球，还能保证剩下的球不会在箱子里滚动？（当然不能一个不留，那样重量差别太大，容易被老财主发现）

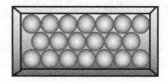

1499. 是否连在一起

下图中的纸带一共有几条？如果不止一条，那么它们是连在一起的，还是分开的？

1500. 字母逻辑

依照下图中的逻辑，Z 应该是白色还是黑色？

A	B	C	D	E
F	G	H	I	J
K	L	M	N	O
P	Q	R	S	T
U	V	W	X	Y

答　案

第一部分

1. 小明的烦恼

一个男孩一个女孩有两种情况：兄妹或者姐弟，所以生两个男孩的几率是 1/4。

2. 午餐分钱

因为 3 人吃了 8 块饼。其中，约克带了 3 块饼，汤姆带了 5 块。约克吃了其中的 1/3，即 8/3 块，路人吃了约克带的饼中的 3-8/3=1/3；汤姆也吃了 8/3，路人吃了他带的饼中的 5-8/3=7/3。这样，路人所吃的 8/3 块饼中，有约克的 1/3，汤姆的 7/3。路人所吃的饼中，属于汤姆的是属于约克的 7 倍。因此，对于这 8 个金币，公平的分法是：约克得 1 个金币，汤姆得 7 个金币。

3. 查账

那个数是 170。如果是小数点的错，账上多出钱数是实收的 9 倍。所以 153÷9=17，那么错账应该是 17 的 10 倍。找到 170 元改成 17 元就行了。

4. 发家致富

两面相同的概率是 1/3。3 枚硬币中取 2 枚放桌上，一共有 12 种可能情况，朝上的面相同的情况有 4 种。这个摆摊的人有 1/3 几率输 3 元，但有 2/3 几率赢 2 元，所以从长远来看：每 3 把他可以赢 1 元钱。如果这个赌博可以无限次下去的话，理论上，他能发家致富。

5. 写数字

需蘸 24 次墨水。只要数一下 97～105 中共有多少个数字即可。97、98、99 每个数有 2 个数字，后面的都是 3 个数字。

6. 最短路线

将立方体两个相邻的侧面展开(如下图)，A 和 B 的连线即是最短路线。

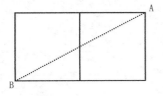

7. 散落的书页

因为在第 8 页之前有 7 页，所以在第 205 页之后一定有 7 页。这本书一共有 212 页。

8. 入学考试

30 分。6 与 3 都是 3 的倍数，不管答对几道题，最后的得分都应该是 3 的倍数，只有 30 分符合这个条件。

9. 汽车相遇

16 辆。因为一共有 17 辆车，除了他自己之外，他一路会遇到其他的 16 辆车。

10. 迪拜塔

他们不是平手，从 1 层爬到 20 层一共爬了 19 层楼的台阶；从 1 层爬到 10 层会爬 9 层台阶。所以每个人爬一层楼的时间为：10/19；5/9；20/39 即：0.5263；0.5555；0.5128。所以史密斯的速度最快，他会第一个到塔顶。

11. 杯子测试

需要 12 次。

题目可归结为求自然数列的和 S 什么时候大于等于 100，解得 n>13。

第一个杯子可能的投掷楼层分别为：14、27、39、50、60、69、77、84、90、95、99、100。

12. 家庭活动

这是求三个数 3、5、6 的最小公倍数，为 30。所以至少需要 30 天，三人才能再次进行家庭活动。

13. 穿越

第 19 个年头。因为年号里没有称为公元 0 年的年，数数年头就可得到正确答案。

14. 掷骰子

不一样。虽然都有 3 组搭配，不过，掷出 7 的时候 1～6 都能用，而掷出 8 时 1 不能用，只有 2～6 可选，因此两个概率是不相同的。你可以算算每个具体概率是多少。

15. 四姐妹的年龄

把 15 分解因数，则 15=3×5×1×1 或者 15=15×1×1×1(双胞胎或者三胞胎)。

16. 卖糖果

把 1500 颗糖分成 1、2、4、8、16、32、64、128、256、512、541 十一份，每份包成一包。这样只要少于 1500 颗糖，无论客人要多少颗，都可以成包买走。

17. 作家

作家第一次赚了 9000 元，第二次赚了 2000 元。第三次与他无关，所以作家一共赚了 11000 元。

18. 猜一猜小张的生日

小张是 1973 年出生的。注意：先估计大约年份为 1970 年左右，再根据数字和年份差相等的特征推算出结果。

19. 龟兔赛跑

当它们相遇的时候，兔子跑了全程的 1/6，而在兔子跑的这段时间内，乌龟跑了 17/24，也就是说乌龟的速度是兔子速度的 17/4 倍。兔子还有 5/6 圈的路程要跑，而乌龟只有 1/6 圈，所以兔子的速度就必须至少是乌龟的 5 倍，也就是它自己原来速度的 85/4 倍才行。

20. 利润问题

26%的利润。设手机的本钱为 1，那么卖给客户时的交易价格是 1.3，回收的价格是 1.3×0.8=1.04。

小王先后的总支出是手机三个月的使用，总收入是 1.3-1.04=0.26。

21. 史上最难的概率题

"A 声称 B 否认 C 说 D 是说谎了" = "A 声称 B 认为 C 说 D 是说真话"

这个条件可以有如下的几种可能：

D 真 C 真 B 真 A 真，概率 1/81；
D 真 C 假 B 假 A 真，概率 4/81；
D 真 C 假 B 真 A 假，概率 4/81；
D 真 C 真 B 假 A 假，概率 4/81；
D 假 C 假 B 真 A 真，概率 4/81；

D 假 C 真 B 假 A 真，概率 4/81；
D 假 C 真 B 真 A 假，概率 4/81；
D 假 C 假 B 假 A 假，概率 16/81。

于是，D 说真话的概率如下：

(1+4+4+4)/(1+4+4+4+4+4+4+16)=13/41。

22. 马车运菜

必须运货时最大化(1000 公斤)，回来时最小化(1 公斤)，即每次前进 1 公里，所以：

当菜量大于 2000 公斤时，要运 3 次，每公里损耗 5 公斤菜；当菜量大于 1000 公斤时，要运 2 次，每公里损耗 3 公斤菜；当菜量小于或等于 1000 公斤时，就能直接运往终点，且每公里只损耗 1 公斤菜。

(1) 1000/5=200，走完 200 公里时损耗 200×5=1000 公斤，余 2000 公斤。

(2) 1000/3=333.3，再走完 333.3 公里时损耗 333.3×3=1000 公斤，余 1000 公斤。

(3) 剩下 1000 公斤菜，需要走 1000-200-333=467 公里，所以最后剩下 1000-467=533 公斤菜可以运到城镇。

23. 兔子背胡萝卜

先背 50 根到 25 米处，这时，吃了 25 根，还有 25 根，放下。回头再背剩下的 50 根，走到 25 米处时，又吃了 25 根，还有 25 根。再拿起地上的 25 根，一共 50 根，继续往家走，还剩 25 米，要吃 25 根，到家时剩下 25 根。

24. 称量水果

把 10 个箱子分别编号 1~10，第 1 箱取 1 个，第 2 箱取 2 个……第 10 箱取 10 个，放在秤上一起秤。本来应该是 55×500 克，当混入每个 400 克的桃子时，总重量会减少。减少几百克，就说明有几个 400 克的桃子，也就知道几号箱子里是 400 克的桃子了。

25. 商人卖酒

先从大桶中倒出 5 升酒到 5 升的桶里，然后将其倒入 9 升桶里，再从大桶里倒出 5 升到 5 升的桶里，然后把 5 升桶里的酒将 9 升的桶灌满。现在，大桶里剩有 2 升酒，9 升的桶已装满，5 升的桶里有 1 升酒。再将 9 升桶里的酒全部倒回大桶里，大桶里有 11 升酒。把 5 升桶里的 1 升酒倒进 9 升桶里，再从大桶里倒出 5 升酒，现在大桶里有 6 升酒，而另外 6 升酒也被分成了 1 升和 5 升两份。

26. 巧取三升水

先用 6 升的水壶取 6 升水，然后从 6 升壶往 5 升壶倒满水，那么 6 升壶还剩下 1 升水。把 5 升壶的水倒光，再把 6 升壶里的 1 升水倒入 5 升壶里。再把 6 升壶取满水，往 5 升壶里倒水，倒满时，6 升壶里还剩下 2 升水。把 5 升壶的水倒光，再把 6 升壶里的 2 升水倒入 5 升壶里。用 6 升壶取满水，往 5 升壶里倒水，倒满时，共往 5 升壶里倒了 3 升水，6 升壶里还剩下 3 升水。这样就得到了 3 升的水。

27. 卖酒

假设两个装满酒的桶分别为 A 桶和 B 桶，倒酒的步骤如下：从 A 桶中倒出酒并把 5 斤的瓶子倒满，然后用 5 斤的瓶子把 4 斤的瓶子倒满。这时，5 斤瓶子里只有 1 斤酒。将 4 斤瓶子里的酒倒回 A 桶，把 5 斤瓶子里的 1 斤酒倒入 4 斤的瓶子。从 A 桶中倒出酒并把 5 斤的瓶子倒满，然后用 5 斤的瓶子把 4 斤的瓶子倒满。这时，5 斤的瓶子里剩余的酒就是 2 斤。将 4 斤瓶中的酒倒回 A 桶，然后用 B 桶把 4 斤瓶倒满，然后用 4 斤瓶中的酒把 A 桶加满，这时 4 斤瓶中剩余的酒也是 2 斤。

28. 丢手绢游戏

一共有 24 人参加游戏。因为每个人都与两个性别相同的人相邻，而参加游戏的孩子又有男有女，也就是说他们一定是男孩和女孩交叉排列。有 12 个女孩就一定还有 12 个男孩，所以一共是 24 个孩子。

29. 市长竞选

按照最少的候选人数投票，也就是说，假设这 49 票都投给了其中的 4 个人，那么第三名一定要得到比平均数多的票才能超过第四名，确保当选。而平均数是 49/4=12.25，所以至少要得到 13 票，才能确保当选。

30. 有问题的钟

这个题的关键是要想明白，只有两针成一直线的时候，所指的时间才是准确的。在 6 点，两针成为一直线，这是老钟表匠装配的时间。以后，每增加 1 小时 5+(5/11)分，两针会成为一直线。7 点之后，两针成为一直线的时间是 7 点 5+(5/11)分；8 点之后，两针成为一直线的时间是 8 点 10+(10/11)分。

31. 赛跑比赛

小兔子的速度是小狗的 90%；小马的速度是小兔子的 90%；小山羊的速度是小马的 105%。所以，小山羊的速度是小狗的：85.05%，所以还差 14.95 米。

32. 号码

倒着看时仍然是数字的数字只有 0、1、6、8、9。很容易就可以推出，他运动服上的号码是 1896。

33. 羽毛球循环赛

6 个人胜的场数和败的场数应该是一样的，前五个人胜了 14 场，败了 16 场。也就是说第六个人胜的场数应该比败的场数多 2 场。又因为每个人都要比赛 6 场，所以成绩应该是 4 胜 2 败。

34. 买桃子

这是个偷换概念的问题，每人 18 元，一共 54 元，商贩得到 50 元，小明得到 4 元，54=50+4。不能把三个人花的钱和小明的钱加起来。

35. 胚胎

99 个小时。分析：对第一种动物，我们从第二个小时看，有两个细胞，他分裂到最后形成肝脏，需要的时间就是除去最先一次分裂的时间，即 99 小时。所以，第二种动物需要 99 小时。

36. 年龄

可能的年龄有：31 和 13 岁、42 岁和 24 岁、53 岁和 35 岁、64 岁和 46 岁、75 岁和 57 岁、86 岁和 68 岁、97 岁和 79 岁。根据儿子

的说法，他们的年龄应该是 64 岁和 46 岁。

37. 考试分数

两个数字对调的差总是 9 或者 9 的倍数。由此知道：甲的分数是 54，乙为 45，丙是 4.5。

38. 分配珠宝

给第一个海盗分 14 颗珠宝，第 2~11 名海盗各分 4 颗珠宝，第 12 个海盗分 46 颗珠宝。这样刚好分完 100 颗珠宝，而每个海盗分到的珠宝数中都有一个"4"。

39. 特别的称重

第一步，先把 10 克的砝码放在天平的一端，然后把这袋碳酸钠分开放在天平的两端使天平平衡。这时，天平两端的碳酸钠分别是 33 克和 23 克。

第二步，把 33 克粉末取下，然后仍然把 10 克的砝码放在天平的一端，然后从 23 克碳酸钠中取出一些放在天平的另一端，并使天平平衡，这时 23 克中剩下的就是 13 克。

第三步，重复第二步的动作，剩下的就是 3 克。

40. 男孩和女孩

由于每个人都看不到自己头上戴的帽子，所以男孩看来是一样多，则说明男孩比女孩多 1 个。设女孩有 x 人，那么男孩有 x+1 人。而在每一个女孩子看来，天蓝色游泳帽是粉红色游泳帽的 2 倍。也就是说 2(x-1)=x+1，解得 x=3。所以男孩 4 个，女孩 3 个。

41. 三个城镇

C 城的路标是正确的，B 城的路标是完全错误的。

唯一的一个相符的说法是从 A 到 C 和从 C 到 A 都是 70 里。这说明 AC 之间的距离是 70 里，而且 A、C 中一个是全对的，一个是对一半的，B 是全错的。

现在假设 A 是全对的，那么 A 到 B 的距离是 40 里，A 到 C 的距离是 70 里，则 B 到 C 的距离应该是 40 里，那样 C 也是全对的了，与题目的叙述矛盾。

所以只有 C 是完全正确的，从而可得出结论。

42. 保险柜

最大的尝试次数计算如下：

9+8+7+6+5+4+3+2+1=45(次)

43. 服装店老板的困惑

他赔了 60 元。

设两件衣服分别为甲、乙，买甲花了 A 元，乙花了 B 元，那么，A(1+50%)=90，B(1-50%)=90。解得：A=60，B=180，A+B=240，因此赔了 60 元。

44. 指针的角度

不论从几点开始计算，角度都是一样的。我们为了简便，从 0 点开始。这样分针转到 3 的位置，转了 90 度。时针转了 7 个格加上 3/12 个格。每个格 30 度，一共是 217.5 度。

45. 七珠项链

有 3 种不同的项链。不同的项链可以由 2 颗绿色珠子之间的红色珠子的数目来表示：0 个、1 个或 2 个(3 个和 2 个是一样的)。

46. 销售收入

5346 元，干销售 10 个月后，一共得到 63810 元。

解题过程：可以把每个月得到的工资看成一个等差数列，公差是 230，首项是(5000+a)，n 个星期得到的 63810 元就是总和。从而得到：n(5000+a)+230n(n-1)/2=63810。

这个方程里面有两个未知数，并且都有如下限制：n 和 a 都必须是自然数，a 还不可以大于 1000。由此可以得出 a=346。

47. 贪心的渔夫

如果把第一天打得鱼看作 1 份，可以知道第二、第三、第四、第五天打的鱼分别是 3、9、27、81 份。根据打鱼的总和和总份数，能先求出第一天打的鱼数量，再求出以后几天打的鱼的数目。

即：1089/(1+3+9+27+81)=9 条。

所以他这五天分别打了：9、27、81、243、729 条鱼。

48. 猜一猜她的年龄

设她的年龄为 x 岁，依题意可得：

$1000 \leq x^3 < 10000$ ①

$100000 \leq x^4 < 1000000$ ②

由①得：$10 \leq x < 10 \times \sqrt[3]{10}$

因为：$2.2^3 = 10.684 > 10$，

$2.1^3 = 9.261 < 10$

则：$10 \leq x \leq 21$

由②得　$10 \times \sqrt[4]{10} \leq x < 10 \times \sqrt[4]{(10)}$

因为：$1.7^4 = 8.35 < 10$，$1.8^4 = 10.49 > 10$

则：$18 \leq x \leq 31$

所以：　$18 \leq x \leq 21$

因为 20、21 的任何次方个位数分别总为 0、1，所以 x=18 或 19，

经检验 $18^3 = 5832$，$18^4 = 104976$，而 19 不符合要求(2)。

所以：x=18。

因此，她今年 18 岁。

49. 投资问题

250 万元买 1/3 的股份，那么，总资产应该是 750 万元。由于甲掌握的股份是乙的 1.5 倍，那么，他的股份是 450 万，乙的是 300 万。如果让三位合作伙伴的股权都相等，都是 250 万，那么甲应该得到 200 万，乙应该得到 50 万。

50. 公共汽车

设人速为 X，车速为 Y，每两辆车间距离为 S。

每 2 分钟迎面 1 辆车，则 S=(Y+X)×2(人车共走完 S)；此公式变形为：Y/S+X/S=0.5；

每 8 分钟后面 1 辆车，则 S=(Y-X)×8(速度之差)；此公式变形为：Y/S-X/S=0.125；

两式相加，2×Y/S=0.5+0.125=0.625

因此：Y/S=0.625/2=0.3125

S/Y=1/0.3125=3.2(距离/路程=时间)

所以每 3.2 分钟发一班车。

如果掌握了调和平均数的概念，这题就简单了，就是求 2 和 8 的调和平均数：

2/(1/2+1/8)=3.2。

51. 轮胎

8000 公里。车行驶时用 4 个轮胎，也就是 4 个轮胎各行了 12000 公里，共行了 48000 公里。如果 6 个轮胎均匀使用过，则每个轮胎各行驶了 48000/6=8000 公里。

52. 计算损失

88 元。商人找出 100-72=28 元。60+28=88 元。

53. 逃脱的案犯

可以逃脱。

若是"飞毛腿"将船划向黑猫所在岸的对称方向，那么它要行进的距离为R，警长要行进的距离为3.14R。因为"飞毛腿"划船的速度是警长奔跑速度的四分之一，所以它在划到岸边之前警长就能赶到，这种方法行不通。

正确的方法是，"飞毛腿"把船划到略小于四分之一的圆半径的地方，比如说 0.24R，然后以湖的中心为圆心，作顺时针划行。在这种情况下，"飞毛腿"的角速度大于在岸上的警长能达到的最大角速度。如果这样划下去，那么它就可以在某一个时刻，处于离警长最远的地方，也就是和警长在一条直径上，并且在圆心的两边。然后"飞毛腿"把船向岸边划，这时，它离岸边的距离为 0.76R，而警长要跑的距离为 3.14R。由于 4×0.76R<3.14R，所以"飞毛腿"可以在警长赶到之前上岸，并用最快的速度逃脱。

54. 对了多少题

少错一道题，也就是再加 5+3=8 分，她才能及格，所以婧婧得了 52 分。设婧婧做对了 x 题，那么她做错的题是 20-x，且有 5x-3×(20-x)=52。解方程得 x=14，所以婧婧答对了 14 道题。

55. 哪桶是啤酒

40 升的桶装着啤酒。

第一个顾客买走了一桶 30 升和一桶 36

升，一共是 66 升的葡萄酒。第二个顾客买了 132 升的葡萄酒——32 升、38 升和 62 升的桶。这样，现在就只剩下 40 升的桶原封不动，因此，它肯定是装着啤酒。

56.12 枚硬币

假设 5 枚是 1 分的，剩下的 7 枚的和应该是 3 角 1 分。$x+y=7$，$2x+5y=31$，没有整数解。

假设 5 枚是 2 分的，剩下的 7 枚的和应该是 2 角 6 分。$x+y=7$，$x+5y=26$，没有整数解。

假设 5 枚是 5 分的，剩下的 7 枚的和应该是 1 角 1 分。$x+y=7$，$x+2y=11$，$x=3$，$y=4$。

所以这 5 枚一定是 5 分的。

57. 国王的年龄

72 岁。假设国王的年龄为 x 岁，根据说明很容易列出方程：$x=x/8+x/4+x/2+9$，即可解得：$x=72$。题目中的数字 4 和 12 是没有用的。

58. 刷碗

如果 10 只碗都是小明刷的，那么乘以 3 会得到 30。现在是 34，说明有 4 个数被乘以了 4，所以，小红刷了 4 只碗，小明刷了 6 只。

59. 水与水蒸气

假设有 1 升水，体积增加了 10 倍，就是变成了 11 升。所以这些水蒸气再变回水，会变成 11 升的十一分之一。

60. 放球问题

由题意可知在编号为 1 的箱子中放球的个数应该为 1 个、2 个、3 个、4 个，有 4 种情形。(不小于编号 1，且余下球至少要 5 个)。依此类推得树形图。

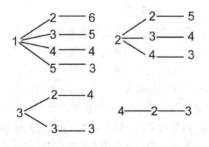

由此可知放法 N=4+3+2+1=10(种)。

61. 两支蜡烛

设蜡烛点燃了 x 小时。粗蜡烛每小时减少 1/5，细蜡烛每小时减少 1/4。根据题意可以列出方程：$4(1-x/4)=1-x/5$

解得：$x=15/4$

所以昨天停电的时间为 3 小时 45 分钟。

62. 小到看不出来

直觉上来讲，2 米对月球的周长来说微不足道，但我们计算看看，假如铁环与月亮间的距离为 x，则有：

$2\pi(r+x)-2\pi r=2$ 米

$2\pi x=2$ 米

$x=1/\pi$ 米，大约 0.33 米

会有大约 30 多厘米的空隙。

63. 少卖了 2 元钱

原来 1 朵黄玫瑰 1/2 元，1 朵红玫瑰 1/3 元，1 朵蓝玫瑰 1/4 元，平均价格是每朵 $(1/2+1/3+1/4)\div3=13/36$ 元。但是混合之后，平均每朵 1/3 元，比以前平均少买了 $13/36-1/3=1/36$ 元。72 朵花正好少了 2 元。

64. 正确时间

这段对话发生在上午 9：36。

设现在的时间为 x，则根据题中已知条件可以列出如下方程：$x/4+(24-x)/2=x$。解得：$x=48/5$，也就是上午 9 点 36 分。注意：从文中时间的叙述可以看出他们对话的发生在上午。如果不考虑这一点，也可以设想时间是在下午，那么，下午 7:12 同样是一个正确的答案。

65. 猎人打狼

设 A 打了 x 只狼，则 B 打了 14-x 头，C 打了 x+6 头，D 打了 12-x 头，E 打了 x 头。

B、C、D 三人打的狼的和为 (32-x)/3 条，五人一共打的狼的总和为 x+32 条。因为 A、E 相等，又经过联合分配，最后结果一样，说明 A、E 原来打的狼的只数就是平均数。

所以 $x=(32-x)/3$。解得 $x=8$。所以 A 打到 8 只狼，B 打到 6 只狼，C 打到 14 只狼，D 打到 4 只狼，E 打到 8 只狼。

66. 猜年龄

设小李 x 岁，老王 y 岁。

"老王现在的年龄是我过去某一年的年龄的两倍"，在这一年，小李 y/2 岁，老王 y-(x-y/2)=3y/2-x 岁；

"在过去的那一年，老王的年龄又是将来某一年我的年龄的一半"，在这个时刻，小李 3y-2x 岁；

"老王过去当她的年龄是我的年龄三倍时"，这时老王的年龄是(3y-2x)/3=y-2x/3 岁，小李的年龄是(y-2x/3)/3=y/3-2x/9 岁；

因为是同一年，所以有等式：x-(y/3-2x/9)=y-(y-2x/3)；化简为：5x=3y；

因为 x+y=48，解得 x=18。所以小李现在的年龄是 18 岁。

67. 有趣的算术题

24(分)+36(分)=1(小时)；
11(小时)+13(小时)=1(天)；
158(天)+207(天)=1(年)；
46(年)+54(年)=1(世纪)；
2 减去 1 本来就等于 1。

68. 公平分配

把剩下 7 个半瓶的酒中的 2 个半瓶倒入另外 2 个半瓶中。这样就是 9 个满的，3 个半满的，9 个空的。一人 3 个满的，1 个半瓶的，3 个空瓶。

69. 曹操的难题

张辽的军队到达之前，曹操的士兵已经吃了一天的粮食了，所以，现在的粮食还够 20 万人吃 6 天。加上张辽的人马后只能吃 5 天了，这就是说张辽的人马在 5 天内吃的粮食等于曹操原来士兵 1 天吃的，所以张辽带来了 4 万人。

70. 分饮料

用 4 升瓶里的果汁把 2.5 升瓶倒满；用 2.5 升瓶里的果汁把 1.5 升瓶倒满；把 1.5 升瓶里的果汁倒回 4 升瓶中；并把 2.5 升瓶中的 1 升倒回 1.5 升瓶中；用 4 升瓶中的 3 升把 2.5 升瓶倒满；然后用 2.5 升瓶中的果汁把 1.5 升瓶倒满；把 1.5 升瓶中的果汁倒回 4 升瓶中。这时，4 升瓶和 2.5 升瓶中的果汁都是 2 升的，正好平均分配。

71. 酒徒戒酒

第 39 次喝完酒后要等多久才能喝第 40 次酒：2^{39}=536870912 小时=22369621 天，所以他这辈子是喝不上酒了。

72. 排队

由上面的规律可以推知，前十排的人数分别为：1、1、2、3、5、8、13、21、34、55，每一排的人数是前两排人数之和。所以第十排有 55 个人。

73. 拨开关

灯编号的方根为整数时，开关在最后是朝下的，其他的朝上。这样 1、4、9、16、25、36、49、64、81、100 号朝下。

74. 数学教授的问题

119。从题中可以看出，阶梯的阶数比 2、3、4、5、6 的公倍数小 1，同时台阶的总数又是 7 的倍数。而 2、3、4、5、6 的最小公倍数是 60。所以阶梯的阶数可能是 n×60-1，取 n 为正整数，那么可以列出可能的阶数是：59、119、179……其中，59 不是 7 的倍数，而 119 是 7 的倍数。所以台阶的阶数最少是 119。

75. 两手数数

按题目要求循环数的时候，是以 18 为循环。2000 除 18 后余 2，所以数到 1998 根手指的时候刚好到左手食指，再数两下：左手拇指、左手食指。所以第 2000 根手指是左手食指。

76. 相差的银子

因为每两个人相差的数量相等，第一个与第十个、第二个与第九个、第三个与第八个、第四个与第七个、第五个与第六个，每两个兄弟分到银子的数量的和都是 20 两，而第八个兄弟分到 6 两，这样可求出第三个兄弟分到银子的数量为 20-6=14 两。而从第三个兄弟到第八个兄弟中间有 5 个两人的差。由此便可求出每两人相差的银子为(14-6)/5=1.6 两。

77. 卖大米

10 元 3 千克的大米价格是每千克 3.33 元，而 10 元 5 千克的大米是每千克 2 元，他们的平均价格是每千克 2.665 元，而不是店主想的 2.5 元，所以他少卖了 10 元。

78. 称盐

第一步，将 9 千克盐用天平平分，一边是 4500 克。

第二步，将 4500 克盐用天平再平分，一边是 2250 克。

第三步，在 2250 克盐中，用 50 克和 200 克的砝码一起称量出 250 克，剩下的就是 2 千克。

79. 老板娘分酒

11 倒 7 剩 4，7 倒空，4 倒 7，11 倒满，11 倒 7 满剩 8，7 倒空，8 倒 7 剩 1，7 倒空，1 倒 7，11 倒满，11 倒 7 满剩 5，7 倒空，5 倒 7，11 倒满，11 倒 7 剩 9，7 倒空，9 倒 7 剩 2。

80. 分米

(1) 两次装满脸盆，倒入 7 千克的桶里，这样，桶里有 6 千克米。

(2) 往脸盆里倒满米，用脸盆里的米将桶装满，这样脸盆中还有 2 千克米。

(3) 将桶里的 7 千克米全部倒入 10 千克的袋子中。

(4) 将脸盆中剩余的 2 千克米倒入 7 千克的桶里。

(5) 将袋子里的米倒 3 千克在脸盆中，再把脸盆中的米倒入桶里，这样桶和袋子里就各有 5 千克米了。

81. 求数字

2520 显然可以被 5 和 10 整除。但因为每个数都只有一位，所以得排除 10。于是其中有一个数必须是 5。

把已知数相加 (8+1+5) 得 14。因为 30-14=16，所以剩下两数之和为 16。

把已知数相乘 (8×1×5) 得 40，而 2520÷

40=63，所以剩下两数之积为 63。

而两数相加得 16，相乘是 63 的数只有 7 和 9。所以答案是 5、7 和 9。

82. 猜猜年龄

2450=2×5×5×7×7

可能的情况是：

7×5×2、7、5

7×7×2、5、5

5×5×2、7、7

7×2、7×5、5

7×2、5×5、7

5×2、7、7×5

5×2、7×7、5

2×5、7×7、5

其中和相等的两组是 7、7、2×5×5=50；5、2×5=10、7×7=49。

这两组和都为 64，这是小张说不知道的时候可以推出来的。

当小王说：他们三人的年龄都比我们的朋友小李要小。

小张听后说："那我知道了。"由此可以推出小李的年龄应该是 50 岁。

83. 分蛋糕

把 4 个蛋糕各切成 5 份，然后把这 20 块儿分给 20 个人每人一块儿。另 5 个蛋糕切成 4 等份，也分给每人 1 块儿。于是，每个孩子都得到一个五分之一和一个四分之一块儿，这样，20 个孩子都平均得到了蛋糕。

84. 凑钱买礼物

每一个孩子所带的纸币中没有相同的，如果有一个孩子没带 10 元，同时他拿了纸币，那他只能有一张 5 元的纸币，那另外两个孩子必然会只有一个孩子有 5 元，剩下那个没有 5 元的孩子也没有 10 元纸币，只能有一张 1 元的。这样，剩下的那个孩子要有 2 张 10 元的。与条件不符。所以，那个没带 10 元纸币的孩子也不能有其他的纸币。所以 3 个孩子所带的纸币为：其中两个孩子带了 1 元、5 元、10 元的纸币各一张，另外一个孩子没有带钱。

85. 可能及格吗？

随便答答对的概率只能从没有把握的 70 道题中算，也就是那 70 道题中，按概率可以答对 70/4=17.5 道，再加上有把握的 30 道，最多只能答对 48 道，所以还是不能及格。

86. 调时间

结果为 11 点 55 分。

在这个问题中，如果能够求出从家到火车站所需要的时间就可以确定猎人应该把挂钟调到几点了。因为从 7 点 10 分出发到 11 点 50 分到家，一共用了 4 个小时 40 分钟，也就是 280 分钟，而来回两次经过火车站的时间为 10 点 20 分减去 8 点 50 分，为 90 分钟。也就是说他从火车站到家所用时间为 (280−90)/2=95 分钟。又因为回来时经过火车站是 10 点 20 分，加上 95 分钟，就应该是现在的时间，即 11 点 55 分。

87. 往返旅行

他从 C 到 D 的平均速度为 30km/h，而要想让全程的平均速度达到 60km/h，也就是 2 倍的 30km/h，那么也就是说，他从 D 返回 C 的时候不能用时间，这是不可能的。所以，怎么做也做不到使全程的平均速度为 60km/h。

88. 药剂师称重

最简单的方法是：第一次，把 30 克和 35 克的砝码放在天平的一端，称出 65 克药粉；第二次，再用 35 克的砝码称出 35 克的药粉。剩下的药粉即为 200 克，65 克药粉加 35 克药粉即为 100 克。

89. 有多少香蕉

一开始最少有 25 个香蕉。

(1) 假定最后剩下的两份为 2 个即每份 1 个，则在小猴子醒来时共有 4 个香蕉，在中猴子醒来时有 7 个香蕉，而 7 个香蕉不能构成两份，与题意不符合。

(2) 假定最后剩下的两份为 4 个即每份 2 个，则在小猴子醒来时共有 7 个香蕉，也与题意不符合。

(3) 假定最后剩下的二份为 6 个即每份 3

个，则在小猴子醒来时共有 10 个香蕉，在中猴子醒来时有 16 个香蕉，而大猴子分出的 3 份香蕉中，每份有 8 个香蕉。

90. 赌注太小

第三局结束后，两人钱数之和是 75 元，之差是 7 元。所以，最后一个有 41 元，一个有 34 元。由于只有 34 能被 2 整除，而李蛋蛋第三局输了，所以李蛋蛋的钱是 34 元。所以第二局结束时，李蛋蛋的钱是 34/2×3=51 元，王丫丫是 75−51=24 元。24 和 51 都能被 3 整除，所以无法判断谁赢了第二局。

假设李蛋蛋赢了第二局，则第一局结束时，李蛋蛋的钱是 51/3×4=68 元，王丫丫是 75−68=7 元。由于只有 68 能被 4 整除，所以第一局也是李蛋蛋赢了，最开始李蛋蛋的钱是 68/4×5=85 元，85 大于 75，所以假设错误，第二局是王丫丫赢了。

这样第一局结束时，王丫丫的钱是 24/3×4=32 元，李蛋蛋是 75−32=43 元。由于只有 32 能被 4 整除，所以第一局也是王丫丫赢了，则最开始王丫丫的钱是 32/4×5=40 元，而李蛋蛋是 70−40=35 元。

91. 走地砖

一般而言，他走过的地砖的个数等于两条边上的地砖个数之和再减去这两个数目的最大公约数：16×14−2=222。

92. 哪个士兵说了谎

甲的情况是可能的。6 次射击都中靶，而总分又只有 8 分，不可能有一次得 5 分以上，最多只有一次得 3 分。这样甲其余 5 次各得 1 分，即：8=1+1+1+1+1+3。而且这是唯一的答案。

乙的情况是不可能的。因为 6 次射击都中靶，每次最多得 9 分，9×6=54(分)，比 56 分小。所以，这是不可能的。

丙的情况是可能的，并且有好几种可能性，即答案不是唯一的。从总分是 28 分，我们可以知道，最多有 2 次是得 9 分的。(如果有 3 次得 9 分，共 27 分，其余 3 次即使都是

1分，也超过了 28 分。)所以，可能得到 3 种情况：9、9、7、1、1、1；9、9、5、3、1、1；9、9、3、3、3、1。

如果只有 1 次得 9 分，这样又有 6 种可能的情况：9、7、7、3、1、1；9、7、5、5、1、1；9、7、5、3、3、1；9、7、3、3、3、3；5、5、5、3、1；9、5、5、3、3、3。

如果一次 9 分也没有，又可得到 7 种可能得分情况：7、7、7、5、1、1；7、7、7、3、3、1；7、7、5、5、3、1；7、7、3、3、3、3；7、5、5、5、5、1；7、5、5、5、3、3；5、5、5、5、5、3。

所以，总分是 28 分的一共有 16 种情况。

丁的情况是不可能的，因为中靶的分数都是奇数，6 个奇数的和一定是偶数，而 27 是奇数，所以不可能。

93. 三个数

这三个数是 1、2、3。$1×2×3=6$，$1+2+3=6$。

94. 1=2？

$a(b-a)=(b+a)(b-a)$

$a=b+a$

这一步错了，因为 $a=b$，所以 $b-a=0$。两面同时除以 0 以后不再相等。

95. 正方形求和

有许多例子：

$243+675=918$；

$341+586=927$；

$154+782=936$；

$317+628=945$；

$216+738=954$；

......

96. 写成多少

为 12111。

如果 8 千、8 百、8 可以写成 8808，也就是：$8×1000+8×100+8=8808$，那么对于 11 千、11 百、11，就可以写成 $11×1000+11×100+11=12111$。

97. 加符号

$1×2+3×4+5×6+7+8-9=50$

$1+2+(3+4)×5+6+7+8-9=50$

$123-4×5×6+7×8-9=50$

98. 有多少个答案

$1+2+3-4+5+6+78+9=100$

$1+2+34-5+67-8+9=100$

$1+23-4+5+6+78-9=100$

$1+23-4+56+7+8+9=100$

$12+3+4+5-6-7+89=100$

$12-3-4+5-6+7+89=100$

$12+3-4+5+67+8+9=100$

$123-4-5-6-7+8-9=100$

$123+45-67+8-9=100$

$123-45-67+89=100$

......

99. 数字 4 的魔术

$0=4-4$

$1=4/4$

$2=(4+4)/4$

$3=4-(4/4)$

$4=4$

$5=4+(4/4)$

$6=(4+4)/4+4$

$7=(44/4)-4$

$8=4+4$

$9=4+4+(4/4)$

$10=(44-4)/4$

100. 仅用加法

$8+8+8+88+888=1000$

101. 2009 的问题

$3×3+(3+3)÷3+333×(3+3)-3+3=2009$。

102. 填数字

可能的填法有：$154+782=936$；$216+738=954$；$218+439=657$；$243+675=918$；$317+628=945$；$341+628=945$。

103. 思维算式

(1) 1+7=8。

(2) 4+5=9。

(3) 2×3=6。

104. 钟表慢几分

每小时慢 10 分钟，即 50 分钟相当于标准时间的 1 个小时。这个表的 12 个小时相当于标准时间的 12×60/50=14.4 小时，所以慢了 2.4 个小时。

105. 猫兔赛跑

能。猫要跑 60 步才能追上兔子。

106. 门牌号码

这个房间的门牌号码是 1986。9861-1986=7875。

107. 计算机语言

两数必然为 0。由陈述可推知：①0+0=0，②0+1=1，③1+1=1。

108. 分割立方体

三面有油漆的：8 个(8 个角)；

两面有油漆的：12 个(12 条棱)；

一面有油漆的：6 个(6 个面)；

没有油漆的：1 个(中心)。

109. 蠕虫的旅程

蠕虫可以爬行 22 厘米，如下图粗线所示。

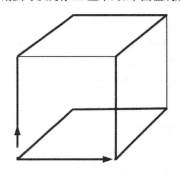

110. 几个酒徒比酒量

一共有 6 个酒徒。

111. 选数字

1～9 中，积是 24 的数字有两种情况：3、8；4、6。

商是 3 的只可能有三种情况：1、3；2、6；3、9。

综合起来只有一种情况可能：即甲拿的两张牌是 1、9；乙选择了 4、5；丙选择了 3、8；丁选择 6、2。剩下的那个数字是 7。

112. 走路的孩子

他可以回到出发点，一共走了 24 米。

113. 掷硬币游戏

虽然每次硬币落下后正面朝上和反面朝上的概率相等，但先掷者肯定有优势，无论最后要掷多少次。每轮先掷者获胜的概率是 $1/2+(1/2)^3+(1/2)^5+(1/2)^7+\cdots\cdots$这是一个无穷级数，其和为 2/3。因此，先掷者获胜的概率几乎是后掷者的两倍。如果你对此表示怀疑，可以进行一系列比赛，然后看看谁获胜的次数多。

114. 苹果和梨

各有 9 个。镜子中照出的物体是和原物体左右相反的，而阿拉伯数字中，除了 0 以外，只有 1 和 8 左右相反后仍可以表示数字。所以知道苹果和梨的个数的乘积一定是 81，而它们的和是 18，所以苹果和梨一定是各有 9 个。

115. 取黑白球

每一次往外拿出来两个球后，甲盒里的白球会只有两种结果：

1. 少两个；

2. 一个不少。

甲盒里的黑球也只有两种结果：

1. 少一个；

2. 多一个。

根据以上可得知：如果一开始甲盒中的白球数量为单数，那么最后一个白球是永远拿不出去的，最后两球一黑一白的概率为 100%。

如果白球为双数：那么白球就会剩两个或一个不剩，最后两球一黑一白的概率为 0%。

116. 最后剩下的是谁

单数运动员出列时，教练要下 5 次令，最后才会只剩下一个人。此人在下 5 次令之前排序为 2，在下 4 次令之前排序为 4，在下 3 次令之前排序为 8，在下 2 次令之前排序为 16，在下 1 次令之前排序为 32，即 32 号运动员。双数运动员出列时，很简单是 1 号运动员。所以前者是 32 号运动员，后者是 1 号运动员。

117. 母子的年龄

妈妈比华华大 26 岁，即两人年龄差为 26 岁，设华华的年龄为 x，则妈妈的年龄是 26+x。四年后，妈妈的年龄是华华的三倍，即：

3(x+4)=(26+x)+4。

x=9

所以，华华今年 9 岁，妈妈 9+26=35 岁。

118. 拔河比赛

设父亲为 A，母亲为 B，儿子为 C，女儿为 D。由题意可知：

A<2C+3D　　①

B>C+4D　　②

A+C>B+3D　　③

求 A+3D 与 B+2C 的大小关系。

由②③可知，A>7D

代入①可得 C>2D

所以

B+2C>3C+4D>A+C+D>A+3D

所以母亲方胜利。

119. 平衡还是不平衡

第四架天平平衡。

设球=A，三角形=B，长方体=C，正方体=D，由图中情况可得：

2A+3B=D　　①

C=4B+A　　②

D+A=3B+C　　③

①+②得：2A+3B+C=A+4B+D

即 A+C=B+D　　④

③+④得：2A+C+D=4B+C+D

即 A=2B　　⑤

④+⑤得：2A+C=3B+D　　⑥

由⑥可知第四架天平平衡。

120. 幼儿园的游戏

每个小朋友从开始行动到相聚需要走 600 厘米，所以需要的时间为 20 秒。

121. 趣味填数

21×58=1218

81×23=1863

79×43=3397

122. 2009 年和 2010 年

176×9+84×5+3+2=2009

176×9+84×5+3×2=2010

123. 三个等式

(5)+(4)=(9)

(8)-(1)=(7)

(2)×(3)=(6)

124. 趣味数学

(1+2)÷3=1

1×2+3-4=1

[(1+2)÷3+4]÷5=1

(1×2+3-4+5)÷6=1

{[(1+2)÷3+4]÷5+6}÷7=1

[(1×2+3-4+5)÷6+7]÷8=1

125. 有趣的等式

999+999÷999=1000

126. 最后的两位数

只要你乘一下 76×76 就可以看出来规律了，因为 76×76=5776，末尾两个数字仍然是 76，也就是说无论乘以多少个 76，最后末尾两个数字都是 76。

127. 拼凑出 10

(1+1÷9)×9=10

128. 四人取牌

甲拿的两张牌为 1、9；乙为 4、5；丙为 3、8；丁为 6、2。剩下的那张牌是 7。

129. 翻黑桃

第三张是黑桃 A 的概率是 90%，第四张是黑桃 A 的概率是 10%。

130. 六色相同

一副完整的扑克牌包括两张大小王，共有54张。若把大小王除去，就剩52张，四种花色各13张。

运气最差的时候可能会抽22张都没有6张是相同花色的：每种花色各5张，加上大小王。这样再抽出一张就保证有6张牌的花色相同。因此，至少要抽23张才能保证有6张牌的花色相同。

131. 红黑相同

A组中的黑色牌数设为X，则A组中剩下的26-X张是红色牌。一副牌一共有26张红色牌，所以B组中有X张红色牌。因此A组中的黑色牌数和B组中的红色牌数必然是相同的，概率100%。

132. 手里的剩牌

小王剩了13张，小李剩了15张，小张剩了12张。

133. 四四图

把1～16按顺序排列在4×4方格里，先把四角对换，1换16，4换13，然后再把内四角对换，6换11，7换10。这样就得到了答案，你来试试看！

134. 鸡兔同笼

本题可以列方程。假设鸡有x只，则兔子有35-x只。

根据题意，可得：

2x+(35-x)×4=94

解得：x=23

所以鸡有23只，兔子有35-23=12只。

另外还有其他一些简便算法：

有人是这样计算的：假设这些动物全都受过训练，一声哨响，每只动物都抬起一条腿，再一声哨响，又分别抬起一条腿，这时鸡全部坐在了地上，而兔子还用两只后腿站立着。此时，脚的数量为94-35×2=24，所以兔子有24/2=12只，则鸡有35-12=23只。

或者说：假设把35只全看作鸡，每只鸡有2只脚，一共应该有70只脚。比已知的总

脚数94只少了24只，少的原因是把每只兔的脚少算了2只。看看24只里面少算了多少个2只，便可求出兔的只数，进而求出鸡的只数。

除此之外，我国古代有人也想出了一些特殊的解答方法。

假设一声令下，笼子里的鸡都表演"金鸡独立"，兔子都表演"双腿拱月"。那么鸡和兔着地的脚数就是总脚数的一半，而头数仍是35。这时鸡着地的脚数与头数相等，每只兔着地的脚数比头数多1，那么鸡兔着地的脚数与总头数的差就等于兔的头数。

我国古代名著《孙子算经》对这种解法就有记载："上署头，下置足。半其足，以头除足，以足除头，即得。"

具体解法：兔的只数是94÷2-35=12(只)，鸡的只数是35-12=23(只)。

135. 有女善织

若把第一天织的布看作1份，可知她第二、第三、第四、第五天织的布分别是2、4、8、16份。根据织布的总尺数和总份数，能先求出第一天织的尺数，再求出以后几天织布的尺数。

即62/(1+2+4+8+16)=2(尺)

所以她这五天分别织布2、4、8、16、32尺。

136. 利息问题

这道题就是一个等比数列求和问题。

1+2+3+4+……+99+100=(1+100)×100/2=5050

所以过期100天一共需要缴纳利息5050尺绢。

137. 良马与驽马

本题过程有些复杂。

首先，我们要计算出两马相遇共跑的路程。良驹跑完全程3000里后，再返回途中与驽马相遇，相遇时两匹马一共跑了3000×2=6000(里)。所以可以把这个过程看成是一个简单的相遇问题，即良马相向而行，总距离为6000里。

然后我们再用等差数列求和公式,分别计算出两匹马各行多少里,他们的和为 6000 里,解出即可。

设 n 天后两马相遇,由等差数列求和公式列方程得:

[193n+13n(n-1)/2]+[97n-1/2×n(n-1)/2]=6000

解得:n=15.7(天)

良马所走的距离为 193n+13n(n-1)/2=4534.24 里,驽马所走的距离为 6000-4534.24=1465.76 里。

138. 黑蛇进洞

每 5/14 天只前进了 15/2 安古拉,每天前进 15/2÷5/14=21 安古拉,它的尾巴每 1/4 天就要长出 11/4 安古拉,每天长出 11/4÷1/4=11 安古拉。

设大黑蛇要过 x 天才能完全进洞,则:

21x=80+11x

10x=80

x=8(天)

所以大黑蛇要 8 天时间才能完全进洞。

139. 三女刺绣

设这个花样总数为 1,则大女儿的速度为 1/7,二女儿的速度为 1/8,小女儿的速度为 3/29。

如果一起绣的话,所用时间为 1/(1/7+1/8+3/29)=2.7 天。

所以三个女子一起绣这块花样,一共需要 2.7 天时间。

140. 紫草染绢

一匹绢等于 40 尺,7 匹=280 尺。

设需要卖掉 x 尺,则剩下 280-x 尺。

每卖一尺绢所买的紫草可以染绢数为 25/40 尺。

根据题意可得:25x/40=280-x

x=172.3(尺)

所以要卖掉 172.3 尺,可以换紫草:172.3/40×30=129 斤。

141. 耗子穿墙

这是一个等比数列的问题,又叫"盈不足术"。

第一日,大、小鼠各打 1 尺,共计 2 尺;第二日,大鼠打 2 尺,小鼠打 0.5 尺,共计 2.5 尺,差 0.5 尺;第三日,大鼠打 4 尺,小鼠打 0.25 尺,共计 4.25 尺,多 3.75 尺。二日不足,三日则盈,需用 0.5÷4.25=2/17(日),所以共用 2 又 2/17 日。

142. 数不知总

看来问题比较麻烦,但通过细心观察,还是有窍门可寻的。

第一句"以五累减之无剩"其实是多余的,因为这个数以 715 除余 10 必定是 5 的倍数。第三句话"以 247 累减之剩 140",就是说此数减去 247 的若干倍后还余 140,140 是 5 的倍数,此数也是 5 的倍数,那么减去 247 的倍数也应是 5 的倍数。因此这句话可改为"以 247×5=1235 累减之剩 140"。同样第四句话也可改为"以 391×5=1955 累减之剩 245"。

现在我们可以完全仿照前面的方法进行计算,从 245 逐次加 1955,直至得到的数用 1235 除余数为 140 止。

计算过程如下:

逐次加 1955 可得:245、2200、4155、6110、8065、10020……用 1235 去除的余数分别是 965、450、1170、655、140……

所以可以得出 10020 满足这两项要求。

经检验 10020 的确符合全部条件,它就是我们要求的数。

143. 余米推数

将这个题目简单的翻译一下便是:一个数,用 19 除余 1,用 17 除余 14,用 12 除余 1,求这个数是多少。

因为用 19 除、12 除都余 1 的数为 19×12×n+1,当 n=1 时,为最小,是 229。但是用 229 除以 17 时,余数为 8,不是 14,要想余数是 14,则 n=14。此时这个数最小,为

3193。

所以每箩米有 3193 合，甲偷走 3193-1=3192 合，乙偷走 3193-14=3179 合，丙偷走 3193-1=3192 合。

144. 五家共井

这个题目只要用五元一次方程组即可，解法如下：

设甲、乙、丙、丁、戊五根绳子分别长 x、y、z、s、t，井深 u，那么列出方程组：

2x+y=u

3y+z=u

4z+s=u

5s+t=u

6t+x=u

解这个方程组得：

x=265/721

y=191/721

z=148/721

s=129/721

t=76/721

而井深为 1M。

145. 余数问题

用 2 除余 1 很好理解，只要是奇数即可。所以首先我们来看后三个条件，这个数用 5 除余 2，用 7 除余 3，用 9 除余 4，那么把这个数乘以 2 的话，它必定被 5 除余 4，用 7 除余 6，用 9 除余 8，也就是说如果这个数加 1 正好可以除尽 5，7，9。而可以被 5,7,9 除尽的最小整数是 5×7×9=315。那么这个数就应该是(315-1)/2=157。

146. 汉诺塔问题

因为就算有人会搬这些金片，它的步骤也非常巨大，是 $2^{64}-1$ 次。这个数究竟是几呢？我们来算一下，答案：18446744073709551615。搬这么多次金片一共需要多长时间呢？

假设搬一个金片要用一秒钟，18446744073709551615÷3600=5124095576030431(小时)，再除以 24 等于 213503982334601(天)，除以 365 等于

584942417355(年)，约等于 5849(亿年)。所以根本不需要高僧守护，没有人可以完成这个艰巨的任务。

147. 铜币问题

共有(100+10)÷[3/(3+1)-1/(7+1)]=176 枚

甲有 176×3/(3+1)-100=32 枚

乙有 176-32=144 枚

148. 兔子问题

第一个月初，有 1 对兔子；第二个月初，仍有一对兔子；第三个月初，有 2 对兔子；第四个月初，有 3 对兔子；第五个月初，有 5 对兔子；第六个月初，有 8 对兔子……。把这些对数顺序排列起来，可得到下面的数列：

1，1，2，3，5，8，13，……

观察这一数列，可以看出：从第三个月起，每月兔子的对数都等于前两个月对数的和。根据这个规律，推算出第十三个月初的兔子对数，也就是一年后养兔人有兔子的总对数。

149. 柯克曼女生散步问题

这个问题比较难，下面列出其中一个符合条件的组合，其实满足要求的答案还有很多，感兴趣的读者可以自己研究摸索一下。

星期日：010203，040812，051015，061113，070914；

星期一：010405，020810，031314，060915，071112；

星期二：010607，020911，031215，041014，050813；

星期三：010809，021214，030506，041115，071013；

星期四：011011，021315，030407，050912，060814；

星期五：011213，020406，030910，051114，070815；

星期六：011415，020507，030811，040913，061012。

150. 阿基米德分牛问题

设公牛中，白、黑、花、棕四种颜色的牛分别为 a、b、c、d 头，母牛中，白、黑、花、

棕四种颜色的牛分别为 e、f、g、h。

根据题意列出方程组：

a-d=b/2

b-d=c/3

c-d=a/4

e=(b+f)/3

f=(c+g)/4

g=(d+h)/5

h=(a+e)/6

因为有 8 个未知数，只有 7 个方程，所以解不止一个，我们来求最小值。

解得：

a=40d/23

b=34d/23

c=33d/23

e=5248d/8257

f=3538d/8257

g=2305d/8257

h=3268d/8257

又因为这些数字都必须是整数，所以 d 的最小值为 8257。

其他数字分别为：a=14360，b=12206，c=11847，d=8257，e=5248，f=3538，g=2305，h=3268。

151. 三十六军官问题

如果用(1，1)表示来自第一个军团具有第一种军阶的军官；用(1，2)表示来自第一个军团具有第二种军阶的军官；用(6，6)表示来自第六个军团具有第六种军阶的军官，欧拉的问题就是如何将这 36 个数对排成方阵，使得每行每列的数无论从第一个数看还是从第二个数看，都恰好是由 1、2、3、4、5、6 组成。

三十六军官问题提出后，很长一段时间没有得到解决，直到 20 世纪初才被证明这样的方队是排不起来的。尽管很容易将三十六军官问题中的军团数和军阶数推广到一般的 n 的情况，而相应的满足条件的方队被称为 n 阶欧拉方。

152. 牛顿的牛吃草的问题

因为这片草地上的草天天都以同样的速度在生长。设草地上原有草量为 a，每头牛每天吃草 b，草每天生长量为 c，那么 a+22c=10×22×b，a+10c=16×10×b，两式相减，c=5b。也就是说草地上每天新长出的草够 5 头牛吃的。所以只需知道草地上原有的草够吃几天即可。原有的草够(10-5)头牛吃 22 天，够(16-5)头牛吃 10 天。由此可以求出，够(25-5)头牛吃 5.5 天。

所以，这片草地可以供 25 头牛吃 5.5 天。

153. 欧拉遗产问题

大家不要被这么长的题目吓到，只要抓住题中的关键所在，从后往前推算，就可以迎刃而解了。首先我们设这位父亲共有 n 个儿子，最后一个儿子为第 n 个儿子，则倒数第二个就是第(n-1)个儿子。通过分析可知：

第一个儿子分得的财产=100×1+剩余财产的十分之一；

第二个儿子分得的财产=100×2+剩余财产的十分之一；

第三个儿子分得的财产=100×3+剩余财产的十分之一；

......

第(n-1)个儿子分得的财产=100×(n-1)+剩余财产的十分之一；

第 n 个儿子分得的财产为 100n。

因为每个儿子所分得的财产数相等，即 100×(n-1)+剩余财产的十分之一=100n，所以剩余财产的十分之一就是 100n-100×(n-1)=100 克朗。

那么，剩余的财产就为 100÷十分之一=1000 克朗

最后一个儿子分得：1000-100=900 克朗。

从而得出，这位父亲有(900÷100)=9 个儿子，共留下财产 900×9=8100 克朗。

154. 埃及金字塔的高度

法列士选择一个晴朗的天气，组织测量队的人来到金字塔前。太阳光给每一个测量队的

人和金字塔都投下了长长的影子。当法列士测出自己的影子等于它自己的身高时,便立即让助手测出金字塔的阴影长度。他根据塔的底边长度和塔的阴影长度,很快就算出了金字塔的高度。

155. 古罗马人遗嘱问题

其实这个问题很简单,只要满足一点即可,那就是儿子所得是母亲的 2 倍,母亲所得是女儿的 2 倍即可满足这个人的遗嘱。

列个方程就可以很方便解出这个问题了。首先,设女儿所得为 x,则妈妈所得为 2x,儿子所得为 4x。

所以分配方法为将所有财产平均分为 7 份,儿子得 4 份,母亲得 2 份,女儿得 1 份。

156. 苏步青跑狗问题

这个问题其实很简单,关键点在于不计狗转弯的时间而且速度恒定。也就是说,只要计算出小狗跑这段路程一共所需要的时间就可以了,而这段时间正好与甲乙两人相遇的时间相同。所以 t=50/(3+2)=10(小时),小狗跑的路程 S=5×10=50km。

157. 哥德巴赫猜想

(1) 100=3+97

(2) 50=47+3=43+7=37+13

(3) 20=17+3=7+13

158. 筑堤问题

因为每人每天发 3 升米,共发了 430 石 9 斗 2 升米,所以合计用了 14364 人次。

又因为第一天派 64 人,以后每天增加 7 人,所以可以持续派(1864-64)/7=257 天,还余 1 人。这是一个等差数列,第一天为 64,第二天为 64+7,第三天为 64+7×2……第 257 天为 64+7×256,第 258 天为 64+7×257。我们先来求它的和,为 64×258+7×(1+2+3+……+257)=64×258+7×(258×128+129)远大于 14364,也就是说,没等这些人全部派完就已经修完了。因为这是一个等差数列。设天数为 x,根据题意得:

14364=64+(64+7)+(64+7×2)+……+[64+7×(x-1)]

解得 x=56(天)

所以一共修堤 56 天。

159. 是否平衡

这是个杠杆问题,利用力矩平衡原理很容易就可以判断出来。从中心的三角形处开始算起,第一块方块的力臂长设为 1,则第二块力臂为 3,第三块力臂为 5……依此类推。然后分别用每个方块乘以对应的力臂,看最后结果是否相同,即可判断是否平衡。

左边=6×9+5×7+1×5+3×3+1×1=104

右边=1×1+1×3+1×5+1×7+2×9+1×11+1×13+1×15+1×17+1×19=109

所以不平衡。

160. 兄弟的年龄

设现在哥哥 x 岁,弟弟 y 岁。

x-4=2(y-4)

x+4=4(y+4)/3

解得:

x=12,y=8

哥哥 12 岁,弟弟 8 岁。

161. 小明的喜好

因为他喜欢平方数。

162. 现在几点

现在是上午 9 点。

两个小时以后(11 点)到 12 点是 1 个小时,一个小时以后(10 点)到 12 点是 2 个小时,正好是 2 倍关系。

163. 组成 100

17+37+46=100。

164. 猜数字

是 15。

165. 买牛

公牛 120 美分,母牛 100 美分,小牛 40 美分。

120 头×120 美分=144 美元

100 头×100 美分=100 美元

40 头×40 美分=16 美元

合计 144+100+16=260 美元。

166. 数数字

从 2 开始计算的，9 个自然数分别是 2、3、4、5、6、7、8、9、10。

167. 神奇的公式

魔术师只要将所得的数字减去 365，前四位就是你的出生月日，后两位就是你的年龄。其实真正的公式是(4 位的出生月日)×100+(2 位的年龄)。所以说，你已经把答案告诉人家了，怪不得他会知道！

168. 触礁

船可以救人 4 次，第一次救 5 人，因为需要有人划船，所以第二次、第三次和第四次，每次只能救 4 人，一共 5+4+4+4=17 人。

169. 如何计算

先把 2 与 15 相乘，3 与 10 相乘，这样原算式就变成了 30^3=27000。

170. 促销

是在原价格的基础上打八折。

171. 穿越沙漠

请两个。

三人同时上路，每人携带 4 份粮食。第一天吃掉 3 份粮食，搬运工甲带着自己路上需要的 1 份粮食返回，搬运工乙随着这个人继续前行。第二天，两人吃掉 2 份粮食，搬运工乙带着自己回去路上所需的 2 份粮食返回，这个人继续前行。剩下的四天，这个人吃剩下的 4 份粮食，即可顺利穿越沙漠。

172. 合伙买啤酒

甲带了 18 元，乙带了 24 元，丙带了 7 元，丁带了 63 元。

设甲的钱加上 3 元等于 x。然后分别表示出甲、乙、丙、丁的钱数，即可求出 x，以及四个人的钱数。

173. 两个四位数

这两个四位数分别是 4662 和 2581。

方法很简单，因为和为 7243，也就是说尾数为 3。而上面的这些数字中，和的尾数为 3 的数字并不多，一个个测试即可。

174. 猜数字

第一个问题是：你想的这个数字是大于 512 吗？

根据对方的回答，每次排除掉一半数字，不超过 10 次，一定可以确定到底是哪个数字。

175. 卖报纸

分别求出只买《日报》、《晚报》、《晨报》的人数，分别为 50-12-13-3=22，60-14-12-3=31，70-14-13-3=40。所以顾客人数为 14+13+12+3+22+31+40=135(人)。

176. 奇妙的数列

规律其实很简单，就是将前面两个数字的各位数字拆开并加起来。例如最左面的两个数字分别是 99 和 72，就把它们都拆开，变成 9、9、7、2，然后相加，等于 9+9+7+2=27，即为下面圆圈中的数字。后面的所有数字都是这个规律。你猜出来了吗？

177. 拼车

有人说，因为路程甲是 4 公里，乙是 8 公里，那么甲付 8 元，乙付 16 元。其实这种方法并不公平。最公平的做法是，将全程分成两部分，第一部分的价格是 12 元，第二部分价格也是 12 元，而第一部分有两个人乘坐，所以费用平分，没人 6 元，第二部分乙一个人乘坐，单独承担费用，这样甲需要付 6 元，乙要付 18 元，这样才最公平。

178. 灯泡组合

不管是哪种等，都只有一个大灯，所以两种的等一共有 16 个。而由小灯用掉 66 个，可以算出，第一种灯有 10 个，第二种灯有 6 个。

179. 伪慈善

因为如果真如他所说，最少给了 1 个一元硬币，而且每个人得到的又不相同，那至少应该有 1+2+3+4+5+6+7+8+9+10=55 个硬币，不可能是他说的 50 个。

180. 李白喝酒

原来有 7/8 斗酒，倒着推就可以了。第三次遇到花后喝光了酒，说明第三次遇到店的时候酒壶里有 1/2 斗的酒。第二次遇到花的时候则有 3/2 斗酒，遇到店之前为 3/4 斗。第一次遇到花的时候，有 7/4 斗，遇到店之前，也就是原来壶中有 7/8 斗酒。

181. 几个苹果

倒着计算即可：(5×2+1)×2+1=23
所以他一开始有 23 个苹果。

182. 密码

共有 26×26×10×10=67600 种可能性。

183. 填数字

这五个数分别为 2、78、156、39、4。这样 2×78=156=39×4。

184. 聚会的日期

当然可以。不管什么天气，去不出门的那个人的家中聚会就可以了。

185. 买书

还有 168 页。

因为从第 3 页到 12 页这 10 页撕下来后还剩下 190 页，说明第 3 页与第 4 页在同一张纸上。这样第 88 页前面的 87 页和 107 后面的 108 页也会被撕下，所以还剩下 168 页，而不是 170 页。

186. 不变的三位数

原因其实很简单，因为 7、11、13 这三个数的乘积是 1001。如果这个三位数是 abc，那么写成 abcabc 后，除以 1001，当然还是 abc 了。

187. 三角数

第一个数字分别是奇数 3、5、7、9……；第二个数字是 +4 的倍数：+8、+16、+20、+24、+28……；第三个数比第二个数多 1。
所以下一组三角数为：$15^2+112^2=113^2$；

188. 五位数

设这个五位数为 x，那么第一个六位数为 x+100000，第二个六位数为 10x+1。
这样：10x+1=3(x+100000)
x=42859

189. 奇怪的三位数

因为这个数减去 9 正好可以被 9 整除，减去 8 正好可以被 8 整除，减去 7 正好可以被 7 整除，说明这个数正好可以被 7、8、9 三个数整除。那么这个数必然是 7、8、9 的公倍数。7、8、9 的最小公倍数是 504，所以这个数就是 504。

190. 有趣的算式

7777×9999=77762223
77777×99999=7777622223
777777×999999=777776222223
7777777×9999999=77777762222223

191. 平均分

如果他第 10 次依然得 80 分，那么他的平均分就是 80 分，而要使平均分多一份，则需要增加 10 分，即得 90 分。

192. 默想的数字

设你想的数为 x，结果是 y
y=2(x-3)+x
x=(y+6)/3
所以根据对方给的结果，做一下简单的计算就可以得到其默想的数字了。

193. 三个数字

设第二个数为 x，那么第一个数为 5x+1，第三个数为 5(5x+1)+1=25x+6
5x+1+x+25x+6=100
x=3
所以，第二个数字是 3。

194. 门票

设乙出门时带了 x 元，则甲带了 2x 元。
2x-50=3(x-50)
x=100
所以出门的时候，甲带了 200 元，乙带了

100 元。

195. 折页

首先计算一下 1+2+3+……+45，结果是 1035。所以折起的两页之和为 35，也就是为 17、18 两页。

196. 插图

第一个插图在第 2 页，第二个插图在第 6 页，也就是说中间隔了 4 页。所以第 10 幅插图在 2+9×4=38 页。

197. 分苹果

分一箱剩下 5 个，分西箱会剩下 20 个，这样还可以每人分 3 个，最后剩下 2 个。

198. 和减差

设两个数分别是 a 和 b(a>b)，两个数的和为 a+b，两个数的差为 a-b、(a+b)-(a-b)=2b。所以结果的规律就是较小的数的 2 倍。

199. 四位数

10^4=10000 是个 5 位数，而 5^4=625，所以这四个数字之和一定比 5 大，比 10 小。而 6^4=1296，7^4=2401，8^4=4096，9^4=6561。符合要求的只有 2401。

200. 股份

设甲有 x，则乙有 1-x。

80%x=1-x+20%x

x=5/8

所以甲有 5/8，乙有 3/8 股份。

201. 算错了

因为圆珠笔的支数都是 4 的倍数，而铅笔的价格也都是 4 的倍数，这样结果一定是 4 的倍数，而 8 元 5 角不是四的倍数，因此可以断定算错了。

202. 奇数组

1+1+1+7=10;

1+1+3+5=10;

1+3+3+3=10。

共有三组。

203. 图书印刷

首先，我们知道 1～9 这 9 个页码分别需要 1 个铅字；10～99 这 90 个页码需要 2 个铅字；100～999 则需要 3 个铅字，以此类推。

前 9 页一共需要 9 个铅字，10～99 页需要 180 个铅字，这样用去了 189 个铅字，还剩下 660-189=471，用到 3 个铅字的页码有 471/3=157 页。所以这本书的总页码为 99+157=256 页。

204. 公交路线

因为小明从东站到西站，每隔 3 分钟会遇到一辆从西站到东站的车。也就是说从小明遇到一辆从西站到东站的车，到他遇到第二辆从西站到东站的车这段时间是 3 分钟，自己乘坐的车也开了 3 分钟，所以两辆车的发车间隔就是 3+3=6 分钟。

205. 小明吃苹果

设他先吃掉 x 个，剩下 x-4 个。

x+1=3(x-4-1)

x=8

剩下 8-4=4 个。

所以一共有 8+4=12 个苹果。

206. 平均速度

如果你觉得是(20+10)/2=15 千米/小时，那就错了。

正确的方法为：

设这段距离为 s。

上学所用的时间为 s/20，放学所用的时间为 s/10。平均速度=2s/(s/20+s/10)=40/3 千米/小时。

207. 装修

60×60×250/50×50=360(块)

所以需要 360 块。

208. 读书

设这本书有 x 页。

x/9+x/9+12=2x/3

x=54

所以这本书有 54 页，

209. 计算数字

(1) 只要不是 0 即可。

(2) 5 或者 0。

210. 最大的整数

最大的整数是 36。

(4÷2+5-3)×9=36

211. 沙漏计时

首先把两个沙漏同时翻转开始计时，7 分钟的沙漏漏完把它翻转过来，这时是 7 分钟；然后到第 10 分钟的时候，10 分钟的沙漏漏完，也翻转过来。等 7 分钟的沙漏漏完后，此时为 14 分钟，而且 10 分钟的沙漏漏下去 4 分钟的沙子。把 10 分钟的沙漏翻转过来，指导漏完，就是 18 分钟了。

212. 保持平衡

根据力与力臂的乘积相等，可以得到：

18×3=？ ×9

所以问号处的物体应该为 6。

第二部分

213. 机灵的小孩

小孩说："你欠了我 10 个铜板。"如果无赖回答相信，他要给小孩 10 个铜板，还不如回答不相信赔 5 个划算。

214. 聪明的禅师

佛印禅师就说："四大本空，五蕴非有，请问学士要坐哪里呢？"

禅者认为人的色身是由地水火风四大假合，没有一样实在，不能安坐。因此苏东坡输了，他的玉带输给了佛印禅师，至今仍留存于金山寺。

215. 吹牛

小孩说："那么，你用什么去装这种液体呢？"

216. 酒瓶诡辩

小李说：不对。如果"半空的酒瓶等于半满的酒瓶"这个等式能够成立，那么我们把等

式两边都乘以 2：半空的瓶乘以 2，等于两个半空的瓶，而两个半空的瓶就是一个空瓶；半满的瓶乘以 2，等于两个半满的瓶，而两个半满的瓶就是一个装满酒的瓶。这样，岂不是一个空酒瓶等于一个装满酒的酒瓶吗？

217. 财主赴宴

他说："没有什么，我游过来就等于你游过来。"

218. 狡诈的县官

县官拍案大怒道："大胆刁民，本官要你两只金锭，你说只收半价，我已把一只还给了你，就折合那一半的价钱，本官何曾亏了你！"

219. 负债累累

他说："昨天劳你坐门槛，甚是不安，今天早来，可先占把椅子。"

这时，那讨债人才发现欠债人毫无还债之意，意识到自己上了当。

"你明天早点来"这句话，其字面上的含义是清楚的。但是，由于欠债人故意制造了一个特殊的语言环境，即背着其他讨债人偷偷地对坐门槛者说这句话，这就引导对方产生误解：认为欠债人没有那么多的钱一下子还清所有的债，而是暗示要先还欠自己的债。果然，这个讨债者中了诡计。

220. 天机不可泄露

竖起一根指头，可以作出多种解释：如果三人都考中，那就是"一律考中"；要是都没有考中，那就是"一律落榜"；要是考中一人，那就是"一个考中"；要是考中两人，那就是"一人落榜"。不管事实上是哪种情况，都能证明他算的是对的。

221. 父在母先亡

这是因为"父在母先亡"这句话有歧义，人们对它可以有不同的理解，或者说它可以表达不同的判断：①父亲尚在，母亲已经去世；②父亲先于母亲而亡，即母亲尚在，父亲已经去世。而且这两种解释不仅适用于现在，也适用于过去和将来。如果求卜者的父母实际上都

已去世，那么算命先生会说，我说的是过去的事；如果求卜者的父母都还健在，则算命先生会说，我说的是将来的事；如果求卜者当前父在母不在或者母在父不在，那么算命先生也会作出解释。总之，不管是什么情况，求卜者都会觉得算命先生的话是对的。实际上，算命先生是故意玩弄歧义句的诡辩借以骗人。

222. 纪晓岚祝寿

纪晓岚解释道："因为皇帝都称万岁。普通人从少往多过，皇帝只有从多往少过了。"

223. 辩解

县官辩解道："我没有违背誓言啊！因为我得到的又不是一文钱，受贿徇情也不是一次啊！"

那副誓联的原意是：即使我贪污一文钱也要天诛地灭，即使我徇一次私情也是男盗女娼。这两个判断分别蕴涵着：如果贪污多于一文钱就更是天诛地灭，如果多次徇私情就更是男盗女娼。而这位县官却把誓联曲解为：只有贪污一文钱才天诛地灭，只有徇一次私情才是男盗女娼。这是故意地偷换了命题，以此为自己的贪污受贿丑行辩护。

224. 立等可取

修表师傅不耐烦地说："你站着等到下午取，也是'立等可取'嘛！"

在日常用语中，"立等可取"表示时间快或时间短，它表达了这样一个众所周知的判断："你稍等一会儿即可取走"。而这位修表师傅却故意把它歪曲为"你只要一直站着等下去，就可以取走"。经过这样的歪曲，不仅等到下午，而且等到任何时间，只要能拿到手表，都是"立等可取"。

225. 相互提问

小孩提问："有3个眼睛，6个鼻子，还有9条腿的，这是什么东西？"

大人想了半天，无奈地掏出一百元给了小孩。小孩飞快地把钱收进了自己的腰包。大人想了想，不太服气，又问小孩："那你来说，

你刚刚问题中的那个东西是什么？"小孩狡黠地一笑："其实我也不知道。"说完，掏出一元钱给了大人，然后，迅速地走了……

226. 裁缝的招牌

写"本条街上最好的裁缝。"

227. 教子

他说："爸爸，华盛顿在你这么大时，早已是美国总统了。"

228. 后生可畏

小男孩问："那电灯是谁发明的？"

爸爸："是爱迪生。"

小男孩又问："那爱迪生的爸爸怎么没有发明电灯？"

229. 灵机一动

乙问神父：

"我走路时想上帝，吃饭时想上帝，吸烟时想上帝，可不可以？"

神父说：

"当然可以。"

于是那个乙信徒堂而皇之地叼着烟斗走进了教堂。

230. 不可杀生

一位旁观者对他说道："你说的真是千真万确，的确如此。所以我们为了让自己的来生再变成人，最好是生前杀死一个人。"

这位假道学的僧人听了后哑口无言，狼狈而去。

那位旁观者对僧人的错误结论并没有从正面同他辩驳，而是避开锋芒，沿着错误的前提推出了"为了让自己来生再变成人，最好是生前杀死一个人"的荒谬推论，从而迫使对方逃之夭夭。

231. 聪明的兔子

"真是抱歉，大王！"兔子回答说，"我最近伤风，鼻子都塞住了。你能不能让我回家休息几天，等我伤风好了再说？因为只有到那时候，我的鼻子才管用，才能说出您嘴里发出

来的是什么气味。"

狮子没有办法，只好放兔子回家。不用说，兔子乘此机会逃之夭夭，一去不复返了。

232. 阿凡提的故事

阿凡提拿出钱袋，在巴依面前晃了晃，说："巴依，你听见口袋里响亮的声音吗？"

"什么？哦，听到了！听到了！"巴依说。

"好，他闻了你饭菜的香气，你听到了我的钱的声音，咱们的账算清了。"

阿凡提说完，拉着穷人的手，大摇大摆地走了。

233. 进化论

对于这种浅薄无聊的恶语中伤，赫胥黎立即站起来答辩。

他庄严地宣称：达尔文的学说是对自然史现象的一个解释，他的书里充满了证明这个学说的大量事实，没有别的学说能提供更好地对物种起源的解释。最后，为了科学的尊严，他对威尔勃福斯的人身攻击进行了必要的回击：我断言，我重复断言，要说我起源于弯着腰走路和智力不发达的动物，我并不觉得羞耻；相反，要说我起源于那些自负很有才华，社会地位很高，却胡乱干涉自己所茫然无知的事物，任意抹杀真理的人，那才是真正可耻的！

胥黎的讲话有力地驳斥了主教的胡说八道，博得了听众的热烈掌声，而自负很有"辩才"的威尔勃福斯已哑口无言。

234. 回敬

他说："你小时侯一定很聪明吧！"

235. 遇见上帝

他一咬牙，对上帝说道："你把我打成半死吧。"

236. 岳母的刁难

小董说："那要看桶的大小了，如果桶是和青海湖一样大的，那么就只有一桶水；如果桶只有湖一半大，那么就有两桶水；如果桶只有青海湖的三分之一大，那就是三桶水……"

237. 聪明的老人

老人说："这就是那位朋友送来的兔子的汤的汤的汤。"我和你是朋友，你和他是朋友，我和他可能是朋友，也可能不是朋友而是冤家。老人的机智就在于形象地把朋友间的非传递关系揭示了出来。

238. 擦皮鞋

"是呀。"林肯答道，"那么平时你是擦谁的皮鞋的呢？"

记者本来是赞扬"林肯作为总统能做到自己擦皮鞋"，可是林肯巧妙地利用记者话语中逻辑过程的省略，把记者赞扬的内容偷换成"林肯自己擦皮鞋"，从而达到幽默的效果。

239. 反驳

阿里斯庇普回答道："这并不奇怪，我害怕，是因为想到希腊即将失去一位像我这样的哲学家。但是，你有什么可担忧的呢？你如果淹死了，希腊最多也不过是损失了一个白痴！"

故事中，阿里斯庇普没有否认自己的害怕，他的聪明之处是在暴发户结论的基础上另辟路径，为暴发户的结论做出了一个更加幽默的解释，从而将暴发户的结论推上不打自败的境地。这种方法从表面上来看是荒谬的，但实际上通过智慧的转化，往往能够谬中求胜。从这一点来看，它一点也不荒谬；而且处处闪耀着智慧的灵光。

240. 哲学家的智慧

他回答："善于驯马的人宁肯挑选悍马、烈马作为自己的训练对象。若能控制悍马、烈马，其他的马也就不在话下了。你们想，如果我能忍受她，还有什么人不能忍受的呢？"

面对嘲笑者的刁钻，苏格拉底机敏地应用类比手法，十分精彩地为自己作了辩白，展示了自己的语言表达技巧与智慧。

241. 一件旧大衣

"这又何必呢？"爱因斯坦说，"反正这儿每个人都已经认识我了。"

242. 一休晒经

一休禅师非常认真地解释道："我这是在晒藏经呢。你们晒的经是死的，会生虫。我晒的藏经是活的，会说法、会干活、会吃饭。有智者应该知道哪一种藏经才珍贵！"

243. 两个导游

他诗意盎然地对游客说："我们现在走的正是赫赫有名的伊豆迷人酒窝大道。"

虽是同样的情况，因为有了不同的意念，就会产生不同的态度。如何去想，决定权在你自己。

244. 学问与金钱

父亲则轻描淡写地回答："说这种话的人，口袋里一定没有钱！"

245. 打棒球的男孩

"哇！"他突然跳了起来，"我真是一流的投手。"

246. 割草的男孩

男孩说："我只是想知道我做得有多好!"

247. 习惯标准

儿子回答说："因为她没有骂人。"

我们习惯以不同的标准来看人看己，以致往往是责人以严，待己以宽。

248. 将兵游戏

本题需要注意的是题目中所给的数字都是无用的，因为第一句话就说"你是司令"。所以司令的年龄就是读者你的年龄。

249. 买东西

如果你伸出两个手指作剪刀状，那么你就错了，因为他只是个盲人，可以说话。所以他说：我要买把剪刀。

250. 正直的强盗

推理一下：如果强盗把商人杀了，他的话无疑是对的，应该放人；如果放人，商人的话就是错的，应该杀掉，又回到前面的推理，这是一个悖论。聪明的商人找到的答案使强盗的前提互不相容。

251. 小红帽脱险

小红帽说：我在说假话。

这句话是个逻辑上的悖论，如果这句话是假的，小红帽说的就是真的；如果这句话是真的，小红帽说的就是假的。所以大灰狼没有办法，只好不再吃她了。

252. 锦囊妙计

第一个问题是：如果下一个问题是你愿意不愿意请我吃顿饭，你的答案是否和这个问题一样？第二个问题是：你是否愿意请我吃顿饭？

如果老板的第一个问题的答案是："是"，那第二个问题他必须要回答"是"，小刘就能免费吃到饭了。

如果老板的第一个问题答"不是"，那第二个问题他还是必须答"是"。所以小刘总能免费吃一顿。

253. 娶到公主

这个穷小子回答：我来这里是为了被斩首的。听到这句话，大臣会傻了眼，不知道如何是好。因为如果真的将这个穷小子斩首，那么他说的是真话，而说了真话是要被烧死的。如果把这个人烧死，那他答的就是假话，而说假话是要被斩首的。大臣不好处理，就只好报国王裁决。国王冥思苦想了半天也没有办法，只好将公主嫁给他。穷小子利用真话假话与斩首烧死之间的关系，娶到了美丽的公主。

254. 语言的力量

这位演说家是这样做的：

"笨蛋一个！你根本就没有理解我话里的意思。"这位演说家没等他说完，就在台上对他大声呵斥。

这位听众顿时目瞪口呆，继而怒形于色，愤然起身反击："你才是……"

但是演说家手一挥，没让他继续说下去："对不起，我刚才并不是有意伤害你的，希望你接受我最真诚的道歉。"

这位听众的怒气此刻才渐渐平息。

出现这一插曲，在场的所有听众都纷纷议

论开来。而演说家则微笑着继续他的讲演："看到了吧,刚才我只不过说了那几个词,这位听众就要跟我拼命;后来,我又说了几个词,他的怒气就消了。所以,千万要记得,你说出的话有时候像一块石头,砸到人家身上,会使人受伤;有时,它又像春日里的和风,轻拂而过,让你倍感舒心。这就是言语的威力。"

255. 组织踢球

这时候组织者就会耍一个花招:开始联系第一个人 A 的时候,组织者会告诉他,已经有很多人答应要来了,比如 XX、XXX 等,现在就差他一个了,这样他会毫不犹豫地答应下来;联系第二个人 B 的时候,组织者告诉他已经有很多人都要参加,比如 XX 和 A,就等他一人了;联系第三个人 C 时,组织者告诉他,有很多人答应会来,比如 A 和 B,就等他了……如此联系下去,基本能叫到的人都会来,一场足球赛也就成功组织起来了。

在这里,组织者开始说已经有很多人答应参加比赛,只是作为预先的"假定"。这个假定带有"欺骗",但这个欺骗是没有恶意的。这个假定对其他人心理的影响很大,最终一场球赛也得以组织起来。

256. 如何暂时减薪

某位经理出了个主意,让人事部的主任去向员工宣布这样一条消息:因为公司暂时陷入财政危机,因此要裁撤掉一大批人以节省开支,请员工们谅解。

这一消息一出,立刻引起轩然大波。没有谁愿意这个时候离开公司,毕竟这家公司待遇不错,而且也只是暂时的危机,熬过去的话相信能获得更大的收益。接下来的几天里,众员工皆战战兢兢,小心翼翼,生怕自己一不小心的举动就凑巧成为被裁撤的理由。

就在这种压抑的气氛渐渐浓郁到让人透不过气来的时候,公司总经理出面了,他带着兴奋的表情对众人说:"虽然公司现在很困难,但是员工们才是公司最宝贵的财富,经过反复的讨论,公司决定不裁员了。"说到这里,

总经理故意停顿了一下,随后,员工们沸腾了,整个公司成了一片欢乐的海洋。

乘着大家的高兴劲儿还没过,总经理又说道:"但是,公司的困难总是需要解决的。所以,公司会暂时削减所有人的薪水,大家一起努力渡过这个难关,待到公司摆脱困境便立刻恢复。"

这时的员工因为经历过裁员的恐慌,对于减薪这件事已经比较能接受了。再说,将来还有可能恢复,减就减吧。

就这样,公司将其减薪计划顺利地推行了下去。

257. 考试及格

如果我是小磊,一进门就先跟妈妈说:"今天考试好难,全班都不及格,只有一个人及格了。"

"谁啊?"

"我。"

"多少分啊?"

"六十分。"

说的话是一样的,但语言顺序不同,效果也许就完全不一样了。就算妈妈觉得六十分比较少,但也不会一巴掌就打过去,说不定想想孩子其实是第一名,还会给一番奖励呢。

258. 钢琴辅导

张老师吸取了教训,对后来的家长一开始先说:"恭喜您啊,您孩子真有天赋,学东西特别快,进步十分明显,已经可以学习高级一些的东西了。"

家长通常都眉头一扬,心情非常舒畅,甚至有些小得意。

这个时候张老师才说:"不过因为钢琴课的升级,学费可能要稍稍调整一下。"

此时家长即使不太愿意,最后也还是会接受的。

这便是话语的先后顺序带来的奇妙效果。

259. 父母和孩子

可以这样回答:"当年我们是说等你长大懂事后自然会明白我们是为你好。虽然你现在

长大了,可是你思考问题还是像个小孩一样不成熟。你没看出我们的决定好在哪里,这正说明你还没有懂事!"

260. 买烟

因为他跟店员说:"便宜一毛吧。"然后,他用这一毛钱买一盒火柴。

这是最简单的心理边际效应。第一种:店主认为自己在一个商品上赚钱了,另外一个没赚钱。赚钱感觉指数为1。第二种:店主认为两个商品都赚钱了,赚钱指数为2。当然心理倾向第二种了。同样,这种心理还表现在买一送一的花招上,顾客认为有一样东西不用付钱,就赚了,其实都是心理边际效应在作怪。

261. 谁对谁错

选 B。小王只是说明天天气晴朗,就去看球赛,并没有说不晴朗就一定不去,所以 B选项是对的。

262. 错在哪里?

这两句话初看起来都是能够明白想说什么的,但是仔细分析就会发现矛盾的地方。第一句中的"他"既然是"空难死者"之一,又怎么会"幸免于难"呢?第二句中的声音既然是"节奏声",又怎么会"紊乱"呢?

说到底,这都是因为平时我们在说话时不注意逻辑的严密性造成的。而有时我们也形成了对这种不严密睁一只眼闭一只眼的态度。但如果把这种不严密的思维养成习惯,就会闹各种笑话。

263. 误会的产生

在场的人谁也不懂他们间的较量。在随后的茶点会上,皇帝悄悄地问罗马学者,这究竟是什么含义。

"他是一个才华横溢的人。"罗马学者解释说,"当我举起一个手指时,表示世上只有一个上帝,他举起两个手指是说上帝创造了天地。我举起了三个手指,表示人在怀胎一生一死间循环,毛拉以四个手指作答,象征人的躯体是由土、气、水、火四种元素组成。我挥动我张开的手掌,意味着上帝无处不在,而他用

握紧的拳伸进他的掌心,是补充说上帝同样也在这里,在我们中间。"

"好吧,那么鸡蛋和洋葱是怎么回事?"皇帝紧追着问。

"鸡蛋是地(蛋黄)被天包围的象征。毛拉拿出一个洋葱表示地周围的天有很多层。我问他,他用什么证明天的层数和洋葱皮的层数一样多,结果他指给我看那些高深的书。唉,那些都是我所不知道的。您的毛拉真是一个非常博学的人。"然后沮丧的罗马学者就离开了。

与毛拉讲同一种语言的皇帝,下一步就是问毛拉关于这场辩论的情况。毛拉回答说:"这很容易,陛下。当他举起一个手指向我挑衅时,我举起了两个,意思是我会挖出他的两只眼珠。当他举起三个手指时,我确信他打算踢我三下。我就以牙还牙,要回敬他四下。他扬起整个手掌,毫无疑问,是要扇我一个耳光。那样我就会回他一记重拳。他看到我是认真的,就开始变得友好起来,送我一个鸡蛋,我就送他我的洋葱。"

……

看到这样一个荒唐的结果你有什么感想?戏剧化吗?这其实不过是双方相互之间沟通不畅所引起的误会与巧合。其实,手势也好,语言也罢,都只占沟通的一部分。很多时候还要依靠动作、表情等方面的辅助,单靠其中的一种,很容易让人产生误会。

264. 你的话说错了

一个缺乏逻辑知识的人恐怕不容易搞清楚,甚至会认为小刘的话说错了,小王的反驳是对的。但是如果我们掌握了有关的逻辑知识,这个问题并不难解决。形式逻辑关于模态判断之间真假关系的知识告诉我们,"这件事可能是小李干的"与"这件事确实不是小李干的",二者之间是个反对关系:不能同假可以同真,即当后者真时,前者真假不定,因而不能用后者去否定前者。

也就是说,虽然事实已经证明"这件事不是小李干的",但它还不能证明"小李不可能干这件事"。既然"这件事不可能是小李干的"

的真实性尚未得到证明，就不能用它作为论据去否定"这件事可能是小李干的"。可见，小王对小刘的反驳，其诡辩性质是犯了"预期理由"的错误。

265. 吝啬鬼请客

他对吝啬鬼说："你别小看这盘炒竹片，如果你早来三个月，这就是一盘炒竹笋。"

266. 预言

"你正在阅读这本书。"

267. 奸商

他说："你把这个条幅的字念反了，我写的是'色褪不保'。已经实现声明了，所以不能退货。"

268. 错在哪里？

这是一个说话的顺序问题。第一次，先问"结婚了没有"，既然对方回答"还没有"就不应该问"有几个孩子"。第二次，先问"有几个孩子"，既然对方回答"两个孩子"就不应该问"结婚了没有"。两次他的预设都不合理，所以才会遭人白眼。

269. 修电灯

因为小王家的灯坏了，才叫朋友来修的。朋友不该看到屋子里黑咕隆咚的，没开灯就判断家中没人。

270. 旅店的房费

他的错误属于轻率归纳。从"一层每天500元，二层每天400元，三层每天300元"是不可能推出"五层一定是每天100元"的。

271. 逻辑错误

他的错误属于轻率概括。因为"芹"不只是女性才会用，这不是一种必然性；同样，只有女人才会梳辫子也不是一种必然性。

272. 办不到

她的错误在于她偷换了概念。在这里，"跟着"是相伴的意思，而不是每时每刻跟在身后。

273. 超重

老太太偷换了概念。邮局工作人员的"超重"的意思是"超出了重量范围，需要多付邮费。"而不是简单的"太重"。

274. 种金子

阿凡提说："这几天滴雨未下，种下的金子全都干死了。"

275. 假药

事物不仅有相对的一面，还有绝对的一面。与真药比较可以鉴别假药，同时，没有疗效或者疗效不佳的药也是假药。

276. 幽默的钢琴家

"你们每个人都买了两三个座位。"

277. 贪吃

"你更贪吃，连西瓜皮都吃掉了！"

278. 巧解尴尬

他说："不错，我出身贵族，你出身工人。这么说，咱俩都当叛徒了！"

279. 死里逃生

他说："我刚才去投河时，遇到了屈原。他说当年他投河是遇到了昏君，不得不死，而你遇到皇帝如此圣明，你怎么能死呢？"

280. 巧做应答

他说："你们美国人走路抬头挺胸，是因为你走的是下坡路；而我们中国人走路弯腰，是因为我们走的是上坡路。"

281. 推销作品

他在征婚启事中写道："本人是一位年轻有教养的百万富翁，希望能找到一位和毛姆小说中的女主角一样的女性为妻。"

282. 保守秘密

罗斯福笑着说："那么，我也能。"

283. 弥勒佛

他说："弥勒佛是在笑我不能成佛。"

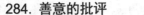

284. 善意的批评

他说："也有米饭。"

285. 不咬人

他说："我知道这句话，但是我不确定这狗它知道这句话吗？"

286. 机智的总统

他说道："假如这是真的的话，那平尼克将军一定是瞒过了我，全都独吞了！"周围的人听了，无不捧腹而笑。

287. 演讲

他说："这位先生，你先别着急，我马上就要谈到您提出的脏乱问题了。"

288. 巴尔扎克的幽默

巴尔扎克笑着说："我笑的是，我在白天都找不到一枚硬币的抽屉，你居然想在黑夜里，从里面翻出钱来。"

289. 讲故事

阿凡提说："你们截住不让他到澡堂去，谁知他后来怎样了！"

290. 解出尴尬

他说："谢谢大家！刚才我是为大家的热情所倾倒的。"

291. 纪晓岚应答

第一个问题，进出都是两人，一个男人，一个女人。第二个问题，生一人，死十二人。他是按属相算的，比如今年是鼠年，今年出生的都属鼠；而一年不论死多少人，都逃不出十二生肖。

292. 傲慢的夫人

他说："很简单，只要像我一样说假话就行了。"

293. 让路

歌德说："我恰恰相反，您请。"

294. 苏轼猜谜

谜底是"鲜"字。

295. 酋长的谜语

酋长的谜语的谜底是青蛙，年轻人的谜底是蛇。

296. 买水果

骨包肉是开心果，皮包肉是香蕉。肉包骨有很多，像葡萄干、石榴、苹果等都是。

297. 打哑谜

小刚的意思是生日快乐。"星"拆开就是"生日"，"女"和"子"就是好，好就是快乐。小明回信的意思是谢谢，花枯萎了是谢。

298. 巧猜谜语

是"解"字，把"牛、角、刀"三个字合在一起就可以了。

299. 猜名字

哥哥叫玉宝，弟弟叫玉空。

300. 猜谜语

谜底是"汗"。

301. 这个字读什么？

是"法律"的"法"。别被带到沟里去了。

302. 影射

"恳"字加上一点后，再将其拆开就是"良心"二字，影射他没有良心。

303. 他在干什么

在听英语录音练习口语。

304. 青铜镜

"申"(猴)无头为"甲"，牛"无头为"午"，青铜镜为甲午年制造的。

305. 加标点

穷人：无米面也可，无鸡鸭也可，无鱼肉也可，无银钱也可。

富人：无米，面也可；无鸡，鸭也可；无鱼，肉也可；无银，钱也可。

306. 阿凡提点标点

养猪大似象耗子，已死完；酿酒缸缸好做醋，坛坛酸。

307. 巧加标点

对练成了：养猪大如山老鼠，只只死；儿媳子孙多病痛，全绝根。

308. 添加标点

父母大人拜上：新年好，晦气全无，人丁兴旺，读书少不得，五谷丰登。

309. 牌子上的规定

因为上面没有加标点，他将其断句为："行路人，等不得，在此大小便。"

经这样标点之后，意思就完全变了。根据这个判句，凡行路的人，只要憋不住了，就可以在此大小便。

310. 智改电文

李根源先生只是把蒋介石回的两句电文颠倒了一下，这样就使电文的意思变成了"罪无可恕，情有可原"八个字。而这样一来，大特务沈醉和他的手下还以为这是蒋介石的命令，自然就没有迫害那些爱国民主人士。

311. 被篡改的对联

父进土，子进土，父子都进土；
妻失夫，媳失夫，妻媳同失夫。

312. 一副对联

花甲是 60 岁，重开也就是两个花甲，即 120 岁，又加三七岁月，就是再加上 21 岁，即 120+21=141 岁。古稀为 70 岁，双庆也是两个古稀，即 140 岁，更多一度春秋，就是再加 1 岁，也是 141 岁。所以说这位老寿星的年龄是 141 岁。

313. 奇怪的对联

上联：Chang Zhang Chang Zhang Chang Chang Zhang。

下联：Zhang Chang Zhang Chang Zhang Zhang Chang。

横批：Chang Zhang Zhang Chang。

主人家是想让豆芽要常长常长，生长不止，越长越长，越来越长。

314. 纪晓岚的计谋

纪晓岚一天只给何庆芳读 3 个字。和珅说："你这样的话，他老死狱中，你这书也读不完。"纪晓岚说："皇上允许我在读完这册书之前不能杀死何庆芳，并没有讲什么时候读完。"

315. 不同的读法

那个邻居读成：今年好晦气，少不得打官司。

316. 密电

取电文每个字的上半部分连成一句话："五人八日去九龙取金。"

317. 取货地点

毒品就藏在下午四点钟时太阳照射松树顶端留下的影子处。

318. 破解短信

把短信每两个字拼成一个字，就可以组成下面的一句话："静佳楼玖號(9 号)取物。"玖为数字 9 的中文大写，號是"号"的繁体。

319. 动物密码

股票。

320. 暗含成语的数字

3.5(不三不四)；2+3(接二连三)；333 和 555(三五成群)；9 寸+1 寸=1 尺(得寸进尺)；1256789(丢三落四)；12345609(七零八落)；23456789 缺衣少食。

321. 聪明的杨修

把"合"字拆开，就是"一人一口酥"，所以意思就是让大家分着吃掉。

322. 有趣的招牌

行(xíng)行(xíng)行(háng)。因为这是一家商行，首先就可以确定第三个"行"字的正确读音应该为 háng。而做生意是一种商业行为，要有商德，品质高尚，这也是对商家的一种规范和要求。行主以此作为自己的经商标准，所以就可以明白第一、二个"行"字的读音分别为 xíng 和 xíng。

323. 是不是

"是'不是'？"

"不，是'是'。"

"不是'不是'，是不是？"

"是。"

或者：

"是不是？"

"不是。"

"是不是？！"

"不是……"

"是不是！！"

"是……"

(2)

"是'是'，不是'不是'。"

"不是'是'，是'不是'！"

"不，是'是'！"

(3)

"不是'是'。"

"不，是'是'。"

"不是'是'，是'不是'！是不是？！"

"不，是'是'。"

324. 我是什么？

海马。

325. 猜成语

(1) 午(五)时三刻

(2) 七上八下

(3) 三长两短

326. 变省份名

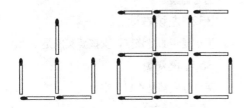

327. 猜字谜

是"彬"字。去掉左边是"杉"，去掉右边是"林"，去掉中间还是"杉"。

328. 组合字

加入"月"字。可以与"古"组成"胡"，与"巴"组成"肥"。

329. 加一笔

车	轧	开	卉
立	产	亚	严
刁	习	玉	压
舌	乱	灭	灰

330. 加一笔

凡	风	尤	龙
烂	烊	利	刹
去	丢	头	买
叶	吐	禾	杀

331. 郑板桥劝学

谜底是烧水用的水壶。

332. 巧骂财主

因为根据郑板桥的建议，将偏旁部首漆成不同的颜色，这样原来的"雅闻起敬"四个大字中，就会有四个字突出来，就是"牙门走苟"，谐音"衙门走狗"。财主也因此被人笑话。

333. 情侣问路

老大爷说："要女孩走开。"就是把"要"字中的"女"字去掉，就是"西"，所以走西边那条路就好了。

334. 隐藏的诗

从右下角开始读，就成了："山中山路转

山崖，山仙山僧山中来。山客看山山景好，山桃山杏满山开。"

335．加标点

知止而后有定，定而后能静，静而后能安，安而后能虑，虑而后能得。

336．填空格

加入"工"字。

337．填空格

加入"日"字。

338．猜字谜

是"客"字。因为"窝"的头是"穴"，"火"的腿是"人"，"点"的心是"口"，就组成了"客"字。

339．猜字谜

是"汗"字。蜻蜓的样子像个"干"字，加上"水"，就是"汗"字。

340．水

(1) 永

(2) 冰

(3) 泗

(4) 洲

(5) 汁

(6) 汗

341．答非所问

姓"田"。"没心思"，"思"字没有"心"，当然是"田"了。

342．出门旅游

青岛，长春，宁波，天津，上海，温州。

343．谜语解谜语

两个人的谜底都是扇子。司马光的谜语荷花露面是春末夏初，梧桐落叶是秋季，扇子夏天开始用，到了秋天天气凉爽就不用了。黄庭坚的谜语则是"户"字下面一个"羽"字，也是"扇"。

344．聪明的杨修

在门上写个"活"字，就变成了"阔"，

当然是嫌小了。

345．美食家

刘备求计问孔明——缺算(蒜)；

徐庶无事进曹营——少言(盐)；

赵云难勒白云马——无缰(姜)；

孙权阵前乱点兵——短将(酱)。

346．猜成语

第一个打开电视看了几秒，猜的成语是"有声有色"；第二个关掉电视机，成语为"不漏声色"。

347．猜成语

望眼欲穿。

348．见机行事

因为"门"里一个"心"字是闷，意思是不便接待访客，而"门"里一个"木"字是闲，就是有空了，欢迎来访。

349．数字对联

因为对联中已经表明了，"二三四五"，是缺"一"，"六七八九"，是少"十"，意思就是缺衣少食。

350．地主的刁难

你只要回答："你是怎么把它装进去的，我就怎么把它拿出来。"

351．捏面人

因为答案是"夺"。

352．左读右读

男孩要买的是蜂蜜，女孩要买的是牛奶。

353．谜对谜

两个谜底都是"日"字。

354．对对联

下联是："蚕乃天下虫。"

355．戏弄和珅

因为纪晓岚的"竹苞"两个字拆开看就是"个个草包"，骂和珅全家个个都是草包。

356．免费住店

谜底都是"口"。

357. 孔子猜三天

是"晶"字。因为孔子猜三天，也就是三个"日"，就是"晶"。

358. 歪打正着

因为同事以为他答对了。这两个动作分别代表"调虎离山"、"放虎归山"。

359. 藏头谜语

填的字为："天天树叶绿，日日百花开。"
猜的地面为：长春。

360. 猜成语

一马当先，按兵不动。

361. 成语计算

(一)鸣惊人＋(二)龙戏珠＝(三)山五岳
(三)更半夜＋(六)亲不认＝(九)牛一毛
(八)仙过海－(二)八佳人＝(六)朝金粉
(十)恶不赦－(七)擒七纵＝(三)从四德
(二)话不说×(三)朝元老＝(六)神无主
(十)全十美×(十)年寒窗＝(百)步穿杨
(八)拜之交÷(八)面玲珑＝(一)本万利
(千)手观音÷(十)拿九稳＝(百)尺竿头

362. 猜成语

(1) 度日如年
(2) 无米之炊
(3) 金玉良言
(4) 顶天立地
(5) 脱胎换骨

363. 八字成语

一波未平，一波又起
一夫当关，万夫莫开
十年树木，百年树人
只可意会，不可言传
前事不忘，后事之师

364. 八字成语

宁为玉碎，不为瓦全
机不可失，时不再来
有则改之，无则加勉
道高一尺，魔高一丈
言者无罪，闻者足戒

365. 诗句重排

老师把诗句改为：
独上江楼思悄然，风景依旧似去年；
同来玩月人何在？月光如水水如天。

366. 猜诗谜

小明说的是："特来问安。"朋友回答的是："请坐奉茶。"

367. 小明姓什么

小明姓"安"。因为"生日宴"，"宴"字生了"日"，剩下的就是"安"了。

368. 苏小妹试夫

诗句为：久慕秦郎假乱真，假乱真时又逢春。时又逢春花含露，春花含露久慕秦。

369. 巧读诗句

有五种读法。

(1) 秋月曲如钩，如钩上画楼。画楼帘半卷，半卷一痕秋。

(2) 月曲如钩，钩上画楼。楼帘半卷，卷一痕秋。

(3) 月，曲如钩，上画楼。上画楼，帘半卷。帘半卷，一痕秋。

(4) 秋，月曲如钩上画楼。帘半卷，一痕秋。

(5) 秋痕一卷半帘楼，卷半帘楼画上钩，楼画上钩如曲月——秋。

370. 没有写错

张作霖说："我是故意少写个'土'的，坚决不能把'土'给日本人。"

371. 迷信的人

他说："你看，砍了大树之后，'口'里就只剩下'人'了，那不成'囚'了吗！'囚'可比'困'要不吉利得多啊！"

372. 纪晓岚题诗

后两句写的是："食尽皇家千钟禄，凤凰何少尔何多？"

373. 讽刺慈禧

画师的真正意思是："临阵脱逃(托桃)。"

讽刺慈禧太后当年临阵脱逃跑到西安的事。

374. 火柴文字

也许你会说要移动三根。其实只需要移动一根就够了。就是把"旨"字上面的那个竖着的火柴移动到中间，然后倒过来看就是"早"字了。

375. 猜动物

恐龙。

376. 猜人名

刘邦。因为留下的全是白菜帮。

377. 幽默家的牌匾

是"自讨苦吃"。

378. 猜地名

塔里木。

379. 符号猜字

是"坟"字。

380. 书童取物

是"茶"，上面是"草"，中间是"人"，下面是"木"，就是个"茶"字。

381. 奇怪的字谜

是"章"字。去掉上面念"早"，去掉下面念"音"，去掉中间念"辛"，去掉上下念"日"。

382. 猜谜语

是算盘。

383. 变新字

哑，有口难言。
恶，存心不良。

384. 秀才猜字

是"井"。

385. 猜成语

谜底是"灵机一动"。

386. 华佗骂贪官

竖着念每种药的第一个字，就是"柏木棺材一付，八人抬上山。"

387. "二"字

天	元	无	云
夫	牛	丰	仁
月	井	王	开
五	午	手	毛

388. 两位老人

第一位老人是八十一岁，因为"本"字拆开就是"八十一"，而第二位老人是九十九岁，因为他写的是"白"，就是差"一"是"百"。

389. 老师的婚礼

第一个括号内填"三角"，第二个括号内填"几何"。

390. 老师的婚礼

第一个括号内填"几何曲线"，第二个括号内填"小数循环"。

391. 老师的婚礼

上联填入"圆"，下联填入"电"。

392. 数字谜语

(1) 三七。
(2) 舌头。（"舌"字的上面部分）
(3) 双打。（一打是 12 个。）
(4) 百合。
(5) 漏洞百出。（漏掉一个 0 就变成 100 了。）

393. 曹操的字谜

是"八"字。

394. 聪明的唐伯虎

因为"句"字是"向"字去掉左边的一竖，也就是"'向'左一直走"的意思。

395. 填字

一不要钱，嫌少；

二不要命，嫌老；

三不要名，怕臭；

四不要官，太小。

396. 贺寿对联

上联缺了个"六"下联缺了个"九"，"六"与肉谐音，"九"与酒谐音，指缺酒少肉。而横批则是"吝啬"二字。

397. 选官

三个人的谜底都是一个字：用。

398. 巧写奏折

因为伍佰村是当地的一个被淹的村子的名字，一万家则是被漂走的一家酒店的名字。

399. 添加标点

黄河远上，白云一片，孤城万仞山；

羌笛何须怨，杨柳春风，不度玉门关。

400. 写春联

此地安，能居住；其人好，不悲伤。

明日逢春好，不晦气；终年倒运少，有余财。

401. 绝对

女卑为婢女又可为奴。

402. 解梦

秀才的第一个梦是梦到墙头上长了一些草，说明会高中；第二个梦是梦到自己下雨天戴着斗笠还打着伞，说明双保险。这还不是好兆头吗？

403. 巧记圆周率

有个顺口溜：山巅一寺一壶酒，尔乐苦煞吾，把酒吃，酒杀尔，杀不死，乐乐乐！

记住了它就可以轻松背出小数点后 22 位的圆周率了。

404. 讽刺官员

上联缺个"八"下联少个"耻"，意思就是"王八无耻"。

405. 猜唐诗

第一个情景是"一行白路"第二个情景为"鸟上青天"。加起来就是"一行白(鹭)上青天"。

406. 猜十个字

分别是：一二三四五六七八九十。

407. 加标点

一"不"出头，二"不"出头，三"不"出头，不是不出头，是"不"出头。

"不"字出头，就是个"木"字，三个"不"出头，谜底是"森"。

408. 修庙

这是利用了谐音，在此地建成"一柏、一石、一座庙"。

409. 猜谜语

是木匠用的墨斗。

410. 猜诗谜

是爆竹。

411. 拆字联

切瓜分客，横七刀，竖八刀。

412. 谜语药方

惟他不死：独活；通晓老娘事：知母；

机构繁多：百部；心怀宏图：志远；

假期已满：当归；全面清账：大蒜；

刘关张结义：桃仁；枉评先进：白前；

骨科医生：续断；红色顾问：丹参。

413. 你有什么了不起的

当爸爸嗤笑他时，他就对爸爸说："你有什么了不起的，我的儿子比你的儿子强得多。"

当儿子嗤笑他时，他就对儿子说："你有什么了不起的，我的爸爸比你的爸爸强得多。"

414. 聪明的伙计

这是一个诗谜，谜底是四个字"何等好醋"。

415. 姓什么

"子鼠"，老鼠可以代表"子"字，下面

一个器皿的"皿"，所以这个人姓"孟"。

416. 填成语

身先士卒，舍车保帅，车水马龙，马到成功，如法炮制，兵荒马乱，厉兵秣马。

417. 猜字

A：氏；

B：日；

C：辰；

D：寸；

E：身；

F：月；

G：巴。

418. 填数词

一年好景君须记，二月春风似剪刀
三千宠爱在一身，二十四桥明月夜
楼阁玲珑五云起，六宫粉黛无颜色
人生七十古来稀，八千里路云和月
九华帐里梦魂惊，十三学得琵琶成
三十功名尘与土，百尺朱楼闲倚遍
千里莺啼绿映红，万紫千红总是春

419. 聪明的书童

是酒桌。

420. 对对联

纪晓岚的下联为：水上一鸥游。

421. 学费之讼

这个谜题的关键是把法律的判决和师徒之间的承诺视为具有同等效力，所以变成了一个让人左右为难的问题，很多人都会没把握该怎么回答。

比较好的回答是："法院可以判弟子胜诉，也就是他不需要马上付学费，因为他还没有打赢头场官司嘛。等这场官司一了结，弟子就欠普罗塔哥拉的债了，所以普罗塔哥拉马上再告弟子一状。这次法院就该判普罗塔哥拉胜诉了，因为弟子如今已经打赢过官司了。"

422. 苏格拉底悖论

这是一个悖论，我们无法从这句话中推论

出苏格拉底是否对这件事本身也不知道。

古代中国也有一个类似的例子："言尽悖"。

这是《庄子·齐物论》里庄子说的。后期墨家反驳道：如果"言尽悖"，庄子的这个言难道就不悖吗？我们常说："世界上没有绝对的真理"。我们不知道这句话本身算不算是"绝对的真理"。

423. 全能者悖论

这是一个流传很广的悖论。如果说能，上帝遇到一块"他举不起来的大石头"，说明他不是万能；如果说不能，同样说明他不是万能。这是用结论来责难前提。

424. 谷堆悖论

从真实的前提出发，用可以接受的推理，但结论则是明显错误的。它说明定义"堆"缺少明确的边界。它不同于三段论式的多前提推理，在一个前提的连续积累中形成悖论。从没有堆到有堆中间没有一个明确的界限，解决它的办法就是引进一个模糊的"类"。

最初它是一个游戏：你可以把1粒谷子说成是一堆吗？不能；你可以把2粒谷子说成是一堆吗？不能；你可以把3粒谷子说成是一堆吗？不能。但是你迟早会承认一个谷堆的存在，你从哪里区分他们？

它的逻辑结构：

1粒谷子不是一堆。

如果1粒谷子不是一堆，那么，2粒谷子也不是一堆；

如果2粒谷子不是一堆，那么，3粒谷子也不是一堆；

⋯⋯⋯⋯⋯

如果99999粒谷子不是一堆，那么，100000粒谷子也不是一堆；

因此，100000粒谷子不是一堆。

按照这个结构，无堆与有堆、贫与富、小与大、少与多都曾是古希腊人争论的话题。

425. 罗素是教皇

他立即发明了下面这个证明：

(1) 假设 2+2=5。

(2) 由等式两侧减去 2，得出 2=3。

(3) 易位后得出 3=2。

(4) 由两侧减去 1，得出 2=1。

于是：教皇与我是二人。既然 2 等于 1，教皇与我是一人。因此我是教皇。

426. 奇怪的悖论

这三句话本来都没什么问题，可是如果把它们组合起来，我们就得到一个很奇怪的结论：花朵是完美的，"我"比花朵更高级，可"我"又什么也不是！

我想我们的潜意识里几乎都会存在类似这样的一个奇怪的悖论。演绎推理的前提必须是在相同的背景下假设出来的，不同前提是不能放在一起的。

所以，演绎推理一定要弄清楚前提，否则就可能推理出错误的结论，甚至闹出笑话。

427. 飞矢不动

把芝诺的话精简一下就是：从弓射出去的箭在任何一个时刻里都有一个确定的位置，所以在这个位置上它是静止的，而这支箭在所有的时刻里都是静止的，所以箭是不动的。这个结论初看起来似乎很有道理，但显然严重违背我们观察到的现实。那么芝诺的这一套逻辑究竟错在了哪里了呢？

错就错在他错误地使用了排中律。他认为箭在每一个时刻都不是"运动"的，根据排中律，箭在每个时刻就都是"静止"的。但实际上，"运动"和"静止"本来就是和时间有关的概念，脱离了时间流动单看某个时刻，这两个概念就没有意义了，或者至少和原本的意义不一样了。因此，箭在任何时刻都"静止"并不妨碍它在一段连续的时间里是运动的。

排中律的运用非常广泛，比如我们在论证过程中经常用的"反证法"、"枚举法"等等。特别是那些"逻辑思维测验题"，都或多或少地运用到了排中律。

428. 白马非马

实际上问题出在对"是"这个概念的定义上。在生活中，"A 是 B"有两种解释：

1. A 等同于 B；

2. A 属于 B。

当我们说"白马是马"、"橘子是水果"的时候，实际用的是第二种解释，即"白马属于马"、"橘子属于水果"。而公孙龙则巧妙地把这里的"是"偷换成第一种解释，再论证"白马"和"马"并不等同。所以这是利用日常语言的局限而进行的诡辩。

429. 希腊老师的辩术

学生脱口而出："那不用说，当然是那个脏的会洗澡。"

希腊老师摇摇头："不对，是干净的去洗。因为他养成了爱清洁的习惯，而脏人却不当一回事，根本不想洗。你再想想看，是谁洗澡了呢？"学生忙改口："爱干净的！"

"不对，是脏人，因为他需要洗澡，"老师反驳后再次问学生，"这么看来，谁洗澡了呢？""脏人！"学生只好又改回开始的答案。

"又错了，当然是两个都洗了。"老师说，"爱干净的有洗澡的习惯，脏人有洗澡的必要，怎么样，到底谁洗了呢？"学生眨巴着眼睛，犹豫不决地说："那看来就是两人都洗了。""又错了！"希腊老师笑道，"两个都没有洗。因为脏人不爱洗澡，而干净人不需要洗澡。"

"那……老师你好像每次说得都有道理，可每次的答案都不一样，我们该怎样理解呢？""这很简单，你们看，这就是诡辩。"

430. 日近长安远

晋明帝答："为什么说太阳离我近呢？因为我抬头能望见太阳，却望不见长安呢！"

群臣听了，都趋炎附势地夸晋明帝说得有道理。

431. 子非鱼，安知鱼之乐

庄子反问道："子非我，安知我不知鱼之乐？"

惠施和庄子关于是否知道游鱼快乐的问答都带有诡辩的性质。首先，作为正确的提问，惠施应对庄子说："你怎么知道鱼快乐呢？"而惠施却又加上了一个前提："你不是鱼，怎么能知道鱼快乐呢？"这就构成了一个省略推理，省略的大前提是："凡鱼以外的事物，都不能知道鱼快乐。"

其次，作为正确的回答，庄子应当说明自己为什么知道鱼快乐的理由。庄子避开了正面回答，而是抓住了惠施的"子非鱼，安知鱼之乐"这句话反问道："你不是我，怎么知道我不知道鱼的快乐呢？"这个反问也构成了一个省略推理，省略的大前提是："凡不是我的人，都不能知道我知道鱼的快乐。"

第三部分

432. 两根棒子

拿其中的一根靠近另一根的中间，如果有吸力，那这根就是磁铁。

433. 相同的试卷

有两个同学都交了白卷，所以卷子是完全相同的。

434. 金属棒上的图书馆

地球人为外星科技在数据压缩上的超高效率感到惊讶，就请教怎么用一根短短的金属棒记录下所有图书馆里藏书内容的方法。

外星人答道："我先把你们地球人用的字母、数字、符号等用数字一一编号，零用来作分隔符号。比如 cat 这个单词就编号为 301022。我再用快速扫描装置扫描这些书的内容，所有书的内容合并成一串长长的数字。这串数字前面加一个小数点，它就变成了一个小数。最后我在这根 1 厘米长的金属棒上标记出刚才那个小数对应的点，所有书的内容就被我记录下来了。"

435. 谜团

因为这位律师是女的。

436. 空中对战

导弹飞行时的下落距离(其轨迹竖直方向上的分量)与日本飞机的下落距离是完全相同

的。所以无论导弹的速度如何，它都将击中日本飞机。

437. 移动数字

把 6 缩小，放在 2 的右上角，变成 6 的 2 次方。

即：$2^6 - 63 = 1$

438. 孩子的零用钱

因为这三个人是爷爷、爸爸和孩子。爸爸把爷爷给的 2000 元钱中的 1000 元给了孩子。所以总数还是 2000 元。

439. 转了多少圈

圆木滚动 8 圈，汽车轮胎滚动 16 圈。圆木向前滚一圈，它们使重物相对它们向前移动了 1 米，而它们相对地面又向前多移动了 1 米，所以重物一共向前移动了 2 米。但是汽车相对于轮胎不会向前移动。

440. 巧放棋子

3 个棋子放在等边三角形的 3 个顶点；4 个棋子放到正四面体的 4 个顶点。

441. 沙漏的悖论

当这个奇怪现象被发现后，人们就开始对沙漏进行复杂的研究。但这个题目的原理还是相当简单的。

当圆柱被颠倒过来后，沙漏会因质心变高而翻倒。而其浮力也会帮它卡在圆柱里。沙漏和圆柱间的摩擦阻碍沙漏上浮，直到大部分沙子漏下，使其质心再次降低。这时沙漏才会摆脱摩擦浮到顶部。

442. 环球旅行

当站在极点上时已经经过所有经线，所以只需要走到南极就能达到要求。因此最少 2 万公里。

443. 啤酒够不够

首先，测出瓶底的直径。这样就能够算出瓶底的面积。然后测液体的高度。再颠倒瓶子，测其中空气的高度。把它们加起来后乘上瓶底面积，就是瓶子的体积了。

444. 移动水杯

把第二个盛满水的杯子拿起来，把水倒入第五个(中间的那个空杯子)杯子，然后再把手里的杯子放回原处。

445. 莫比乌斯带

不能。莫比乌斯带只有一个边及一个面。

446. 切西瓜

假设 4 刀在西瓜内部切出了个四面体。根据这个四面体，西瓜被分成如下区域：顶点 4 个区域、边 6 个区域、面 4 个区域和四面体本身，共 15 块儿。

447. 奇怪的不等式

玩剪刀石头布的时候。"布"是伸出 5 个手指，"剪刀"伸出两个手指，"石头"不伸出手指。

448. 转圆环

1 周，3 周。

小圆的自转周数只和它本身圆心的运动轨迹与它的半径有关。也就是说在大圆内部时，它的圆心的运动轨迹为半径为 1 的圆，所以为 1 圈。而当在大圆外部时，它的圆心的运动轨迹为半径为 3 的圆，所以为 3 圈。

449. 各转了几圈

小圆走过的路径是其周长的 5 倍。如果是条直线，它将滚 5 圈。但因为它在圆周上滚动，小圆还会转更多的圈。可以发现，就算小圆自己不转，与大圆的接触点始终不变，绕大圆一圈后它也将转上一圈。所以小圆一共转了 6 圈。

但是齿轮不一样，小齿轮转了 5 圈。

450. 绝望的救助

不管小明怎么爬，爬得快也好，爬得慢也好，甚至是跳跃，小明和小红都会相距 1 米。甚至他放手往下掉，再抓住绳子时也是如此。

451. 奇怪的大钟

因为我的闹钟是电子钟，那个分时数字右上角的那一竖坏了，可以正确显示 5，也可以正确显示 6，却不能正确显示 8，到了 59 分时，也只能显示 55。

452. 难题

排成一个五角星形状，五个角的顶点加上五角星内部 5 个交点，一共 10 个点，就是放巧克力的地方。

453. 第九张牌

先数出 30 张牌后还剩 24 张，假设接下来数出的三列牌第一张分别是 a、b、c，则三列分别有(11-a)、(11-b)、(11-c)张牌，三列一共有 33-(a+b+c)张，剩下 24-(33-(a+b+c))=(a+b+c)-9 张牌。因此数(a+b+c)张牌后必然是开始记住的第九张。

454. 盒子与锁

A 把扑克放进盒子，用自己的锁把盒子锁上。B 拿到盒子后，把盒子加一把自己的锁，并递回给 A。A 拿到后，取下自己的锁，再递给 B。B 取下自己的锁，获得扑克。

455. 扑克数字游戏

由 6 个人说的话可以首先推出：

李：4、8、8、8。

王：有 7(1、2、4 张)，另外的只可能是 3、9。

刘：有 3、4、5、6，另外 1 张是 2 或 7。

方：有 9(1~3 张)，有 2。

邓：可能是 5、4、4、3、2，或 5、5、4、3、2，或者 5、5、4、4。

周：有 9。

由此继续推理可得六人的牌是：

李：4、8、8、8。

王：3、7、7、7、7。

刘：2、3、4、5、6。

方：9、9、6、2、2。

邓：5、5、5、4、4。

周：2、3、3、9、9。

因此剩下的两张牌是两张 6。

456. 猜扑克牌

所有扑克牌的情况如下：

457．神奇数表

这是因为表是把 1～31 的数，变成以 2n 表示。例如 $11=2^0+2^1+2^3=1+2+8$。将一个数由十进制改成二进制，对含有 2^0(=1)的项放在 A 表，含有 2^1(=2)的项放在 B 表，同理，含有 2^2(=4)的项放在 C 表，含有 2^3(=8)的项放在 D 表，含有 2^4(=16)的项放在 E 表中，这样就造出此表。也就是说 A 表代表 1，B 表代表 2，C 表代表 4，D 表代表 8，E 表代表 16。

如果你想的数在 A、C、E 中都有，只要把 A、C、E 代表的数字 1、4、16 相加即可，也就是 21。

458．怎样把水烧开

智者说："如果那样，就把壶里的水倒掉一些！"

青年若有所思地点了点头。智者接着说："你一开始踌躇满志，树立了太多的目标，就像这个大壶装的水太多一样，而你又没有足够多的柴火，所以不能把水烧开。要想把水烧开，你或者倒出一些水，或者先去准备足够的柴火！"

青年顿时大悟。回去后，他把计划中所列的目标划掉了许多，只留下最近的几个，同时利用业务时间学习各种专业知识，几年后，他的目标基本上都实现了。

459．卖梳子

他对经理说："我到了最大的寺庙里，直接跟方丈讲，你想不想增加收入？方丈说想。我就告诉他，在寺庙最繁华的地方贴上标语，捐钱有礼物拿。什么礼物呢，一把功德梳。这个梳子有个特点，一定要在人多的地方梳头，这样就能梳去晦气梳来运气。于是很多人捐钱后就梳头又使很多人去捐钱。一下子就卖出了3000 把。"

明白对方的需要，抓住对方的心理，解决实际问题，才能势如破竹。

460．蚂蚁和蜘蛛

13 米，3 米。

蚂蚁要爬墙壁；而蜘蛛可以结网，垂直下来就行，不用沿着墙壁爬。

461．三个金人

禅师说："第三个金人最有价值！"

使者默默无语，正确答案的确如此。

古希腊先哲苏格拉底说：上天赐人以两耳两目，但只有一口，欲使其多闻多见而少言。寥寥数语，形象而深刻地说明了"听"的重要性。

倾听是一种姿态，是一种与人为善、心平气和、谦虚谨慎的姿态。善于倾听，才是成熟的人最基本的素质。

462．如何投资？

因为乙赔钱的概率达到 90%。只要按照乙的意见相反方向去办，正确率要比甲高。

463．什么关系

他们是四胞胎中的三个。

464．买不起

小刘是小赵的妈妈，小刘把自己妈妈给的3000 元中的 1500 元给了小赵。所以总数还是3000 元。

465．不可思议的答案

在时间上，8 点再加上 10 个小时就是 6 点。

466. 解救女儿

在用水桶舀水之前，先把水桶倒扣着按到左边水缸底部，由于水缸是满的，所以，水会溢出来。水桶本身是有一定厚度的，所以，水桶可以挤出超过 1 水桶的水，再舀出一水桶的水，倒入到右面的水缸里，就达到目的了。

467. 钻石窃贼

他拿走了两边的两颗，然后把最下面那颗重新镶到最上面，如下图所示：

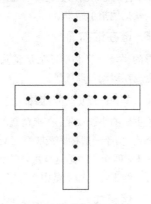

神父数的时候还仍然是 13 颗。

468. 有意思的钟

这道题如果换一种问的方式，就很好回答了。要是一只钟是停的，而另一只钟每天慢一分钟，你会选择哪个呢？当然你会选择每天只慢一分钟的钟。

本题就是这样的，两年只准一次，也就是一天慢一分钟，需要走慢 720 分钟也就是 24 小时才能再准一次，也就是需要两年；而每天准两次的钟是停的。

469. 念课文

28 秒。本题要注意的是从 1 数到 2，他中间停顿一次。也就是从 1 数到 4，中间停顿 3 次，每次停顿 4 秒。而从 2 数到 9，停顿 7 次，所以需要：4×7=28 秒。

470. 摆放镜子

根本不需要镜子，三个人面对面，离开一定距离，互相都能看到的。

471. 填空题

400(克)+600(克)=1(千克)

360(小时)-36(小时)=13.5(天)

472. 不准的天平

先把两个砝码都放在左边，在右边放上实验物品，等两边平衡时，取下砝码换成实验物品，再平衡时，左边的物品就是 600 克。

473. 拉绳子

如果你用一个很陡的角度拉线圈，会产生一个朝远离你的方向旋转的转矩；如果你用一个比较小的角度拉，会产生一个反方向的转矩使其向你运动。

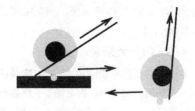

474. 确定开关

先打开一个开关，经过比较长的时间后关掉。再打开另一个开关，马上过去隔壁可以看到一个灯亮着，它对应的就是第二个开关。再摸一下其余的两个灯泡，有一个热，一个凉。热的灯对应第一个开关。

灯泡亮一段时间后会发热，这个也是一个判断依据，并不是只有亮与不亮才能判断。

一个条件只可以区分两个物体，要想区分三个，就必须至少有两个条件。

475. 紧急手术

最安全的步骤如下：

第一个医生戴上两双手套，上面套的第二双手套的外面接触到病人；第二个医生戴上刚才第一个医生套在外面的手套，这样仍是这双手套的外面接触到病人，而且他没有和第一个医生有接触；第三个医生把第一双手套翻过来戴在手上，他不会接触到第一个医生接触到的那一面。然后他再套上第二双手套，这样，接触到病人的仍是第二双手套的外面。这样，三个医生之间以及医生与病人之间都没有接触，所以是最安全的。

476. 巧接金链

把其中 1 截金链的 3 个金环切断，得到 3 个断的金环，然后用这 3 个断的金环把其余的 4 截金链连起来就可以了。这样做只切断 3 个环，损失最少。

477. 长工的佣金

留 6 块儿银子，分别为 1、2、4、8、16、32 两，不管长工哪天走，儿子都能付钱了。

478. 赊玉米

你需要计算每个人实际需要动用的玉米就行。所以 A 拿出 80 斤玉米，分给 B、C、D、E 每家 20 斤即可。

479. 巧分大米和小麦

先把张奶奶的布袋翻过来，把王阿姨的大米倒入张奶奶的布袋里，扎上绳子。然后把张奶奶的布袋的上半截翻过来，倒入小麦。再解开张奶奶布袋的绳子，把下面装的大米倒入王阿姨的布袋里，就可以了。

480. 折卫生纸

每对折一次，一叠中的页数就会翻一倍。对折一次就成了两页，两次就是 4 页，九次就会有 512 页——相当于一本小电话簿了。一叠纸太厚就很难再对折了。卫生纸虽然软，也是不可能的。

481. 判断性别

因为三人中有一位父亲、一位女儿和一位同胞手足。如果 A 的父亲是 C，那么 C 的同胞手足必定是 B。于是，B 的女儿必定是 A。从而 A 是 B 和 C 二人的女儿，而 B 和 C 是同胞手足，这是乱伦关系，是不允许的。因此，A 的父亲是 B。于是，C 的同胞手足是 A。从而，B 的女儿是 C，A 是 B 的儿子。因此，C 是唯一的女性。

482. 放大镜的局限

角度。不论用多大倍数的放大镜，角度都不会被放大。

483. 没有工作

老板把时间进行了重复计算。比如在放假的时间里的睡觉时间多重复计算了。

484. 天堂？地狱？

他在看守刚看完通道时，开始自己的旅行，大约 8 分钟左右的时候，他大概走到了通道中心，然后他转过身，往地狱方向走。一分钟后，看守看到他，以为他是不小心从天堂落下去的，就把他招了回来。

485. 谁在谁前面

圆形的操场。当小明落后运动员半圈之后，就变成在运动员前面了。

486. 商品中的发散思维

那位主妇的小建议是：在味精瓶的内盖上多钻一个孔。由于一般顾客放味精时只是大致甩个二三下，四个孔时是这样甩，五个孔时也是这样甩，结果在不知不觉中多用了近 25%。

487. 伏特加

把酒和药水混合起来，一起喝。

488. 时间

还是 30 分钟，因为雨的大小不变而且水桶口的面积也没有变，接到的水量也不变。

489. 设计错误

不是，火车的长度要远长于 2 米，不会完全轧到机桥上，这样的设计承重足够了。

490. 小房间

最开始有 3 个人，每次之后，房间里的人数都不变。

491. 机智的老板

老板说："盒子还在我这，要三人同时在场，我才可以交回盒子。你们去把那个人找回来吧。"

492. 换不开

一枚 50 美分、一枚 25 美分和四枚 10 美分。

493. 买到假货

这个问题只需要想办法证明假酒是从那个商场买的就可以了。在他把假酒拿去商场的时候，不让商场里的人直接碰这两瓶酒就可以了。只要让有关部门在酒瓶上取出商场里售货员的指纹，然后鉴定这确实是假酒，商场就无法推脱自己的责任了。可见要让真相大白并不是什么难事，只需要懂逻辑就行了。

494. 换牌逻辑

没有人。拿到最大的牌的人肯定不会愿意和别人换牌。拿到次大牌的人，只能换最大牌才是比自己手中的牌大，但是他知道拿到最大牌的人不会和别人换牌，所以他自己也不会和其他人换牌以避免换到小牌。以此类推，以后的每个人都可以通过推理知道前面的人不会换牌所以自己也不会换牌。即使拿到最小牌的人想换牌也没人肯换。因此，没有人能够换到比自己大的牌。

495. 兄弟俩

如果哥哥赢了，游客可以从弟弟那里得到200元，给哥哥100元，最终获得100元。

如果弟弟赢了，游客只需要给弟弟 100元，却可以从哥哥那里获得200元，还能得到100元。

所以总是能得到100元的报酬，何乐而不为呢。

496. 五元？十元？

总统解释说："如果我一开始就选10元，那以后还有谁会拿钱来给我选呢？"

497. 天堂与地狱

在天堂里，围着餐桌吃饭的人们都拿着长筷子喂对面的人吃菜，而对方也喂他吃，因此每个人都吃得很愉快。

498. 买佛像

佛祖派弟子去下山与老板砍价。

第一天弟子下山，去店铺和老板砍价，弟子咬定4500元，未果回山。

第二天，第二个弟子下山和老板砍价，咬定4000元不放，亦未果回山。

如此下去，最后一个弟子在第九天下山时所给的价钱已经低到了200元。

眼见着一个个买主一天天来，一个比一个价给得低，老板很着急，每一天他都后悔不如以前一天的价格卖出去，他深深地怨责自己太贪财。

到第十天时，他在心里说，今天若再有人来，无论给多少钱我都要立即出手。

第十天，佛祖亲自下山，说要出500元买下它，老板高兴得不得了——竟然反弹到了500元！当即出手，高兴之余还赠给佛祖龛台一具。

499. 逃避关税

当然，这个聪明的进口商已经预料到了这一着。他还料到，海关人员会认为这些右手套将一次整捆运来。所以，他把那些右手套分装成五千盒，每盒装两只右手套。海关人员看到一盒装两只手套，那就肯定会认为是左右手各一只。

就这样，第二批货物通过了海关，那位进口商只缴了五千副手套的关税，再加上在第一批货拍卖时付的那一小笔钱，就把一万副手套都弄到了美国。

500. 如何选择

这里一眼看来不过三种选择。如果你想报恩，你应当捎带上这位医生；如果你心中动了恻隐之心，你可能会带上老人上医院；但如果你的"私心"最后占了上风的话，你的选择就是带上女郎，因为这是一次难得的与你喜欢的女郎"约会"的机会。当然，你选择了这三种策略中的任何一种都有损失，而不能鱼与熊掌兼顾。

这道题倒并不是想通过看受试者的选择来判断其人品，这题目有标准答案：你应当将车钥匙给医生，请他带老人去医院看病，而你陪着女郎在雨中散步。

这是一个完美的选择：老人在医生的陪同下去了医院，医生也离开了雨中的小镇，而你和女郎相伴，漫步在雨中，别有一番情调。

501. 什么关系

王局长是女的。

502. 立鸡蛋

他把鸡蛋的一头在桌上轻轻一敲，敲破了一点儿壳，鸡蛋就稳稳地直立在桌子上了。

503. 吹牛

因为那条小路在两个悬崖中间的山谷里，没有任何危险，只要一步步走下去就可以了。

504. 聪明的男孩

小男孩回答很妙："因为我的手比较小呀！而老板的手比较大，所以他拿得一定比我拿得多很多！"

这是一个聪明的孩子，他知道自己的有限，而更重要的，他也知道别人比自己强。凡事不只靠自己的力量，学会适时地依靠他人，是一种谦卑，更是一种聪明。

505. 走私物品

他走私的是宝马汽车。

506. 煎鸡蛋的时间

六分钟。

我们把煎蛋的两个面分别叫作正面和反面，这样，用6分钟煎3个鸡蛋的方法如下：

第一个2分钟，煎第一个蛋和第二个蛋的正面。

第二个2分钟，先取出第二个鸡蛋，放入第三个鸡蛋。然后煎第一个鸡蛋的反面和第三个鸡蛋的正面。这样，第一个鸡蛋煎熟。第二个鸡蛋和第三个鸡蛋都只煎了正面。

第三个2分钟，煎第二个鸡蛋和第三个鸡蛋的反面。这样，3个鸡蛋就都煎好了。

507. 打麻将

李主任是女的，两个人分别是她的丈夫和爸爸。

508. 趣味组合

排成129，把6号倒过来。

509. 吃饭

两姐妹交换了饭碗，都吃对方碗里的饭。

510. 检验毒酒

最少10个人就够了。

把10个人编号为1~10，再把1000瓶酒用二进制编号，分别为 0000000000，0000000001，……，1111111111，一共有1024种组法。把每种组法对应一瓶酒，足够1000瓶酒。酒的编号中第几位为1，就把该酒喂给第几个人。最后看死了哪几个人，便可以判断出哪瓶酒有毒了。

511. 双胞胎

本题要求我们一定要突破思维定势，这对双胞胎并不一定是两兄弟，也有可能是姐弟俩。所以前面那个人是后面那个的姐姐。

512. 书虫啃书

4毫米。古书是从后向前翻的，所以只有第一卷书的封皮和第二卷书的封底。

513. 长颈鹿吃树叶

第一天白天，长颈鹿吃3厘米，晚上树叶再长2厘米，所以第一天树叶最短为7厘米；第二天在吃3厘米，晚上长2厘米，所以第二天树叶最短为6厘米。以此类推，第八天白天时，长颈鹿会吃光所有的树叶，树叶吃完后就不能再长了，再长就是新的树叶了。

514. 冰球比赛

让自己的队员往自己球门里打进一个球，把比分打平，让比赛进入加时赛。在加时赛里，加拿大一鼓作气最后以领先5分结束了比赛。

515. 到底爷爷有几个孩子

爷爷一共有7个孩子。4个儿子，3个女儿。因为每个小孩再说自己的叔叔、姑姑、舅舅、小姨时都会把自己的父母除去不算。

516. 猜数字

这个数字是96。"九十六"去掉"九"为"十六"，去掉"六"为"九十"。

517. 赢家

普通人翻东西的时候都是把抽屉从上到下依次拉开的，这样翻完上面的抽屉必须关上，才能去翻下面的抽屉。而小张时从下往上依次拉开所有的抽屉，这样上面拉出的抽屉不会妨碍查看下面的抽屉，他节省了很多时间，就赢得了比赛。

518. 刻舟求"尺"

不能。小香忘了水涨船高的道理。因为潮水上涨了，船也随之升起，穿上的刻度尺也随船身涨起来了。所以不论涨潮涨多少，水面都在 10cm 刻度处。

519. 木匠家的婚礼

每个桌子上装 3 条腿，正好够做成四张桌子。

520. 假话

明面上有 3 个"假话"。还有一个假话在哪里呢？原来，有 3 个"假话"却说成是 4 个，这就是最后一个假话。你找到了吗？

521. 最轻的体重

完全有可能。最轻的体重出现在她出生的时候。

522. 绕太阳

没有。他父亲今年 50 岁，地球每年绕太阳一圈。

523. 刻字先生

单价是每个字 1 角钱。

524. 语速

需要 5 秒，读一个字 1 秒钟。

525. 孙膑与庞涓吃饼

孙膑从容地拿了 1 个饼吃了起来。当庞涓还在吃第二个饼时，孙膑已经吃完了手中的饼，从桌上拿了 2 个饼，于是桌上没有饼了。最后孙膑吃了 3 个饼，庞涓只吃了最初拿的 2 个饼。

我们看到，故事中庞涓先拿了 2 个饼，最后他输了，所以，显然这不是他最好的策略。

那么如果庞涓一开始只拿 1 个饼呢？这时候，如果孙膑拿 2 个饼的话，孙膑必然是输家。那么孙膑的策略也只能是拿 1 个饼。庞涓、孙膑各拿了一个饼后，剩下 3 个饼，此时就看谁吃的快了，谁吃得快谁再拿两块，成为最终的赢家。

526. 聪明的聋哑人

他抱起老人的西瓜就跑，老人一定会去追。

527. 开玩笑

是那个玩滑板的孩子做的，他把自行车锁着的前轮放在滑板上固定好。靠后轮驱动着车子，把车子骑走了。

528. 桥的承受能力

桥撑不住。牛顿第三运动定律指出，力的作用是相互的。杂技演员把球扔向空中时对球施加了一个力，这个力比球的重力大。这个力，加上小丑和剩下两个球的重量一定会压垮桥的。

529. 丢失的螺丝

从其他 3 个轮胎上各取下 1 个螺丝，用 3 个螺丝固定刚换下来的轮胎，可以勉强开到修车厂。

530. 12÷2=7?

把罗马数字 12(ⅩⅡ)拦腰切成两半，就成了两个罗马数字 7(ⅤⅡ)。

531. 称重的姿势

一样的，只要不动都一样。

532. 怎么摆放最省力

一样的，不管怎么摆，货物的总重不会变。

533. 仆人的难题

她只需把地毯卷起来，直到能够到皮球为止即可。

534. 判断材质

把两个球都加热到相同的温度，然后同时放入到同等质量的水里，测水的温度升高情况，温度升得高的就是比热容大的，铅的比热容大于金，所以水温度高的就是铅球。

535. 如何补救

干脆在所有的裙子上再多弄几个洞，形成一种风格。其实这是真事，"凤尾裙"就是这么来的。

536. 如何开宾馆门

每个人拿 1 把自己房间的钥匙，然后把 12 个人和 12 个宾馆房间编号，将另外一把 1 号房间的钥匙放到 2 号房间里，把 2 号房间的钥匙放在 3 号房间里，以此类推，11 号房间的钥匙放在 12 号房间里，12 号房间的钥匙放在 1 号房间里。这样，任何一个人回来，只要打开自己的房间门，就能拿到下个房间的钥匙，用下个房间的钥匙打开再下一个房间门……这样，任何一个人回来都能打开所有房间了。

537. 邮寄物品

找一个长宽高都是 1 米的箱子，把零件斜着放进去。因为 1 米见方的箱子的对角线正好超过 1.7 米，这样就符合了规定。

538. 八个三角形

将 2 根火柴棒底端的正方形对齐，然后将其中的一根转动 45 度角即可。

539. 拉断一根绳子

当我把下面的绳子慢而稳地拉住，上面的绳子就要承受书的重量和下面绳子的拉力。于是这根绳子上的拉力就要比下面的绳子大，它当然会先断。

如果我猛地一拉，惯性就会起作用。一开始书还没有被这一猛拉影响，所以拉力没有被传递到上面的绳子。于是下面的绳子受到了更大的力，先断了。

540. 确定十五分钟

1 个小时很容易计时，关键是 15 分钟。如果两头一起点可以得到半个小时，而 15 分钟又恰好是半个小时的一半，所以要想办法得到能烧半个小时的香，这步是解题的关键。先拿两根香，一根两头一起点，一根只点一头。

等第一根烧完之后，即半个小时之后，第二根剩下的部分还可以烧半个小时。此时将第二根两头一起点，这样就可以计时 15 分钟了，然后等烧完之后再点一根香，加起来就是 1 个小时 15 分钟。

541. 加热还是冷冻？

说的不对。加热后孔将变大。这是因为，孔外面的金属可以看成是由一个条形的材料弯成的圈。加热的时候，金属条伸长，所以原来的孔变大了。轮子加热后套入轴，就是利用这个道理。同样，瓶盖太紧拧不开的时候，把它放在热水里加热就能拧开。

542. 动动数字

$1001-10^3=1$。

543. 小气的皇帝

原来，这块土地的南北和东西方向是这个正方形的两条对角线。所以面积只有 5000 平方米，而不是 10000 平方米。

544. 四个三角形

解这道题，不能局限在一个平面上，而是要向立体方向发展。只需把 6 根火柴摆成一个正四面体，也就是一个棱锥体形状即可。另外有一个小技巧，可以使火柴不需要任何其他工具的帮助就可以保持这一形状。那就是把两根火柴的头部靠在一起，并呈 60 度角，第三根火柴斜着放上去，保持与其他两根都呈 60 度角，然后将三个火柴头点燃并马上吹灭，你就会发现，三根火柴连在一起了。这样就可以把它立起来，并在底下放三根火柴组成正四面体了。

545. 十一变六

先把纸倒过来，再加上个 S，就变成 SIX 了。本题设计得很巧妙。

546. 调时钟

不是，敲第 12 下的时候，是 12 点 0 分 55 秒。虽然钟敲了 12 下，但时间的间隔只有 11 下，所以敲第 12 下是 55 秒。

547. 最省钱的算命方法

不能。无论他有没有想出提问方式，这次都不能问了，因为他的钱只够付三问的问题，而且他已经问过三个问题了。

548. 入睡与醒来

很显然现在我们是醒着的，也就是说我们刚刚醒来过。而每次入睡都会有醒来的时候，所以这个问题就要考虑我们出生的时候是睡着的还是醒着的。如果出生时，我们是睡着的，那么我们的第一个动作就是醒来，所以醒来的次数比入睡的次数多一次；如果我们出生的时候是醒着的，那么我们的第一个动作就是入睡，所以我们入睡的次数和醒来的次数是一样多的。

549. 雷击事件

这种说法是错误的，雷击到任何地方的概率都是相同的，新的雷击的概率并不受先前雷击的影响。

550. 颠倒是非

镜子。因为"左右"是和人的朝向有关的，而"上下"和人的朝向无关。

551. 流放犯人

英国政府最终找到了一个更好的办法，那就是对运送犯人的制度稍加改变，流放人员仍然由往来于澳洲的商船运送，只是运送犯人的费用要等犯人被送到澳洲后再支付。政府不再根据上船时的人数，而是根据到岸时活着的人数来计算费用。

这个机制的转变使犯人的死亡率从 12% 降低到了 1%。

552. 法官的妙计

一到家，牧场主就按法官说的挑选了 5 只最可爱的小羊羔，送给猎户的 5 个儿子。看到洁白温顺的小羊，孩子们如获至宝，每天放学都要在院子里和小羊羔玩耍嬉戏。因为怕猎狗伤害到儿子们的小羊，猎户做了个大铁笼，把狗结结实实地锁了起来。从此，牧场主的羊群再也没有受到骚扰。

为了答谢牧场主的好意，猎户开始送各种野味给他，牧场主也不用羊肉和奶酪回赠猎户。渐渐地两人成了好朋友。

553. 对画的评价

老人让他重新描了同样的画拿到图书馆门前展出。可是这一次，他要求每位观赏者将其最为欣赏的妙笔都标上记号。当他再取回画时，看画上的记号，一切曾被指责的败笔，如今都换上了赞美的标记。

"哦！"这个学生不无感慨地说道，"我现在发现了一个奥妙，那就是：无论我们干什么，只要使一部分人满意就够了。因为，在有些人看来是丑的东西，在另一些人眼中恰恰是美好的。"

554. 校长的门

因为——这是一道玻璃门。

为什么这样脆弱的一扇门，反而会使得学生们小心了？因为这是一扇用信任和爱心制造的，能够使人懂得珍惜和呵护的心灵之门。学生在玻璃门中看到了自己，新鲜的自己，玻璃门捧出了一份信任。

555. 司机的考试

结果这家公司录取了第三位。

面对危险的诱惑，应离得越远越好。

556. 成人之美

在全场有点尴尬的注目下，奥德伦很有风度地回答："各位，千万别忘了，回到地球时，我可是最先出太空舱的。"

他环顾四周然后笑着说："所以我是从另外的星球来到地球的第一个人。"

大家在笑声中，给予了他最热烈的掌声。

成功不必在我，团队的成功就是我的成功，你会不会欣赏同事的成就呢？你会不会愿意从心里为别人热烈的鼓掌呢？

"成人之美"不但是一个修养，更是一项美德。

557. 遗嘱

因为"剩下的一半加半头宰杀犒劳帮忙的

"乡亲"，只有剩下 1 头时，一半加半头才能正好一头不剩地分完。所以可以推出，一共 15 头，分别分到了 8、4、2、1 头。

558. 厕所和厨房哪个更重要？

当然，来餐厅的顾客大部分都更希望在厨房更干净而不是洗手间更干净的地方用餐。但是，餐厅的雇主更在意的却是洗手间的清洁，麦当劳公司非常清楚地知道，顾客能看到的就只有厕所和餐厅这些地方，不可能到后厨看看是否干净。麦当劳想通过保持这些地方的干净，传达给你一个信号：既然我们愿意花费这么多的精力和时间来打扫厕所，那我们肯定更愿意保持后厨的卫生，所以来我们这里吃饭是可以放心的。

559. 免费打气

免费打气服务吸引了不少骑自行车的工人，他们在打完气后往往会在老者那儿买包烟，这样，老者的生意就好起来了。

560. 聪明守门人

学校裁员必然从最不起眼的地方裁起——学校守门人的饭碗岌岌可危。他把各位教职工招到自己的地方，加强沟通，必然会有人为他说话，把他留下来。

561. 逃脱劳动

可能，因为这个箱子足够大，老师可以进到箱子的里面，所以她可以同时看到箱子相对的两面。就像我们在屋子里面可以看到相对的两面墙一样。

562. 猫吃老鼠

把老鼠算第一个，从老鼠开始顺时针数的第七条鱼，从它开始数起，就能最后一个吃老鼠了。

方法：在纸上画 13 个点并且围成一个圆形。然后从某一点开始顺时针数起，每数到 13 就把那个点划掉，然后继续数。直至只剩下一个点。把剩下这个点的位置确定为老鼠的位置，而第一个点的那个位置就是我们一开始要数的那个位置了。

563. 牧童的计谋

牧童的办法是这样的：用比桥还长的绳索，系在牛和车之间，这样二者的重量就不会同时压在桥上了，牛和车上的石料都能顺利通过了。

564. 心灵感应

不是的。没有心灵感应。小明每次到家时都会喊："老婆开门。"如果小红真的在家，她就会听到，如果不在家，她就不知道小明叫了她。所以小红知道的每一次都是对的，并不是两人真有心灵感应。

565. 装睡

不是的，哥哥没有特异功能。哥哥每次见到弟弟在睡觉的时候都会说："你在装睡！"弟弟真的装睡的话，就会听见；而当弟弟真的睡觉的时候，他不会知道哥哥在说话。所以他知道的每一次都是对的，并不是哥哥有特异功能。

566. 杀死跳蚤

因为这喷剂的味道太臭了，那人只好打开窗户通风，结果跳蚤都被屋外的冷风给冻死了。

567. 精明的生意人

是这位领导人入住朝阳山庄时，在酒店贵宾签到册上写下了自己的名字，然后在下面写下了"某年某月某日于朝阳山庄"一行小字。结果，这位精明的生意人便把"朝阳山庄"4个小字放大成为题字，把领导的名字缩小作为落款，就这样成了这家酒店的牌匾！

568. 如何拍照

这位朋友的思路是：他先请所有拍照的人全部闭上眼睛，听他的口令，同样是喊："1……2……3！"但是要大家在喊"3"的时候一起睁开眼睛。果然，全都神采奕奕，比本人平时眼睛更大、更精神。

生活中有很多难题，其实只要我们换一个思路，都可以迎刃而解。

569. 调整水位

把铁球取出来放到水里。因为铁的比重远大于水,当铁球放在小塑料盆里时,所排走的水的重量等于铁球的重量,体积大约为铁球体积的 7.8 倍。而铁球在水里所能排走的水量仅等于铁球的体积,所以水位会下降。木头、水的比重都没有比水的比重大,所以把它们放到水缸里水位不会变。

570. 不会游泳

要过河的那人笑着答道:"这位船老大不会游泳,他就会万分小心地划船,所以坐他的船才是最安全的。"

571. 忧心忡忡的母亲

可以叫她反过来想:雨天,小儿子的伞生意做得红火;晴天,大儿子染的布很快就能晒干。逆向思维就会使这位老母亲眉开眼笑,活力再现。

572. 处理国家大事的时间

他选择在周一、周三、周五的午夜处理国家大事,每次 3 小时,然后周日再处理 3 个小时。前三次每次处理国家大事都跨过了两天时间,所以满足了国王的要求。他一共花了 12 个小时处理国家大事。

573. 热气球过载

谁最胖就把谁扔出去。

574. 唐朝人的计谋

这招果然奏效,没过多久,就有一个盗贼将同伙擒献于官府。

审理时,被擒的盗贼不服,说:"此人和我一起为盗已经 17 年了,每次所得的贼赃都是两人平分,他有什么资格抓捕我获赏?"崔安潜说:"既然你也知道我张贴了告示,为何不先下手将他擒来?这没什么可说的,要怪也只能怪你自己下手太迟,所以他能受赏,而你要受罚。"

崔安潜当即下令兑现诺言,将赏钱发给擒盗者,然后将被擒的盗贼严惩示众。消息传开之后,其余的盗贼都开始互相猜忌,彼此提防,整天钩心斗角,不得安宁。于是他们互斗的互斗,逃亡的逃亡,没过多久,西川境内就再也没有盗贼了。

575. 牙膏

那张纸条上写着:将现在牙膏开口扩大 1 毫米。消费者每天早晨挤出同样长度的牙膏,开口扩大了 1 毫米,每个消费者就多用 1 毫米宽的牙膏,每天的消费量将多出多少呢!

公司立即更改包装。第 14 年,公司的营业额增加了 32%。

面对生活中的变化,我们常常习惯过去的思维方法。其实只要你把心径扩大 1 毫米,你就会看到生活中的变化都有它积极的一面,充满了机遇和挑战。

576. 偷换概念

这是个偷换概念的问题,每人每天 9 元,一共 27 元,老板得到 25 元,伙计得到 2 元,27=25+2。不能把客人花的钱和伙计得到的钱加起来。

577. 正面与反面

将这 23 枚硬币分为两堆,一堆 10 个,另一堆 13 个,然后将 10 个的那一堆所有的硬币都翻过来就可以了。其实就是取了个补数。

578. 刁钻的顾客

他先将 9 块蛋糕分装在 3 个盒子里,每盒3 块,然后把 3 个盒子一起放在一个大盒子里。这样就可以了。

579. 聪明的阿凡提

他把 4 个栅栏围成一个环形,在最里边的栅栏里放了 10 只羊。

580. 于谦的智慧

蜡烛。

什么东西才可以装满整间大殿?这个东西肯定是无形的,因为有形的东西很难装满房间的。于是他想到了光,光可以照到房间的各个角落!

581. 贪财的地主

不能。因为各个方向都铺满了镜片，又无缝隙，进不了光线，他什么都看不到。

582. 探望奶奶

我们可以想象在周六早上9点，奶奶从山上下来，小春从山脚上去，这样，不管两个人的速度如何，总会在山脚到山顶中间的某个位置相遇。当他们相遇时，他们的时间、地点肯定是相同的，也就是说他们两个在同一钟点到达了山路上的同一点。

583. 聚餐

需要16分钟。把原料一起放进锅里炸，在各人希望的时间里捞出各人要吃的东西即可。

584. 需要买多少

答案为18瓶。

先买18瓶，喝完之后，用18个空瓶子可以换6瓶饮料，这样就有18+6=24个人喝到饮料了，然后，再用6个空瓶子换2瓶饮料，喝到饮料的人有24+2=26个。向小店借1个空瓶子，加上剩下的2个空瓶子，换1瓶饮料给第27个人，喝完后，再把最后1个瓶子还给小店。

585. 铺轮胎

只需一层，只要把轮胎竖起来铺就行了。注意：这种问题要学会换一种思维方式。

586. 火柴棒问题

也许你会认为是一根，变为 I + IX = X (1+9=10)，但是还有更少的，就是一根也不用移，倒过来看看 XI = X + I (11=10+1)。

587. 盲人分袜

因为八双袜子的布质、大小完全相同，他们把商标纸撕开，每人取每双中的一只，然后重新组合成两双白袜和两双黑袜就可以了。

588. 时钟的问题

12个小时中有11次重合的机会。而这些机会是均等的，所以每隔12/11小时就会出现

一次。具体时刻大家可以自己推算出来。

589. 三针重合

也许你还在进行烦琐的计算吧，而且算起来也颇费力，其实只有一种可能，那就是只有在三个指针都指向12的时候，三针才会完全重合。所以一天内只有两次。

590. 如何通过

（1）只要在船上加些石块，使船下沉几厘米，就可以从桥下安全通过了。

（2）将汽车轮胎放掉一点气即可。

591. 装油的桶

把桶倾斜，使油面刚好到达边缘，看盒子底下的边缘在油面之上还是之下。

592. 再次相遇

1分钟后。

593. 哪种方式更快

都一样。不论她怎么样走，最终都是按那辆车到达目的地的时间来计算的。

594. 收废品

原本窗户不管玻璃、木头都是1元钱一斤，分开后都卖得便宜了，当然要吃大亏。

595. 灯泡的容积

他拿着玻璃灯泡，倒满了水，然后交给阿普顿说："去，把灯泡里的水倒到量筒里量量，这就是我们需要的答案。"

经验有时候确实可以帮助我们进行思维，但是，许多经验却会限制思维的广度和灵活性。当思维受阻时，就需要跳出思维的框框，从结果导向去思考问题。

596. 最简单的方法往往最有效

他抽出了身上的佩剑，一剑将"结"劈成了两半。

这个神秘的结就这样被亚历山大打开了，亚历山大终于明白："要打开结的方法其实很简单，但人们却容易被思维定势所限制住。"

果然，亚历山大最终成了亚细亚的统治者。成为统治者的亚历山大一直以这个结来警

戒自己，在思考问题的时候，千万不要被思维定势所限制。

597．赚了多少钱

这个问题没有准确的答案，除非知道商人买这辆自行车时用了多少钱。也就是说在不知道自行车的确切价值的时候是不能确定答案的。这3个答案分别是按照自行车的原始价格为40元、50元、45元来计算的，所以才不一样。

598．分羊

从邻居家借一头羊，这样一共有27只，把三分之二也就是18只分给儿子；剩下9只的三分之二——6只分给妻子；剩下3只的三分之二——2只给女儿。再把剩下的一只还给邻居，这样就分完了。所以分别分到：18、6、2只羊。

599．酒精和水

一样多。第二次取出的那勺水，因为它和第一勺体积相等，都设为a。假设这勺混合液中白酒所占体积为b，那么倒入第一杯白酒的水的体积为a-b。第一次倒入水的白酒为a，第二次舀出b体积白酒，则水里还剩a-b体积白酒。所以白酒杯里的水和水杯里的白酒一样多。

600．卢浮宫失火

据说这家报纸收到数以万计的读者答案，人们纷纷论证自己的选择，有的甚至写出几万字的论文，阐明为什么应该选达·芬奇的"蒙娜丽莎"而不是凡·高的"向日葵"，或者为什么应该是"向日葵"而不是"岩间圣母"。众人相持不下，谁也不服谁，直到法国著名作家贝尔纳说："抢救离出口最近的那幅。"

道理很简单，在失火的情况下，到处是浓密的烟雾，你根本无法看清哪幅画挂在哪儿，如果你冒险进去找你心中认定的那幅，很可能的结果是在找到那幅画之前，那幅画甚至你自己已经葬身火海。而抢救离出口最近的那幅，虽然可能并不是最有价值的，但却是最可行

的。这个时候，可行比价值更重要。再说，卢浮宫内的收藏品每一件都是举世无双的瑰宝，所以与其浪费时间选择，不如抓紧时间抢救一件算一件。

601．扑克占卜

首先考虑上下方向。如果黑桃、红桃的数目相同，则上升和下降的次数应该是相等的，占卜会在最上面的某张牌终止。但实际上最后是在最下面终止的，向下的次数比向上的次数多4次。也就是说黑桃比红桃多4张。

左右方向同理，梅花(黑)比方块(红)多4张。

因此，黑色牌比红色牌多8张。

602．男男女女

挂有"男女"牌号的房间。因为确定每个牌子都是错的，所以挂有"男女"牌子的房间一定是只有男男，或者只有女女。很容易就能判断出来了。确定了这个，其他两个也就出来了。

603．隐含的规律

第一组数字发音都是第一声，第二组数字发音都是第四声，第三组数字发音都是第三声。

604．最聪明的人

只要说："我是三兄弟里面最聪明的"就行。

605．钟摆问题

钟摆摆到最高点的时候处于静止状态，如果这个时候断了，他会垂直向下落。

606．过河

小孩把木板放在河边，伸出很小的一部分，自己站在木板的另一边，然后大人把木板搭在小孩的木板上，就可以安全过河了。然后大人踩在木板上，让小孩过河即可。

607．一艘小船

把三把锁一个套一个锁在一起形成一个长链，然后锁在船的铁链上，这样每个人都可

以自由地打开和锁上这艘船了。

608．聪明的孩子

因为这个孩子想别人之所以笑是因为他们看到了鬼脸，而自己看到另外两个人都有鬼脸，同样地，他们两个也都会看到两个鬼脸。因为如果自己没有鬼脸的话，另外两个人在看他和看别人的时候会有所区别。这就说明自己也有鬼脸，所以他就去洗脸了。

609．调钟

因为热胀冷缩原来，钟摆在冬天的时候会变短。而当钟摆变短的时候，钟走的就会比正常的快。

610．何时成立

这是在表示钟表的时间。也就是说 6 点钟过了 7 个小时，再过 2 个小时，就是 3 点。

611．奇怪的时间

在南极点或者北极点。任何一条子午线都经过这里，而每一条子午线都有它特定的时间。所以在这里，无论是几点几分都有一条子午线与它对应，可以说都是正确的。

612．这可能吗？

可能。因为昨天是除夕夜，也是他 18 岁的生日。所以他确实能在今年到 19 岁。

613．至少几个人

最少一个。因为这些人可能是同一个人。

614．通货膨胀

因为带有单位的数字不能简单地进行乘法运算。

615．吝啬鬼的遗嘱

法官要求得到这笔钱的人每人按相同的数目给吝啬鬼寄一张汇票，把钱还给他。当然，这张汇票肯定不会有人来兑现，那么得到钱的人就可以随意处置这些钱了。

616．奇怪的举动

因为小明是去图书馆交延迟还书的罚款。

617．聪明的阿凡提

朝巴依撅起屁股，退着进屋子的。

618．摆脱鲨鱼

不会，因为鲨鱼并不睡觉。

619．邮箱钥匙

因为钥匙还在邮箱里面的信封中。

620．新建的地铁

因为在铺设铁轨的时候，每两根铁轨之间都要有一些间隙，以免因为热胀冷缩，而使轨道挤压变形。而这条地铁线路中，所有的间隙加起来大约有 800 多米，所以并没有任何危险。

621．买镜子

高度至少要是小明的妈妈身高的一半，这样才能照到全身。

622．倒水

第四种方法最快。因为旋转摇动的时候，会在中间形成一个螺旋，空气可以从螺旋进入，加快水流出的速度。

623．平分油

把它们放在水中，然后一点点倒油并调整，直至两个油壶的吃水线相同为止。

624．北极的植物

因为北极的温度很低，植物生长需要足够的热量，而由于地面的反射，太阳光的热量越靠近地面越多，所以植物只有在靠近地面的位置才会生长。

625．体重

变小。因为一个物体的重力是由万有引力引起的，它与距离有关。离地球越近会越大，越远会越小。

626．牙医

找那个牙齿不好的。

因为镇上只有这两名牙医。对方的牙齿好，说明是牙齿不好的牙医的功劳。而他自己的牙齿不好，却没有找另外的牙医去看，或者看过依然牙齿不好，说明对方的技术不怎么样。

627. 出差补助

因为 4 号是星期六，所以这个月中，5 号、12 号、19 号、26 号这四天都是星期日。又因为在接下来的四个星期中每个星期都出差一次，所以得到的补助应该是这四个数分别加上星期数。也就是说，他这个月可以领到的出差补助为：4+5+12+19+26+3+4+5+5=83 元。

628. 金鸡

两个人说的都对。妻子是按质量计算的，王老师是按体积计算了。

629. 盲人分衣服

他们把衣服放在太阳下面晒，过段时间去摸一下，黑色的衣服要热一些，而白色的衣服不怎么热，这样就可以分开了。

630. 切煎饼

前两刀一横一竖切成十字形，这样可以切出 4 份。然后把四份煎饼摞在一起，再切一刀，就可以得到八份了。

631. 玩具

一只熊，一只狗，一个娃娃。

632. 数字时钟

12 点 12 分 12 秒，13 点 13 分 13 秒，……，23 点 23 分 23 秒。每个小时出现一次，一共有 12 次。

633. 穿反的毛衣

首先，他举起连着的双手，把 t 恤从头顶脱下来，挂在两只手上。这时，衣服里面朝外挂在绳子上。然后，把 t 恤从一只袖子中穿过，这样就把 t 恤翻了个面。然后再套上头上。这样就正过来了。

634. 挑选建筑师

他让大家分别推荐一个人作为自己的助手来完成这个项目。这样被推荐最多的人就是能力最好的。

635. 有错误的数学题

因为严格地说，建房子是系统工程，而且还有个先后顺序，不能简单地用乘法计算。否则按照这个算法，1000 个人不到 15 分钟就能建好一间房子。这是不可能的。

636. 神枪手钓鱼

因为水下的鱼会产生折射现象，站在岸边的人看过去，鱼会与它所在的位置偏离，子弹当然打不倒它。

637. 读出日期

你只要用一支铅笔在硬币上面的纸上涂画，就可以拓出硬币上的日期。

638. 卖给谁

卖给买 20 斤米的客人。这样他只需把 25 斤舀出 5 斤即可，而如果卖给要买 8 斤米的客人，则需要舀 8 斤米。

639. 解绳子

爬绳之前先把两根绳子的末端系在一起。然后顺着其中一根绳子爬上去，解开另一根绳子。然后把解开的绳子从对面的铁环中穿过，自己抓住穿过铁环的两股绳子，反过来结自己爬上来的那根绳子，然后顺着两股绳子落到地面，最后抽出绳子即可。

640. 愚蠢的国王

因为御医回家所用的时间太长了，用了十年。十年过后，国王又没有见过王子，王子当然长大了。

641. 国王的难题

他带了一只白鸽来，见到国王以后，松开双手，白鸽就飞走了。

642. 怎样取胜

他先是撒腿就跑。这样敌方的三人马上开始追赶。但是每个人跑的速度都不同，一段时间之后，三人就拉开了一段距离。这样将军就有机会各个击破，战胜了他们。

643. 冰封的航行

在冰面上撒些碳粉或者黑土，由于深色可

以吸收更多的太阳光,可以让冰加快融化。

644. 聪明的长工

长工说:"我小的时候,我爷爷跟我说,你欠我们家 1000 两银子,这件事你应该听说过吧。"

645. 借据回来了

张三接受王五的建议,马上给李四写信。在信中,张三说:"我借给你的 20 万块钱马上就到期了,请准备好本金和15%的利息还给我。"李四接到信后,马上回信纠正道:"首先,我向你借的是 10 万,不是 20 万。而且是前几天才借的,约定结款期限为 1 年,利息是10%。你肯定是把别人的借据看成是我的了,请仔细查清楚!"张三收到了这样一封回信,当然就相当于他的借据了。

646. 倒硫酸

他先找一些玻璃球,放入硫酸中,使液面升至 10 升处,然后把硫酸倒出到 5 升的位置即可。

第四部分

647. 聪明程度

这个游戏的独特之处在于你必须考虑其他参与者是怎么想的。

首先,你可能假定人们都是随机地选择一个数字寄回,这样的话平均值应该是 50,那么最佳答案应该是 50 的 2/3,也就是 33。

但你应该想到,别人也会像你一样,想到33 这个答案。如果每个人都选择了 33,那么实际的平均值应该是 33 而不是 50,这样最佳答案应该修改成 33 的 2/3,也就是 22。

那么别人会不会也想到这一层?如果大家都写 22 呢?那么最佳答案就应该是 15。

可是如果大家都想到了 15 这一层呢?

......

这样一步步的分析下去,如果所有人都是绝对地聪明而理性,那么所有人都会做类似的分析,最后最佳答案必然越来越小,以至于变成 0。鉴于 0 的 2/3 还是 0,所以 0 必然是最终的正确答案。

但问题是,如果有些人没有这么聪明呢?如果有些人就是随便写了个数呢?

刊登广告的其实是芝加哥大学的理查德·泰勒。他收到的答案中的确有些人选择了0,但平均值是 18.9,获胜者选择的数字是 13。这个实验就是要说明,很多人是不那么聪明,也不那么理性的。

648. 裁员还是减薪

你应该选择开除部分员工,为什么呢?

如果你给每个人都减薪 15%,有些雇员可能就会跳槽到其他公司,去谋求薪水更高的职位。而不幸的是,最有可能跳槽的都是你手下那些最优秀的雇员,因为他们更有可能在其他地方谋得更高薪水的职位。所以,每个人减薪15%,会让你流失最优秀的员工,这恰恰是你最不想要看到的。相比之下,如果你选择开除15%的员工,显然可以选择淘汰生产效率最低的那部分员工。优胜劣汰,是自然永恒的法则。

649. 排队买麻花

这家冒牌的陈麻花门前之所以排长队,是因为这家的老板经常会找一些人在门前专门排队。

当我们走到几家店门口时,看到有人在排长队,就知道一定有事情发生。我们会认为他们排队是有原因的,这很正常,因为一般只有口味很好的麻花才值得别人排这么长的队。

当多数人都选择某个店买麻花时,我们最好也选择这个店。因为别人也有选择其他店的可能,但之所以没有选择,肯定是有所考虑的,我们也就没必要冒险了。

650. 聪明的弟子

这个聪明的弟子看着宽阔无边的麦田动起了脑筋:一看到好的麦穗就摘肯定是不可行的,看到好的麦穗总也不摘,期待会有更好的同样是不可取的。这样,就必须将前后做个比较,但麦田这么大,那么我可以将其分成三段,走到第一段时我可以将其中的麦穗分成大、中、小三类,走到第二段时我要验证一遍以免出错，而到了第三段时我就可以验收成果了，只需从大类中找到最大最美丽的一株麦穗，虽然不一定是整个麦田中最大最美的，也差不了多少，足以令我满意了。第三个弟子就按照他的想法去做了，最终愉快地走完了全程。

651. 抓住机会

这位专家说："他的同学是这样做的：拿一张硬纸，中间对折一下，用极其醒目的颜色的笔大大地用粗体写上自己的名字，然后放在座位上。于是当讲演者需要听者响应时，他就可以直接看着名字叫人。

事实这样做确实很有效果，我确实看到周围的几个同学因为出色的见解得以到一流的公司供职。

机会不会自动找到你，你必须不断地醒目地亮出你自己，吸引别人的关注，这样才有可能寻找到机会。

652. 滚球游戏

为了保持冠军地位，瑞普应该击倒第 6 号木柱。

这样一来，木柱就将被分成了 1 根、3 根、7 根三组。接下去，无论瑞普的对手施展什么伎俩，只要瑞普采取正确的策略，对手一定要输。矮山神要想取胜，他开始时应该击倒第 7 号木柱，以便将木柱分成各有 6 根木柱的两组。此后，无论瑞普投掷哪一个组里的木柱，山神只要在另一组里重演瑞普的动作，直到最终取得胜利为止。

653. 损坏的瓷器

两个小姐各自心里就要想了，航空公司认为这个瓷器价值在 1000 元以内，而且如果自己给出的损失价格比另一个人低的话，就可以额外再得到 200 元，而自己实际损失是 888 元。

"中原一点红"想了，航空公司不知道具体价格，那么"沙漠樱桃"那个傻姑娘肯定会认为多报损失会多得益，只要不超过 1000 元即可，那么那个傻姑娘最有可能报的价格是 900 元到 1000 元之间的某一个价格。而我"中

原一点红"何其聪明啊，人人都夸我是才女嘛，怎么能做这么傻的事情呢？所以，我就报 890 元，这样航空公司肯定认为我是诚实的好姑娘，从而奖励我 200 元，这样我实际就可以获得 1090 元，哈哈！那个傻姑娘因为说谎，就只能拿 890 元了，看我多聪明啊！

两人考虑到此就都会写 890 元。

"沙漠樱桃"也想了，那个"中原一点红"一看就知道是个精明的丫头，不能中了她的圈套，被她算计了。所以，我"沙漠樱桃"一定要好好教训一下这个自以为很精明的丫头，让她知道我"沙漠樱桃"不是好惹的。俗话说得好："人不犯我，我不犯人；人若犯我，我必犯人。"她既然算计我，要写 890 元，我也要报复。我"沙漠樱桃"的座右铭可是"来而不往非礼也"。所以，我就填 888 元原价，嘻嘻，这次你还不死！

"中原一点红"也不是吃素的。她一想，这个叫"沙漠樱桃"的家伙肯定也不简单，不能低估了她。她肯定已经想到我要写 890 元了，这样她很可能填真实价格了。我要来个更绝的，来个以退为进的战略，填 880 元，低于真实价格，这下她肯定想不到了吧！

"沙漠樱桃"不知道从哪里得了风声，她想你要来绝的，我比你更绝，我报 800 元，这次你死定了！

我们都知道，计谋的关键是要能算得比对手更远，于是这两个极其精明的 MM 相互算计，最后，她们可能都会填 689 元。她们都认为，原价是 888 元，而自己填 689 元肯定是最低了，加上奖励的 200 元，就是 889 元，还能赚上 1 元。

这两个 MM 算计别人的本事是旗鼓相当的，她们都暗自为自己最终填 689 元而感到兴奋不已。最后，航空公司收到她们的申报损失，发现两个人都填了 689 元，料想这两个 MM 都是诚实守信的好姑娘。航空公司本来预算的 2198 元赔偿金现在只需赔偿 1378 元就能搞定了，这个地方的 MM 们真是太可爱了。航空公司的风险控制部经理为他的这一"业

绩"高兴不已！

而两个超级精明的 MM 呢，各自只能拿到 689 元，还不足以弥补瓷器的本来损失，亏大了吧！本来她们俩可以商量好都填 1000 元，这样她们各自都可以拿到 1000 元的赔偿金。结果她们因为互相都要算计对方，都要拿的比对方多，最后搞得大家都不得益。

654. 意想不到的老虎

多数人认为，死囚的第一步推理是正确的，即老虎不可能在第五扇门内。实际上，即使只有一扇门，死囚也无法确定老虎是否在这扇门里，它确实是意想不到的。这是一道著名的逻辑悖论，至今仍然没有很好的解释。关键就在于"意想不到"。既然承认了意想不到的前提，怎么能推出必然的结论呢？

655. 罪犯分汤

先由分汤的罪犯把汤分成 8 份，剩下的 7 个人先选择，最后剩下的那一份留给分汤的犯人，这样分汤的犯人为了自己的公平，就必须把汤分平均。

656. 巧过关卡

可以的。爸爸和妈妈先过去，爸爸再回来，用了 6 分钟。乔安娜和奶奶过去，需要 10 分钟；妈妈再拿通行证回来，用去 4 分钟；然后爸爸和妈妈再出关卡，又是 4 分钟。一共 24 分钟，出关卡。

657. 古老的堆物博弈

巴什博弈：假设先拿的人为甲，后拿的人为乙。若 n 小于或等于 m，甲直接全部拿走即可。若 n 大于 m，并且不是(m+1)的倍数，甲第一次拿走若干个物品使得剩下的物品数量是(m+1)的倍数。以后每轮甲拿走若干物品后都保持剩下的物品数量是(m+1)的倍数，直到某次甲拿完物品后剩下 m+1 个物品。这样无论乙从中拿走多少个，甲都能把剩下的全部拿走获胜。

若 n 是(m+1)的倍数，则乙可采用上述策略获胜。

结论：当 n 正好是(m+1)倍数的时候，后拿的人有必胜策略；其他情况都是先拿者有必胜策略。

威佐夫博弈：假设先拿的人为甲，后拿的人为乙。若两堆物品数相同，甲直接全部拿走即可。若两堆物品数不同，设一堆有 a 个，另一堆有 b 个，且 a>b。

若 a<2b，甲从两堆中各取走同样数量的若干个物品，使得剩下的一堆数量是另一堆数量的两倍。以后每轮无论乙怎么拿，甲都保持拿完后一堆数量是另一堆数量的两倍。直到某次甲拿完后一堆剩 1 个一堆剩 2 个。此时无论乙怎么拿，甲都能把剩下的全部拿走获胜。

若 a>2b，甲从多的那堆取走若干个物品，使得剩下的一堆数量是另一堆数量的两倍。以后采用上述策略获胜。

若 a=2b，则无论甲第一次怎么取，乙都可以用上述策略获胜。

结论：当开始的时候其中一堆的数量正好是另一堆数量两倍的时候，后拿的人有必胜策略；其他情况都是先拿者有必胜策略。

尼姆博弈：假设先拿的人为甲，后拿的人为乙。将三堆物品各自的个数转化为二进制，并计算三个二进制数中每位数上"1"的个数。甲先取若干个物品，并保证剩下的物品数转化为二进制后，每位数上"1"的个数都是偶数。这样无论乙怎么取，剩下物品数转化为二进制后，每位数上"1"的个数都是奇数。甲保持这个策略到最后就能获胜。

结论：三堆物品各自的个数转化为二进制，并计算三个二进制数中每位数上"1"的个数。若为奇数，先取的人有必胜策略；若为偶数，后取的人有必胜策略。

658. 有病的狗

3 条。

假设只有一条病狗，这条病狗的主人观察到其他人的狗都是健康的，所以他马上就能断定是自己的狗生了病，在当天就能开枪杀死它。

假设有两条病狗，主人分别是甲和乙。甲在第一天观察到了乙的病狗，所以他无法判断自己的狗有没有生病。但是等到第二天的时候，甲发现乙没有在第一天开枪，这说明乙和甲一样也在第一天观察到了一条病狗。而甲已经知道除了自己和乙以外，其他人的狗都是健康的，所以乙观察到的病狗肯定是甲自己的那条了。这样，甲在第二天开枪杀死了自己的狗。同样的推理过程，乙也在第二天杀死了自己的狗。

假设有三条病狗，主人分别是甲、乙、丙。甲在第一天观察到了乙和丙的病狗，他按照刚才的推理过程知道，如果只有那两条狗生病的话，那么乙和丙会在第二天杀死他们自己的狗。乙和丙也是一样的推理过程，所以他们3个人在等待另外两人的枪声中度过了第二天。结果第二天没人开枪，他们就知道了另外两人也各自看到了两条生病的狗，也就是自己的狗是生病的。这样，3个人在第三天开枪杀死了自己的狗。

这个推理过程可以一直延续去，到最后如果50条都是病狗的话，那么狗的主人们要一直等到第五十天才能确认自己的狗真的生了病。

659. 纸牌游戏

根据(2)，三人手中剩下的牌总共可以配成 4 对。再根据(3)，小李和小明手中的牌加在一起能配成 3 对，小李和小王手中的牌加在一起能配成一对，而小王和小明手中的牌加在一起一对也配不成。

根据以上的推理，各个对子的分布(A、B、C 和 D 各代表一个对子中的一张)如下：

小李手中的牌：A、B、C、D

小明手中的牌：A、B、C

小王手中的牌：D

根据(1)和总共有 35 张牌的事实，小李和小王各分到 12 张牌，小明分到 11 张牌。因此，在把成对的牌拿出之后，小明手中剩下的牌是奇数，而小李和小王手中剩下的牌是偶数。

所以，单张的牌一定是在小王的手中。

660. 走独木桥

人先抱着猫过河，然后人回来把狗带过去，回来的时候把猫带回来，放在这岸，然后把鱼带过去，最后再回来带猫。这样就可以安全过河了。

661. 过河

警察与罪犯先过，警察回；

警察与儿子1过，警察与罪犯回；

爸爸与儿子2过，爸爸回；

爸爸与妈妈过，妈妈回；

警察与罪犯过，爸爸回；

爸爸与妈妈过，妈妈回；

妈妈与女儿1过，警察与罪犯回；

警察与女儿2过，警察回；

警察与罪犯过，成功！

662. 狼牛齐过河

两只狼过，一只狼回；

两头牛过，一狼一牛回；

两头牛过，一只狼回；

最后剩下的都是狼了，可以随便过了。

663. 动物过河

动物都用字母表示，分别为 A、a、B、b、C、c。其中 A、a、B、C 会划船。

$ab\rightarrow$，$a\leftarrow$，$=b$；

$ac\rightarrow$，$a\leftarrow$，$=bc$；

$BC\rightarrow$，$Bb\leftarrow$，$=Cc$；

$Aa\rightarrow$，$Cc\leftarrow$，$=Aa$；

$BC\rightarrow$，$a\leftarrow$，$=ABC$；

$ab\rightarrow$，$a\leftarrow$，$=ABbC$；

$ac\rightarrow$，$=AaBbCc$。

664. 水平思考

从父母带孩子转向孩子带父母，这样就把问题解决了。5 岁的孩子说："老爷爷，这个房子我租了。我没有孩子，只带来两个大人。"房东听了哈哈大笑，就把房子租给他们了。

665. 看电影

从孩子带父母转向父母带孩子就行了。父亲说："你好，我带了两个 20 多岁的孩子来看电影。"售票员听了哈哈大笑,这符合了电影院的规定,就把票卖给他们了。

666. 判决

法官判住宅的居住权归孩子所有,离异的父母定期轮流返回孩子身边居住,履行天职,直到孩子长大成人。

667. 快速回答

这两个问题都不止一个答案,砍掉的角的位置不同,剩下的角的个数也不同。大家可以亲自试一下。

668. 巧胜扑克牌

甲无法胜出。

乙的必胜策略:在乙出牌前,甲不能出对子,乙 pass 所有和 J、K 有关的牌,当甲第一次出小于 10 的单张时,乙出 10。然后乙继续 pass,甲依然不能出对子,直到甲出小于 10 的单张并且甲手里还有一张小于 10 的单张时,乙出 10。此时乙手里是对 A,甲手里至少还有三张小于 10 的牌,甲必输。

669. 没有出黑桃

总共玩了四圈牌,因此,根据(3)和(4),必定在某一圈先手出的牌是王牌而且这圈是先手胜。于是,根据(1)和(2),先手和胜方的序列是以下二者之一:

Ⅰ

X 先手,X 胜

X 先手,Y 胜

Y 先手,Y 胜

Y 先手,X 胜

Ⅱ

X 先手,Y 胜

Y 先手,Y 胜

Y 先手,X 胜

X 先手,X 胜

不是先出牌而能取胜,表明打的是一张王牌。因此,无论是Ⅰ还是Ⅱ,都要求一方有两张王牌,而另一方有一张王牌。从而得出,黑桃是王牌。

假定Ⅰ是符合实际情况的序列,则根据(4)以及第一圈时 Y 手中必定有一张黑桃的事实,X 在第一圈时不是先出了王牌黑桃而取胜的;根据(4)以及 X 在第四圈时必定要出黑桃的事实,Y 在第三圈时也不是先出了黑桃而取胜的。这同我们开始时分析所得的结论矛盾。

所以Ⅱ是符合实际情况的序列。这样,根据(4)以及第二圈时 X 手中必定有一张黑桃的事实,Y 在第二圈时不是先出了黑桃而取胜的。因此在第四圈时,X 先出了黑桃并以之取胜。

根据上述推理,在第一、三、四圈都出了黑桃,只有在第二圈中没有出黑桃。

其他的情况是:X 在第一圈时先出的是 Y 手中所没有的花色。既然 X 手中应该有两张黑桃,那么 X 是爸爸,他在第一圈先出的是梅花。接着在第二圈时出了红心。因此,根据(4),儿子在第二圈时先出了方块并以之取胜;根据(3),他在第三圈时先出了红心,在第四圈时出的是方块。

670. 猜纸片

有优势。

假设朝上的是√,朝下是√或×的机会并不是1/2。

朝下的是√的机会有两个:一个是第一张卡片的正面朝上时;另一个是第一张卡片的反面朝上时。但朝下的是×的机会,只有当第二张卡片正面朝上的时候。也就是说,只要回答朝上那面的图案,他就有 2/3 的机会赢。

671. 该怎么下注

跟丽莎小姐一样,押 500 个金币在"3 的倍数"上就可以了。

基本上只要跟丽莎小姐用同样的方法下注就可以了。如果丽莎小姐赢了,周星星先生也会得到同样的报酬,他们的名次就不会受到影响。要是丽莎小姐输了的话就更不影响到名次了。

事实上周星星先生只要押 401 个以上的金币,赢的话金币就会在 1502 个以上,仍然是第一名。所以，在这种场合，手里有较多金币的人便是赢家。

672. 不会输的游戏

要明白"15 点"游戏的道理，其诀窍在于看出它在数学上是等价于"井"字游戏的！使人感到惊奇的是，该等价关系是在著名的 3×3 魔方(也就是九宫格)的基础上建立的，而 3×3 魔方在中国古代就已发现。要了解这种魔方的妙处，先列出其和均等于 15 的所有 3 个数字的组合(不能使两个数字相同，不能有零)。这样的组合只有 8 组：

1+5+9=15
1+6+8=15
2+4+9=15
2+5+8=15
2+6+7=15
3+4+8=15
3+5+7=15
4+5+6=15

现在我们仔细观察一下下面这个独特的 3×3 魔方：

2	9	4
7	5	3
6	1	8

应当注意的是，这里有 8 组元素，8 组都在 8 条直线上：三行、三列、两条主对角线。每条直线等同于 8 组三个数字(它们加起来是15)中的一组。因此，在游戏中每组获胜的 3 个数字，都由某一行、某一列或某条对角线在方阵上代表着。

很明显，每一次游戏与在方阵上玩"井"字游戏是一样的。庄家在一张卡片上画上这个魔方图，把它放在游戏台下面，只有他能看到。在进行"15 点"游戏时，庄家暗自在玩卡片上相应的"井"字游戏。玩这种游戏是决不会输的，假如双方都正确无误地进行，最后就会出现和局。然而，被拉进游戏的人总是处于不利的地位，因为他们没有掌握"井"字游戏的秘诀。因此，庄家很容易设置埋伏，让自己轻松获胜。

673. 蜈蚣博弈的悖论

如果一开始 A 就选择不合作，则两人各得 1 的收益，而 A 如果选择合作，则轮到 B 选择，B 如果选择不合作，则 A 收益为 0，B 的收益为 3，如果 B 选择合作，则博弈继续进行下去。

可以看到每次合作后总收益在不断增加，合作每继续一次总收益增加 1，如第一个括号中总收益为 1+1=2，第二个括号为 0+3=3，第三个括号则为 2+2=4。这样一直下去，直到最后两人都得到 10 的收益，总体效益最大。遗憾的是这个圆满结局很难实现！

大家注意，在图中最后一步由 B 选择时，B 选择合作的收益为 10，选择不合作的收益为 11。根据理性人假设，B 将选择不合作，而这时 A 的收益仅为 8。A 考虑到 B 在最后一步将选择不合作，因此他在前一步将选择不合作，因为这样他的收益为 9，比 8 高。B 也考虑到了这一点，所以他也要抢先 A 一步采取不合作策略……如此推论下去，最后的结论是：在第一步 A 将选择不合作，此时各自的收益为 1，这个结论是令人悲哀的。

不难看出，这个结论是不合理的。因为一开始就停止的话，A、B 均只能获取 1，而采取合作性策略有可能均获取 10，当然 A 一开始采取合作性策略有可能获得 0，但 1 或者 0 与 10 相比实在是很小。直觉告诉我们采取"合作"策略是好的。而从逻辑的角度看，A 一开始应选择"不合作"的策略。人们在博弈中的真实行动"偏离"了博弈的理论预测，造成二者间的矛盾和不一致，这就是蜈蚣博弈的悖论。

674. 花瓣游戏

后摘的人可以获胜。首先，如果先摘的人摘一片花瓣，那么，后摘的人就在花瓣的另一边对称的位置摘去两片花瓣；如果先摘的人摘了两片花瓣，那么，后摘的人在花瓣的另一边摘一片花瓣。这时还剩下 10 片花瓣，而且被分为相等的两组，每组 5 片相邻的花瓣。在以后的摘取中，如果先摘的人摘一片，后摘的人也摘一片；如果先摘的人摘两片，后摘的人也摘两片。并且摘的花瓣是另一组中对应的位置，这样下去，后摘者一定可以摘到最后的那片花瓣。

675. 倒推法博弈

B 通过分析得出：A 的威胁是不可信的。原因是：当 B 进入的时候，A 阻挠的收益是 2，而不阻挠的收益是 4。4>2，理性人是不会选择做非理性的事情。也就是说，一旦 B 进入，A 的最好策略是合作，而不是阻挠。因此，通过分析，B 选择了进入，而 A 选择了合作。双方的收益各为 4。

在这个博弈中，B 采用的方法是倒推法，或者说逆向归纳法，即当参与者作出决策时，他要通过对最后阶段的分析，准确预测对方的行为，从而确定自己的行为。

在这里，双方必须都是理性的。如果不满足这个条件，就无法进行分析了。

另外，作为 A，从长远的利益出发，为了避免以后还有人进入该市场，A 会宁可损失，也要对进入者做些惩罚。这样的话，就会出现其他结果。大家可以继续深入思考一下。

676. 将军的困境

这就是"协同攻击难题"，它是由格莱斯(J.Gray)于 1978 年提出的。糟糕的是，有学者证明，不论这个情报员来回成功地跑多少次，都不能使两个将军一起进攻。问题在于，两个将军协同进攻的条件是："于黎明一起进攻"，这是将军 A、B 之间的公共知识，然而，无论情报员跑多少次，都不能够使 A、B 之间形成这个公共知识！

677. 理性的困境

A 提方案时要猜测 B 的反应，A 会这样想：根据理性人的假定，A 无论提出什么方案给 B——除了将所有 100 元留给自己而一点不给 B 留这样极端的情况，B 只有接受，因为 B 接

受了还有所得，而不接受将一无所获——当然此时 A 也将一无所获。此时理性的 A 的方案可以是：留给 B 一点点，比如 1 分钱，而将 99.99 元归为己有，即方案是 99.99∶0.01。B 接受了还会有 0.01 元，而不接受，将什么也没有。

这是根据理性人的假定的结果，而实际则不是这个结果。英国博弈论专家宾莫做了实验，发现提方案者倾向于提 50∶50，而接受者会倾向于：如果给他的少于 30%，他将拒绝；多于 30%，则不拒绝。

这个博弈反映的是"人是理性的"这样的假定，在某些时候存在着与实际不符的情况。

678. 纽科姆悖论

这是一个新的悖论，而专家们还不知道如何解决它。

这个悖论是物理学家威廉·纽科姆发明的，称为纽科姆悖论。哈佛大学的哲学家罗伯特·诺吉克首先发表并分析了这个悖论。他分析的依据主要是数学家称之为"博弈论"或"对策论"的法则。

男孩决定只拿 B 箱是很容易理解的。为了使女孩的论据明显起来，要记住欧米加已经走了。箱子里也许有钱，也许空着，这是不会再改变的。如果有钱，它仍然有钱；如果空着，它仍然空着。让我们思考一下这两种情况。

如果 B 中有钱，女孩只拿箱子 B，她得到 100 万美元。如果她两个箱子都要，就会得到 100 万加 1000 元。

如果 B 箱空着，她只拿 B 箱，就什么也得不到。但如果她拿两个箱子，她就至少得到 1000 美元。

因此，每一种情况下，女孩拿两个箱子都多得 1000 元。

对这个悖论的反应公平地区分出，愿意拿两个箱子的是自由意志论者，愿意拿 B 箱者是决定论(宿命论)者。而另一些人则争辩道：不管未来是完全决定的，还是不完全决定的，这个悖论所要求的条件都是矛盾的。

679. 如何选择

若我们假定选择 A 为不合理的选择，那么选择 A 比选择 B 多 90 万元，这又使得选择 A 成为合理的选择；

反之，若选择 A 是合理的选择，则选择 A 将至少比选择 B 少 10 万元，因此，选择 A 又成了不合理的选择；

所以这是一个两难悖论，无法选择。

680. 是否交换

先看极端情况：

如果 A、B 有一人拿到 5 元的信封，该人肯定愿意换；

如果 A、B 有一人拿到 160 元的信封，该人肯定不愿意换；

但问题是 A、B 两个信封是一个组合；设 A 愿意换，则 B 不一定愿意换；反之亦然。

再看中间状况：

从期望收益来看，设若(A、B)信封组合实际为(20、40)：

设若 A 拿到信封，看到里面有 20 元，则他面对两种可能，即 B 信封里或为 10 元(若此，他不愿换)，或为 40 元(若此，他愿意换)。但这两种可能性从概率上来说是均等的，即，各为 1/2(50%)；因此，他若愿意换，则其期望收益为：10×50%+40×50%=25 元；这比他"不交换"的所得(信封里的 20 元)多，因此，理性的 A 应当"愿意交换"。

而 B 拿到信封，看到里面有 40 元，则他面对两种可能，即 A 信封里或为 20 元(若此，他不愿换)，或为 80 元(若此，他愿意换)；但这两种可能性从概率上来说是均等的，即，各为 1/2(50%)；因此，他若愿意换，则其期望收益为：20×50%+80×50%=50 元；这比他"不交换"的所得(信封里的 40 元)多，因此，理性的 B 也应当"愿意交换"。

681. 与魔鬼的比赛

战略是这样的，他先把第一颗棋子放在圆盘的正中央，然后他再放棋子时，棋子总和魔鬼放的棋子在圆盘的中心成中心对称。这样，

他总是有地方放棋子，直到魔鬼无法再往圆盘上放。不管盘子和棋子多大多小都一样。

682. 骰子赌局

3 个骰子可以掷出来的结果有 6×6×6=216 种，它们的可能性均等，任取一个数字，例如 1，出现一个 1 的可能性是 3×1/6×5/6×5/6=75/216，出现两个 1 的可能性为 3×1/6×1/6×5/6=15/216，出现三个 1 的可能性为 1/6×1/6×1/6=1/216，所以在 216 次中赢的概率为 91/216，输的概率是 125/216。因为每次得到的钱不一样，也就是说有 75 次赢 1 元，15 次赢 2 元，1 次赢 3 元，一共可以赢 75+30+3=108 元。而将要输掉 125 元。所以赌局是对庄家有利的，庄家的收益率是(125-108)/216≈7.9%。

683. 报数游戏

后报数的乙会获胜。

因为 3000 不是 2 的 K 次方，所以甲不能一次报完。而 1 或者 2 的 K 次方都不是 3 的倍数，所以第一次甲报完数后，剩下的数必然不是 3 的倍数。乙报数的策略就是，每次甲报完数后，乙多报 1 或 2，使得剩下的数是 3 的倍数。这样，最后剩下 3 个数时，无论甲报 1 还是 2，乙都能报到最后一个数，从而取得胜利。

684. 猜数字

甲说道："我知道乙和丙的数字是不相等的！"因此甲的数字是单数。只有这样才能确定乙、丙的数字和是个单数，所以肯定不相等。

乙说道："我早就知道我们三个的数字都不相等了！"说明第二个数是大于 6 的单数。因为只有他的数字是大于 6 的单数，才能确定甲的单数和他的不相等。而且一定比自己的小，否则和会超过 14。

这样，第三个人的数字就只能是双数了。

而第三个人说他知道每个人手上的数字，那他根据自己手上的数字知道前两个人的数字和，又知其中一个是大于 6 的单数，且另一个也是单数，可知这个和是唯一的，那就是 7+1=8。如果前两人之和大于 8，比如是 10，就有两种情况 9+1 和 7+3，这样的话，第三个

人就不可能知道前两个人手中的数字。

这样就知道三个人手上的数字分别是 1、7、6。

685. 猜数字

说话依次编号为 S1，P1，S2。

设这两个数为 x、y，和为 s，积为 p。

由 S1，P 不知道这两个数，所以 s 不可能是两个质数相加得来的，而且 s≤41。因为如果 s>41，那么 P 拿到 41×(s-41) 必定可以猜出 s 了。所以 s 为 {11，17，23，27，29，35，37，41} 之一，设这个集合为 A。

(1) 假设和是 11。11=2+9=3+8=4+7=5+6，如果 P 拿到 18，18=3×6=2×9，只有 2+9 落在集合 A 中，所以 P 可以说出 P1，但是这时候 S 能不能说出 S2 呢？我们来看，如果 P 拿到 24，24=6×4=3×8=2×12，P 同样可以说 P1，因为至少有两种情况 P 都可以说出 P1，所以 A 就无法断言 S2，所以和不是 11。

(2) 假设和是 17。17=2+15=3+14=4+13=5+12=6+11=7+10=8+9，很明显，由于 P 拿到 4×13 可以断言 P1，而其他情况，P 都无法断言 P1，所以和是 17。

(3) 假设和是 23。23=2+21=3+20=4+19=5+18=6+17=7+16=8+15=9+14=10+13=11+12，我们先考虑含有 2 的 n 次幂或者含有大质数的那些组，如果 P、S 分别拿到 4、19 或 7、16，那么 P 都可以断言 P1，所以和不是 23。

(4) 假设和是 27。如果 P、S 拿到 8、19 或 4、23，那么 P 都可以断言 P1，所以和不是 27。

(5) 假设和是 29。如果 P、S 拿到 13、16 或 7、22，那么 P 都可以断言 P1，所以和不是 29。

(6) 假设和是 35。如果 P、S 拿到 16、19 或 4、31，那么 P 都可以断言 P1，所以和不是 35。

(7) 假设和是 37。如果 P、S 拿到 8、29 或 11、26，那么 P 都可以断言 P1，所以和不是 37。

(8) 假设和是 41。如果 P、S 拿到 4、37 或 8、33，那么 P 都可以断言 P1，所以和不是 41。

综上所述：这两个数是 4 和 13。

686. 抢报 35 游戏

晶晶的策略其实很简单：他总是报到 5 的倍数为止。如果春春先报，根据游戏规定，她或报 1，或报 1、2，或报 1、2、3，或报 1、2、3、4；晶晶就报到 5。接下来，春春从 6 开始报，而晶晶就报到 10。以此类推，由于 35 是 5 的倍数，所以晶晶总能报到 35。

687. 赌命游戏

他先拿 1 个，以后根据恶魔的三种情况采取以下策略：

恶魔拿 1 个，他拿 2 个；

恶魔拿 2 个，他拿 1 个；

恶魔拿 4 个，他拿 2 个。

也就是说每次保持和恶魔拿的总数一定是 3 或 6，由于 10003=3334×3+1。每轮他与恶魔拿的总数一定是 3 的倍数，所以最后一定会给对方留下 1 个或 4 个，恶魔就输了。

688. 海盗分金

分析所有这类策略游戏的奥妙就在于应当从结尾出发倒推回去。游戏结束时，你容易知道何种决策有利而何种决策不利。确定了这一点后，你就可以把它用到倒数第 2 次决策上，如此类推。如果从游戏的开头出发进行分析，那是走不了多远的。其原因在于，所有的战略决策都要确定："如果我这样做，那么下一个人会怎样做？"

因此在你之后海盗所作的决定对你来说是重要的，而在你之前海盗所作的决定并不重要，因为你已对这些决定无能为力了。

记住这一点，就可以知道我们的出发点应当是游戏进行到只剩两名海盗——4 号和 5 号——的时候。这时 4 号的最佳分配方案是一目了然的：100 块金子全归他一人所有，5 号海盗什么也得不到。由于 4 号自己肯定为这个方案投赞成票，这样就占了总数的 50%，因此方案获得通过。

现在加上 3 号海盗。5 号海盗知道，如果 3 号的方案被否决，那么最后将只剩 2 个海盗，自己肯定一无所获——此外，3 号也明白 5 号了解这一形势。因此，只要 3 号的分配方案给 5 号一点甜头使他不至于空手而归，那么不论 3 号提出什么样的分配方案，5 号都将投赞成票。因此 3 号需要分出尽可能少的一点金子来贿赂 5 号海盗，这样就有了下面的分配方案：3 号海盗分得 99 块金子，4 号海盗一无所获，5 号海盗得 1 块金子。

2 号海盗的策略也差不多。他需要有 50% 的支持票，因此同 3 号一样也需再找一人做同党。他可以给同党的最低贿赂是 1 块金子，他可以用这块金子来收买 4 号海盗。因为如果自己被否决而 3 号得以通过，则 4 号将一文不名。因此，2 号的分配方案应是：99 块金子归自己，3 号一块也得不到，4 号得 1 块金子，5 号也是一块也得不到。

1 号海盗的策略稍有不同。他需要收买另两名海盗，因此至少得用 2 块金子来贿赂，才能使自己的方案得到采纳。他的分配方案应该是：98 块金子归自己，1 块金子给 3 号，1 块金子给 5 号。

689. 海盗分金(加强版)

为方便起见，我们按照这些海盗的怯懦程度来给他们编号。最怯懦的海盗为 1 号海盗，次怯懦的海盗为 2 号海盗，如此类推。这样最厉害的海盗就应当得到最大的编号，而方案的提出就将倒过来从上至下地进行。

分析所有这类策略游戏的奥妙就在于应当从结尾出发倒推回去。游戏结束时，你很容易知道何种决策有利而何种决策不利。确定了这一点后，你就可以把它用到倒数第 2 次决策上，如此类推。如果从游戏的开头出发进行分析，那是走不了多远的。其原因在于，所有的战略决策都是要确定："如果我这样做，那么下一个人会怎样做？"

因此在你之后海盗所作的决定对你来说是重要的，而在你之前的海盗所作的决定并不

重要，因为你已对这些决定无能为力了。

记住了这一点，就可以知道我们的出发点应当是游戏进行到只剩两名海盗——1 号和 2 号——的时候。这时最厉害的海盗是 2 号，而他的最佳分配方案是一目了然的：100 块金子全归他一人所有，1 号海盗什么也得不到。由于他自己肯定为这个方案投赞成票，这样就占了总数的 50%，因此方案获得通过。

现在加上 3 号海盗。1 号海盗知道，如果 3 号的方案被否决，那么最后将只剩 2 个海盗，而 1 号将肯定一无所获——此外，3 号也明白 1 号了解这一形势。因此，只要 3 号的分配方案给 1 号一点甜头使他不至于空手而归，那么不论 3 号提出什么样的分配方案，1 号都将投赞成票。因此 3 号需要分出尽可能少的一点金子来贿赂 1 号海盗，这样就有了下面的分配方案：3 号海盗分得 99 块金子，2 号海盗一无所获，1 号海盗得 1 块金子。

4 号海盗的策略也差不多。他需要有 50% 的支持票，因此同 3 号一样也需再找一人做同党。他可以给同党的最低贿赂是 1 块金子，而他可以用这块金子来收买 2 号海盗。因为如果 4 号被否决而 3 号得以通过，则 2 号将一文不名。因此，4 号的分配方案应是：99 块金子归自己，3 号一块也得不到，2 号得 1 块金子，1 号也是一块也得不到。

5 号海盗的策略稍有不同。他需要收买另两名海盗，因此至少得用 2 块金子来贿赂，才能使自己的方案得到采纳。他的分配方案应该是：98 块金子归自己，1 块金子给 3 号，1 块金子给 1 号。

这一分析过程可以照着上述思路继续进行下去。每个分配方案都是唯一确定的，它可以使提出该方案的海盗获得尽可能多的金子，同时又保证该方案肯定能通过。照这一模式进行下去，10 号海盗提出的方案将是 96 块金子归他所有，其他编号为偶数的海盗各得 1 块金子，而编号为奇数的海盗则什么也得不到。这就解决了 10 名海盗的分配难题。

690. 海盗分金(超级版)

上题中所述的规律直到第 200 号海盗都是成立的。200 号海盗的方案将是：从 1 到 199 号的所有奇数号的海盗都将一无所获，而从 2 到 198 号的所有偶数号海盗将各得 1 块金子，剩下的 1 块金子归 200 号海盗自己所有。

乍看起来，这一论证方法到 200 号之后将不再适用了，因为 201 号拿不出更多的金子来收买其他海盗。但是即使分不到金子，201 号至少还希望自己不会被扔进海里，因此他可以这样分配：给 1 到 199 号的所有奇数号海盗每人 1 块金子，自己一块也不要。

202 号海盗同样别无选择，只能一块金子都不要了——他必须把这 100 块金子全部用来收买 100 名海盗，而且这 100 名海盗还必须是那些按照 201 号方案将一无所获的人。由于这样的海盗有 101 名，因此 202 号的方案将不再是唯一的——贿赂方案有 101 种。

203 号海盗必须获得 102 张赞成票，但他显然没有足够的金子去收买 101 名同伙。因此，无论提出什么样的分配方案，他都注定会被扔到海里去喂鱼。不过，尽管 203 号命中注定死路一条，但并不是说他在游戏进程中不起任何作用。相反，204 号现在知道，203 号为了能保住性命，就必须避免由他自己来提出分配方案这么一种局面，所以无论 204 号海盗提出什么样的方案，203 号都一定会投赞成票。这样 204 号海盗总算侥幸捡到一条命：他可以得到他自己的 1 票、203 号的 1 票，以及另外 100 名收买的海盗的赞成票，刚好达到保命所需的 50%。获得金子的海盗，必属于根据 202 号方案肯定将一无所获的那 101 名海盗之列。

205 号海盗的命运又如何呢？他可没有这样走运了。他不能指望 203 号和 204 号支持他的方案，因为如果他们投票反对 205 号方案，就可以幸灾乐祸地看到 205 号被扔到海里去喂鱼，而他们自己的性命却仍然能够保全。这样，无论 205 号海盗提出什么方案都必死无疑。206 号海盗也是如此——他肯定可以得到 205 号的支持，但这不足以救他一命。类似地，

207 号海盗需要 104 张赞成票——除了他收买的 100 张赞成票以及他自己的 1 张赞成票之外，他还需 3 张赞成票才能免于一死。他可以获得 205 号和 206 号的支持，但还差一张票却是无论如何也弄不到了，因此 207 号海盗的命运也是下海喂鱼。

208 号又时来运转了。他需要 104 张赞成票，而 205、206、207 号都会支持他，加上他自己一票及收买的 100 票，他得以过关保命。获得他贿赂的必属于那些根据 204 号方案肯定将一无所获的人(候选人包括 2 到 200 号中所有偶数号的海盗以及 201、203、204 号)。

现在可以看出一条新的、此后将一直有效的规律：那些方案能过关的海盗(他们的分配方案全都是把金子用来收买 100 名同伙而自己一点都得不到)相隔的距离越来越远，而在他们之间的海盗则无论提什么样的方案都会被扔进海里——因此为了保命，他们必会投票支持比他们厉害的海盗提出的任何分配方案。得以避免葬身鱼腹的海盗包括 201、202、204、208、216、232、264、328、456 号，即其号码等于 200 加 2 的某一次方的海盗。

现在我们来看看哪些海盗是获得贿赂的幸运儿。分配贿赂的方法是不唯一的，其中一种方法是让 201 号海盗把贿赂分给 1 到 199 号的所有奇数编号的海盗，让 202 号分给 2 到 200 号的所有偶数编号的海盗，然后是让 204 号贿赂奇数编号的海盗，208 号贿赂偶数编号的海盗，如此类推，也就是轮流贿赂奇数编号和偶数编号的海盗。

结论是：当 500 名海盗运用最优策略来瓜分金子时，头 44 名海盗必死无疑，而 456 号海盗则给从 1 到 199 号中所有奇数编号的海盗每人分 1 块金子，问题就解决了。由于这些海盗所实行的那种民主制度，他们的事情就搞成了最厉害的一批海盗多半都是下海喂鱼，不过有时他们也会觉得自己很幸运——虽然分不到抢来的金子，但总可以免于一死。只有最怯懦的 200 名海盗有可能分得一份赃物，而他们之中又只有一半的人能真正得到一块金子的，

确是怯懦者继承财富。

691. 小魔术

首先，可以肯定，5张牌里至少有2张是相同的花色，而3张牌用不同的大小顺序能表示的有6个信息。比如，3张牌可以用"大""中""小"表示，如果顺序是"小中大"表示1，"小大中"表示2，"中小大"表示3······"大中小"表示6。所以，可以根据以上的情况制订如下方案：

(1) 助手选择2张相同花色的牌。

(2) 这两张牌点数之差如果小于等于6，则把较大的那张扣下，如果大于6，则扣下较小的那张。余下的这张牌用来表示花色。

(3) 剩余的3张牌因为点数和花色大小不同，可以用"大""中""小"的不同顺序表示点数差(1-6)。如果扣下的那张是较小的牌，则将较小的牌点数+13然后计算点数差

(4) 将表示花色的牌放在事先商定好的位置(可以不是第一位或者最后一位，增加魔术的神秘度)。

(5) 至此，魔术师可以根据4张牌的顺序和点数大小，判断出扣下的那张牌的点数和花色。

692. 跳跃魔术

你可能会想，最后一张牌停在哪个位置有很多种可能性，最起码倒数的十张牌都有可能。估计不会这么巧，我的最后的一张牌正好和朋友的完全一样，十有八九是我赢了。但是实际情况是，你的朋友是聪明的，十有八九要输的不是他，而是你。

我们先来看一个例子，假设你选择从第一张牌开始，是梅花Q，按照规则向前走一步。第二张是方片5，你的朋友刚刚翻过的，到这里，你应该猜得到，游戏不需要再进行下去了，你已经输了，因为在这之后，你会完全重复你朋友翻牌的路径，最后也终止于红桃5。你或许会说，我不会这么不幸吧，我翻开的第二牌正好是我朋友翻过的。要是我不从第一张牌开始，从第三张牌、第四张牌、第十张牌开始

情况还会这么糟吗？是的，你翻开的第二张牌不是你朋友翻过的牌的可能性还是很大的，可是以后的翻牌过程中只要有任意一张在你朋友走过的路径上，你就输定了。尽管对于翻开的某一个单张牌"中招"的概率不是很大，可是连续翻很多张牌都不"中招"就并非易事了。

我们可以粗略估计一下你取胜的可能性。首先，由于J、Q、K都按1算，52张牌的数字平均大小小于5，暂且按5计算，那么你从头走到尾，平均要翻10张牌。然后，对于这十张牌，每一张的数字可能为1到10十种可能性，如果这张牌的数字"大小合适"，翻开的下一张牌就会落入朋友的陷阱，按照这张牌前面十张牌中平均只有一张是你朋友翻过的算(实际因为有很多张"1"，十张牌中会出现多于一张的"危险牌")，那么你一次生还的概率是9/10，最后，你久经考验、到了最后一张牌仍然和你朋友的红桃5不重合的可能性就是9/10的10次方，只有35%。而如果考虑了"1"牌的因素，用更精确的方法计算的结果为15%左右，你朋友在这场赌局中有85%获胜概率。也就是说，你的最后一张牌和你朋友的最后一张牌在大多数情况下会是一样的。

693. 猜牌术

这是一个利用数学中的恒等变换原理来设计的魔术。必须记住：一是每堆牌开始的张数必须相等。二是第3次从第1堆牌中移去现在和第2堆牌中相等的牌数。在本例中的数学式为4×2+8+5=21。

694. 神机妙算

设每堆有 x 张，最后中间剩 n 张，则有 $2(x-2)+n+(x-1)=3x$。可以解得 $n=5$。

695. 很古老的魔术

先说如何选择扣牌。以一定的规则将所有扑克编号：1、2、3、······54，并将这些号码逆时针依次均匀围成一个圈，使得相邻两张牌的距离是1。

记抽出的五张牌按逆时针顺序依次为ABCDE(不一定 E 最大，只需是按逆时针排

列)，由于 AB、BC、CD、DE、EA 之间的距离之和等于 54，因此其中最多有两个距离大于 24。

若有两个大于 24，那么扣下与左右相邻的牌距离都不超过 24 的随意一张牌。

若只有一个距离大于 24，比如 AB，则扣下按逆时针顺序靠前的那张，即扣 A。

若五个都不超过 24，则扣掉编号最大的。

再说如何猜牌。不妨设扣下的是牌 E。对于明的四张牌 ABCD，按其大小共有 24 种排列。按逆时针，AB、BC、CD、DA 四个距离也最多有两个大于 24。

若有两个大于 24，将 D 置于四张牌最下面，表示从 D 开始逆时针数；将 ABC 按大小的六种排列分别对应 1 至 6 步，以标记从 D 逆时针走多少步到 E。

若有一个大于 24，由扣牌方法可知，一定是 DA>24，并且 DE 不超过 24。将 ABCD 按大小的 24 种排列分别对应 1 至 24 步，以标记从 D 逆时针走多少步到 E。

若四个都不超过 24，由扣牌方法可知，一定是第三种扣牌情形，且 A<B<C<D<E，DE 不超过 24。将 ABCD 按大小的 24 种排列分别对应 1 至 24 步，以标记从 D 逆时针走多少步到 E。

这种策略在理论上最多可以对付 124 张不同的牌。

696. 第十一张牌

这个魔术的关键在于表演者收牌的时候把观众记住牌所在的那行夹在中间，而摆牌的时候是按列排放的，这就导致观众记住的那张牌越来越靠近中间。

为了说明这个问题，我们来跟踪中间那行牌每一张在经过表演者的一次操作后的位置变化：

(2,1)→(2,3)、(2,2)→(3,3)、(2,3)→(1,4)、(2,4)→(2,4)、(2,5)→(3,4)、(2,6)→(1,5)、(2,7)→(2,5)。

可以看出，一行七张牌经过一次操作就集中在中间的三列里。而经过三次操作后，必然会移动到(2,4)这个位置，也就是正中间的第十一张牌。

697. 一道关于扑克的推理题

把 52 张牌编号，然后把单数的牌和双数的牌分别累加一次，看是单数的牌总和大还是双数的牌总和大。如果是单的大，就每次都拿单数位的；如果是双的大，就每次都拿双数位的。

举个例子，如果是单数位的牌大，即第 1、3、5、7……51 张牌加起来更大些，那你先拿第一张，这样对手只能拿第 2 或 52 张(也就是都是双数)。等他拿完后，不是第 3 就是第 51 在一端了，又有一张单数位的可拿了，你再拿走，留给他的两端牌又只剩双数位了。如此下去，直到最后，你拿的都是单数牌，对手拿的都是双数牌。

依靠这个策略，除非单数位和双数位总和一样大就和局，否则总是你赢。这就是所谓的不败策略。

698. 少数派游戏

如果你能在一小时内成功找到 7 个相信你的人和你结盟，那恭喜你，你们百分之百地获胜了。在游戏的第一轮中，你安排你们 8 个人中 4 个人亮红牌，4 个人亮黑牌，因此无论如何，在这一轮中总有你们的 4 个人存活下来。第一轮游戏的最坏情况是 10:12 胜出，因此存活下来的人中最多还有 6 个不是你们队的人。在第二轮比赛中，你们队的 4 个人按之前的战术安排，让其中 2 个亮红牌，另外 2 个亮黑牌。因此这一轮后留下来的人中总有你们队的 2 个人，最坏情况下还有 2 个别的人。最后一轮中，你们两个人一个亮红牌，另一亮黑牌，这就可以保证获胜了。只要另外两个人是未经商量随机投票的，总会有一个时候他们俩恰好都投到一边去了，于是最终的胜出者永远是你们队的人。比赛结束后，胜出者按约定与队伍里的另外 7 人平分奖金，完成整个协议。

当然，这是一个充满欺诈和谎言的游戏。你无法确定你们队的 7 个人是否都是好人，会不会在拿到奖金之后逃之夭夭。同时，你自己也可以想方设法使自己存活到最后，在拿到奖金以后突然翻脸不认人，使自己的收益最大化。不过，成功骗 7 个人相信你很容易，但要保证自己能留到最后就很难了。不过，还有一种阴险狡诈的做法，可以保证你能揣走全部的奖金！当然前提是，你能成功骗过所有人，让大家都相信你自己。

首先，找 7 个人和你一起秘密地组一个队伍，把上述策略给大伙儿说。然后，再找另外 7 个人和你秘密地组建另一支队伍，并跟他们也部署好上面所说的必胜策略。现在不是应该还剩下 7 个人吗？把剩的这 7 个人也拉过来，秘密地组成第三支 8 人小队。现在的情况是这样，你成功地组建了三支 8 人小队，让每个人都坚信自己身在一个将要利用必胜法齐心协力获得并平分奖金的队伍里。除了你自己，大家都不知道还有其他队伍存在。在第一轮游戏中，你指示每个队伍里包括你自己在内的其中 4 个人亮红牌，其余的人都亮黑牌。这样下来，亮红牌的一共就有 10 票，亮黑牌的有 12 票，于是你和每个队伍里除你之外的另外三个人获胜。下一轮游戏中，你让每个队伍里包括你在内的其中两人亮红牌，其他人都亮黑牌，这样红牌就有 4 票，黑牌有 6 票，你再次胜出。最后，你自己亮红牌，并叫每个人都亮黑牌，这就保证了自己可以胜出。拿到奖金后，突然翻脸不认人，背叛所有人，逃之夭夭。

699. 五打一

甲：4；

丙：Q；

甲：K；

甲：3；

丙：4；

丁：9；

戊：Q；

戊：10、10；

乙：J、J；

丙：3；

丁：9。

700. 出牌顺序

四人出牌顺序如下：

甲：5 10 1 8 4 7 2 9 3 6

乙：10 9 8 7 6 5 4 3 2 1

丙：1 2 3 4 5 6 7 8 9 10

丁：9 2 8 1 3 4 7 5 6 10

701. 猜字母

仔细看一看甲先生所问的六个词，可以发现，carthorse 与 orchestra 所含的字母完全相同，只是字母的位置不同而已。乙先生，心中所想的字母在这两个词中，如果有则全都有，无则全无，可是乙先生的回答是：一个说有，一个说无，显然其中有一句是假话。

同理，senatorial 与 realisaton 所含字母也相同，而乙先生的回答也是一有一无，可见其中又有一句是假话，这些便是甲先生确定乙先生的回答中有假话的依据。

从上面分析可见，乙先生的四句回答中已知有两句是真话，两句是假话。根据题意，乙先生共答了三句真话和三句假话，所以乙先生的另外两句回答必定是一真一假。

indeterminables 与 disestablishmentarianlsm，剩下的这最后两个词，尽管后者的字母比前者多很多，但这两个词中，除了后者比前者多了一个 H 字母外，其余的字母都是相同的或重复的。而乙先生说他心中所想的字母在这两个词中都有，如果前一句是真话，即前一个词中确有那个字母的话，那么，后一个词中无疑也应该有的。这样，两句话都成了真话，与题意不符。

所以，乙先生的前面一句应是假话，后面一句是真话，即前一个词中是不存在乙先生心中所想的那个字母的，后一个词中则有这个字母。由此可见，它必定是后一个词中所独有的字母 H。

702. 说谎国与老实国

其实只要看丙说的话和"只有一个老实人"这一条件就可以得出答案了。因为不管是老实的人还是说谎的人，被人问起，必然回答自己是老实国的人，即丙的话如实反映乙的话的，则丙必为老实国人。另外两个都是说谎国的人。

703. 天堂和地狱

随便问一个人："如果我问另一个人这样的问题：'去天堂应该走哪条路？'他会指给我哪条路？"然后根据他的答案走相反的那条路就可以到达了。或者指着其中的一条路问其中的一个："你认为另外一个人会说这是通往天堂的路吗？"由于他们的回答必须揉合自己的和另外一个人的观点，所以，他们的答案是一样的，并且都是错误的。如果你指的正好是去天堂的路，那么他们都会回答"不是"；如果是去地狱的路，他们都回答"是"。

当然，还有类似的其他问法。

704. 精灵的语言

向 A 问第一个问题：

如果我问你以下两个问题："Da 表示'对'吗"和"如果我问你以下两个问题：'你说真话吗'和'B 随机答话吗'，你的回答是一样的，对吗"，你的回答是一样的，对吗？

如果 A 说真话或说假话并且回答是 Da，那么 B 是随机答话的，从而 C 是说真话或说假话。

如果 A 是说真话或说假话并且回答是 Ja，那么 B 不是随机答话的，从而 B 是说真话或说假话。

如果 A 是随机答话的，那么 B 和 C 都不是随机答话的！

所以无论 A 是谁，如果他的答案是 Da，C 说真话或说假话；如果他的答案是 Ja，B 说真话或说假话。

不妨设 B 是说真话或说假话。

向 B 问第二个问题：

如果我问你以下两个问题："Da 表示

'对'吗"和"罗马在意大利吗"，你的回答是一样的，对吗？

如果 B 是说真话的，他会回答 Da；如果 B 是说假话的，他会回答 Ja。从而我们可以确认 B 是说真话的还是说假话的。

向 B 问第三个问题：

如果我问你以下两个问题："Da 表示'对'吗"和"A 是随机回答吗"，你的回答是一样的，对吗？

假设 B 是说真话的，如果他的回答是 Da，那么 A 是随机回答的，从而 C 是说假话的；如果他的回答是 Ja，那么 C 是随机回答的，从而 A 是说假话的。

假设 B 是说假话的，如果他的回答是 Da，那么 A 是不是随机回答的，从而 C 是随机回答，A 是说真话的；如果他的回答是 Ja，那么 A 是随机回答的，从而 C 是说真话的。

705. 是人还是妖怪

第一个问题：你神志清醒吗？回答"是"就是人，回答"不是"就是妖怪；

或者问：你神经错乱吗？回答"不是"就是人，回答"是"就是妖怪。

第二个问题：你是妖怪吗？回答"是"就是神经错乱，回答"不是"就是神志清醒。

或者问：你是人吗？回答"是"就是神志清醒的，回答"不是"就是神经错乱的。

706. 问路

走第三条路。

如果第一个路口的人说的是真话，那么，它就是出口，那么第二个路口的人说的话也是正确的，这和只有一句话是真话相矛盾。

如果第一个路口的人说的是假话，第二个路口的人说的话是真的，那么它们都不是下山的路，所以正确的路就是第三条。

707. 回答的话

被问者只能有两种回答，"有"或者"没有"。如果被问者回答的是"有"，那么路人不能根据这句话判断他们中是否有诚实部落的人。如果答案是"没有"，则说明被问者是说谎部落的人，而另一个就是诚实部落的人，因为被问者不会在自己是诚实部落的人的情况下回答"没有"的。因此路人得出了判断，所以被问者回答的就是"没有"。

708. 爱撒谎的孩子

如果第二天说的是真话，那么第一天和第三天的也都是真话了，矛盾，所以第二天肯定是谎话。

如果第一天说的是谎话，那么星期一和星期二两天里必然有一天是说真话；同理，如果第三天说的是谎话，星期三和星期五两天里也必然有一天说真话。这样，第一天和第三天的两句话不可能都是谎话，说真话的那一天是第一天或第三天。

假设第一天是真话，因为第三天说的是谎话，所以第一天是星期三或星期五，第二天是星期四或星期六，这样就使得第二天说的也是真话了，矛盾；

所以第一天和第二天是谎话，第三天是真话。因为第一天说的是谎话，所以说真话的第三天是星期一或星期二，又因为第二天不能是星期日，所以第三天只能是星期二，也就是第一天是星期日，第二天是星期一，第三天是星期二；他在星期二说真话。

709. 今天星期几

设这两个人分别为 A、B，分为以下四种情况讨论。

(1) A、B 说的都是真话。A、B 在同一天说真话只能在星期日，但是星期日 B 成立，A 不成立，所以这种情况不可能。

(2) A、B 说的都是谎话。但是在一周内 A、B 不可能同一天说谎话。所以这种情况不可能。

(3) A 说的是真话，B 说的是谎话。A 在每周二、四、六、日说真话，B 在每周二、四、六说谎话。A 只有在周日说真话时，前天(周五)才是他说谎话的日子，但是这天 B 应该说真话。所以这种情况不可能。

(4) A 说的是谎话，B 说的是真话。A 在每周一、三、五说谎话，B 在每周一、三、五、

日说真话。在周三、五、日都不符合，因为在周三时 B 在说真话，而周三的前天(周一)在说真话，但是 B 对外地人用真话说自己周一说谎话，相互矛盾。同理，周五也矛盾。所以只有周一符合。周一时，B 用真话对外地人说自己前天(周六)说谎话，周六时 B 的确说的谎话。A 用谎话对外地人说自己前天(周六)说谎话，其实周六时 A 在说真话，这时正是 A 在用谎话骗外地人说自己前天说谎话。

综上所述，这一天只能是周一。

710. 谁是杀人犯

我们可以先看后面两句话，一个说大麻子说的是真的，一个说大麻子说的是假的，也就是说他们两个之中必定一人说了真话、一人说了假话。如果大麻子说的是假话，也就是说小矮子杀了人。那么小矮子说的话应该是真话，这和大麻子的话矛盾。所以只能是大麻子说的是真话，那么小矮子没有杀人，凶手是大麻子。

711. 四名证人

因为王太太说了真话，由此可以推断赵师傅作了伪证，再进一步推断张先生和李先生说的都是假话，从而可以判断 A 和 B 都是凶手。

712. 谁偷吃了蛋糕

是小儿子偷吃的。

具体推理如下。

(1) 如果大儿子说的是真话，是二儿子偷吃的，则二儿子说的是假话，那三儿子、小儿子说的又成了真话。有三句真话，不符合题意。所以不是二儿子偷吃的。

(2) 如果二儿子说的是真话，三儿子偷吃了蛋糕，大儿子说的是假话，三儿子说的是假话，小儿子说的又成了真话。有两句真话，不符合题意，所以不是三儿子偷吃的。

(3) 如果三儿子说的是真话，那蛋糕不是三儿子偷吃的，但不一定是二儿子。

这样又可分为以下两种情况：

二儿子没偷吃，这样一来，大儿子说的是假话，二儿子说的是假话，而又只有一句真话，那小儿子说的也是假话，那就是小儿子吃的。

二儿子偷吃了,那是不成立的,因为这样大儿子又说真话了。

(4) 那只有小儿子说的是真话,那大儿子说了假话,二儿子说了假话,三儿子也说了假话,而二儿子、三儿子不能同时为假。这样又有矛盾了。

因此答案是:三儿子说的是真话,三儿子和二儿子都没有偷吃,这样一来大儿子说的是假话,二儿子说的是假话,而又只有一句真话,那小儿子说的也是假话,偷吃的是小儿子。

713. 寻找毒药

先确定哪个瓶子里装的是毒药。

假设甲装的是毒药,那么乙装的就不是矿泉水;根据乙和丙瓶子上的话可知,丙和丁装的也不是矿泉水,只有甲是矿泉水,矛盾。

假设乙装的是毒药,而甲说乙装的是矿泉水,矛盾。

假设丁装的是毒药,丙说丁装的是醋,矛盾。

所以只有一种可能,就是丙装的是毒药。从而得到答案:

甲瓶子:醋。

乙瓶子:矿泉水。

丙瓶子:毒药。

丁瓶子:酱油。

714. 有几个天使

有 2 个天使。

假设甲是魔鬼的话,由此可推断她们几个都是魔鬼,那么,乙是魔鬼的同时又说了实话,存在矛盾。所以甲是天使,而且乙和丙之间至少有一个也是天使。

假设乙是天使的话,从她的话来看,丙就是魔鬼。假设乙是魔鬼的话,从她的话来看,丙就是天使了。所以,无论怎样,都会有 2 个天使。

715. 男女朋友

因为三个人都没有说真话,所以 A 不是甲的男朋友,甲也不是 C 的女朋友,所以甲的女朋友只能是 B 了。而 C 不是丙的男朋友,

那么 C 的女朋友只能是乙了。剩下的 A 只能与丙一对了。

716. 盒子里的东西

C 盒子里有梨。因为 A 盒子上的话和 D 盒子是矛盾的,所以一定有一个是真的。那么 B 盒子和 C 盒子上的话都是假的,所以能断定 C 盒子里有梨。

717. 比拼财产

甲、乙两人的答案不同,所以一定有一个在说谎。也就是说,丙和丁说的都是实话。所以,丙不是最富的,也就是说乙说的是假话。这样可以得到顺序为:乙、甲、丙、丁。

718. 两兄弟

因为这两个小孩肯定一个哥哥、一个弟弟,而且至少有一个在说谎,那就说明两个小孩都在说谎。

所以,穿蓝衣服的是哥哥、穿红衣服的是弟弟。

719. 破解僵局

因为丙说:"我不是魔鬼。"所以丙就是魔鬼。甲说:"我不是天使。"他只能是人。而乙是天使。所以甲是人,乙是天使,丙是魔鬼。

720. 谁在说谎

假设甲说的是实话,那么乙在说谎;乙说丙在说谎,那么丙就在说实话;丙说甲乙都在说谎,就成了谎话。矛盾。

假设甲在说谎,那么乙说的是实话;乙说丙在说谎,那么丙就在说谎;丙说甲乙都在说谎,确实是谎话。成立。

所以甲和丙在说谎,而乙说了实话。

721. 兔妈妈分食物

假设"宝宝最爱吃的不是芹菜"为真,"贝贝最爱吃的不是面包"为假,则贝贝最爱吃的就是面包;那么,宝宝所说的"贝贝最爱吃的不是薯片"就成了真话,而"亲亲最爱吃的不是面包"为假话,推出亲亲最爱吃的是面包。这样,贝贝和亲亲都最爱吃面包,产生矛盾,

因此假设错误。所以得出："宝宝最爱吃的不是芹菜"为假话，即宝宝最爱吃的是芹菜。以下推理同上，即可得出它们分别喜欢吃的食物如下。

亲亲：胡萝卜。

宝宝：芹菜。

贝贝：薯片。

722. 四兄弟

说真话的(老二和老四)不可能说"我是长兄"，所以，丁的话是假的，由此可知，丁不是老大，而是老三。那么，乙就不是老三了，丙的话就是真的，丙就是老二或者老四。

假设甲说的是真话，丙和甲就是老二和老四(顺序暂时未知)，乙就是老大了，则甲又在撒谎，这是相互矛盾的。所以，甲是老大。

从甲的话(假话)可知，乙是老二，丙是老四。

所以甲是老大，乙是老二，丙是老四，丁是老三。

723. 班花的秘密

因为只有4个人讲了实话，可以对九个人分别判断，确定说实话的人。得出结论：说实话的人分别是丙、戊、庚、辛。

所以班花的男友是丙。

724. 谁是哥哥

现在是上午，胖的是哥哥。

假设：现在是上午，那么哥哥说实话，也就是较胖的是哥哥。那么没有矛盾。成立。

假设：现在是下午，那么弟弟说实话，而两个人都说我是哥哥，显然弟弟在说谎话，所以矛盾。

725. 谁及格了

老大、老四和老五考试没及格，说假话；老二和老三考试及格，说真话。

从老五的话入手，老大承认过他考试没及格，这句话一定是假话。因为如果老大考试没及格，他不会说自己考试没及格；如果老大考试及格，他也不会承认自己考试没及格。所以老五说的是假话，老五考试没及格，老三考试

及格。

说实话的老三说："老四说过，我们兄弟五个都考试及格。"说明老四考试没及格。

老四说："老大和老二都考试没及格。"说明老大和老二中至少有一个考试及格的。

老大说："老三说过，我的四个兄弟中，只有一个考试没及格。"现在已经确定老三说实话，而且老四、老五都考试没及格了，所以老大说的是假话，老大考试没及格，而老二考试及格。

726. 谁寄的钱

假设是赵风或者孙海寄的钱，那么(2)、(3)、(6)句都是错的，所以不可能是赵和孙。

所以可以知道(1)肯定是错的，(3)和(5)句有一个是错的，而只有(2)句是错的，所以(2)和(4)句肯定是对的。所以这个人就是王强了。

727. 女儿的谎言

(1) 假设小女儿的话是假的，那么小女儿吃的苹果少于大女儿，大女儿就只吃了1个，这是矛盾的。所以，小女儿的话是真的，小女儿≥大女儿，大女儿吃的苹果不可能是1个。

(2) 假设中女儿的话是假的，中女儿吃的苹果少于小女儿，小女儿吃了2个，所以中女儿就吃了1个。那么，大女儿的话就成了假的，而且必须是大女儿吃的苹果少于中女儿，这与(1)矛盾。所以，中女儿的话是真的，中女儿≥小女儿，小女儿吃的苹果不可能是2个。

根据(1)、(2)可知，可能性有以下几种。

(3) 大女儿2个、小女儿3个、中女儿3个。

(4) 大女儿3个、小女儿3个、中女儿3个。

在(4)的情况下，大女儿和中女儿是同样的，但是，大女儿又撒了谎，这是不可能的。

所以，(3)是正确答案。即大女儿吃了2个、中女儿3个、小女儿3个。

728. 三人聚会

李四说的是真的。

证明：如果张三说的是真的，那么李四说的是假的，那么王五说的是真的，那么张三说的是假的，矛盾。

如果李四说的是真的,那么王五说的是假的,那么张三李四中至少有一个说的是真的,若张三说的是真的,那么李四说的就是假的,矛盾;若张三说的是假的,那么李四说的是真的,成立。

如果王五说的是真的,那么张三李四说的都是假的,由张三说的是假的,可知李四说的是真的,矛盾。

所以李四说的是真的。

729. 美丽的玫瑰花

因为4个人共得到10朵玫瑰花,如果:

乙+丙=5的话,丁+甲=5;

乙+丙≠5的话,丁+甲≠5;

所以,甲和丙或者是都说了实话,或者都撒了谎。

假设她们都说了实话,甲≠2,丙≠2。由于丙的发言是真实的,丁≠3。

假设乙的话是真的(乙≠2),由于丙+丁=5,可得乙+甲=5,丁的话是假的,所以丁=2。因此,丙=3,甲的话就变成假的了。

因此,乙的话是假的,乙=2。由于乙+甲≠4。所以丁的话是假的,丁=2。

由于甲的话是真的,所以丙=3。那么,丙+丁=5,就成了乙有2个却又说了真话,这是自相矛盾的。

由此推知,前面的假设是不成立的。

她们都撒了谎,即甲=2,丙=2。由丙的发言(假的)可知,丁不等于3。

所以,乙的发言是假的,乙=2,剩下的丁就是4。

她们各自得到的玫瑰花数量具体如下:甲:2个;乙:2个;丙:2个;丁:4个。

730. 谁扔的垃圾

是C扔的垃圾,只有D说了实话。

731. 真真假假

A说B叫真真,这样,无论A说的是真话还是假话都说明A不会是真真。因为他要是说的是真话,那么B是真真;如果他说的是假话,那么说假话的不会是真真。

而B说自己不是真真,如果是真话,那么B不是真真,如果是假话,那么说假话的B当然也不是真真。

由此可见叫真真的只能是C了。

而C说B是真假,那么B一定就是真假了,所以A就只能是假假了。

732. 谁得到了奖金

是甲。

733. 参加活动的人

甲的话和丁的话是矛盾关系,这样的两个命题,必然一真一假,所以不正确的一定在甲和丁之间。又因为只有一句是不正确的,这就意味着乙和丙都是正确的。丙参加了,这就意味着丁(我们班所有同学都没有参加)是不正确的,而且乙也参加了。

734. 男女朋友

假设乙说了实话,那么D是丙的女朋友。丁说只有D的男朋友也就是丙说了实话,与假设矛盾,所以乙说的不是实话。

假设丙说了实话,那么也就是说丙是D的男朋友,这就与乙说的相同,也出现了两句实话。

假设甲说了实话,那么甲是D的男朋友。其他人说的都是假话,所以丁的女朋友就是C,丙的女朋友不是D,也不是C,只能是A或B;而甲说,乙的女朋友不是A,所以只能是B,所以丙的女朋友就是A了。

所以得出:甲—D,乙—B,丙—A,丁—C是男女朋友。

735. 骗子公司

经理是骗子,全公司共有36人。

全公司的人都围在餐桌旁吃饭,并且都说左边的人是骗子。也就是说骗子说自己左边的人是骗子,骗子的左边必为老实人;老实人说自己的左边是骗子,那老实人的左边就是骗子。所以一定是老实人和骗子交叉着坐的,那么公司里的人数就应该是偶数。那么秘书的话就应该是对的,公司里共有36人,经理是个骗子。

736. 女排，女篮

甲对乙说"你是女排队员"。如果乙是女排队员，那么甲说了真话，甲和乙同队，甲也是女排队员；如果乙是女篮，甲说了假话，甲和乙异队，甲是女排队员。所以由甲说的这句话可以推出，甲肯定是女排队员。

因为"戊对甲说：你和丙都不是女排队员"，戊说假话，所以戊是女篮。

"丁对戊说：你和乙都是女排队员"，丁说假话，丁是女排。

"丙对丁说：你和乙都是女篮队员"，丙说假话，丙是女篮。

"乙对丙说：你和丁都是女排队员"，乙说假话，乙是女排。

737. 白色和黑色的纸片

假设戊说的是真话，"四片白纸片"，那甲、乙、丙都该说真话，矛盾，即戊说的是假话，他头上是黑纸片；

假设乙说的是真话，"四片黑纸片"，那么甲、丙、丁头上也是黑纸片，乙头上是白纸片，而丙说的"三黑一白"就成了真话，矛盾，所以乙也说的假话，头上是黑纸片；

这样乙和戊两张黑纸片了，甲也就在说假话，是黑纸片；

如果丙说的"三黑一白"是假话，因为甲、乙、戊已经是黑了，那丁就该也是黑，这样乙说的"四黑"就成真话了，矛盾，所以丙说的真话，头上是白纸片；

丙说的"三黑一白"是真话，甲、乙、戊又都是黑纸片，所以丁是白纸片。

738. 相互牵制的僵局

若甲是诚实的。也就是说，甲的回答是正确的。那么，乙也是诚实的。因为乙回答："丙在说谎。"所以，是丙在说谎。说谎的丙肯定说谎话："甲在说谎。"

相反，如果甲所说的话是谎言，那么乙也在说谎。因为乙回答："丙在说谎。"所以，丙是诚实的。诚实的丙应该回答："甲在说谎。"也就是说，无论在哪种情况下，丙都会回答："甲在说谎。"

739. 不同部落间的通婚

A：妻子，诚实部落，阿尔法，部落号为66；

B：丈夫，说谎部落，伽马，部落号为44；

C：儿子，贝塔，部落号为54。

首先确认 A 是丈夫还是妻子，是诚实还是说谎。

从 A 讲的话入手，组合方案有诚实丈夫、说谎丈夫、诚实妻子、说谎妻子和儿子。

如果 A 为诚实丈夫，C 的 2、4 句话不合条件。

如果 A 为说谎丈夫，B 的 1、3 句话不合条件。

如果 A 为诚实妻子，B 的 1、3 句话不合条件。

如为儿子，A 的 2、3 句话不合条件。

(这里的不合条件指确定的不符合真假话条件)

所以 A 只能是诚实妻子。

这样就可以得出结论了。

740. 今天星期几

当你仔细观察之后，你会发现，两个假设是相对的，也就是说今天是星期天。这个孩子竟然在星期天去上学，确实是"小糊涂"。

741. Yes or No

你可以问他们"yes"是表示"是的"的意思吗？

742. 他说实话了吗

葬礼不可能提前 15 天知道。

743. 巧取约会

第一个问题是：如果下一个问题是你是否愿意和我一起吃饭，你的答案是否和这个问题一样？第二个问题是：你是否愿意和我一起吃饭？

如果女孩子的第一个问题的答案是"是"，那第二个问题就必须要答"是"，就能约到她吃饭。如果女孩子的第一个问题的答案是"不是"，那她第二个问题也必须要答"是"。所以总能约到她吃饭的。

当然答案并不唯一，发挥你的聪明才智再想想吧。

744. 向双胞胎问话

只要问："如果我问另一个人这样的问题："你父母在家吗？"他会怎么说？"相反的答案就是正确答案。

745. 统计员的难题

他妻子用来堵住他的口的那个问题是这样的："好，汤姆，假定当我们第一次见面的时候你的年龄是我的3倍，而现在我刚好是你那个时候的年龄，并且当我的年龄是现在的3倍时，我们的年龄加起来恰好是100岁，你能说出下一次2月29日时你有多大岁数吗？"

746. 糊涂账

在这笔糊涂账中，关键在于第一次的一元钱已经"变"成了面条，不能再算了。吝啬鬼还应该再付一元钱。

747. 免费的午餐

"麻婆豆腐我没吃，给退了，付什么钱呢？"这句话错了。因为猴子用麻婆豆腐换了蘑菇炖面，而不是退了。

748. 轮流猜花色

不可能，最多到第五个人就能推测出主持人最近一次拿走的花色。要想让第一个人推测不出来的话，桌上至少要有1张黑桃、2张红桃、3张方块才行，不然比如桌上没有黑桃的话，就说明2张黑桃是一开始没被主持人放到桌上的，1张黑桃是被主持人拿走的。满足"至少1张黑桃、2张红桃、3张方块"的情况有以下几种，主持人只要让桌上剩下的花色组合是这下面的一种就可以了。主持人那能让第一个人看到的花色组合：1黑3红5方；1黑4红4方；2黑2红5方；2黑3红4方；2黑4红3方；3黑2红4方；3黑3红3方。第一个人推测不出后，主持人继续拿走一张牌，并请第二个人转过身来。别忘了这些都是很聪明的

人，所以当第一个人推测不出的时候，第二个人就知道第一个人看到的花色组合肯定是上面的那几种可能之一。如果第二个人看到剩下的牌是3红5方，他就能推测出第一个人看到的是1黑3红5方，主持人上次拿走的是黑桃。所以主持人拿第二张牌的时候也要考虑这一点，比如他可以留下1黑2红5方，这样第二个人就只能推出是从1黑3红5方中拿走了一张红桃或者是从2黑2红5方中拿走了一张方块。通过组合，主持人的选择有以下几种。主持人让第能二个人看到的花色组合：1黑2红5方；1黑3红4方；1黑4红3方；2黑2红4方；2黑3红3方；3黑2红3方。同样的道理，主持人能让第三个人看到的花色组合：1黑2红4方；1黑3红3方；2黑2红3方。而主持人能让第四个人看到的花色组合就只有一种了：1黑2红3方。这样到第五个人的时候，无论上次主持人拿走了什么花色，他都能马上推测出来。

749. 帽子的颜色

假设1：如果C看到A、B戴的都是白帽子，那么就不用想了，他戴的肯定是红帽子，但是大家要注意的是，他是听了A、B的答案后才回答的，所以他不可能看到两个白帽子。假设1被排除。

假设2：如果C看到1红1白，那么如果他头上戴的是白帽子的话，那么一共2个白帽子，A和B肯定有一人能答出正确答案了。所以C能确定他头上的是红色的。

假设3：如果C看到2个红帽子，那么他一样可以确定他头上的不是白帽子，因为如果他头上戴的是白帽子的话，那么A回答完"不知道"后B就可以答出自己的帽子是红色的，因为假设中已经提到A是红色的，C是白色的，排除了其他可能了。

所以综合3个假设可以得出C戴的帽子肯定是红色的。

750. 选择接班人

既然商人戴了红帽子，如果自己也戴的是

红帽子，B 就马上可以猜到自己戴的是黑帽子(因为红帽子只有 2 顶)；既然 B 没说，那就是说自己戴的是黑色帽子。

B 也是一样的，但是 B 却没说，可见，B 的反应太慢了。结果 A 做了接班人。

751. 谁被释放了

把三个人标记成 A、B、C。当 A 看到另外两个人戴的都是黑帽子的时候，A 会想到如果自己戴的是白帽子，而另一个犯人 B 就会看到一个白的和一个黑的帽子，而犯人 B 就会想：如果自己戴的是白帽子，那么 C 就会看到两个白帽子的，那么他就会出去，但是 C 没有出去，也就是说他没有看到两个白帽子，那么自己头上戴的一定是黑帽子，这样一来 B 就会被放出来，但是 B 没有出去。同理 C 也是这样，所以 A 可以断定自己戴的是黑帽子。

752. 猜帽子上的数字

策略存在，100 个人从 0 到 99 编号，每个人把看到的其他 99 个人帽子上的数字加起来，取和的末两位数字，再用自己的编号减去这个数字，就是他要说的数字(如果差是负数，就加上 100)。

证明：假设所有人帽子上数字的和的末两位是 S，编号 n 的人帽子上数字是 X_n，他看到的其他人帽子上数字和的末两位是 Y_n，则有 $X_n=S-Y_n$(如果差是负数，就加上 100)。每个人说的数字是 $Z_n=n-Y_n$(如果差是负数，就加上 100)，因为 S 是在 $0\sim99$ 之间的一个不变的数字，所以编号 n=S 的那个人说的数字 $Z_S=S-Y_S=X_S$，也即他说的数字等于他帽子上的数字。

753. 各是什么数字

每个人都知道自己的数或为另外两人之和，或为两人之差。

第一轮 A 回答不知道，可以得出什么结论呢？

来个逆向思维，考虑什么情况下 A 可以知道自己头上的数。只有一种可能，那就是 B=C。因为此时 B-C=0，这时 A 知道自己头上的数一定为 B+C。

所以从 A 回答不知道可以推论出 B≠C。

B 回答不知道，说明什么呢？

还是逆向思维，考虑什么情况下 B 可以知道自己头上的数。和 A 一样，当 A=C 时，B 可以知道。

但除此之外，B 从 A 回答不知道还可以推论出自己头上的数字与 C 头上的不相等，于是当 A=2C 时，B 也可以推论出自己头上的数字为 A+C，因为此时 A-C=C，而 B 是知道自己头上的数字与 C 不相等的。

所以从 B 回答不知道可以推论出 A≠C，A≠2C。

C 回答不知道，由上面类似的分析可以推论出 A≠B，B≠2A，

此外还可以推出 B-A≠A/2，即 B≠3A/2，和 A≠2B。

最后 A 回答自己头上的数字是 20。

那么什么情况下 A 可以知道自己头上的数字呢？有以下几种情况：

(1) C=2B，此时 A 知道自己头上的数字不可能是 C-B=B，而只能是 C+B=3B。但 20 不能被 3 整除，所以排除了这种情况；

(2) B=2C 与上面类似，被排除；

(3) C=3B/2，此时 A 知道自己头上的数字不可能是 C-B=B/2，因而只能是 A=B+C=5B/2=20，B=8，而 C=3B/2=12；

(4) C=5B/3，此时 A 知道自己头上的数字不可能是 C-B=2B/3。只能是 8B/3，但求出 B 不是整数，所以排除；

(5) C=3B，此时 A 知道自己头上的数字不可能是 C-B=2B，只能是 4B，推出 B=5，C=15；

(6) B=3C，此时 A 知道自己头上的数字不可能是 B-C=2C，只能是 B+C=4C，推出 B=15，C=5。

所以答案有 3 个，B=8、C=12，B=5、C=15 和 B=15、C=5。

754. 纸条上的数字

两人手中纸条上的数字都是4。两个自然数的积为8或16时，这两个自然数只能为1、2、4、8、16。可能的组合为：1×8，1×16，2×4，2×8，4×4。

当皮皮第一次说推不出来时，说明皮皮手中的数字不是16，如是16，他马上可知琪琪手中的数字是1，因为只有16×1才能满足条件，他猜不出来，说明他手中不是16，他手中的数可能为1、2、4、8。同理，当琪琪第一次说推不出时，说明她手中的数不是16，也不是1，如是1，她马上可知皮皮手中的数为8，因前面已排除了16，只有8×1=8能符合条件，她手中的数可能为2、4、8。

皮皮第二次说推不出，说明他手中的数不是1或8，如是1，他能推出琪琪手中的数是8，同理是8的话，能推出琪琪手中的数是2，这样皮皮手中的数只能为2或4。琪琪第二次说推不出时，说明琪琪手中的数只可能为4，只有为4时才不能确定皮皮手中的数，如是2，她可推出皮皮的数只能为4；因只有2×4=8符合条件；如果是8，皮皮手中的数只能为2，因只有8×2=16符合条件。

因此第三轮时，皮皮能推出琪琪手中纸条上的数字是4。

755. 纸片游戏

第一次，S说不知道，说明P肯定不是1，P也说不知道，说明S不是2。为什么？因为如果P是1，S马上就知道自己是2了。他说不知道，P就知道自己肯定不是1，如果这个时候S是2的话，P就能肯定自己应该是3了。所以S不是2。

第二次，S说不知道，说明P不是3，因为前一次S说不知道，P知道自己肯定不是2，如果S是3的话，P马上就知道自己是4了，所以S不是3，而P又说不知道，说明S不是4，因为S从P又说不知道，得知自己不是3，如果S是4，P马上就能知道自己应该是5了，所以S也不是4。

第三次，S又说不知道，说明P不是5，因为第二次最后P说不知道，S就知道自己不是4了，如果P是5，S马上知道自己是6，同样，S不是6，因为P从S说不知道，得知自己不是5，如果S是6的话，P就马上知道自己应该是7了，所以P还是不知道。最后，S说他知道了！因为他从P不知道中得知自己不是6，而他看到P头上的号码是7，他就知道，自己是8了。所以他知道了，而P听到S说知道了，就判断出S是8了，所以P马上知道自己是7。

756. 贴纸条猜数字

答案是36和108。

首先说出此数的人应该是两数之和的人，因为另外两个加数的人所获得的信息应该是均等的，在同等条件下，若一个推不出，另一个也应该推不出(当然，这里只是说这种可能性比较大，因为毕竟还有个回答的先后次序，在一定程度上存在信息不平衡。)

另外，只有在第三个人看到另外两个人的数一样时，才可以立刻说出自己的数。

以上两点是根据题意可以推出的已知条件。

如果只问了一轮，第三个人就说出144，那么根据推理，可以很容易得出另外两个是48和96，怎样才能让老师问了两轮才得出答案，这就需要进一步考虑：

A: 36(36/152) B: 108(108/180) C: 144(144/72)

括号内是该同学看到另外两个数后，猜测自己头上可能出现的数。现推理如下。

A、B先说不知道，理所当然，C在说不知道的情况下，可以假设如果自己是72的话，B在已知36和72的条件下，会这样推理——"我的数应该是36或108，但如果是36的话，C应该可以立刻说出自己的数，而C并没说，所以应该是108！"然而，在下一轮，B还是不知道，所以，C可以判断出自己的假设是错的，自己的数只能是144！

757. 猜扑克牌

这张牌是方块 5。

Q 先生的推理过程是:

P 先生知道这张牌的点数,而判断不出这是张什么牌,显然这张牌的点数不可能是 J、8、2、7、3、K、6。因为 J、8、2、7、3、K、6 这 7 种点数的牌,在 16 张扑克牌中都只有一张。如果这张牌的点数是以上 7 种点数中的一种,那么,具有足够推理能力的 P 先生立即就可以断定这是张什么牌了。例如,如果教授告诉 P 先生:这张牌的点数是 J,那么,P 先生马上就知道这张牌是黑桃 J 了。由此可知,这张牌的点数只能是 4 或 5 或 A 或 Q。

接下来,P 先生分析了 Q 先生所说的"我知道你不知道这张牌"这句话。

Q 先生知道这张牌的花色,同时又作出"我知道你不知道这张牌"的断定,显然这张牌不可能是黑桃和草花。为什么?因为如果这张牌是黑桃或草花,Q 先生就不会作出"我知道你不知道这张牌"的断定。

P 先生是这样分析的:如果这张牌是黑桃,而且如果这张牌的点数是 J、8、2、7、3,P 先生是能够知道张是什么牌的;假设这张牌是草花,同理,Q 先生也不能作出这样的断定,因为假如点数为 K、6 时,P 先生能马上知道这张牌是什么牌,在这种情况下,Q 先生当然也不能作出"我知道你不知道这张牌"的断定。因此,P 先生从这里可以推知这张牌的花色或者是红桃,或者是方块。

而具有足够推理能力的 P 先生听到 Q 先生的这句话,当然也能够和 Q 先生得出同样的结论。这就是说,Q 先生的"我知道你不知道这张牌"这一断定,在客观上已经把这张牌的花色暗示给 P 先生了。

得到 Q 先生的暗示,P 先生作出"现在我知道这张牌了"的结论。从这个结论中,具有足够推理能力的 Q 先生必然能推知这张牌肯定不是 A。为什么?Q 先生这样想:如果是 A,仅仅知道点数和花色范围(红桃、方块)的 P 先生还不能作出"现在我知道这张牌了"的结论,

因为它可能是红桃 A,也可能是方块 A。既然 P 先生说"现在我知道这张牌了"。可见,这张牌不可能是 A。排除 A 之后,这张牌只有 3 种可能:红桃 Q、红桃 4、方块 5。这样一来范围就很小了。P 先生这一断定,当然把这些信息暗示给了 Q 先生。

得到 P 先生第二次提供的暗示之后,Q 先生作了"我也知道了"的结论。从 Q 先生的结论中,P 先生推知,这张牌一定是方块 5。为什么?P 先生可以用一个非常简单的反证法论证。因为如果不是方块 5,Q 先生是不可能作出"我也知道了"的结论的(因为红桃有两张,仅仅知道花色的 Q 先生,不能确定是红桃 Q 还是红桃 4)。现在 Q 先生作出了"我也知道了"的结论,这张牌当然是方块 5。

758. 老师的生日

由 10 组数据 3 月 4 日,3 月 5 日,3 月 8 日,6 月 4 日,6 月 7 日,9 月 1 日,9 月 5 日,12 月 1 日,12 月 2 日,12 月 8 日可知——4 日、8 日、5 日、1 日分别有两组,2 日和 7 日只有一组。如果生日是 6 月 7 日或 12 月 2 日,小强一定知道(例如:老师告诉小强 N=7,则小强就知道生日一定为 6 月 7 日;如果老师告诉小强 N=4,则生日是 3 月 4 日还是 6 月 4 日,小强就无法确定了。)所以首先排除了 6 月 7 日和 12 月 2 日。

1. "小明说:如果我不知道的话,小强肯定也不知道"——老师告诉小明的是月份 M 值,若 M=6 或 12,则小强有可能知道(6 月 7 日或 12 月 2 日)这与"小强肯定也不知道"相矛盾,所以不可能为 6 月和 12 月。从而老师的生日只可能是 3 月 4 日,3 月 5 日,3 月 8 日,9 月 1 日,9 月 5 日。

2. "小强说:本来我也不知道,但是现在我知道了"——若老师告诉小强 N=5,那么小强无法知道是 3 月 5 日还是 9 月 5 日,这与"现在我知道了"相矛盾,所以 N 不等于 5。则生日只能为 3 月 4 日,3 月 8 日,9 月 1 日。

3. "小明说:哦,那我也知道了!"——若老师告诉小明 M=3,则小明就不知道是 3

月 4 日还是 3 月 8 日。这与"那我也知道了"相矛盾。所以 M 不等于 3，即生日不是 3 月 4 日、3 月 8 日。

综上所述，老师的生日只能是 9 月 1 日。

759. 探险家的位置

流行的答案是这杆旗插在北极点上。因为在北极点上，所有方向都是南。所以，如果旗是在北极点上，探险家在它南边 100 米往东走了 100 米，旗还是他的正北方向。

但其实这并不是唯一的解，这道题的解是无穷多的。例如，在很靠近南极点的某个地方，穿过这个地方的纬线周长恰好是 100 米，探险家把旗帜插在这条纬线北边的 100 米处。这样探险家从旗帜出发往南走 100 米到达这根纬线，沿着纬线往东走 100 米，就正好是绕着南极点转了一圈回到起点。同理，纬线的周长也可以是 50 米或者 25 米等等，这样探险家就是绕着南极点转了两圈、三圈等等。

760. 找出重球

两次。

把 8 个球分成 3、3、2 三组，把 3 个球和 3 个球分别放在天平的两端。如果天平平衡，那么把剩下的两个球放在天平上，天平向哪边倾斜，那个球就是略重的；如果天平偏向一方，就把重的那一方的 3 个球中的两个放在天平上，这时如果天平倾斜，重的就是重的球，不倾斜，剩下的那个球就是要找的。

761. 火灾救生器

吉姆、他的妻子、孩子与狗可以下列顺序逃生：

降下孩子→降下小狗，升上孩子→降下吉姆，升上小狗→降下孩子→降下小狗，升上孩子→降下孩子→降下妻子，升上其他人及狗→降下孩子→降下小狗，升上孩子→降下孩子→升上吉姆，升上小狗→降下小狗，升上孩子→降下孩子。

762. 分辨胶囊

如果是三类药，我们第一瓶药取一颗，第二瓶药取 10 颗，第三瓶药取 100 颗，第四瓶药取 1000 颗，以此类推……

称得总重量，那么个位数上如果为 1，就说明第一瓶药为 1g 的药，如果为 2，就说明第一瓶是 2g 的药，如果为 3，就说明第一瓶是 3g 的药；十位数上的数字就是第二瓶药的种类；百位就是第三瓶药的种类……

对于四类药、五类药……只要药的规格没有大于 10g 都可以用这个方法。

但是考虑到代价的问题。就要先看最重的药是多重，比如上面例子是 3g，就不要用 10 进制，改用 3 进制。如果有 n 类药，就用 n 进制。第一个瓶子里取 n^0 颗药，第二个瓶子取 n^1 颗药……第 k 个瓶子取 n^{k-1} 颗药。把最后算出来的重量从十进制变换成 n 进制，然后从最低位向高位就依次是各瓶药的规格。

763. 统筹安排

为了解决这个问题，小于决定这样做：在等着锅和油烧热的两分钟里，同时拌生姜、酱油、酒等调料，这样一共就只需要 19 分钟了，比原来节省了 2 分钟。

这就是"统筹"，把不影响前后顺序的、可以同时做的步骤一起做了，把大的事情放在空闲比较多的时间段，小事情放在空闲比较少的时间段，在完成一件事情的同时，还可以做另外一件事。这样，就可以把整个时间充分地利用起来。

764. 几点到达

这架飞机到达广州的时间是第二天的 2 点 48 分。

首先，时针和分针都指在分针的刻度线上，让我们仔细看看钟(手表也一样)的结构：每个小时之间有四个分针刻度，在相邻两个分针刻度线之间对时针来说要走 12 分钟，这说明这个时间必定是 n 点 12m 分，其中 n 是 0 到 11 的整数，m 是 0 到 4 的整数，即分针指向 12m 分，时针指向 5n+m 分的位置。又已知分针与时针的间隔是 13 分或者 26 分，要么 12m−(5n+m)=13 或 26，要么 (5n+m)+(60−12m)=13 或 26，即要么 11m−5n=13 或 26，要么

60-11m+5n=13 或 26。这是一个看起来不可解的方程。但由于 n 和 m 只能是一定范围的整数，就能找出解来(重要的是，不要找出一组解便止步，否则此类题是做不出来的)。

副市长便是以此思路找出了所有三组解(若不细心便会在只找到两组解后便宣称此题无解)。

已知：m=0、1、2、3、4；n=0、1、2、3、4、5、6、7、8、9、10、11。

只有固定的取值范围，不难找到以下三组解：(1)n=2；m=4；(2)n=4；m=3；(3)n=7；m=2。

即这样三个时间：(1)2:48；(2)4:36；(3)7:24。

面对这三个可能的答案，副市长当然得问一问空姐了。空姐的回答却巧妙地暗设了机关：

正面回答应该是 4 点前或是 4 点后。但若答案是 4 点后，空姐的变通回答便不对了，因为这时副市长还是无法确定是 4:36 还是 7:24。而空姐的变通回答却昭示道：若正面回答便能确定答案。这意味着这个正面回答只能是 4 点以前，即正点到站的时间是 2：48。

765. 骑不到的地方

可能。爸爸的脖子。

766. 被偷的答案

阿莫斯、伯特和科布三人分别设为 A、B、C。

A、B、C 共上了 9 节课，其中 B 一节、C 二节不是在 D 教授那儿上的因此必然有一个 C，BC 组合，还剩下 6 个组合 A、B、ABC、AB、AC、空(其中空不可能出现)另外从中选出三个组合，并要总节数达到 6 节，ABC 显然是必选的余下 AB，AC 中挑一个，那么 A 组合不可能再出现，因此这 5 种组合是 C、BC、ABC、B、AC。所以偷答案的是 B。

767. 英语竞赛

根据(1)，小王、小李和小赵各比赛了两场；因此，从(4)得知，他们每人在每一次竞赛中至少胜了一场比赛。根据(3)和(4)，小王

在第一次竞赛中胜了两场比赛；于是小李和小赵第一次竞赛中各胜了一场比赛。这样，在第一次竞赛中各场比赛的胜负情况如下：

小王胜小张 小王胜小赵(第四场)

小李胜小刘 小李负小赵(第三场)

根据(2)以及小王在第二次竞赛中至少胜一场的事实，小王必定又打败了小赵或者又打败了巴克。如果小王又打败了小赵，则小赵必定又打败了小李，这与(2)矛盾。所以小王不是又打败了小赵，而是又打败了小张。这样，在第二次竞赛中各场比赛的胜负情况如下：

小王胜小张(第一场) 小王负小赵(第二场)

小李负小刘(第四场) 小李胜小赵(第三场)

在第二次竞赛中，只有小刘一场也没有输。因此，根据(4)，小刘是第二场比赛的冠军。

注：由于输一场即被淘汰，各场比赛的顺序如上面括号内所示。

768. 大有作为

菲利浦是歌手；罗伯特是大学生；鲁道夫是战士。

分析：因为根据条件 B，可以知道菲利普不是大学生，而根据 C 也可以知道鲁道夫不是大学生，所以罗伯特是大学生。而根据 A，罗伯特的年龄比战士的大，条件 B 中，罗伯特比菲利浦的年龄小，那么，鲁道夫就应该是战士。所以菲利浦是歌手。

769. 五本参考书

很简单，按照已知的条件逐渐推理即可得到答案。

甲：1、2、3、4、5；

乙：4、5、1、2、3；

丙：5、1、4、3、2；

丁：2、3、5、1、4；

戊：3、4、2、5、1。

770. 谁得了大奖

是乙。显然如果是甲、丁、戊三人中的一个人的话，那么乙和丙就都猜对了，与题目矛盾。如果是丙的话，那么甲和乙的话就是正确的。如果是乙的话，只有丙说的话是正确的。

你猜对了吗?

771. 几个人去

两个。以小杜为例,假如小杜去,那么小刘不去,小黄也不去,小冯去,小郭不去;而假如小杜不去,那么小刘去,小黄去,小冯不去,小郭不去。

772. 避暑山庄

四人的滞留时间之和是20天。

根据(1)得知,时间最长的是丁,有6天,根据(2)和(3)来看,丁虽然入住时间最长,也是从2日到7日离开的。

假设乙和丙分别滞留了4天以下,因为丁是6天以下,甲若是6天以上,就不是最短的,所以乙和丙都是5天。

根据(3)可知,丙是从1日入住到5日。如果乙是从3日入住的话,7日离开,那就与丁重合了,所以乙是从4日入住到8日。剩下的甲就是从3日到6日(滞留了4天)。

因此,甲是从3日入住6日离开的;乙是从4日入住8日离开的;丙是从1日入住5日离开的;丁是从2日入住7日离开的。

773. 谁偷了考卷

由(2)、(3)、(5)知道A、C都不可能会偷考卷。

由(1)知道A、B、C至少有1个人偷了考卷,那么一定是B。

由(4)知道只有B一人,每人与他同案。

774. 写信

不能。由(1)知:标有日期的信——用粉色纸写的;由(2)知:小王写的信——以"亲爱的"开头;由(3)知:不是小赵的信——不用黑墨水;由(3)知:收藏的信——不能看到;由(5)知:只有一页信纸的信——标明了日期;由(6)知:不是用黑墨水写的信——做标记;由(7)知:用粉色纸写的信——收藏;由(8)知:做标记的信——只有一页信纸;由(9)知:小赵的信——不以"亲爱的"开头。

综上所知:小王写的信——不是小赵写的信——不是用黑墨水——做了标记——只有一

页信纸——标明了日期——用粉色写的——收藏起来——小李不能看到。所以,小李不能看到小王写的信。

775. 副经理姓什么

副经理姓张。

过程: 由条件(1):老陈住在天津,和条件(6):与副经理同姓的人住在北京,可知:副经理不姓陈。

由条件(5):副经理的邻居的工龄是副经理的3倍,和条件(2):老张有20年工龄,因为20不是3的倍数,所以副经理的邻居不是老张,而是老孙。

回到条件(6):与副经理同姓的人住在北京,而老孙是副经理的邻居,再由条件(3)可知,老孙住在北京和天津之间。

因此,由条件(1)和以上结论可知,老张住在北京。

再结合条件(6)可得出结论,副经理姓张。

776. 小王的老乡

赵和孙属于相同年龄档,李和周不属于相同年龄档,3位是80后,两位是90后。所以赵和孙是80后。

钱和周的职业相同,孙和李的职业不同,两位在学校工作,其他3位在工厂工作。所以钱和周在工厂工作。因此,在学校工作的90后只有小李一人了。所以小王的同乡是小李。

777. 排队

首先根据小孙没有排在最后,而且他和最后一个人之间还有两个人,可以确定小孙在倒数第四位;根据在小王的前面至少还有四个人,但他没有排在最后,可以确定小王在倒数第二;根据小李没有排在第一位,但他前后至少都有两个人,可以确定小李在第四位;根据小赵没有排在最前面,也没有排在最后,可以确定小赵在第二位;根据小吴不是最后一个人,可以确定,小吴在第一位;剩下一个小张在最后。所以他们的顺序依次是:小吴、小赵、小孙、小李、小王、小张。

778. 四兄弟

由(1)、(4)可以推出教师不是老大老二；由(5)、(6)可以推出律师也不是老大老二。所以，老三、老四是律师和教师，老大、老二是编辑和记者。再由(2)、(7)可推出律师是老四，所以教师是老三；由(3)、(6)可知，老大是编辑，老二是记者。所以得出的答案是：老大、老二、老三、老四四人分别是编辑、记者、教师、律师。

779. 逛商场

甲在一层逛女装店，乙在三层逛男装店，丙在二层逛内衣店，丁在四层逛童装店。

780. 满分成绩

根据(3)和(5)，如果小明的数学得了满分，那么他的英语也将是满分。根据(5)，如果小明的物理得了满分，那么他的英语也将是满分。根据(1)和(2)，如果小明的物理不是满分，数学也不是满分，那么他的英语将是满分。因此，无论哪一种情况，小明总是英语满分。

根据(4)，如果小刚的语文是满分，那么他的英语也是满分。根据(5)，如果小刚的物理是满分，那么他的英语也是满分。根据(1)和(2)，如果小刚的物理不是满分，数学也不是满分，那么他英语将是满分。因此，无论哪一种情况，小刚总是英语满分。

于是，根据(1)，小华英语没有得满分。再根据(4)，小华语文也没有得满分。从而根据(1)和(2)，小华既数学得满分又物理得满分。

再根据(1)，小明和小刚语文都得满分。于是根据(2)和(3)，小明数学没有得满分。从而根据(1)，小刚数学得满分。最后，根据(1)和(2)，小明应该物理得满分，而小刚物理没有得到满分。

781. 排名次

假设：(1)、(2)是真实的。

那么：(3)、(4)、(5)、(6)、(7)是假的。

因为：

E是第二名或第三名，C比E高四个名次，A比B高，B比G低两个名次。

B是第一名，D比E低三个名次，A比F高6个名次。

(1)和(2)冲突，(3)和(5)冲突，(4)和(5)冲突，(5)和(7)冲突。

得出：(5)是真实的，(1)和(2)至多一个是真实的。

假设：(1)、(5)是真实的。

那么：(2)、(3)、(4)、(6)、(7)是假的。

因为：E是第二名或第三名，C比E高四个名次，A比B高，B比G低两个名次。

B不是第一名，D比E低三个名次，A比F高6个名次。

(1)和(2)冲突。

得出：排除(1)是真实的可能性。

假设：(2)和(5)是真实的。

那么：(1)、(3)、(4)、(6)、(7)是假的。

因为：E没有得第二名或第三名，C没有比E高四个名次，A比B高，B比G低两个名次，B不是第一名，D比E低三个名次，A比F高6个名次。

(2)和(1)、(6)冲突。

得出：(2)也不可能是真实的。

假设：(3)和(5)是真实的。

那么：(1)、(2)、(4)、(6)、(7)是假的。

因为：E没有得第二名或第三名，C比E高四个名次，A比B高，B比G低两个名次，B不是第一名，D比E低三个名次，A比F高6个名次。

(2)和(6)冲突。

得出：(3)也不是真实的(6)才是真实的。

假设：(5)和(6)是真实的。

那么：(1)、(2)、(3)、(4)、(7)是假的。

因为：E没有得第二名或第三名，C比E高四个名次，A比B高，B比G低两个名次，B不是第一名，D没有比E低三个名次，A比F高6个名次。

得出：A、C、G、D、B、E、F。

与所给命题没有冲突。

综上：七人的名次分别为A、C、G、D、B、E、F。

782. 谁偷了珠宝

是甲和丁。

因为如果乙去了，那么甲肯定没去，而丁也没去。又说是两个人合伙作案，那么丙一定去了，但是根据(3)，丁一定会去，矛盾。所以乙没有去展厅。那么甲去了，丁也去了。所以作案的是甲和丁两人。

783. 什么关系

从(1)、(2)和(3)说的话入手：

(1)说 B 是我父亲的兄弟，(2)说 E 是我的岳母，(3)说 C 是我女婿的兄弟。说明 B 和 C 是兄弟关系，B 是 E 的女婿。那么(2)是 B，(3)是 E。

(4)说 A 是我兄弟的妻子。

B 已经说过话，说明第(4)句是 C 说的，A 是 B 的妻子。那么关系很明确了：

岳母 E；

女儿 A；

女婿 B；

女婿兄弟 C。

(1)说 B 是我父亲的兄弟，

说明(1)是 C 的子女，

女婿兄弟的子女 D。

784. 最后一名

"丙没有获得第一名"；"戊比丁高了两个名次"，丁不是第一名；"甲不是第一名"；"丙比乙高了一个名次"，乙不是第一名。这样第一名就只能是戊，丁是第三名。

"丙比乙高了一个名次"，两人名次连续，只能是第四、五名了。剩下甲就是第二名了。

所以，丁是明明。

785. 电话线路

首先可以确定的是：E 镇与 A 镇之间有电话线路，因为 A 镇同其他 5 个小镇都有电话线路，那当然包括 E 镇在内了。

其余的是哪两个小镇呢？我们从 B、C 两个小镇开始推理。

设：B、C 两个小镇之间没有电话线路。那么，B、C 两镇必然分别可同 A、D、E、

F 四个小镇通电话；如果 B、C 两镇分别同 A、D、E、F 四个小镇通电话，那么，只有三条电话线路的 D、E、F 三个镇就只能分别同 A、B、C 三个镇通电话。如果是这样，那么，在 D、E、F 之间是不能通电话的。但是，已知 D 镇与 F 镇之间有电话线路，因此，B、C 之间没有电话线路的假设是不能成立的。换句话说，B、C 两小镇之间有电话线路。

那么，有 4 条线路的 B 镇和 C 镇又可以同哪些小镇通电话呢？

从以上的推理中得知：B 镇、C 镇分别同 A 镇有电话线路，而它们相互之间又有电话线路。另外的两条线路是通向哪里的呢？假设：B 镇的另外两条线路 1 条通 D 镇，1 条通 F 镇；C 镇的电话线路也是 1 条通 D 镇，1 条通 F 镇。如果这个假设成立，那么 D 镇、F 镇就将各有 4 条线路通往其他小镇。但是，我们知道，D、F 两镇都只同 3 个小镇有电话联系，所以，上述假设不能成立。

假设：B、C 两镇同 D、F 镇之间都没有电话线路。如果这个假设成立，那么，B、C 两镇就只有 3 条线路同其他小镇联系，这又不符合 B、C 各有 4 条电话线路的已知条件。所以，以上的假设也不成立。从以上的分析只能推出 B、C 两镇各有 1 条电话线路通向 E 镇。B 镇的另一条线路或者通向 D 镇，或者通向 F 镇，C 镇的另外一条线路或者通向 D 镇，或者通向 F 镇。而对于 E 镇来说，它肯定可以同 A、B、C 三个小镇通电话。

786. 教职员工

由于教授和讲师的总数是 16 名，从(1)和(4)得知：讲师至少有 9 名，男教授最多是 6 名。于是，按照(2)，男讲师必定不到 6 名。

根据(3)，女讲师少于男讲师，所以男讲师必定超过 4 名。

根据上述推断，男讲师多于 4 名少于 6 名，故男讲师必定正好是 5 名。

于是，讲师必定不超过 9 名，从而正好是 9 名，包括 5 名男性和 4 名女性，于是男教授则不能少于 6 名。这样，必定只有 1 名女教授，

使得总数为 16 名。

如果把一名男教授排除在外，则与(2)矛盾；把一名男讲师排除在外，则与(3)矛盾；把一名女教授排除在外，则与(4)矛盾；把一名女讲师排除，则与任何一条都不矛盾。因此，说话的人是一位女讲师。

787. 六名运动员

从 A、B 中至少去一人，那么可能有的情况：A 去 B 不去，A 不去 B 去或者 A、B 都去。

如果 A 去 B 不去，那么"A、D 不能一起去"则 D 不能去，同时"B、C 都去或都不去"则 C 不去，"C、D 中去一人"就不成立。与题目矛盾。

如果 A 不去 B 去，那么 C 也会去，D 就不会去，E 也就不去，如果 A、E 都不去，那么 A、E、F 中最多只能有一个人 F 去。与题目矛盾。

所以 A、B 都去，那么 C 也会去，D 不去，E 也不去，所以 A、E、F 中就是 A 和 F 两个人去。所以去的人是：A、B、C、F。

788. 相识纪念日

根据(1)和(2)，杰瑞第一次去健身俱乐部的日子必定是以下二者之一：

A. 汤姆第一次去健身俱乐部那天的第二天。

B. 汤姆第一次去健身俱乐部那天的前六天。

如果 A 是实际情况，那么根据(1)和(2)，汤姆和杰瑞第二次去健身俱乐部便是在同一天，而且在 20 天后又是同一天去健身俱乐部。根据(3)，他们再次都去健身俱乐部的那天必须是在二月份。可是，汤姆和杰瑞第一次去健身俱乐部的日子最晚也只能分别是一月份的第六天和第七天；在这种情况下，他们在一月份必定有两次是同一天去健身俱乐部：1 月 11 日和 1 月 31 日。因此 A 不是实际情况，而 B 是实际情况。

在情况 B 下，一月份的第一个星期二不

能迟于 1 月 1 日，否则随后的那个星期一将是一月份的第二个星期一。因此，杰瑞是 1 月 1 日开始去健身俱乐部的，而汤姆是 1 月 7 日开始去的。于是根据(1)和(2)，他们两人在一月份去健身俱乐部的日期分别为：

杰瑞：1 日，5 日，9 日，13 日，17 日，21 日，25 日，29 日。

汤姆：7 日，12 日，17 日，22 日，27 日。

因此，汤姆和杰瑞相遇于 1 月 17 日。

789. 点餐

只要画个简易的图就可以知道他们的位置关系，桌子一边三人为赵、钱、孙，另一边为李、周、吴。再看六个人分别点了什么东西，就能够知道答案：吴点了红烧牛肉。

790. 参加舞会

4 对订婚的，2 对结婚的。

单独男士 2 个独身、2 个结婚。

单独女士 3 人。

女士中人数最多的是订婚的。

所以 B 属于订婚的。

791. 分别是哪国人

A 是意大利人，B 是俄罗斯人，C 是英国人，D 是德国人，E 是法国人，F 是美国人。

分析：由(3)知道 C 不是德国人，由(5)知道 C 不是意大利人，由(6)知道 C 不是美国人也不是法国人。又因为 C 是技师，而根据(2)知道 C 不是俄罗斯人，所以 C 是英国人。根据(1)知道 A 不是美国人，根据(2)和(3)知道 A 不是俄罗斯人也不是德国人。根据(5)知道 A 不是法国人，所以 A 就应该是意大利人。根据(6)知道 B 不是美国人也不是法国人，根据(4)知道 B 不是德国人，所以 B 应该是俄罗斯人。根据(1)、(2)、(3)知道 E 不是美国人也不是德国人，那 E 就应该是法国人。根据(4)知道 F 不是德国人，所以 F 应该是美国人。最后，D 就是德国人。

792. 杀手的外号

飞鹰。

分析：从(1)、(5)和(6)情报得知，杀手 E 就是在这些情报中均未提及外号的某人，换言之，从杀手 A 到杀手 D 都不是此人。根据上述这个关键和(4)与(5)项情报作推敲，我们可以知道：杀手 A 就是"雪豹"。再从这个关键和(2)项情报作推敲，我们便可以知道：杀手 D 就是"丁香"。

然后，再根据这个关键和(3)项情报作推敲，我们又可以知道：杀手 C 其实就是"白猴"。知道 A、C、D 三名杀手的绰号之后，剩下的杀手 B 无疑就是"飞鹰"了。

793. 兄弟姐妹

首先可以确定的是老三是女的，老六也是女的。因为老二有一个哥哥，所以老大是男的，也就是说女的应该有 3 个。由(3)可知，老二也是男的。因为老四有两个弟弟，所以老五、老六、老七中只有老六是女的。所以老四只能是女的。

因此，老大、老二、老五、老七为男性；老三、老四、老六为女性。

794. 春游

小赵、小钱、小孙、小吴去了，小李、小周没去。

分析：首先，小钱去的话，小孙也一定去，因此小李就不去，所以小赵也去。又因为小李不去，所以小周也不去，而小赵、小周、小吴中有两人去，所以只能是小赵、小吴了，小赵、小钱至少有一人去，而小赵、小钱都去了，所以最后答案应该是小赵、小钱、小孙、小吴。

795. 分别教什么课

李老师教历史和体育，向老师教英语和生物，崔老师教数学和物理。

796. 彩旗的排列

顺序依次是：紫，蓝，黄，银，红，黑，绿，白。

(1) 银色旗子离紫色旗子较近；

(2) 红色旗子与白色旗子隔两面旗子；

(3) 蓝色旗子在紫色旗子边上；

(4) 黄色旗子在银色旗子与蓝色旗子之间。

797. 谁拿了我的雨伞

由已知条件可知：

甲拿走的雨伞只可能是丙或戊的。

乙拿走的雨伞只可能是甲或戊的。

丙拿走的雨伞只可能是甲或丁的。

丁拿走的雨伞只可能是甲或乙的。

戊拿走的雨伞只可能是乙或丙的。

假设甲拿走的是丙的，那么戊拿走的只能是乙的，丁拿走的只能是甲的，丙拿走丁的，乙拿走戊的。这样，乙和戊就相互拿了雨伞，与条件不符。

所以甲只有拿走了戊的，乙拿走了甲的，丙拿走了丁的，丁拿走了乙的，戊拿走了丙的。这样才符合条件。

798. 亲戚关系

(1)是丁讲的；(2)是乙讲的；(3)是戊讲的；(4)是丙讲的。其中乙和丙是兄弟；甲是乙的妻子；戊是甲的父亲；丁是丙的儿子或女儿。

799. 圈出的款额

运用 2 和 3，经过反复试验，可以发现，只有四对硬币组合能满足这样的要求：一对中的两组硬币各为四枚，总价值相等，但彼此间没有一枚硬币面值相同。各对中每组硬币的总价值分别为：40 美分、80 美分、125 美分和 130 美分。具体情况如下(S 代表 1 美元，H 代表 50 美分，Q 代表 25 美分，D 代表 10 美分，N 代表 5 美分的硬币)：

DDDDDDDHQQQHDDDS
QNNNQNQQNDDSQNHH

运用 1 和 4，可以看出，只有 30 美分和 100 美分能够分别从两对硬币组中付出而不用找零。但是，在标价单中没有 100。因此，圈出的款额必定是 30。

800. 手心的名字

是 B 的名字。

很明显，因为 A 说：是 C 的名字；C 说：

不是我的名字。这两个判断是矛盾的。

所以 A 与 C 两人之中必定有一个人是正确的，一个是错误的。

因为如果 A 正确的话，那么 B 也是正确的，与老师说的"只有一人猜对了"矛盾。

所以 A 必是错误的。

这样，只有 C 是正确的。不是 C 的名字。

因为老师说"只有一人猜对了"，那么说明其他三个判断都是错误的。

我们来看 B 的判断，B 说：不是我的名字。而 B 的判断又是错的，那么他的相反判断就是正确的，即是 B 的名字。

所以老师手上写的是 B 的名字。

801. 首饰的价值

这 5 件首饰的价值由大到小的排列为：A、B、E、D、C。

设其中一个首饰的价值为 x，其余的都以 x 表示，即可比较出价值的大小关系。

802. 谁的工资最高

小王最多。我们根据经理的话可以得到下面三个不等式：

① 小王+小李>小赵+小刘；

② 小王+小赵>小李+小刘；

③ 小王+小刘>小赵+小李。

由①+②可推知小王>小刘，由①+③可推知小王>小赵，由②+③可推知，小王>小李。

所以，小王的工资最高。

803. 血亲

有 4 个。

804. 谁是犯人

罪犯是亚洲人。可以采用假设的方法推理。

805. 汽车的牌子

如果罗伯特买的是奔驰，那第三句也是对的，所以罗伯特买的不是奔驰，故排除了 B、C。

根据选项，可以确定欧文买的是奔驰，也就是说第 3 句话猜对了，前两句话都是错的，所以叶赛宁买的是皇冠。选 A。

806. 消失的扑克牌

原来，第二次出现的牌，虽然看上去和第一次的很相似——都是从 J 到 K，但花色却都不一样。也就是说，第一次出现的六张牌，第二次都不会再出现。不论你选哪一张牌，结果都是一样的。

但是我们为什么会上当呢？因为我们死死地注意其中的一张牌，你的注意力只集中在这一张上面，当然就只看到"它""没有了"。什么"默想"，什么"看着我的眼睛"，都是烟雾和花招。实质就是这么简单。

807. 女朋友

如果汤姆的女朋友是蕾切尔，那么第三句也肯定是对的。所以汤姆的女朋友一定不是蕾切尔，排除 A、B 选项。根据 C、D 选项，罗斯的女朋友是蕾切尔，这样第三句话是错的，第一句话也是错的，那么第二句就一定是正确的。所以托尼的女朋友是莫妮卡。选 D。

808. 女子比赛结果

答案 D。甲和丙的预测相矛盾，其中必有一真，这样，丁和乙都预测错误，也就是说辽宁队前三名不拿了一个、辽宁队和山东队都没拿到第一名，这样可知前三名顺序是：河北、辽宁、辽宁。答案为 D。

809. 怀疑丈夫

设 a 为 8 点时参加聚会的人分成的组数，则根据 1，这时参加聚会的共有 5a 位。设 b 为 9 点时参加聚会的人分成的组数，则根据 2，这时参加聚会的共有 4b 位，而且 5a+2=4b。设 c 为 10 点时参加聚会的人分成的组数，则根据 3，这时参加聚会的共有 3c 位，而且 4b+2=3c。设 d 为 11 点时参加聚会的人分成的组数，则根据 4，这时参加聚会的共有 2d 位，而且 3c+2=2d。经过反复试验，得出在第一个和第二个方程中 a、b 和 c 的可能值如下(根据 1，a 不能大于 20)。5a+2=4b，4b+2=3c。由于 b 在两个方程中必须有相同的值，所以 b=13。于是 a=10，c=18。由于 c=18，所以从第三个方程得：d=28。因此，参加聚会的人数，8 点时是 50 人，9 点时是 52 人，10 点时是 54 人，11 点时是 56 人。根据 1、5 和 6，如果是赵丽丽按原来打算在她丈夫之后一小时到达，则 8 点时参加聚会的人数就会是 49 人。根据 2、5 和 6，如果是李师师按原来打算在她丈夫之后一小时到达，则 9 点时参加聚会的人数将会是 51 人。根据 3、5 和 6，如果是王美美打算在她丈夫之后一小时到达，则 10 点时参加聚会的人数将会是 53 人。根据 4、5 和 6，如果是孙香香原来打算在她丈夫之后一小时到达，则 11 点时参加聚会的人数将会是 55 人。在 49 人、51 人、53 人和 55 人这四个人数中，只有 53 人不能分成人数相等的若干个小组(为了能进行交谈，每组至少要有两人)。因此，根据 3 和 6，对自己丈夫的忠诚有所怀疑的是王美美。

810. 谁买的礼物

老二和老四买的。可以用排除法。

811. 担任什么职务

由"丙比体育委员年龄大"知道，丙不是体育委员，丙的年龄比体育委员的大。

由"学习委员比乙年龄小"知道，乙不是学习委员，乙的年龄比学习委员的大。

由"甲和学习委员不同岁"知道，甲不是学习委员。

既然知道了甲和乙都不是学习委员，那么丙就一定是学习委员了。三个人的年龄顺序是：乙>学习委员，丙>体育委员。从这一顺序上看，乙不是体育委员，那他就是班长了，而体育委员一定是甲了。

812. 猜年龄

小刘、小陈、小李三个人的年龄分别是 23、25、22。

主要抓住小刘和小李说的话，他们的话中有两处明显的矛盾。

便可依次判断出年龄了。

813. 住在哪里

A 先生住在亚洲印度的新德里；

B 先生住在南美洲巴西的巴西利亚；

C 先生住在欧洲法国的巴黎；

D 先生和 E 先生分别住在北美洲美国的纽约、芝加哥。

814. 谁吃了苹果

选 D，小丽吃的。可以用排除法，假如是小明吃的，那么第一个人和第三个人说的都是真话。假如是小红吃的，同样第一、三位说了真话。假如是小黄吃的，那第二、三位说了真话；假如是小丽吃的，那么只有第二位说了真话。由此可知：答案为 D。

815. 聪明的俘虏

因为在周围的 10 个人都看到了 9 个丝巾。他们不出来的原因，就是都看到了 5 个红丝巾，4 个蓝丝巾，所以猜不出自己的是红还是蓝。这样唯一的情况，就是中央的人戴的是红丝巾，而被中间的人挡住的那个人戴的丝巾和自己的颜色正好相反。所以，在周围的人就猜不出自己头上丝巾的颜色了。

816. 猜职业

由题干"甲和推销员不同岁，推销员比乙年龄小"，可推知丙为推销员。

由"丙比医生年龄大，推销员比乙年龄小"，可知乙为律师，甲为医生，故答案为 C。

817. 逻辑比赛

刘、吴在同一小组；

李、张在同一小组；

王、郑在同一小组；

钱、孙在同一小组；

赵、周在同一小组。

818. 拆炸弹

可以确定的顺序是 D，C，x，x，B。

因为 D 挨着 E，而 E 和 A 又隔一个按钮，所以只能 E 在 D 的后面，而第一个不确定的 x 处为 A，第二个不确定的 x 处，只能是 F 了。

所以，六个按钮上面的标号是：D、E、C、A、F、B。

819. 逻辑顺序

前 3 个条件排除了 120 种可能的排列中的 118 种。最后一个条件在剩下的两种可能中确定了一种。

820. 男孩吃苹果

男孩丙说："我和男孩丁共吃了 3 个苹果"，如果丁吃了 1 个的话，丙无论吃了 1 个还是 2 个都不会说这句话，所以丁吃了 2 个苹果，说谎话；

由男孩丁说的两句谎话可以知道：男孩乙吃了 1 个苹果，说真话；男孩丙剩下 3 个苹果；

由男孩乙说的真话知道：男孩甲剩下 4 个苹果；

原来四个男孩分别有 4、5、6、7 个苹果，在每个男孩吃掉 1 个或 2 个后，剩下的苹果数还是各自不同，因为已经确定乙吃了 1 个，丁吃了 2 个，所以剩下的苹果数只有两种可能：2、4、5、6 和 2、3、4、6；

因为男孩丙剩下了 3 个苹果，所以排除"2、4、5、6"，得到答案。

男孩甲最初有 6 个，吃了 2 个，剩下了 4 个；

男孩乙最初有 7 个，吃了 1 个，剩下了 6 个；

男孩丙最初有 5 个，吃了 2 个，剩下了 3 个；

男孩丁最初有 4 个，吃了 2 个，剩下了 2 个。

821. 买酒之谜

学文秘的甲买了果酒。列一个简单的表格即可求出。

822. 都是做什么的

程菲是体操运动员；张宁是羽毛球运动员；刘国梁为乒乓球运动员；孙鹏为网球运动员。

因为刘国梁在张宁对面，所以在孙鹏对面的只能是程菲，这样，程菲就是体操运动员。因为刘国梁在张宁对面，同时刘国梁右边是女的，所以程菲就在刘国梁右边。程菲就在刘国梁右边，张宁在刘国梁对面，所以张宁在程菲右边，题目中"羽毛球运动员在程菲右边"，张宁就是羽毛球运动员。程菲就在刘国梁右边，张宁在程菲右边，那肯定孙鹏在张宁右面，刘国梁就在孙鹏右面。而"乒乓球运动员在网球运动员右边"，所以刘国梁为乒乓球运动员，孙鹏为网球运动员。

823. 团圆的中秋节

(1)三男四女；(2)小明称呼他们为爷爷、奶奶、爸爸、妈妈、姐姐、妹妹。

824. 录取研究生

本题运用代入法。A 项代入甲得到"录取小方"，代入丙得到"不录取小方"，显然矛盾，C 项代入丙即可推出矛盾；D 项代入乙即可推出矛盾。故正确答案为 B。

825. 谁是冠军

本题可假设小李的说法是真，那小张、小王的说法都正确，与题干"只有一个看法正确"矛盾，所以小李的说法错误，同时小王也不对，再由小王的说法可知冠军就是 C。

826. 扑克牌

选 C。首先看(3)，由于有三种牌共 20 张，如果其中有两种总数超过了 19，也就是达到了 20 张，那么另外一种牌就不存在了，这是与题干相矛盾的，由此可见(3)的说法正确，这样可以排除选项 A；(1)的论述也不正确，可以举例来说明，假设三种牌的张数分别是：6、6、8，就推翻了(1)的假设，所以(1)不正确，这样 B、D 都可以排除了。

827. 辨认图片

因为每个人都说对了一个，所以假设 2 号是泰山，那么 3 号就不是华山。而戊所说的 2 号是华山，5 号是泰山就都不正确了。所以甲说的后半句是正确的，也就是 3 号是华山。

根据丁的话，确定 4 号是恒山。根据乙的话，确定 2 号是嵩山。再根据戊的话，确定 5 号是泰山。最后 1 号是衡山。

所以，1、2、3、4、5 号分别是衡山、嵩山、华山、恒山、泰山。

828. 六个兄弟

以老三为例，他旁边不能坐老二、老四和老五，所以只好坐老大和老六了。也就是说已经有三个人的位置固定了。还剩下老二、老四和老五，老四和老五是不能相邻的，所以一定要由老二隔开。挨着老六那边坐老四，挨着老大那边坐老五。这样就可以了。

829. 拿错了书

甲拿乙的语文书，乙拿丙的语文书；丙拿丁的语文书，丁拿甲的语文书；

甲拿丙的数学书，丙拿丁的数学书；丁拿乙的数学书，乙拿甲的数学书。

830. 公寓的房客

三家房客的名、姓和所住的层次如下：

罗杰·沃伦和诺玛·沃伦夫妇住在顶层；

珀西·刘易斯和多丽丝·刘易斯夫妇住在二层；

吉姆·莫顿和凯瑟琳·莫顿夫妇住在底层。

831. 分别在哪个科室

骨科医生和内科医生住在一起，说明骨科医生和内科医生不是一个人。内科医生和丙医生经常一起下棋，说明丙不是内科医生。外科医生比皮肤科医生年长，比乙医生又年轻，说明皮肤科医生最年轻。甲医生是三位医生中最年轻的，所以甲医生是皮肤科医生，且不是外科医生。三人中最年长的医生住家比其他两位医生远，住得最远的医生是乙，且不是骨科医生和内科医生。从而，我们可以推出以下答案：

甲：皮肤科、内科。

乙：泌尿科、妇产科。

丙：外科、骨科。

832. 老朋友聚会

"乙和丙的车是同一牌子的；丙和丁中只有一个人有车"，说明甲、乙、丙三个人有车，丁没有车。

因为"有一个人三种条件都具备"，而"只有一个人有了自己的别墅"，所以有别墅只能是有车的甲、乙、丙三人中的一个。

这样，丁就没有车也没有别墅了，因为"每个人至少具备一样条件"，所以丁有喜欢的工作。

因为"甲和乙对自己的工作条件感觉一样"，而"只有两个人有自己喜欢的工作"，所以丙和丁一样，有喜欢的工作。

既有车又有喜欢的工作的只有丙，那么他就是三个条件都具备的人了。

833. 留学生

首先看，德国人是医生，而 D 没有当医生，所以排除德国人是 D。

C 比德国人大，可以确定 C 不是德国人，那么德国人不是 A 就是 B。而题目中表明，B 是法官，德国人是医生，那么德国人就只能是 A 了。

同时，根据第二个条件，也可以排除 C 是美国人，因为美国人年纪最小，怎么可能比别人大？B 是法官，而美国人是警察，也可以排除美国人是 B 的可能性。这样，美国人就只能在 A 和 D 中选择。A 已经确定为德国人，那么 D 就是美国人。

B 是英国人的朋友，那么也可以排除 B 是英国人。

A 是德国人，D 是美国人，而且又肯定 B 不是英国人，那么，C 就只能是英国人了。

834. 谁击中的

这八个人的谈话可以分成三组：第一组是 A、H 和 E、F。A、H 的说法一致，E、F 的说法和 A、H 矛盾。因此要么 A、H 猜对，要么 E、F 猜对，这组必有两人是猜对的。第二组是 B、D。这两人的说法矛盾。因此要么 B 猜对，要么 D 猜对，这组必有一人猜对。第三组是 C、G。G 的说法包含了 C。如果 C 击中，则两人都猜错；如果 G 击中，则两人都猜对；如果别人击中，则一对一错。因此如果有三人猜对，就说明第三组都猜错，也就是 C 击中的。

如果有五人猜对，就说明第三组都猜对，也就是 G 击中的。

835. 体育项目

甲和乙抽到的都是踢足球，丙抽到的是骑马。

836. 几个人说谎

有三个人说了谎话。

因为如果假设甲说的是真的，那么乙说的就是谎话；而如果假设甲说谎了，那么乙说的就是真的。也就是说甲乙两人中必有一人说了谎话。同样，丙和丁也是必有一人说了谎话。戊说丙和丁都说谎了，那么戊说的就一定是谎话。所以有三个人说了谎话。

837. 卖肉

(1) 有 8 人只买了猪肉。

(2) 有 2 人三样都买了。

(3) 一共有 35 个顾客。

(4) 有 10 人只买了两样。

(5) 有 11 人买了鸡肉。

838. 袋子里的货物

1. 薯片 2. 牛奶 3. 饼干 4. 苹果

5. 果汁 6. 面包 7. 蛋糕。

839. 判断开关

设四个开关分别是 ABCD，先开 AB，过一段时间后，关掉 B 打开 C，然后走进屋。此时四个灯泡中又热又亮的对应 A，只热不亮的对应 B，只亮不热的对应 C，不亮也不热的对应 D。

840. 兄弟俩

2 个。

因为他们卖牛的单价与牛的数量相同，所以卖牛所得的钱是一个平方数。又因为两人平分绵羊后剩下一只，也就是说绵羊数是奇数。而绵羊的单价是 10，所以，卖牛的钱也就是这个平方数的十位数字一定是奇数。十几的平

方数中，十位是奇数的只有两个 $14^2=196$ 和 $16^2=256$。不管是哪个，山羊的价格都是 6 个金币。也就是说山羊比绵羊便宜 4 个金币。这样只要哥哥给弟弟 2 个金币就能使两人所得均等了。

841. 环岛旅行

先让两艘小艇都装满燃料，同时向一个方向航行，行到 40 千米处的时候，把一艘小艇上剩余的燃料的一半(也就是 40 千米所用的燃料)交给另一艘小艇，然后，自己用剩余的燃料返回码头。另一艘小艇继续航行 120 千米直到没油。回到码头的小艇装满油后，从相反方向去接另一艘小艇，在 40 千米处相遇，把小艇上剩余的燃料的一半(也就是 40 千米所用的燃料)交给另一艘小艇，然后两艘小艇同时返回码头即可。

842. 猜单双

因为爸爸一共交给小明 5 根火柴，分两只手拿，那么一定一只手是单数，一只手是双数。而左手火柴数乘 2，右手火柴数乘 3。两个奇数相乘结果还是奇数，任何数和偶数相乘都是偶数。左手火柴数乘 2 后一定是偶数，而右手火柴数乘 3 后，如果是奇数，那么最后的结果应该是偶数+奇数=奇数；如果是偶数，那么最后的结果应该是偶数+偶数=偶数。

所以根据最后结果的奇偶就可以断定小明右手中拿着的火柴的奇偶了。

843. 连续自然数

首先我们知道这四个自然数里不可能有 10，因为如果有 10 的话，最后一位应该是 0；其次，这四个自然数不能比 10 大，因为那样，最小的结果也要比 $10×10×10×10=10000$ 大；再次，这四个数不能有 5，因为如果有 5，那么乘紧挨着 5 的那个自然数，结果最后一位肯定是 0。综上所述，这四个自然数只可能是 1、2、3、4 或者 6、7、8、9。经过检验，发现 $1×2×3×4=24$，而 $6×7×8×9$ 恰好等于 3024。所以这四个连续的自然数为 6、7、8、9。

844. 零钱

硬币：1个一分，2个二分，1个五分；

纸币：2张一角，1张两角，1张五角，2张一元，1张两元，1张五元。

845. 三堆硬币

倒着推即可。因为一共有48枚硬币，最后三堆数量相同，即每堆48/3=16枚。第三次并入第一堆的硬币数为16/2=8枚，即第三堆有16+8=24枚硬币。所以第二次并入第三堆的硬币数为24/2=12枚，即第二堆有16+12=28枚硬币。第一次并入第二堆的硬币数为28/2=14枚，所以第一堆有8+14=22枚硬币。

所以，开始的时候，第一堆有22枚硬币，第二堆有14枚硬币，第三堆有12枚硬币。

846. 错车

设两列火车分别为甲和乙。甲车先停下来，分出20节车厢，然后车头带着20节车厢驶入岔道。然后把20节车厢放在岔道，甲车头回去取路上停的20节车厢，原地待命。此时，乙车带着自己的40节车厢驶过岔道，与岔道处放置的20节车厢连在一起，把60节车厢拉到路上，然后退回自己原来位置。这时，甲车带着20节车厢驶入岔道，让乙车带着60节车厢通过岔道，扔下甲车的20节车厢，继续前行。然后甲车驶出岔道，倒退到被扔下的20节车厢位置，带上它们就可以继续前进了。

第五部分

847. 日本人巧探大庆油田

日本人首先从中国画报刊登的铁人王进喜的大幅相片上推断出大庆油田在东北三省偏北处，因为相片上的王进喜身穿大棉袄，背景是遍地积雪。接着，他们又从另一幅肩扛人推的照片，推断出油田离铁路沿线不远。他们从《人民日报》的一篇报道中看到一段话，王进喜到了马家窑，说了一声："好大的油海啊，我们要把中国石油落后的帽子扔到太平洋里去！"据此，日本人判断，大庆油田的中心就在马家窑。

大庆油田什么时候产油？日本人判断：1964年。因为王进喜在这一年参加了第三届全国人民代表大会。如果不出油，王进喜是不会当选为人大代表的。

日本人还准确地推算出大庆油田油井的直径大小和大庆油田的产量，依据是《人民日报》一幅钻塔的照片和《人民日报》刊登的国务院政府工作报告：把当时公布的全国石油产量减去原来的石油产量，简单之至，连小学生都能算出来——日本人推算出大庆的石油年产量为3000万吨，与大庆油田的实际年产量几乎完全一致。

有了如此多的准确情报，日本人迅速设计出适合大庆油田用的石油开采设备。当我国政府向世界各国征求开采大庆油田的设计方案时，日本人一举中标。

848. 芝加哥需要多少调音师

大家对费米的提问都感到很奇怪，因为大家觉得这个问题根本无从下手。但是费米却不这样认为，他向大家解释道："假设芝加哥的人口有300万，每个家庭4口人，全市1/3的家庭有钢琴。那么芝加哥共有25万架钢琴。一般来说，每年需要调音的钢琴只有1/5，那么，一年需要调音5万次。每个调音师每天能调好4架钢琴，一年工作250天，共能调好1000架钢琴，是所需调音量的1/50。由此可以推断，芝加哥共需要50位调音师。"

费米一解释，大家都觉得这种推论方法是正确的，事实上，你也发现了，费米的这个推论是一个典型的"演绎法"。这种推论需要知道很多预备性的知识。比如，你应该知道芝加哥的总人口数，有钢琴的家庭所占的比例，每架钢琴一年要调音的次数，调音师的工作效率、工作时间等。如果你不知道这些知识，这个问题显然是无法回答的。

849. 一只猫毁了一个指挥部

德军依此判断如下：

(1) 这只猫不是野猫，野猫白天不出来，更不会在炮火隆隆的阵地上出没；

(2) 猫的栖身处就在土包附近，很可能是一个地下指挥部，因为周围没有人家；

(3) 根据仔细观察，这只猫是相当名贵的波斯品种，在打仗时还有兴趣玩这种猫的绝不会是普通的下级军官。

据此，他们判定那个掩蔽点一定是法军的高级指挥所。

850. 所罗门断案

如果你足够聪明的话，你就会嘲笑所罗门的愚蠢，因为所罗门的这个方法根本不能识别出谁是真正的母亲！当所罗门提出要将孩子一分为二时，真母亲当然不会同意，而宁愿将孩子让给对方。假母亲如果足够聪明，就能够猜测到这是所罗门国王的"苦肉计"，她完全可以也假装痛苦地表示宁愿将孩子"让"给对方。这样一来，情况就变成了两个母亲都愿意将孩子判给对方，问题又回到了原点。不管所罗门国王杀婴的恐吓是否可信，他现在都无法判断谁是孩子的真正母亲。

851. 到底谁算是凶手？

有人说，B是凶手，因为C并不是因为中毒而死的，而且即使A不下毒，C也会因为B而送命。也有人说，A才是真正的凶手，因为B的所作所为并不会影响结局，当A下毒以后，即使B不在水袋上钻孔，C也会送命。那么你觉得哪种论证正确呢？

这题可能永远也不会有能让所有人都认同的答案了。我个人的意见是，如果要有一个人对C的死亡负责的话，应该是A。因为无论是否出于本意，B所做的是让C沾不到下了毒的水，这无论如何总不是在杀他，甚至可以说是延长了C的寿命。当然，反对我的人也可以这样反驳：事实上C始终没喝过一点点毒药，在这种情况下，怎么能说A犯有投毒杀人罪呢？

总之，这是个值得思考的问题，它牵涉到了道德、法律、因果逻辑等几个领域。从道德的角度出发，显然A、B两个人都有杀人的动机，但法律有时候是不看动机只看结果的。我想这道题足够大家好好思考一阵子了。

852. 消失的邮票

王老先生把普通的大邮票周围涂上胶水，中间盖住自己那枚珍贵的邮票，粘了在明信片上。歹徒当然找不到了。

853. 通缉犯的公告

因为抢劫案是一年前发生的，所以罪犯的年龄当然是作案的时候的年龄，而现在贴出来的公告上的年龄就比现在罪犯的年龄少了一岁。所以也就是这个年龄信息是错误的，应该加一。

854. 福尔摩斯

因为张三的旅行包超大，必须托运，而托运的行李上写有"张三"的名字，再加上张三在门口张望，李四看了一眼张三的行李就可以确定了。

855. 凶手是谁？

凶手是死者的侄子。因为如果是另外两个人杀死的，会将尸体投入大海毁灭证据。而侄子为了得到遗产才会刻意留下尸体。因为如果仅仅是失踪，他的财产无法被继承。

856. 审狗破案

因为狗没叫，说明凶手必定是居住在附近的熟人。再加上此人背后有与姐姐厮打造成的抓痕，就可以知道他就是凶手。

857. 偷吃鸡蛋

因为刚偷吃完鸡蛋，一定有蛋黄塞在牙缝里。妈妈让三个孩子分别喝一口水，漱漱口，然后吐在盘子里。谁的漱口水中含有蛋黄沫子，就是谁偷吃了鸡蛋。

858. 谁是罪犯

劫匪是制作防盗玻璃柜的经手人。因为他在制作玻璃的时候留下了一小块瑕疵，也只有他自己知道这块玻璃的弱点在哪里。有了这个瑕疵，用锤子在那里一敲，玻璃就会破碎。

859．凶手的破绽

因为冬天戴着眼镜的人如果从外面闯进浴室眼镜会结雾看不清人。

860．破绽在哪儿

因为当时外面的气温达到零下20多度，事发地点又是离旅馆两公里外处。就算跑回来，衣服也应该结了冰，而他确实浑身湿漉漉的。说明他是在旅馆附近才自己用水淋湿的。

861．自杀

因为首先在一楼看不到三楼的人脚下的凳子，其次妻子见到丈夫上吊第一反应应该是把他放下来施救，而不是让他在那挂着。

862．诈骗

因为后面的车亮起刺眼的前灯，女子是不可能看出后面车里是谁的。所以他们一定是串通好的。

863．骗保险金

因为按他所说的如果真的停了一晚上的电，靠电加热的鱼缸里的热带鱼应该死掉才是。另外，他早上回来的时候不会没有注意到门被撬开的。

864．花招

凶手是女佣。她在晚上八点之前杀死王博士，然后放在外面，因为冬天外面很冷，从而改变了死亡时间。早上她又将在外面放了一夜的尸体抬到床上，打开电热毯，使冻僵的尸体融化。这也是王博士被窝暖暖的原因。

865．报案人的谎言

开着窗户那么长时间，房间里面是不会那么暖和的。

866．骗保险

因为即使是把油泼了上去，冷油也会将火熄灭。

867．不是自杀

如果是自杀的话，死者肌肉松弛，是不可能握住药瓶的，一定会滑下来，明显是被人后塞到手中去的。

868．第一现场

因为药箱内的体温计也被烤热了，达到了四十二度。普通病人的体温无论如何都不能达到四十二度，加上外面的温度又很低，所以可以断定这里不是第一现场，一定是有人将他从热的地方搬过来的。

869．杀人凶手

那个女生正对着镜子，看到的是镜子里凶手衣服上印的学号，这个学号是反过来的，所以，凶手是学号"881101"的学生。

870．练马师之死

罪犯是金发女郎。

她自称血迹是"刚才在他身上蹭到的"，实际上那时彼特已死了8个小时。他的血已结成冰，不可能会蹭到她袖子上去。

871．一封恐吓信

在案发后3小时，不可能会收到信件。这个时候，唯有真正的凶手才知道王小姐是被刺杀的。李先生过早地提出这封信，恰好透露出自己是真凶的消息。

872．祖传花瓶

大儿子说了谎，是他偷的花瓶。因为，老太太是中秋时走的，出去半个月，昨晚应该是初一，没有月亮，哪会有月光呢？

873．巧破绑架案

绑匪是他家附近邮局的邮递员。

874．他杀？自杀？

死者生前既然那么爱那条狗，自杀前她肯定会把狗放走。因为没有人照料这条狗的话，过不了几天它就会被活活饿死。死者这么爱这条狗，她绝对不可能不考虑它的生死。

875．列车上的窃贼

因为列车在停靠车站时，为了保证站内卫生，厕所一律锁门，禁止乘客使用。去长沙的乘客说他在上厕所是在撒谎。

876．自作聪明的凶手

窗口不可能会出现影子。刘夏说"窗口有

高举木棒的影子"，他在撒谎！因为桌上台灯的位置是在于老师和窗口之间，不可能把站在于老师背后凶手的影子照在窗子上。

877. 谁是凶手

凶手是死者的弟弟，因为死者上身赤裸，未穿衣服，凶手和他一定十分熟悉。如果是学生家长的话，出于礼貌，死者一定会穿好上衣，不会赤裸上身。

878. 穿睡衣的女人

凶手是黛妮小姐的情人。因为黛妮小姐穿着睡衣被人杀死。她家门上有个窥视窗，门铃响时，她必定先看看来人是谁。如果是那个学生，她必定不会穿着睡衣迎客；只有看到自己的情人时，才会穿着睡衣让他进来。

879. 巧破凶案

探长并没有提到案发地点，王刚能拿回金笔，说明他知道案发地点不是花园街那间小公寓，而是那所乡村旅馆。

880. 机智的律师

因为当日大雪纷飞，而室内电热炉又很温暖，玻璃应该是模糊的，不可能清楚地看到凶手的样子。

881. 巧断谋杀案

办案人员书面盘问结束后，淡淡地说了一句："没事了，你可以回去了。"

882. 死人河

在水下通过一条6英尺长，口径为1英寸的胶管呼吸，吉恩将很快窒息，因为他吸入的正是他呼出的二氧化碳，而没有氧气。这简单的医学常识多克当然懂得。

883. 抢劫案

因为王刚从来没有和加油员说过自己是什么车，而加油员就可以准确地买来两个正确型号的轮胎，说明他之前见过王刚的车。所以，那四个劫匪中肯定有这个加油员。

884. 巧识小偷

因为如果真的是走错房间，那么他开始的

时候就不会敲门了。有谁进自己的房间还要敲门呢？

885. 凶手的破绽

按常理，如果贾斯没上船，船夫应该直接喊："贾老板，你怎么还没上船啊？"

只有在船夫知道贾斯不在家的时候，他敲门才会直接喊："大嫂，天不早了，贾老板怎么还不上船啊？"可见应该是船夫见财起意，把贾斯杀害了。

886. 拖延了的侦破

从哈莱金最后一句话中："凶手实在没料到你会拖延这么久才开始侦破！"我们可以得到什么信息呢？昨天凌晨4点钟就接到一个匿名电话，报告她被人谋杀了很显然哈莱金怀疑的是匿名报案的人，如果当时警察去破案当然是在4点钟的时候，去了的话，送报的和送奶的就会知道人死了，也就不会留下东西了，可是不巧的是警察没有相信这事，送报的照常去了，而送奶的以为警察去破案了所以没有去送奶，这可根据一个空奶瓶和两叠报纸推知。所以哈莱金怀疑的是送奶人。

887. 车牌号码

因为被害人被撞得仰面朝天，这时看到的车牌号是倒着的。所以真正的车牌号不是8961，而是1968。

888. 逃逸的汽车

是10AU81，因为是在反光镜里看到的，所以号码是反的。

889. 隐藏的嫌犯

第六个人。抢劫犯跑了很长一段路，肯定会像阿飞一样气喘吁吁的。只有第六个人在大口大口地喘气，并用跑步取暖来掩饰。

890. 撒谎的凶手

因为男子在钓鱼，不可能从水面看到后面的人影向他靠近。

891. 被杀的鸵鸟

是犯罪团伙利用鸵鸟走私钻石。因为鸵鸟

的胃很特殊，它会吞食小石子帮助消化。这些石子不会排泄掉，而是留在胃里。犯罪团伙利用这一点，让鸵鸟吞食钻石，走私回国，然后杀死鸵鸟，取回钻石。

892．破绽

气温虽然超过 37℃，但是在空调车上，巧克力必然还会硬邦邦的，只有在外面待了很长时间的人，巧克力才会是软绵绵的。

893．清晰的手印

因为当我们把手贴在玻璃上时，只有四个手指是正面贴着平面的，而大拇指只有一个侧面是贴着平面的，而这个指纹是五个手指都正面贴着玻璃，显然是伪造的。

894．屈打成招

因为胡三娘是在四月被杀的，而且当时还是夜里下着小雨，天气一定不热，不需要用扇子。而且谁杀人的时候还会带着扇子呢？明显是凶手嫁祸于人。

895．骗保险金

因为如果是被盗的话，小偷不会费劲撬开门之后只偷走其中一张最珍贵的邮票，而应该全部拿走，因为它们都很值钱。

896．哪个是警察

因为小明看到的是背影，所以右边的是警察。因为警察要保证自己的安全，所以会把自己的左手和小偷的右手铐在一起。即使小偷有反抗行为，警察也可以用空闲的右手拔出手枪来制服对方。

897．凶手的破绽

因为卧室里铺着羊毛地毯，所以他的妻子不可能从话筒里听到凶手逃跑时的脚步声。

898．丈夫的特异功能

他是利用毛玻璃的特性。我们知道毛玻璃一面光滑，一面不光滑。一般的玻璃门都是光滑的一面冲外，不光滑的一面冲内。但只要在不光滑的一面加点水，使玻璃上面的细微凹凸变成水平，毛玻璃就变得透明了，可以清楚地看到房中发生的一切。

899．中毒还是谋杀

因为教授经常进行野外实地考察，很有经验，是不会把帐篷搭在大树底下的。因为那样的话，遇到雷雨天气容易遭到电击。所以现场一定是学生布置出来，迷惑警察用的。

900．细心的保安

因为保安发现其他人的雨伞都是湿的，而这个人的雨伞却是干的，说明她不是早上进去的。

901．破绽

因为我们都知道，夏天的中午是不能给植物浇水的，那样会造成植物死亡。这个常识园丁肯定是知道的，所以这个时候浇花的园丁一定是伪装的嫌疑人。

902．说谎的嫌疑人

因为保安说他拉上了窗帘，如果是这样的话，小偷从外面打碎玻璃时，碎玻璃就会被窗帘挡住绝大部分，不会落得满地都是了。

903．小偷的破绽

因为他开了灯。邻居知道屋主不在家，突然开了灯一定是进了小偷，就报了警。

904．谁偷的文件

是他的助理。原因是日本的国旗是看不出来反正的。所以，他在说谎。

905．跳机自杀

因为如果是自杀，张三打开机舱后由于压强遗书不可能还留在座椅上。明显是有人为了制造自杀的假象，后来才放上去的。

906．破绽在哪儿

冬天玻璃的外面不结冰，只有屋子里有热气，才会从内部结冰的。

907．正当防卫

因为现场李四拿枪的抽屉是关着的，一个人不可能在紧急情况下拿出枪然后关上抽屉再射击，肯定是有人布置的假象。

908. 火花

因为青铜是一种抗摩擦的金属,和路面撞击不会擦出火花。张三在说谎。

909. 钥匙上的指纹

我们知道,在用钥匙开门和锁门时,会用拇指和食指把住钥匙。但是食指用的并不是指尖,而是关节旁边的部分。也就是说,钥匙上的指纹应该一面是完整的正面指纹,一面是食指侧面的不完整指纹。而上面的钥匙两面都有完整的螺旋形指纹,说明一定是犯人制造的陷阱。

910. 并非自杀

问题出在电脑的键盘上。如果他是自杀的,打完遗嘱后按键上一定有他的指纹。所以警方断定他不是自杀。

911. 凶手是哪个

是 2 号病房的糖尿病人,因为人因紧张手会出汗,而且糖尿病人比正常人更容易出汗,且汗液中还含有糖分,所以用过的凶器才会招来蚂蚁。

912. 照片证据

凶手利用底片反洗照片来做不在场的证据。其实拍照时间是当天上午九点,反洗照片后,看起来像下午三点一样。

但是细心的警察发现,照片上凶手穿的衣服上的钮扣是左右颠倒的,所以警长知道这张照片是伪证。

913. 手表

因为怀特加了一夜的班,天亮才回到家。而他的妻子说自己是在前一天下午被喂了安眠药睡着的,所以她醒来后讲述案情时应该说今天下午三点左右,而不是昨天下午。显然她并没有真的睡着,知道已经过了一晚。而且酒窖没有窗子,不可能判断出当时的时间。

914. 嫁祸他人

因为张小姐的头发是昨天晚上新修剪的,所以发梢很齐。而留在死者手上的头发的发梢是圆的,也就是说它们是修剪之前的头发。所以一定是有人嫁祸。

915. 假照片

因为海拔 4000 米的高山上气压很低,易拉罐一打开,啤酒沫会冒出很多来。而小明展示的照片中的啤酒却没有冒出啤酒沫。

916. 自卫还是谋杀

不是自卫,是谋杀,因为有两个疑点:第一,三个伤口排列得太整齐,一个在害怕情急之下开枪的女人似乎不应该这样做。第二,玻璃碎片在伤口之上覆盖着,只说明玻璃是死后才给打破的。如果玻璃碎片是死者在冲破玻璃时留下来的,那么子弹的劲力也应该将碎片带进伤口里面去,但事实是,碎片盖在伤口上面。

917. 指纹

在张三家的门铃上留下了李四的指纹。

918. 公园的尸体

因为在死者身下压着的那张报纸是周日的。

919. 密林深处的血迹

人体血液中盐的含量远远超过动物血液中盐的含量,西科尔以他敏感的舌尖品味一下两行血迹即可鉴别出来。

920. 后花园里的谋杀案

任何人爬树都不会用脚底板向上爬。脚被大树刮破,伤痕应该是横纹,而不是直线形的。

921. 推下山谷的尸体

手表的种类繁多。因为那尸体手上戴的手表是块全自动机芯手表。如果被害人是在三四天前在山谷里被杀的话,尸体一动不动,手表照理是不会走动的。

死后第四天,部下将尸体从冷冻箱里抬出运到自然公园的山顶上再扔进山谷,手表受到震动,自然指针也就走动起来。自动机芯表,在表中设置了循环发条,戴在手腕上,由于手臂的摆动,发条在齿轮的带动下会自动走动。杀人者将自动手表错当成电子表,疏忽了这一点,导致了失败。

922. 虚假的证供

因为衣柜里放有樟脑丸。如果真像房主所说，已经有两年时间没有人在这里住过，那么哪来的樟脑丸呢，就算有也应该挥发掉了。

923. 伪装的自杀

因为如果是自杀的话，开枪打死自己以后，不可能把拿着枪的手放回被子里。

924. 是自杀还是他杀

因为如果是自杀的话，伤口应该是外深内浅，从里面割下的。而从外面割的话，会形成内深外浅的伤口。

925. 谁是逃犯

后来和警察一起跑进来的陌生人是真正的逃犯。他进诊所时，年轻人已经穿好了病号服，因此他不应该知道年轻人是背部中弹的。

926. 9 朵玫瑰

放在窗台上的 9 朵玫瑰，在房间里搁了两个星期后早已枯萎凋谢，窗台、地板上肯定会有掉落的花瓣，不可能"只有一点灰尘"。据此，警长判断富翁系他杀。

927. 巧捉盗贼

因为在狂风大作的海上航行，是不可能写出"整齐秀丽"的字的。而他却说自己一晚上都在写作，一定是假话。

928. 愚蠢的凶手

拘捕的是甲。就一般人来说，只能看到老人开门或关门，而他却知道老人在锁门，说明他在仔细观察这位老人。

929. 宝石藏在哪儿

普通的冰块应该浮在水面上，冰块里藏有钻石肯定要沉入杯底，因为它的密度比水大。矶川侦探看到梅姑杯子里只有 2 块冰块浮在水面上，另外 2 块冰块则沉到了杯底，推测里面一定藏有钻石。

930. 识破小偷

警官看到那条狗翘起后腿撒尿，便立刻识破了那个男子的谎言。

因为只有公狗才翘起后腿撒尿，而母狗撒尿时是不翘后腿的。然而，那个男子却用"玛丽"这种女性的称谓叫那条公狗。如果他真是这家的主人，不会不知道自己家所豢养的狗的性别。所以，他也就不会用女性称谓去喊公狗。

由于这条狗长得毛乎乎的，小偷从外表上根本看不出它的性别，便随口胡乱用了女性的名字叫它。

另外，这条狗之所以对小偷很温顺听话，是因为他进来时喂了它几片肉。

931. 绑架设想

的确，理论上是万无一失的，但人这种动物在执行的时候总会出一些纰漏。这个新晋绑匪在荒郊野地里找不到公用电话，只好用自己的手机与家长联系，其实就算拿手机联系也不算什么，拿到钱直接把手机处理掉就是，但是，这位新晋绑匪拿到钱后得意忘形，手机还搁身上，结果被警察定了位，逮个正着。

932. 谁在说谎

是第三个人，因为彩虹的位置和太阳相反，所以看彩虹时绝不会觉得阳光刺眼。

933. 凶器是什么

是用那块冻豆腐。冻豆腐刚从冰箱里拿出来，被冻得非常硬，足可用来当凶器。

934. 疏忽

因为浴室的灯是关着的，人不可能关着灯洗澡。张三是在早上天亮的时候把李四送回家的，他忘记了开灯。

935. 露出马脚

因为他为了烤火鸡点燃了壁炉，一栋没人住的房子烟囱冒烟，当然会引起巡警的注意。

936. 破绽

破绽是用茶汁染黄的字据全是黄色的，而因时间久远的字据，叠起来保存的话，应该是外面发黄，里面还是白的。

937. 糊涂官断案

"看她艳如桃李，岂能无人勾引！年正青春，怎么会冷若冰霜？她与奸夫情投意合，自然要生比翼双飞之意。父亲拦阻，因之杀其父而盗其财，此乃人之常情。这案情就是不问，也已明白十之八九了。"

糊涂官根据这个设想，把此案定为"通奸谋杀'，并把两个无辜青年判处死刑。

后来多亏苏州知府对案件进行了一番调查研究，找出凶手和赃证，养女和赶考的青年的冤情才得以昭雪。

938. 合谋

头已经面目全非了，张三却知道是李四的，肯定是他把头藏起来的。后来听说只有找到头才能定案，他急于与妇人成亲，所以才拿出了藏起来的头。

939. 窃取情报

作案人是第三个人。因为录音磁带开始的1分钟没有声音，只有关门声。说明那个人从安装录音笔到出门的这段时间都没有留下脚步声，而只有穿旅游鞋走路才会没有声音。用录音笔窃取情报，一定会收录音笔，因此，作案人不会故意放轻脚步，他会正常走动，但使自己的脚步声不留在磁带上。

940. 值得怀疑

因为从泰国首都曼谷到北京有直达航班，没必要从菲律宾转一次飞机，就算是去菲律宾旅游，也不会只在菲律宾待几个小时马上又飞到下一个地方。

941. 失误

警察调查被烧毁的汽车就会知道，车掉下山谷时油箱里几乎没有油了，不可能被那么大的火烧成灰烬。所以007的失误在于不该淋上汽油点火。

942. 画窃贼

因为猫眼是用凸透镜制成的，会让人的脸看起来胖一些。

943. 吹牛的人

在圣诞节前天，肯特是无法利用太阳光在北极圈内生火的。因为每年10月到第二年3月这段时间，在北极圈内是没有阳光的，即处于"极夜"状态。

944. 吹牛的将军

因为在第二次世界大战结束之前，还没有所谓的第一、第二次世界大战的说法，所以这枚勋章上不可能写着"颁给在第一次世界大战中……"的字样。

945. 谁是凶手

凶手：李谦。

第一个"8"，"便挂断了"，代表八卦。

第二次拨的"121×111"在八卦中对应如下图形：(1表示一横，2表示2横)

离　　　乾

而这两个图形在八卦中表示的字是"离"和"乾"。

由谐音找出凶手。

946. 作案时间

作案时间是夜里一点半。因为只有在十二点半、一点、一点半三个时刻，钟才是连续三次响一次的。

947. 假作文

如果用圆珠笔仰面写字，很快就会写不出来字。

948. 螳螂捕蝉，黄雀在后

是那位西装革履的男子。因为如果是另两个人的话，她们应该会连他先偷的那个钱包一块偷走，就算不全偷，她们也不能确定哪个钱包是小李的。

949. 谁是贩毒者

贩毒者是厨师。因为就算人再多，调料的需求量也不大，每天买调料是不正常的举动。

950. 小木屋藏尸案

凶手是老赵。他假装正午离开小屋，等1点30分老黄和老陈都离开后，再等张三与山庄老板通过电话，便进入小屋杀了他，凶器为登山用的攀岩锤。

老赵行凶之后离开小屋之时为2点10分，随即从东边往下跑，跑到半山腰，便偷了老陈放在那儿的滑板，一口气滑向山庄，所以4点40分就到达目的地，因此1点30分出发的老陈5点到达半山腰时，找不到滑雪用具。

951. 扑克的线索

K是A先生，一张Q是B小姐，另一张Q和J代表姐弟。A先生对姐弟俩不是很好，当时姐姐忍受不了捅了A先生一刀随即离开，A先生自己包扎了伤口，接着B小姐回来，看到A先生受伤知道他又欺负孩子了，不想让孩子再受到伤害，捅了A先生5刀，随后为了不让家丑外扬而做出劫杀的假象，自己也自杀，刀上就只有B小姐的指纹了。

952. 不在场的证明

车主是劫案的同谋。你有两个同伙，并弄了两辆颜色和车牌完全相同的车。同伙抢劫完后，自己开着车在警察局外面接应，并故意吸引警方的注意力，为同伙开脱。

953. 消失的杯子

小明把围着的毛线围巾拆开，用长长的毛线穿过咖啡杯的柄，慢慢地把杯子从窗户放到地面，然后松开线的一头，把毛线收回，装在口袋里。这样做就可以了。

954. 百密一疏

因为在海上都有雷达监控着。箱子是铝合金的，会被雷达发现。警察根据雷达显示的情况找到了富翁藏匿赃款的地方。

955. 陷阱

凶手事先把100块钱扔在地上，等张三回来发现钱弯腰捡的时候，他从二楼窗口朝下射箭，杀死张三。

956. 死因

罪犯提前在董事长的一个车胎里充入高压氰酸钾气体。早上，当董事长想开车时，发现一个轮胎的气太足，就想放出一些气。这样剧毒的氰酸钾气体喷出使其身亡。

957. 司机去哪儿了

山本司机被副驾驶员杀害了，然后尸体被投入到了蒸汽机车的锅炉中烧掉了。

958. 第二枪

这是"死后僵硬"所引发的偶然事件。人的头部中弹后，会立刻发生全身僵硬现象。

自杀者开枪射中自己头部后，握着枪的手收缩，压迫扳机而发射了第二枪。

959. 隔空杀人

凶手用绳子系住滑雪杆，再把绳子卷在手腕上，滑雪杆抛向死者，刺中她的胸口，再用绳子拉回滑雪杆，所以找不到凶器。

960. 煤气泄漏之谜

用冰淇淋把煤气的口堵住，冰淇淋融化后煤气就泄漏了。

961. 遇害真相

凶手先把男子用生牛皮绑住脖子但不至于勒死，在太阳光的暴晒下，生牛皮会收缩，越勒越紧就把人勒死了。

962. 消失了的凶器

凶器是那名女大学生的头发。

963. 消失的赎金

绑匪是那个出租车司机。他只是花钱让那个拾荒者把垃圾桶旁的箱子带到超市而已，在车上已经把钱拿了出来。

964. 爆炸谋杀案

凶手利用电话来做放火的工具。他先让被害者服用安眠药，再在电话上做些手脚，让电话线短路，然后打开煤气的开关，逃离现场。过一段时间，预计房间已经充满了煤气，就从公用电话打被害人房间的电话，电话机有电流通过，由于短路产生火花，引燃煤气起火爆炸。

965. 台长的密室

凶手是 L 先生。他在节目间隙的 2～3 分钟离开拍摄现场，快速跑到 9 楼的位于台长所在的那间房间正上方的一间房间内，用手机打电话给台长说："我现在要自杀，就从你上方的房间跳下去。"这时候，台长必然会从窗口探出头向上看，L 趁机将台长枪杀。台长死后，尸体滑下，蹲坐在墙边，造成了密室杀人的假象。

966. 奇怪的谋杀案

因为有人将干冰放在了女子房间的冰箱里，干冰挥发后，产生了大量的二氧化碳，加上门窗都密封，所以导致了女子室息死亡。

967. 不可能的毒杀案

B 的钢笔是最佳的盛毒液的容器。用毒液代替钢笔水，在停电时，罪犯迅速将毒液滴入杯中，这样做也无沾到手上的危险。而 A 的感冒胶囊一来有外壳，不易马上发作，二来也容易在验尸时被查出来，更何况在仅二三分钟的时间中万一胶囊还未溶化，是非常容易被发现的。

968. 赎金哪里去了

绑匪就是那个司机。他先准备一个和装钱的手提包一样的包，然后在警察的监视下，埋下空的手提包，而装有赎金的手提包还在他的车上。

969. 中毒

哥哥把毒药冻在了冰块中，哥哥喝的时候，冰块刚放进可乐，尚未融化，没有毒。而弟弟喝的时候，冰块全部融化了，所以弟弟就中毒了。

970. 自杀

绅士先在手枪柄上系上一条长长的纸带，把纸带的一头放到羊圈里，然后开枪自杀。因为羊喜欢吃纸，就在吃掉纸带的同时，一点一点地把枪拖到了羊圈里。

971. 不在场的证明

凶手在让死者吃了安眠药之后，就在塑胶管上放了一大块冰块，然后再打开瓦斯。这样一来，由于冰块的重量将塑胶管堵住，瓦斯便出不来了。随着时间推移，冰块也因溶化而变轻，因此堵住塑胶管的力量减轻，所以瓦斯便外泄出来。而凶手就利用这段时间，故意制造车祸让警察捉住，这样他就有不在场的证明。管理员发现尸体时，冰块已经完全溶化，而地板上的水渍正是这个缘故。

972. 密室杀人案

D 在吃饭之前布置好了机关：

D 先将无声手枪正固定在窗户的钉子上，用绳子系住门把手，另一头绕过旗杆，系在手枪扳机上。等死者开门时，绳子绷紧，使手枪开火，便杀人成功。

随后回来的 D 粗心地把尸体抛在爆竹堆上，把带有针的钓鱼线穿过死者裤兜，再把两头从窗子扔出窗外，锁上门，到窗外找到钓鱼线，用透明胶带将线固定在钥匙上，拉另一头使钥匙回到死者裤兜里，从而造成密室！

973. 壁板诡计

存放杂物的储存室的壁板墙，全是从里侧用钉子钉上去的。其中二三张壁板是用强力胶粘上去的。罪犯是把这几张壁板取下来，走出房间后再把壁板涂上强力胶，粘到原来的位置。壁板上留有旧铁钉帽儿，所以从外面乍一看，这个房间四周的壁板墙似乎全用铁钉钉着，给人以完全封闭的错觉。

974. 手枪哪里去了

他用木屐的带子拴住手枪，一起扔进了河里。枪被木屐拖着，顺着水流漂走了，当然不在警察搜索的范围内了。

975. 美丽的罪犯

小偷手指指纹部分涂上了透明的指甲油，所以没有留下指纹。

976. 转移财产

那个邮票值上千万元，这就是老人的所有财产。

977. 他是怎么死的

因为商人恶贯满盈，有人为了报仇就在他回家的路上立了一面与道路同样宽的大镜子。当他经过的时候，产生了错觉，将镜子里反射出的自己的车当作对面开来的车。慌忙中掉下悬崖死了。

978. 密室盗宝

是富翁自己偷了自己的钻石。他先准备两个一模一样的盒子，把钻石放到一个盒子里，再把另一个盒子放到密室中。那个著名的大盗和这个根本没有关系。

979. 报警电话

陈婧在打电话时做了点手脚。在通话时，她一讲到无关紧要的话，就用手指按紧话筒，不让对方听到，而讲到关键的话时，就松开手。

这样，家人就收到了这么一段"间歇式"的报警电话："我是陈婧……现在……香格里拉大酒店……和坏人……在一起……请您……快……赶来……"

980. 有罪的证明

这句话是不对的，打开了，并不能证明它一定是他的；但是如果不能打开，那就证明一定不是他的。

981. 凶手就是你

因为死者横躺在过道中间，而汤姆从门口走到里面开灯时，却没有被尸体绊倒，说明他清楚地知道尸体的位置。

982. 消失的新郎

这个新郎是船上的一名水手，他运用假名，专门结婚诈骗。带着莉亚到了一个他修改过的房间，然后骗走她的财产，躲到了驾驶舱内。因为水手们之间都认识，他们不会注意到一名上岸的水手是何时上船的。所以接待莉亚的两位水手才会说莉亚上船的时候身边没有其他乘客。

983. 门口的烟头

因为如果是死者的情人，叼着香烟来到死者家是很正常的事情。而作为推销员，他们习惯于在拜访别人时在门口将香烟熄灭。

984. 谁是凶手？

是甲。因为左轮手枪的子弹壳会留在手枪里，而自动手枪的子弹壳会自动弹出来。

985. 隐藏的证据

因为窗台上有积雪融化形成的冰溜子，说明屋子很暖和，将外面的积雪融化了，这不可能是在短时间内就能达到的。所以昨天晚上家中一定有人在取暖。

986. 抛尸现场

因为如果是普通小轿车运的尸体，人一定要下来才能搬下尸体抛弃，而箱式汽车就不用下车。现场没有发现脚印就说明了这一点。

987. 奇怪的委托人

他的目的是这位侦探的事务所，他使的是调虎离山之计，可能要去侦探的事务所里偷些重要的资料吧。

988. 作家之死

根据桌上剩余的半根蜡烛。如果真的是写作时突然被吓死，那么蜡烛应该一直点燃，或者烧尽了，而现在剩下半根，说明是有人谋杀。

989. 并非自杀

一个有心自杀的人是不会费尽心思擦掉封窗子胶带上的指纹的。

990. 说谎的嫌犯

因为年轻人说他们正在准备吃烤好的兔子，朋友才被人杀死的。而警察来时，死者已经死亡一个小时了。在这么长的时间里，那只烤好的兔子竟然还没有烤焦，而是油汪汪的，发出迷人的香气，说明年轻人在说谎。

991. 浴缸里的死尸

因为浴缸里满是肥皂泡，如果真如报案人所说，死者是在9点多洗澡的时候死亡，那么到警察来这么长时间，肥皂泡早就破灭了，不可能还有那么多。

992. 私杀耕牛

因为牛的舌头被割掉，无法吃草，迟早要

被饿死。包拯索性偷偷授权他杀掉耕牛。而割掉牛舌头的人肯定与其有较大矛盾，发现他杀掉耕牛，一定会来检举他私杀耕牛之罪。果然，没多久，就有人前来检举说他私杀耕牛，一经审问，割掉牛舌头的人正是他。

993. 消失的案犯

其中一名罪犯等在那里，另一名罪犯拿着对方的鞋子走向悬崖，然后换穿拿着的鞋子，退着走回来。然后两个人逃走了。

994. 遗作

因为在连续几天零下三十度的天气中，一个废弃的、窗户上还有破洞的小木屋里的钢笔和墨水瓶里的墨水肯定都结了冰，不可能画出画来。

995. 辨认凶手

是流浪汉甲做的。因为警察只是说发生了劫案，并没有说劫匪潜水从河中逃到对岸，而流浪汉甲却知道，说明是他做的。

996. 死去的登山者

因为如果是因迷路饿死的，那么最起码胃里应该有些野草、树叶、树皮、野果之类的东西，这是最基本的求生技能。而他的胃里空空如也。所以他一定是被人人为饿死的，之后换上登山服弃尸深山的。

997. 死亡时间

是秒表。田径运动员在训练的时候自己随身携带了一块秒表，用来计算速度。在他被人杀死的时候，正好按下了秒表的计时按钮，所以将死亡时间记录了下来。

998. 误伤还是故意？

因为这一切一定是汤姆教导的。首先他一次次训练孩子以游戏的方式向人开枪，是有预谋的。其次，这次将玩具枪换成真枪，必定是他所为。最后，真枪都有保险，几岁的小孩子不可能知道如何打开保险，一定是汤姆事先准备好的。

999. 假借据

因为我们在写借据等有数字的凭据时，不可能用阿拉伯数字，都是用大写的数字，以免被人在前后加上别的数字。所以这个借据一定是假的。

1000. 消失的罪犯

因为那个嫌疑人是男扮女装，跑到海水中人少的地方后潜入水中，脱掉泳衣，摘下假发，变成了男身，混入游泳的人中了。这样就没有人能认出他了。

1001. 巧辩冤案

因为是诬告，而且罪证很多，告状者在重新写状子的时候，两次必定会有很多出入。这两份状子就成了他诬告李靖的证据。

1002. 假币

因为这张假币与真币很接近，只是颜色和真币有区别。而且这个区别比较明显，连小明都可以轻易认出来，更别说经常接触钱的妈妈。唯一的可能就是那个买水果的人用一张百元钞票，妈妈没有真币和它对照，才误收了假币。所以就是那个只用了一张百元钞票的小伙子给的假币。

1003. 离奇的杀人案

凶手藏在死者家的楼顶，然后在晚上轻轻地叫死者的名字，死者从窗户探出头查看时，凶手从上面用绳子勒住她的脖子并借助窗框将其勒死，然后凶手松开绳子，尸体滑到屋子里，这就形成了密室。

1004. 不是案发现场

普通的机械手表是不防水的，泡在水里会停掉，法医看到手表停掉的时间是在12点半左右，而推断的死亡时间却是晚上8点，说明死者不是掉入海里淹死的，否则死亡时间应该与手表停掉的时间一致才对。

1005. 不在场的证明

凶手趁张小姐不在的时候潜进公寓，先给猫喂些安眠药，等猫睡着以后，他接上塑料管，打开煤气阀，并用猫的尾巴堵住塑料管的出口。一段时间之后，张小姐回到公寓，开始睡觉。这时猫醒了过来，挣脱塑料管，煤气开始泄露，毒死了张小姐。

1006. 脚印哪里去了

他用一根水管接在拖把池的水龙头上，用水冲掉了自己的脚印。因为刚下过雨，冲过之后的地方看上去就什么都没有了，而且和周围一样。

1007. 急中生智

因为酒杯上有杀手的指纹，如果小五郎死了，警察一定能够通过酒杯上的证据找到杀手。所以杀手不得不放弃了刺杀计划。

1008. 离奇的毒杀案

凶手将毒药涂在刀的一面，在切苹果的时候，毒药就粘在了一半苹果上。就这样毒死了史密斯太太。

1009. 凶手的破绽

因为警察在现场只发现了一个红酒瓶，而瓶中的红酒加上酒杯里的就却比一整瓶要多。这说明少了的那个红酒瓶一定被在现场的另外一个人拿走了。

1010. 离奇的死亡

凶手先潜进屋中把灯的开关关掉，然后拧松了白炽灯灯泡。之后就躲在窗外的小树林中。死者进屋后，打开开关发现灯没有亮，就来到灯下面检查灯泡。发现是灯泡松了，于是就将其拧紧。这时灯亮了，同时枪也响了，子弹射向灯泡所在位置的正下方，就这样杀死了约翰博士。

1011. 异地谋杀案

凶手先在死者的饮料内加入安眠药，等死者睡熟以后，换上他的训练服，并把他搬到跳水台上。最后凶手调低下面水池中的水位后离开。在这段时间里，凶手故意酒后驾车被捉。等死者恢复意识后，因为跳台上位置狭小，加上他迷迷糊糊的状态，一下子从高台上摔了下去摔死了。

1012. 处乱不惊

因为那截长长的烟灰。如果是按照女子所说，小五郎意图强奸女子，那么他不可能一边还悠闲地抽着雪茄，留下那么长的烟灰。而且只要他轻轻一动，烟灰就会散落。所以这一切肯定是女子自己做出来的，想讹诈这位先生。

1013. 猜对了一半

因为尸体边有斑斑血迹，如果是1天前抛尸的，早就被湍急的水流冲光了。

1014. 包公破案

包拯令人张榜招贤，说包府招几个有文采的人帮助包拯处理公务。几天内，远近数十名书生慕名而来。而包拯设的题目就是对对联，"等灯登阁各攻书"。结果只有一人对了出来，"移椅倚桐同赏月"。包拯立即把他拿下，调查发现他与新郎同在一家学馆读书。经过审问，得知就是他骗奸了新娘。

1015. 死亡信息

住在314房间的乙可能是凶手。因为根据数学老师的死亡信息，手里攥着一张扑克牌，代表的是 π，就是 3.14。所以住在 314 号房的乙有重大嫌疑。

1016. 自杀疑云

因为死者手里还握着钢笔。他是用哪只手开枪自杀的呢？

1017. 辨认尸体

是那个女作家。死者的牙齿颗粒不大，说明不是篮球运动员。因为篮球运动员一般体格较高较强壮，所以牙齿颗粒会很大。另外也不会是那个小男孩，因为保养得很好，而12岁的小男孩还没有换牙，不会如此保养。另外牙齿有凹痕，说明不是牙科医生，而是作家，因为只有作家才有写作时咬笔杆的习惯。

1018. 逃跑的凶手

可以用现场的血迹与嫌疑人的子女进行DNA比对，即可确定嫌疑人是否是真凶。

1019. 辨别方向

她把别针在身上的真丝衣服上蹭了几下，

使它变成一个小磁铁，然后在鼻子和额头上粘一点油，将其放入小水坑里。由于别针上有油，会浮在水面上，就形成了一个自制的小指南针。有了方向，就可以走出去了。

1020. 辨别方向

他观察了一下那些被砍伐的树桩。树木的年轮是可以区分出东南西北的。

1021. 消失的子弹

杀手的子弹头是特制的，用冰制成。这样就可以在人体内慢慢化掉，在杀人之后不留下任何痕迹。

1022. 馆长之死

雪茄不是凶手亲自点燃的，而是凶手利用天体望远镜镜筒中的凸透镜，通过窗口射进来的阳光定时点燃了雪茄，用来为自己制造不在场的证据。

1023. 奇怪的火灾

是大棚顶上积了一小洼雨水，形成了一个凸透镜，中午的阳光通过凸透镜照射到枯草上，点燃了枯草，酿成了火灾。

1024. 计划失败

家用瓦斯虽然比空气轻，但是它并不会在空气中直线上升并分层，而是随着空气的运动和对流很好地与空气混合在一起。所以在楼下的丰田比楼上的广本更容易中毒身亡。

1025. 爆炸声

只发生了一次爆炸。那名游泳逃生的游客之所以听到两声，是因为他第一声是在水里听到的。声音在水中传播的速度要比在空气中传播的快。所以第一声是由水传播过来的。而当他钻出水面后，又听到了一声由空气传播过来的爆炸声。

1026. 失恋者的报复

是女孩送的礼物金鱼缸引发了火灾，圆形的金鱼缸和里面的水形成了一个凸透镜，在中午阳光的照射下，引燃了女孩特意放置的那沓信纸。另外，女孩趁男孩去拿酒的时候，把安

眠药粉末放入男孩的杯子中。然后等男孩睡着后，大火烧死了男孩。

1027. 杀人的真相

因为洗脸间里的那瓶洗洁剂是汤姆特意准备的，主要成分是四氯化碳。四氯化碳是一种无色味香的液体，被用于衣服的干洗。撒上红酒根本没有必要用洗洁剂，但汤姆却误导吉米，在污迹上涂了很多洗洁剂。致使吉米吸入了大量挥发出来的四氯化碳有毒气体。而当一个人饮酒过度时，加上这种气体就会导致死亡，而症状和酒精中毒十分相似。

1028. 开花的郁金香

因为郁金香这种花很特别，一到夜里花就会合上，灯光照射十五六分钟后会自然张开。小五郎进屋时花瓣是闭着的，说明屋子里一直是黑暗状态。也就是说怪盗是才回来不久的，根本不是他所说的一直在家待着看书。

1029. 分辨凶器

因为这个汽水瓶标签上表明的成分中写着加有人工甜味剂。而真正能吸引蚂蚁的只有砂糖或者糖果的那种天然甜味剂。也就是说，只有天然甜味剂的汽水才能引来蚂蚁，人工甜味剂的汽水是引不来蚂蚁的。

1030. 有贼闯入

因为他的闹钟是夜光的。也就是说，这个闹钟在收到光照后在一段时间内会发光。小五郎进屋后，在没有开灯的情况下发现闹钟发光了，说明屋子里的灯是有人刚关掉的。这就说明有人在听到他开门的声音后关掉灯，藏了起来。

1031. 指纹

凶手是琳达的前男友。因为当时是夏天，甲和丙都喝的是冰镇饮料，所以会因为结霜而使上边的指纹变模糊。而琳达的前男友喝的是白水，理应留下清晰的指纹，但却没有，说明他是凶手，他特意擦掉了指纹。

1032. 识破谎言

因为如果真的是电线老化起火，是不能用

水浇灭的。电线起火需要用含有二氧化碳的灭火器或者干粉灭火器扑灭，否则只会越烧越大。这是常识。史蒂芬先生一定是生意失败，想用火灾来骗取保险。

1033. 轮胎的痕迹

是别人偷偷卸下了他车的轮胎，装在自己的车上作的案，然后又将轮胎换了回来。

1034. 发黑的银簪

凶手应该是那个皮肤病患者，因为银发簪变黑，说明凶手接触过能使银变黑的物质，而治疗皮肤病的很多药膏中都含硫，它可以使银变黑。

1035. 恐高症

因为作为一名恐高症患者，不可能一个人来到如此清澈见底的深湖中来划船，那无疑是自寻死路。

1036. 毒杀案

犯罪嫌疑人先给张三的饮料里放入安眠药，不久张三熟睡过去。此时，嫌疑人将氰化物装在胶囊中，喂给张三服用。然后犯罪嫌疑人马上赶到朋友家。胶囊需要经过一段时间才能融化，为嫌疑人制造了不在场的证明。

1037. 藏木于林

清晨的时候，在露天花圃中的玫瑰花会带有露水，而从饭店带出来的玫瑰花就不会有露水。只要观察一下，看哪盆玫瑰花上没有露水，就知道了。

1038. 意外还是谋杀

因为火车高速驶过的时候，会产生一股向内的气流，也就是会把人向靠近火车的方向推，而不是推离火车。所以女子说的是假话。这也是为什么很多火车站不让乘客在火车进站的时候站的离铁轨太近的原因。

1039. 怪盗的纰漏

因为他捏死的蚊子，已经吸了他的血，而蚊子的尸体都留在了高官家的院子里。警察只要对比一下血就有了这位间谍潜入高官家的证据。

1040. 消失的字迹

张三先在自己的名片上用淀粉液或者米汤抹了一遍，等干后是发现不了的。然后将钢笔装满碘酒，这样碘酒遇到淀粉会显出蓝色的字迹。但是随着时间的推移，这些字迹就会消失。

1041. 曝光的底片

是在医院照的 x 光将助手口袋里的底片曝光了。

1042. 驯兽师之死

杰克是被人害死的。凶手的手法是在杰克的头上偷偷撒了些胡椒粉。狮子闻到胡椒粉的味道开始打喷嚏，一下子咬碎了杰克的脑袋。

1043. 暗杀

因为 A 在门口放了一面镜子，B 从窥视窗看到的并不是自己，而是镜子中自己的影子。在 B 大意之时，A 一枪杀死了 B。

1044. 何种手段

喝了加有安眠药的酒后，两人回到家中，男士犯困睡着了，他女朋友将他放入浴缸，放入大量冷水，并加入冰块，很快死者心脏麻痹而死。然后女朋友又在浴缸中加入热水作为掩饰。

1045. 凶器是什么？

凶器就是那个罐头盒，但是是吃之前的。那名男子用它砸死同伴以后，将其打开，吃光了里面的鱼。

1046. 里程表之谜

他是一直倒着开的，这样里程表就不会动了。

1047. 转移尸体

嫌疑人先将尸体搬到 B 市一座火车经过的天桥上，然后在火车经过时将尸体扔到火车顶部。当火车行到 A 市的转弯处时，由于惯性尸体掉了下来。就这样完成了尸体的转移。

1048. 跳楼自杀

因为尸体在离墙脚 30 厘米的位置，如果真的是自杀，从 20 层高的楼上跳下来，不可

能摔在离墙脚如此近的地方。

1049. 凶器是什么？

凶器是墙上那个老式大钟的指针。凶手用它杀死死者后，又将其装了上去，所以大家都找不到。

1050. 车祸现场

因为那是两辆车，碰巧两辆车外侧的车灯都坏掉了，年轻人以为是一辆在路中间行驶的汽车，所以在路边也被撞了。

1051. 剖腹残杀

很简单，维利普斯在遭遇劫匪的时候想保住钱财，于是就把保险柜的钥匙吞到了肚子里。劫匪为了得到钱财，当然要刨开他的肚子找出钥匙。

1052. 中毒身亡

凶手把毒药涂在了他的酒杯口处，他在喝酒的时候嘴唇接触到了毒药，被毒死了。

1053. 隐藏的死亡信息

死者把凶手的姓写在了厕所的卫生纸上，然后又卷了起来，以防被闯入的凶手发现。

1054. 伪装的自杀

因为在椅子上没有死者的脚印。这是凶手犯的最严重的错误。

1055. 撒谎的贼首

因为 21 个人，每个人分得的金币都是奇数，奇数和奇数相加，总和不可能为 200。

1056. 失踪的弟弟

不是。因为父亲为 O 型血，母亲为 AB 型血，不可能生出 AB 型血的孩子。也就是说，弟弟的血型不可能是 AB 型。

1057. 失窃的海洛因

是那个新来的实习生。因为樵夫应该不会认识那个海洛因的化学式，所以分不清哪个才是海洛因；而地质学教授可能会知道，但是他摔断了腿，不可能在被保安追的时候逃掉。所以只有那个新来的实习生满足条件。

1058. 被杀的间谍

凶手是那个英国杀手，代号 CN12。

因为间谍是罗马人，写下的"X"应该是罗马数字 10。但是杀手中没有代号为 10 的人，所以只能是因为间谍没有写完就死了，也就是说他本想写"XII"的。

1059. 判断依据

依据是尸体旁边的帽子。如果这里是案发现场，那么帽子早就应该被台风吹走了。

1060. 凶器哪里去了

杰克把凶器刀片用绳子绑在鸟的腿上，自杀后，小鸟从窗口飞走了，带走了凶器。

1061. 并非自杀

因为死者的车上和身上只有几片落叶，而周围的地上却被落叶铺满了。说明死者被移过来时间不长。

1062. 凶手的破绽

因为如果真的像男子所说的那样，来电之后，电视机应该继续播放节目，而不是"屋子里一片寂静，一点声音都没有"。这说明男子在撒谎。

1063. 心虚的凶手

因为如果是开枪自杀的话，他的手上会有弹药残留，用石蜡可以测出"硝化反应"。如果是被别人杀死的话，那么死者的手上就测不出"硝化反应"。用这个方法可以测出到底是谁开的枪。

1064. 审问大树

因为县官问"他们到了没有"的时候，邻居回答"还到不了"，说明他知道那棵大树的地点。所以说年轻人说的是真实的，而邻居在撒谎。

1065. 惯偷

因为他把箱子还给旅客的时候，并没有着急去找自己的箱子。这说明他本来就没有箱子，而这个箱子是他偷来的。

1066. "杀人"的酬金

其实女子是一家医院的护士，他在得知张老板患有心脏病，最多只能活 3 个月的时候，找到张老板的竞争对手，也就是王先生，让其相信是自己帮他"干掉"对手的。

1067. 电梯

法国青年亲了自己手掌一下，然后狠狠地打了纳粹军官一耳光。因为他是爱国青年，这种行为也算是对入侵者的报复吧。

1068. 司机

因为上车时她说了目的地，司机果然把她带到了那里。

1069. 丢失的钻石

是鸟从窗子飞进了公主的房间，吃掉钻石，然后鸟偶然间被蛇吃掉了。就这样，钻石跑到了蛇的肚子里。

1070. 一坛大枣

因为如果真的是大枣的话，放了三年早就腐烂了，而坛子里的大枣还是新鲜，这说明是邻居重新装进去的。

1071. 吹牛

因为他说一点风都没有，那么他挂上去的白布上的字就不可能被别人看到。

1072. 越狱

被他一点点从马桶冲走了。

1073. 怪盗偷邮票

他把邮票藏在电风扇的扇叶上了，风扇旋转起来，别人是看不出上面有邮票的。

第六部分

1074. 有名的数列

34。这是一个著名的斐波纳契数列，它的规律是每一个数等于前面两个数之和。这个数列有很多有趣的数学性质，所以非常有名。

1075. 有名的数列

47。这同样是一个有名的数列，叫鲁卡斯数列，是仿斐波纳契数列，从第三个数字开始，每个数都等于它前面两个数之和。最神奇的是任意取两个相邻的数，然后用大数去除以小数，得到的结果是一个接近"黄金比例"1.618……的数，而且越到后面越接近。

1076. 下一个数字

下一个数字是 17。是从小到大的质数排列。

1077. 字母排列

是 E。

奇数项和偶数项分别按字母顺序表排列。

1078. 组成单词

组成的单词是 goodbye。

1079. 排列规律

最后一个数字是 129。

规律是：

9+3=12

12+(3×3)=21

21+(3×3×3)=48

48+(3×3×3×3)=129

1080. 数字找规律

下一个数字是 3。这是老式挂钟整点时的报时次数。11 点半响 1 次，12 点响 12 次，12 点半响 1 次，1 点响 1 次……

1081. 数字找规律

15。前一项与后一项之差构成一个等差数列。

1082. 数字找规律

8。每两项之和为下一项。

1083. 数字找规律

6。每两项之差构成一个等差数列。

1084. 数字找规律

5。奇数项为 8、7、6……偶数项为 6、5、4……

1085. 数字找规律

4。将每项开二次方后即为下一项。

1086. 数字找规律

1。奇数项为 1、−1、1、−1······偶数项
为零。

1087. 数字找规律

2。将后一项平方减一即为前一项。也就
是说将前一项加一后开方即为后一项。

1088. 智力测验

2+3=5，5+3=8，8+3=11，11+3=14。所以
答案为 14(等差数列)。

1089. 智力测验

14。隔项成等差数列。

1090. 智力测验

2×3+1=7，7×3+3=24，24×3+5=77，77
×3+7=238。所以答案是 238。

1091. 下一个数字是多少

169。这是一组"有心的六角形数"，这
些数目可以如下图所示，排列为一个同心的六
角形，规律是用一个三角形数乘以 6 再加上 1。
(三角形数为能组成三角形的圆圈的个数，用
n(n+1)/2 表示。)

1092. 填数字

124。观察可得出的数列公式为 N3−1，N
为项数。

1093. 猜数字

720。相领两个数的商分别为 2、3、4、
5、6。

1094. 猜数字

40。奇数项为公差为 5 的等差数列，偶数
项为公差为 4 的等差数列。

1095. 猜数字

32。每两项之积为后一项。

1096. 猜数字

5。奇数项为 1、3、5、7······偶数项为 10、
5、0、−5······

1097. 填数字

每个数字是前面两个数字的乘积，所以 4
×8=32。

1098. 数字的规律

每个数字都是前一个数字的平方加前面
第二个数字的平方，所以 29×29+5×5=866。

1099. 猜数字

8。奇数项之差为一个 3、7、3、7、3、7······
数列。偶数项之差为 7、3、7、3、7、3······
数列。

1100. 下一个数字是什么

21。前一项加一等于后两项之和。

1101. 寻找数字规律

50。这是一个著名的大衍数列，它的规律
是：如果是第奇数项(n)，那么这个数是(n^2-1)
÷2，如果是第偶数项(n)，那么这个数是 n^2÷
2。这个数列可以用来解释中国的太极衍生原
理，所以变得非常有名。

1102. 字母旁的数字

字母旁边的数字是代表这些字母在字母
表中的序号，所以答案为 23。

1103. 找数字规律

应该是 64。每个数字依次是 1、2、3、4、
5、6 的立方。

1104. 写数列

11、5

分为奇数项和偶数项，分别有一个规律。
奇数项的规律是 1、3、5、7······；偶数项的
规律是 12、9、8、7······

1105. 字母分类

依据是对称关系。

第一组中心对称；第二组上下对称；第三

组左右对称；第四组既上下对称又左右对称，还中心对称；第五组没有对称关系。

1106. 重新组合

选择 B。

可以组成的单词是 orange，橙子，橘子。

1107. 猜字母

N。

1、2、3、4、5、6、7、8、9 的英文 one，two，three，four，five，six，seven，eight，nine 的第一个字母。

1108. 猜字母

这是十二个月份的英文 (January，February，March，April，May，June，July，August，September，October，November，December)的首字母，所以答案是 J。

1109. 猜字母

键盘第二排 L。

1110. 猜字母

键盘第一排 Y。

1111. 字母找规律

M。在字母表中，每两个字母间都隔着两个其他字母，所以后面的空格处应该填 M。

1112. 智力测验

这个考的是字母顺序，在字母表里或间隔两个字母，或间隔 3 个字母。所以答案是 V。

1113. 填字

S、S。

这七个字母是星期的英文的第一个字母。

星期一 Monday

星期二 Tuesday

星期三 Wednesday

星期四 Thursday

星期五 Friday

星期六 Saturday

星期天 Sunday

1114. 缺的是什么字母

M、J、O、N

这十二个字母是月份的英文第一个字母。

一月：January 简写 Jan.

二月：February 简写 Feb.

三月：March 简写 Mar.

四月：April 简写 Apr.

五月：May 简写 May.

六月：June 简写 Jun.

七月：July 简写 Jul.

八月：August 简写 Aug.

九月：September 简写 Sep. / Sept.

十月：October 简写 Oct.

十一月：November 简写 Nov.

十二月：December 简写 Dec.

1115. 倒金字塔

5。将上一行数列去掉最大和最小数，然后反向排列得下一列。其实无论第一行的数如何排列，因为要去掉最大和最小的数，最后肯定剩下中间数：5。

1116. 奇怪的规律

规律就是：从第二列开始，表示上一列某个数字的个数。例如第三列的 2，1 表示第二列为 2 个 1。第四列的 1，2，1，1 表示第三列为 1 个 2，1 个 1。以此类推。

第八列为 1，1，1，3，2，1，3，2，1，1。

第九列为 3，1，1，3，1，2，1，1，1，3，1，2，2，1。

不会出现 4。因为如果出现 4 说明上一行有 4 个相同的数字，这是不可能出现的。

1117. 类比推理

本题答案为 B，家父与父亲指的是同一个人，而且前者都是谦称。

1118. 类比推理

本题答案是 C，数字和白菜完全没有关系。选项中只有 C 项中的两个词完全没有关系。

1119. 类比推理

本题答案是 A，后面的事物是前面的成

分。即空气中含有氧气，海水中含有氯化钠。

1120. 类比推理

本题答案是 A，企业家和 MBA 有交叉的成分。

1121. 类比推理

本题答案是 A，地震引起恐慌，封闭导致落后。

1122. 类比推理

本题答案是 C，奖金是奖励的手段，奖励的目的是激励。

1123. 类比推理

本题答案是 D，都是相继发生的事情。

1124. 类比推理

本题答案是 D，一尘不染形容很干净，一丝不苟形容很认真。

1125. 类比推理

本题答案是 A，灯光意味着光明，与黑暗含义相反；钱财意味着富裕，与贫穷相反。

1126. 类比推理

本题答案是 C，是主谓关系，也是每种动物的运动方法。

1127. 类比推理

本题答案是 C，是动宾关系。

1128. 类比推理

本题答案是 A，都可以构成并列关系。

1129. 类比推理

本题答案是 B，两个词语有修饰关系。

1130. 类比推理

本题答案是 B，白鸽象征和平，玫瑰象征爱情。

1131. 类比推理

本题答案是 C，两个词都是特征关系。

1132. 类比推理

本题答案是 D，它们之间都是功能关系。

1133. 类比推理

本题答案是 B，它们之间都是工具关系。

1134. 类比推理

本题答案是 C，它们之间都是材料关系。

1135. 类比推理

本题答案是 D，是地理常识关系，前面是城市，后面是所在省份。大连市在辽宁，萍乡市在江西。

1136. 类比推理

此题答案为 C。为相互克制的三种物品，也是我们的猜拳游戏。

1137. 类比推理

选 C。

1138. 类比推理

此题答案为 D。

1139. 类比推理

根据阳光与紫外线、海水与氯化钠的关系都是整体与组成部分的关系，故选出答案为 B。

1140. 类比推理

本题选 A。按照事情发展的顺序。

1141. 类比推理

易中天的作品部分取材于《三国演义》，于丹的作品部分取材于《论语》。此题答案为 D。

1142. 类比推理

本题类似填空题，可以逐项代入，然后再类比两词之间的关系。通过代入我们发现"杂志对于编辑相当于菠菜对于农民"。两者间都是"产品和生产者"之间的关系，因此答案是 D。

1143. 类比推理

作者通过出版社出书使读者认识他，厂商通过营业员向消费者推销商品，消费者才能了解厂商。此题答案为 D。

1144. 类比推理

本题也是用代入法,需要注意的是,"利"这个词的意思除了"利益"、"好处"外,还有"锋利"、"尖锐"的意思。C是正确答案。

1145. 类比推理

选择A。它们的功能相同。

1146. 类比推理

"火可以驱走寒冷","水可以驱走干渴",选择D。

1147. 类比推理

螺丝与螺帽必须相互配套才能使用,插座和插头也必须相互匹配才能使用。故正确答案选C。

1148. 类比推理

汴京是开封的古称,金陵是南京的古称,鄂和晋都是简称,春城是昆明的别称,所以选择A。

1149. 类比推理

两个物体成分相同,豆浆和豆腐都属于豆制品,有相同的成分,酸奶和奶酪的成分相同,都属于奶制品,所以选B。

1150. 类比推理

选E。

1151. 类比推理

被侵犯后需要进行自卫,被控告后需要进行辩护。前面的词含有被动的意思,后面的含有主动的意思,选择B。

1152. 类比推理

"大"与"小"、"同"与"异"都是反义词。D选项中的"深"与"浅"、"入"与"出"也都是反义词,故答案选B。

1153. 类比推理

本题的关系为因果关系+反义词关系,即努力的结果是成功,成功的反义词是失败;耕耘的结果是收获,反义词是歉收。答案是为B。

1154. 类比推理

选择B,打印机打印文件,冰箱装食物。

1155. 类比推理

"逗号"的作用是"中止"。"回车"的作用是"换行"。选C。

1156. 类比推理

肠胃的功能是消化,货车的功能是运输。选择C。

1157. 类比推理

指事物所需的场所:禾苗在土地上生长,学生在学校里学习。答案为A。

1158. 类比推理

我们通过分析可以知道"学生通过考试获得成绩",因此类比可得"职工通过工作获得工资待遇",进而得出正确答案C。

1159. 类比推理

代入即可。身败名裂与名垂千古是反义词,廉洁奉公与贪赃枉法是反义词。选择A。

1160. 类比推理

本题为因果关系,通过治疗得以痊愈,通过改革得以发展。选择A。

1161. 类比推理

本题为地理常识题,选D。

1162. 类比推理

"失恋了"后"很痛苦"。"夜晚停电了"后"屋里黑"。选择A。

1163. 类比推理

个体与整体之间的关系。多座山峰构成山脉,多颗星星构成星座。选择B。

1164. 类比推理

指事物的作用,选择A。

1165. 类比推理

首先都是并列关系的动物,其次都是生肖,选择A。

1166. 类比推理

"马铃薯"就是"土豆"。"地瓜"就是"红薯"。所以选 A。

1167. 类比推理

本题的两个词构成成品与原料的关系，A 选项符合要求。

1168. 类比推理

"旗帜"在"天空"(飘扬)。"棋子"在"棋盘"(行走)。所以选 C。

1169. 类比推理

特定环境联想到特定人员。此题答案为 B。

1170. 类比推理

后面两个分别为用途和后果。此题选择 C 答案。

1171. 类比推理

前两词为物体与其运动空间，后两词为对应关系。此题答案为 C。

1172. 类比推理

四个词之间是总称与特称的关系，所以答案为选项 A。

1173. 类比推理

本题答案为 D。有些人可能认为是 C 选项，其实鲸鱼不是鱼，而是哺乳动物。

1174. 类比推理

"雨伞"用于"挡雨"。"火柴"用于"生火"。选 A。

1175. 类比推理

此题答案为 B。因为水芙蓉是荷花的别称，住所是住宅的别称。

1176. 类比推理

此题答案为 C。

1177. 类比推理

将四个选项都代入进行比较，才能得出答案。本题选择 B，学习为了得到知识，而分析为了得到结论，属于目的关系。

1178. 类比推理

稻谷加工成大米，核桃加工成桃仁。此题答案为 A。

1179. 类比推理

发生争议后进行仲裁，然后是执行过程。听证是劳动仲裁中的程序。那在诉讼审判中旁听也是同时发生的程序。此题答案为 A。

1180. 类比推理

是对立的关系，意义相反。因此，选 C。

1181. 对比规律

B。因为两者同为蔬菜，而且都在地下生长。

1182. 区别

D。是非人造的。

1183. 意义相近

选择 C。

1184. 句子的含义

选择 C。

1185. 不同类

选择 B。因为只有它不用插电。

1186. 与众不同

袋鼠，因为它用两只脚走路。

1187. 与众不同

牛，因为它有角。(这类问题从不同角度去思考，可能会有多种答案。发动你的脑筋多想想吧。)

1188. 找不同

选择 C。
其他都是长在藤蔓上，只有茄子不是。

1189. 找不同

选择 C。
其他都是用手工作，只有播音员靠嘴工作。

1190. 对比词

选择 C。
矿泉水装在瓶子里，信装在信封里。

的系统和层次进行行政管理活动的方法。

分析各选项，C 项中消费者协会和中国家用电器协会不属于行政主体，因此不符合定义。A、B、D 三项都符合定义，属于行政指令。

1198. 行政确认

此题答案为 C。首先分析行政确认的定义：

行政确认：指行政机关和法定授权的组织依照法定权限和程序对有关法律事实进行甄别，通过确定、证明等方式决定 管理相对人某种法律地位的行政行为。

C 项杨局长和小杨是上下级关系，不符合定义中的客体，不属于行政确认。

1199. 偶然防卫

此题答案为 D。首先分析偶然防卫的定义：

偶然防卫 是指在客观上被害人正在或即将对被告人或他人的人身进行不法侵害，但被告人主观上没有认识到这一点， 出于非法侵害的目的 而对被害人使用了武力，客观上起到了人身防卫的效果。

D 项中乙并没有对甲使用武力，甲是自己溺水身亡，因此不属于偶然防卫。

1200. 法律责任

此题答案为 D。首先分析法律责任的定义：

法律责任：是指由特定法律事实所引起的对损害予以补偿、强制履行或接受惩罚的特殊义务，亦即由于违反第一性义务而引起的第二性义务 。

A、B、C 三项都不符合这一定义要点，D 项违反了劳动法所规定的义务，符合定义。

1201. 思维定势

本题选择 B。根据思维定势的定义，是一种固定的思维模式，A、C、D 中都包含有这一点。

1202. 人才

此题答案为 A。本题给出了三个定义和三

逻辑思维训练1500题

1191. 对比词

选择 D。

树长在大地上，烟囱立在房子上。

1192. 差别

选择 D。

其他的都是感官动词，笑是表情。

1193. 差别

选择 D。

其他的都是服装，钱包服饰。

1194. 牌子

因为 "不懂逻辑者不得入内"，对懂逻辑的没作规定。所以懂逻辑的，可能会被允许进入，也可能不会被允许进入。由不懂逻辑者不得入内可以得出进入者是懂逻辑的，所以说懂逻辑是进入的必要条件，但不一定是充分条件，所以可能可以进入，也可能不被允许进入。故答案选择 A。

1195. 安全问题

本题正确答案 C。可以从选项入手，只要我们找到一个特例来反驳就可以削弱题干了，题干的结论是说工伤率上升是由于非熟练工低效率造成那么 C 项所说的只要企业工作负荷增加，那么熟练工人的事故率就随之上升，显然，最有力地反驳了题干的观点。因此选 C。

1196. 鼠害

本题正确答案为 B。这类题问的是可能原因，这样，我们可以从题干种的关键词来捕捉信息，这里有个关键数字就是仪器的售价为 2500 元，很有可能太贵了，人们完全可以找到更优惠的替代措施来达到捕鼠的目的，所以有可能；而其他选项，与题干内容有矛盾，可以排除掉。

1197. 行政指令

此题答案为 C。注意题干要求选择不属于行政指令的。首先分析行政指令的定义：

行政指令是指行政主体依靠行政组织的权威，运用行政手段，包括行政命令、指示、规定、条例及规章制度等措施，按照行政组织个典型例证，属于典型的多定义判断。

首先判断各个例证与定义的对应关系：例(1)说的是"战士和群众的发明"是一种劳动创造，为社会做出了较大贡献，但是还没有被发现，属于潜人才，对应定义③；例(2)中蜀国的大将组成了"人才团"，对应定义①；例(3)戏曲中的流派是以技艺为纽带前后相承的，对应定义②。

1203. 社会

此题答案为 D。例(1)古罗马人的社会身份有贵族、骑士、平民和奴隶之分，符合社会分层的定义；例(2)家庭符合社会设置的定义，满足社会基本需要即生养后代、教育年轻人，在社会结构中相对稳定；例(3)在工作中建立起来的公务员之间的关系是为了特定的目标而建立的，符合社会组织的定义。

1204. 人格

此题答案为 D。例(1)小王"害怕参加社交活动"体现了行为的退缩，"从不去做那些冒险的事情"体现了"回避态度"，显然属于回避型人格，对应定义②，可排除 C 项；例(2)小李"毫无根据夸大自己的成就和才干"，属于自恋型人格，对应定义①，可排除 A 项和 B 项；例证(3)小张过于追求完美，又墨守成规，属于强迫型人格，对应定义③。因此正确的选项只有 D 项。

1205. 诗歌

此题答案为 D。例(1)是李白临行前赠给汪伦的诗，符合送别诗的定义；例(2)歌咏了田园生活，因此与田园诗存在对应关系；例(3)与咏史诗存在对应关系。故答案选 D。

1206. 立体农业

本题选择 A。第一句话说的是定义，其他的即为无用信息，直接忽略。本题的关键信息是定义的主体，农作物复合群体，选项 B、D 均涉及了动物，故排除；选项 C 指出的并非复合群体。

1207. 妄想

有些题目可以用常识来判断。选项 B 涉及的内容是生活中典型的疑病妄想症，如果考生知道此常识内容，可以直接选 B 选项。

1208. 什么时候去欢乐谷

也许你会认为是不一定，因为 72 小时以后的事是说不定的。其实不然，因为现在是夜里 10 点，再过 72 个小时还是夜里 10 点，这个时候肯定是不会出太阳的。

1209. 正前方游戏

(1) 2 个人面对面站着。

(2) 3 个人分别站在三角形的三个角处。

(3) 4 个人分别站在长方形的 4 个角处。

按顺序分别是 A、B、C、D。

1210. 看报纸

在第 7 页前有 6 页，在第 22 页后也有 6 页，所以这份报纸有 28 页，按照正常的报纸版式，每 4 页一张，所以一共有 7 张，即小王还有 4 张没有看。

1211. 谁的收音机

如果你的答案是："收音机是他自己的"，那么你就错了。因为你错误地接受了心理暗示，没有仔细看条件。正确答案："收音机是李明的孩子的。"

1212. 疑问的前提

刘丽认为王辉不是苹果公司的高级副总裁，原因在于王辉只用 IBM 公司的产品，这里缺少一个前提：所有高级副总裁只用本公司的数码产品，所以王辉如果是 IBM 的高级副总裁，就应该只用 IBM 的电子产品。答案为 C。

1213. 决赛

题干的逆命题是：参加决赛的一定是冠军；否命题是：如果没有得到冠军，那就一定没有参加决赛。这两个都不是和原命题等价的真命题。原命题的逆否命题才是和原命题一致的真命题，即：如果某人没有参加决赛，那就得不了冠军。所以答案为 B。

1214. 前提条件

高三 2 班有的同学没有得到 A。

1215. 血缘关系

姨或者舅舅，题目没有说丁的性别。

1216. 新手表

D 的评价是正确的。婧婧犯的正是"混淆概念"的错误，两个"3分钟"是不相同的，一个标准，一个不标准，因此，婧婧的推断是错误的。

1217. 学生籍贯

选 A。

1218. 喝酒与疾病

正确答案为 D。本题的结论是喝酒的人将大大增加；小前提是喝酒与心脑血管疾病发病率无关，找另一个大前提。我们看选项，只有 D 说许多人不敢喝酒是完全相信喝酒会诱发心脑血管疾病，现在既然研究显示喝酒与心脑血管疾病无关，这样以前不敢喝酒的也会喝，带来销量的变化，所以 D 正是我们要找的大前提。其他选项均不是论述的前提假设，所以应排除掉。

1219. 防护墙

正确答案为 D。问最支持的选项，最好应用排除法。题干说因为风暴从水的一边对沙子进行侵蚀的时候，沙子不会向内陆扩展，而在海滩与建筑物之间建立起防护墙，不仅遮住了建筑物的海景还使海岸变窄了，所以用防护墙保护建筑物的做法并不能对建筑物起到很好的作用，所以 D 是题干的意思，是最支持的论断；其他 A、B、C 三项均不是题干最支持的论断，排除掉。故选择 D。

1220. 苹果

选 C。

1221. 考试成绩

选 D。

1222. 吃药

答案是 C。

不都没吃药=有的吃了药。

A 和 C 的断定互相矛盾，不能同假，必

有一属实；又由条件，只有一人属实，所以 B 和 D 的断定失实，即事实上 D 没吃药，并且由 D 断定失实，可推出 A 的断定失实，可推出 C 的断定属实。

1223. 选举权

选 C。本题采用排除法。罪犯如不被剥夺政治权利，是具有选举权和被选举权的，故 A 不正确；学生如未满 18 周岁，不具有选举权和被选举权，故 B 不正确；选举权受年龄和国籍限制，故 D 不正确。符合题意的只有 C。

1224. 班长选举

答案是 A。

1225. 顺序推理

选 A。

1226. 正确推理

选 B。

1227. 是相同的吗

选 B。

1228. 关于上课的决定

选 A。

1229. 黑帮火并

只有 E 正确。

1230. 川菜还是粤菜

选择 A。

1231. 无知者无畏

选 D。

1232. 高明的骗子

答案为 B

根据林肯所说的，骗子不可能在所有时刻欺骗所有的人，那就有可能在某个时刻有人不受骗，也就是说，存在某一个时刻，在这个时刻有人可能没有受骗。

1233. 申请基金

1. 答案 D。根据"如果钱教授获得的票数比周博士多，那么李教授将获得该项基金"，而事实为陈博士获得了该项基金，因只有一个

人能获该项基金，所以李教授未获得该项基金，根据充分条件假设命题的推理规则，"否定后件则否定前件"，可得钱教授获得的票数不比周博士多。

2. 答案 D。根据"赵教授没有获得该基金"这一事实，对"如果孙教授获得的票数比沈局长多，同时周博士获得的票数比钱教授多，那么赵教授将获得该项基金。"这一充分条件假言命题进行推理，可知，孙教授获得的票数不比沈局长多或者周博士获得的票数不比钱教授多。又根据已知，周博士获得的票数比钱教授多，得出孙教授获得的票数不比沈局长多。

1234. 考试及格

选择 D。如果孙涛的成绩没有及格，这就否定了充分条件假言命题"如果李佳考试及格，那么李华，孙涛和赵林肯定也及格了"。所以可以推出否定的前件，即李佳考试不及格，所以便可推出李佳和赵林不会都及格。

1235. 语言逻辑

选 D。首先假设理发师是不给自己理发的人，而陈述表明不给自己理发的人都来找理发师理发，结果是理发师给自己理发，与假设不符，所以假设不成立；再假设理发师给自己理发，又与陈述"只给所有不给自己理发的人理发"矛盾，假设亦不成立。所以，不存在这样的人。

1236. 说谎检测

选 D。

1237. 辩论

选 D。

1238. 推论

答案 C。根据题意，简写如下：如果 A，那么 B，只有 B，公司资金才能正常周转，如果公司资金不能正常周转，那么 C 产品研发不能如期进行，C 产品研发如期进行→资金正常周转→B，所以选择 C 答案。

1239. 大鼻子

选 D。

1240. 血型问题

选 C。A 答案的错误在于无法从题干中推出 O 型血是否越来越受欢迎；B 答案的错误在于 O 型血的特殊用途不是"它与大多数人的血型是一样的"而是"O 型血可供任何人使用"；D 答案的错误在于在美国 O 型血的人数只占 45%，不足 50%无法推出"O 型是大多数人共同的血型"。

1241. 减肥

选 A。

1242. 判断水果

选 C。

1243. 地点

选 B。

1244. 菜的味道

选 C。

1245. 位置关系

选 E。

1246. 有才华的律师

选 B。

1247. 职业

选 C。

1248. 打麻将

选 A。

1249. 潜水艇

选 B。

1250. 逻辑错误

选 A。

1251. 比重问题

选 B。由陈述可推断出木头加铁块在一起的平均密度比水大，故 B 为正确答案。其他选项都无法从陈述中推出。

1252. 高明的伪造者

选C。题干的推理过程是：高明的伪造家不会被发现伪造，一旦被发现了伪造，即证明该伪造者不是高明的伪造家。C项过程类似：高明的魔法师不会被人看穿，一旦被看穿的话，就说明不是高明的魔法师。

1253. 生命的条件

题干推论的得出需要一个假设，即只有其他星球的生命形态需要的条件和地球上生命形态需要的条件一致，因为在宇宙中难以找到具备两个必要条件的星球推导出地球可能是唯一存在生命的地方，故答案为C。

1254. 继承权问题

选C。根据教授的结论，长子继承权是特定男性婴儿的权利，但并不排除女儿也有可能继承财产，学生忽略了这个可能，所以造成了误解。在只有女儿的情况下，女儿当然具有继承财产的权利，这并不会对长子继承权构成反驳。答案为C。

1255. 水够吗

选B。

1256. 萝卜与茄子

选B。

1257. 台球运动员

选B。

1258. 推论

选C。

1259. 反省自己

选B。

1260. 己所不欲

选B。

1261. 计算机与人

选B。

1262. 推理结论

只要老姜才辣。

选C。

1263. 错误推论

选D。

1264. 对比

选E。

1265. 相对关系

选C。

1266. 大小关系

选A。

1267. 涨价事件

涨价的是鸡蛋和牛奶。

第七部分

1268. 四等分

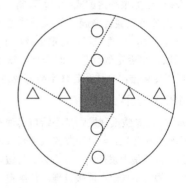

1269. 圈羊

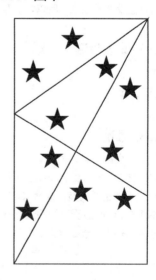

1270. 分月亮

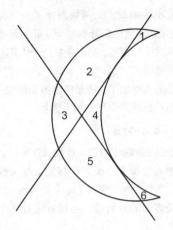

1271. 三等分

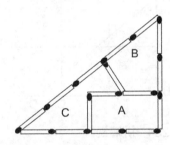

1272. 分三角

1273. 三兄弟分家

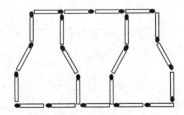

1274. 一变二

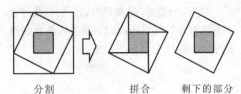

分割　　　拼合　　　剩下的部分

1275. 分成两份

共有 7 种分法，分别如下图所示。

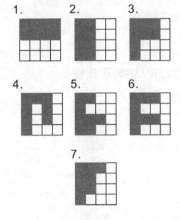

1276. 五个三角形

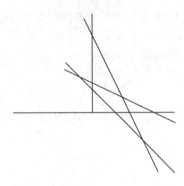

1277. 画三角

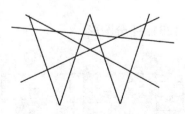

1278. 分圆形

用直线分圆形，最多可以切分的份数与直线条数的关系为$(n^2+n+2)/2$。所以四条直线最多可以分成11份，如下图所示。

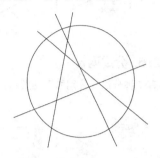

1279. 切割双孔桥

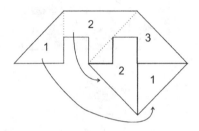

1280. 5个变10个

这道题有点儿难，能找到答案已经很不容易了。

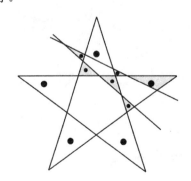

1281. 平分图形

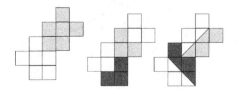

1282. 丢失的正方形

5小块中最大的两块对换了一下位置之后，被那条对角线切开的每个小正方形都变得高比宽大了一点点。这意味着这个大正方形不再是严格的正方形。

它的高增加了，从而使得面积增加，所增加的面积恰好等于那个洞的面积。

1283. 分家

找出CE的中点D，连接AD即可。因为如果把右边那个小长方形移到上面虚线位置的话，整个土地就变成了一个长方形，连接这个大长方形的对角线，当然就可以把面积平分了。

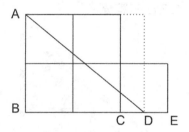

1284. 拼墙纸

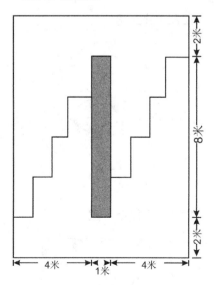

1285. 切成五份

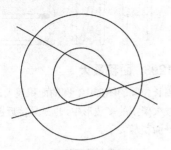

1286. 减少一半

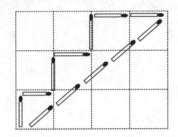

1287. 平分五个圆

如下图所示,做出几个圆来辅助即可轻松将五个圆分成面积相等的两部分。

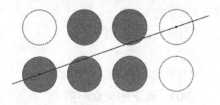

1288. 比面积

②的面积比较大。

先多用几根火柴棒把图形细分成小三角形。可以看到,图形①中有 4 个小三角形,而在图形②中却有 5 个小三角形。

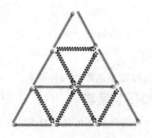

1289. 四兄弟分家

分法如下图所示(只是其中一种情况)。

1290. 图形构成

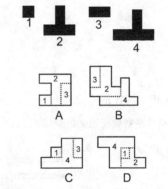

A: 1、2、3;

B: 2、3、4;

C: 1、3、4;

D: 1、2、4。

1291. 三角处的圆圈

全黑圆。

从各三角形上端圆圈看,以及从下边圆圈来看,变化的规律都是圆圈黑影依次多 1/4,直至全黑。(1/4,1/2,3/4,1)

1292. 数正方形

有 27 个。你数对了吗?

1293. 三角形变换

如下图移动即可。

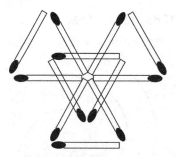

1294. 一头猪

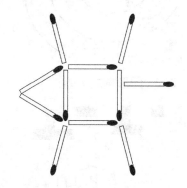

1295. 等式成立

把减号移到最左边去，变成 1×11=11。

1296. 摆正方形

只需要移动一根。把最下面的火柴向下移动一点就可以了。

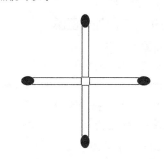

1297. 六变九

可以变成 NINE(9)。

1298. 面积最大

周长相同的图形中，圆的面积最大，所以用八根火柴摆的多边形中，也是最接近圆的正八边形面积最大了。

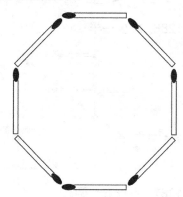

1299. 密码箱

先按最后一排倒数第二个键，也就是那个带有左箭头的 1 字键。

1300. 立体图形

是 C。

只有 C 的灰色位置与上图相符。

1301. 真正的与众不同

仔细观察，你会发现 A 的形状与其他三个不同，C 的颜色与其他三个不同，D 的数字与其他三个不同。所以真正地与众不同的是 B，只有它没有与其他三个都不一样的地方。

1302. 剪纸

选 C。

大家可以亲自试一下。

1303. 靠近

C 点和 D 点的距离保持不变。

1304. 切蛋糕

如下图的切法即可满足要求。

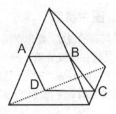

1305. 削坏的纸杯

应该是 C。

1306. 数六边形

共有 28 个。小六边形有 20 个，别忘了还有 8 个大六边形。

有 27 个，你数对了吗？

1307. 走遍全世界(1)

按照图中虚线的方向走即可。

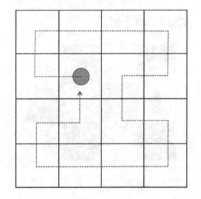

1308. 走遍全世界(2)

按照图中虚线的方向走即可。

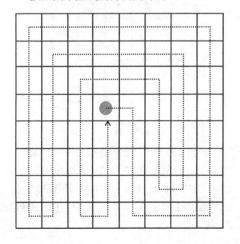

1309. 砌围墙

只需数一下最上面一层，然后乘以层数即可。

14×6=64 块。

1310. 计算面积

只需将这个图形倾斜的边进行切割，补到空缺的位置就可以凑出整个的小正方形，算下来阴影部分的面积为 17 平方厘米。

1311. 计算面积

只需将这个图形倾斜的边进行切割，补到空缺的位置就可以凑出整个的小正方形，算下来阴影部分的面积为 10 平方厘米。

1312. 计算面积

只需将这个图形倾斜的边进行切割，补到空缺的位置就可以凑出整个的小正方形，算下来阴影部分的面积为 15 平方厘米。

1313. 计算面积

只需将这个图形倾斜的边进行切割，补到空缺的位置就可以凑出整个的小正方形，算下来阴影部分的面积为 19 平方厘米。

1314. 距离最短

不管是大圆圈、中圆圈还是小圆圈，它们的距离都是一样的。

1315. 面积大小

一样大。

1316. 太阳变风车

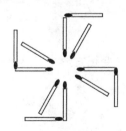

1317. 消失的三角形

把原图变成如下形式即可。

1318. 直角个数

最少需要3根。摆成的立体图形如下。

1319. 颠倒椅子

如下图移动即可。

1320. 平行线

做成立体图形，它们就不平行了。

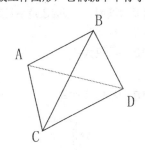

1321. 变正方形

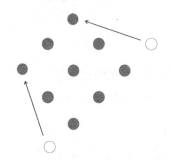

1322. 图中填字

请注意问题的说法，要你在图中填上一个字母，而不是说在横线处填上一个字母。所以要填的是"F"而不是"E"。这样就可以与图中原有的横线构成字母"E"了。

A、B、C、D、E

1323. 移动线段

一根都不用移动，只要你把书倒过来，就会发现它是正确的。

8=15-2+1

1324. 骑士巡游

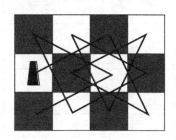

1325. 看不见

把人放在五角星的位置即可。

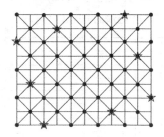

1326. 连通装置

需要10步：1. 把奶倒入E中；2. 油倒入D中；3. 酒倒入B中；4. 水倒入A中；5. 奶倒入C中；6. 油倒入E中；7. 酒倒入D中；8. 水倒入B中；9. 奶倒入A中；10. 油倒入C中。

1327. 小明搬家

需要搬动 17 次。搬动的次序为：1. 钢琴，2. 书架，3. 酒柜，4. 钢琴，5. 办公桌，6. 床，7. 钢琴，8. 酒柜，9. 书架，10. 办公桌，11. 酒柜，12. 钢琴，13. 床，14. 酒柜，15. 办公桌，16. 书架，17. 钢琴。

1328. 连正方形

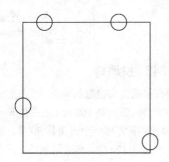

1329. 阴影面积

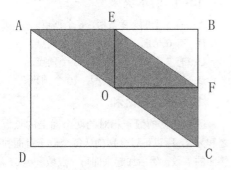

连接长方形的中心 O 与 E、F，可以很清楚地看出阴影部分的面积是整个长方形面积的 3/8。

1330. 挖正方体

每个被挖出小正方体的位置都增加了 4 个面，面积为 4，6 个小正方体一共增加了 4×6=24 平方单位。

1331. 挖正方体

每个被挖出小正方体的体积都为 1，6 个小正方体体积一共为 6 立方单位。大正方体的体积为 3×3×3=27 立方单位，所以挖完以后剩下部分的体积为 27-6=21 立方单位。

1332. 挖正方体(3)

相当于挖掉 7 个边长为 1 的小正方体，体积为 7 立方厘米。而大正方体的体积为 3×3×3=27 立方厘米，所以挖完以后剩下部分的体积为 27-7=20 立方厘米。

1333. 重叠

因为 AB：BC：CD=2：1：4，所以可以推出 BC：AC：BD=1：3：5。又因为它们的面积差为 48，而正三角形的面积比等于边长比的平方，所以可以求出两个三角形的面积分别为 27、75。从而得出阴影部分的面积为 75×1/25=3。

1334. 最短距离

不是。

如下图所示，把圆锥的侧面展开，这样 A 点到 A_1 点的直线才是蚂蚁经过的最短距离。

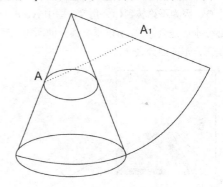

1335. 内接图形

设圆的半径为 1，这样大正方形的边长则为 2，小正方形的对角线为 2，那么小正方形的边长为 $\sqrt{2}$，所以大小两个正方形的面积比为 4：2 即 2：1。

1336. 搬桌子

至少移动 3 根火柴，如下图所示。

1337. 数正方形

一共有 29 个正方形。

1338. 一笔画

方法有很多种，只要从奇数条直线的交点处出发即可。下面是其中一种画法。

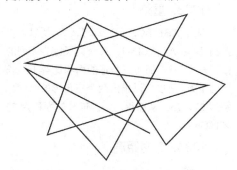

1339. 重叠的面积

不论三角形转到哪里，重叠的面积大小都不变。因为不论转到什么角度，图中 A、B 两部分永远是全等的，所以重叠部分的面积永远是正方形的四分之一。

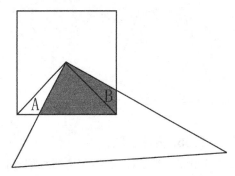

1340. 影子

因为三角形 CDE 与三角形 BAE 相似，所以 CD：AB=DE：AE

即 1.8：AB=2：5

AB=4.5 米

所以这盏灯离地面的距离为 4.5 米。

1341. 传送带

滑轮转动一周，传送带上的物体运动的距离为滑轮的周长，即 20π 厘米。

1342. 等式成立

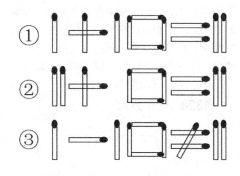

1343. 拼地砖

要想拼成没有缝隙的地面，那么地砖一个内角的整数倍应该是 360 度。正三角形一个角是 60 度，正方形一个内角是 90 度，正六边形一个内角是 120 度，都满足条件。只有正五边形不可以。

1344. 切木块

A：有 5 个面，9 条棱，6 个顶点。

B：有 6 个面，12 条棱，8 个顶点。

C：有 7 个面，13 条棱，8 个顶点。

D：有 7 个面，15 条棱，10 个顶点。

1345. 点数之和

因为正常的骰子相对的两个面上的点数之和为 7，所以可以分别确认每个骰子背面和侧面的点数，然后加起来即可。点数和为 26。

1346. 点数之和

每个骰子的点数都是 1～6，总和为 21，三个骰子就是 63。而我们能看到的点数和为 2+1+3+2+4+5+6=23，所以看不见的点数和为 63-23=40。

1347. 方格密码

密码是 3975832058。

规律是：第一个数字为表格中第一列黑色方块上方的空格数量；第二个数字为表格中第二列黑色方块下方的空格数量；第三个数字为表格中第三列黑色方块上方的空格数量；第四个数字为表格中第四列黑色方块下方的空格数量；依此类推。

1348. 蘑菇繁殖

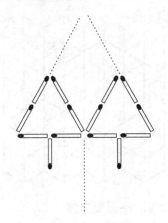

1349. 等比变换

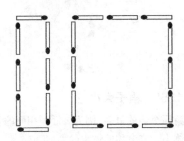

1350. 展开图

是 C。观察三角与小长方形的角度，只有 C 符合。

1351. 最短的距离

你会发现无论建在 AB 间的任何一点，距离都等于 200+300=500 米。有没有更短的距离呢？

有的。只要你在 AB 间，建一座 200 米长，300 米宽的桥，然后就可以斜着直接从 A 走到 B 了，这时候距离最短。

1352. 变出杯子

在上面画一条直线，这样除了三个立着的杯子外，还有两个倒扣的杯子。

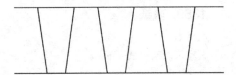

1353. 三角形数

A 图形中共有三角形 3 个；B 图形中共有三角形 8 个；C 图形中共有三角形 15 个；D 图形中共有三角形 24 个。

1354. 传送带

左下角的齿轮逆时针旋转，其他的轮子都顺时针旋转。

1355. 六角星

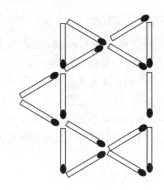

1356. 六角星

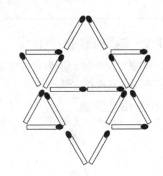

1357. 没有正方形

最少拿走四根，如下图所示。

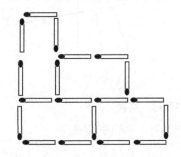

1358. 十四根火柴

还有几种方法，下面仅举一例，其他的大家自己挖掘。

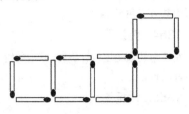

1359. 面积比

根据正三角形的性质，圆心所在的点距小正三角形的顶点和底边的距离比是 2：1，同样，圆心所在的点距大正三角形的顶点和底边的距离比也是 2：1。而圆心到大正三角形底边的距离，与圆心到小正三角形顶点的距离都等于圆的半径。所以两个正三角形的面积比为 4：1。

1360. 运动轨迹

1361. 牢固的窗子

第一个窗子最牢固，因为它构成了三角形，而三角形最具有稳定性。

1362. 相互接触

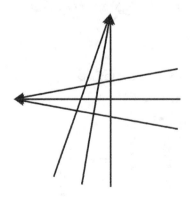

1363. 路径

一共有九种不同的路径。

1364. 隐藏的六边形

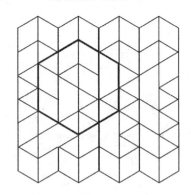

1365. 平面变立体

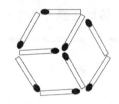

1366. 箱子大小

第四个装的最多。因为表面积相同的各个长方体中，立方体的体积最大。

1367. 展开图

选择 B。

根据三角所在位置，只有 B 符合要求。

1368. 装正方形

换种装法就可以了。

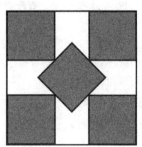

1369. 剪纸

选择 C。

大家可以亲自试一下。

1370. 三个正方形

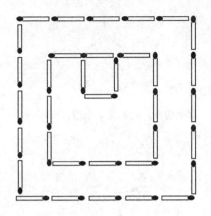

1371. 1-3=2?

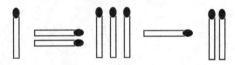

1372. 罗马等式

1373. 罗马等式

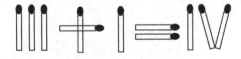

1374. 罗马等式

1375. 数字不等式

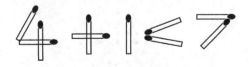

1376. 12 根火柴

1377. 摆正方形

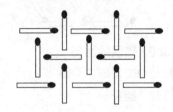

1378. 正视图

选择 A。

1379. 正视图

选择 D。

1380. 左视图

选择 C。

1381. 俯视图

选择 C。

1382. 拼成立方体

只有 B 可以。

1383. 铺人行道

它的规律是 4n+2。所以下一个图形中白色地砖会用到：4×4+2=18(块)。

1384. 八边形变八角星

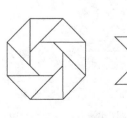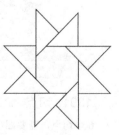

1385. 摆六边形

如下图所示，摆成一个大六边形，六个小六边形。

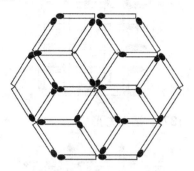

1386. 错误的图形

第一个图形画错了。

1387. 翻身

选择 B。

根据各根火柴的前后位置判断。

1388. 折叠立方体

选择 C。

根据各面图案及角度判断，如果还是无法判断，可以自己做个立方体折一下。

1389. 消防设备

放在 1 号和 6 号仓库即可。

1390. 送货员的路线

送货路线如下图所示即可。

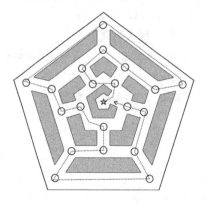

1391. 切点

6 个切点，需要四个圆。

9 个切点，则需要 6 个圆。

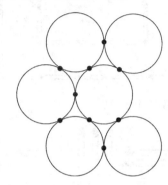

1392. 连点画方

可以画出 7 种大小不同的正方形，分别如下图所示。

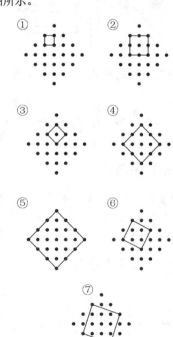

1393. 与众不同

选择④。其他都是既轴对称又中心对称，只有④只是中心对称。

1394. 解开铁环

打开右下角那个铁环即可。

1395. 几根绳子

由两根绳子构成的是 C。

1396. 电路

1 与 C，2 与 A，3 与 B 是相通的。

1397. 第三根铅笔

是编号为 6 的那一个。

1398. 面积大小

B 和 D 两幅图中灰色和白色部分的面积相等，另外两幅图都不相等。

1399. 剪纸带

这个图形剪开后得到的是一个长方形的环，你可以试试看。

1400. 调换位置

调换棋子是无论如何都做不到的。唯一的办法就是把棋盘转 180 度。

1401. 取出"B"

只要把"C"的一头顺势从"B"的孔中穿过即可。

1402. 完美的六边形

会的。小三角让这个六边形看上去有些扭曲，其实它确实是一个标准的正六边形。

1403. 剪纸

选择 C。

剪去的是每条边的中间部分。

1404. 连顶点

共有 12 种连法，如下图所示：

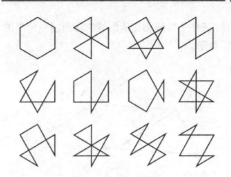

1405. 月份符号

只要把这个图案从中间横线切开，遮住上半部分你就会发现它的密码。没错，就是六月的英文(june)。

JUNE

1406. 穿越迷宫

一共有 18 条不同的路线。每个节点处都标出了到达这里不同的路线数。

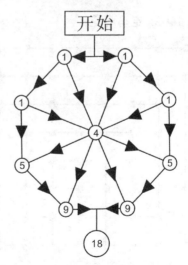

1407. 画三角形

其实也很简答。首先把 ABC 三点连起来，然后过 A 点画一条 BC 的平行线，过 B 点画一条 AC 的平行线，过 C 点画一条 AB 的平行

线，三条平行线相交所组成的图形就是所要的
三角形。

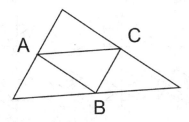

1408. 一笔画

选择 B。

方法如下：

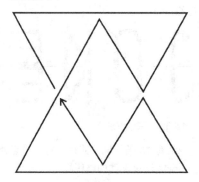

1409. 走马观花

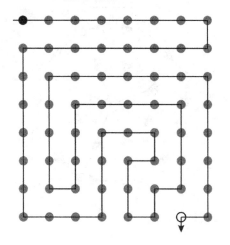

1410. 巡逻

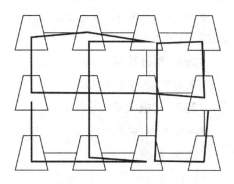

1411. 一笔画问题

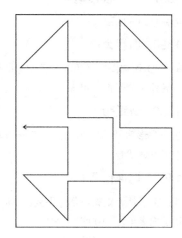

1412. 一笔画图

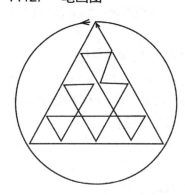

1413. 一笔画正方形

1414. 字母变小

把大写字母变成小写字母。

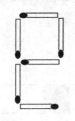

1415. 迷宫

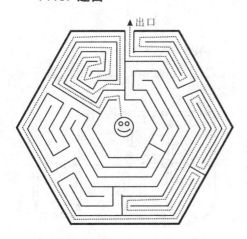

1416. 挪球

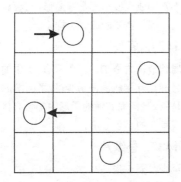

1417. 正十二面体

如下图所示，按照序号走即可。

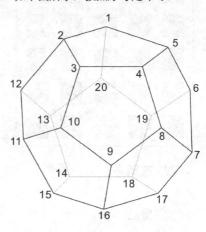

1418. 找不同

选择 C。

其他的都是由完整的字母组成的。只有 C 不是。A 由 N 和 M 组成；B 由 W、V、X 组成；D 由 E、F、H 组成；E 由 K、L、M 组成。

1419. 齿轮

因为它们的齿数相同，所以转速也相同，与中间连接的齿轮没有关系。

1420. 聚会地点

应该定在五角星处。

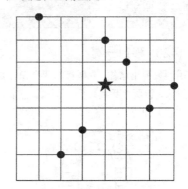

1421. 不同的路径

一共有 252 条不同的路径可走。下图中已经标出了经过每个路口的路径数。

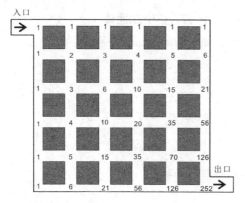

1422. 玻璃杯

八杯。

1423. 绳结

第一个结会结死，第二个结会打开。

1424. 拉绳子

不会挂上，绳子会与钉子脱离。

1425. 内接正方形

有两种，如下图所示。左边的内接正方形面积最大。

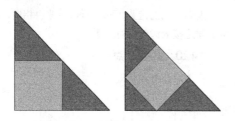

1426. 移到一端

用两只手指堵住 U 型管的两个口，然后翻转过来，让两个乒乓球到一面去，然后顺势再翻转回来即可。

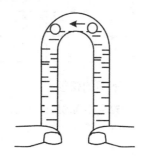

1427. 栽树

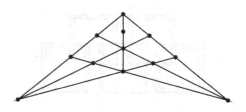

1428. 拼正方形

如果你一心想用这四块纸板拼接成为正方形，那么你是做不到的，唯一的办法就是分别用它们的一条边。

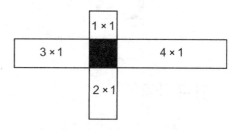

1429. 五变六

移法如下图所示。别忘了左边还有一个大正方形。

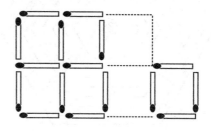

1430. 砌墙

不管砌成直线形还是弯曲形，只要砌的长度相同，那么需要的砖就一样多。

1431. 周长

周长最长的是 D。因为只有 D 中的小正方形之间相互接触的面最少(除了两端的正方形都是 2 个)，而其他的图形中都含有接触面为 3 或者 4 的小正方形。

1432. 叠纸片

至少需要 5 张。

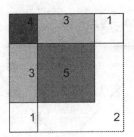

1433. 摆棋子

方法不止一种，下面只列出一个可能性，把剩下的四枚棋子移到四个交叉点即可。

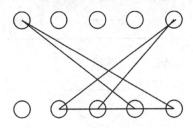

1434. 找圆心

如下图所示，将纸板的一个角对准圆边上的任意一点，然后两条直角边分别与圆相交成 A、B，这样 AB 即为圆的直径。同样可以找出另外一条直径。任意两条直径的交点处即为圆心。

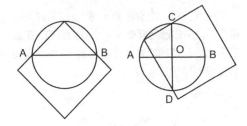

1435. 搭桥

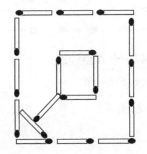

1436. 没有正方形

拿走 9 根。

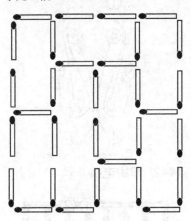

1437. 奇怪的样子

这是把 1~9 九个数字放在一个"井"字形的框中，每一个数字的边框形状。所以 6 应该是下图的形状。

1438. 一笔画

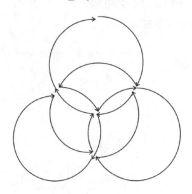

1439. 剪洞

选择 D，你可以自己折叠试一试。

1440. 填空格

这张图里的 3 种图案排列，是从右上角开始的由外到里形成一个逆时针旋涡状○—▲—★循环，所以问号处应该是★。

1441. 印刷电路

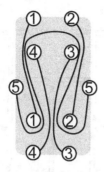

1442. 印刷电路

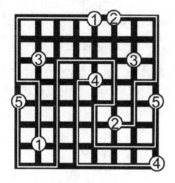

1443. 连线问题

如下图所示：

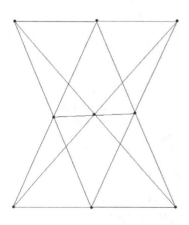

1444. 四点一线

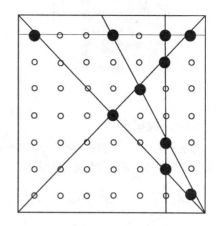

1445. 九点连线

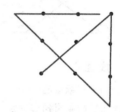

有的时候在内部无法解决问题，就可以延伸出去，就很简单了。

1446. 十二点连线

一旦获得一个有用的灵感之后，它就可以推广。如果你已经解决了9个点的问题，那么更多点的问题的答案就容易得到了。就本题而言，需要用5条直线。

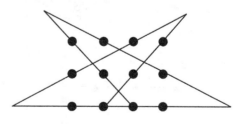

1447. 十六点连线

答案如下图所示。

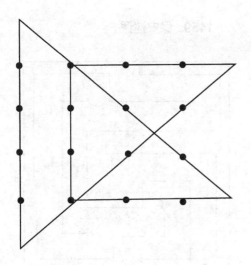

1448. 反方向

鱼：3根；猪：2根。

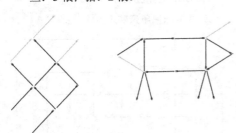

1449. 白塔倒影

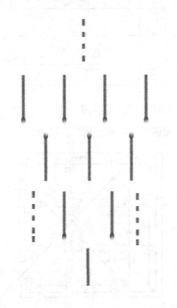

1450. 倒转酒杯

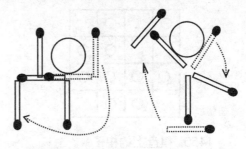

1451. 调转火柴

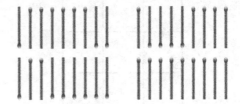

1452. 修路

修成如下图所示即可满足条件：

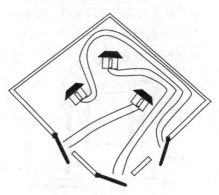

1453. 扩大水池

如下图这样扩大水池即可。

1454. 怪老头的玩意

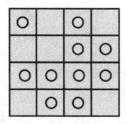

1455. 棋盘上的棋子

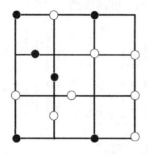

1456. 转向何方

A 和 B 两个轮子都朝逆时针方向转动。

1457. 起重装置

A 会上升，B 会下降。

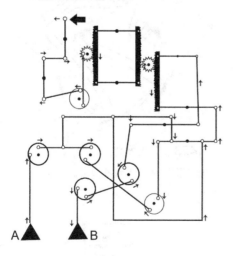

1458. 巡逻问题

遗憾的是，当 4 号骑士到达拐角处时，1 号骑士并不在那里。

1459. 保安巡逻

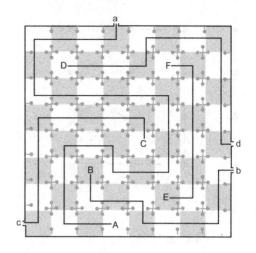

1460. 巡视房间

如下图标记所示即可：

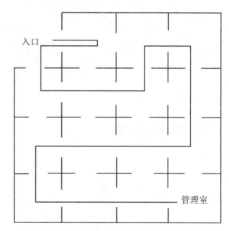

1461. 如何通过

如图所示，撞到墙后再转弯。

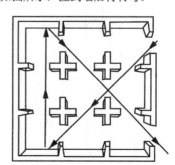

1462. 捉迷藏

如果你直接向黑点靠近，你会发现黑点将一直领先一步，除非你改变游戏的奇偶性。这点很容易做到，只要灰色的点走过三角形街区一次即可。所以灰色的点先在三角形的位置绕一圈，然后再向黑点靠近，十步之内一定可以捉到它。

1463. 猫捉鱼

猫的路线是：1、7、9、2、8、10、3、5、11、4、6、12。

1464. 寻找骨头

小狗从第 8 扇门进去，这样能一次吃完所有的骨头且路线不重复。

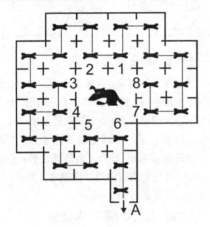

1465. 有向五边形

路径是 5、1、2、4、3。

1466. 殊途

有 11 条可行的路径。

1467. 路径谜题

15 条。下面这个 4×4 的矩形阵显示图中每一点各有几条路可到：

1	1	1	1
3	2	1	2
3	8	10	2
3	3	13	15

1468. 车费最低

所花车钱最少需要 13 元。走法：A 村、3元、2 元、4 元、4 元、B 村。

1469. 偶数路径

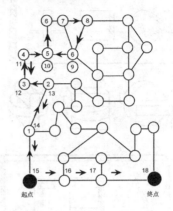

1470. 寻宝比赛

路线如下：A—G—M—D—F—B—R—W—H—P—Z。只有按这条路线走，才能做到从 A 到 Z 每个城镇走一次而不重复。

1471. 寻宝

起点是左上角的格子4↓。那些没有停留的方格呈现的数字为 31。建议倒过来从终点找起。

1472. 结的影子

对于绳子上的 3 个相交处，共有 8 种可能的交错情况。其中只有 2 种能形成一个结，所以概率是 1/4。

1473. 没打结的绳子

B 和 C 不能打成结。

1474. 门上的洞眼

如图所示：很多人一想到某物塞住某物，就会将它想象成一块没有变化的、形状单一的立方体。如果能将思维发散，将它们想成不同的平面，就能设计出第一个木塞；如果再将思维发散，将不同的平面各按不同的角度进行组合，很容易设计出第二个木塞。

1475. 改换包装箱

能。原来是按照四边形的排法来放瓶子的，其实所有的圆柱体物品如果按照六角形排法，都可以节省空间。所以用六角形排法，原来的箱子完全可以放 50 个瓶子。

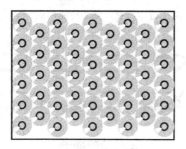

1476. 对调位置

按下列顺序，把棋子移到相邻的空格中，就可以得到结果。推动 17 次，兵、卒、炮、兵、车、马、兵、炮、卒、车、炮、兵、马、炮、车、卒、兵。

1477. 谁较长

把 BC 连起来，因为角 C 大于角 B，所以 AB 大于 AC。

1478. 筷子搭桥

试一试，让三个筷子互相利用，翘起来就搭成一座桥把三个碗子连起来了。a 筷在 c 筷下，压着 b 筷；b 筷在 a 下，压着 c 筷；c 筷在 b 筷下，压着 a 筷。

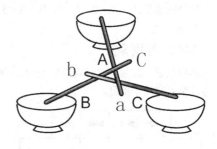

1479. 画三角形

这道题看似麻烦，其实很简单。只要我们把这个图形拆开，成为若干个小三角形，你就会发现，大图是由 21 个小三角形组成(包含 3 条边，且不重复)，小图是由 3 个小三角形组成。也就是说每画 3 个三角形就要蘸一次墨水，所以画完全图需要蘸 7 次墨水。另外，本题也可以按边数计算。

1480. 滚动的圆：内摆线

结果是一条直线，即大圆的直径。

1481. 三角形管线

也许你会有点惊讶：因为还是深色的那一面朝上。这是这个几何图像看来很有说服力的原因，虽然它不可能在实际中制造出来。

1482. 穿过自己的带子

结果是两根带子，一根顺时针扭曲，一根逆时针扭曲。

1483. 剪圆环

如图，答案有两个：B 和 D。其中虚线是形成环形的部分。

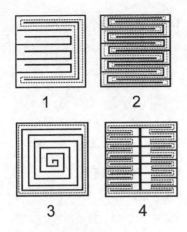

1　　　　　2

3　　　　　4

1484. 谁跑的路短

如果不考虑街巷的宽度，单从理论推算的话，两人走的路程一样长。但实际上，婧婧走的路程要短些，因为街巷不是一条细细的直线而是有宽度的，路面越宽，婧婧走的路就越直，即可选择斜边走。而雷雷走的是两条直角边，而斜边小于两条直角边之和。

1485. 最近的距离

两条小路的路程相同。线路一的各分段距离之和，正好等于线路二的距离。

1486. 移动硬币

只需把竖排的除了交叉点的那枚硬币外的任何一枚硬币拿起来，重叠放在交叉点的那枚硬币上就可以了。

1487. 旋紧螺钉

两根螺钉保持其相对距离不变。

1488. 咬合的齿轮

无论你向哪个方向转动，最后传递回来的都是相反的力量，所以答案是一圈也转不了。

1489. 阴影产生的形状

旋转图片之后所有形状一起发生改变，凹陷的球凸出，凸起的球凹陷。大脑利用许多线索确定一个二维图形的纵深度，其中一个线索就是阴影。正常情况下灯光来自上方。当图像被倒置之后，大脑会收到来自另一角度的光线指示，这样同样的阴影会对应不一样的形状。

1490. 找正确的图形

图3。

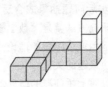

原图有七个立方体排列在平面上，请注意它们排列的相对位置(深色的七个小立方体)，只有图3是相同的。

1491. 有趣的棋盘

棋盘中最多可以放12枚棋子，方法如下图所示：

■		■			
			■		■
■		■			
				■	■
	■		■		
			■		■

1492. 七桥问题

七桥问题(Seven Bridges Problem)是一个著名的古典数学问题。欧拉用点表示岛和陆地，两点之间的连线表示连接它们的桥，将河流、小岛和桥简化为一个网络，把七桥问题简化成判断连通网络能否一笔画的问题。他不仅解决了此问题，且给出了连通网络可一笔画的必要条件是：它们是连通的，且奇顶点(通过此点弧的条数是奇数)的个数为0或2。七桥所形成的图形中，没有一点含有偶数条数，因此上述的任务无法完成。

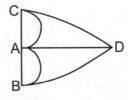

欧拉的这个考虑非常重要，也非常巧妙，它正表明了数学家处理实际问题的独特之处——把一个实际问题抽象成合适的"数学模型"。这种研究方法就是"数学模型方法"。这并不需要运用多么深奥的理论，但想到这一点，却是解决难题的关键。

欧拉通过对七桥问题的研究，不仅圆满地回答了哥尼斯堡居民提出的问题，而且得到并证明了更为广泛的有关一笔画的三条结论，人们通常称之为欧拉定理。对于一个连通图，通常把从某结点出发一笔画成所经过的路线叫作欧拉路。人们又通常把一笔画成回到出发点的欧拉路叫作欧拉回路。具有欧拉回路的图叫作欧拉图。

1736年，欧拉在交给彼得堡科学院的《哥尼斯堡7座桥》的论文报告中，阐述了他的解题方法。他的巧解，为后来的数学新分支——拓扑学的建立奠定了基础。

1493. 欧拉的问题

当莱奥纳德·欧拉解决了哥尼斯堡七桥问题后，他发现了解决这类问题的普遍规则。秘密是计算到每个交点或节点的路径数目。如果超过两个节点有奇数条路径，那么该图形是无法一笔画出的。

在这个例子中，路径4和5是无法画出的。

如果正好有两个节点有奇数条路径，那么问题就有可能得到解决，也就是要以这两个节点分别为起点和终点。路径7便是这样的图。为了一笔画出它，你必须从底端的一角出发，并回到另一角。

1494. 变出三个正方形

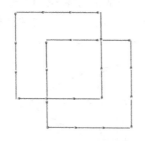

1495. 变出四个三角形

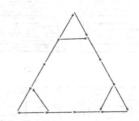

1496. 翻转梯形

移动4根。

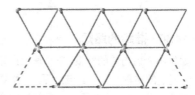

1497. 对称不对称

B。把A、B、C、D重新排列一下，就可以清楚地看出来了。

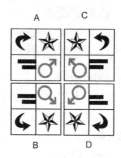

1498. 偷金球

最多可以取走6个球。如下图中虚线所示的位置。

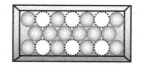

1499. 是否连在一起

它由两根分开的纸带组成，可以把它们分开。

1500. 字母逻辑

Z 应该是黑色的。所有的黑色的字母都能一笔写完(一笔画问题)，白色的字母则不行。